假想資産 判例百選

가상자산 판례백선

-형사·행정편-

이정엽 · 이석준 · 김성인 · 장민석 · 한웅희

박영사

발간사

― 가상자산 판례백선 형사·행정편을 발간하며 ―

2023년 가상자산 판례백선 민사·신청편을 발간한 이후 1년 만에 다시 가상자산 판례백선 형사·행정편을 발간하게 되었다. 바쁜 와중에 같이 작업에 참여해 주신 이석준 판사, 김성인 판사, 한웅희 판사, 장민석 판사의 도움이 매우 컸다. 가상자산 분야에 사법부가 어떻게 판단하고 있는지 전체적인 조망을 할 수 있도록 판례를 정리하였는데 가상자산 생태계의 발전에 일조하게 되어 뿌듯한 마음이 든다.

FTX의 파산과 테라, 루나 사건과 더하여 전 세계적인 유동성 악화가 맞물려 비트코인 등 가상자산의 가격이 크게 하락하고 소위 알트코인 프로젝트들이 많이 유명무실해지기도 하였는데 언제 그랬냐는 듯 다시 비트코인 가격이 상승하면서 다시 블록체인과 가상자산에 대해 전 세계적인 관심이 커지고 있다.

이미 말한 바와 같이 비트코인이 열어젖힌 블록체인 혁명은 계속 진행 중이고 실험 중임을 잊지 말아야 한다. 비트코인 혁명을 어떻게 받아들여 그 잠재력을 발현시킬 것인지에 따라 한 사회의 흥망성쇠가 결정될 것이다. 혁신적인 기술은 전통적인 시스템과 조직을 파괴적으로 혁신하기 때문에 기존의 시스템과의 충돌은 필연적이다. 작고한 하버드대 경영학 교수인 크리스 크리스텐슨은 이를 '파괴적 혁신'이라고 불렀다. 파괴적 혁신이기에 기존 시스템의 재구성은 필연적이고 이러한 과정을 통해 사회의 시스템은 진보하지만, 그 과정에서 신흥세력과 구세력의 충돌은 여러 가지 사회적 문제를 발생시킨다. 새로이 등장한 혁신은 아직 그에 걸맞은 제도와 법률을 갖추어 사회에 수용되지 못했기 때문이다.

비트코인, 이더리움을 포함한 가상자산이 무엇인지, 현행법과 제도에서 어떻게 다루어야 하는지 전통적인 법률을 공부한 사람들이 연구하지도 못한 상태에서 많은 법적 분쟁이 발생하였다. 자신이 투자하는 가상자산의 가치에 대해 알지 못한 상태에서 수많은 사람이 인터넷에 올라온 과장, 허위의 글을 보고 가상자산에 투자하였고, 그로 인해 많은 투자피해자가 생겼다. 가상자산을 획득하기 위하거나 가상자산을 판매하기 위한 목적으로 많은 계약 관계와 맺어졌고, 또 해당 계약 관계에서의 채무불이행과 불법행위가 생겨났다. 수많은 사기와 유사수신행위가 이루어졌고, 거래소의 시세조종과 불공정행위도 만연하였다. 규제의 필요성은 있지만 어떻게 규제해야 할지 잘 모르던 시기가 있었고, 점차 그 시기는 지나가고 있다.

새로운 개념은 컨텍스트, 즉 맥락 속에서 자신만의 정의를 만들어 가면서 그 개념이 공고해진다. 가상자산 역시 각각의 참여자들이 많은 컨텍스트의 어느 지점에서 자신의 관점에서 가상자산 사용, 해석론을 만들어 내고 그 과정에서 가상자산에 대한 개념을 인정한 네트워크에서 가상자산에 대한 최선, 최적의 개념이 도출되어 진화하게 된다.

가상자산과 관련하여 피해를 당한 사람들이 생겼고 이러한 피해 재발을 막고 국가 형벌권을 집행하려는 하는 쪽이 있는가 하면 아직 법규가 없어 죄가 될 수 없다고 주장하는 쪽도 생겼다. 블록체인과 가상자산을 이용한 사업을 하려는 사람들과 규제기관과의 충돌도 지속해서 발생하였다. 이러한 형사적인 다툼, 행정적인 다툼의 유형을 분류해 보고 전통적인 법과 제도의 관점에서 해당 법적 분쟁을 해결한 법원의 판결과 결정을 살펴보는 것은 이러한 점에서 매우 의미 있는 일이다.

블록체인법학회의 회원인 이석준 판사, 김성인 판사, 장민석 판사, 한웅희 판사와 같이 2017. 4.부터 2022. 12.까지의 가상자산과 관련하여 형사, 행정, 가사, 도산 사건의 사법부의 판단을 검토하고 이를 출간하게 된 것을 영광스럽게 생각하고 감사하게 생각한다.

물론 책을 출간하기 전에 더욱더 엄밀한 학술적 연구가 필요한 것은 아닐지 고민도 하였지만, 아직 가상자산과 관련한 법적 해석이나 제도가 완비되지 않았고, 블록체인과 가상자산과 관련한 기술이 빠르게 개발되고 확산하고 있는 사정을 참작하면 아직 미흡하더라도 빠르게 법원에 제기된 법적 분쟁에 대한 개략적인 분류 및 해석을 하여 정리하는 것이 한국의 블록체인 생태계에 도움이 되리라고 생각하였다.

이러한 이유로 가상자산 판례백선에 나타난 저자들의 평석은 저자 개인의 생각이 많이 포함된 것이고, 향후 가상자산과 관련하여 지속적인 연구를 통해 정립될 가상자산과 관련한 법리와는 다를 수도 있다는 점을 첨언하여 둔다. 그럼에도 가상자산과 관련한 법적인 분쟁을 실무에서 다루는 사람들에게는 가상자산 판례백선을 통해 가상자산이 사회에 등장하여 어떠한 법적인 문제가 발생했는지를 살펴볼 수 있는 지도를 제공하고, 또한 입법자들에게도 가상자산과 관련한 전체적인 규제안을 만드는 데에도 큰 도움이 되리라 생각한다.

이 책은 먼저 2017. 4.부터 2022. 12.까지의 가상화폐, 가상자산, 코인, 토큰, 비트코인, 이더리움, 채굴, 사기, 유사 수신, 방문판매 등 가상자산 형사, 행정, 가사, 도산 사건의 주요 검색어를 통해 판결과 결정을 추출하고, 추출된 판결과 결정을 공동 저자들이 나누어서 평석하는 방향으로 책이 만들어졌다.

여러 가지 업무로 바빠 각자의 평석에 대해 많은 교차토론을 하지는 못했음을 밝혀둔다. 독자들이 엄격한 잣대로 많은 비판을 해주시길 진심으로 바란다. 가상자산 판례백선 형사·행정편은 완성된 책이 아니라 열려있고, 계속해서 진화할 책이기 때문이다. 신랄한 비판과 새로운 연구 결과를 더하여 다시 새로운 가상자산 판례백선이 계속 만들어지길 희망해 본다.

　이 책의 필요성에 공감하고, 정말 바쁜 와중에도 가상자산 판례백선 형사·행정편을 집필하는 작업에 동참해 준 블록체인법학회 김성인 판사, 이석준 판사, 장민석 판사, 한웅희 판사에게 진심으로 감사의 말을 공동집필자로서 전하고 싶다.

2024. 2.

블록체인법학회장

법무법인 로집사 이정엽 대표변호사

차례

제1편 형 사

제1장 사 기

제 2 장 횡령, 배임

제3장 유사수신행위, 방문판매

제4장 마 약

제 5 장 정보통신망

제 6 장 범죄수익은닉

제 7 장 금융실명거래

제 8 장 외국환거래

제 9 장 기 타

제2편 행　정

제3편 가　사

제4편 과태료

형사

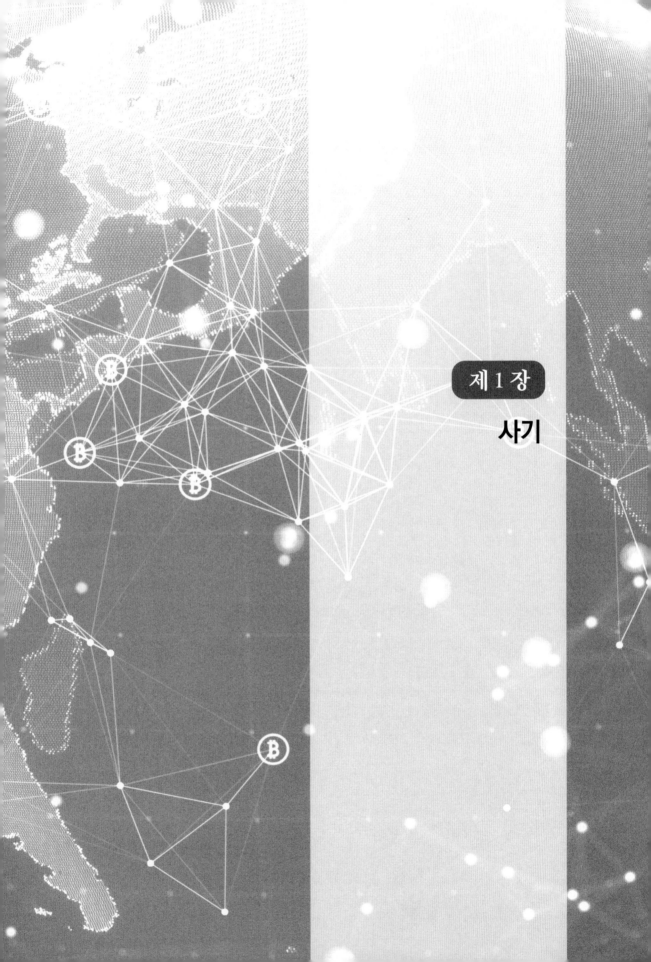

제 1 장

사기

[1] 비상장 가상자산의 재산범죄상 이득액 산정

— 대법원 2019. 9. 25. 선고 2019도8952 판결('1판결');

대법원 2022. 8. 25. 선고 2022도7251 판결('2판결')—

[1판결의 사실 개요]

1. 가상자산거래소('을 거래소')를 운영하는 가상자산사업자('갑 회사')는 을 거래소에 가장자산 A를 상장하기 전에 A의 성립 등에 기여하였거나 그 가치에 투자하려는 사람들에게 상장 후 3개월간 판매금지(Lock-up)를 조건으로 A를 할인 판매하는 '프라이빗 세일'을 하였고, 위 프라이빗 세일을 통한 구매자들에게 A를 관리·보관할 수 있는 전자지갑('이 사건 전자지갑')으로 A를 전송해 주었다.

2. 피고인은 프라이빗 세일 기간인 2018. 1. 22.경 A 6,788,382개를 구매하여 이 사건 전자지갑에 보관하고 있다가, A를 을 거래소의 자신의 계정으로 전송하면 위 계정에 A가 생성되고, 한편 이 사건 전자지갑에 보관 중인 기존 A의 개수는 줄어들지 않는다는 시스템 오류를 알게 되었다. 이에 피고인은 2018. 5. 21. 17:41경부터 2018. 5. 23. 18:16경까지 위 오류를 이용하여 피고인의 이 사건 전자지갑에 보관된 A는 줄어들지 않으면서 을 거래소의 계정에 합계 883,880,000개(그중 629,430,000개를 2018. 5. 21. 17:41경부터 2018. 5. 22. 15:37경까지 사이에 생성하였다)의 A가 생성되도록 부정한 명령을 입력하였다. 피고인은 2018. 5. 22. 15:11경부터 같은 달 23. 16:45경까지 허위로 생성된 A 중 일부를 을 거래소에서 다른 가상자산(비트코인 등)으로 교환하였다.

3. A는 2018. 5. 22. 16:00경 상장되었고, 피고인은 A의 상장 당시의 시가를 기준으로 하는 재산상 이익을 취득하였다는 특정경제범죄가중처벌등에관한법률('특경법')위반(사기)죄 등으로 기소되었다.

[2판결의 사실 개요]

1. 컴퓨터 프로그램 개발자인 피고인은 2018. 3.경 피해 회사('병 회사')를 위하여 가상자산 B를 발행해 주기로 약정하였다. 병 회사는 그 무렵 B의 총 발행수량을 1,000억 개로 지정하고 최초로 B를 발행할 때 그중 200억 개를 활성화하여 프라이빗 세일, ICO, 병 회사 보유분으로 사용하기로 하고, 피고인에게 그 내용을 고지하였다. 피고인은 2018. 4. 4. 위 약정에 따라 1,000억 개의 B를 생성하여 병 회사의 시스템 지갑으로 전송하고, 그중 200억 개를 병 회사의 다른 개별 전자지갑으로 전송하였다.

2. 그 후 피고인은 같은 날 B 100억 개를 추가로 생성한 다음 병 회사의 시스템 지갑에서 피고인이 관리하는 전자지갑으로 임의로 전송하였다. 피고인은 B 100억 개에 해당하는 100억 원 상당의 재산상 이익을 취득하고 병 회사에 같은 금액 상당의 재산상 손해를 가하였으며 컴퓨터등 정보처리장치에 권한 없이 정보를 입력하여 정보처리를 하게 함으로써 같은 금액에 해당하는 재산상 이익을 취득하였다는 특경법위반(사기), 특경법위반(배임) 혐의로 기소되었다.

[1판결 요지]

　　프라이빗 세일 기간부터 상장 전후 및 범행 실행 종료시까지의 거래량, 거래횟수 등을 고려해볼 때, 특경법위반(사기)에 있어서 피고인의 범행 당시 A의 가격은 프라이빗 세일 기간부터 상장시까지의 A 가격 중 최저가에 해당한다고 보는 것이 타당하다.

[2판결 요지]

　　1. B의 상장 전 거래량과 거래 횟수 등을 고려해 보면, 특경법위반(사기)에 있어서 피고인의 범행 당시 B의 가격은 프라이빗 세일 기간부터 범행시까지의 B의 가격 중 최저가에 해당함을 인정할 수 있다.

　　2. B의 가격을 위와 같이 인정할 수 있는 이상, B를 최초로 발행하는 행위를 통해 피고인이 100억 개의 B를 취득하였다고 하더라도, 특경법위반(배임)에 있어서 피해 회사의 손해는 피해 회사가 보유한 B의 가치가 하락한 만큼의 알 수 없는 금액이 아니라, B 100억 개를 피해 회사가 취득할 수 없게 된 재산상 위험에 상당하는 손해액이다.

해설

Ⅰ. 대상판결들의 의의 및 쟁점

　　특경법 제3조 등은 재산범죄로 인한 재물 또는 재산상 이익의 가액('이득액')이 5억 원 이상일 때에 피고인을 가중처벌하는 규정하고 있다. 피고인이 가장자산을 객체로 하여 사기죄 등을 범하였을 때 그 이득액이 5억 원 이상인지 여부 등을 어떻게 판단할지 문제된다. 대상판결들은, ① 특정 가상자산의 상장 전후로 위 가상자산에 관한 범행이 저질러졌고, ② 상장 전후의 거래 가액에 대한 일정한 자료가 존재하며, ③ 가상자산의 사전 판매와 ICO 절차 및 상장 절차가 있었다는 점에서 앞으로 유사한 사건에 관한 법적 가액 산정이 문제될 경우 일정한 시사점을 주고 있는 사건들이다.

Ⅱ. 1판결의 분석

1. A의 시점별 개당 시가('이 사건 표')

순번	시점	의미	1개당 시가
1	2018. 1. 22. ~2018. 5. 22.	프라이빗 세일 기간 중이자	가상자산 장외 거래소인 정 거래소 등 복수의 거래소('정 거래소 등')에서 6~8원 정도로 거래

	16:00(상장시)	상장 전	되다가 상장일에 가까워질수록 점차 상승하여 상장 무렵에는 15~30원에 이름. 최고가 30.14원
2	2018. 5. 19.	범행 전	정 거래소 등에서 13.56~30.14원으로 15회에 걸쳐 약 138,641개가 각 거래(그 중 5차례는 13.56원에 거래)
3	2018. 5. 20.	범행 전	정 거래소 등에서 15.48~27.01원으로 6회에 걸쳐 약 88,552개가 거래(마지막 거래는 15.48원에 24,760개가 거래됨)
4	2018. 5. 21. 17:41	범행 실행 착수	정 거래소 등에서 2018. 5. 21. 20.8~24.2.원으로 4회에 걸쳐 약 83,437개가 거래
5	2018. 5. 22. 15:37	상장 전 마지막으로 허위로 A가 생성된 시점	범행 개시 후 상장 전에 이루어진 한 차례의 거래에서 20.8원
6	2018. 5. 22. 16:00	상장	17원[=갑 회사가 ICO(Initial Coin Offering) 가격과 장외거래가격 등을 감안하여 책정한 상장가격으로서 을 거래소의 심사를 거침]
7	2018. 5. 23. 18:16	범행 실행 종료시	상장 직후 23원까지 상승한 후 2원으로 폭락하였다가 4~6원으로 안정

2. 1심 재판부의 판단

(1) 상장 전 생성된 부분

1심 재판부는, ① 장외거래가 이루어진 거래소가 비교적 소규모이고 거래횟수나 거래량이 적어 시장성이 부족하다 하더라도 A가 장외 거래소에서 일반적이고 정상적으로 거래된 이상 시장성이 부족하다 하더라도 그 거래가격을 시가로 보는 것이 타당한 점(대법원 2012. 4. 26. 선고 2010두26988 판결), ② 피고인이 단기간에 대량의 허위 A를 교환한 것이 이 사건 표 순번 7번(이하의 순번은 모두 이 사건 표의 순번)의 가격 변동에 영향을 미친 것으로 보이는 점, ③ 상장 시가의 결정 과정 등을 근거로, 상장 전 생성된 A의 가격을 상장시 시가인 개당 17원으로 산정하였다.

(2) 상장 후 생성된 부분

검사는, A 생성 당시 을 거래소의 A 거래 가격에 상응하는 비트코인 개수를 산정한 후, 같은 시점 한국의 특정 거래소의 비트코인 시가를 적용하여 A의 한화 시가를 산정하는 방법으로 피고인에 대한 공소사실을 구성하였다. 1심 재판부는 이 부분 공소사실을 그대로 인정하였다.

3. 항소심 및 대법원의 판단

(1) 상장 전 생성된 부분

항소심 재판부는, "범행으로 인하여 취득한 이득액은 범죄의 기수시기를 기준으로 하여 산정하고 그 후의 사정변경은 고려할 것이 아니다(대법원 1990. 10. 16. 선고 90도1815 판결 등).", "비상장주식을 거래한 경우 그 시가는 객관적 교환가치가 적정하게 반영된 정상적인 거래의 실례가 있는 경우에는 그 거래가격을 시가로 보아 평가한다(대법원 2008. 5. 15. 선고 2005도7911 판결 등 참조)." 등의 법리를 토대로, ① 순번 3, 4의 가격은 당시의 객관적 교환가치를 적정하게 반영하고 있다고 단정하기 어렵고, 순번 2의 가격이 비교적 객관적 교환가치를 적정하게 반영하고 있는 점, ② A가 순번 2, 3, 4 시점에 개당 13.56원 아래의 가격으로 거래된 적이 없는 점, ③ 피고인이 범행 당시 A의 개당 평균가격을 12~13원으로 인식하고 있었던 사정, ④ 범행 당시인 순번 4, 5의 시점에 A의 개당 시가가 순번 2의 최저가인 13.56원까지 하락할 가능성을 배제할 수 없는 점 등을 근거로, 상장 전 생성된 A의 가격을 개당 13.56원으로 산정하였다. 그 후 대법원은 이러한 항소심의 판단에 법리 오해의 잘못이 없다고 보았다.

위와 비슷한 취지의 판단은 서울중앙지법 2019. 7. 12. 선고 2019고합270 판결(쌍방이 항소하지 않아 그대로 확정되었다), 수원지방법원 2019. 11. 8. 선고 2019고합383 판결{항소 후 항소기각(수원고등법원 2019노572) 판결이 선고되어 확정되었다}, 대전지방법원 2019. 11. 7. 선고 2019고합212 판결{항소 후 항소기각(대전고등법원 2019노471) 판결이 선고되어 확정되었다}에서도 확인된다.

(2) 상장 후 생성된 부분

이 부분이 특별히 쟁점화 되지 않아 1심 재판부와 같은 판단이 내려졌다.

Ⅲ. 2판결의 분석

1. 사실관계

(1) 병 회사는 2018. 3. 27.경부터 B 발행 전인 2018. 4. 4.경까지 불특정 다수를 상대로 회사 홈페이지를 통하여 사전예약을 받아 B를 판매하는 '프라이빗 세일'을 진행하여 B 834,774,667개를 판매하였고, 발행 이후 무 거래소에 상장된 2018. 8. 6.경 이전까지 '프리 세일'을 진행하여 B 827,119,038개를 판매하였다. 병 회사는 위 기간 동안 1 이더리움 당 일정한 개수의 B를 지급하는 방식으로 이를 판매하였다. 위 기간을 전후하여 판매된 B의 수량,

각 일자별로 이에 상응하여 입금된 이더리움의 수량, 각 일별 이더리움의 원화 가격을 반영하여 산정한 B의 개당단가(단위: 원)는 아래 표 기재와 같다.

| 일자 | 이더리움 입금수량 | | 구매자 원화기준 입금액 | | 1 이더리움 당 지급한 B 수량 | 구매자에게 지급한 B 수량 | B의 개당 단가(소수점 세자리 이하 버림) |
| | B 구매자가 이더리움을 보낸 거래소 | | 구매자가 이더리움을 보낸 거래소를 기준으로 환산 | | | | |
	업비트	빗썸	1 이더리움 당 가격(원)	총 입금액(원)			
2018. 3. 27.		4	497,804	1,991,216	6만	24만	8.29
2018. 3. 29.	42		425,303	17,862,726		252만	7.08
2018. 3. 30.		13	435,159	5,657,067		78만	7.25
2018. 3. 31.	14	6	436,797	8,735,940		120만	7.27
2018. 4. 1.		6	414,571	2,487,426		36만	6.90
2018. 4. 2.	11		420,487	4,625,357	13만	143만	3.23
2018. 4. 3.		100	453,537	45,353,700	6만	600만	7.55
2018. 4. 4.	20	2	417,449	9,183,878		132만	6.95
2018. 4. 5. ~ 2018. 8. 5.	이더리움 지급 방식으로 판매						3.23~8.29 초과
2018. 8. 6.	상장 후 무 거래소를 통해 판매						8~12
2018. 8. 7. ~ 2018. 9. 11.	상장 후 무 거래소를 통해 판매						2~8
2018. 10. 2.	상장 후 무 거래소를 통해 판매						2(종가)

(2) 병 회사는 위와 같은 상장 전 판매·거래된 가격을 기초로 무 거래소와 협의하여 B의 개당 가격을 12원으로 정하였고, 2018. 8. 6. B를 위 거래소에 상장하였다.

(3) 피고인은 2018. 8. 7.경부터 2018. 9. 9.경까지 B 124,968,000개를 무 거래소를 통하여 매도하여 286,355,000원을 받았고, 2018. 7. 4.경 네이버 카페 중고나라에 B를 판매한다는 글을 게시하기도 하였다.

(4) ○○○(병 회사에 입사하여 근무하면서 피고인과 함께 B의 개발 업무를 한 사람)은 피고인으로부터 받은 B 5억 개 중 2018. 8. 25. 100만 개, 2018. 9. 8. 300만 개를 무 거래서에

서 매도하여 4,985,494원을 받았다.

(5) △△△(병 회사 직원)은 피고인으로부터 전송받은 B 5억 개 중 2018. 5. 3. 3억 개를 다시 피고인이 알려 준 전자지갑으로 전송하고, 2018. 6. 6. 약 100만 개를 지인에게 전송하였으며, 나머지 B 중 일부를 무 거래소에서 매도하여 103,221,730원을 받았다.

(6) 2018. 7.에서 8.경 피고인으로부터 B 20억 개를 받은 □□□(병 회사 임원)은 2018. 7.경 피고인에게 10억 원 상당의 이더리움을 지급하였고, 위 20억 개의 B 중 일부를 제3자에게 처분하였다.

(7) 병은 2018. 10.경 무 거래소가 아닌 다른 거래소에 상장을 진행하는 과정에서 기술적인 문제 등으로 B와 유사한 다른 가상자산 C를 새로 개발하였고, 그 과정에서 2018. 10. 3.부터 같은 달 12.까지 무 거래소 등에서 B의 매매를 금지시켰고, 위 기간을 제외하고는 B의 개인 간 장외 거래나 재판매를 금지한 적이 없었다. B의 상장 전에도 개인 간 B의 거래가 이루어졌다.

(8) B는 2020. 5.경 무 거래소에서 상장폐지 되었다.

2. 1심 재판부의 판단

(1) 사기죄에서의 이득액

1심 재판부는, ① 피고인의 범행 당시에는 B가 시장에서 거래되고 있지 않아 가격이 존재하지 않았고, B와 같은 가상자산은 실물이 존재하지 않아 시장에서의 거래가격 외의 다른 방법으로는 가치를 산정할 수 없는 점, ② 상장 무렵 B 1개의 가치가 적어도 1원 이상이 될 것으로 추정할 여지가 있으나, 가상자산 또한 수요와 공급에 따라 가격이 정해지므로 시중 유통량에 따라 가격이 달라질 것이어서, 피고인이 취득한 B 100억 개의 가치를 산정하기 위해서는 당시의 유통량이 함께 고려되어야 하는데, 검사가 B의 총 유통량과 시가 변동을 확인할 수 있는 객관적 증거를 제출하지 않은 점, ③ 피고인의 범행 당시 시장에 유통(공급)된 에드라코인의 양을 기준으로 할 때 B 1개가 1원 이상에 거래되었다고 하더라도, 피고인이 취득한 100억 개의 B를 전부 시장에 유통하여 처분할 경우 공급량이 크게 증가하므로 B 1개의 가치는 1원보다 훨씬 낮아질 개연성이 높고, 실제로 병 회사 대표이사의 진술에 의하면 B의 개당 단가가 0.01원까지 떨어졌던 점 등을 감안해 볼 때, 검사가 제출한 증거만으로는 피고인이 위 범행으로 취득한 재산상 이익의 가액을 구체적으로 산정할 수 없으므로, 피고인이 50억 원 또는 5억 원 이상의 이익을 취득하거나 제3자로 하여금 취득하게 하였다고 볼 수 없다고 판단하였다.

(2) 배임죄에서의 손해액

검사는 배임죄와 관련하여 피고인이 병 회사에게 B 100억 개에 해당하는 금액 상당의 손해를 입혔다고 기소하였으나, 1심 재판부는 "재산상 손해의 유무에 관한 판단은 경제적 관점에서 파악하여야 하는데(대법원 2012. 10. 11. 선고 2010도2986 판결), 피고인이 취득한 100억 개의 B는 기존에 이미 발행되어 병 회사가 보유하고 있던 것이 아니라 병 회사가 최초로 B를 발행할 때 무단으로 추가로 발행되어 피고인이 취득한 것이므로, 병 회사가 B 100억 개에 해당하는 금액 상당의 재산가치의 감소, 즉 손해를 입었다고 보기는 어렵고, 피고인의 업무상배임 행위가 없었을 때와 비교하여 감소된 병 회사의 재산가치는 병 회사가 보유한 B의 가치가 하락한 만큼의 알 수 없는 금액이다."라고 판단하였다.

3. 항소심 및 대법원의 판단

(1) 사기죄에서의 이득액

항소심 재판부는, "특경법 소정의 '이득액'이란 거기에 열거된 범죄행위로 인하여 취득하거나 제3자로 하여금 취득하게 한 불법영득의 대상이 된 재물이나 재산상 이익의 가액 합계이지 궁극적으로 그와 같은 이득이 실현되었는지 여부는 영향이 없다(대법원 2006. 5. 26. 선고 2006도1614 판결 등 참조)", "비상장주식을 거래한 경우 그 시가는 객관적 교환가치가 적정하게 반영된 정상적인 거래의 실례가 있는 경우에는 그 거래가격을 시가로 보아 주식의 가액을 평가하여야 하나, 그러한 거래사례가 없는 경우에는 보편적으로 인정되는 여러 가지 평가 방법들을 고려하되 거래 당시 당해 비상장법인 및 거래당사자의 상황, 당해 업종의 특성 등을 종합적으로 고려하여 합리적으로 판단하여야 한다(대법원 2008. 5. 15. 선고 2005도7911 판결, 앞서 본 1판결 등)." 등의 법리를 토대로, ① 범행 당시 상장 이전이라고 하더라도 병 회사와 불특정 다수인 사이에 일반적이고 정상적인 방법에 의하여 거래가 있었던 이상 시장성이 다소 부족하더라도 그 거래가격을 시가로 보아 가액을 평가하여야 하는 점, ② 프라이빗 및 프리 세일 기간 동안 거래량과 거래 횟수도 상당하고, 이후 상장가격은 위와 같은 상장 전 거래가격을 기초로 정해진 점, ③ 병 회사가 상장을 전후하여 B의 개인 간의 거래를 금지한 사실이 없고, 실제 거래소 외에 개인 간의 거래도 있었던 점 등을 고려하면, 프라이빗 및 프리 세일 기간 동안 산정된 B의 구매가격은 그 객관적 교환가치가 적정하게 반영된 B의 가액이므로, 범행 당시인 2018. 4. 4. 무렵 B의 가액은 최소한 3.23원이라고 보았다. 그 후 대법원은 이러한 항소심의 판단에 법리 오해의 잘못이 없다고 보았다.

(2) 배임죄에서의 손해액

항소심 재판부는 ① 피고인이 100억 개의 B를 임의 발행하였다고 해도 피고인과 병 회사 간의 B 발행 계약의 내용과 성격에 비추어, 위 100억 개는 발행과 동시에 병 회사에게 귀속되는 점, ② 피고인이 직·간접적으로 관여되어 처분된 B는 유효하게 제3자에게 귀속되었고, 이미 발행되어 제3자에게 처분되거나 피고인이 보유하고 있는 B를 소각하거나 무효화할 수 있는 방법도 없는 것으로 보이는 점, ③ 범행 무렵 B의 가격이 최소 1원 이상인 점 등을 고려하면, 병 회사에게도 피고인이 취득한 이득액 100억 원 만큼의 B를 취득할 수 없게 된 재산상 위험이 발생하였다고 보았다.

다만 항소심 재판부는 방론으로 피고인의 대량 유통으로 B의 시가가 상당히 하락하였다고 보아 병 회사의 손해를 1심 재판부와 같이 시가가 하락한 만큼의 불상액의 손해로 본다 하더라도, 피고인의 이득액이 100억 원에 이르는 이상, 특경법으로 의율하는 데 장애가 없다고 판단하였다.

대법원은 이러한 항소심의 판단에 법리 오해의 잘못이 없다고 보았다.

Ⅳ. 대상판결들의 평가

1. 상장 전 생성된 가상자산

(1) 사기죄에서의 이득액

1판결의 1심 재판부는 장외 거래소의 시가를 적극적으로 고려해야 한다는 법리를 설시하면서도, 시가가 장외 거래소에서 거래되던 기존 거래 시가들과 비교해 봤을 때 크게 벗어나지 않는 범위로 설정된 사정 등을 고려하여, 결과적으로는 상장 시가를 범행 가액으로 보았다. 상장 가격을 정함에 있어서 기존 ICO 가격과 장외거래 가격을 고려하는 것을 통상적인 절차로 보고, 이러한 절차를 준수한 상장 가격에 일정한 규범력을 부여하면서 그와 가까운 시점에 행하여진 범행행위 역시 위 상장 가격에 가깝게 형성된다고 보는 입장인 것으로 해석된다. 2판결의 항소심 재판부 역시 상장가격이 상장 전 거래가격을 기초로 형성되었다는 점에 주목하였다. 위와 같은 판단의 논거에 주목한다면, 상장 이전에 이루어진 프라이빗 세일 등의 절차가 길어지는 경우, 프라이빗 세일 절차가 불특정 다수인이 아니라 투자자 등 상장 예정 가상자산 관계자들을 대상으로만 이루어진 경우[불특정 다수인을 상대로 하는 사전 판매를 프리세일, 투자자 등의 계자들만을 대상으로 하는 사전 판매를 프라이빗 세일로 구분하여 사용하기도 한다. 프리세일을 위해 만들어진 인터넷 사이트의 경우 가상자산의 구매만이 가능하고 이를 다시 판매하는 것은 불가능한 사이트도 있는데, 이 역시 시장거래 가격 형성 여부에 관한 판단 자료 중의 하나가 될 수 있는 요소로 보인다. 같은 취지의 판결로 서울고등법원 2019. 8. 29. 선고 2019노848 판결(현재 상고심 계류 중이다)이 있다], 상장 가격의 결정에 있어서 기존 가격의 수렴 절차가 생략된 경우 등에는 위와 같이 상장 가격을 범행행위 시점의 법적 가액이라고 보기 어려울 것으로 예상된다. 이는 상속세나 증여세가 부과되는 재산의 가액을 시가로 하되, 그 시가를 산정함에 있어 당해 매매가액이 특수관계자와의 거래를 통한 매매가액이거나, 거래의 규모·성격·발생횟수 등을 종합적으로 검토해 보았을 때 통상적인 거래로 볼 수 없는 경우에는 당해 매매가액을 시가로 보지 않는 상속세 및 증여세법(상증세법)의 태도와 같은 맥락의 입장으로 볼 수 있다(법 제60조). 여기에서 시가는 특수관계가 없는 제3자간에 이루어진 객관적인 매매가격 즉, 공정교환가치(Fair Market Value)를 반영하고 있다고 인정되는 가액이다.

반면 1판결의 항소심 재판부는 객관적 교환가치를 반영한 거래 가격을 시가로 보아야 한다고 보면서도, 장외 거래소의 전체 시가 평균이 아니라 거래량과 거래횟수 등이 고려된 범행 전 특정 시점의 시가를 범행 가액으로 보았다. 해당 가액이 평균 가액으로는 최저 가액인 점을 고려하면, 위 판시는 죄형법정주의 원칙을 강조하면서 구체적인 해결을 도모한 것이지 일반론에 가까운 판시를 한 것은 아니라고 보인다.

재산상 이익의 시장가치인 객관적 교환가치를 산정함에 있어 거래량과 거래횟수 외에도 거래 상대방이 불특정 다수인인지 여부, 가격 등락이 발생한 원인을 피고인이나 거래소 측에서 제공하였는지 여부 등을 고려할 수 있다. 거래 상대방이 불특정 다수인이 아니라면 그 거래 가액은 객관적 교환가치라기보다는 주관적 교환가치에 가까울 것이고, 피고인이 가격 등락에 영향을 끼쳤거나 거래소 측에서 부정한 목적으로 인위적으로 가상자산 물량 공급을 통해 가격 등락에 영향을 끼쳤다면 이는 자연스러운 상태에서의 합리적·객관적 시장 상황이 아니기 때문이다. 2판결의 1심 재판부와 항소심 재판부의 판단이 갈리게 된 부분 역시 피고인이 범행으로 취득한 가상자산이 시장으로 유통될 경우의 전체 유통량이다. 1심 재판부는 그 유통량에 따라 가격이 폭락할 가능성을 높게 보았고, 항소심 재판부는 그것을 제외하고도 기존에 형성된 거래량과 거래 횟수가 객관적 가액을 형성하기에 족하다고 보았다. 시장의 유통량의 변화 등을 고려하지 않은 채 소수의 가상자산이 상장되어 유통됨에도 전체 가상자산의 가격을 적용하는 것은, 가상자산 보유자에게 과도하게 낙관적인 평가 금액에 대한 정보를 제공하게 하고, 이해관계자에게 왜곡된 정보를 제공하게 할 가능성이 높다. 물론 거래소 측에서 물량을 공급하는 것을 금지하는 규정이 없고, 거래소 측이 비정상적인 시장상황(가령 거래소 간 가상자산 가격 차이가 크게 발생하여 이를 조절하기 위한 경우 등)을 시정하기 위한 목적에서 그러한 공급에 나선 경우 등에는 달리 볼 여지가 있다. 참고로 상증세법은 시가를 '불특정 다수인 사이에 자유롭게 거래가 이루어지는 경우에 통상적으로 성립된다고 인정되는 가액'으로 보고 있고, 이를 파악함에 있어서 거래규모, 거래방식, 시세가액을 공시하는 사업자가 가상자산사업자 또는 이에 준하는 사업자인지 등을 고려하고 있다(법 제60조 제1항 제2호, 제2항, 제65조 제2항, 법 시행령 제60조 제2항).

1판결의 경우 2판결과 다르게 1심 재판부와 항소심 재판부의 범행 가액 판단이 달라지면서 범죄 구성요건이나 적용되는 특경법의 구체적 조항이 달라지지는 않았다. 판례는 구성요건의 경계를 이루는 '이득액이 5억 원 또는 50억 원 이상인지 여부'만이 구성요건요소이고, 그 구성요건 내에서의 이득액은 단지 양형요소에 불과하다는 입장으로서(대법원 1989. 10. 24. 선고 89도641 판결, 대법원 2009. 7. 23. 선고 2009도3712 판결 등), 추징액의 인정이나 도박자금의 입금액 규모 등 범죄 구성요건에 해당하지 않는 사항에 대해 엄격한 증명이 아니라 자유로운 증명으로 족하다고 판시해 오고 있다(대법원 2001. 9. 4. 선고 2000도1743 판결, 대법원 2007. 3. 15. 선고 2006도9314 판결, 서울중앙지방법원 2021. 10. 26. 선고 2021노1949 판결 등). 그러나 일각에서는 특경법으로 의율하는 경우에는 그 구체적인 액수가 구성요건요소이므로 특경법의 구체적 조항을 넘어서 이득 액수를 특정할 필요가 있다는 입장을 취하고 있는데, 이러한 관점에서는 1판결이 적극적으로 재산상 이득액을 특정한 것은 바람직한 판시라고 할 것이다.

(2) 배임죄에서의 손해액

2판결의 항소심 재판부는 B의 가액으로부터 재산상 이익액을 산정하고, 위 이익액과 병 회사의 손해액이 같다고 보았다. 한편 위 재판부는 방론으로 1심 재판부의 판단과 같이 병 회사의 손해액이 B의 시가가 하락한 만큼의 불상액에 해당할 가능성을 열어 놓았다. 이는 근본적으로 형법상 배임죄가 재산상 이익의 취득과 손해의 발생을 구성요건으로 하면서도 특정법상 배임죄에 있어서는 전자에 대해서만 가중 요건을 규정하고 있는 데에서 파생되는 문제이다. 배임죄의 '손해를 가한 때'의 해석에 관하여 판례가 취하고 있는 위험범설(대법원 2014. 2. 13. 선고 2011도16763 판결)과 침해범설의 대립이 있는데, 후자의 견해에 의할 경우 이러한 시가 하락이 배임죄의 미수에 해당한다고 볼 여지가 있다. 2판결의 B는 총 발행량이 한정되어 있어 침해범설에 의하더라도 이미 현실의 손해가 발생하였다고 포섭할 수도 있지만, 총 발행량이 한정되어 있지 않은 가상자산의 경우나 피고인이 유통한 가상자산의 양이 많지 않을 경우에는 그렇게 단정하기 어려울 것이다.

2. 상장 후 생성된 가상자산

1판결의 범죄사실은 피고인이 을 거래소에서 허위의 A를 생성하여 이를 같은 거래소에서 다른 가상자산으로 교환한 사안에 관한 것으로서, 'A 생성 당시 을 거래소의 A 거래가격에 상응하는 비트코인 개수를 산정'한 것은 위와 같은 행위에 대응하는 산정방법인 것으로 보인다. 다만 그렇게 얻어진 비트코인 개수에 대해 ① A 생성 시점의 ② 한국의 특정 거래소의 비트코인 한화 시가를 적용한 것에 대한 구체적인 근거가 드러나지 않은 점은 아쉽다.

1판결의 피고인은 이 사건 전자지갑에서 을 거래소로 A를 전송하는 방법으로 범죄사실을 저질렀는데, 여기서 '① A 생성 시점'은 이 사건 전자지갑에서 을 거래소로 전송 명령어를 입력한 시점이 아니라, 위 전송 입력어가 실행되어 실제로 A가 생성된 것으로 을 거래소 화면에 나타난 시점이다. 이와 같은 전송은 전자지갑과 거래소 사이에서 뿐만 아니라 전자지갑 상호간, 거래소 상호간에도 이루어진다. 문제는 발송 전자지갑 내지 거래소에서 전송을 실행하는 명령어를 입력하였는데, 수신 전자지갑 내지 거래소에 해당 가상자산이 입력되지 않는 등의 오류가 발생한 경우이다(흔하지는 않지만 리플 등 가상자산의 경우 전송 주소 입력 방식이 다른 가상자산과 달라 이런 상황이 생기기도 한다). 이 경우 해당 가상자산에 대해 유효한 지배행위가 있다고 볼 수 없으므로(송금행위에 관한 대법원 2003. 7. 25. 선고 2003도2252 판결 등), 이는 사기죄의 미수범으로 취급해야 한다.

　다음으로 '② 한국의 특정 거래소'와 관련하여, 만약 피고인이 위 특정 거래소만을 이용하지 않고 한화 전환이 가능한 여러 거래소를 이용했을 경우에는, 해당 거래소들 전부 또는 한국에서 가상자산의 한화 전환이 가능한 거래소 전부의 비트코인 한화 시가를 평균한 값을 시가로 보는 것이, 특정 거래소만의 시가를 채택하는 것보다 더 합리적인 방법으로 보인다. 더 나아가 세법 영역에서 여러 거래소의 평균을 기준으로 가액 산정을 하게 될 경우 그러한 산정방법이 형법 영역에까지 들어올 수 있다.

3. 소결

　죄형법정주의 원칙에 따라 형사법 분야에서는 가상자산의 가액이 여러 날에 걸쳐 형성된 여러 개의 가액 중 가급적 소극적으로, 최저 가격에 수렴하는 방향으로 산정될 가능성이 높다. 다만 2판결은 이러한 소극적 산정을 넘어서 가액을 알 수 없다고까지 판단하기 전에 프라이빗 세일, 범행 및 상장 기간 전후에 걸쳐 형성된 수개의 가격의 형성 경위, 주체 등을 충실하게 심리하여야 함을 요구하고 있다.

참고문헌

김　신, 『배임죄에 대한 몇 가지 오해』, 법문사(2020)

서동기, "가상자산에 대한 세법개정안 소개 및 해설, 가장자산 관련 조세법 규정"

이주원, "특정경제범죄 가중처벌 등에 관한 법률위반(배임)죄에서 이득액 개념의 합리적 재해석 – 과연 손해 발생의 위험액이 곧 이득액인가? –", 인권과 정의 제436호(2013)

최상우, 전우수, 김세영, 『기업금융과 M&A』, 삼일인포마인(2003)

한웅희, "가상자산의 법적 가액 산정에 관한 연구", 경기중앙지방변호사회, 수원지방법원, 아주대학교 법학전문대학원 공동주관 판례연구회(2021)

[2] 사기죄의 성부와 관련하여
가상자산의 경제적 가치 유무의 판단 기준

— 부산지방법원 2019. 11. 5. 선고 2019노1271 판결, 2020. 2. 13. 상고기각 확정 —

[사실 개요]

1. 피고인들은 공범자들과 함께 2016. 5.경 X 코인을 개발 및 이를 판매하여 투자자들로부터 투자를 받기로 하고, 2016. 5. 11.경부터 2017. 12. 12.경까지 'X 코인은 이더리움 2.0버전을 응용하여 개발한 코인으로서, 비트코인과 같이 채굴형 코인이며, 세계 최고의 기술력으로 만들어져 빠른 전송 속도와 용량을 가지고 있어 이더리움보다 기술적으로 더 뛰어나고, 상용화가 되어 즉시 결제가 가능하게 되는 실용적인 화폐이므로 가격이 크게 오를 수밖에 없어 투자하면 큰 수익을 올릴 수 있다. 6개월에서 1년 안에 알라딘 코인이 코인마켓 캡에 등재되면 10배에서 최고 1,000배까지 가격이 오를 것이다. 본인 명의로 130만 원, 390만 원, 650만 원, 1,300만 원, 3,900만 원을 납입하면 구매한 금액에 상응하는 X 코인을 지급하고, 6개월 후에는 언제든지 거래소를 통하여 X 코인을 현금으로 환급 가능하고, 투자한 금액의 80%까지 X 코인 일일 매출액의 10%를 균등 분할하여 모든 투자자들에게 일배당으로 지급한다'는 취지로 설명하고, 다단계 수당을 지급하겠다고 이야기 하여 합계 25,250,661,659원을 투자금으로 지급받았다.

2. 검사는 X 코인이 사실상 아무런 가치가 없는 가상자산임을 전제로 피고인들을 사기 및 방문판매등에 관한법률위반 혐의로 공소제기 하였고, 제1심법원은 전부 유죄로 판단하였으며(부산지방법원 2019. 4. 12. 선고 2018고단4901 판결), 이에 피고인들은 사실오인 및 법리오해, 양형부당을 이유로, 검사는 양형부당을 이유로 각 항소하였다. 피고인들은 ① X 코인은 세계적인 기술력을 바탕으로 발행된 가상자산으로 가치가 있고, ② 피고인들은 X 코인 사업의 장래성을 신뢰하여 투자자들을 모집하거나 이에 관한 홍보 강의를 하였을 뿐이며, 과도한 수익을 약속한 바가 없고, ③ 피고인들은 X 코인에 대하여 다른 공범의 말을 그대로 믿고 사업을 진행한 것으로 사기 범의가 없었다고 주장하였다.

[판결 요지]

1. 기술적 측면에서, X 코인은 이미 시중에 발행된 다수의 다른 가상자산에 비해 기술적으로 별다른 차별성이 없다.

2. 거래 가능성 측면에서, X 코인은 공범들이 관리·운영하는 특정 거래소에서만 거래가 가능할 뿐, 다른 일반 가상화폐 거래소에는 거래가 불가능하고, 위 거래소에서도 2017. 5.까지 X 코인 투자자드 외에 일반 코인 구매자는 거의 존재하지 않았다. 위 거래소에서의 거래들 역시 자전거래에 해당하는바, 위 코인은 공개된 거래소에서 일반인 사

이의 수요와 공급에 따른 거래가 이루어지기 어려운 가상화폐로서, 가상화폐 거래소에서의 거래가치가 거의 없었던 것으로 보인다.

3. 현금화 가능성 측면에서, X 코인을 발행·판매한 A는 위 코인을 현금화해 줄 능력이 되지 않으므로, 위 코인 투자자들이 투자원금을 일부라도 회수하기 위하여는 이를 제3자에게 매도하여야 한다. 그러나 위 코인이 일반인에 의해 정상적으로 거래될 가능성이 거의 없어, 투자자들이 이를 제3자에게 매도하여 투자금을 회수하기는 어려운 것으로 보인다.

4. 활용 가능성 측면에서, X 코인은 공개된 거래소에서 일반인 사이의 수요와 공급에 따른 거래가 이루어지기 어려운 가상화폐로서, 가상화폐 거래소에서의 거래가치가 거의 없었던 것으로 보인다.

해설

I. 대상판결의 의의 및 쟁점

대상판결에서 피고인들은 공범들과 자체 개발한 X 코인에 대하여 다수의 투자자들로부터 거액의 투자금을 유치하였다. 검사는 위 코인이 사실상 아무런 가치가 없고, 피고인들이 이러한 사정을 잘 알고 있었다면서 피고인들을 사기, 방문판매법위반 혐의로 공소제기하였고, 제1심법원과 항소심인 대상판결은 모두 피고인들에 대하여 유죄를 선고하였고, 대법원 역시 이러한 결론을 유지하였다.

대상판결에서는 특히 사기죄의 성부와 관련하여 X 코인의 재산상 가치가 있는지가 주요 쟁점이 되었다. 가상자산의 경우 부동산, 주식 등 다른 자산들과 비교해 역사가 매우 짧아 아직 그 가치를 제대로 평가하는 합의된 방식은 존재하지 않는 것으로 보이고, 대상판결과 같이 발행 직후로 활용 용도가 정하여 있지 않아 미래가치를 보고 투자하여야 하는 경우에는 더욱이 그 평가가 어려울 것이다. 다만, 객관적인 가치 산정은 어렵더라도 ,사기죄의 구성요건인 기망행위와 고의를 판단함에 있어서는 피고인들이 X 코인에 대해 피해자들에게 한 이야기, 피고인들이 X 코인의 발행을 위한 추진 상황, 이에 대한 인식 등 여러 정황들을 고려한 판단이 가능하므로 반드시 객관적인 가치의 평가가 선행되어야 할 필요는 없어 보인다.

이하에서는 우선 현재 참조할 만한 가상자산 가치 산정법을 살펴보고 대상판결의 X 코인이 경제적 가치가 있는지 피고인들이 기망행위 및 고의가 있었는지를 살펴본다.

II. 대상판결의 분석

1. 가상자산의 가치 산정 방법

가상자산이 자산으로서의 가치를 인정받고 활발한 거래가 이루어지고 있는 만큼 과세를 위한 시가 산정방법은 소득세법과 상증세법 등에서 여러 규정이 존재한다.[1]

그러나 가상자산의 가치를 산정하는 일반적인 방식은 아직 존재하지 않는 것으로 보이고, 다만 실무에서는 객관적인 가치 평가를 하기 위한 여러 시도와 이론들이 등장하고 있다. 이 중 몇 가지를 소개해 본다.[2]

매트칼프의 법칙(MetCalfe's Law)은 네트워크의 가치는 네트워크 참여자(노드)들을 이어주는 연결고리 수에 비례한다는 이론인데, 이를 각 가상자산 블록체인 네트워크에 적용하여 그 가치를 산정할 수 있다고 한다. 다만 위 방식은 네트워크 참가자 수의 측정이 어렵고, 참가자들을 질적으로 구분하는 것은 곤란하다는 단점이 있다.

고전 경제학의 화폐 수량 이론을 토대로 한 가치 평가 방식이다. 기존 화폐 수량 이론[3]을 가상자산에 그대로 적용하여 '가상자산 가치 × 유통속도 = 가상자산 가격 × 총 발행량'으로 계산되므로 이를 통해 가상자산의 가치를 산정한다. 이더리움 개발자인 비탈릭 부테린은 위 화폐 수량 이론을 심화하여 '거래량 ÷ 유통속도 = 가상자산의 가격 × 총 발행량'과 같은 모델을 제시하였다. 그러나 위 두 가지 방식은 모두 블록체인 네트워크 밖에서 이루어지는 거래로 인해 가상자산의 유통속도를 수치화하기 어렵다는 한계가 있다고 한다.

원가접근법은 재화의 생산원가로 적정 가격이 수렴한다는 이론으로, 최초 비트코인의 적정 가격을 측정하기 위한 방법으로 활용되기도 하여, 채굴기, 전기로, 채굴 난이도 등을 총괄한 원가접근법을 이용한 비트코인 적정 가격 산정 시도가 있었고 그 이후에도 위 방식을 활용한 비트코인의 가치 평가 모델은 발전하고 있다고 한다. 그러나, 원가 상승과 가격 변동의 인과관계가 불분명하고, 지분증명방식의 가상자산에는 원가 개념이 없어 이 모델을 적용하기 곤란하다는 단점이 있다.

Market Value/Realized Value 비율(MV/RV)에 의한 가치평가 방식이다. 이는 가상자산

---

1) 소득세법 제21조 제1항 제27호, 소득세법 시행령 제88조 제1항, 상증세법 제60조 제1항 제2호, 제65조 제2항, 시행령 제60조 제2항 제1호, 상증세법 시행령 제60조 제2항 제2호
2) 정석문, '가상자산 밸류에이션에 대한 고찰', 코빗 리서치, 2022. 1. 26., '디지털자산 가치평가법 기타 모델', 업비트 투자자보호센터(2021. 12. 14.), https://m.upbitcare.com/academy/education/coin/47; '디지털자산 가치평가법 stock−to−flow 모델', 업비트 투자자보호센터(2021. 12. 14.), https://m.upbitcare.com/academy/education/coin/46; '가상자산 밸류에이션 모델 6가지 소개', 블록체인밸리프리미엄(2022. 1. 24.자), https://contents.premium.naver.com/fintecchpost/coin/contents/220127131157190dv
3) 통화량 × 화폐의 유통속도 = 자산의 가격 × 총생산량

거래 내역은 오픈소스 분산 장부에 모두 기록된다는 점을 이용한 방식이다. Realized Value는 온체인 데이터를 이용하여 기존의 시가총액에 새로운 인사이트를 추가한 지표로, 각 가상자산이 체인상에서 마지막으로 거래됐을 당시의 시가를 적용하여 유통 가상자산의 가치를 평가할 수 있다. 위 방식은 공개된 온체인 데이터 기반의 비율이기 때문에 특정한 가정 없이 비교적 쉽게 수치를 산출할 수 있다는 장점이 있지만, 과거 투자자들의 행동 패턴이 반복된다는 가정을 통해 이루어지는데 이러한 가정이 유효하지 않을 수 있다는 문제가 있다.

Network Value/Network Transaction Value 비율(NV/NTV)에 의한 가치평가 방식은, 기업 가치의 원천인 순이익과 시장에서 평가하는 기업가치의 비율을 기준으로 고평가/저평가 여부를 판단하는 것처럼 네트워크 또한 그 가치의 원천인 온체인 거래량과 시장에서 평가한 네트워크의 시가총액의 비율을 기준으로 적정 가치를 산정하는 방식이다. Network Value는 블록체인 네트워크의 가치로서 시가총액과 사실상 동일한 개념이고, Network Transaction Value는 네트워크상에서 교환되는 거래량이다. 위 모델 역시 과거 투자자 행동 패턴이 반복된다는 가정에 기초한다는 단점이 있다.

Stock-to-Flow 모델은 희소성에 방점을 두어 총량을 생산량으로 나눈 비율로 그 가치를 산정하는 방식이다. 총량이 제한된 비트코인 등 일부의 가상자산에서만 적용가능하고, 가상자산의 높은 변동성을 설명하지 못하며 수요에 대한 논의가 생략되었다는 등의 비판이 있다.

2. X 코인의 경제적 가치의 존부 및 사기죄의 성부

(1) 경제적 가치 존부에 대한 판단

앞서 본 바와 같이 가상자산의 가치평가를 할 수 있는 객관적이거나 합의된 방식은 없는 것으로 보여 대상판결에서 X 코인의 가치를 평가하는 것은 쉽지 않다. 그럼에도 대상판결은 나름의 기준을 세워 X 코인의 경제적 가치의 존부를 판단하였다. 대상판결은 X 코인의 경제적 가치를 ① 기술적 측면, ② 거래 가능성 측면, ③ 현금화 가능성 측면, ④ 활용 가능성 측면에서 평가하였다.

먼저 기술적 측면에서, X 코인은 기존 이더리움과 기술적으로 거의 동일한 기능만 있었을 뿐 시중의 다른 가상자산과 비교하여 기술적으로 더 나은 점은 없었던 것으로 보았다. 거래 가능성 측면에서는, X 코인은 A 등이 관리, 운영하는 거래소에서만 거래가 가능하고, 해당 거래소에는 사실상 위 코인만의 거래만 이루어지고 있었으며, 거래 역시 대부분 자전거래에 해당하고, 최초 발행한 코인 외에 채굴을 통해 새로 발행되는 코인도 없었다. 이처럼 X 코인은 정상적인 거래가 전혀 이루어지지 않고 있었다. 현금화 가능성 측면에서도 정상적인 거래가 거의 없어 거래소에서의 거래를 통한 현금화는 매우 어려웠고, 위 코인을 발행한 A 등은 다단계 방식의 영업만을 할 뿐 별다른 수익은 없었던 터라 현금화도 쉽지 않은 상황이었다. 마지막으로 활용 가능성 측면에서, 해당 코인은 지급결제 수단이나 기타 다른 용도로 사용할 수 있는 영역도 없었다. 대상판결은 이러한 사정을 들어 X 코인의 경제적 가치를 부인하였다.

앞서 본 여러 가상자산 가치 평가 방법에서도 거래량이나 해당 가상자산의 블록체인 네트워크에 참여하는 자들의 수, 거래 가격 등을 요소로 삼고 있는바, 이러한 요소들은 중요한 판단기준이 될 것이다. 추가로 X 코인과 같이 발행 직후의 가상자산은 위와 같은 지표만으로는 경제적 가치를 평가하기 곤란하므로 해당 가상자산을 발행, 유통하고 이를 통해 사업을 영위하는 주체가 위 가상자산을 바탕으로 추진하려는 사업의 내용, 가능성, 추진 내용 등 수치화 되지 않는 부분 역시 고려해야 할 것으로 보인다.

그런데, 대상판결이 설시한 바와 같이 X 코인은 거래량이나 해당 블록체인 네트워크에 참여하는 자들의 수, 거래 가격 등 수치화할 수 있는 부분에 의한 경제적 가치는 사실상 거의 없는 것으로 보이고, 나아가 이를 이용한 각종 사업이나 활용 가능성 등도 가치가 있다고 볼 만한 부분은 전혀 없었던 것으로 보인다. 결국 대상판결의 판단은 매우 타당한 결론으로 생각된다.

(2) 기망행위, 고의, 공모 여부

설령 X 코인의 경제적 가치가 어느 정도 있다고 하더라도 피고인들의 기망행위의 내용, 실제 X 코인의 발행경위, 의도 등에 비추어 기망행위 및 고의 등이 성립할 수도 있다.

대상판결에서 인정된 사실에 의하면, X 코인을 발행한 A는 다른 가상자산 투자 사기 범행을 저지르던 중 투자자들에게 돈을 지급하지 못하게 되자 X 코인을 발행하고 이를 다시 다단계 방식으로 투자금을 받아 종전 가상자산 투자자들에게 이를 지급한 것이었다. 즉 X 코인은 애초에 경제적 가치를 중요하게 생각하고 개발 및 발행, 유통되고, 그 관리를 한 것은 아닌 것으로 보이고, 피고인들은 이러한 사실을 A로부터 들어 이미 알고 있었던 것으로 보인다. 그럼에도 피고인들은 투자설명회 등을 통해 피해자들에게 월등한 기술력, 조속한 상용화 및 지급결제 수단으로서의 활용, 단기간에 가격 폭등 등을 이야기하여 투자금을 받은 것인바, 설령 X 코인이 일부 가치가 있다고 하더라도 피고인들의 X 코인에 대한 인식 내용, 기망행위의 정도, X 코인의 실제 가치, 다단계 방식을 통한 투자로서의 한계 등으로 고려하면, 피고인들의 이러한 행위는 기망행위 및 고의, 공모 등 피고인들이 부인한 구성요건들에 충분히 해당한다고 봄이 상당하다.

Ⅲ. 대상판결의 평가

대상판결에서는 특히 피고인들의 사기죄 성부와 관련하여 피고인들이 공범과 발행한 X 코인의 경제적 가치가 있는지가 중요하게 다루어졌다. 특히 아직 가상자산 가치 평가 기준이 명확하게 마련되지 않은 상태에서, 대상판결은 기술적, 거래 및 현금화 가능성, 활용도 등의 측면으로 일응의 기준을 세워 그 재산적 가치를 평가하려는 시도를 하였다는 점에서 상당한 의미가 있다.

부동산, 주식, 채권 등 기존 주요 자산들에 비하여 가상자산은 실제 발행되어 거래가 이루어진지 얼마 되지 않은 자산으로 합의된 평가 기준을 세우는 것은 대단히 어려운 일이고 오랜 기간이 걸리는 작업일 것으로 예상된다. 그럼에도 대상판결과 같이 가상자산의 경제적 가치 유무를 판단하여야 하는 경우가 있을 수 있는데, 대상판결은 이러한 사안에서 많은 참고가 될 것이다.

[3] 거래소 고객 이름을 피고인 이름으로 바꾸어
가상자산을 취득한 것이 컴퓨터등사용사기인지

— 서울남부지방법원 2020. 8. 12. 선고 2020고단2292 판결, 2020. 8. 20. 확정 —

[사실 개요]

가상자산 거래소('이 사건 거래소') 직원인 피고인은 고객들이 가상자산인 A를 이용하여 다른 가상자산의 종류인 B 및 C의 매수 주문을 한 후 이를 취소하는 경우, 컴퓨터 데이터베이스의 고객들의 이름을 피고인의 이름으로 바꾸어 입력하는 등의 방법으로 피고인의 개인지갑으로 A 가상자산을 되돌려 받기로 마음먹고, 이 사건 거래소 사무실에서 자신의 컴퓨터를 이용하여 불상의 고객들이 매수 주문한 후 취소한 A 여러 개에 대해서 불상의 고객들의 이름을 권한 없이 피고인의 이름으로 바꾸어 위 거래소의 컴퓨터 데이터베이스에 입력하여 피고인의 개인 지갑으로 위 가상자산을 이동시킨 것을 비롯하여 수회에 걸쳐 A 수개, B 수개, C 수개 상당의 가상자산을 취득하였다.

[판결 요지]

피고인의 행위는 이 사건 거래소를 운영하는 회사를 피해자로 하는 컴퓨터등사용사기죄에 해당한다.

해설

I. 대상판결의 의의 및 쟁점

가상자산 거래는 가장자산 거래소를 통하여 이루어지는 것이 일반적이다. 대상판결은, 피고인이 이 사건 거래소가 보관 중인 고객들의 가상자산을 권한 없이 개인지갑으로 이동시킨 경우 누구를 피해자로 하는 컴퓨터등사용사기죄가 성립하는지에 관하여 판시하고 있다.

II. 대상판결의 분석 및 평가

1. 행위의 측면에서

컴퓨터등사용사기죄는 '허위의 정보 또는 부정한 명령을 입력하거나 권한 없이 정보를 입력·변경'한 경우 성립한다. 대상판결은 피고인의 행위가 '권한 없이 정보를 입력'한 경우에 해당한다고 보았다. 이 사건 거래소에 가상자산 거래권한을 위임한 고객들의 측면에서 보면 이는 권한 없이 정보를 입력한 경우에 해당하지만, 그 과정에서 이 사건 거래소의 사무처리시스템에 예정되어 있는 사무처리의 목적이나 진실한 내용에 반하는 자료를 입력하거나 당해 사무처리시스템에 예정되어 있는 사무처리의 목적에 비추어 지시해서는 안 될 명령을 입력한 경우라면 '허위정보의 입력 또는 부정한 명령의 입력'에 해당할 수도 있다.

2. 피해자의 측면에서

피고인이 가상자산을 자신의 지갑으로 이동시켜 재산상 이익을 얻었음은 의문의 여지가 없다. 문제는 이 사건 컴퓨터등사용사기죄의 피해자가 누구인지인데, 대상판결은 피해자를 이 사건 거래소 운영회사로 보면서 피고인의 범행으로 인해 가상자산의 소실이라는 피해 이외에도 가상자산 거래 서비스를 제공하는 피해자 회사의 대외적인 신인도에 타격이 있었다는 점을 양형요소 중의 하나로 고려하고 있다.

판례는, 타인의 인적 사항을 도용하여 타인 명의로 발급받은 신용카드의 번호와 그 비밀번호를 인터넷사이트에 입력한 사안에서 피해자를 해당 인터넷사이트 운영 회사로 보고(대법원 2003. 1. 10. 선고 2002도2363 판결), 타인의 명의를 모용하여 발급받은 신용카드를 이용하여 ARS 전화서비스나 인터넷 등을 통하여 신용대출을 받는 사안에서 피해자를 대출 금융기관으로 보았으며(대법원 2006. 7. 27. 선고 2006도3126 판결), 예금주인 현금카드 소유자로부터 일정액의 현금을 인출해 오라는 부탁과 함께 현금카드를 건네받아 그 위임받은 금액을 초과한 현금을 인출한 사안에서 피해자를 해당 현금카드 소유자로 보았다(대법원 2006. 3. 24. 선고 2005도3516 판결). 이 중 마지막 판례에 대해서는 '이익 취득'이라는 측면에서는 '현금에 대한 공유지분권으로서의 재산상 이익'이지만 '재산침해'라는 측면에서는 '현금' 그 자체에 대한 소유권 및 소지의 침해가 있으므로, 피해자를 현금카드 소유자가 아니라 현금자동지급기 관리자로 보아야 한다는 취지의 평석이 있다.

고객들이 이 사건 거래소에 가상자산을 임치해둔 경우 가상자산 자체의 소유권은 이 사건 거래소의 운영회사가 가지고 있고, 고객들은 위 운영회사에게 가상자산 반환채권을 가지고 있다고 볼 수 있다. 범죄수익은닉의 규제 및 처벌 등에 관한 법률상 몰수 및 보전 명령은, 가상자산 거래소를 이용하는 개인을 채무자로 보고 그로 하여금 채권 추심, 양도, 담보의 설정 기타 일체의 처분행위를 금지시키고, 해당 가상자산 거래소를 운영하는 회사를 제3채무자로 보고 그로 하여금 가상자산 거래소 이용 개인 명의자에 대한 채권의 지급을 금지시키는 형태로 이루어지고 있다(서울중앙지방법원 2021. 6. 7.자 2021초기1531 결정 등). 이러한 실무의 입장 역시 이 사건 거래소와 그 이용자들의 관계를 위와 같이 파악하는 것과 일맥상통하는 측면이 있다. 그렇다면 가상자산 자체라는 재산상 이익을 취득한 피고인의 행위에 대한 피해자는 문제된 가상자산의 고객들이 아니라 이 사건 거래소의 운영회사라고 보는 것이 타당하고, 대상판결은 이를 확인해주었다고 보인다.

참고문헌

이동신, "예금주인 현금카드 소유자로부터 일정액의 현금을 인출해 오라는 부탁과 함께 현금카드를 건네받아 그 위임받은 금액을 초과한 현금을 인출한 행위가 컴퓨터 등 사용사기죄를 구성하는지 여부", 대법원판례해설 62호 (2006)

한국사법행정학회, "형법 온라인 주석 각칙(6)"(2017)

[4] 가상상거래거래소를 운영하는 자가 허위로 차명계정을 생성하여 허위 원화포인트를 입력하고 이를 이용하여 가상자산 거래가 활발하게 이루어지는 외관을 만들어 고객을 유인한 행위에 대한 법적책임(특히 사기, 사전자기록 위작 및 동 행사죄의 성립여부)

— 대법원 2020. 8. 27. 선고 2019도11294 전원합의체 판결 —

[사실 개요]

1. 피고인 A는 가상화폐(암호화폐) 거래소 운영업체인 주식회사 코미**의 대주주 겸 대표이사로서 회사 업무 전반을 총괄하는 업무를 담당하였으며, 피고인 B는 코미**의 주주 겸 사내이사로서 회사의 자금 등을 관리하는 업무를 담당하였고, 피고인 C는 코미**의 사내이사 겸 홍보팀장으로 회사의 자금 지출, 대외홍보 등 업무를 담당하였으며, 피고인 D는 코미**의 기술개발팀장으로 거래시스템 관리업무를 담당하였다.

2. 피고인들은 2018. 1. 5.경 코미**라는 상호로 인터넷상 가상화폐 거래시스템을 개장함에 있어, 마치 많은 회원들이 코미** 가상화폐 거래시스템을 이용해 매매주문을 내고 그에 따라 매매거래가 활발히 이뤄지는 것처럼 꾸미기 위하여, 코미** 가상화폐 거래시스템상 운영자들의 차명 계정을 생성하고, 그 차명 계정에 실제 보유하고 있지도 않은 가상화폐와 원화(KRW)를 보유하고 있는 것처럼 가상화폐 보유수량과 원화(KRW) 잔고금액을 허위 입력하였다. 피고인들은 다시 속칭 '봇 프로그램' 내지 '마켓 메이킹 프로그램'으로 불리는 자동주문 프로그램을 이용하여 위 차명 계정을 주문자로 하고 위와 같이 허위 입력하여 거래시스템 장부상으로만 존재하는 이른바 '가공 코인'에 대한 매매 주문을 내기로 모의하였다. 피고인들은 코미** 가상화폐 거래시스템 개장 직전인 2018. 1. 5. 08:18경 코미** 사무실에서 '봇 프로그램'의 구동을 위하여 필요한 '차명 계정'과 '가공 코인 및 원화(KRW)'을 생성시키기 위하여, 위 거래시스템의 관리자페이지에 접속한 다음 회원아이디 'k****01@k****.co.kr', 계정명 'A'으로 된 차명 계정(ID)을 생성하고, 실제로는 코미**의 전자지갑에 위 'A' 계정 명의로 '비트코인(BTC)' 1,000,000개가 입고되지 않았음에도 마치 'A'의 계정에 1,000,000개의 비트코인이 입고된 것처럼 허위 보유량 정보인 '1,000,000'개를 조작 입력하고, 거래시스템에서 허위 입력한 보유량 정보를 이용하여 매매 주문 및 거래를 할 수 있도록 시스템 서버상 'A' 계정에 1,000,000개의 비트코인이 입고된 것처럼 표시되게 하였다.

3. 피고인들은 이와 같이 총 30회에 걸쳐 5개의 차명 계정에 계정별로 각 1,000,000개의 '비트코인(BTC)' 잔고(포인트), 1,000,000개의 '비트코인캐시(BCH)' 잔고(포인트), 1,000,000개의 '이더리움(ETH)' 잔고(포인트), 1,000,000개의 '이더리움클래식(ETC)' 잔고(포인트), 1,000,000개의 '라이트코인(LTC)' 잔고(포인트), 100억 원의 원화(KRW) 잔고(포인트)의 보유량 정보를 조작 입력하여 각 위작

하고, 이를 거래시스템상 표시하여 각 행사하였다.

4. 피고인들은 2018. 1.경 코미**의 사무실에서 코미** 일반 회원들이 가상화폐 거래를 위하여 코미**의 법인계좌에 입금한 고객예탁금을 코미**를 위하여 업무상 보관하던 중, 2018. 1. 14.경 고객예탁금이 들어있는 코미** 명의 국민은행 예금계좌에서 피고인 A 명의로 된 기업은행 예금계좌로 10억 원을 이체하고, 2018. 1. 16.경 고객예탁금을 반출하여 고객들에게 지급해 주는 용도로 쓰이는 코미** 명의 기업은행 예금계좌에서 피고인 A 명의 위 기업은행 예금계좌로 10억 원을 이체한 다음, 2018. 1. 26.경 위와 같이 고객예탁금을 빼돌려 피고인 A의 위 기업은행 계좌에 입금해 놓았던 20억 원을 피고인 B의 우리은행 계좌로 이체하고, 2018. 1. 29.경 위 20억 원 중 16억 원을 코미**의 신주발행에 대한 피고인들과 다른 주주들의 청약증거금 명목으로 코미** 명의 기업은행 계좌에 송금하였다.

5. 피고인들은 2018. 1. 5.경 정식 거래시스템 서비스를 제공하여 코미**의 '암호화폐 거래소 서비스'를 개장·운영하면서, 불특정 다수의 이용자들을 상대로, ① 거래소 개장 이전부터 위 나항 기재 범죄사실과 같이 코미** 가상화폐 거래시스템상 차명 계정(속칭 '봇 계정')을 여러 개 만들고, 이들 '봇 계정'에 실물 가상화폐 내지 원화가 입고되지 않았음에도 마치 가상화폐와 원화가 입고된 것처럼 비트코인, 비트코인캐시, 이더리움, 이더리움클래식, 라이트코인 내지 원화(KRW)에 대한 자산보유량 포인트 정보를 허위 입력한 다음, '봇 프로그램'(자동주문프로그램)을 통해 이들 '봇 계정' 간 '가공 코인' 매도·매수 주문을 반복적으로 제출하여 지속적으로 '가장매매' 내지 '자전거래'를 일으키는 방법으로 코미** 가상화폐 거래시스템 내 시장가와 거래량을 조작할 것임에도 이러한 사실을 고객들에게 전혀 알리지 않고, 마치 일반 회원들의 정상적인 매매 주문으로 거래가 체결되어 시세와 거래량이 형성되는 것처럼 행세하였으며, ② 거래소 개장 직후 일반 회원들 간 코인 매매가 제대로 이뤄지지 않자, '봇 계정'에 실물 입고 없이 허위의 포인트를 입력하였음에도 일반 회원들의 실물 입고된 가상화폐인 것처럼 매도 주문을 제출하여 이러한 사실을 모르는 일반 회원들의 매수 주문과 거래 체결시켰음에도, 마치 일반 회원들의 정상적인 매매 주문으로 거래가 체결되어 시세와 거래량이 형성되는 것처럼 행세하였다. 그러나 실제로는 코미** 가상화폐 거래시스템상 피고인들의 운영하는 '봇 계정'과 '봇 프로그램'을 통해 '봇 계정'을 통한 다량의 주문 제출, '봇 계정' 간의 가장·통정 매매를 일으키거나, '봇 계정'을 통해 일반 고객들에게 실물 입고 없이 허위 입력한 '가공 코인'을 매도하는 등 수법으로 거래소 내 거래 주문량과 거래체결량 등을 부풀려 가상화폐 매매가 성황을 이루고 있고 코인 매수세가 꾸준히 유입되고 있는 것처럼 보이도록 하였다. 피고인들은 공모하여 2018. 1. 5.경부터 2018. 3. 12.경까지 사이에 위와 같이 불특정 다수의 이용자들을 기망하여 이에 속은 이용자들로 하여금 총 21,102회에 걸쳐 합계 317억 원 상당을 예탁금 및 수수료 명목으로 코미** 명의 은행계좌로 송금하도록 함으로써 코미**로 하여금 재물의 교부를 받게 하였다.

6. 위와 같은 행위에 대하여 검사는 허위로 차명계정을 만들어 가공코인을 기재하고, 이를 사용하여 거래소의 매매가 활성화된 것처럼 이용자를 기망하였다는 이유로 피고인들을 사기, 사전자기록 작성 및

동행사죄를, 거래소 운영회사의 자금을 개인계좌로 입금한 것에 대해서는 횡령죄로 기소하였다.

7. 1심 법원은 피고인 A에 대해 사기, 사전자기록 작성 및 동행사, 업무상 횡령죄를 모두 인정하였고, 항소심 역시 피고인들이 권한을 남용하여 거래소 운영주체의 의사에 반하는 전자기록을 생성, 행사하는 것은 사전자기록 위작, 동행사죄가 되고, 자본시장법상의 시장조성행위로 볼 수 없다고 판시하였다. 업무상 횡령에 대해서는 단순히 자신들 계좌로 이체한 것만으로는 이 사건의 경위에 비추어 볼 때 업무상 횡령죄가 기수에 이르렀다고 보기는 어렵고, 코미**증자대금을 납입한 경우에 기수에 이르렀다고 판단하였다.

8. 피고인들은 위 항소심 판결에 다시 상고하였고, 대법원은 피고인들의 상고를 모두 기각하였다.

[판결 요지]

1. 전자기록에 관한 시스템에 '허위'의 정보를 입력한다는 것은 입력된 내용과 진실이 부합하지 아니하여 그 전자기록에 대한 공공의 신용을 위태롭게 하는 경우를 말한다(대법원 2015. 6. 11. 선고 2015도1978 판결, 대법원 2015. 10. 29. 선고 2015도9010 판결 등 참조).

코미**는 가상화폐거래에 관한 정보를 전자적 방식에 의해 생성·처리·저장·출력할 수 있도록 인터넷과 연결된 이 사건 거래시스템을 구축하여 이 사건 거래소를 개설하였는데, 이 사건 거래시스템의 구조에 따르면, 위 거래시스템의 관리자이더라도 고객들이 이 사건 거래소 은행계좌 등에 실제 입금한 원화 등과 그에 상응하여 고객들 계정에 나타나는 원화 포인트 등에 불일치가 있는 것과 같은 예외적인 상황이 아닌 한 원화 포인트 등 생성에 관여할 수 없고, 이 사건 거래소의 고객들은 자신들 명의의 계정에 표시된 원화 포인트 등에 상응하는 원화 등의 출금을 코미**에 청구할 수 있는 권리를 가지는 반면, 피고인들이 생성한 차명계정의 명의인들은 이 사건 거래소 은행계좌 등에 원화 등을 입금한 적이 없어 코미**에 대하여 해당 차명계정에 입력된 원화 포인트 등에 상응하는 원화 등의 출금을 청구할 수 있는 권리를 가지지 않는 점에 비추어 보면 피고인들이 이 사건 거래소 은행계좌 등에 원화 등을 실제 입금하지 않았음에도 차명계정에 원화 포인트 등을 입력한 행위는 코미**가 설치·운영하는 이 사건 거래시스템상 차명계정에 '허위'의 정보를 입력한 것에 해당한다고 봄이 타당하다.

2. 형법 제232조의2에서 말하는 '사무처리를 그르치게 할 목적'이란 위작 또는 변작된 전자기록이 사용됨으로써 전자적 방식에 의한 정보의 생성·처리·저장·출력을 목적으로 구축·설치한 시스템을 운영하는 주체인 개인 또는 법인의 사무처리를 잘못되게 하는 것을 말한다(대법원 2008. 6. 12. 선고 2008도938 판결 참조). 고객들이 이 사건 거래소에 원화 포인트에 상응하는 원화가 실재하지 않고, 거래상대방이 이 사건 거래소를 운영하

는 피고인들임을 알았다면 이 사건 거래소를 신뢰하지 않아 이 사건 거래소에서 가상자산거래를 하지 않았을 것이라는 점, 이 사건 거래소는 고객의 가상자산거래에 따른 수수료 취득을 주된 수익으로 하였는데 고객들이 가상자산거래를 하지 않으면 수익이 현저히 줄어들 것이라는 점, 피고인들의 행위를 이유로 이 사건 거래소를 상대로 손해배상책임을 구하는 경우 최종 책임은 코미**이 부담하게 되리라는 점에 비추어 보면 피고인들이 차명 계정에 허위의 원화 포인트 및 가상자산을 입력한 행위는 이 사건 개래시스템의 운영목적과 취지에 반한다.

3. 법인이 컴퓨터 등 정보처리장치를 이용하여 전자적 방식에 의한 정보의 생성·처리·저장·출력을 목적으로 전산망 시스템을 구축하여 설치·운영하는 경우 위 시스템을 설치·운영하는 주체는 법인이고, 법인의 임직원은 법인으로부터 정보의 생성·처리·저장·출력의 권한을 위임받아 그 업무를 실행하는 사람에 불과하다. 따라서 법인이 설치·운영하는 전산망 시스템에 제공되어 정보의 생성·처리·저장·출력이 이루어지는 전자기록 등 특수매체기록은 그 법인의 임직원과의 관계에서 '타인'의 전자기록 등 특수매체기록에 해당한다.

4. 시스템을 설치·운영하는 주체와의 관계에서 전자기록의 생성에 관여할 권한이 없는 사람이 전자기록을 작출하거나 전자기록의 생성에 필요한 단위정보의 입력을 하는 경우는 물론 시스템의 설치·운영 주체로부터 각자의 직무 범위에서 개개의 단위정보의 입력 권한을 부여받은 사람이 그 권한을 남용하여 허위의 정보를 입력함으로써 시스템 설치·운영 주체의 의사에 반하는 전자기록을 생성하는 경우도 형법 제227조의2에서 말하는 전자기록의 '위작'에 포함된다고 판시하였다(대법원 2005. 6. 9. 선고 2004도6132 판결). 형법 제232조의2에서 정한 '위작'의 포섭 범위에 권한 있는 사람이 그 권한을 남용하여 허위의 정보를 입력함으로써 시스템 설치·운영 주체의 의사에 반하는 전자기록을 생성하는 행위를 포함하는 것으로 보더라도, 이러한 해석이 '위작'이란 낱말이 가지는 문언의 가능한 의미를 벗어났다거나, 피고인에게 불리한 유추해석 또는 확장해석을 한 것이라고 볼 수 없다.

5. 대법관 5인의 반대의견

가. 다수의견의 취지는 사전자기록의 '위작'에 유형위조는 물론 권한남용적 무형위조도 포함된다는 것으로, 이는 '위작'이라는 낱말의 사전적 의미에 맞지 아니할 뿐만 아니라 유형위조와 무형위조를 엄격히 구분하고 있는 형법 체계에서 일반인이 예견하기 어려운 해석이어서 받아들이기 어렵다.

나. 이처럼 사전자기록위작죄의 구성요건의 형식과 내용, 그 법정형, 사문서위조죄에 관한 형법의 태도, 그에 대한 일반 국민들의 확립된 관념 등에 비추어 보면, 형법 제232

조의2에서 정한 '위작'은 유형위조만을 의미하는 것으로 해석하여야 한다. 이렇게 해석하는 것이 불명확성에 따른 위헌 소지를 제거하는 헌법합치적 해석이라고 할 수 있다. 그런데 사문서위조와 사전자기록위작을 달리 규율할 합리적 이유가 없음에도, 유형위조만을 처벌하는 사문서위조와 달리 사전자기록위작에 대해서는 형법 제232조의2에서의 '위작'에 무형위조를 포함한다고 해석하는 것은 불명확한 용어를 피고인에게 불리하게 해석하는 것일 뿐만 아니라 합리적 이유 없이 문언의 의미를 확장하여 처벌범위를 지나치게 넓히는 것이어서, 형사법의 대원칙인 죄형법정주의의 원칙에 반한다고 할 것이다.

　　다. 회사는 그 영업을 함에 있어 진실에 부합하는 전자기록 이외에도 부득이한 상황에서 진실에 일부 부합하지 않는 허위내용이 담긴 전자기록을 작성하는 경우도 얼마든지 있을 수 있다. 그런데 허위내용이 담긴 사전자기록이라는 이유만으로 그 작성권자가 누구인지와 상관없이 모두 '위작'에 해당하는 것으로 해석한다면 수사기관은 압수수색 과정에서 당초 수사 중인 피의사실과 관련된 증거를 발견하지 못하더라도 허위내용이 담긴 사전자기록을 발견하여 별건 수사에 활용하는 등 수사권 남용을 초래할 위험이 있다. 이 경우 회사의 경영활동이 위축될 수 있음은 쉽게 예상할 수 있다. 따라서 무형위조와 유형위조에 관한 일반인의 관념이 변화되지 않은 상태에서 형법 제232조의2에서의 '위작'에 사문서위조죄에서의 '위조'와 달리 무형위조를 포함한다고 해석하는 것은 이러한 점에서도 문제가 된다.

해설

I. 들어가며

　　1. 블록체인 기술을 이용한 가상자산과 가상자산을 교환하기 위한 거래소의 등장은 기존에 보지 못했던 많은 새로운 법률적 이슈를 제기하고 있다. 이전에 없던 형식의 범죄가 발생하여 피해를 입힌 경우 어떠한 법을 적용하여 처벌을 할 수 있는지는 죄형법정주의의 대원칙과 관련하여 많이 문제가 된다. 가상자산을 교환·거래하는 거래소 역시 가상자산이 등장하고 이러한 자산을 구매하고 교환하기 위한 시장의 요청에 의해 자연스럽게 생겨났다. 시장의 요구에 의해 자생적으로 생겼기 때문에 규제나 감독을 받지 않은 상태에서 거래소들은 거래소 수익의 극대화를 위해 다양한 시도를 하였다. 그러한 시도 중에는 사기나 도박, 사행성 등 기존 사회에서 허용될 수 없는 성질을 가신 행위들도 많이 이루어졌다. 이 사건 역시 가상자산 거래소가 수익 극대화를 위해 허위로 거래계정을 만들고, 그 계정에 허위의 가상자산과 원화포인트를 생성시킨 후 이를 이용하여 대량의 거래를 한 행위에 대하여 형법상 사기, 사전자기록 위작 및 행사 죄 등을 적용할 수 있는지가 쟁점이 된 사건이다.

2. 이 사건 피고인들에 대해서는 사기, 특정경제범죄법위반(횡령), 업무상 횡령, 업무상 배임, 사전자기록등 위작, 위작사전자기록등행사, 범죄수익은닉규제및처벌등에관한 법률위반, 사전자기록등위작방조, 위작사전자기록등행사방조죄등의 다양한 죄로 기소가 되었다. 그러나 이러한 거래소에서 특수하게 문제된 행위는 가공계정을 사용하여 허위의 가상자산 포인트 및 원화 포인트를 입력하여 자동으로 혹은 개별적으로 가상자산 매도매수를 하게 한 행위이므로 이에 대해서만 분석하기로 한다. 피고인 A의 위와 같은 행위에 대하여 이 사건 가상자산거래소의 고객들을 기망한 사기죄가 성립하는지, 그리고 허위의 가상자산 포인트 및 원화 포인트를 입력한 행위가 사전자기록 위작 및 동행사죄가 성립하는지가 문제된다.

Ⅱ. 사기죄의 성립 여부

1. 공소사실의 특정

가. 이 사건에서 검사는 피고인 A가 가공계정을 만들고 봇 프로그램을 이용하여 가공계정 사이, 혹은 가공계정과 일반 진정 회원들 계정 사이에 거래가 체결되도록 2개월간 계속적, 반복적으로 하였고, 이를 통하여 이 사건 거래소를 이용하는 고객들이 이 사건 거래소에서 많은 이용자들이 이 사건 가상자산거래소 시스템을 이용하여 진정한 가상자산거래를 하고 있고, 그에 따라 가상자산의 시가와 거래량이 정상적으로 형성되는 것처럼 보이게 하는 방법으로 불특정 다수의 이용자를 기망하였다고 공소제기하였는데 이와 관련하여 기망행위의 상대방이 특정이 되지 않아 공소사실이 특정되어 있지 않다고 피고인의 변호사가 주장하였다.

나. 공소사실의 기재에 있어서 범죄의 일시·장소·방법을 명시하여 공소사실을 특정하도록 한 법의 취지는 법원에 대하여 심판의 대상을 한정하고 피고인에게 방어의 범위를 특정하여 그 방어권 행사를 쉽게 해 주기 위한 데에 있는 것이므로, 공소사실은 이러한 요소를 종합하여 구성요건 해당사실을 다른 사실과 구별할 수 있을 정도로 기재하면 족하고, 공소장에 범죄의 일시·장소·방법 등이 구체적으로 적시되지 않았더라도 위와 같이 공소사실을 특정하도록 한 법의 취지에 반하지 아니하고 공소범죄의 성격에 비추어 그 개괄적 표시가 부득이한 경우에는, 그 공소내용이 특정되지 않아 공소제기가 위법하다고 할 수 없다(대법원 2002. 6. 20. 선고 2002도807 전원합의체 판결 등 참조).

이러한 판례의 취지에 따라 이 법원도 이 사건 범죄의 성격에 비추어 다수의 거래소 이용자들을 개괄적으로 표현할 수밖에 없는 부득이한 사정이 있고, 범죄 일람표에서 거래내역을 적시하여 수신계좌번호, 피해자, 송금계좌 등을 적시하여 피해자들을 특정하고 있는 이상 심판대상이 불분명하다거나 피고인들의 방어권 행사에 지장이 있을 정도로 공소사실이 특정되지 않았다고 볼 수 없다고 판단하였다.

2. 기망행위 해당여부

가. 판례의 태도

(1) 사기죄의 요건으로서의 기망은 널리 재산상의 거래관계에서 서로 지켜야 할 신의와 성실의 의무를 저버리는 모든 적극적 또는 소극적 행위를 말하는 것으로서, 반드시 법률행위의 중요부분에 관한 것임을 요하지 않고, 상대방을 착오에 빠지게 하여 행위자가 희망하는 재산적 처분행위를 하도록 하기 위한 판단의 기초 사실에 관한 것이면 충분하고, 어떤 행위가 다른 사람을 착오에 빠지게 한 기망행위에 해당하는가의 여부는 거래의 상황, 상대방의 지식, 경험, 직업 등 행위 당시의 구체적 사정을 고려하여 일반적·객관적으로 판단해야 한다(대법원 1992. 3. 10. 선고 91도2746 판결, 대법원 1999. 2. 12. 선고 98도3549 판결, 대법원 2004. 4. 9. 선고 2003도7828 판결, 대법원 2007. 10. 25. 선고 2005도1991 판결 등).

(2) 소극적 행위로서의 부작위에 의한 기망은 법률상 고지의무 있는 자가 일정한 사실에 관하여 상대방이 착오에 빠져 있음을 알면서도 그 사실을 고지하지 아니함을 말하는 것으로서 일반거래의 경험칙상 상대방이 그 사실을 알았더라면 당해 법률행위를 하지 않았을 것이 명백한 경우에는 신의칙에 비추어 그 사실을 고지할 법률상 의무가 인정된다(대법원 2000. 1. 28. 선고 99도2884 판결, 대법원 2004. 5. 27. 선고 2003도4531 판결 등).

(3) 인터넷을 통하여 일반 이용자들을 대상으로 하는 거래행위에 있어 이용자는 전적으로 서비스제공자가 제공하는 정보나 광고에 의존할 수밖에 없어 서비스 제공자의 정보에 대한 신뢰와 기대는 개인 사이의 거래에서 그것보다 특별히 보호되어야 할 것이며, 피고인이 해당 인터넷 거래업체의 운영자로서 관리자 페이지에서 허무인 명의로 계정을 만들고, 더 나아가 그 계정에 허위로 유·무형의 가치를 얻을 수 있는 지위나 유·무형의 가치를 생성하는 등의 방법을 사용하였음에도 그러한 사실을 감추고 마치 그 계정이 실제 거래에 참여 내지 사용되는 것처럼 거짓된 외관을 만들거나 가장 계정과 일반 실거래자 사이의 거래를 임의로 작출하는 등으로 일반 이용자들로서 가장 계정과 실제 계정을 구분하지 못하게 하고, 결과적으로 그러한 사실을 알지 못하는 불특정 다수의 이용자들로 하여금 그 인터넷 거래업체에 회원가입을 하도록 한 다음, 피고인이 그 이용자들의 재산을 취득하였다면 피고인이 제대로 된 정보를 제공하지 않고 허위 계정을 만들고, 그 계정을 사용하였다는 사실을 묵비함으로서 그러한 사실을 모르고 피고인이 제공한 정보나 광고만을 신뢰한 채 정상적인 거래인 것으로 믿고 그 인터넷 거래에 참여한 회원들로 하여금 재산상 지출하도록 한 행위에 해당하고, 이는 사기죄를 구성한다(대법원 2002. 2. 5. 선고 2001도5789 판결, 대법원

2014. 10. 15. 선고 2014도9099 판결 등).

　(4) 재물편취를 내용으로 하는 사기죄에 있어서는 기망으로 인한 재물교부가 있으면 그 자체로써 피해자의 재산침해가 되어 이로써 곧 사기죄가 성립하는 것이고, 상당한 대가가 지불되었다거나 피해자에게 전체 재산상의 손해가 없다 하여도 사기죄의 성립에는 영향이 없다(대법원 1982. 6. 22. 선고 82도777 판결, 대법원 1995. 3. 24. 선고 95도203 판결, 대법원 1999. 7. 9. 선고 99도1040 판결, 대법원 2000. 7. 7. 선고 2000도1899 판결, 대법원 2007. 1. 25. 선고 2006도7470 판결, 대법원 2017. 12. 22. 선고 2017도12649 판결 등).

　나. 이 사건에서 법원은 다음과 같은 이유를 들어 피고인 A는 허위의 계정을 이용하여 거래를 체결하도록 하여 다수의 실제 이용자들에 의해 진정한 가상자산 거래가 이루어지고 있고, 그 시세가 정상적으로 형성되는 것처럼 보이도록 기망하였다고 판단하였다.

　(1) 미리 이용자들에게 고지되지 않은 방식으로 사실에 기초하지 않은 기망적인 방법을 이용하여 주문량과 거래량을 부풀려 보이는 등 앞서 본 거래소를 선택하는 중요 요소에 관하여 잠재적 고객들에게 진실되지 않은 정보를 제공하거나 진실을 묵비·은폐하는 방식으로 이용자들을 모집하고, 그로 인해 착오에 빠진 이용자들로부터 예탁금 명목으로 가상화폐나 금원을 송금받는다면, 추후 실제로 이용자들에게 예탁금 명목으로 받은 가상화폐나 금원이 반환되었는지 여부와 관계없이, 이러한 행위는 이용자들을 기망하여 예치금 명목의 가상화폐 또는 금원을 편취하는 것으로서 형법상 사기죄를 구성한다.

　(2) 이 사건 거래시스템에서 체결된 전체 거래량 중 5.76%~55.10%에 이르는 거래는 피고인들의 가공계정 사이에, 30.04%~49.24%에 이르는 거래는 가공계정과 일반 이용자들 간에 이루어진 것이어서 봇 프로그램으로 제출된 주문에 의하여 거래당사자의 일방 또는 쌍방이 가공계정인 거래가 35.80%~89.63%에 달하였고, 일반 이용자들 사이에 체결된 거래의 비중은 적게는 9.81%, 많게는 63.29% 수준에 불과하였다.

　(3) 투기세력에 의한 시세조작행위가 있었거나 그러한 위험이 있고, 그 규모가 커서 이 사건 거래소에서 자동적으로 조정되지 못할 정도로 피고인들이 직접 거래에 개입하여 유동성을 공급하는 것이 부득이하다고 볼 증거가 없으며 설령 부득이한 사정이었다고 하더라도 가공계정간 거래체결을 막으면서 유동성을 공급할 수 있었음에도 이러한 조치 없이 반복적으로 가공계정간 다수의 거래체결이 일어나도록 하였다.

　(4) 피고인들이 사전에 이용자들에게 코미**이 시장참여자로 직접 주문을 제출하여 거래에 참여한다는 사실을 고지한 바도 없다.

　(5) 이 사건 거래소가 가공계정에 허위의 포인트를 입력하여 이용자들과 거래한 뒤 부족분만큼 거래소 운영업체 임원에게 송금하여 그가 개인적으로 타 거래소에서 거래한 후 이를 거래소에 채워 넣는 운영방법은 일반적인 이용자들로서는 예측하기 어려운 이례적인

방식일 뿐만 아니라, 그 전체 과정 속에서 피고인들이 코미**의 가상자산이 금원을 송금받고도 이를 반환하지 않거나 도산할 위험, 피고인들이 타 거래소에서 가상자산 거래에 실패할 각종 거래위험에 이용자가 노출되며 이용자들은 이 사건 거래소가 위와 같은 방식으로 운영된다는 사실을 알았더라면 이 사건 거래소를 이용해서 가상자산 거래를 하지 않았을 것이다.

Ⅲ. 사전자기록 위작죄 및 위작사전자기록행사죄 성립여부

1. 이 사건에서는 피고인들이 허위로 가공계정을 만들고 이 계정에 허위의 가상자산 포인트나 원화 포인트가 존재하는 것처럼 데이터를 조작한 것이 사전자기록위작에 해당하는지 여부가 중요한 쟁점이 되었다. 왜냐하면 사문서위조의 경우 위조라 함은 작성권한 없는 자가 타인 명의의 문서를 작성하는 것을 말하고, 작성권한 있는 자가 허위의 문서를 작성하는 소위 무형위조는 처벌하지 않기 때문인데 사전자기록 위작죄의 경우 작성권한 있는 자가 허위의 전자기록을 작성하는 것을 사전자기록위작죄의 구성요건에 해당하는 것인지 아니면 죄형법정주의와 유추해석금지 원칙에 따라 입법이 없는 이상 처벌할 수 없다고 할 것인지가 문제된다. 대법원 전원합의체에서도 5인의 대법관이 반대의견을 내면서 첨예하게 다투어진 사안이다.

2. 형법 232조의 2(사전자기록위작·변작)는 "사무처리를 그르치게 할 목적으로 권리·의무 또는 사실증명에 관한 타인의 전자기록등 특수매체기록을 위작 또는 변작한 자는 5년 이하의 징역 또는 1천만원 이하의 벌금에 처한다"고 규정하고 있고, 형법 227조(공문서 위조죄)는 "공무원이 행사할 목적으로 그 직무에 관하여 문서 또는 도화를 허위로 작성하거나 변개한 때에는 7년 이하의 징역 또는 2천만원 이하의 벌금에 처한다"고 규정하고 있으며 형법 231조(사문서 위조죄)는 "행사할 목적으로 권리·의무 또는 사실증명에 관한 타인의 문서 또는 도화를 위조 또는 변조한 자는 5년 이하의 징역 또는 1천만원 이하의 벌금에 처한다"고 규정하고 있다.

이 사건 대법원 판결의 다수의견은 ① 전자기록은 작성명의인을 특정하여 표시할 수 없고, 생성 과정에 여러 사람의 의사나 행위가 개재됨은 물론 개개의 입력한 정보가 컴퓨터 등 정보처리장치에 의하여 자동으로 기존의 정보와 결합하여 가공·처리됨으로써 새로운 전자기록이 만들어지므로 문서죄에서와 같은 작성명의인이란 개념을 상정하기 어렵다는 점, ② 사전자기록등위작죄를 사문서위조죄와 비교해 보면 두 죄는 범행의 목적, 객체, 행위 태양 등 구성요건이 서로 다르다는 점, ③ 권한 있는 사람이 권한을 남용하여 허위의 정보를 입력하여 시스템 설치·운영의 주체에 반하는 사전자기록을 생성하는 행위를 처벌할 수 없다면 공전자기록을 허위로 작성하는 경우에도 처벌할 수 없다고 해석할 수 있다는 점, ④ 사무처리를 그르치게 할 목적과 권리의무 또는 사실증명에 관한 타인의 전자기록 등 특수매체기록이라는 구성요건이 추가되므로 위작의 개념에 권한 있는 사람이 허위의 정보를 입력한 행위를 포함하더라도 처벌의 범위가 지나치게 넓어져 죄형법정주의의 원칙에 반한다고 볼 수 없다는 등의 근거로 사전자기록의 위작에 유형위조 외에 무형위조도 포함된다고 판시하였다.

이에 반해 소수의견은 ① 다수의견은 유형위조와 무형위조를 엄격하게 구분하고 있는 우리 형법의 체계에 맞지 않을 뿐 아니라 위작의 개념에 무형위조도 포함된다고 해석하기 어렵다는 점, ② 사전자기록등위작죄는 사문서위조죄와 관련지어 헌법합치적으로 해석해야 할 것인데 죄형법정주의의 명확성 원칙에 따르면 우리 형법에 위작에 대한 정의규정이 없는 이상 위작의 개념에 무형위조를 포함한다고 해석할 수는 없다는 점, ③ 대표이사가 당해 회사가 설치운영하는 시스템의 전자기록에 허위의 정보를 입력한 것은 회사의 의사에 기한 회사의 행위로 시스템 설치운영 주체인 회사의 의사에 반한다고 볼 수 없으며 회사는 영업을 함에 있어 부득이한 사유로 진실에 부합하지 않는 허위내용이 담긴 전자기록을 작성하는 경우도 얼마든지 있을 수 있는데 허위내용이 담긴 사전자기록이라는 이유만으로 작성권자가 누구인지와 무관하게 모두 위작이라고 해석한다면 수사권 남용을 초래할 위험이 있다는 점을 주요 근거로 들어 다수 의견에 반대하였다.

3. 피고인들이 허위의 가공계정을 만들고 해당 가공계정에 허위로 가상자산 포인트와 원화 포인트를 입력하여 거래할 수 있도록 한 행위는 전체적으로 자신의 거래소에서 충분한 유동성이 공급된다고 이용자들을 기망하기 위한 목적으로 이루어진 것이다. 이 사건 거래소를 이용한 이용자들을 기망하였다는 이유로 사기죄의 성립을 인정하는 이상 사전자기록위작죄가 성립하지 않는다고 하더라도 전체적인 범죄행위에 대해 피고인들에 대하여 행위에 상응하는 처벌이 없었다고 할 수는 없는 것으로 생각된다. 만일 기망행위가 인정되지 않아 사기죄로 처벌할 수 없고, 피해자가 발생하지 않았다고 가정한다면 회사의 대표이사가 허위로 자신의 회사의 전자기록에 허위의 내용을 기재하였다고 하더라도 반드시 이를 처벌하여야 할 필요성은 없다고 보인다.

다수의견은 여러 가지 이유를 들어 위작의 개념에 권한 있는 자가 허위의 정보를 기재하는 행위를 포섭하였지만 위작의 사전적 의미만으로는 무형위조를 포함하는 해석을 하기는 어렵다. "사전자기록등위작죄는 전자기록 등 특수매체기록에 대한 공공의 신용을 보호법익으로 하는 범죄로서 위 형벌규정이 보호하고자 하는 전자기록 내용의 진정성에 대한 공공의 신용은 권한 없는 사람이 전자기록의 작성 등에 관여한 경우뿐만 아니라, 권한이 있는 사람이 그 권한을 남용하여 허위의 정보를 입력하는 경우에도 위험성이 발생될 수 있다.

나아가 시스템 관리자라고 하더라도 그가 시스템 설치·운영자로부터 부여받은 권한을 초월하거나 남용하여 전자기록의 작성 등을 한 경우에는 위 형벌규정이 보호하고자 하는 법익이 침해된다고 보기에 충분하다"고 다수의견은 판시하였는데 이에 따르면 허위의 정보를 입력하는 경우에는 당연히 권한을 초월하거나 남용한 경우가 된다는 것을 전제로 하는 것이어서 허위로 전자기록을 작성할 권한을 부여받을 수는 없다는 결론에 이르게 된다. 물론 현대사회에서 인터넷을 통한 정보의 신뢰는 매우 중요하다고 할 것이지만 실제와 다른 정보가 기재된 전자기록이 작성된 경우 전자기록작성자를 반드시 처벌하여할 실제적인 필요성은 없을 것이다. 왜냐하면 허위의 전자기록을 신뢰하여 재산을 처분하는 등 피해자가 생긴 경우에는 사전자기록위작죄외에 사기죄등 별도의 죄가 성립할 가능성이 크기 때문이다. 공전자기록에 대해서는 허위공문서작성죄에 대응하여 별도로 처벌규정이 있으므로 그에 반해 사전자기록에 대응되는 사문서위조죄에 허위사문서작성이 포함되지 않는 이상 사전자기록을 허위로 작성한 경우에는 처벌규정이 없다고 보는 것이 균형잡힌 해석으로 판단된다. 이 사건 대법원 전원합의체 판결 이전에도 기존의 대법원 판례가 위작의 개념에 위조와 정보 허위입력을 모두 포함하는 것으로 해석해 왔고, 허위정보입력행위에 대해서는 전자기록의 특성상 공공신용에 대한 훼손 여지가 일반문서보다 훨씬 크다는 점은 다수의견과 같이 권한있는 자의 허위 정보입력도 처벌할 수 있도록 위작의 범주를 해석하는 것이 필요할 수 있지만 그렇다고 하여 죄형법정주의의 대원칙을 완화해서 해석해야 하는 것은 아니다. 이 사건 대법원 판결의 1심 판결에서는 위작의 개념에 허위정보의 입력행위를 포함하지 않는다면 진단서, 검안서 등 허위작성을 처벌하는 대상 문서에 대응한 전자정보를 작성권자가 허위입력한 경우에는 처벌할 수 없다는 불합리가 있다는 점을 지적하고 있으나 허위로 전자정보를 입력하여 허위의 진단서가 전자문서로 작성된 경우 허위진단서작성죄로 처벌할 수 없다고 보기는 어렵다고 생각된다.

4. 권한 있는 자가 허위로 사전자기록을 작성한 경우에도 사무처리를 그르치게 할 목적이 인정된다면 사전자기록등위작죄가 성립할 수 있다는 것이 현재의 판례나 위 판결에 대해 소수의견을 포함한 비판이 있다는 점을 지적해둔다.

Ⅳ. 결론

1. 사기

가상자산거래소가 자신의 고객들에게 운영하는 거래소가 가상자산 거래가 충분히 많이 이루어지는 등 유동성이 풍부하고, 가격정보가 제대로 반영되고 있다고 기망한 경우 가상자산거래소를 선택하는 중요 요소에 관하여 잠재적 고객들에게 진실되지 않은 정보를 제공하거나 진실을 묵비·은폐하는 방식으로 이용자들을 모집하고, 그로 인해 착오에 빠진 이용자들로부터 예탁금 명목으로 가상화폐나 금원을 송금받는다면, 추후 실제로 이용자들에게 예탁금 명목으로 받은 가상화폐나 금원이 반환되었는지 여부와 관계없이, 이러한 행위는 이용자들을 기망하여 예치금 명목의 가상화폐 또는 금원을 편취하는 것으로서 형법상 사기죄를 구성한다. 이 사건에서 피고인들이 허위로 가공계정을 생성하여 코미**이 보유하고 있지 않은 가상자산 포인트와 원화 포인트를 거래소 데이터베이스에 허위입력하여 가공계정을 이용하여 자동으로 다량의 매도, 매수를 반복하게 하여 다수의 이용자들로 하여금 거래가 원활하게 이루어지고 있고 유동성도 충분하다고 판단하게 하여 코미**계좌에 예탁금을 송금하였다면 이용자를 기망하여 위 송금액 상당을 편취한 것이 된다.

2. 사전자기록등 위작

위와 같은 사기범죄를 위하여 피고인들은 허위의 가공계정을 만들고 위 가공계정에 허위의 가상자산 포인트와 원화 포인트 정보를 입력하였는바 이는 사전자기록 위작에 해당한다. 권한 있는 자가 허위의 전자정보를 입력하는 무형위조의 경우에도 사전자기록 위작에 포함된다.

가상자산 포인트나 원화 포인트는 채권적 권리가 있음을 의미할 뿐 위 해당액만큼의 원화나 가상자산이 입금되었다는 것까지 의미하는 것은 아니므로 허위의 전자정보가 아니라는 주장에 대해서도 설령 채권적 권리가 있을 뿐이라고 하더라도 가공계정 명의인이 채권적 권리를 가지고 있지 않으므로 허위의 전자정보를 입력한 것이 된다.

사무처리를 그르치게 할 목적이 있는지와 관련하여 사무처리를 그르치게 할 목적이란 개인 또는 법인이 전자적 방식에 의한 정보의 생성, 처리 등을 목적으로 설치 운영하는 시스템에서 예정된 증명적 기능을 수행하는 전자적 기록을 사용함으로써 이 사건 거래소의 거래시스템을 설치 운영하는 주체의 사무처리를 잘못하게 하는 것을 말한다. 따라서 이 사건 거래시스템의 운영주체인 코미**의 사무처리인 거래시스템에 허위의 가공계정을 만들어 허위의 가상자산 포인트와 원화 포인트를 입력한 행위는 이 사건 거래소 운영주체인 코미**의 사무처리를 그르치게 할 목적이 있었다고 볼 수밖에 없다. 허위의 정보를 입력하는 행위가 사무처리를 그르치게 할 목적이 없는 경우는 상정하기 어렵다.

[5] 가상자산 운영회사의 설립 및 이를 통한 가상자산 발행을 통한 투자 사기 범행에서의 기망행위 및 편취범의의 판단 방법

— 부산지방법원 동부지원 2020. 9. 11. 선고 2020고단881 판결, 2021. 3. 16. 상고기각으로 확정 —

[사실 개요]

1. 피고인은 제3자들과 함께 2018. 10. 초경 가상자산 제작업체에게 X코인의 발행 및 백서 제작을 의뢰하고, 2018. 11. 14.경에는 웹 컨텐츠 개발 및 인터넷홈페이지 제작 등 서비스 제공을 사업 목적으로 하는 회사(이하 '이 사건 회사')를 설립하여 직원을 고용하여 X코인 판매대금 수령 및 홍보 업무 등을 진행하였으며, 2018. 11. 3.경부터 이 사건 회사 홈페이지 공지사항, 오픈카톡방을 통해 불특정 다수인을 상대로 자신들의 거래소에 대한 홍보, X코인의 사전판매, 상장 등의 절차 및 X코인의 성장가능성, 최저 보장 금액 등을 적극 홍보하였다.

2. 이를 통해 피고인은 2018. 11. 15.경부터 2019. 3. 8.경까지 186명으로부터 총 468회에 걸쳐 합계 948,512,300원을 송금 받고, 2018. 11. 8.경부터 2018. 12. 14.경까지 피고인의 전자지갑으로 총 210회에 걸쳐 이더리움 합계 2,959.98개(시가 349,645,322원 상당)를 전송받아 합계 1,298,157,622원을 수령하였다.

3. 검사는 피고인이 다른 공범들과 공모하여 사실상 아무런 가치가 없는 X코인을 이용해 피해자들을 기망하여 거액을 편취하였다며 피고인을 기소하였고, 피고인은 다음과 같은 이유로 기망행위와 편취범의를 부인하였다. ① 피고인은 END코인 거래와 관련하여 특허 출원을 예정하고 있다는 취지로 광고하였을 뿐 특허 출원을 하였다고 광고한 사실은 없다. ② 피고인은 상장예상가와 관련하여 보장 취지로 광고한 것이 아니라 투자자들의 요구에 따라 목표치를 설정하였을 뿐이다. ③ 피고인은 거래소 구동 프로그램 구입 및 서버 임대 비용 등과 관련하여 투자받아 이를 충당할 계획이었다. ④ 투자자들은 자신들의 판단에 따라 투자를 한 것이지 피고인의 기망에 의하여 투자를 한 것이 아니다.

[판결 요지]

피고인의 가장자산 거래소 운영에 관한 지식이나 경험 수준, 자금 사정 및 자금의 인출 경위, X코인의 유통가능성과 이로 인한 대규모 환불발생의 가능성, 허위사실의 고지 등의 여러 제반사정을 고려하면, 피고인은 거래소가 정상적으로 운영되지 않을 것이고 그로 인하여 투자자들이 투자손실을 입게 되리라는 것을 확정적으로 인식하고 있었거나 적어도 미필적으로라도 이를 인식하면서도 투자자들에게는 거래소 운영 및 X코인 투자 전망에 관하여 허위의 사실을 고지하였고, 투자자들은 이에 속아서 피고인 등에게 코인대금을 지급하였음을 충분히 인정할 수 있다.

해설

Ⅰ. 대상판결의 의의 및 쟁점

별다른 재산상 가치가 없음에도 가상자산을 이용하여 적지 않은 사기 범죄와 피해자들이 발생하였다. 특히나 가상자산의 경우 그 자체로 내재적 가치가 있는지에 대하여는 많은 논란이 있지만 적어도 가상자산의 가치는 그 자체 보다는 이를 개발, 발행하는 주체의 역량에 따라 크게 달라진다는 것은 다른 자산들과 마찬가지이다. 이러한 가상자산의 가치는 가상자산의 기술적 장점, 가상자산의 개발, 발행 주체의 역량(자금력, 높은 활용처, 높은 현금화 가능성 등) 등에 좌우될 것이다. 가상자산을 이용한 사기 범죄의 성립에 있어서도 위와 같은 개발, 발행 주체가 가상자산의 가치를 높일 수 있는 노력들을 기울였는지가 기망행위와 편취범의 인정 여부에 있어 중요한 판단 요소가 된다. 특히나 미필적 고의가 인정되는 많은 사안에서는 위와 같은 역량과 노력을 간접사실로 하여 유무죄를 판단할 수밖에 없으므로 더욱 중요한 문제로 부각된다.

대상판결에서 피고인이 다른 공범들과 공모하여 X코인이라는 새로운 가상자산을 개발, 발행하여 투자를 받았는데, 위 가상자산은 기술적으로 별다른 장점이 없었을 뿐만 아니라 피고인의 자금력은 부족하고, 가상자산에 대한 전문적인 지식이 낮았으며, 가상자산의 마땅한 활용처, 유동성 확보를 위한 방안 등도 제대로 갖추지 못한 것으로 밝혀졌다. 나아가 투자 유치를 위해 과장 및 허위광고를 하기도 하였는바, 기망행위와 편취범의가 인정되어 결국 유죄 판결을 받게 되었다.

대상판결과 같이 가상자산을 이용한 투자 사기 사안은 적지 않게 존재하나, 대상판결은 그 중에서도 전형적인 사기 범행에 관한 것으로 구체적인 기망행위의 태양과 편취범의 인정에 있어 구체적인 판단이 있었기에 검토해 볼 만하다.

Ⅱ. 대상판결의 분석

1. X코인 및 거래소의 기술적 특징

피고인은 X코인과 거래소를 홍보하며 '거래 및 보유만으로도 채굴을 하게 되고 거래소 수익을 비트코인 등으로 돌려받게 되는 트레이드 마이닝 방식의 수익공유형 거래소와 블록체인 기반의 커뮤니티가 결합된 혁신적인 가상자산 거래 플랫폼'이라고 홍보하였다. 특히 X코인과 같이 자금력이 부족한 개인이 개발한 가상자산의 경우 당장 대형거래소의 상장을 통한 안정적인 거래가 어려울 수 있어, 전용 거래소에서의 안정되고 꾸준한 거래가 중요하다 할 것인데, 피고인은 거래소 제작 및 유지보수 계약을 체결함에 있어 6대의 서버만을 운영하는 규모의 계약을 체결하였다. 이는 저가형 거래소의 규모로서 동시접속자가 많을 경우 정상적인 거래가 이루어지지 않을 가능성이 많은 규모였고, 실제 거래소가 2019. 2. 7.경 개설되어 X코인이 상장되었는데, 서버 용량 부족 등으로 전산이 마비되는 등 정상적인 거래가 이루어지지 않았다.

또한 X코인 기존 가상자산들과 비교하여 구별되는 뚜렷한 기술적 장점이 있었던 것으로 보이는 사정도 엿보이지 않았다. 이처럼 X코인이나 사실상 X코인이 유일하게 거래되는 해당 거래소가 별다른 기술적 장점이 없고, 초기에 오히려 정상적인 거래가 이루어지지 않았다면 피고인으로서는 거래소 서버의 확충이나 X코인의 활용도를 높이는데 방식으로 사업을 추진하였다면 기망행위나 편취의 범위가 없었다고 볼 사정도 있었을 것이나, 피고인은 아래와 같이 정반대의 행동을 하였다.

2. 피고인의 가상자산에 대한 지식, 경험

대상판결에 의하면, 피고인은 가상자산 거래 경험만 있을 뿐, 가상자산 및 거래소 사이트 개발, 운영에 관하여는 전문적인 지식이 없었고, 공범들은 가상자산 거래 경험도 없었던 사람들이 대부분이었던 것으로 보인다. 사실상 피고인은 X코인 발행 무렵의 코인열풍에 기대어 일단 개발, 발행을 하면 어떻게든 돈을 벌고, 그 돈으로 다시 투자를 하는 식으로 가격을 유지하겠다는 생각을 한 것으로 보인다. 실제 대상판결에서 인정된 사실에 따르면 피고인과 공범들은 X코인의 사전판매가 이루어지면 판매대금을 나누어 가져가기로 하였고, 거래소 운영에 필요한 비용은 향후 들어오는 판매대금으로 충당하기로 하였다는 것인바, 이들의 주된 관심사는 X코인의 지속적인 가치상승을 통한 생태계 발전이 아닌 자신들의 이익 취득이었던 것으로 보인다.

가상자산에 대한 경험이나 전문적인 지식이 없더라도 그러한 사정만으로 편취범의가 확정적으로 존재한다거나 가상자산을 판매하는 경우 곧바로 기망행위에 해당한다고 보기는 어려울 것이다. 만일 피고인이 자신의 부족한 지식과 경험을 전문가의 도움을 통해 보충하기 위해 가용자금을 관련 전문가나 시설 투자에 사용하였다면 거래소가 제대로 운영되지 못하여 결과적으로 가상자산의 가치가 없어졌다고 하더라도 사기의 죄책은 부담하지 않았을 가능성도 있었을 것이다.

3. 피고인 등의 자금력과 자금 사용 내용

대상판결에 의하면, 피고인과 공범들은 애초에 별다른 자금력이 없었다. 가상자산의 내재적 가치의 존재 여부가 불분명한 상황에서 가상자산의 개발 및 발행주체의 자금력은 해당 가상자산의 가치에 분명 긍정적인 영향을 줄 것이다. 가상자산의 개발과 유지, 자체

거래소의 운영 또는 다른 거래소에의 상장, 가상자산의 활용도의 확장 등에는 모두 상당한 자금이 소요됨은 쉽게 예상가능하다. 더군다나 발행 초기의 가상자산일 경우에는 별다른 수익 없이 상당한 기간 개발, 유지를 위한 비용을 지출하여야 하므로 최소한의 자금력이 요구된다. 최악의 경우 발행주체가 해당 가상자산을 다시 되사준다거나 투자금을 보장해 줄 것이라는 기대감 내지 믿음 역시 가상자산의 가치 유지 및 상승에 일정한 기여를 할 것이다.

그러나 피고인 등은 별다른 자금이 없었음에도 오히려 X코인의 사전판매로 확보한 자금 중 약 2/3에 해당하는 약 7억 3,800만 원을 부족한 거래소 서버 확충, 기술 개발, 활용도의 증대 등을 위해 사용하지 않고, 개인적으로 인출하여 사용하였다.

대상판결은 이러한 사정을 근거로 피고인 등이 거래소의 정상적인 운영보다는 코인판매대금을 나누어 가지는 데에 주로 관심을 두었고, 정상적으로 거래소를 운영하려는 의사가 없었다고 판단하였다.

4. 유동성 확보를 위한 방안

가상자산은 거래소를 통한 안정적이고 지속적인 거래가 일어나야 가격 상승을 기대해 볼 수 있다. 이러한 유동성 확보를 위해서는 거액의 대금이 거래되는 대형 거래소에의 상장이 쉽게 생각해 볼 수 있는 수단일 것이나 대형 거래소에의 상장을 위해서는 적지 않은 자금(대상판결에 따르면 수십억 원)이 소요되고 각 거래소마다 요구하는 일정한 심사 기준을 통과하여야 하는데, 개인이 개발, 발행한 X코인의 경우 대형 거래소에의 즉시 상장은 쉽지 않았을 것을 보인다.

대상판결이 인정한 사실에 의하면, 피고인 등은 대형 거래소에 상장을 할 수 있을 만한 자금력이 부족한 것으로 보이고, 결국 거래량을 늘리기 위해서는 자체 거래소에서의 활발한 거래를 유도하여야 했을 것이다. 그럼에도 피고인 등은 거래소 서버 용량을 저가형으로 하여 많은 거래량을 처리할 수 없도록 하였고, X코인 사전판매대금 중 상당액을 개인 몫으로 인출하여 감으로써 결과적으로 거래소 유지보수비를 지급하지 못해 2019. 4.경 서비스가 종료되도록 하였다.

또한 개인이 신규 발행하고, 특별한 기술적 장점이나 활용처가 없는 신규 가상자산의 경우 작은 악재에도 가격이 급격하게 무너지는 일이 비일비재하다. 이 경우 거래소에 이른바 뱅크런과 같은 사태가 발생할 수도 있다. 적어도 피고인은 가상자산 거래의 경험이 있었으므로 이러한 점은 잘 알고 있었을 것이다. 그럼에도 보유자금 중 상당액을 인출하여 유동성 부족을 일으키고, 거래소 서버 부족, 유지보수비 미지급 등으로 대규모 환불 사태가 벌어져 거래소 운영을 중단하게 되었는바, 피고인의 행위는 기망행위, 편취범의를 인정할 만한 중요한 요소로 고려할만 하다.

5. 과장, 허위 광고

일반적으로 상품의 선전, 광고에 있어 다소의 과장, 허위가 수반되는 것은 그것이 일반 상거래의 관행과 신의칙에 비추어 시인될 수 있는 한 기망성이 결여된다 할 것이나 거래에 있어서 중요한 사항에 관하여 구체적 사실을 거래상의 신의성실의 의무에 비추어 비난받을 정도의 방법으로 허위로 고지한 경우에는 과장, 허위광고의 한계를 넘어 사기죄의 기망행 위에 해당한다(대법원 2008. 10. 23. 선고 2008도6549 판결 등 참조)는 것이 일관된 대법원의 태도이다.

피고인은 '국내 최초의 블록체인 커뮤니티 기반의 수익공유형 암호화폐 거래소로서 END코인을 거래 및 보유하는 것만으로도 채굴을 하게 되고 거래소 수익을 BTC, ETH로 돌려받게 되는 트레이드 마이닝 방식의 수익공유형 거래소와 블록체인 기반의 커뮤니티가 결합된 혁신적인 암호화폐 거래 플랫폼으로 특허 출원'했다고 투자자들에게 적극 홍보하였는데, 위와 같은 내용은 사실이 아닐 뿐만 아니라 위와 같은 사항을 위한 노력도 제대로 하지 않았다. 또한 X코인을 30원에 상장시키거나 거래가를 50원에 유지하고 거래소 최저호가를 10원으로 보장해준다고도 하였으나 역시 이루어지지 않았고, 이를 위한 자금력이나 구체적인 실행계획도 없었다.

대법원도 일관되게 설시하는 바와 같이 일반적으로 상품의 선전, 광고에 있어 다소의 과장, 허위가 수반되는 것은 어느 정도 허용되어야 할 것이나 이를 위한 구체적인 계획이나 가능성을 생각하지 않은 채 오로지 투자자를 유치하기 위한 목적으로 거래상의 신의성실의 원칙에 위반할 정도의 허위 또는 과장의 광고를 하는 것은 기망성이 있다고 보아야 하고, 가상자산과 같이 발행 초기 그 자체로 별다른 재산적 가치가 없는 자산에 대한 거래를 함에 있어서는 무엇보다 그 사업 성공을 위한 구체적인 계획과 실행 과정에서의 태양 등이 결여된 채 과도한 광고 등을 하는 경우 그러한 광고에는 기망성이 존재한다고 보아야 할 것이다.

Ⅲ. 대상판결의 평가

대상판결은 전형적인 가상자산을 이용한 투자사기의 전형적인 모습이 담긴 판결이다. 제1심에서 피고인에게 유죄가 선고되었고, 피고인이 양형부당을 이유를 항소를 하였으나 기각되었으며 또 다시 상고하였으나 기각되어 확정되었다.

피고인은 기망행위와 편취범의를 부인하였으나 대상판결은 자세한 사실인정을 통해 피고인에게 유죄를 선고하였다. 특히나 대상판결을 분석하여 보면, 앞서 본 바와 같이 X코인 및 거래소의 기술적 특징, 피고인의 가상자산에 대한 지식, 경험의 정도, 자금력과 자금 사용 내용, 유동성 확보를 위한 조치 등을 세밀하게 분석하여 판단을 하였다. 물론 자금력이 없는 개인이 가상자산을 발행하고 거래소를 운영하면서 가상자산을 불특정 투자자들에게 판매하다가 결과적으로 투자자들이 손해를 보는 경우 모두를 범죄와 연관이 있다고는 볼 수 없을 것이다. 그러나 대상판결에서의 피고인의 행위와 같이 별다른 경험과 지식이 없는 자가 특별한 기술적 장점이 없는 가상자산을 발행하고 사실상 유일하게 거래를 할 수 있는 거래소 운영에 투자, 기술 개발 등을 하지 않고, 오히려 사전판매대금을 자신들의 이익을 위해 인출하여 사용하는 등 가상자산의 가치 유지, 상승을 위한 별다른 노력을 하지 않은 것을 넘어 가치가 하락해도 어쩔 수 없다는 정도로 여겨질 정도의 행위 내지 의도가 있었다면 사기 범죄가 성립할 수 있을 것이다. 대상판결은 이러한 사항에 대해 구체적이고 자세히 설시함으로써 관련 범행에 참고할 만하다.

[6] 보이스피싱 사건에서 코인장집을 사기방조로 인정하기 위한 요건
— 울산지방법원 2020. 10. 29. 선고 2019고단5442, 2020고단1214(병합) 판결,

2021. 10. 29. 항소기각 확정 —

[사실 개요]

1. 성명불상자는 대금을 받더라도 약속한 물건을 보내줄 의사나 능력이 없음에도 2019. 7. 5.경 중고나라 사이트를 통해 피해자 A에게 '대금을 먼저 보내주면 아이폰8을 판매하겠다'라는 취지의 거짓말을 하여, 이에 속은 피해자로부터 B 명의 신한은행 계좌로 50만 9,000원을 송금받아 이를 편취한 것을 비롯하여 그 무렵부터 2019. 7. 6.경까지 11회에 걸쳐 11명의 피해자들로부터 합계 1,721만 8,000원을 편취하였다. 성명불상자는 수사기관의 추적을 피하기 위해 그 무렵 위 피해금 중 458만 원을 피고인 명의의 농협은행 계좌로 송금하고 피고인으로 하여금 가상자산을 구입하여 이를 성명불상자가 지정하는 전자지갑으로 전송하도록 하였다.

   피고인은 피고인 명의 위 농협은행 계좌번호를 성명불상자에게 제공하고, B의 계좌를 통해 피고인의 계좌로 송금된 피해금액을 인출하여 가상자산인 이더리움으로 환전한 후 가상자산 거래소인 빗썸을 통해 성명불상자가 지시하는 전자지갑으로 전송하였다.

2. 피고인은 2019. 5.경 성명불상자로부터 피고인의 계좌로 돈을 입금하면 1%의 수수료를 제외하고 가상자산을 구입하여 성명불상자의 전자지갑으로 보내주는 업무를 제안받고 수락한 후, 성명불상자에게 자신의 농협 계좌번호를 알려주었다.

   성명불상자는 매킨토시 앰프를 판매할 의사나 능력이 없음에도 2019. 7. 3. 불상의 장소에서 인터넷 중고나라 게시판에 '매킨토시 앰프를 판매한다'는 허위의 글을 게시하고, 이를 보고 연락한 피해자 C에게 "돈을 먼저 송금하면 택배로 물건을 보내주겠다"라고 거짓말하여 이에 속은 피해자로부터 같은 날 D 명의로 된 신한은행 계좌로 180만 원을 송금받은 것을 비롯하여 총 20명의 피해자들로부터 같은 방법으로 합계 24,085,000원을 송금받았다.

   피고인은 2019. 7. 3. ~ 4.경 위 24,085,000원 중 5,916,000원을 피고인 명의로 된 농협계좌로 송금받고 그 중 1%를 제외하고 가상자산인 이더리움을 모두 구매한 다음 성명불상자가 알려준 전자지갑으로 전송하였다.

3. 검사는 피고인이 위 성명불상자들의 위와 같은 사기 범행을 용이하게 하여 방조하였다는 이유로 사기방조죄로 기소하였다.

[판결 요지]

이 사건 공소사실은 피고인이 본범인 성명불상자가 피해자들에게 편취범행을 하려는

사실을 알면서도 이를 돕기 위해 피고인 명의의 예금계좌로 피해금액을 송금받아 그 돈으로 가상자산을 구입하여 성명불상자가 지시하는 전자지갑으로 전송하였다는 것인바, 피고인에게 방조범의 죄책을 인정하기 위해서는 정범의 실행을 방조한다는 이른바 방조의 고의와 정범의 행위가 구성요건에 해당하는 행위인 점에 대한 정범의 고의가 모두 인정되어야 한다. 그러한 정범의 고의는 정범에 의하여 실현되는 범죄의 구체적 내용을 인식할 것을 요하는 것은 아니고 미필적 인식 또는 예견으로 충분한 것이지만(대법원 2012. 6. 28. 선고 2012도2628 판결 등 참조), 형사재판에서 범죄사실의 인정은 법관으로 하여금 합리적인 의심을 할 여지가 없을 정도의 확신을 가지게 하는 증명력을 가진 엄격한 증거에 의하여야 하는 것이므로, 검사의 입증이 위와 같은 확신을 가지게 하는 정도에 충분히 이르지 못한 경우에는 비록 피고인의 주장이나 변명이 모순되거나 석연치 않은 면이 있는 등 유죄의 의심이 간다고 하더라도 피고인의 이익으로 판단하여야 한다(대법원 2011. 4. 28. 선고 2010도14487 판결 등 참조).

해설 ─────────────────────────────────────

I. 대상판결의 의의 및 쟁점

이 사건은 보이스피싱 범죄에서 피고인이 본범인 성명불상자가 피해자들에게 편취범행을 하려는 사실을 알면서도 이를 돕기 위해 피고인 명의의 예금계좌로 피해금액을 송금받아 그 돈으로 가상자산을 구입하여 성명불상자가 지시하는 전자지갑으로 전송하였다는 것으로 검사는 사기방조죄로 기소하였다. 이처럼 성명불상자는 자신을 노출시키지 않고 위 범행을 하기 위하여 소위 '일반장집(1차로 피해금을 송금받는 역할)'의 명의 계좌 등으로 피해금을 전달받아 소위 '코인장집('일반장집'으로부터 피해금을 송금받아 코인을 구매한 다음 코인을 송금하는 역할)'인 피고인 등의 계좌를 거쳐 가상자산으로 피해금을 최종 전달받는다. 피고인은 공소사실에 대하여 자신이 보이스피싱 범죄에 가담한다는 사실을 인식하지 못하여 사기의 고의 및 방조의 고의가 없었다고 주장하고 있으므로, 피고인에 대하여 사기방조죄로 처벌할 수 있는지가 문제된다.

II. 대상판결의 판단 분석

1. 정범의 고의와 방조의 고의

방조의 고의란 타인의 범죄를 방조하는 고의를 의미한다. 형법은 방조의 고의를 특별

히 규정하고 있지는 않은데 통설은 과실에 의한 종범의 성립을 부정하면서 종범의 성립요
건으로 방조의 고의가 필요한 것으로 해석하고 있다. 방조행위는 정범의 범죄를 도와주는
것이므로 정범의 범죄 실현에 관한 모든 객관적 행위상황에 대한 인식과 의사가 방조의 고
의의 내용이 되어야 한다.[1] 결국 형법상 방조행위는 정범이 범행을 한다는 정을 알면서 그
실행행위를 용이하게 하는 직접·간접의 행위를 말하므로, 방조범은 정범의 실행을 방조한
다는 이른바 방조의 고의와 정범의 행위가 구성요건에 해당하는 행위인 점에 대한 정범의
고의가 있어야 하나, 이와 같은 고의는 내심적 사실이므로 피고인이 이를 부정하는 경우에
는 사물의 성질상 고의와 상당한 관련성이 있는 간접사실을 증명하는 방법에 의하여 증명
할 수밖에 없고, 이 때 무엇이 상당한 관련성이 있는 간접사실에 해당할 것인가는 정상적인
경험칙에 바탕을 두고 치밀한 관찰력이나 분석력에 의하여 사실의 연결상태를 합리적으로
판단하는 외에 다른 방법이 없다고 할 것이며, 또한 방조범에 있어서 정범의 고의는 정범에
의하여 실현되는 범죄의 구체적 내용을 인식할 것을 요하는 것은 아니고 미필적 인식 또는
예견으로 족하다.[2] 방조범은 정범의 행위가 실행되는 일시, 장소, 객체 등을 구체적으로 인
식할 필요가 없으며, 나아가 정범이 누구인지 확정적으로 인식할 필요도 없다.[3]

2. 대상판결의 경우

이 사건에서 대상판결은 우선, 피고인에게 방조범의 죄책을 인정하기 위해서는 정범의
실행을 방조한다는 이른바 방조의 고의와 정범의 행위가 구성요건에 해당하는 행위인 점에
대한 정범의 고의가 모두 인정되어야 하고, 그러한 정범의 고의는 정범에 의하여 실현되는
범죄의 구체적 내용을 인식할 것을 요하는 것은 아니고 미필적 인식 또는 예견으로 충분하
다고 판시하여 대법원의 판결과 같이 방조범의 죄책이 인정되기 위하여는 정범의 고의 및
방조범의 고의가 인정되어야 함을 명확히 하였다. 즉, 이 사건에서 피고인에게는 보이스피
싱을 범하고 있는 정범의 고의에 대하여 적어도 미필적으로나마 인식하고 있어야 한다는
것이다.

그러나 대상판결은 피고인의 일련의 행위가 성명불상자의 사기범행을 미필적으로라도
알고 있었음에도 이를 용이하게 하기 위해 성명불상자가 송금하는 편취액을 가상자산으로
환전하였다는 점이 합리적 의심의 여지 없이 증명되었다고 보기 어렵다는 이유로 무죄를
선고하였다. 그 주요 근거로는 ① 피고인은 X라는 이름을 사용하던 성명불상자 외에 다른
사람과 대화한 적은 없고, 피고인이 그 성명불상자와 대화한 내용은 증거로 제출되어 있지

---

[1] 온라인주석서 형법총칙(2)(제3판), 한국사법행정학회(2020), 183면(하태한)
[2] 대법원 2010. 1. 14. 선고 2009도9963 판결
[3] 대법원 2007. 12. 14. 선고 2005도872 판결

않은 점, ② 그 무렵 피고인과 유사한 아르바이트를 하던 Y와 X의 대화내역은 증거로 제출되어 있는데, 그 대화내용을 보면 X가 중국인으로부터 가상자산 구매요청을 받아 직접 구매하여 주고 차익을 취득하고 있어 구매요청에 따라 가상자산 구매를 대신해 주면 수수료를 지급하겠다고 설명한 점, ③ 성명불상자가 Y 및 피고인과 전혀 인적관계가 없는 상황에서, 자신의 사기범행 수익금을 자금세탁해 줄, 아무것도 모르는 아르바이트생을 인터넷을 통해 구하는 상황이었다면, Y와의 대화내용이나 성명불상자의 작업 방식이 피고인과의 것과 크게 다르지 않을 것으로 보이는데, 위 Y와 성명불상자의 대화 내용을 보면 피고인이 설명하는 가상자산 거래 경위와 동일하므로, 피고인의 설명이 진실에 가까울 것으로 보이는 점, ④ 피고인이 그 무렵 비록 보이스피싱 조직의 현금수거책 역할을 하기는 하였으나, 이 사건에서 피고인이 X라는 이름을 사용하던 성명불상자를 알게 된 경위는 별개의 것이었고, 피해자로부터 직접 돈을 받는 형태의 현금수거책 역할과, 자신에게 직접 가상자산 구매대행을 부탁하여 반복적으로 그 사람과 같은 이름으로 돈을 송금받아 가상자산을 대신 구매해주는 역할은 유사하지도 않고, 후자의 경우는 피고인 입장에서는 성명불상자가 설명하지 않는 한 그 돈의 출처나 송금인이 동일인인지, 같은 사람인지 알 길도 없는 점 등을 들었다. 결국 위에서 언급한 사정을 종합하면 피고인은 당시 성명불상자의 보이스피싱 사기범행을 미필적으로라도 인식하지 못하였다고 판단한 것이다.[4]

3. 유사판결과 비교판결

대상판결과 유사한 결론을 낸 판결로는 대구지방법원 2020. 10. 14. 선고 2020고단1156 판결[5]이 있다. 이 사건 역시 피고인이 본범인 성명불상자가 피해자들에게 편취범행을 하려는 사실을 알면서도 이를 돕기 위해 피고인 명의의 예금계좌로 피해금액을 송금받아 그 돈으로 가상자산을 구입하여 성명불상자가 지시하는 전자지갑으로 전송하였다는 공소사실로 기소되었는바, 법원은 피고인이 그 명의의 계좌에 입금된 돈으로 가상자산을 구매하여 성명불상자가 알려 준 전자지갑으로 전송할 당시 그 돈이 '보이스피싱' 범행으로 취득된 돈이라는 사실까지 미필적으로 인식하였다거나 이를 예견하였다고 보기 어렵다는 이유로 무죄를 선고하였다. 주요 근거로는 피고인이 성명불상자와 연락이 두절되기 전까지 카카오톡 메시지를 통하여 대화를 하면서 가상자산 구매대행과 관련한 내용 외에 보이스피싱 등 불법적인 용도로 자금의 이체가 이루어지고 있음을 인식하거나 의심할만한 내용의 대화는 하지 않은 것으로 보인다는 것이었다. 피고인이 성명불상자에게 '이 일이 위험할 수 있냐'고

---

[4] 이 판결에 대하여 검사가 항소하였으나 항소심(울산지방법원 2020노1375)은 2021. 10. 21. 항소기각판결을 선고하였고 2021. 10. 29. 그대로 확정되었다.

[5] 이 판결은 검사가 항소하였으나 2021. 8. 13. 항소기각 판결(대구지방법원 2020노3511)이 선고되었고, 다시 검사가 상고하였으나 2011. 11. 11. 상고기각 판결(대법원 2021도11482)이 선고되어 확정되었다.

질문하기는 하였으나 그 이후 성명불상자의 답변 내용을 보면 피고인이 보이스피싱 등 자금의 출처에 대해 의심을 하여 위와 같은 질문을 한 것으로 보기는 어렵다. 또한 피고인은 위 거래과정에서 자신의 업비트 계좌가 정지되자 성명불상자의 요구에 따라 거래가 가능한 동료직원의 다른 계좌를 알아보기도 하였는데, 만일 피고인이 당시 보이스피싱 범죄에 가담하고 있다고 의심을 한 상황이었다면 이와 같이 지인의 계좌까지 성명불상자에게 제공하여 주려고 하지는 않았을 것으로 보인다는 것이다.

이와 대조적으로 피고인에게 사기방조의 유죄를 선고한 판결을 살펴보고자 한다. 창원지방법원 2021. 5. 14. 선고 2021고정29 판결[6]이다. 이 사건 역시 앞서 언급한 사건과 동일한 형태의 범죄로서 사기방조로 기소되었다. 피고인은 이 사건 당시 가상자산 펌핑작업을 하는 것으로 알고 있었을 뿐, 사기 범행에 가담한다는 사실을 인식하지 못하였으므로 사기의 고의 및 방조의 고의가 없었다고 주장하였다. 그러나 법원은 피고인이 일명 Z라는 성명불상자 등이 조직적으로 저지르는 사기 범행의 구체적인 기망내용이나 수법까지는 인식하지 못하였다고 하더라도, 적어도 미필적으로나마 자신의 행위가 사기 범행을 용이하게 하는 것임을 인식하였거나 예견하였음에도 자신의 계좌에 입금된 돈으로 가상자산을 구입하여 전달함으로써 정범의 실행행위를 용이하게 하는 방조행위를 하였다고 판단하였다. 그 근거는 다음과 같다. ① 피고인은 제3자로부터 Z를 소개받았는데, Z로부터 소개받은 일은 가상자산 매매를 통해 시세를 조정하는 것이었다. 이와 같은 가상자산 시세조정행위는 가상자산 거래와 관련된 사기 범행으로 연결될 우려가 있다. ② 피고인은 피고인 스스로도 가상자산을 대신 구입해 주는 대가로 받은 수수료가 과도하다고 생각하고 의구심을 가지기도 하는 등 자신이 사기 범행에 가담하는 것이 아닌지 의심할 만한 상당한 이유가 있었음에도 Z나 Z와 관련된 회사의 정체에 관한 관심조차도 두지 않는 태도를 취하였다. ③ W는 피고인의 소개로 Z를 통해 가상자산 구매대행을 하였는데, 피고인은 W의 계좌가 거래정지된 사실을 안 이후에도 이 사건 범행을 저질렀다. ④ 피고인은 W의 계좌에 문제가 생긴 후 Z에게 자신의 계좌에는 돈을 보내지 말라는 문자메시지를 보내기도 하였고, Z는 W의 계좌가 거래정지된 이유에 관하여 일관성이 다소 떨어지는 설명을 하였다. W의 거래은행이 설명한 거래정지 사유는 돈을 송금한 사람이 신고를 하였기 때문에 송금인이 거래정지를 풀어주어야 한다는 것이었다. 따라서 W의 계좌가 거래정지된 이후에는 송금인이 누구인지 확인해보는 것이 필요하였음에도 피고인은 이 사건 범행으로 자신의 계좌가 거래정지될 때까지 송금인을 확인해 보지도 않은 채 돈을 송금받았다. W는 보이스피싱을 의심하고 경찰에 신고를 하였다. 위와 같은 사정을 보면, 피고인으로서는 자신이 사기 범행에 가담하는 것이

---

6) 이 판결은 피고인이 항소하였으나 2021. 7. 12. 항소기각 판결(창원지방법원 2021노1203)이 선고되었고, 2021. 7. 24. 그대로 확정되었다.

아닌지 충분히 의심할 수 있었다고 판단한 것이다.

　　결국 대상판결과 위 유죄판결의 차이점은 피고인이 정범의 보이스피싱 사기 범행에 대하여 충분히 의심하고 미필적으로나마 인식할 수 있었느냐의 차이라고 할 수 있다.

Ⅲ. 대상판결의 평가

　　대상판결은 보이스피싱 범죄에서 코인장집의 역할을 한 피고인에게 사기방조의 죄책을 묻기 위한 요건에 대하여 설시한 판결로서 의의가 있다. 피고인이 코인장집의 역할을 하는 구조는 대부분 동일하다. 결국 피고인이 코인장집의 역할을 하는 동안 정범의 보이스피싱 범행을 인식하였는지 여부가 핵심이다. 이에 대한 판단은 결국 대법원 판시와 같이 고의와 상당한 관련성이 있는 간접사실을 증명하는 방법에 의하여 증명할 수밖에 없다.

[7] 백서 제작 및 외국거래소에 상장된 가상자산의 투자유도행위가 기망행위가 되기 위한 요건
— 서울남부지방법원 2020. 11. 13. 선고 2020고단2405 판결 —

[사실 개요]

1. 피고인은 제3자들과 공모하여, 2018. 9. 27. SBS뉴스에 'S코인' 백서 공개를 시작으로, SNS를 통해 "S코인은 새로운 알고리즘으로 만든 가상자산이고, S그룹은 약 1,000만 톤의 금이 매장되어 있다고 추정되는 경상북도의 금광에서 새로운 비즈니스를 시작할 것이며, 금광에서 채굴되는 금은 S코인과 교환도 가능하게 될 것이다", "금이 얼마나 나오느냐에 따라 S코인 상장 후 가격이 어디까지 치솟을지는 아무도 모른다", "러시아와 함께 보물선 돈스코이호 공동인양을 추진하고 있는 상태로 진행상황에 따라 언제든 폭발성 호재가 내재되어 있다"라고 피해자들에게 홍보하면서 S코인을 판매하여 2018. 10. 8.부터 2019. 3. 18.까지 총 1,241회에 걸쳐 합계 1,269,910,000원을 교부받았다.

2. 피고인은 제3자들과 공모하여, 2018. 12. 4. 주식회사 U그룹을 설립하고, 2018. 12. 21. U그룹 공식 홈페이지 개설 및 U코인 백서 공개를 시작으로 SNS를 통해 피해자들에게, "U그룹은 한국, 미국, 에스토니아 등 전 세계 부동산을 매입하여 리조트를 개발하고, 분양, 임대, 숙박업 등을 운영하고 있으며, U코인을 구입하면 U 리조트 내에서 숙박, 식사, 영화, 커피 등 모든 부대시설을 이용할 수 있다. 서울 경기권에 가족이 이용할 수 있는 U 리조트가 건설된다. U그룹은 Y홀딩스와 U 리조트&아파트 공동개발 협약 체결하고 1억 달러(한화 약 1,134억 원)를 투자하기로 했으며, 블록체인기술을 접목하면 단기간에 내 집 마련의 꿈이 현실이 된다.", "U코인, S코인은 U페이를 통해서 U그룹 가맹점에서 결제되는 가상자산이고, U페이 ATM을 통해 현금 인출가능하다.", "G코인의 G리조트에는 미국 서부 시대 빈티지 카라반 캠핑장, 수영장, 영화관, 금 채굴장 등이 들어서며, 개장 후 6개월 내 한국, 미국, 중국, 일본 등 전 세계 100만 명 관람객 목표(4,277만 달러, 500억 원)로 하고, 2년 내 1,000만 명 관광객 목표(4억 2,771만 달러, 5,000억 원)로 하여, G리조트에서 발생한 이익을 G코인 소지자에게 보유한 개수만큼 수익을 제공하고, 1,000배 수익 예상한다. G코인에 글로벌 전략팀이 합류하여 조만간 1만 원에 진입하고, U그룹은 현재 업계 최초로 출시 한달 만에 24K 순금 골드 앰플 2만 5천개를 판매하는 신기록을 달성하였다."라고 피해자들에게 홍보하면서 'S코인', 'U코인', 'G코인' 등을 판매하여 2018. 11. 22.부터 2019. 12. 8.까지 총 11,160회에 걸쳐 합계 10,313,403,978원을 교부받았다.

[판결 요지]

1. 'S코인', U코인', 'G코인'의 백서는 공범 A가 불상의 외국인을 통해 제작하였기에 위 코인의 백서에는 코인 및 거래에 대한 알고리즘과 보안성에 대한 수학적 함수, 소스코드

등 기술적인 내용은 전혀 포함되어 있지 않아 아무런 가치가 없고 매수는 할 수 있으나 매도는 불가능하였다.

2. 경상북도의 금광에 실제로 1,000만 톤의 금이 매장되어 있다거나 채굴사업을 진행할 정도의 사업성이 있는지에 대한 근거가 전혀 없었고, 돈스코이호 역시 150조 원 상당의 금화와 금괴가 실려 있는지도 확인되지 않았으며, S그룹이 러시아와 공동으로 돈스코이호의 인양을 추진하고 있지도 않았다. 또한, U그룹은 해외 부동산을 매입하고 U리조트 개발에 1억 달러를 투자하여 개발할 능력이 없었고, U페이는 실생활에 사용할 수 없었고 U페이 ATM기는 존재하지 않았으며, 금광과 연계된 G리조트를 개발하여 100만명, 1,0000만명의 관람객을 유치할 능력이나 의사가 없었다.

3. 피고인은 2018. 11. 26.경 B의 지시에 따라 국내 가상자산 거래소 ㅇㅇㅇ의 대표이사 C를 직접 만나 S코인 상장을 부탁하고, 코인 홍보용 사진을 촬영하였으며, 그 다음날인 2018. 11. 27.경 코인판매대금을 관리하는 D로 하여금 위 C 은행계좌에 코인 상장피 2,200만 원을 송금케 하였다. 그러나 당시에는 이미 S코인에 관한 언론보도가 있었던 상황이었을 뿐만 아니라 경찰 수사가 진행 중이었다. C는 돈을 송금받은 같은 날 다시 이를 반환하면서 S코인의 상장을 거절하였다.

피고인은 S코인의 국내 가상자산 거래소 상장이 불가능함에도 U그룹 법인 설립 이후, 한국블록체인협회에 소속된 각 국내 가상자산 거래소 명의를 무단으로 사용하여 자신들이 발행하는 코인 홍보 활동을 계속하였고, 이에 한국블록체인협회는 2019. 2. 27. 협회 홈페이지 공지사항에 'U그룹 관련 가상자산에 대한 투자자 주의를 촉구하고, 한국 블록체인협회 회원사 중 U그룹에서 발행한 S코인을 상장하거나, 상장 검토 중인 가상자산 거래소가 없으며, 투자나 자문도 이루어진바 없다'는 내용을 공식적으로 공지하기에 이르렀다.

B는 이후 공범 A 등을 통해 불상의 경위로 해외 일부 거래소에 S코인을 형식상 상장시켰으나, 위 거래소는 별다른 상장심사 없이 소위 '상장피' 명목으로 돈을 지급하면 상장 가능한 거래소에 불과한 것으로 추정된다.

4. 피고인은 이 사건 각 코인 홍보·판매와 관련하여 S그룹 및 U그룹이 홍보하는 각 사업 내용이 허위라는 사정 및 B의 지시로 순차 설립된 각 법인을 내세워 발행하는 후속 신종 코인의 상장 및 상장 후 거래소를 통한 정상거래를 통한 수익 창출이 사실상 불가능하거나 매우 어렵다는 점, B 등이 투자자들에게 허위 내용을 홍보하여 새로 발행하는 후속 코인들을 계속 판매하는 형식으로 코인판매대금 명목으로 돈을 송금받아 편취한다는 점을 알고 있었음에도 불구하고, B를 비롯한 다른 공범들과 순차 공모하여 'S그룹'의 'S코인' 범행 때까지 다단계 조직의 광주지사장을 맡아 회원들을 관리하면서 코

인 홍보·판매를 담당하고, 'U그룹' 설립 이후로는 대표이사로 근무하면서 전국지사장 관리, 코인 홍보, 각종 협약 체결, 코인 제공 및 회수 업무를 담당하고, U그룹을 건실한 기업으로 포장하면서 U코인을 비롯해 후속 발행한 코인을 홍보·판매함으로써 범행에 가담한 사실이 충분히 인정된다.

해설

I. 대상판결의 의의 및 쟁점

이 사건에서 피고인은 사기죄로 기소되었는데, 피고인은 계열회사 설립·유망한 회사 인수 등 방법으로 가상자산 등의 폭넓은 사용이 가능하도록 하는 사업을 정상적으로 추진 하였을 뿐 기망행위를 한 사실이 없다는 취지로 주장하였다. 이 사건에서 등장하는 S코인, U코인, G코인(이를 통틀어 '이 사건 가상자산들'이라 한다)은 모두 백서를 제작하였고, 해외 거래소에 실제로 상장된 코인이었다. 이처럼 형식적·외관적으로는 실제로 거래되고 있는 가상자산과 같아보이는 가상자산에 대한 투자권유행위를 한 경우 이러한 행위가 기망행위 에 해당하는지가 이 사건의 쟁점이었다.

II. 대상판결의 판단 분석

1. 사기죄에서의 기망행위의 요건

우선 사기죄의 기망행위에 대하여 살펴본다. 사기죄의 요건으로서의 기망은 널리 재산 상의 거래관계에서 서로 지켜야 할 신의와 성실의 의무를 저버리는 모든 적극적 또는 소극 적 행위를 말하는 것으로서, 반드시 법률행위의 중요부분에 관한 것임을 요하지 않고, 상대 방을 착오에 빠지게 하여 행위자가 희망하는 재산적 처분행위를 하도록 하기 위한 판단의 기초사실에 관한 것이면 충분하고, 어떤 행위가 다른 사람을 착오에 빠지게 한 기망행위에 해당하는가의 여부는 거래의 상황, 상대방의 지식, 경험, 직업 등 행위 당시의 구체적 사정 을 고려하여 일반적·객관적으로 판단해야 할 것이다.[1)]

이 사건은 가상자산에 대하여 홍보하면서 투자를 권유한 사건이었다. 따라서 선전·광 고에 대한 대법원 판결을 살펴보면, 일반적으로 상품의 선전·광고에 있어 다소의 과장, 허 위가 수반되는 것은 그것이 일반 상거래의 관행과 신의칙에 비추어 시인될 수 있는 한 기망

---

1) 대법원 2007. 10. 25. 선고 2005도1991 판결

성이 결여된다고 하겠으나 거래에 있어서 중요한 사항에 관하여 구체적 사실을 거래상의 신의성실의 의무에 비추어 비난받을 정도의 방법으로 허위로 고지한 경우에는 과장, 허위 광고의 한계를 넘어 사기죄의 기망행위에 해당한다고 판시하였다.[2]

2. 가상자산에서 백서 제작의 의미

가상자산 백서란 가상자산의 특징, 기술 등에 대한 정보를 제공하는 일종의 설명서이다. 비트코인을 창시한 사토시 나카모토는 비트코인 백서를 제작하여, 서문, 트랜잭션, 타임 스탬프 서버, 작업증명, 네트워크, 보상, 디스크공간 재확보, 간소화된 지급 확인, 거래금액의 결합과 분할, 거래자 비밀 보호, 계산, 결론 순서로 비트코인에 대하여 설명하고 있다. 비트코인 외의 모든 가상자산도 각자 백서를 제작하여, 해당 가상자산의 특징, 기술, 보안, 서비스, 활용방안 등에 대하여 설명하고 있다. 가상자산의 백서는 해당 홈페이지 또는 가상자산거래소를 통해서 손쉽게 접근하여 열람할 수 있다.

3. 가상자산 거래소 상장

가상자산 거래소는 국내외에 다수 존재한다. 가상자산 거래소에서는 비트코인 등 가상자산의 거래가 이루어지고 있는데, 거래소에서 가상자산의 거래를 취급하기 시작하면 주식과 같이 해당 가상자산이 '상장'되었다고 표현한다. 가상자산 거래소에서는 가상자산 현물의 거래 뿐만 아니라 인버스 거래 및 선물 레버리지 거래를 지원하는 곳도 있다. 통상 가상자산 거래소는 사용자 간의 거래를 중개하는 역할을 수행하면서 거래시마다 일정 수수료를 공제하고 있고, 사용자가 원화 또는 가상자산을 출금하는 경우 출금수수료를 징수하는 방식으로 수익을 얻고 있다.

같은 가상자산이라고 하더라도 해당 거래소에서 상장을 결정하여야만 거래가 이루어진다. 따라서 거래소마다 상장된 가상자산의 종류가 다르다. 주식의 경우 거래를 중개하는 증권사는 거래를 중개할 뿐이고, 별도 증권거래소에서 거래가 성립되므로, 제3자인 증권거래소의 규정과 절차를 따라야 한다. 그러나 가상자산 거래소는 거래 중개를 하면서도 동시에 별도 기관에 위탁하는 부분이 없고, 직접 거래 상대방으로 참여하기도 한다. 가상자산을 거래소에 상장할 때 가상자산 제작사가 상장을 대가로 거래소에 일종의 수수료를 지급하기도 하는데 이를 이른바 상장피라고 한다. 상장피는 많게는 수억 원에 이르기도 한다. 한편, 가상자산 거래소가 특정 가상자산의 거래를 더 이상 지원하지 않기도 하는데 이를 주식과 마찬가지로 '상장폐지'라고 표현한다. 특정 거래소에서 상장폐지가 되면 아직 거래를 지원

---

2) 대법원 2004. 1. 15. 선고 2001도1429 판결

하고 있는 다른 거래소로 가상자산을 이체하여 계속 거래할 수 있다.

4. 대상판결의 경우

이 사건에서 대상판결은 피고인이 백서를 제작하고, 해외 거래소에 상장까지 된 이 사건 가상자산들에 대하여 투자권유행위를 한 것을 두고 기망행위라고 판단하였다. 그 근거로는 우선 백서에 관한 것이다. 통상 백서에는 가상자산 거래의 알고리즘과 보안성에 대한 기술적인 내용 등이 포함되어 있어야 하지만, 이 사건 가상자산들에는 이러한 내용은 포함되지 않고 단지 추천인을 늘리면 수령할 수 있는 코인이 늘어난다는 다단계 판매 및 보상구조에 대한 설명뿐이었다. 정상적인 가상자산이 갖추어야 할 백서의 형식을 갖추지 못하였다고 판단한 것으로 보인다. 다음으로 이 사건 가상자산들은 매수만 할 수 있을 뿐 매도는 할 수 없도록 설계해두어 처분도 불가능하였다. 따라서 정상적인 거래도 불가능하여 가치가 있다고 볼 수도 없다. 거래소 상장과 관련하여서도 국내 가상자산 상장은 거절되었고, 해외 거래소에 상장되기는 하였으나 상장피만 지급하면 상장 가능한 거래소에 불과하여 정상적인 가상자산 상장으로 평가하지 않았다. 이와 더불어 S그룹이 S코인과 관련하여 진행하고 있는 금광채굴 사업과 돈스코이호 인양 사업, U그룹이 U코인, G코인과 관련하여 진행하고 있는 U리조트 및 G리조트 사업 등이 실체가 없는 사업이라고 판단하였다. 결국 이 사건 가상자산들에 대한 투자권유행위를 기망행위로 판단한 주된 이유는 제작된 백서의 불완전성과 형식적인 해외 거래소 상장, 매도불가능성, 그리고 가상자산과 관련된 사업의 실체가 없다는 것이었다.[3]

Ⅲ. 대상판결의 평가

대상판결은 가상자산에 대한 백서를 제작하고 해외 거래소에도 상장하는 등 가상자산의 형식적인 외관을 갖춘 상태에서 투자권유행위를 하였을 때 이를 기망행위로 판단한 대표적인 법원 판결로서 의의가 있다. 외관상 가상자산의 형식을 갖추었더라도 실질을 잘 살펴 통상적인 자산가치가 있는 가상자산이라고 판단할 수 없는 경우에는 사기죄의 대상이 될 수 있다. 지금도 수많은 가상자산이 개발되고 거래소에 상장되고 있으므로, 이와 관련하여 재산범죄가 발생할 경우 우선 대상판결의 잣대로 기망행위를 판단할 수 있을 것이다.

---

[3] 이 판결에 대하여 쌍방이 항소하였고, 항소심(서울남부지방법원 2020노2486)은 편취 금액 일부에 대하여 무죄 판단을 한 외에는 1심의 유죄판단을 유지하였다. 이에 대하여 피고인이 상고하였고, 2021. 8. 19. 상고기각판결로 확정되었다.

[8] 재산상 가치가 없는 가상자산 발행에 의한 사기, 유사수신행위의규제에관한법률위반죄에 있어 공동정범 성립 판단 기준

— 서울중앙지방법원 2021. 2. 2. 선고 2020노2545 판결, 2021. 2. 10. 확정 —

[사실 개요]

1. 피고인 A, B, C, D, E, F, G는 공소 외 H, I와 공모하여 시중에서 화폐로써의 기능이나 가치가 없고, 전산상 수치에 불과한 가짜 가상화폐인 'X코인', 'X집'을 내세워 불특정 다수인을 상대로 투자금 편취 사기, 유사수신행위의규제에관한법률위반죄를 범하였다는 범죄사실로 공소제기 되었다.

2. 제1심법원은 주범인 H가 설명하는 'X코인', 'X집' 관련 기술이나 개발의 정도는 그 분야에 전문가가 아닌 이상 쉽게 이해할 수 있는 내용이 아니고 H가 피고인들에게 X집 기술이 허위임을 제대로 알려 주었을 것으로 보이지 않으며 H가 체포될 무렵까지 H의 투자금 유치 상황에 관하여 알지 못하였던 점 등을 고려하여 피고인들 모두에 대하여 무죄를 선고하였다(서울중앙지방법원 2018고단110호).

3. 이에 검사가 적어도 미필적으로나마 X코인, X집과 관련한 기술이 부존재하거나 상당 기간 내에 개발이 불가능하여 허위라는 사실을 충분히 알 수 있었다고 보아야 하고, 가담 경위 및 담당한 역할의 정도 등에 비추어 보면 H등의 ㈜X시스템(이하 'X시스템') 법인운영 및 X코인 판매방식, 판매대금 운영 등에 관여하여 유사수신행위를 하였다고 인정된다면서 항소하였다.

4. 한편 H와 I는 최종적으로 사기, 유사수신행위의규제에관한법률위반죄에 관하여 유죄판결을 선고 받았다[서울고등법원 2019노2312, 2020노16(병합)].

[판결 요지]

1. 피고인들의 사기죄

가. 범죄구성요건의 주관적 요소로서 미필적 고의라 함은 범죄사실의 발생 가능성을 불확실한 것으로 표상하면서 이를 용인하고 있는 경우를 말하고, 미필적 고의가 있었다고 하려면 범죄사실의 발생 가능성에 대한 인식이 있음은 물론 나아가 범죄사실이 발생할 위험을 용인하는 내심의 의사가 있어야 하며, 그 행위자가 범죄사실이 발생할 가능성을 용인하고 있었는지의 여부는 행위자의 진술에 의존하지 아니하고 외부에 나타난 행위의 형태와 행위의 상황 등 구체적인 사정을 기초로 하여 일반인이라면 당해 범죄사실이 발생할 가능성을 어떻게 평가할 것인가를 고려하면서 행위자의 입장에서 그 심리상태를 추인하여야 하고, 이와 같은 경우에도 공소가 제기된 범죄사실의 주관적 요소인 미필적 고의의 존재에 대한 입증책임은 검사에게 있는 것이며, 한편, 유죄의 인정은 법관으로 하

여금 합리적인 의심을 할 여지가 없을 정도로 공소사실이 진실한 것이라는 확신을 가지게 하는 증명력을 가진 증거에 의하여야 하므로, 그와 같은 증거가 없다면 설령 피고인에게 유죄의 의심이 간다고 하더라도 피고인의 이익으로 판단할 수밖에 없다(대법원 2004. 5. 14. 선고 2004도74 판결 등 참조).

나. 제반사정들을 고려하면, 피고인들이 X코인, X집과 관련한 기술이 허위임을 인식한 상태에서 H 등과 공모하여 피해자들로부터 투자금 명목으로 금원을 편취하였다는 점이 합리적 의심의 여지가 없을 정도로 증명되었다고 볼 수 없다.

2. 피고인들의 유사수신행위규제법위반죄

가. 피고인 D

2인 이상이 범죄에 공동 가공하는 공범관계에서 공모는 법률상 어떤 정형을 요구하는 것이 아니고, 2인 이상이 공모하여 어느 범죄에 공동 가공하여 그 범죄를 실현하려는 의사의 결합만 있으면 되는 것으로서, 비록 전체의 모의과정이 없었다고 하더라도 수인 사이에 순차적으로 또는 암묵적으로 상통하여 그 의사의 결합이 이루어지면 공모관계가 성립하고, 이러한 공모가 이루어진 이상 실행행위에 직접 관여하지 아니한 자라도 다른 공모자의 행위에 대하여 공동정범으로서의 형사책임을 지는 것이고, 이와 같은 공모에 대하여는 직접증거가 없더라도 정황사실과 경험법칙에 의하여 이를 인정할 수 있다(대법원 2004. 12. 24. 선고 2004도5494 판결 참조). 공모공동정범이 그 범행방법을 구체적으로 몰랐다고 하더라도 공모관계를 부정할 수 없다(대법원 2013. 8. 23. 선고 2013도5080 판결 등 참조). 그리고 위와 같은 법리는 이 사건 유사수신행위에도 적용된다.

피고인 D의 역할, 투자자 모집기간 및 횟수, 수신금액, 수수료 지급 내용, 특히 유사수신범행의 구조 등을 종합해보면, 피고인 D가 유사수신범행에 대한 본질적 기여를 통한 기능적 행위 지배를 한 것으로 평가할 수 있고, 피고인 D는 순차적으로 또는 암묵적으로 H 등과 사이에 위와 같은 유사수신행위를 한다는 의사의 결합이 있었다고 봄이 상당하다(설령 피고인 D가 X코인 및 X집 기술의 허위성에 관하여 인식하지 못하였다고 하더라도 유사수신행위규제법위반죄에 있어서 공모관계가 성립함에는 지장이 없다).

나. 나머지 피고인들

형법 제30조의 공동정범은 2인 이상이 공동하여 죄를 범하는 것으로서, 공동정범이 성립하기 위하여는 주관적 요건인 공동가공의 의사와 객관적 요건인 공동의사에 의한 기능적 행위지배를 통한 범죄의 실행사실이 필요하고, 공동가공의 의사는 타인의 범행을 인식하면서도 이를 제지하지 아니하고 용인하는 것만으로 부족하고 공동의 의사로 특정한 범죄행위를 하기 위하여 일체가 되어 서로 다른 사람의 행위를 이용하여 자기의 의사를 실행에 옮기는 것을 내용으로 하는 것이어야 한다(대법원 2006. 3. 9. 선고 2004도206 판결, 대법원 2008. 3. 13. 선고 2008도370 판결 등 참조).

제반사정들을 고려하면, 피고인들은 H가 X코인을 판매하는 방법으로 투자금을 수령하는 것을 용인하는 것을 넘어 H 등과 일체와 되어 서로 다른 사람의 행위를 이용하여 X코인 판매대금을 수령하는 방법으로 유사수신행위의 실행에 옮겼다고 인정하기에는 부족하고, 달리 이를 인정할 만한 증거가 없다.

해설 ―――――――――――――――――――――――――――――――

I. 대상판결의 의의 및 쟁점

H 등은 대상판결에서 문제가 된 X코인에 대하여, 사기 범행에 이용된 여타의 가상자산 관련 사기 등의 범죄와 마찬가지로 다른 가상자산과의 차별성을 강조하며 '시중은행과 연계돼 언제든 현금처럼 사용할 수 있다'거나 '한국은행, 금융감독원, 공정거래위원회의 인증을 받은 전자화폐', 'X코인의 전자지갑인 X집은 해킹이 불가능한 전자보안지갑', 'H가 개발한 듀얼스파이더 한국형 블록체인은 세계 여러 나라에 특허 출허된 기술', '대기업의 투자 유치', '원금 손실이 전혀 없이 계속 가격 상승' 등과 같은 허위의 사실을 이용해 불특정 다수인을 기망하여 합계 210억 원을 넘는 금액을 편취하고, 인허가를 받지 않은 채 유사수신 행위를 하였고, 이로 인해 사실상 위 코인과 전자지갑을 개발 및 발행 등을 주도한 H와 I는 유죄판결을 받았다.

대상판결은 이를 주도한 위 H 등과 함께 위 코인 등을 개발, 발행, 투자 유치 등을 한 다른 공범들에 대한 판결이다. 제1심법원은 피고인들이 H 등의 범행에 대한 고의가 없었다는 이유로 모든 범죄사실에 대해 무죄를 선고하였다. 이에 검사가 항소하였는데 대상판결은 X코인의 1호 공식 거래소의 대표로 근무하며 이에 대한 투자설명 및 판매를 담당한 피고인 D에 대한 유사수신행위의규제에관한법률위반죄만을 유죄로 판단하고, 피고인들에 대한 사기 및 피고인 D를 제외한 나머지 피고인들에 대한 유사수신행위의규제에관한법률위반죄의 경우는 제1심판결의 결론을 유지하였다.

이하에서는 X코인 개발, 발행 등에 관여를 하였음에도 피고인들이 사기 범행에 대하여는 무죄를, 유사수신행위의규제에관한법률위반죄의 경우에는 피고인 D만 유죄 판결을 받은 이유에 대하여 대상판결에서 확정된 사실관계를 토대로 검토해 본다.

Ⅱ. 대상판결의 분석

1. 사기죄의 경우

H 등에 대한 사기 등에 관한 판결은 이미 대상판결의 제1심판결 선고 전인 2020. 6. 12. 확정되어 H 등의 위 코인 관련 사기와 유사수신행위의 범행 방식과 위 코인이 재산적 가치가 없었다는 점 등에 대한 사실관계는 어느 정도 확정이 된 상태였으므로 대상판결에서는 피고인들은 위 코인의 재산적 가치 유무 등에 대해 다투기 보다는 범의가 없었다는 점을 집중적으로 다툰 것으로 보인다.

먼저 피고들이 각 맡은 역할은 아래와 같다.

피고인 A는 H의 요청에 따라 X코인 및 X집을 개발하는 업무를 담당하였다. 피고인 B는 H의 처남으로서 H 운영 회사에서 X코인 대금을 수령하는 계좌를 관리하면서 X코인 대금을 지급한 거래소에 X코인을 전송해주는 역할을 하였다. 피고인 C는 위 H 운영 회사에 지분을 투자하고 H의 지시에 따라 자금 전달 등 역할을 수행하였다. 피고인 D는 X코인의 1호 공식 거래소인 X플러스의 대표로서 X코인에 대한 투자설명 및 판매를 담당하였다. 피고인 E는 위 X플러스의 직원으로서 X코인에 대한 투자금 관리 등 역할을 담당하였다. 피고인 F는 X시스템의 관리부장으로서 일일업무보고 및 가상계좌 개설 등 업무를 담당하였다. 피고인 G는 I의 아들로서 X시스템의 전산실장으로 위 피고인 B에게 X코인을 주문하고 이를 수령한 후 투자자들에게 전송하는 역할 등을 수행하였다.

그런데 범행 일부에 가담하여 일정한 역할을 하였다고 하더라도 그 자체만으로 범죄가 성립할 수는 없고, 범죄구성요건의 주관적 요소로서 고의가 당연히 필요하다. 그리고 고의는 각 피고인별로 개별적인 판단이 이루어져야 한다. 대상판결에서는 각 피고인에 대한 미필적 고의 여부가 문제되었는데, 미필적 고의는 범죄사실의 발생 가능성에 대한 인식이 있음은 물론 나아가 범죄사실이 발생할 위험을 용인하는 내심의 의사가 있어야 하며, 행위자가 범죄사실이 발생할 가능성을 용인하고 있었는지의 여부는 행위자의 진술에 의존하지 아니하고 외부에 나타난 행위의 형태와 행위의 상황 등 구체적인 사정을 기초로 하여 일반인이라면 당해 범죄사실이 발생할 가능성을 어떻게 평가할 것인가를 고려하면서 행위자의 입장에서 그 심리상태를 추인하여야 한다(대법원 2004. 5. 14. 선고 2004도74 판결 등 참조).

대상판결은 각 피고인별로 X코인 등이 허위의 기술임을 인식하였는지 여부를 검토하여 최종적으로 모든 피고인들에 대하여 위와 같은 인식이 있었음이 합리적 의심이 없을 정도로 증명되었다고 보기는 어렵다고 보았는데, 주된 근거를 정리하면 다음과 같다.

첫째, 피고인들 대다수는 X코인이 기술적으로 허위의 가상자산이 아니라는 점에 대한 명확한 인식이 없었고, 오히려 개발에 참여한 피고인 A는 H에게 위 코인의 미완성 사실을 언급하며 사업 진행을 만류하기도 하였다. X코인과 X집은 H가 주도하여 개발이 이루어졌는데, H의 요청에 따라 개발에 참여한 피고인 A는 기술적 미완성을 이유로 이를 이용한 사업진행을 만류하기도 하였다. 또한 H는 일부 피고인들에게는 X코인의 기술적 완성도에 대해 특별히 공유하지도 않았고, 달리 피고인들이 이를 알았을 것이라는 점에 대한 사정도 존재하지 않았다. 이 사건 범행이 있었던 2017년경에는 지금보다 더욱 가상자산에 대한 대중적인 인지도가 낮았고, 블록체인이라는 새로운 알고리즘을 이용한 가상자산의 개발과 그 특징 등에 대하여도 일부 전문가들을 제외하면 그 기술적 특징이나 완성도에 대해 알기는 어려웠을 것이다. 이러한 점에서 개발업무를 담당하지 않은 많은 피고인들에 대해 위와 같이 판단한 대상판결의 결론은 수긍이 된다.

둘째, X코인의 개발, 발행 및 이를 이용한 관련 사업 진행에 있어 단순 업무나 비핵심적인 역할만을 담당하였다. 일부 피고인은 H의 심부름 역할을 수행하며 이메일, 전화 업무, 단순 홈페이지 관리 등의 업무만을 하였고, 중요 사항에 대한 의사교환은 전혀 없었던 것으로 밝혀졌다. 또한 가상자산 기술에 대한 인식 수준도 매우 낮아 기술적 완성도나 이를 이용한 사업 진행에 대해서도 구체적으로 알기 어려웠던 것으로 보인다. 일부 피고인은 H가 본인 회사의 직원이라는 사실을 모를 정도의 비핵심 업무를 담당하였고, 단순 은행 업무만을 본 피고인도 존재하였다.

셋째, 일부 피고인들은 오히려 X코인, X집의 기술적 가치의 신뢰하고 이를 이용한 관련 사업의 성공을 믿었던 정황도 존재하였다. H 등은 일부 피고인들에게 X코인의 가치와 이를 이용한 사업의 성공에 대하여 확신을 심어 주어 오히려 몇몇 피고인들은 해당 사업의 성공을 믿고 자신의 돈을 투자하기도 하였는데, 이는 피고인들이 위 코인 기술의 허구성을 알지 못하였다는 점에 대한 반증이다.

넷째, X코인, X집의 개발을 주도한 H가 피고인들에게 위 코인 기술 내용이나 상황에 대해 제대로 알려 주지 않았다. 특히나 H는 H와 함께 사기 등에 대해 유죄판결을 받은 I에게 조차도 위 코인 기술 내용이나 개발상황 등에 대해 제대로 알려주지 않은 것으로 드러났는바, 이러한 사정은 I보다 지위나 업무 내용에 있어 중요도가 낮은 피고인들은 더욱이 위 코인의 기술적 상황에 대한 인식이 더 낮았을 것임을 보여주는 사정이다.

2. 유사수신행위의규제에관한법률위반죄의 경우

(1) 2인 이상이 범죄에 공동 가공하는 공범관계에서 공모는 법률상 어떤 정형을 요구하는 것이 아니고, 2인 이상이 공모하여 어느 범죄에 공동 가공하여 그 범죄를 실현하려는 의사의 결합만 있으면 되는 것으로서, 비록 전체의 모의과정이 없었다고 하더라도 수인 사이에 순차적으로 또는 암묵적으로 상통하여 그 의사의 결합이 이루어지면 공모관계가 성립

하고, 이러한 공모가 이루어진 이상 실행행위에 직접 관여하지 아니한 자라도 다른 공모자의 행위에 대하여 공동정범으로서의 형사책임을 지는 것이고, 이와 같은 공모에 대하여는 직접증거가 없더라도 정황사실과 경험법칙에 의하여 이를 인정할 수 있다(대법원 2004. 12. 24. 선고 2004도5494 판결 참조). 공모공동정범이 그 범행방법을 구체적으로 몰랐다고 하더라도 공모관계를 부정할 수 없다(대법원 2013. 8. 23. 선고 2013도5080 판결 등 참조).

공동가공의 의사는 타인의 범행을 인식하면서도 이를 제지하지 아니하고 용인하는 것만으로 부족하고 공동의 의사로 특정한 범죄행위를 하기 위하여 일체가 되어 서로 다른 사람의 행위를 이용하여 자기의 의사를 실행에 옮기는 것을 내용으로 하는 것이어야 한다.

(2) 대상판결은 각 위 법리를 기초로 피고인 D와 나머지 피고인들에 대하여 이 부분 범죄사실에 대한 유무죄 판단을 달리 하였다. 특히 모두 무죄를 선고한 제1심판결과 달리 피고인 D에 대하여만은 유죄 판결을 선고하였는바, 그 차이를 비교해 본다.

유사수신범행에 있어서 가장 중요한 부분은 투자자를 모집하는 행위일 것이므로, 범죄가 성립하기 위해서는 투자자 모집 과정에 대한 본질적 기여를 통한 기능적 행위지배가 있고, 해당 행위에 대하여 다른 공범들과 순차적 또는 암묵적으로나마 유사수신행위를 한다는 의사의 결합이 있어야 한다. 이러한 점을 판단함에 있어서는 해당 피고인의 범행에서의 구체적인 역할, 범행의 가장 본질적인 부분인 투자자 모집행위에의 참여 여부 및 모집기간, 횟수, 수신금액, 수수료의 지급 등의 여러 사정이 고려되어야 할 것인데, 피고인 D와 나머지 피고인들에 적용하여 보면 다음과 같다.

피고인 D는 X플러스라는 회사의 대표로서 H가 운영하는 X코인 개발, 발행 회사와 투자설명 및 판매를 담당하는 계약을 체결하였다. 피고인 D는 실제 투자자들을 모집하고 X코인을 판매하기 위해 H로부터 이를 지급받기도 하였다. 반면 나머지 피고인들은 위에서 본 바와 같이 X코인, 전자지갑 프로그램 X집, 가상자산 서버 및 채굴 프로그램을 개발하는 역할, H 운영 회사의 계좌에 있는 금원을 H의 지시에 따라 송금하고 X코인을 투자자들에게 전송하는 역할, 투자자들로부터 받은 투자금을 관리하는 역할, 은행 관련 업무를 수행하는 역할, 주문내역을 담당자에게 전달하는 역할 등을 담당하였는데, 대상판결은 이러한 업무들은 모두 유사수신범행을 가능하게 하는 본질적인 기여행위라거나 핵심적인 역할 수행이라고 보기 어렵다고 보았다.

특히 피고인 D는 H 등이 제공한 PPT 자료 등을 이용해 X코인의 장점을 언급하며 직접 투자자들을 모집하였고, 투자자 모집을 위해 판매자들에게 현금으로 판매수당을 별도로 지급하는 등 적극적으로 투자자 모집행위를 하였다. 반면 다른 피고인들은 직접 투자자 모집행위를 한 사실이 없고, 일부 피고인들의 경우 투자자 모집을 위한 행사 준비 및 무대인사 등에 참여한 사실은 있으나 투자자 모집을 위한 직접적인 유치행위에는 관여하지 않았다고 대상판결은 보았다.

나아가 위와 같은 각 피고인들의 역할에 비추어 피고인 D는 H 등과 순차적 또는 암묵적으로나마 유사수신행위를 한다는 의사의 결합이 있다고 볼 수 있으나, 다른 피고인들의 경우에는 각자 제한된 범위의 업무만을 담당하면서 H 등과 유사수신행위에 대한 의사의 결합은 없었다고 보았다.

X코인, 전자지갑, 서버 등의 개발 및 관리 등만을 담당한 피고인들에 대하여는 유사수신행위에 대한 본질적 기여 및 유사수신행위에 대한 의사의 결합이 없었다는 결론에 대하여는 쉽게 수긍이 간다. 그러나, 투자자 모집 행사 준비 및 진행 과정에 직접 관여하였거나 투자자들에 대한 X코인의 전송, 투자금 관리 등의 업무 역시 유사수신범행에 있어 필수적인 업무에 해당한다고 보이므로, 대상판결이 해당 업무를 한 피고인들에 대하여도 무죄를 선고한 것은 공동정범 성립을 대단히 엄격하게 판단한 것으로 생각된다.

Ⅲ. 대상판결의 평가

해당 코인이 등장한 2017년경은 가상자산에 대한 일반의 대중이 서서히 증가하던 시기로 기망을 목적으로 한 여러 가상자산이 등장하기도 하였다. 대상판결에서 X코인 역시 사기와 유사수신행위에 이용되었는데, 범죄사실에 의하면 불과 3개월여 만에 5,443명의 피해자와 210억 원이 넘는 피해액이 발생하였다. 관련 사건에서 주범들은 각 유죄 판결을 받았으나 대상판결에서의 피고인들은 각자 개발, 발행, 투자 등에 있어 각자 일부 역할을 하였음에도 일부 피고인만을 제외하면 모두 무죄 판결이 선고되었는데 대상판결은 이러한 점에서 큰 특징이 있다.

현재는 위 코인이 문제되었을 때 보다 가상자산에 대한 대중적 인식, 제도의 보완 등이 있어 무죄판결을 받은 일부 피고인들의 업무와 인식 내용으로 똑같이 무죄판결을 선고할 수 있을지는 개인적으로 다소 의문이나, 대상판결의 피고인들에 대한 무죄 판결의 논리와 고려된 사정들은 유사 사건에서 참조할 만하다.

[9] 가상자산 투자사기 범행에 가담한 자의 공동정범 성립 여부 및 공모관계 이탈 판단 기준

— 수원고등법원 2021. 7. 23. 선고 2020노926 판결, 2021. 7. 31. 확정 —

[사실 개요[1]]

1. A는 2017. 5.경부터 2020. 4.경까지 여러 가상자산들을 제작·판매·상장·상장폐지하여 돈을 모을 목적으로 설립한 회사인 X의 회장 및 가상화폐 거래소 'Y'의 회장으로, 불특정 다수의 투자자들로부터 투자금을 유치하기 위해 각종 미끼사업을 운영하여 엄청난 수익을 발생시키고, 회원가입자수가 늘어날수록 추천수당 또는 후원수당을 지급할 것처럼 홍보하면서 국내 및 중국 등 해외에서 가상화폐 판매 및 투자 업무를 총괄하는 역할을 하였다. B는 2017. 5.경부터 2020. 4.경까지 X의 부회장 또는 회장대행이자, Y의 대표이사로, 위 미끼사업을 홍보하여 투자금을 유치하면서 국내 가상화폐 판매 및 투자 업무를 총괄하는 역할을, C는 2017. 5.경부터 2020. 4.경까지 X의 그룹장 및 '코인링크'의 부사장으로, 역시 위 미끼사업을 홍보하고 투자금을 유치하면서 투자금, 수당, 사업경비 등을 관리하는 역할을, D는 2017. 5.경부터 2020. 4.경까지 X의 총괄이사로 X가 사용할 계좌를 제공하여 투자금을 송금받도록 하고, X의 미끼사업을 진행하며 X의 투자설명회 준비 등을 총괄하는 역할을, 피고인은 2017. 5.경부터 2020. 4.경까지 X의 이사로 투자설명회 자료, 분할플랜(분할 마케팅 수당지급표), 홍보 동영상, 홈페이지 등을 제작하고 사무실 임차 및 설명회 장소를 예약하며 X의 가상자산의 호가를 임의로 10원씩 올리는 등 가상자산의 가격을 관리하는 역할을, E는 2018. 6. 25.경부터 2020. 4.경까지 X의 이사이자 Y의 상무로 X의 투자설명회 자료, 홍보 동영상, 홈페이지 등을 제작·수정하고, 투자설명회에서 Y 거래소 사용법 등을 강의하는 역할을, F는 2018. 6. 25.경부터 2020. 4.경까지 X 이사 및 Y의 대표이사로 X의 자금 관리 및 위 가상화폐 및 사무실, 거래처 등을 관리하는 역할을 담당하였다.

2. 피고인 등을 A 등의 지시를 받고 피고인은 A의 지시를 받고 홍보활동, 자금관리, 미끼사업의 수행, 중국, 한국 등에서 지역 사업자들을 교육하고 이들을 통해 투자설명회를 개최하거나 직접 피해자들을 모아 투자설명회를 개최하면서 피해자들에게 'X는 X의 시드와 여러 가상자산을 판매하고 있는데 시드는 분할마케팅 방식으로 이에 투자하면 투자금이 2배, 4배로 오른다. 시드는 나중에 X의 가상자산으로도 바꿀 수 있다. 또한 X의 가상자산은 100% 가격이 상승하고 원금은 당연히 보장된다. Y에도 상장되어있다. 투자를 하면 수당 또는 배당금도 지급하겠다. X는 여러 사업을 진행하고 있어 큰 수익을 낼 수 있다.'라는 취지로 거짓말을 하였다. 그러나 사실은 가상자산들은 Y 거래소 등에만 상장되어 현금화가 사실상 불가능하고, 가상자산 투자자들은 원금조차 돌려받을 수 없는 상황이었고, 각종 미

---

1) 쟁점과 관련있는 부분만을 축약하여 기재한다.

끼사업은 수익성이 전혀 없는 것들이었다.

3. 피고인과 A 등은 2017. 5.경부터 2020. 4.경까지 투자금 내지 코인 구입비 명목으로 다수의 피해자들로부터 합계 2천억 원이 넘는 금액을 편취하였다.

4. 이에 검사는 피고인과 A 등을 사기, 유사수신행위의규제에관한법률위반의 혐의로 공소제기 하였고 제1심법원은 A 등과 피고인 모두에게 유죄를 선고하였다(수원지방법원 안산지원 2020. 12. 4. 선고 2020고합180 판결). 이에 피고인과 A 등이 항소하였는데, 특히 피고인은 가담정도 등에 비추어 공동정범이 아닌 방조범에 불과하고, 2018. 1.경 X에 입사하여 2018. 10.경 퇴사하였다가 2019. 1. 7.경 재입사 후 2019. 4.경 완전히 퇴사하였으므로 공모관계에서 이탈하였으므로 적어도 범행기간은 위 기간에 한정되어야 한다는 취지로 주장하였다.

[판결 요지[2]]

1. 범행의 기산점 및 공모관계 이탈 여부

가. 피고인과 공범들이 범행계획을 세우고, 투자설명회에서 다수의 피해자들을 기망하여 돈을 편취하는 이 사건 범행을 수행함에 있어서 불가결한 부분으로, 피고인은 이 사건 각 범행에 주도적으로 참여하여 다른 공범의 실행에 영향을 미쳤다고 할 것이므로 피고인이 공모관계에서 이탈하기 위해서는 이 사건 범행을 저지하기 위하여 적극적으로 노력하는 등 실행에 미친 영향을 제거할 필요가 있다(대법원 2008. 4. 10. 선고 2008도1274 판결 참조).

나. 피고인이 A의 부탁으로 작성하고 제공한 자료의 내용이나 횟수 등에 비추어 단순한 친분관계에 기한 호의제공으로 보기 어렵고, 피고인이 관련 자료를 A 등에게 보낸 시점, 수사기관에서의 진술 내용, A로부터 돈을 받은 시점 등을 고려하면 피고인이 이 사건 범행에 관여한 기간의 기산점은 2017. 5.경이다.

다. 피고인이 2018. 10.경 A에게 일을 그만두겠다는 이야기를 하였다는 진술은 믿기 어렵고, 이를 믿는다고 하더라도 피고인의 가담정도, 일을 하지 않은 기간 등에 비추어, 공모관계에서 이탈하였다고 보기 어렵다.

라. 피고인은 A가 별건으로 수감 중이던 2019. 1. 9.부터 2019. 6. 5.경까지 A를 여러 차례 접견을 하고, 당시 X에 대한 대책회의에서 논의된 내용을 보고하거나 사업 관련 내용을 상의하였다. 피고인이 완전히 퇴사하였다고 주장하는 2019. 4. 이후에도 A를 접견하여 이 사건 범행 관련 사업에 관한 논의를 한 점 등을 고려하면, 피고인은 계속 X 운영을 통한 이 사건 범행의 지속을 위한 역할분담을 한 것으로 봄이 상당하여 종국적으로 이탈하였다고 보기 어렵다.

---

2) 쟁점과 관련 있는 부분만을 축약하여 기재한다.

2. 공동정범 성립 여부

가. 형법 제30조의 공동정범은 2인 이상이 공동하여 죄를 범하는 것으로서, 공동정범이 성립하기 위해서는 주관적 요건으로서 공동가공의 의사와 객관적 요건으로서 공동의사에 기한 기능적 행위지배를 통한 범죄의 실행사실이 필요하다. 공동가공의 의사는 타인의 범행을 인식하면서도 이를 제지하지 아니하고 용인하는 것만으로는 부족하고, 공동의 의사로 특정한 범죄행위를 하기 위해 일체가 되어 서로 다른 사람의 행위를 이용하여 자기의 의사를 실행에 옮기는 것을 내용으로 하는 것이어야 한다(대법원 2015. 10. 29. 선고 2015도5355 판결 등 참조).

나. 피고인은 X의 이 사건 사업 전반에 대해 적극적으로 가담한 사실이 인정될 뿐만 아니라 이 사건 범행을 주도하지는 않았다고 하더라도 적어도 다른 공범들과 일체가 되어 이 사건 각 범행 전체에 대한 본질적인 기여에 해당하는 행위를 함으로써 공동정범으로서의 죄책을 진다.

해설

Ⅰ. 대상판결의 의의 및 쟁점

대상판결에서 피고인과 A등은 공모하여 자신들이 수행하는 사업을 부풀리고 특히 이와 연계하여 발행하는 가상자산이 사실은 아무런 가치가 없음에도 상당한 가치가 있고, 추후 가치 상승이 기대된다는 등으로 다수의 피해자들을 기망하여 거액의 투자금을 편취하고, 유사수신행위를 하였다.

그런데 피고인은 범행의 핵심 인물인 A의 친구로, A의 부탁을 받아 일부 범행에 도움을 주었다거나(방조) A에게 일을 그만두겠다고 하여 일부 기간 동안은 범행에서 이탈하였으므로 해당 기간 동안은 죄책을 부담하지 않는다고 주장하였다.

따라서 대상판결에서는 피고인의 범행에서의 역할과 가담 기간, 영향력 등 여러 사정들에 비추어 공동정범에 해당하는지, 공모관계에서 이탈을 하였다고 볼 수 있는지 등이 문제되었다. 대상판결은 가상자산 그 자체의 특수성이 문제된 사안은 아니나 사기에 가상자산 발행이 다수 이용되고 있는 상황이므로 공동정범과 공모관계의 이탈에 대한 구체적인 판시를 한 대상판결은 의미가 있다고 생각된다.

Ⅱ. 대상판결의 분석

1. 피고인의 공모관계 이탈 여부

(1) 포괄일죄에서 공모관계 이탈 판단 기준[3]

대상판결에서 피고인과 A 등은 다수의 피해자들에 대한 사기 및 유사수신행위의규제에관한법률위반 행위를 하였는데, 이는 수개의 행위를 단일하고 계속된 범의하에서 일정기간 계속하여 반복한 범행이라 할 것이므로 각 사기(피해자별로)와 유사수신행위의규제에관한법률위반죄의 포괄일죄가 성립한다.

이 경우 대상판결에서처럼 장기간에 걸친 포괄일죄가 성립하는 경우, 범행에 가담하였던 자가 범행 도중 이탈하는 경우 이탈 이후의 죄책을 동일하게 부담하는지가 문제된다.

이탈의 시점을 기준으로 범행 실행 착수 전의 이탈의 경우는 그 이후의 다른 공모자의 행위에 관하여는 공동정범으로서의 책임을 지지 않는다. 이 경우에는 이탈의 표시가 반드시 명시적임을 요하지 않는다(대법원 1996. 1. 26. 선고 94도2654 판결 등 참조).

그러나 범행의 착수 이후에는 단순히 공모관계에서 이탈한 것만으로 그 죄책을 면할 수 없고, 기능적 행위지배를 해소하여야 하므로 범행을 저지하기 위하여 적극적으로 노력하는 등 실행에 미친 영향력을 제거하지 아니하는 한 공모관계에서 이탈하였다고 할 수 없다는 것이 일관된 대법원의 입장이다(대법원 2010. 9. 9. 선고 2010도6924 판결, 대법원 2005. 4. 15. 선고 2005도630 판결, 대법원 2002. 8. 27. 선고 2001도513 판결 등 참조).

범행 착수 후 이탈의 경우에는 기능적 행위지배를 해소하여야 하므로, 공모에만 주도적으로 참여한 경우와, 공모범행의 일부를 실행한 경우에서 공모관계 이탈을 위한 노력의 정도가 다르다. 전자의 경우에는 아직 발생한 범행결과가 없으므로 다른 공모자의 범행을 저지하기 위하여 적극적으로 노력하는 등의 행위만 하더라도 실행에 미친 영향력을 제거하는 것이기에, 다른 공모자를 저지하기 위한 노력만으로도 공모관계에서의 이탈이 인정되나(대법원 2010. 9. 9. 선고 2010도6924 판결 등 참조), 이미 피고인 스스로 포괄일죄의 관계에 있는 범행의 일부를 실행한 경우에는 이미 실행하여 발생된 범행의 착수 부분의 결과 자체를 없애야 기능적 행위지배가 해소되는 것이므로, 다른 공범자들의 추가적인 행위를 저지하는 것만으로는 기능적 행위지배 해소가 되지 않고, 피고인이 추가적인 범행을 하지 않고 공범관계에서 이탈했다 하더라도 자신의 기능적 행위지배에 기하여 실행된 범행 부분이 남아 있는 이상 기능적 행위지배가 해소되었다고 볼 수 없어 이를 공모공동정범관계에서의 이탈이라고 볼 수는 없기에, 당초 공모한 바에 따라 피고인이 관여하지 않고 다른 공모자들

3) 박영호, '포괄일죄의 관계에 있는 범행의 일부 실행 후 공범관계에서 이탈한 공범자가 관여하지 않은 범죄에 대한 책임 여부', 대법원판례해설, 법원도서관, 2011.

이 행한 부분에 대하여도 죄책을 부담하고(대법원 2002. 8. 27. 선고 2001도513 판결, 대법원 2005. 4. 15. 선고 2005도630 판결 등 참조), 이 경우에는 범행을 저지하기 위하여 적극적으로 노력하는 등 실행에 미친 영향력을 제거하여야만 공모관계에서 이탈하였다고 볼 수 있다(대법원 2008. 4. 10. 선고 2008도1274 판결 등 참조).

(2) 대상판결에의 적용

대상판결에서 피고인은 범행 착수 및 일부 범행 실행 후 이탈에 대하여는 크게 다투지는 않은 것으로 보이므로, 피고인이 공모관계에서 이탈하였다고 보기 위해서는 A 등 다른 공범자들의 추가적인 행위를 저지하는 것만으로는 부족하고 자신의 기능적 행위지배에 기하여 실행된 범행 부분이 남아 있는 이상 기능적 행위지배가 해소되었다고 볼 수 없어 피고인이 다른 공범들의 범행을 저지하기 위하여 적극적으로 노력하는 등 실행에 미친 영향력을 제거하여야만 한다. 또한 이를 판단할 때에는 피고인이 범행에서 담당한 구체적인 역할, 범행에 미친 영향 등 여러 사정을 고려하여야 할 것이다.

대상판결에서 피고인이 이 사건 범행에서 담당한 구체적인 역할과 행위는 대략 다음과 같았다. ① 피고인은 이 사건 범행 착수 전인 2017. 3. 9. A에게 X가 판매하는 제품의 설명자료를 보냈다. ② 피고인은 2017. 5.이후부터 여러 차례 A에게 X가 발행하는 가상자산에 관하여 자신을 생각을 담거나 가상자산 설명자료를 보냈고, 다단계 사업 계획안을 보내기도 하였다. ③ 피고인은 A와 X가 수행하는 여러 사업에 관한 대화를 하고 자료를 주고 받았고, 해외에서 열린 X 그룹 세미나나 행사 등에 참석하였다. ④ 피고인은 2017. 5. 25.부터 A로부터 여러 차례에 걸쳐 돈을 받았는데, 일의 대가로 보인다. ⑤ 그 외에도 피고인은 원보우 그룹 투자설명회 자료, 홈페이지, 홍보 동영상, 조직도를 작성 및 수정하고, 가상자산의 가격을 관리하는 업무 등을 하였다. 위와 같은 피고인은 범행 착수 이전부터 X의 사업에 관한 자료를 검토, 수정하고, 투자설명회 준비에 기여를 하는 등 이 사건 범행에 적극적으로 개입한 것으로 보인다. 특히나 피고인이 검토, 수정하고 의견을 개진한 가상자산 발행이나 여러 사업, 설명회 자료 등이 직접적인 기망행위의 수단이 되어 이 사건 범행에 활용되었고, 가상자산 관련 사기의 경우 발행, 상장, 물량 조절을 통한 가격 방어 등 일련의 과정을 통해 피해자들을 기망하게 되는데 이러한 가격 관리 등은 피해자들의 지속적인 투자를 유도하게 된다는 점에서 이러한 행위를 한 피고인의 가담 정도가 중하다고 볼 수 있는 점 등을 고려하면, 피고인은 이 사건 범행에 매우 적극적으로 가담한 것으로 판단된다.

따라서 피고인이 공모관계에서 이탈하였다고 보기 위하여는 A 등의 범행을 저지하기 위해 적극적으로 노력하는 등 실행에 미친 영향력을 제거하여야만 할 것이고, 단순한 이탈의 의사표시만으로는 죄책을 면하지는 못할 것이다. 그런데 대상판결에서 피고인은 2018. 10.말경 일을 그만두겠다고 말을 하였고, 2019. 1. 7.경 재입사 후 2019. 4.경 완전 퇴사하였으므로 공모관계에서 이탈하였다고 주장하였는데, 대상판결은 이탈 의사표시를 하고 실제 업무를 하지 않았는지에 관한 피고인 진술의 신빙성에도 다소 의문을 제기하였고, 나아가 이를 인정한다고 하더라도 피고인이 적극적으로 범행을 저지하기 위한 노력을 하는 등 실행에 미친 영향력을 제거하였다고 볼 만한 사정이 전혀 없다고 판시하여 피고인의 주장을 받아들이지 않았다.

이러한 대상판결의 태도는 공모관계의 이탈에 관한 법리를 재확인하고 적용한 것으로 타당한 결론이라 생각된다.

2. 공동정범 성립 여부

(1) 공동정범과 방조범의 구별

우리 형법은 단일정범(단일정범)개념을 채택하지 않고, 독일의 입법체계를 계수하여 정범을 공동정범과 간접정범으로 나누고, 공범은 교사범과 종범 즉 방조범으로 나누고 있다. 특히 실무에서는 공동정범과 방조범의 구별이 자주 문제되는데, 형법 제30조는 "2인 이상이 공동하여 죄를 범한 때"를 공동정범으로, 제32조 제1항은 "타인의 범죄를 방조한 자"를 방조범으로 정하고 있다. 외형상 공동정범과 가장 유사한 방조범의 경우 실행행위 분담은 있으나 행위지배가 결여된 단순보조자라는 점에서 다르다고 보는 것이 통설적 견해이다. 이는 정범과 공범의 일반적 구분기준인 행위지배설에 따른 구분인데, 구성요건의 실현에 있어 결정적인 역할을 행하는 자가 범행을 지배하는 자로서 정범이라는 입장에서, 공동정범이란 분업적 수행을 통하여 구성요건을 실행하는 것이라고 한다. 판례 또한 이러한 입장에서 "주관적 요건으로서 공동가공의 의사와 객관적 요건으로서 공동의사에 기한 기능적 행위지배를 통한 범죄의 실행사실이 필요하고, 공동가공의 의사는 타인의 범행을 인식 하면서도 이를 제지하지 아니하고 용인하는 것만으로는 부족하고 공동의 의사로 특정한 범죄행위를 하기 위하여 일체가 되어 서로 다른 사람의 행위를 이용하여 자기의 의사를 실행에 옮기는 것을 내용으로 하는 것"이 공동정범이라고 해석한다. 한편 방조는 "정범이 범행을 한다는 정을 알면서 그 실행행위를 용이하게 하는 직접, 간접의 행위"라고 해석된다.[4]

공동정범과 방조범의 구별은 실무에서 자주 문제가 되는데, 방조범은 형이 감경되고 (형법 제32조 제2항), 추징의 경우에도 정범의 범죄행위로 인한 수익을 정범과 공동으로 취득하였다고 평가할 수 없다면 몰수·추징 규정에 의하여 정범과 같이 추징할 수는 없고, 그 방조범으로부터는 방조행위로 얻은 재산 등에 한하여 몰수·추징할 수 있게 된다(대법원 2021. 4. 29. 선고 2020도16369 판결 등 참조).

---

4) 김정환, '공동정범과 방조범의 구별을 전제로 한 공동정범의 방조범으로 공소장변경의 필요성', 법조, 통권 672호, 2012. 9., 221면.

(2) 대상판결에의 적용

대상판결에서 피고인은 공동가공의 의사, 본질적 기여를 통한 기능적 행위지배가 없었다고 주장하였다.

그러나 위에서 본 바와 피고인이 맡은 역할이 범행에 중요하게 작용하였다. 특히 가상자산의 가격을 관리하는 것은 피해자들의 의구심을 덜어내고 계속하여 투자를 하도록 유도하는 점에서 사기범행에서 중요한 부분을 차지하였을 것이다. 이러한 점들을 고려하여 대상판결 역시 피고인이 이 사건 범행에 공동정범에 해당한다고 판시하였다.

Ⅲ. 대상판결의 평가

대상판결은 가상자산 등의 발행 등을 통한 투자 사기 및 유사수신행위의규제에관한법률위반의 경우에 있어 해당 범행에 적극 가담한 자가 이탈의 의사표시만으로 공모관계에서 이탈하였다고 볼 수 있는지에 관한 구체적인 판단이 이루어졌다. 피고인은 이 사건 범행 과정에 중요한 기망행위 수단으로 사용된 가상자산의 발행과 가격관리 등의 업무를 수행하기도 하였는바, 대상판결은 공모관계의 이탈에 관한 법리를 재확인하며 이러한 사정과 피고인이 그 외 다른 업무에도 다양하게 관여한 점에서 단순한 이탈의 의사표시만으로는 공모관계에서 이탈한다고 볼 수 없다고 보았는바, 확립된 대법원 판례의 입장에 비추어 타당한 결론이다.

위와 같은 대법원의 법리에 비추어 보면, 대상판결과 같이 범행 착수 전 및 그 이후 핵심 역할을 담당한 자는 자신이 이탈하더라도 공범들이 범행을 계속하는 이상 그 죄책을 면하기가 매우 어려울 것이다.

[10] 프라이빗 키 취득 경위에 대한 공소사실의 특정 및 입증의 정도
— 서울중앙지방법원 2021. 8. 27. 선고 2020노3207 판결, 2021. 11. 25. 상고기각 확정 —

[사실 개요]

1. 피고인과 피해자는 E 코인 투자와 관련된 텔레그램 단체 대화방에서 서로 알게 되어, 피고인이 피해자에게 '보유한 E 코인을 밋원(Meet.One) 어플 계정에 보관하면 업비트보다 많은 에어드랍이 나온다. 돈을 벌 수 있다'면서 밋원 사용을 권유하였다. 피고인과 피해자는 2020. 5. 2. 피해자의 집으로 간 다음 '피해자가 피고인의 권유에 따라 2019년 5월 2일 E 코인 19,759개를 밋원에 보관한다. 피고인이 위 코인의 안전을 책임지며 만약 문제가 발생하면 책임지고 복구할 것을 다짐한다'는 취지의 각서를 작성하였다. 피해자는 2019. 5. 2. 20:50경 자신의 밋원 A 계정의 프라이빗 키를 변경한 다음 21:14경 업비트에 보관되어 있던 E 코인 18,000개를 밋원의 위 계정으로 이전하였다. 2020. 5. 3. 03:07경 위 계정에 보관되어 있던 E 코인 17,988개가 밋원의 불상의 B 계정으로 이전되었고, 이후 Binance 거래소 계정 등으로 이전된 후 05:56경 Z 코인으로 출금되었다. 한편, 2019. 5. 3.부터 2019. 5. 23.까지 6회에 걸쳐 업비트 거래소의 피고인 주소로 상당한 Z 코인이 입금되었다.

2. 이에 피고인은 "2019. 5. 3. 03:07경 서울 이하 불상지에서 불상의 컴퓨터를 이용하여 밋원 어플 A 계정에 접속한 다음 불상의 방법으로 알아낸 위 계정 프라이빗 키(Private Key)를 입력하여 위 계정에 보관 중인 E 코인(개당 5,540원) 17,988개를 불상의 B 계정으로 이동시켜 위 코인 합계 9,965만 원 상당의 재산상 이익을 취득하였다."는 이유로 컴퓨터사용사기죄로 기소되었는데, 제1심 법원 (서울중앙지방법원 2020. 10. 6. 선고 2020고단960 판결)은 피고인이 피해자의 밋원 A 계정에 접속한 다음 프라이빗 키를 입력하여 위 계정에 보관하던 E 코인을 다른 계정으로 이동시켰음이 충분히 입증되었다고 볼 수 없다는 이유로 무죄를 선고하였다.

3. 이에 대하여 검사는 항소를 제기하였고 항소심에서 피고인의 프라이빗 키 취득경위에 관한 부분에 대하여 아래와 같이 공소장변경신청을 하였다.

"피해자가 2019. 5. 2. 21:14경 업비트 거래소에 보관 중인 피해자 소유의 E 코인 18,000개를 A 계정으로 옮겨놓았고, 계속하여 피고인은 피해자에게 '에어드랍을 위해 필요하니 위 A 계정의 비밀번호를 눌러 달라'고 제안하여 피해자로부터 위 계정의 비밀번호가 입력된 휴대전화를 교부받아 위 계정의 프라이빗 키를 확인한 후 권한 없이 이를 메모하거나 사진 촬영하여 보관하던 중 다음 날 03:07경 서울 이하 불상지에서 불상의 컴퓨터를 이용하여 밋원 어플 A 계정에 접속한 다음 위와 같이 알아낸 위 계정 프라이빗 키(Private Key)를 권한 없이 입력하여 위 계정에 보관 중인 E 코인(개당 5,540원) 17,988개를 불상의 B 계정으로 이동시켜 위 코인 합계 9,965만 원 상당의 재산상 이익을 취득하였다."

[판결 요지]

1. 형사재판에 있어 유죄의 인정은 법관으로 하여금 합리적인 의심을 할 여지가 없을 정도로 공소사실이 진실한 것이라는 확신을 가지게 할 수 있는 증명력을 가진 증거에 의하여야 하고, 이러한 정도의 심증을 형성하는 증거가 없다면 피고인이 유죄라는 의심이 간다 하더라도 피고인의 이익으로 판단할 수밖에 없으나, 그와 같은 심증이 반드시 직접 증거에 의하여 형성되어야만 하는 것은 아니고 경험칙과 논리법칙에 위반되지 아니하는 한 간접증거에 의하여 형성되어도 되는 것이며, 간접증거가 개별적으로는 범죄사실에 대한 완전한 증명력을 가지지 못하더라도 전체 증거를 상호 관련 하에 종합적으로 고찰할 경우 그 단독으로는 가지지 못하는 종합적 증명력이 있는 것으로 판단되면 그에 의하여도 범죄사실을 인정할 수 있다(대법원 2003. 9. 2. 선고 2001도4360 판결 등 참조).

2. 앞서 본 법리에 원심 및 당심이 적법하게 채택하여 조사한 증거들에 의하여 알 수 있는 다음과 같은 사실 또는 사정들을 비추어 보면, 피고인이 변경된 공소사실과 같은 방법으로 피해자의 밋원 A 계정에 보관 중인 E 코인을 불상의 B 계정으로 이동시켜 그 재산상 이익을 취득한 사실을 인정할 수 있다.

① 밋원에서는 비밀번호를 입력한 경우 어플리케이션 내에 프라이빗 키를 추출하는 버튼이 있어 프라이빗 키를 알아내고 복사하는 것까지 가능하고, 프라이빗 키를 알면 E 코인 계정에 로그인 및 송금이 가능하다. 피해자는 수사기관에서 범인이 어떻게 프라이빗 키를 알게 되었는지 모르겠다는 취지로 계속 진술하면서 범인의 범행방법을 전혀 특정하지 못하였으나, 원심 법정에서부터는 밋원에 비밀번호를 입력한 경우 프라이빗 키를 추출할 수 있다는 사실을 알지 못한 상태에서 피고인이 스테이킹을 하여 에어드랍을 받는 데 필요하다고 하여 밋원 계정에서 비밀번호를 입력한 상태로 휴대전화를 피고인에게 건네주었는데 이 때 피고인이 프라이빗 키를 알아낸 것 같다고 비교적 일관되게 진술하였다.

② 피고인으로부터 각서를 작성 받고, E 코인을 밋원 계정에 이전하기 전에 밋원 계정의 오너 키(퍼블릭 키와 프라이빗 키)를 변경하는 등 조심스러운 태도를 보였던 피해자가 피고인에게 자신의 휴대전화를 맡긴 것은, 밋원에서 비밀번호를 입력하면 프라이빗 키를 추출할 수 있다는 사실을 전혀 알지 못하였기 때문으로 보이고, 또한 피고인은 이 때 프라이빗 키를 추출한 다음 피해자의 휴대전화로 캡처하여 전송하는 등 할 필요 없이 자신의 휴대전화로 사진 촬영하는 등으로 보관하였다가 나중에 이를 입력하였을 가능성이 크다. 이 경우 피고인은 영문과 숫자 51자리로 된 프라이빗 키를 암기할 필요도 없을 뿐만 아니라, 피해자는 이와 같은 사실을 알 수 없고 피해자의 휴대전화에 그에 관한 기록도 남지 않게 된다.

③ 이 사건 범행 무렵 가상자산 환전서비스를 제공하는 체인지나우의 바이낸스 계정에서 17,988 E 코인 정도의 가액이 환전된 것은 1,353 Z 코인이 유일하다. 이후 위 1,353 Z 코인은 금액이 분할 입금되거나 이전 계정에 재송금되는 등 하기는 하였으나, 대부분 수수료를 공제하는 것 외에는 그대로 여러 계정을 거치면서 송금이 이루어져, 최종적으로 피고인의 업비트 계정에 입금되었고, 특히 송금 과정에서 사용된 8개 계정 중 4개의 계정은 해당 거래에만 사용되었다.

④ 피고인은 다른 거래소의 피고인의 계정에서 Z 코인을 이전받았다고 하면서도 이전받은 거래소 명에 관해서 진술이 일관되지 않을 뿐만 아니라, 국내보다 해외가 더 비싸서 해외 거래소에 이전해두었던 Z 코인을 국내 업비트 계정으로 옮긴 것이라는 취지로만 진술하여 Z 코인의 취득경로에 대한 구체적인 설명을 하지 못하였다. Z 코인의 취득자금에 대해서도 2018년 무렵 스스로 상당한 자금을 보유하고 있었다거나 어머니로부터 상당한 자금을 차용하였다는 자료 및 재정거래를 위해 SNS로 다른 사람들과 대화를 나눈 자료를 제출하고 있을 뿐, 직접적이고 객관적인 자료는 제출하지 못하고 있다.

해설

I. 대상판결의 의의 및 쟁점

공소사실의 기재는 범죄의 시일, 장소와 방법을 명시하여 사실을 특정할 수 있도록 하여야 한다(형사소송법 제254조 제4항). 그리고 범죄사실의 인정은 합리적인 의심이 없는 정도의 증명에 이르러야 한다(형사소송법 제307조 제2항). 공소사실의 특정과 입증의 정도는 완벽할 필요는 없다. 그러나 피고인의 방어권을 보장할 수 있을 정도로는 특정되어야 하고, 합리적인 의심이 들지 않을 정도로는 입증이 되어야 한다. 가상자산 범죄는 신종 유형의 범죄로 기존에는 존재하지 않던 태양으로 범죄가 발생하고 있다.

이 사건 E 코인의 계정은 퍼블릭 키(Public key, 암호화에 사용하는 키)와 프라이빗 키(Private key, 복호화에 사용하는 키)가 있는데, 퍼블릭 키는 공개되어 있고 프라이빗 키를 이용하여 찾을 수 있으나 프라이빗 키는 공개되지 않으므로 소유자가 비밀리에 보관하게 되고 위 프라이빗 키를 알지 못하면 정상적인 방법으로는 계정을 사용할 수 없다. 또한 계정의 소유권한(Owner authority)을 변경하여 새로운 지갑을 만드는 경우 퍼블릭 키와 프라이빗 키가 모두 변경되고 종전의 키는 모두 사용할 수 없게 된다.

이처럼 밋원에 보관된 E 코인을 다른 계정으로 이동하기 위해서는 반드시 위 프라이빗 키를 알고 있었어야 하므로, 계정 소유자가 아닌 피고인이 피해자의 위 프라이빗 키를 어떤 경위로 취득하여 입력하였는지를 입증하여야 한다. 여기서 이에 관한 공소사실이 어느 정도 특정이 되어야 하고 입증이 되어야 하는지가 쟁점이 되었다.

Ⅱ. 대상판결의 판단 분석

1. 공소사실 특정의 정도

공소사실의 특정은 피고인이 어떠한 범죄사실로 공소가 제기되었는지 여부를 법원과 피고인이 식별할 수 있을 정도로 공소장에 기재되어 범죄사실이 특정되어 있음을 뜻한다.[1] 공소사실의 기재에 있어서 범죄의 일시, 장소, 방법을 명시하여 공소사실을 특정하도록 한 취지는 법원에 대하여 심판의 대상을 한정하고 피고인에게 방어의 범위를 특정하여 그 방어권 행사를 쉽게 해 주기 위한 데에 있는 것이므로 공소사실은 이러한 요소를 종합하여 구성요건 해당사실을 다른 사실과 구별할 수 있을 정도로 기재하면 족하다. 따라서 공소사실 중 일부가 다소 불명확하더라도 그와 함께 적시된 다른 사항들에 의하여 그 공소사실을 특정할 수 있고 그리하여 피고인의 방어권 행사에 지장이 없다면 공소제기의 효력에는 영향이 없다. 또한, 공소장에 범죄의 일시, 장소, 방법 등이 구체적으로 적시되지 않았더라도 공소사실을 특정하도록 한 법의 취지에 반하지 아니하고, 공소범죄의 성격에 비추어 그 개괄적 표시가 부득이한 경우에는, 그 공소내용이 특정되지 않아 공소제기가 위법하다고 할 수 없다.[2] 비록 공소범죄의 성격에 비추어 범죄의 일시·장소 등에 관한 개괄적인 표시가 부득이한 경우가 있다 하더라도, 검사는 가능한 한 기소 당시의 증거에 의하여 이를 특정하여야 할 것이고, 이에 이르지 아니함으로써 사실상 피고인의 방어권행사에 지장을 가져오는 경우에는 형사소송법 제254조 제4항에서 정하고 있는 구체적인 범죄사실의 기재가 있는 공소장이라고 할 수 없다.[3]

2. 공소사실 입증의 정도

형사소송에서는 범죄사실이 있다는 증거는 검사가 제시하여야 하는 것이고, 피고인의 변소가 불합리하여 거짓말 같다고 하여도 그것 때문에 피고인을 불리하게 할 수 없고 범죄사실의 증명은 법관으로 하여금 합리적인 의심의 여지가 없을 정도로 고도의 개연성을 인정할 수 있는 심증을 갖게 하여야 한다.[4] 여기에서 합리적인 의심이라 함은 모든 의문, 불신을 포함하는 것이 아니라 논리와 경험칙에 기하여 요증사실과 양립할 수 없는 사실의 개연성에 대한 합리성 있는 의문을 의미하는 것으로서,[5] 피고인에게 유리한 정황을 사실인정

---

1) 온라인주석서 형사소송법(2) 제5판, 한국사법행정학회(2017), 557면(최창호)
2) 대법원 2006. 4. 14. 선고 2005도9561 판결 및 대법원 2006. 9. 8. 선고 2006도388 판결 등 참조.
3) 대법원 2009. 5. 14. 선고 2008도10885 판결 참조.
4) 대법원 1991. 8. 13. 선고 91도1385 판결 참조.

과 관련하여 파악한 이성적 추론에 그 근거를 두어야 하는 것이므로 단순히 관념적인 의심이나 추상적인 가능성에 기초한 의심은 합리적 의심에 포함된다고 할 수 없고,[6] 합리성이 없는 모든 가능한 의심을 배제할 정도에 이를 것까지 요구하는 것은 아니다.[7]

3. 대상판결의 경우

가. 1심의 경우

1심은 변경 전 공소사실에 대하여, 밋원 계정에 보관된 E 코인을 다른 계정으로 이체하기 위해서는 반드시 프라이빗 키를 알고 있었어야 하므로, 검사는 피고인이 프라이빗 키를 어떤 경위로 취득하여 입력하였는지를 입증하여야 하는데, 변경 전 공소사실은 피고인이 '불상의 방법으로 알아낸 위 계정 프라이빗 키(Private Key)를 입력', '불상지에서 불상의 컴퓨터로 계정에 접속하였다'라고 하였을 뿐 구체적으로 피고인이 어떻게 위 정보를 취득하여 사용하였는지에 관한 내용이 나타나 있지 않은 점, 피해자의 원심 및 수사기관에서의 진술을 믿기 어려운 점, 피해자의 E 코인이 회원 가입이나 인증 없이 각종 가상자산을 다른 종류의 가상자산으로 환전해주는 서비스인 체인지나우의 바이낸스 계정으로 이체되었다가 환전된 사실은 확인되지만 입금 계정은 밝혀지지 않았고, 피고인의 업비트 계정에 여러 차례에 걸쳐 Z 코인이 입금된 내역이 있으나 입금된 Z 코인이 위와 같이 환전된 Z 코인과 동일한 것임을 확인할 자료가 없는 점, 밋원은 계정 정보와 프라이빗 키만 알면 누구나 어떠한 방법으로도 조작이 가능하므로, 피고인을 제외한 다른 누군가가 이를 조작할 가능성이 없었다고 볼 수 없고, 피해자 또는 제3자에 의한 접근 가능성도 배제할 수 없는 점 등을 근거로, 피고인이 피해자의 밋원 계정에 접속한 다음 프라이빗 키를 입력하여 위 계정에 보관하던 E 코인을 다른 계정으로 이체시켰음이 합리적 의심 없이 충분히 입증되었다고 할 수 없다고 판단하여 피고인에게 무죄를 선고하였다.

우선, 1심은 피고인이 프라이빗 키를 어떤 경위로 취득하여 입력하였는지에 관한 공소사실이 특정되지 않았다고 보았다. 컴퓨터사용사기죄에서 정보처리장치에 입력한 부정한 명령(어플리케이션의 강제적인 조작, 해킹 등의 방법) 또는 권한 없이 입력, 변경한 정보(타인의 비밀번호를 임의로 입력하는 등의 방법)가 어떤 것인지, 또한 그러한 행위를 언제, 어디서 하였는지 등은 위 범죄 구성요건 성립 여부를 판단하는 가장 중요한 부분인데 이 부분이 전혀 특정되지 않았다는 것이다. 이 부분에 대한 1심의 판단은 타당하다고 생각된다. 결국 공소사실의 특정은 피고인의 방어권 보장을 위하여 중요한데 이 부분에 관하여 특정이 되지

---

5) 대법원 1997. 7. 25. 선고 97도974 판결 참조.
6) 대법원 2012. 5. 24. 선고 2010도5948 판결 참조.
7) 대법원 2006. 5. 25. 선고 2003도3945 판결 참조.

않아 피고인의 입장에서도 방어권을 행사하기 어렵기 때문이다.

한편, 1심은 앞서 본 바와 같은 이유로 피고인이 A 계정에 보관하던 E 코인을 다른 계정으로 이체시켰음이 합리적 의심 없이 충분히 입증되었다고 할 수 없다고 판단하였는데, 이 부분에 관하여는 항소심은 다른 판단을 하였는바, 이하 자세히 살펴본다.

나. 항소심의 경우

항소심에서는 검사가 공소장변경신청을 하였다. 즉, "피고인은 피해자에게 '에어드랍을 위해 필요하니 위 A 계정의 비밀번호를 눌러 달라'고 제안하여 피해자로부터 위 계정의 비밀번호가 입력된 휴대전화를 교부받아 위 계정의 프라이빗 키를 확인한 후 권한 없이 이를 메모하거나 사진 촬영하여 보관하였다."는 것으로 변경하였다. 밋원에서는 비밀번호를 입력한 경우 어플리케이션 내에 프라이빗 키를 추출하는 버튼이 있어 프라이빗 키를 알아내고 복사하는 것까지 가능하고, 프라이빗 키를 알면 E 코인 계정에 로그인 및 송금이 가능하다. 그리고 피해자는 수사기관에서 범인이 어떻게 프라이빗 키를 알게 되었는지 모르겠다는 취지로 계속 진술하면서 범인의 범행방법을 전혀 특정하지 못하였으나, 항소심 법정에서부터는 밋원에 비밀번호를 입력한 경우 프라이빗 키를 추출할 수 있다는 사실을 알지 못한 상태에서 피고인이 스테이킹을 하여 에어드랍을 받는 데 필요하다고 하여 밋원 계정에서 비밀번호를 입력한 상태로 휴대전화를 피고인에게 건네주었는데 이 때 피고인이 프라이빗 키를 알아낸 것 같다고 비교적 일관되게 진술하였다. 또한 피고인은 이 때 프라이빗 키를 추출한 다음 피해자의 휴대전화로 캡처하여 전송하는 등 할 필요 없이 자신의 휴대전화로 사진 촬영하는 등으로 보관하였다가 나중에 이를 입력하였을 가능성이 크다. 이러한 사정으로 검사가 공소사실을 변경하였고, 이에 관하여 항소심은 이러한 변경된 공소사실에 관하여 특정이 충분히 이루어졌다고 판단하였다. 피해자가 피고인에게 밋원 계정에서 비밀번호를 입력한 상태로 휴대전화를 건네준 사실을 근거로 행위태양을 특정한 것이다. 이후 피고인이 프라이빗 키를 확인한 후 권한 없이 이를 메모하거나 사진 촬영하여 보관하였다는 사정은 개연성에 근거한 것이지만, 이 정도로 특정이 되었다고 판단하였고, 더 이상의 특정은 불가능하다고 보이므로 타당한 판단이라고 생각된다.

공소사실의 입증에 관하여 항소심은 유죄의 심증이 반드시 직접증거에 의하여 형성되어야만 하는 것은 아니고 경험칙과 논리법칙에 위반되지 아니하는 한 간접증거에 의하여 형성되어도 되는 것이며, 간접증거가 개별적으로는 범죄사실에 대한 완전한 증명력을 가지지 못하더라도 전체 증거를 상호 관련 하에 종합적으로 고찰할 경우 그 단독으로는 가지지 못하는 종합적 증명력이 있는 것으로 판단되면 그에 의하여도 범죄사실을 인정할 수 있다는 것을 근거로 여러 사정을 종합하여 1심 판결을 파기하고, 피고인에게 유죄를 선고하였다. 앞서 본 사정에 더하여 이 사건 범행 무렵 가상자산 환전서비스를 제공하는 체인지나우의 바이낸스 계정에서 17,988 E 코인 정도의 가액이 환전된 것은 1,353 Z 코인이 유일하고, 이후 위 1,353 Z 코인은 여러 계정을 거치면서 송금이 이루어져, 최종적으로 피고인의 업비트 계정에 입금된 점, 피고인이 Z 코인의 취득경로에 대한 구체적인 설명을 하지 못하였고, Z 코인의 취득자금의 출처에 관하여도 명확하게 밝히지 못한 점을 근거로 들었다. 여러 간접증거들을 종합하여 판단한 결과 타당한 결론을 도출하였다고 생각된다. 유죄를 판단함에 있어서는 합리적인 의심의 여지가 없을 정도로 고도의 개연성을 인정하면 되는데, 이 사건에서는 여러 모든 정황상 피고인의 범행임이 의심되고, 제3자의 개입 가능성은 낮은 것으로 보인다.[8]

Ⅲ. 대상판결의 평가

이 사건은 가상자산에 대한 재산범죄에서 공소사실의 특정 및 입증의 정도가 어느 정도 이루어져야 하는지를 알 수 있는 매우 흥미로운 판결이다. 이 사건의 판단을 위해서는 특히 가상자산의 계정에 들어가기 위해 필요한 프라이빗 키가 무엇인지, 어떻게 취득하는 것인지에 대한 배경지식이 필요하다. 이 사건의 피해자 역시 프라이빗 키를 어떻게 취득하는지에 관한 이해도가 부족하여 항소심에 이르러서야 공소사실을 특정할 수 있는 취득경위에 대하여 진술하였다. 이처럼 가상자산 범죄는 신종 범죄인만큼 그 행위태양도 기존에 존재하지 않았던 유형이 많아 그 특정과 입증에 대하여도 새로운 시각에서 판단할 필요가 있다. 이러한 점에서 대상판결은 그 특정과 입증의 정도에 관한 선례가 될 수 있는 흥미로운 판결이라고 할 것이다.

---

8) 이 사건은 피고인이 상고하여 2021. 11. 25. 상고기각판결로 확정되었다.

[11] 가상자산 투자유도 기망행위 무죄 사건
— 서울중앙지방법원 2021. 9. 10. 선고 2020고단8225 판결, 2022. 7. 1. 항소기각 확정 —

[사실 개요]

피고인은 다음과 같은 공소사실로 기소되었다.

피고인은 2018. 11.경 서울 강남구에 있는 주식회사 A 사무실 등지에서 피해자에게 "나는 A에서 만든 코인에 투자하고 있는데 A는 인공지능 소프트웨어를 개발하는 회사이다. A가 만드는 코인은 6개월 후부터 거래소를 통해 거래가 가능하고, 2019. 4.경부터는 휴대폰 어플을 통해서도 다른 사람에게 팔 수 있다. 그렇게 되면 코인을 팔아서 우선 원금만 먼저 회수하고 나머지는 그대로 놔두면 계속 수익을 올릴 수 있는데 투자금 대비 최소 2배 이상의 수익을 올릴 수 있다. 원금은 내가 보장해 주겠다."라고 거짓말 하였다.

그러나 사실은 피고인은 2017년경 A에서 만든 가상자산인 'B 코인'을 2억 5,000만원 상당에 구입하였으나 'B 코인'이 거래가 되지 않고 가격이 하락하자 위 회사에서는 기존 투자자들에게 보유 중인 'B 코인' 개수만큼 다른 가상자산인 'E 코인'으로 교환해 주면서 피해 보전 차원에서 추가로 같은 개수의 'E 코인'을 지급해 주기로 하였으나, 'E 코인' 또한 거래소를 통한 거래가 불가능한 상태로서 가격이 오를지 여부도 불투명한데다 위 회사에서는 코인가격이 하락하더라도 투자 원금을 보장해주지 않았을 뿐만 아니라, 피고인이 피해자에게 직접 투자 원금을 보장해 줄 의사나 능력도 없었고, 오히려 피고인으로서는 위와 같이 코인에 투자하여 본 손해를 만회하기 위해 피해자로부터 코인 대금을 받아 개인적인 대출금 채무 변제 등 명목으로 사용할 생각이었다.

그럼에도 불구하고 피고인은 위와 같이 피해자를 기망하여 이에 속은 피해자로부터 2018. 11. 27. 피고인 명의의 농협계좌로 코인 구입 대금 명목으로 21,000,000원을 송금받은 것을 비롯하여 그 무렵부터 2018. 12. 17.까지 총 3회에 걸쳐 합계 60,000,000원을 송금받아 이를 편취하였다.

[판결 요지]

1. 사기죄의 주관적 구성요건인 편취의 범의는 피고인이 자백하지 않는 이상 범행 전후의 피고인 등의 재력, 환경, 범행의 경위와 내용, 거래의 이행과정 등과 같은 객관적인 사정 등을 종합하여 판단할 수밖에 없고, 한편 유죄의 인정은 법관으로 하여금 합리적인 의심을 할 여지가 없을 정도로 공소사실이 진실한 것이라는 확신을 가지게 하는 증명력을 가진 증거에 의하여야 하므로, 그와 같은 증거가 없다면 설령 피고인에게 유죄의 의심이 간다고 하더라도 피고인의 이익으로 판단할 수밖에 없으며, 이는 사기죄의 주관적 요소인 범의를 인정함에 있어서도 마찬가지이다(대법원 2009. 9. 10. 선고 2009도5075 판

결).

2. 이 법원이 적법하게 채택하여 조사한 증거에 의하여 알 수 있는 다음과 같은 사정을 위와 같은 법리에 비추어 보면, 검사가 제출한 증거만으로는 피고인이 피해자로부터 6,000만 원을 편취하였다는 사실이 합리적인 의심의 여지가 없을 정도로 증명되었다고 보기에 부족하고, 달리 이를 인정할 만한 증거가 없다.

① 피고인이 피해자로부터 피고인 명의의 계좌로 6,000만 원을 송금받은 것은 사실이나, 피고인은 위 대금 상당액을 모두 현금이나 수표로 A 측에 전달하였고, A는 피고인이 피해자에게 약속한 대로 2018. 12. 18.경까지 모두 40만 개의 E코인(개당 150원)을 피해자에게 직접 전송해주었다.

② 피고인은 A에서 만든 코인에 3억 원 상당을 투자한 투자자일 뿐 위 회사의 직원은 아니고, 피해자의 소개나 투자에 따른 대가로 A로부터 수당이나 수수료 등을 지급받은 사실은 없는 것으로 보인다. 피고인은 경찰에서 '저도 투자자라서 회사가 잘 되길 바라는 마음으로 주변인들에게 소개해 준 것 뿐이고, 회사로부터 받은 것은 전혀 없다'라는 취지로 진술하였다.

③ A의 대표는 이 법정에 증인으로 출석하여, "A에서 만든 코인이 2018. 11.경 '아이닥스(IDAX)'라는 거래소에 상장되어 회사의 지인들이 구매 요청을 해오는 경우가 있었는데, 회사가 신뢰할 수 있는 사람들을 통해서만 코인을 판매하였다. 코인 구매대금은 세금 문제 등으로 회사 명의의 계좌로 이체받지 않고 현금이나 이더리움으로만 받았다."라는 취지로 진술하였다.

④ 피고인이 피해자에게 'A의 코인은 6개월 후부터 거래소를 통해 거래가 가능하고, 2019. 4.경부터는 다른 사람에게 판매할 수도 있다'라고 한 사실은 인정되나, 이는 2018. 12.경 당시 A가 투자자들에게 공지한 사항을 전달한 것으로 보일 뿐 특별히 이를 과장하거나 왜곡한 정황은 보이지 않는다.

⑤ 비록 A의 코인이 피고인이 설명한대로 2019. 6.경부터 거래소를 통해 거래하거나 다른 사람에게 팔 수 있게 되지는 못하였으나, 이는 거래소나 회사 내부의 사정으로 인한 것으로 보이므로, 피고인에게 그 책임을 묻기는 어렵다고 할 것이다(피고인도 투자자로서 보유하고 있는 코인을 현금화하지 못하고 있다).

⑥ 피해자는 피고인이 '투자금 회수를 못하는 경우 원금은 내가 보장해주겠다'라고 약속하였다고 주장하나, 피해자의 투자로 인하여 아무런 재산적 이익을 취한 바 없는 피고인이 그와 같은 원금보장 약정을 하였다는 것은 믿기 어렵고, 이러한 약정이 문서화되지도 않았다(피고인이 '2019. 6.경부터는 거래소에서 거래가 가능하기 때문에 코인을 팔아서 원금을 회수할 수 있을 것'이라고 말하였다고 하더라도 이를 '거래소에서 판매가 안

되는 경우에는 내가 원금을 책임지겠다'라는 의미로 해석하기는 어렵다).

해설

Ⅰ. 대상판결의 의의 및 쟁점

이 사건에서 피고인은 피해자에 대한 가상자산 투자유도 행위가 기망행위라는 이유로 사기죄로 기소되었는데, 피고인은 피해자로부터 송금받은 돈을 모두 A에 전달했고, 피해자는 A로부터 매매대금에 상당한 코인을 실제로 지급받았으며, 피고인이 피해자에게 설명한 내용은 A의 공지사항을 그대로 전해준 것 뿐이고, 원금 보장을 약속한 사실은 없으므로, 피고인은 피해자를 기망하지 않았고, 편취의 범의도 없었다는 이유로 무죄를 주장하였다.

따라서 이 사건에서는 피고인의 행위가 기망행위에 해당하는지와 피고인에게 당시 편취의 범의가 있었는지가 문제되었다.

Ⅱ. 대상판결의 판단 분석

1. 편취의 범의

사기죄는 타인을 기망하여 착오를 발생하게 하고 그 착오에 기하여 재물의 교부 기타의 재산적 처분행위를 하게 함으로써 재물을 취득하거나 재산상의 이익을 취득하는 범죄이다. 사기죄의 객관적 구성요건은 기망, 착오, 처분행위, 손해 발생, 재산상 이익의 취득이다. 사기죄의 주관적 구성요건은 고의와 불법영득의 의사이다.[1] 이하 고의, 즉 편취의 범의에 관하여 살펴본다.

고의라 함은 사기죄의 객관적 구성요건에 대한 인식을 말한다. 사기죄의 주관적 구성요건인 편취의 범의는 피고인이 자백하지 아니하는 이상 범행 전후의 피고인의 재력, 환경, 범행의 내용, 거래의 이행과정 등과 같은 객관적 사정 등을 종합하여 판단할 수밖에 없다.[2] 거래물품의 편취에 의한 사기죄의 성립 여부는 거래 당시를 기준으로 피고인에게 납품대금을 변제할 의사나 능력이 없음에도 피해자에게 납품대금을 변제할 것처럼 거짓말을 하여 피해자로부터 물품을 편취할 고의가 있었는지의 여부에 의하여 판단하여야 하므로 납품 후 경제사정 등의 변화로 납품대금을 일시 변제할 수 없게 되었다고 하여 사기죄에 해당한다고 볼 수 없다.[3] 편취의 범의는 확정적인 고의가 아닌 미필적인 고의로도 족하다.[4]

---

1) 온라인주석서 형법각칙(6)(제5판), 한국사법행정학회(2017), 9－10면(이인석)
2) 대법원 1998. 1. 20. 선고 97도2630 판결

2. 사기죄에서의 기망행위

사기죄의 요건으로서의 기망은 널리 재산상의 거래관계에서 서로 지켜야 할 신의와 성실의 의무를 저버리는 모든 적극적 또는 소극적 행위를 말하는 것으로서, 반드시 법률행위의 중요부분에 관한 것임을 요하지 않고, 상대방을 착오에 빠지게 하여 행위자가 희망하는 재산적 처분행위를 하도록 하기 위한 판단의 기초사실에 관한 것이면 충분하고, 어떤 행위가 다른 사람을 착오에 빠지게 한 기망행위에 해당하는가의 여부는 거래의 상황, 상대방의 지식, 경험, 직업 등 행위 당시의 구체적 사정을 고려하여 일반적·객관적으로 판단해야 할 것이다.[5]

이 사건은 가상자산에 대하여 홍보하면서 투자를 권유한 사건이다. 따라서 선전·광고에 대한 대법원 판결을 살펴보면, 일반적으로 상품의 선전·광고에 있어 다소의 과장, 허위가 수반되는 것은 그것이 일반 상거래의 관행과 신의칙에 비추어 시인될 수 있는 한 기망성이 결여된다고 하겠으나 거래에 있어서 중요한 사항에 관하여 구체적 사실을 거래상의 신의성실의 의무에 비추어 비난받을 정도의 방법으로 허위로 고지한 경우에는 과장, 허위광고의 한계를 넘어 사기죄의 기망행위에 해당한다고 판시하였다.[6]

3. 대상판결의 경우

이 사건에서 대상판결은 피고인에 대하여 무죄를 선고하면서 다음과 같은 사정을 근거로 들었다. ① 우선 피고인은 피해자로부터 받은 대금 상당액을 모두 A 측에 전달하였고, 자신이 이익을 취한 사실은 없다. A는 피고인이 피해자에게 약속한 대로 코인을 피해자에게 직접 전송하였다. ② 피고인 역시 A에서 만든 코인에 3억 원 상당을 투자한 투자자일 뿐이었고, 피해자를 소개함으로써 그 대가로 A로부터 수당이나 수수료 등을 지급받은 사실은 없었다. ③ 피고인이 피해자에게 A의 코인은 6개월 후부터 거래소를 통해 거래가 가능하고, 2019. 4.경부터는 다른 사람에게 판매할 수도 있다고 말하였으나 이는 2018. 12.경 당시 A가 투자자들에게 공지한 사항을 전달한 것으로 보일 뿐 특별히 이를 과장하거나 왜곡한 것은 아니다. ④ 비록 A의 코인이 거래소를 통해 거래하거나 다른 사람에게 팔 수 있게 되지는 못하였으나, 이는 거래소나 회사 내부의 사정으로 인한 것으로 보이므로 피고인의 책임으로 보기는 어렵고 피고인도 투자자로서 보유하고 있는 코인을 현금화하지 못하였다. ⑤ 피고인이 원금보장약정을 하였다는 것도 믿기 어렵고, 이러한 약정이 문서화되지도 않았다.

3) 대법원 2003. 1. 24. 선고 2002도5265 판결
4) 대법원 1997. 12. 26. 선고 97도2609 판결
5) 대법원 2007. 10. 25. 선고 2005도1991 판결
6) 대법원 2004. 1. 15. 선고 2001도1429 판결

법원은 위와 같은 근거를 들어 피고인에 대하여 편취의 고의가 없고, 기망행위에 해당하지 아니한다고 판단하였다. 피고인의 경우 자신도 투자자로서 A가 만든 코인이 거래소에서 현금화되지 못한다는 사정을 알지 못하여 자신도 피해를 보았고, 피해자에게는 같은 투자자로서 단순히 투자 권유를 한 것에 불과하다고 판단한 것이다.[7)]

Ⅲ. 대상판결의 평가

대상판결은 피고인의 가상자산 투자유도행위에 있어 편취의 범의가 인정되는지, 기망행위에 해당하는지에 대하여 판단하였다. 피고인은 당시 A가 만든 코인이 거래소에서 거래되지 못한다는 사정을 알지 못하였고 피고인도 투자자였기 때문에, 피고인의 피해자에 대한 투자권유행위를 두고 편취의 범의가 없었다고 판단한 것은 타당한 판결이라고 생각된다. 결국 가상자산이나 주식 또는 그 밖의 상품 등에 대한 투자권유 또는 투자유도를 사기죄로 처벌하기 위해서는 처음부터 그러한 대상에 대하여 문제가 있음을 인식하고 피해자를 기망한다는 인식이 있어야 한다. 그러한 인식이 없다면 사기죄에 있어 편취의 범의를 쉽게 인정해서는 안 된다. 이러한 점에 있어 이 사건은 가상자산의 투자권유행위에 대하여 사기죄인지 여부를 판단함에 있어 편취의 범의 등이 문제된 대표적인 선행 판결로서 의의가 있다고 할 것이다.

---

7) 이에 대하여 검사가 항소하였으나 항소심(서울중앙지방법원 2021노2544)은 2022. 6. 23. 항소기각판결을 선고하였고 이는 그대로 확정되었다.

[12] 가상자산거래소 직원과 거래소 외부 성명불상자와의
컴퓨터등사용사기죄 공동정범 성립
— 서울남부지방법원 2021. 11. 22. 선고 2020노2765 판결, 2022. 2. 11. 상고기각 확정—

[사실 개요]

1. 피고인은 피해자 가상자산거래소 회사('피해 회사')의 '가상자산거래와 관련한 고객의 입출금 등의 처리 업무를 하는 부서'에서 근무하고 있고, 피해 회사 입사 이전에도 가상자산 입출금 업무 등을 처리한 경험이 있다.

2. 성명불상자는 피해 회사에 사실은 충전할 돈을 입금하지 않았음에도 돈을 이체하였다는 허위 내용의 이체내역서를 제출하였고, 피고인은 이를 확인한 후 피해자 회사의 컴퓨터에 성명불상자가 돈을 이체하였다는 허위 내용을 입력한 다음 피해자 회사 소유의 돈을 성명불상자가 사용하는 갑 명의 계정으로 충전시켜 주는 방법으로 3회에 걸쳐 동액 상당의 재산상 이익을 취득하였다.

3. 피고인은 '성명불상자와 공모하여 컴퓨터 등 정보처리장치에 허위의 정보를 입력하여 정보처리를 하게 함으로써 재산상의 이익을 취득하였다.'는 컴퓨터등사용사기죄로 기소되었고, 피고인은 '단순히 성명불상자의 도구로서 이용당하였을 뿐, 성명불상자와 공모한 사실, 재산상의 이익을 취득한 사실, 성명불상자와 공모하여 위법한 재산상 이익을 얻는다는 불법이득의사, 허위의 정보를 입력한다는 구성요건 요소에 대한 고의 등이 없었다.'라고 주장하였다.

[판결 요지]

1. 이 사건 범행 당시에도 피해자 회사 내부적으로 이체한 돈을 충전하는 업무 처리 방식은 어느 정도 확립되어 있었던 것으로 보이고, 특히 이용자 번호(적요번호), 금액이 일치하여야 하고 입금신청 후 10분 이내에 입금한 건에 한하여 충전하여 주어야 하며 그렇지 않은 것은 상급자에게 보고하는 등의 다른 방법으로 처리하여야 하는데, 그럼에도 불구하고 피고인이 갑 명의 회원에 대해서 세 차례나 업무 실수를 하였다면 피고인은 이 사건 각 범행에 관한 이체내역서들이 모두 허위임을 알면서도 갑 명의 계정에 각 돈을 충전하였다고 충분히 인정된다.

2. 이 사건 범행의 완성에 가장 중요한 부분은 갑 명의 계정에 대한 비정상적인 충전 처리라고 할 수 있는데 이 부분을 피고인이 수행한 점에 비추어 보면 피고인은 이 사건 범행 전반에 대한 기능적 행위지배를 가지고 있었으므로, 피고인이 갑 계정에 충전함으로 인해 성명불상자가 공모하여 재산상의 이익을 취득한 것으로 볼 수 있다.

해설

Ⅰ. 대상판결의 쟁점

가상자산거래는 컴퓨터, 스마트폰 등을 통하여 비대면 방식으로 이루어지는데, 그 과정에서 가상자산거래소 측에서 허위의 거래내역 등을 간과하게 되는 경우가 있다.

대상판결은 이러한 허위의 거래내역이 생기는 과정, 그 과정에서 성명불상자와 가상자산거래소 내부 직원이 서로 공모하여 컴퓨터등사용사기죄를 범하였다고 볼 수 있는 근거 등에 관하여 판단한 사례이다.

Ⅱ. 사실관계

1. 피해 회사의 가상자산 거래 순서

피해 회사의 회원들은 「① 홈페이지 로그인, ② 입금예약 신청, ③ 이용자 번호(컴퓨터가 임의로 배정하는 난수로서 회원은 입금시 반드시 이 이용자 번호를 함께 기입해야 함, '입금코드' 또는 '적요번호'라고 칭하기도 하였음) 수령, ④ 입금[위 이용자 번호를 이체시 '내용'란(계좌거래내역이나 통상적인 통장들에서 은행 이체시 '보내는 사람' 이름을 입력하는 란 또는 '받는 분 통장 표시 내용'을 입력하는 란, 돈을 입금 받는 피해 회사의 입장에서는 내용란에 적힌 기재를 통해 해당 돈이 어떤 계정에 충전되어야 하는지를 파악하게 된다)에 입력해야 하고, 입금예약 신청 후 10분 안에 입금해야 함], ⑤ 충전(피해 회사 직원들이 위 이용자 번호에 해당하는 계정에 입금된 금원만큼을 충전해 줌), ⑥ 충전된 돈으로 가상자산 구매, ⑦ 현금 또는 가상자산 인출」의 순서로 가상자산거래를 하게 된다. 피고인은 회원들이 위 ④단계 이후 입금사실을 증빙하기 위하여 회원들이 피해 회사 사이트에 업로드한 입금사실 증빙서류[입금하는 회원 본인의 신분증, 회원 본인이 그 신분증을 들고 찍은 사진, 입금을 했다는 이체내역서(이체결과조회서)] 등을 토대로 심사를 진행하여 위 ⑤단계와 같이 충전해주는 업무를 수행하였다.

피해 회사는 이 사건 무렵 그 법인 명의로 수 개의 은행 계좌를 보유하고 있었는데, 그 가운데 A은행 000계좌('이 사건 입금 계좌')는 회원들이 충전을 위해 이용자 번호를 받아 피해 회사에 송금하는 돈이 입금되는 계좌이다.

2. 피고인의 갑 계좌 입금과 갑 명의 모용

피고인은 2018. 12. 24. 22:28경 서울 A은행 a지점에서 ATM기를 이용하여 이 사건 입금 계좌에 10,000원을 입금하였다. 이 사건 입금 계좌 내역을 보면 2018. 12. 24. 22:28:54경 CD

송금을 통해 내용란에 123456이라고 기재한 10,000원 입금 내역이 확인되고, 그 거래점은 a로 확인된다(타행 송금이 아니므로 은행 이름이 아니라 거래점 이름이 확인되는 것이다). 위 내용란의 번호는 갑 명의 계정으로 입금예약 신청된 데 따라 발급된 이용자 번호이고, 피고인이 송금한 위 10,000원은 2018. 12. 24. 23:50:42경 갑 명의 계정으로 충전되었다.

한편 갑은 피해 회사를 포함하여 가상자산거래소에 가입하거나 가상자산 거래를 한 사실이 없다. 피해 회사 사이트에 업로드 된 주민등록증의 사진은 실제 갑의 운전면허증의 사진과 상이하다. 피해 회사의 갑 명의 계정에 기재된 ① 전화번호는 2018. 12. 12. 갑이 유심(USIM)을 개통하여 판매함으로써 개통된 것이고, ② 주소는 피해 회사의 다른 회원의 주소였으며, ③ 갑 명의의 은행 계좌 번호는 다른 유심(USIM) 판매 건과 관련하여 유출된 것이었다.

3. 성명불상자의 허위 입금 등

성명불상자는 입금을 했다는 이체내역서(이체결과조회서)를 위조하는 방법 등으로 피해 회사에 입금예약 신청을 하였고, 이에 따라 피고인은 갑 명의 계정에 해당 금액만큼을 충전하여 주었다.

피해 회사 사이트의 로그인 기록을 살펴보면 피고인 집 컴퓨터의 IP 주소, 해외(캐나다) 서버 IP 주소 등으로 갑 명의 계정에 로그인한 기록이 확인된다. 피고인은 친형 을의 인적 사항을 이용하여 피해 회사 거래소 홈페이지에 가입하였는데, 2018. 12. 21. 14:01:52 해외 서버 IP주소를 을 명의 계정에 로그인된 지 불과 6분 뒤에 같은 위 IP주소를 이용하여 갑 명의 계정에 로그인된 기록이 있고, 2018. 12. 24. 18:06:13 피고인의 집 IP주소로 피고인 명의 계정에 로그인한 지 11분 뒤에 해외 서버 IP주소를 이용하여 갑 명의 계정에 로그인된 기록이 있다.

Ⅲ. 대상판결의 분석

1. 피고인이 이체내역서가 허위라는 점을 알고 갑 계정에 충전하였는지

피고인은 피해 회사로부터 제대로 된 업무 처리 방식에 대한 교육을 받지 못하였고 피해 회사 내부적으로도 제대로 된 업무 처리 기준이 확립되어 있지 않았기 때문에, 피고인이 아는 범위 내에서 업무를 처리한 것일 뿐이며, 자신은 키로깅(key-logging, 사용자가 키보드로 PC에 입력하는 내용을 낚아채는 해킹 기술) 방식으로 해킹을 당하여 성명불상자의 도구로서 활용되었을 뿐이므로, 이체내역서들이 허위임을 알지 못했다고 주장하였다.

그러나 대상판결은, "증거의 증명력에 관한 법관의 판단은 논리와 경험칙에 합치하여야 하고, 형사재판에 있어서 유죄로 인정하기 위한 심증형성의 정도는 합리적인 의심을 할 여지가 없을 정도여야 하나, 이는 모든 가능한 의심을 배제할 정도에 이를 것까지 요구하는 것은 아니며, 증명력이 있는 것으로 인정되는 증거를 합리적인 근거가 없는 의심을 일으켜 이를 배척하는 것은 자유심증주의의 한계를 벗어나는바, 여기에서 말하는 합리적 의심이라 함은 모든 의문, 불신을 포함하는 것이 아니라 논리와 경험칙에 기하여 요증사실과 양립할 수 없는 사실의 개연성에 대한 합리성 있는 의문을 의미하는 것으로서, 피고인에게 유리한 정황을 사실인정과 관련하여 파악한 이성적 추론에 그 근거를 두어야 하는 것이므로 단순히 관념적인 의심이나 추상적인 가능성에 기초한 의심은 합리적 의심이 아니다(대법원 2004. 6. 25. 선고 2004도2221 판결)."라는 법리를 토대로. 아래의 각 사정들을 이유로 피고인의 위 주장을 받아들이지 않았다.

(1) 이 사건 각 충전 돈 중 일부는 이체내역서의 기재 자체로도 입금예약 신청 일시, 이체내역서 출력 일시, 이체내역서 등 입금사실 증빙서류 업로드 일시가 이체 일시와 한 달 이상 떨어져 있는 것이어서 피해 회사의 종래 업무 처리 방식에 비추어 볼 때 이례에 속한다. 피고인도 당시 회원들이 입금예약 신청을 한 후 10분 이내에 실제 입금을 하는 것을 원칙으로 하고 있었다고 진술하였다. 문제된 각 이체내역서의 이체 일시는 입금예약 신청 일시, 즉 이용자 번호 발급 시기보다 전인바, 이체 일시에 이용자 번호가 나올 수 없음에도 이체내역서에 이용자 번호가 적혀 있는 모순이 있고, 입금예약 신청에 따라 발급된 이용자 번호가 이체내역서에 기재된 이용자 번호 및 이 사건 입금 계좌의 내용란에 기재된 이용자 번호와 다르다.

(2) 이 사건 충전 돈 중 일부는 3억 원을 넘는 거액인 데다가 입금예약 신청된 금액(2억 원)과도 큰 차이가 있고, 이용자 번호도 제대로 기재되어 있지 않았으며, 입금예약 신청 일시 및 이체 일시가 이체내역서 등 입금사실 증빙서류 업로드 일시와 3일이나 떨어져 있어 극히 이례에 속하는 신청 건이었다. 다른 직원들이라면 상부 보고 이후 타 부서(감사실 등) 검토 등 충분한 논의를 거쳐 처리하였을 사안을 야간에 단독으로 충전 처리한 피고인의 업무 처리가 단순히 실수였다고 보기는 어렵다.

특히 이 부분 충전 돈에 관하여 피해 회사의 직원들은, 입금예약 신청 액수와 실제 입금 액수의 차이가 클 경우 자체 판단하여 처리하는 대신 상부 보고 후에 처리하도록 교육받았고, 이용자 번호가 적혀 있지 않고 내용란(이용자 번호를 적어야 되는 란)에 피해 회사의 이름만 적혀 있는 건은 대부분 피해 회사 내부 돈이므로 특히 충전 처리하지 않도록 교육받았다고 진술하고 있다.

(3) 피해 회사가 피고인과 같은 입출금 등의 처리 업무 부서의 직원들을 교육한 매뉴얼 자료에는 '예약금액과 실제 입금금액이 다른 경우', '예약 적요 번호와 실제 입금 적요 번호

가 다른 경우', '예약 시간과 실제 입금 시간이 10분 이상 다른 경우' 등에는 입금처리가 불가함을 명시하고 있다. 피고인의 충전 처리는 위 매뉴얼에 반한다. 위 매뉴얼은 '1차 서류심사' 사유들 및 '2차 승인/입금/반려' 사유들 외에 '입금처리불가' 사유들에 대한 표를 별도로 두고 있는데, ① 위 '2차 승인/입금/반려' 사유의 여러 심사항목 중 비주류 가상자산(비트코인, 이더리움 등과 같이 널리 거래되는 가상자산이 아니라 특정 거래소에만 거래되는 가상자산, 즉 속칭 알트코인을 의미)을 갖고 있는 경우나 이용자 번호의 일치 여부, 피해 회사에 등록된 본인 명의 출금 계좌번호와 일치 여부가 포함되어 있다는 사정이나, ② 비주류 가상자산 회원의 입금예약 신청 및 입금은 몇 가지 입금예약 신청상 불일치 등이 있다고 하더라도 정상적인 입금으로 처리한다는 판단하는 경우가 있었다는 사정만으로는 피고인이 정상적인 충전 처리를 하였다고 볼 수 없다.

(4) 피고인 집 컴퓨터의 IP주소를 이용하여 피고인, 을, 갑 명의 계정에 각 로그인된 사실이 있었고, 갑 명의 계정에 사용된 이메일 주소가 피고인 컴퓨터에서 키워드 검색 결과 확인되었다는 취지의 디지털 증거분석 결과보고서도 있으므로, 피고인이 을 명의 계정뿐만 아니라 갑 명의 계정도 조정할 권한이 있었다고 보인다.

(5) 피고인은, 2018. 12. 21. 14:01:52경 외국 IP주소를 이용하여 을 계정으로 로그인된 직후 14:07:09경 같은 IP를 이용하여 갑 명의 계정으로 로그인된 사정이 있었으므로, 자신은 키로깅 방식으로 해킹을 당하여 그 해커가 피고인 집 컴퓨터의 IP주소를 경유하여 위 계정들에 대한 로그인을 감행하였다고 주장한다. 그러나 피고인이나 을 계정의 정보를 탈취하는 것을 넘어서 피고인 집 컴퓨터를 원격조종하는 등으로 해당 컴퓨터로 각 계정 로그인을 한 듯한 외관을 만들기 위해서는 키로깅 이상의 기술을 이용한 해킹 침투가 필요할 것으로 보이고, 피고인 집 컴퓨터에 대한 포렌식 수사 결과 그에 관한 특별한 사정이 발견되지 않았다. 피고인의 컴퓨터에 대한 압수수색 과정에서 원격조정프로그램 기록이 발견되었다는 사정만으로는 위와 같은 해킹이 있었다고 보기 어렵다.

(6) ① 2018. 12. 22. 10:11:20경 외국 B국 서버 IP주소로 갑 명의 계정이 로그인된 데 이어 8분 뒤 외국 C국 서버 IP주소로 갑 명의 계정이 로그인된 기록이 있는 등, 이러한 해외 서버 우회 방식 로그인은 갑 명의 계정에 대하여 뿐만 아니라 을 계정에 대하여도 다수 나타나고 갑 명의 계정에 로그인할 때 사용된 우회 해외 서버와 을 계정에 로그인할 때 사용된 우회 해외 서버가 일부 일치하는 점, ② 피고인, 갑 명의 계정, 을 명의 계정이 시간적으로 밀접하여 로그인된 기록이 다수 있는 점, ③ 2018. 12. 20. 18:58:44경 을 계정이 로그인 되고 같은 날 19:54:41경 갑 명의 계정이 로그인될 무렵 피고인 휴대전화의 발신기지국은 피고인 주거지로부터 200m 이내만 떨어진 곳이었던 점, ④ 피고인의 컴퓨터에서 VPN 프로그램 기록도 함께 발견된 점 등을 종합하면, 피고인이 추적을 피하기 위해 가상 사설망

서비스(VPN; Virtual Private Network, 본래 VPN 서비스는 공중전화망상에 사설망을 구축하여 이용자가 마치 자기의 사설 구내 망 또는 전용 망같이 이용할 수 있게 하는 서비스이나, 이용자가 실제로 사용하는 단말기에서부터 VPN망까지의 통신 기록을 암호화함으로써 이용자의 접속 위치 등을 숨기는 데 사용되기도 한다)를 통하여 여러 IP주소를 이용하여 위 계정들에 로그인한 것으로 보인다.

2. 피고인이 성명불상자와 공모하여 재산상의 이익을 취득하였는지

피고인은 갑 명의 계정에 충전한 것만으로는 성명불상자와 공모하여 재산상의 이익을 취득한 것으로 볼 수 없다고 주장하였다.

그러나 대상판결은, "법원이 공모나 모의사실을 인정하는 이상 당해 공모나 모의가 이루어진 일시, 장소 또는 실행방법, 각자 행위의 분담, 역할 등을 구체적으로 상세하게 판시할 것까지는 없더라도 적어도 공모나 모의가 성립되었다는 정도를 밝히면 족하다(대법원 1989. 6. 27. 선고 88도2381 판결 등 참조)."라는 법리를 토대로, 아래의 각 사정들을 이유로 피고인의 위 주장을 받아들이지 않았다.

(1) 이 사건 범행의 완성에 가장 중요한 부분은 갑 명의 계정에 대한 비정상적인 충전 처리라고 할 수 있는데 이 부분을 피고인이 수행한 점에 비추어 보면 피고인은 이 사건 범행 전반에 대한 기능적 행위지배를 가지고 있었다.

(2) 피고인은 갑 명의 계정에 직접 10,000원을 충전해보기도 하는 등 갑 명의 계정을 조정할 권한과 동기가 있었던 것으로 보인다.

(3) 성명불상자가 허위 내용의 이체내역서를 업로드하였고, 갑 명의 계정에 충전된 금원을 비트코인으로 환전하여 인출하는 등 이 사건 범행 행위 가운데 주요 역할을 수행하였다는 점이 특정되어 있다.

Ⅳ. 대상판결의 평가

사기죄의 주관적 구성요건인 편취의 범의는 피고인이 자백하지 않는 이상 범행 전후 피고인의 재력, 환경, 범행의 내용, 거래의 이행과정 등과 같은 객관적인 사정 등을 종합하여 판단할 수밖에 없고, 그 범의는 확정적인 고의가 아닌 미필적 고의로도 족하다(대법원 2014. 11. 27. 선고 2014도3775 판결 등 참조). 대상판결은 가상자산거래소 직원과 성명불상자 사이의 공동정범을 인정함에 있어서 직원의 편취 범의 등을 인정할 수 있는 객관적인 사정들의 예시를 보여 주고 있다. 이 사건 사고 후 피해 회사의 시스템이 자동으로 입금처리를 진행하는 형식으로 업그레이드되어, 더 이상 같은 유형의 범죄가 발생하기는 어려울 것으로 보이나, 대상판결은 가상자산을 취급하는 사업자의 입장에서는 직원들에 대한 교육·업무 매뉴얼 작성 등에 노력을 기울여야 한다는 시사점을 주는 사례이기도 하다.

[13] 특정 가상자산의 거래소 상장준비금 명목으로 금원을 지급받은 경우 기망행위 또는 편취의 범의 존부
— 서울중앙지방법원 2021. 12. 10. 선고 2020고합471 판결, 2021. 12. 18. 확정 —

[사실 개요]

1. 피고인은 가상자산 관련 업체인 '㈜코인G'의 실제 운영자이다.

2. 피고인이 실질적으로 운영하고 있는 코인G는 2018. 4. 13. T그룹과 사이에 T그룹이 ㈜코인G에게 상장준비금으로 30억 원을 지급하되, 2018. 4. 13.까지 현금 1억 원 및 S코인 2억 원 상당을, 2018. 5. 15.까지 15억 원을, 2018. 5. 30.까지 12억 원을 각각 지급하기로 하고, ㈜코인G는 잔금 입금 후 2018. 6. 15. ~ 2018. 6. 30. 이내에 S코인을 상장시키도록 하며, ㈜코인G가 위 기간 내에 S코인을 상장시키지 못할 경우에는 2주 내에 위 30억 원을 T그룹에게 반환하는 내용의 계약(이하 '이 사건 계약')을 체결하였다.

3. 피해자는 이 사건 계약에 따른 상장준비금 명목으로 2018. 4. 13.부터 2018. 6. 30.까지 7회에 걸쳐 합계 512,195,000원 상당의 돈 및 가상화폐를 ㈜코인G 및 피고인에게 지급하였다.

4. ㈜코인G는 2018. 4. 30. T그룹과 사이에 다음과 같은 내용의 총판계약을 체결하였다.

S코인 총판계약서

① ㈜코인G는 T그룹과 체결하는 S코인에 대한 본계약과 관련하여 ㈜코인G가 지급받는 수수료를 공개하지 않으며, 소비자가를 충실히 지킬 것을 약속한다.

② S코인 1코인당 1달러에 T그룹에서 ㈜코인G로 준다.

③ 한국 전체에 관한 총판계약으로 최소 50,000,000개에서 최대 100,000,000개를 하기로 하며, 동시에 한국 전체의 판매권한을 가진다.

④ 지급받은 코인 중 50%는 6월 중 "Binance"거래소에 상장 시까지 거래하지 않는다.

⑤ ㈜코인G가 시장가 및 가격 형성 질서를 문란하게 만드는 경우, 민형사상의 책임을 진다.

5. 피고인은 2018. 5. 8. 제임스 성에게 이더리움 650개 545,415,000원 상당[1]을 전송하였다.

6. 피고인은 다음과 같은 공소사실로 기소되었다.

피고인은 2018. 3.말경 서울 강동구에 있는 ㈜코인G 사무실에서, 피해자 A에게 "바이낸스(가상자산 거래소)의 최대 지분을 내가 가지고 있다. 가상화폐인 'S코인'을 바이낸스에 상장하려면 약 40~50억 원 정도가 들어가는데 내가 대주주이기 때문에 30억 원 정도만 주면 상장해서 거래할 수 있도록 해

---

1) 2018. 5. 8. 기준 이더리움 1개 시가 839,100원 × 650개 = 545,415,000원

주겠다"라고 거짓말을 하였다. 그러나 사실은 바이낸스에 가상화폐를 상장하기 위해서는 별다른 비용이 소요되는 것은 아니었고, 피고인은 바이낸스의 지분을 갖고 있거나 바이낸스에 영향력을 행사할 수 있는 지위에 있지도 않았으며, 피해자로부터 금원 및 가상화폐를 받더라도 이를 회사 운영자금 등 다른 용도로 사용하려고 하였을 뿐, 정상적으로 'S코인' 가상화폐를 바이낸스 거래소에 상장시켜 줄 의사나 능력이 없었다. 결국 피고인은 위와 같이 피해자를 기망하여 이에 속은 피해자로부터 2018. 4. 13. 계약금 명목으로 1억 원을 ㈜코인G 명의 우리은행 계좌로 교부받은 것을 비롯하여 위 일시경부터 2018. 6. 30.경까지 별지 범죄일람표 기재와 같이 총 7회에 걸쳐 합계 512,195,000원 상당의 금원 및 가상화폐를 교부받아 이를 편취하였다.

7. 피고인은 'S코인을 바이낸스에 상장시키기 위하여 피해자로부터 공소사실 기재와 같이 512,195,000원 상당의 돈과 가상화폐를 교부받은 사실은 있으나, 피해자에게 자신이 바이낸스의 최대지분을 가지고 있다고 말한 사실이 없고, S코인의 바이낸스 상장을 위하여 피해자로부터 교부받은 돈과 가상화폐에 상당하는 이더리움을 제임스 성에게 전달하는 등 위 계약 내용에 따라 사용하였을 뿐만 아니라 오히려 피해자가 위 계약상 지급하기로 한 돈을 모두 주지 않아 상장에 실패한 것이므로 피해자를 기망한 사실이 없고, 편취의 범의도 없었다'는 취지로 주장하였다.

[판결 요지]

1. 피고인이 자신이 바이낸스 최대주주라고 말했다는 피해자의 진술이 일관되지 못하고, 이 사건 계약 당시 동석했던 피해자의 직원 또한 바이낸스 최대주주의 의미를 피해자와 다르게 이해하고 있었으며, 실제로 피고인이 바이낸스 본사의 최대주주였다면 바이낸스와 직접 계약을 주선하거나 적어도 구체적인 상장 절차나 방법 등에 대하여 논의가 있었을 것으로 보이나 그러한 사정들은 찾아보기 어렵다. 오히려 피해자는 이 사건 계약 체결을 체결할 때까지 피고인이 바이낸스 그룹의 최대 주주인지 여부에 대하여 확인하거나 이에 대한 증빙자료 제출을 요청하지 않았다. 한편, 바이낸스 거래소는 세계적으로 권위있는 거래소로 해외에 본사를 두고 있고, 피해자는 가상화폐 투자 내지 사업 분야에 약 10여년 간 종사하면서 가상화폐를 상장시킨 경험이 있는 등 이 분야에 어느 정도 지식을 갖추었다. 이러한 피해자의 직업, 가상화폐 분야에 대한 지식 및 경험 등을 보태어 보면, 피고인이 피해자에게 자신이 해외에 소재하는 세계적인 가상화폐 거래소인 바이낸스의 최대주주라고 기망하였다거나 피해자가 이를 그대로 믿고 이 사건 계약을 체결하였다고 보기는 어렵다.

2. 피해자는 이 법정에서, H 거래소에 상장할 때에 상장 비용이 발생하였고, 바이낸스 거래소에서도 피해자가 알아본 바로는 상장 비용이 발생한다고 진술하였다. 피해자는 가상화폐 투자 내지 사업 분야에 약 10여년 간 종사하면서 영국에 있는 H 거래소에 S코인

을 상장시킨 경험이 있는 등 동종 분야에 상당한 지식이 있었던 것으로 보인다. 또한, 바이낸스 거래소 홈페이지에 업로드 된 '바이낸스 상장요령'의 '수수료(Fee)' 항목에 고정금액은 없지만 상장을 원하는 측에서 편한 금액을 제안하라고 기재되어 있다. 가상화폐 상장 절차에 대하여 어느 정도 지식이 있는 것으로 보이는 K도 이 법정에서 가상화폐를 거래소에 상장시키는데 비용이 발생한다고 진술하였다. 이러한 사정들을 종합해보면, 공소사실 기재와 같이 바이낸스 거래소에 가상화폐를 상장하는데 별다른 비용이 소요되지 않는다고 쉽사리 인정하기 어렵다.

3. 피해자는 피고인에게 이 사건 계약에 따른 상장 비용 30억 원 중 512,195,000원을 약정된 기일보다 늦게 지급하였을 뿐만 아니라 나머지 2,487,805,000원은 현재까지도 지급하지 않았다. 피고인은 피해자에게 2018. 6. 11.경 '오늘 안될 것 같으신가요? 아니면 늦을까봐 그러시는건가요? 계약금 쓴 건데 오늘 넘기시면 제가 진짜 곤란합니다. 믿음에 대한 믿음을 보여주시기 바랍니다.'라는 내용의 문자 메시지를 보내는 등 이 사건 계약상의 잔금 지급 기일 이후 그 이행을 독촉하는 내용의 문자 메시지를 보냈고, 피해자는 이에 대하여 약정한 기일에 돈을 보내지 못하여 미안하다는 취지로 문자 메시지를 보낸 사실도 발견된다. 더군다나 이 사건 계약에 의하면, 피해자는 피고인에게 약정된 돈을 지급하고, 피고인은 약정된 기일까지 S코인의 바이낸스 상장을 완료하되 상장에 실패할 경우 피해자로부터 지급받은 돈을 반환하면 족한 것이지 피해자로부터 일부 지급받은 돈과 가상화폐를 그대로 바이낸스 상장을 위하여 사용하여야 하는 것도 아니다. 이와 같이 피해자가 이 사건 계약에 따른 의무를 이행하지 못한 상황에 있었으므로 피고인이 피해자로부터 이 사건 계약에 따라 교부받은 돈 및 가상화폐 그 자체를 바이낸스 상장을 위한 비용으로 사용하지 않았다는 사정만으로 피고인이 피해자를 기망하였다거나 처음부터 피고인에게 편취의 범의가 있었다고 보기는 어렵다.

4. 2018. 4. 30.경 작성된 피고인과 피해자 사이의 S코인 총판계약서는 이 사건 계약에 따라 S코인이 바이낸스 거래소에 상장되는 것을 전제로 또는 이를 기대하면서 작성한 것으로 보인다. 이러한 점에 비추어보더라도 피고인이 처음부터 S코인을 바이낸스에 상장시킬 의사 없이 피해자로부터 상장비용을 교부받았다고 인정하기 어렵다.

5. 피고인이 2018. 5. 8. 다른 명목으로 제임스 성에게 이더리움 650개 약 545,415,000원 상당을 보내주었음에도 이를 바이낸스 거래소 상장을 위하여 사용한 것으로 제임스 성과 말을 맞춘 것이 아닌가라는 의심이 들기도 하지만, 설령 그렇다 하더라도 앞서 본 바와 같은 사정들 즉, 피고인이 바이낸스 거래소의 최대주주라고 피해자를 기망하였다거나 피해자가 이를 그대로 믿고 상장비용 명목으로 돈과 가상화폐를 교부한 것으로 보기 어려운 점, 바이낸스 거래소에 가상화폐를 상장시키는데 비용이 전혀 발생하지 않는다고 인

정하기 어려운 점, 피해자는 현재까지도 이 사건 계약에 따른 의무를 이행하지 않고 있는 점, 위 총판계약서는 S코인의 바이낸스 상장을 전제로 작성된 것으로 보이는 점 등에 비추어 보면, 검사가 제출한 증거들만으로는 피고인이 공소사실 기재와 같이 피해자를 기망하였다거나 피고인에게 편취의 범의가 있었다고 인정하기에 부족하다.

6. 그렇다면 이 사건 공소사실은 범죄의 증명이 없는 경우에 해당하므로 형사소송법 제325조 후단에 의하여 피고인에게 무죄를 선고하고, 형법 제58조 제2항에 의하여 이 판결의 요지를 공시한다.

해설

I. 대상판결의 의의 및 분석

최신의 산업인 블록체인과 가상자산 산업이 발달하면서 이를 이용한 사기행위가 증가하고 있다. 가장 대표적으로 유사수신, 다단계 등을 이용한 가상자산 사기가 있고, 가상자산을 이용한 보이스피싱 사기 등이 있고 거래소 상장투자 사기로서 특정 가상자산 거래소에 상장하면 그 종목이 급등할 것이라고 속여 이른바 '깡통코인'을 팔아 금원을 편취하는 경우도 상당수다. 이외에도 채굴기를 매매하는 과정에서 발생하는 사기행위, 거래소 지분투자 사기 등 매우 다양한 유형이 있을 수 있다.

대상판결 사안은 위 유형 외에 해당하는 거래소 상장용역 사기로서, 피고인이 피해자에게 피해자 운영의 T그룹이 발행하는 S코인을 바이낸스 거래소에 상장시켜주겠다고 제의하여 그로부터 상장준비금 등의 명목으로 금원을 교부받은 사안으로 피고인이 피해자를 기망하였는지, 피고인에게 편취의 범의가 있는지 문제되었다.

II. 대상판결의 분석

1. 사기의 기망행위 존부

사기죄의 요건으로서의 기망은 널리 재산적 거래관계에 있어서 서로 지녀야 할 신의와 성실의 의무를 저버리는 적극적, 소극적 행위를 말하며, 어떤 행위가 다른 사람을 착오에 빠지게 한 기망행위에 해당하는가의 여부는 거래의 상황, 상대방의 지식, 경험, 직업 등 행위 당시의 구체적 사정을 종합적으로 고려하여야 한다.[2] 대상판결의 공소장에 기재된 공소

---

2) 대법원 1992. 3. 10. 선고 91도2746 판결

사실에서 피고인의 기망행위로 기재된 내용은 피고인이 피해자에게 바이낸스 거래소의 최대 지분을 가지고 있다고 얘기했다는 취지의 것이다.

그러나 실제로는 피해자가 수사기관에서는, 피고인이 피해자에게 바이낸스의 최대 지분을 가지고 있다고 말했다고 진술하였다가 이 법정에서는 피고인이 한국 쪽(바이낸스코리아)에서 최대 주주로 3%의 지분을 가지고 있다고 말했다고 진술하여 그 진술이 모순되었다. 또한 피해자는, 피고인이 바이낸스 대주주인지 여부는 이 사건 계약 체결에 크게 상관이 없는 것으로 판단하였다는 취지로 진술하여 공소장에 기재된 기망행위의 핵심 요소인 피고인이 바이낸스 본사의 최대주주인지, 설령 피고인이 최대주주라 하더라도 그것이 계약 체결 여부를 결정하는데 있어 중요한 사항인지에 대한 가장 유력한 증거였던 피해자의 진술의 증명력이 상당히 약화되었다.

반면에 피고인은 향후 바이낸스코리아가 설립되면 그에 대한 지분을 꽤 많이 받을 것으로 예상된다고 진술하였고 이는 당시 이 사건 계약 체결 당시 피고인을 배석하였던 T그룹 이사 K도 이 법정에서 피고인이 바이낸스 본사가 아닌 바이낸스코리아의 대주주로 알고 있었고, 당시 바이낸스코리아가 앞으로 생기는 것으로 생각하여 피고인의 진술과 부합하였다.

한편 공소장에 기재된 기망행위의 부가적인 요소인 '바이낸스거래소에 상장하기 위하여 30억 원이 소요되는데 사실은 위 거래소에 상장하기 위하여 별다른 비용이 소요되지 않는지'에 관하여 가상자산 업계에 종사하는 자의 법정 진술, 피해자의 진술 및 바이낸스 상장 요령에 나타난 수수료 요율을 종합하면 가상자산을 상장하기 위하여 별다른 비용이 들지 않는다고 볼 수 없고, 오히려 피해자는 가상자산 투자 경험, 다른 가상자산 상장 경험 등에 비추어 볼 때 전문적인 지식이 있어 합리적인 가상자산 상장 비용에 대하여 잘 알고 있었다고 추단되므로 이 또한 피고인이 피해자를 기망하였다고 보기도 어렵다고 보았고 기망행위를 부인한 대상판결의 판시는 옳다고 보인다.

2. 편취의 범의 존부

대상판결에서 인정된 사실에 의하면, 피고인은 피해자 측과 이 사건 계약을 체결하였는데, 위 계약의 내용은 상장준비금 등 잔금 지급 이후 정해진 기한 내에 S코인을 바이낸스 거래소에 상장시키기로 하는 것을 골자로 하고 있다. 이 사건 계약은, 피고인이 바이낸스라는 가상자산 거래소에의 S코인을 상장하는 일을 완성할 것을 골자로 하는 내용으로 민법상 도급계약에 해당한다고 볼 수 있다. 따라서 피고인은 바이낸스 거래소에 S코인을 상장시킬 의무가 발생한다고 볼 수 있다.

한편 대상판결에서 적시된 상장준비금은 민법 제665조에서 명시된 도급계약의 보수에 해당한다고 볼 수 있고 여기에는 S코인의 상장에 필요한 비용과 피고인의 이익금이 포함되어 있다고 할 것이다. 그런데 도급계약상 보수의 지급은 원래 일의 완성 후에 지체없이 이루어져야 하나(원래 보수는 목적물의 인도와 동시에 지급되어야 하나 물건이 아닌 가상자산의 상장 업무는 목적물의 인도라는 개념이 존재할 수 없기 때문에 목적물의 인도를 요하지 않는 경우에 해당하기 때문이다),[3] 별개의 특약이 있는 경우에는 그렇지 않다. 위와 같은 보수지급시기에 관한 별개의 특약에 대하여는 선급금약정, 분할지급약정, 후급약정, 수시지급약정 등 모두 유효하다.

이 사건의 경우에는 위 계약의 도급대상이 되는 S코인의 바이낸스 거래소 상장과 관련하여 피해자가 피고인에게 그 상장 이전에 상장준비금 등 보수 명목으로 30억 원을 먼저 지급하기로 하였으므로 양자간에 선급금약정을 체결하였다고 볼 수 있고 이와 같은 선급금은 보수 이외에도 수급인인 피고인의 거래소 상장업무 진행을 원활하게 하기 위하여 지급한 것이라고 볼 수 있다. 선급금약정이 있으면 도급인의 선급금지급의무는 수급인의 일 완성 의무보다 선이행의무에 해당하므로 그 선급금이 지급될 때까지는 수급인은 일의 착수를 거절할 수 있다. 따라서 이 사건에서 설령 피고인이 피해자로부터 교부받은 금원이 상당하다고 하더라도 처음에 약정한 선급금을 지급받지 못한 이상 피고인으로서는 위 거래소 상장업무를 이행할 의무는 존재하지 않는다고 할 수 있다.

이와 같이 피고인이 S코인의 거래소 상장이라는 업무를 진행하지 못한 것은 애초에 피해자가 상장준비금 등의 보수를 모두 지급하지 못하였기 때문이고 위 총판계약서 작성 경위, 보수를 독촉하는 피고인의 언행과 이에 대한 피해자의 반응 등을 종합하여 보면 피고인의 편취의 범의가 존재하는지에 대한 확신이 든다고 보기는 어렵다. 결국 애초에 피고인이 S코인을 바이낸스 거래소에 상장할 의사나 능력이 없음에도 피해자를 속여 금원을 편취하였는지에 대하여는 제출된 증거만으로는 제대로 뒷받침되지 않았고 검찰에서는 추가적인 증거를 보강하였어야 한다고 생각된다.

Ⅲ. 대상판결의 평가

대상판결은 가상자산의 거래소 상장 사기와 관련하여 피고인이 무죄인 이유에 대하여 기망행위와 편취의 범의가 증명되지 않았다는 점을 들어 비교적 명확히 제시하고 있다. 특히 편취의 범의와 관련하여 피해자가 선급금을 지급하지 않았기 때문에 피고인이 거래소 상장업무를 진행하지 않았을 뿐 처음부터 피해자를 속일 의사가 있었다고 보기 어렵다고 판시하였는바, 이 글에서는 어떠한 맥락에서 위와 같은 판단이 이루어졌는데 해석해 보았

---

3) 민법 제665조 제1항

다. 앞서 본 바와 같이 가상자산 거래소 상장계약은 도급계약의 일종이고 피해자가 먼저 지급하기로 한 상장준비금은 선급금으로서 피고인이 위 상장업무를 진행하기 전에 피해자가 먼저 지급하여야 하고 피고인은 상장업무 진행을 거절할 수 있으므로 결국 대상판결은 이러한 민사적 법리에 의거하여 편취의 범의를 부정하였다고 볼 수 있고 대상판결의 무죄 결론은 타당하다고 할 수 있다.

[14] 가상자산 거래소 개설 기망행위 무죄 사건

— 의정부지방법원 2022. 4. 25. 선고 2019고단5296 판결, 의정부지방법원 2022노1074로 항소 중 —

[사실 개요]

1. 피해회사는 모바일게임 및 소프트웨어를 개발하는 회사이다. 피해회사는 가상자산거래소를 운영하기 위해 가상자산거래소 사이트 개설업체인 피고인이 운영하는 A사를 알게 된 후, 2018. 1.경 피고인에게 가상자산거래소 사이트 개설을 의뢰하였다.

2. 피해회사는 2018. 1. 17. 피고인과 '시스템 및 응용프로그램에 관한 공급 계약서(가상자산거래소 서비스의 웹서버 프로그램)'를 작성하였는데(이하 '이 사건 공급계약서'라 한다), 주요 내용은 다음과 같다.

   ○ A사의 공급품은 APM(APACHE+PHP+MYSQL)에서 구동할 수 있는 웹서버 프로그램 PHP소스코드, MYSQL테이블스키마이며, 변형이 없는 상태에서 초기 구동하면 upbit.com 서비스와 동일한 메뉴와 대고객 서비스 시스템 구성을 갖춘다.

   ○ 메뉴구성은 거래소, 입출금, 투자내역, 코인동향, 고객센터로 upbit.com의 구성과 동일하며, 대회원 서비스의 전체 구성화면 또한 2018. 1. 15.자 기준의 upbit.com 서비스와 동일하다.

3. 피해회사는 2018. 1. 17. 총금액 1억 1,000만 원 중 계약금 5,500만 원을 피고인에게 송금하였다.

4. 피고인은 2018. 1. 29. 19: 38경 피해회사 총무실장 B에게 문자메시지로 도메인주소를 보냈다. 피해회사 직원들은 2018. 2. 1. 위 도메인주소에 접속하였고, 같은 날 15: 00경 피고인과 미팅을 하였다.

5. 피고인은 2018. 2. 6. 18: 30경 B에게 '로그인방법 중 테스트계정 test1, test2(각 비밀번호 1)로 로그인하시면 KRW, BTC가 소량 충전되어 있으므로 거래 테스트를 해보실 수 있습니다'는 내용의 이메일을 보냈다. 피해회사 개발총괄이사 C는 피고인에게 2018. 2. 7. 15: 24경 '16: 00까지 다음과 같은 테스트 계정(test1~test20)에 6개 코인 각각 100개씩 충전 부탁드리겠습니다'는 내용의 이메일을 보내고, 같은 날 18: 36경 '2018년 2월 7일 기준 검수 결과 리포트 전달 드립니다'는 내용의 이메일을 보냈다.

6. 이후 피고인은 피해회사가 원하는 수준의 가상자산거래소 사이트를 개설하지 못하였고, 검사는 피고인이 피해자로부터 돈을 받더라도 처음부터 약속한 기일 안에 가상자산 거래소 사이트를 제작할 의사나 능력이 없었다는 이유로 피고인을 사기죄로 기소하였다.

[판결 요지]

이 법원이 적법하게 채택하여 조사한 증거에 의하여 알 수 있는 다음과 같은 사정에 비추어 보면, 검사가 제출한 증거들만으로는 피고인이 처음부터 약속한 기일 안에 가상자산거래소 사이트를 제작할 의사나 능력이 없음에도 피해회사를 기망하였음이 합리적인 의심의 여지가 없을 정도로 증명되었다고 보기 부족하고, 달리 이를 인정할 만한 증거가 없다.

1) 공소사실에는 가상자산거래소의 필수적인 기술로 ① 거래 체결 기능, ② 회원간 거래시 보관 지갑의 변동, ③ 거래소와 은행 계좌 연동 등을 들고 있다.

2) 피해회사는 피고인에게 가상자산거래소 사이트를 '업비트'처럼 만들어 달라고 요청하였을 뿐이다. 이 사건 공급계약서에도 '피고인의 공급품은 변형이 없는 상태에서 초기 구동하면 upbit.com 서비스와 동일한 메뉴와 대고객 서비스 시스템 구성을 갖춘다. 메뉴 구성은 거래소, 입출금, 투자내역, 코인동향, 고객센터로 upbit.com 서비스와 동일하며, 대회원 서비스의 전체 구성화면 또한 2018. 1. 15.자 기준의 upbit.com 서비스와 동일하다.'고 되어 있다.

3) 수사기관은 가상자산거래소 사이트 중 가장 규모가 큰 '빗썸'에서 근무하는 법무팀 팀장에게 가상자산거래소 사이트에 필요한 기능 등을 문의하였고, 검사는 문의결과를 가상자산거래소의 필수적인 기술로 정의하였다. 그런데 '업비트'와 '빗썸' 간에 가상자산거래소 시스템 방식이 같지 않고, 위 법무팀 팀장은 피고인과 피해회사 간의 이 사건 공급계약서를 검토한 바 없으며, 관련 분야의 전문 의견을 낼 수 있는 사람인지도 불분명하다. 위 3가지 필수적인 기술은 이 사건 공급계약서를 고려하지 않고 사후적으로 특정된 것에 불과하다.

4) ② '회원간 거래시 보관 지갑의 변동'이란 가상자산거래소 회원들끼리 개인적으로 코인 거래를 체결할 경우 보관 지갑(계좌) 안의 금액이 변동하는 것을 말하는데, 이 사건 공급계약서에 위와 같은 기능이 명시되어 있지 않다. 피해회사 총무실장 B도 이 법정에서 "P2P(peer to peer)가 안 됐기 때문에 그냥 회원들 간에는 포인트만 옮겨지는 것이지 보관지갑의 연동은 아닙니다."고 진술하였다.

5) ③ '거래소와 은행 계좌 연동' 기능 역시 이 사건 공급계약서에 명시되어 있지 않다. 이와 관련하여 B는 이 법정에서 "위 기능은 가상계좌서비스를 제공하는 세틀뱅크를 통해서 API로 연결을 하는 것으로 알고 있습니다. 입출금과 관련되기 때문에 페이지는 나와 있어야 된다고 생각합니다. 위 기능은 은행과 협의할 문제라고 볼 수는 있는데, 협의만 한다고 되는 것이 아니라 그것을 받쳐줄 수 있는 기능은 제공되어야 한다고 생각합니다."고 진술하였다.

6) 한편 피고인은 ① '거래 체결 기능'이 가상자산거래소의 필수적인 기술임을 인정하고 있고, 이는 이 사건 공급계약서에도 기재되어 있다. 피고인은 계약체결일로부터 약정 공정일 12일이 지난 2018. 1. 29. 피해회사 측에 도메인주소를 제공하였다. 이에 대해 C는

"화면만 보이는 홈페이지 수준이었고 계약 체결 기능이 아예 없어서 검수 자체를 할 수 없었다"고 진술한다. 그런데 피고인은 피해회사 측에 "문제가 있는 부분을 검수보고서로 작성해서 보내주면 수정을 하겠다"는 입장을 밝혔고, 2018. 2. 1. 미팅 당시에도 "최대한 빨리 작업해주겠다"고 말하는 등 당시 책임을 회피하려는 태도를 보이지 않았다.

7) 이후 피고인은 피해회사 측의 요구에 따라 테스트계정 20개에 코인을 충전하여 제공하였다. 피해회사 개발총괄이사 C가 2018. 2. 7. 피고인에게 보낸 검수결과리포트에는 회원가입, 로그인, 호가등록, 계약체결이 가능함을 전제로 유저 인터페이스(UI) 개선 사항이나 업비트와 다른 부분 등을 지적하고 있다. C도 수사기관에서의 진술과 달리 이 법정에서는 거래체결이 된 적이 있다고 진술하였다. 위와 같은 일련의 과정에 비추어 볼 때, 피고인이 피해회사에 공급한 가상자산거래소 사이트에 미비한 점이 있더라도 이는 민사상 책임으로 해결해야 할 문제로 보인다.

해설

Ⅰ. 대상판결의 의의 및 쟁점

이 사건에서 피고인은 가상자산거래소 개설 의사와 능력이 없음에도 피해회사를 기망하였다는 이유로 사기죄로 기소되었는데, 피고인이 제공한 프로그램에 다소 부족한 부분이 있더라도 이는 민사상 채무불이행 등이 문제될 여지가 있을 뿐 피고인이 처음부터 피해회사를 기망하여 계약금을 편취하려고 하지 않았으므로 무죄를 주장하였다. 결국 이 사건은 피고인이 피해회사와 사이에 가상자산거래소 개설에 관한 계약을 체결할 때 거래소 개설의 의사와 능력이 없었는지가 쟁점이 된 사건으로써 결국 사기죄에 해당하는지 아니면 민사상 채무불이행에 불과한지가 문제된 사건이다.

Ⅱ. 대상판결의 판단 분석

1. 사기죄와 채무불이행의 관계

대법원은 재물의 편취에 의한 사기죄의 성립 여부는 그 재물을 교부받았을 당시를 기준으로 판단하여야 할 것이므로, 피고인이 피해회사와 종이공급계약을 체결하고 그 선수금을 교부받았을 당시에는 그 종이를 공급할 의사와 능력이 있었다면 그 이후에 경제사정의 변화로 위 종이를 공급할 수 없게 되었다고 하더라도 이는 단순한 민사상의 채무불이행에 불과할 뿐 형사상 사기죄가 성립한다고 할 수는 없고, 한편 사기죄의 주관적 구성요건인 편취의 범의는 피고인이 자백하지 아니하는 이상 범행 전후의 피고인의 재력, 환경, 범행의 내용, 거래의 이행과정 등과 같은 객관적 사정 등을 종합하여 판단할 수밖에 없다고 판시하였다.[1] 다만, 편취의 범의는 변제의사가 없는데도 있는 것처럼 피해자를 기망하는 행위인 바, 확립된 판례는 '변제능력'이라고 할 수 있는 피고인의 자력을 '변제의사' 유무의 주요 기준으로 삼고 있기에, 증거조사결과 변제능력이 없어 계약상 채무불이행이 객관적으로 분명하다고 판단되는 경우 변제의사 없음이 추단될 여지가 있고, 이는 채무초과 상태에서 신용카드 발급이나 대출이 실행된 경우 그 자체로 사기죄 성립이 폭넓게 인정되는 결과로 이어질 수 있다는 견해가 있다.[2] 한편, 시민적 및 정치적 권리에 관한 국제규약 11조는 "어느 누구도 계약상 의무의 이행불능만을 이유로 구금되지 아니한다"고 규정하고 있으므로, 사기죄를 판단함에 있어서는 이러한 규정의 취지를 고려하여야 할 것이다.

2. 가상자산거래소 개설의 요건

이 사건 공소사실에는 가상자산거래소의 필수적인 기술로 ① 거래 체결 기능, ② 회원 간 거래시 보관 지갑의 변동, ③ 거래소와 은행 계좌 연동 등을 들고 있기는 하다. 그러나 이러한 개설의 요건에 관하여 아직 법률 등으로 정해진 바는 없다.

2020. 3. 24. 개정된 특정 금융거래정보의 보고 및 이용 등에 관한 법률에서는 가상자산과 관련하여 가상자산을 매도, 매수하는 행위, 가상자산을 다른 가상자산과 교환하는 행위, 가상자산을 이전하는 행위 중 대통령령으로 정하는 행위, 가상자산을 보관 또는 관리하는 행위, 가상자산의 매매 및 교환을 중개, 알선하거나 대행하는 행위 등을 영업으로 하는 자를 가상자산사업자로 지칭하면서[3] 가상자산사업자의 사업신고의무를 규정하였다.[4] 또한 가상자산사업자는 고객신원을 확인할 의무가 있고, 금융정보분석원장에게 불법재산 등으로 의심되는 거래와 고액현금거래 등을 보고하여야 하며, 이러한 보고의무이행을 위하여 고객별 거래내역을 분리하여 관리하여야 한다.[5] 가상자산거래소는 위에서 지칭하는 가상자산사업자에 해당할 것인데, 이와 같이 신고의무 및 보고의무 등만을 규정하고 있을 뿐 가상자산거래소의 설립요건 등을 규정하고 있지 않고, 그 밖에 국내에 가상자산거래소의 개설 및 설립에 관하여 규정하고 있는 법률 등은 아직 없다. 따라서 가상자산거래소의 개설 요건 및 기준에 관하여는 거래당사자의 계약에 맡겨져 있을 뿐이라고 할 것이다.

---

1) 대법원 1998. 1. 20. 선고 97도2630 판결
2) 이연진, 사기죄와 계약상 불이행의 구별, 인권판례평석, 박영사(2017), 42, 46면
3) 특정 금융거래정보의 보고 및 이용 등에 관한 법률 제2조 제1호 하항 참조.
4) 특정 금융거래정보의 보고 및 이용 등에 관한 법률 제7조 참조.
5) 특정 금융거래정보의 보고 및 이용 등에 관한 법률 제4조, 제4조의2, 제5조의2, 제8조 참조.

3. 대상판결의 경우

이 사건에서 대상판결은 피고인이 처음부터 약속한 기일 안에 가상자산거래소 사이트를 제작할 의사나 능력이 없음에도 피해회사를 기망하였다고 보기 어렵다고 판단하여 무죄를 선고하였다. 그 근거로는 우선 공소사실에 기재된 가상자산거래소의 필수적인 기술인 ① 거래 체결 기능, ② 회원간 거래시 보관 지갑의 변동, ③ 거래소와 은행 계좌 연동 중 ②와 ③은 피해회사와 피고인 사이에 작성한 계약서에 기재된 사항이 아니고 이는 빗썸 거래소에 관한 것일 뿐, 피해회사가 요구한 기준인 업비트 거래소에도 적용된다고 단정할 수 없다는 것이다. 다만, 피고인도 ① '거래 체결 기능'이 가상자산거래소의 필수적인 기술임을 인정하고 있고, 이는 이 사건 공급계약서에도 기재되어 있는데, 거래체결이 된 적도 있지만 완전한 기술을 구현하지는 못한 것으로 판단하였다. 이처럼 공소사실에 의할 때 피고인의 행위가 기망행위가 되려면 공소사실 기재와 같은 필수기술을 구현할 의사와 능력이 애초에 없었어야 한다는 것인데 이와 같은 필수기술에 대하여 사전에 합의된 바 없었고 사후적으로 특정된 것에 불과하며, 계약서에 기재된 기술인 거래 체결 기능은 일부 구현이 되었고 완전한 기술이 구현되지 못한 것이어서 이는 애초에 거래소 개설의 의사와 능력이 없었다고 단정할 수 없고, 단지 민사상의 채무불이행 책임을 물어야 한다고 본 것이다.

앞서 본 시민적 및 정치적 권리에 관한 국제규약 11조의 취지를 고려한다면 사기죄와 채무불이행책임의 경계선에 있는 것은 가급적 채무불이행책임 문제로 해결하는 것이 바람직하므로 이러한 관점에서는 대상판결은 타당한 판결이라고 생각된다. 다만, 판결요지에 적시된 이유만을 살펴보면, 공소사실에서 거래소 개설의 필수기술을 특정하지 아니하였거나 그 필수기술이 업비트 거래소에서 사용하는 기술이었더라면 또다른 판단이 나올 수도 있지 않았을까라는 생각도 든다.[6]

Ⅲ. 대상판결의 평가

대상판결은 피해회사가 가상자산거래소 개설을 의뢰하였는데 이를 피고인이 제대로 구현하지 못한 경우 사기죄로 처벌할 수 있는지 문제된 대표적인 법원 판결로서 의의가 있다. 가상자산거래소의 개설을 위한 기술은 새롭게 구현되고 있는 현재진행형의 기술인바 이러한 기술에 대한 능력을 갖추었는지를 판단하는 것은 쉽지 않을 것이다. 이러한 점을 고려하면 민사의 문제로 해결한 대상판결은 타당한 면이 있다. 다만, 이는 피고인이 어느 정

---

6) 이 판결에 대하여 검사가 항소하였고, 현재 항소심(의정부지방법원 2022노1074) 진행 중이다.

도 기술을 구현하기 위한 체계를 갖추고 문제를 해결하기 위한 노력을 한 면도 고려되었다고 보여지고, 그러한 면이 보여지지 않을 때에는 사기죄로 처벌이 가능할 것이다.

[15] 폰지사기 사건에서 알 수 있는 가상자산의 특성

― 대전지방법원 2022. 6. 10. 선고 2019고단4623, 2022고단187(병합) 판결,

대전지방법원 2022노1578로 항소 중 ―

[사실 개요]

(이하 폰지사기 범행만 기술하고 나머지 범행은 생략함)

피고인들은 2018. 2. 19.경 피해자에게 E코인에 대한 동영상을 보여주고는 "M사는 태국 방콕에서 E코인을 개발한 J사와 2017. 10. 28. 코인 판매에 관한 MOU를 체결한 바 있고, DMI마케팅 플랜 사업을 시작하였다. J사는 2017년 E코인을 개발하였는데, 위 J사는 결제인증 네트워크 시스템 등 블록체인을 기반으로 하는 금융과 IT의 융합으로 지급결제, 외환송금, 크라우드 펀딩, P2P 금융서비스, 자산운용, 가상자산 등의 핀테크 시스템에 대한 수많은 경험과 노하우를 바탕으로 금융서비스 및 사업의 변화를 선도하기 위해 설립된 기업으로서 태국의 선도적인 핀테크 스타트업 기업이다...(이하 생략)"는 취지로 설명하고, DMI마케팅플랜에 관하여 "1구좌당 120만 원을 투자하여 M사의 DMI마케팅 회원으로 가입하면 투자금 중 20만 원은 각 지역의 센터장들에게 센터피 명목으로 지급하고, 나머지 100만 원 중 30만 원 상당은 시세에 따른 E코인을 지급한다. 또한 새로운 회원을 가입시키면 후원수당, 추천수당, 직급수당을 지급한다(이하 자세한 수당지급방식은 생략). M사에서 운영하는 E코인 자체거래소 웹사이트에서 매일 E코인 2,000개씩을 포인트로 전환한 후 국내 유명 프랜차이즈 업체 180여 곳과 가맹계약이 체결되어 있는 M사 가맹점에서 사용하거나 M사 쇼핑몰에서 사용할 수 있으며, 원하는 경우 이를 현금으로 환전할 수 있으니, E코인은 실생활에서 상용 가능한 유용한 코인으로서 그 가치는 지속적으로 상승할 것으로 예상된다. 현재 20원인 E코인이 나중에 거래소에 150원에 상장되면 30만 원 상당의 E코인은 약 210만 원이 되기 때문에 E코인 구입만으로도 원금 보장이 충분히 되며, 6명의 회원을 모집하여 받게 되는 기본 후원 BONUS만으로도 이미 투자원금 120만 원은 충분히 보장된다."는 취지로 설명하며 투자를 권유하였다.

피해자는 피고인들이 지정한 계좌로 2,610회에 걸쳐 합계 13,300,986560원을 송금하였다.

[판결 요지]

거래에 널리 이용되는 블록체인 기술에 기반한 가상자산은 해당 구조와 작동원리에 대한 모든 정보를 포함하고 있는 소스코드를 제3자에게 공개하고, 가상자산의 발행주체가 존재하지 않으면서 필요한 경우 비영리재단이 가상자산 규칙을 운영하는 등 투명한 지배구조를 보유하고 있다. 그런데 E코인의 경우에는 탈중앙화나 기술의 진보라고 볼 특성이 존재하지 않고, 오히려 M사가 코인의 발행 및 유통을 통제하는 폐쇄형·중앙통제형방식이다. 특히 E코인은 채굴과정 없이 203억 개 가량이 발행되었고, 그 중 180억 개 가량이

피고인 A의 전자지갑에 들어 있었음에도 마치 비트코인과 같이 장차 채굴할 것처럼 거짓으로 소개하였다. 위 코인의 백서는 이더리움 백서와 피어코인 백서를 짜깁기한 수준에 불과하다.

해설

Ⅰ. 대상판결의 의의 및 쟁점

이 사건에서 피고인들은 E코인을 이용하여 폰지사기 범행을 저질렀다는 등의 공소사실로 기소되었다. 폰지사기란 경제학자 하이먼 민스키(Hyman P. Minsky)가 1920년대 미국에서 찰스 폰지(Charles Ponzi)가 벌인 금융다단계 사기행각에 착안하여 이를 폰지금융(Ponzi finance) 혹은 폰지사기(Ponzi scheme)라 부르는 데에서 기인하였다.

대상판결에서는 우선 폰지사기에 대하여 설명하고 있으므로 이에 대하여 살펴보고, 이러한 폰지사기 범행에서 사용된 이 사건 가상자산 E코인의 허구성에 대하여도 상세히 설명하고 있으므로, 이에 대한 반대해석을 통하여 가상자산이 갖추어야 할 특성에 대하여도 살펴보도록 하겠다.

Ⅱ. 대상판결의 판단 분석

1. 폰지사기 해당 여부

폰지사기(Ponzi Scheme)는 일종의 사기성 투자 작전으로 다수의 개별 투자자들에게 배당금을 지급하지만 그 배당금이 해당 조직의 기업활동을 통해 얻어진 것이 아니라 투자자 자신의 투자금이거나 또 다른 후발 투자자들의 투자금에서 충당하는 형식으로 지급되는 것을 말한다.[1] 폰자사기 수법은 먼저 자칭 그 분야의 최고의 전문가 행세를 하면서 투자자들에게 신뢰감을 준다. 그리고 이들은 명성을 믿고 무조건 신뢰하게끔 과감하게 금융권과 언론 등을 이용하여 진실인양 믿게 만들어 고수익을 찾아 헤매는 부유한 개인투자자 뿐만 아니라 세계 유수의 금융기관들도 속일 수 있다. 지속적인 수익률을 과시하고 리스크(risk)에

---

[1] 폰지사기의 변형으로 피라미드 사기, 거품, 돌려막기가 있다. 피라미드 사기는 고도의 수익을 기대하며 존재하지도 않는 재정적 허상에 대한 잘못된 믿음에 많은 의지를 한다는 차원에서 폰지사기와 유사한 형태이다. 거품은 신규 참여자가 후발 참여자의 가입으로부터 배당금을 받는다는 점에서 폰지사기와 유사하나 동일하지는 않다. 돌려막기는 가령 "폴에게 지불하기 위해 피터를 강탈한다"는 식이다. 채무기간은 만료되었는데 빚을 갚을 돈이 모자란다면 채무자는 다른 투자자들로부터 돈을 빌리거나 훔쳐서라도 갚아야 한다. 이 경우 폰지사기와 차별화된다.

비해 지나치게 높은 수익을 보장하고, 투자 환경은 급변하는데도 믿기 어려울 정도로 안정적인 성과를 낸다고 선전한다. 또한 등록되지 않은 상품이나, 전문가조차 이해하기 어려울 정도로 복잡한 상품을 판매하기도 한다. 폰지 회사의 회계자료는 조작되고 감사는 부실한 특징이 있다. 폰지사기는 다른 투자기법이 보장하지 못하는 배당금을 제공함으로써 새로운 투자자들을 유혹하게 되는데 그 배당금은 의외로 기대수익보다 높거나 지속적이어서 새로운 투자자들이 쉽게 유혹에 빠져들게 된다. 폰지사기가 광고한대로 배당금을 지급하기 위해서는 그 책략이 지속될 수 있을 정도의 많은 자금이 필요한데 그 자금의 대부분은 기존의 투자자 및 신규투자자들로부터 들어온다. 그러나 폰지시스템은 종국적으로는 붕괴할 수밖에 없다. 왜냐하면 그 양이 얼마이든 수익이 발생한다 하더라도 그 수익의 규모는 배당금의 규모보다는 작기 때문이다. 대개의 경우 폰지사기는 자체적으로 붕괴되기 전에 당국의 제재를 받게 되는데 그 이유는 폰지 기획자가 미등록 증권을 판매하는 등 다수의 불법적인 행위에 관여될 확률이 대단히 높기 때문이다. 피해유형으로는 투자자들이 가장 많이 피해를 당하는 금융다단계 투자사기를 비롯하여 주식·펀드투자를 가장한 피라미드, 부동산투자를 가장한 폰지사기, 수익사업 빙자 폰지사기, 제품판매 빙자 피라미드 등이 있다.[2]

폰지사기의 범행수법은 크게 미끼수법(현실 속에는 존재하지 않는 가공의 투자상품이나 금융, 부동산, 수익사업 등 투자처를 허위로 만들어 현혹하는 방법)과 유인수법(실제 투자상품이나 투자처가 존재하지만 그것이 부실하거나 사실상 거기서 수익이 발생할 수 없는 상황임에도 불구하고 허위·과장광고, 거짓된 행위 등의 수법을 동원하여 속이는 행위)으로 구분될 수 있다.

이 사건에서 법원은 다음과 같은 이유를 근거로 DMI마케팅 플랜을 전형적인 폰지사기 범행으로 판단하였다. ① 피고인들이 제시한 DMI마케팅 플랜의 내용은 (1) 회원이 자신의 하위로 2명의 회원을 모집하고, 하위 회원 2명이 각 2명의 회원을 모집하면 기본후원수당으로 투자원금을 회수할 수 있고, (2) 더하여 22대까지 1만 원씩의 후원수당에 지급받은 30만 원 상당의 코인이 상승하면 더 큰 이익을 얻을 수 있다는 것인바, 화려한 수익을 미끼로 투자금을 유치하였다. ② 피고인들의 회원들로부터 받은 투자금으로 센터장에게 센터피를 지급하고, 회원이 다른 회원을 추가로 가입시키면 수당을 지급하는 전형적인 피라미드식 수당체계를 만들어 피해자가 다른 피해자를 양산하는 구조를 만들었다. ③ 피고인들이 투자의 대상으로 삼은 상품은 일반인들이 이해하기 어려운 블록체인기반 가상자산이었다. 잠재적 투자자들이 쉽게 이해하기 어려운 상품을 이용함으로써 투자대상에 대한 합리적 분석보다는 그 결과치인 수익률만으로 평가를 하도록 설정한 것이다. 특히 그 무렵 비트코인 등

---

[2] 박정선 외 2인, 국내외 투자사기의 유형별 실태 연구, 형사정책연구 22권 4호, 한국형사정책연구원(2011), 292-293면

가상자산 대한 투자성공사례가 알려져 있었으므로 피고인들은 가상자산을 편취의 수단으로 사용한 것으로 보인다. 이는 폰지사기의 범행수법 중 미끼수법에 해당한다. 더욱이 피고인들은 코인을 상장하기에 앞서 자체거래소를 통해 코인의 시세가 형성되었고 계속적으로 상승한다는 허상을 만들어 내어 잠재적 투자자를 기망하였다. ④ 피고인들은 기존 가입자에게 약정한 수당을 지급하고, 코인이 마치 결재수단으로 사용될 수 있는 것과 같은 외관(포인트로의 전환 및 포인트를 이용한 기프트콘 사용)을 만들어 홍보하였으며, 실제로 코인을 상장시키기도 하였다. 이는 새로운 고객의 유치가 있어야만 사업의 지속이 가능한데, 수익률이 높다는 이론적 상품홍보만으로는 지속적인 고객유치가 어렵기 때문에 결과치를 이용하여 잠재적 투자자들을 현혹한 것이다. 또한 이러한 방식을 통하여 원금보장약정을 하지 않으면서도 사실상 원금보장이 된다는 믿음을 유발·강화한 것으로 판단된다.

이처럼 이 사건에서는 E코인을 이용한 DMI마케팅 플랜이 전형적인 폰지사기라고 보았다. 투자자에게 주어지는 수당이 기업활동을 통해 얻어진 것이 아니라 후발 투자자들의 투자금에서 충당하는 형식이었다. 이러한 형식에 있어서 가상자산인 E코인이 미끼 역할을 하였다. 이는 특히 E코인의 실체가 여타 가상자산과는 달리 허구성을 지니고 있었기 때문이기도 하다. 그러므로 아래에서는 이 판결에서 판단한 E코인의 허구성에 대하여 살펴보고 이를 토대로 통상적인 가상자산의 특성을 도출해 보고자 한다.

2. 가상자산의 특성 – 이 사건 판결을 토대로

우선, 대상판결은 아래와 같은 사정들을 근거로, E코인은 가상자산으로서의 재산적 가치가 없는 것이고, 피고인들은 그러한 사정을 알고 있음에도 E코인을 빌미로 DMI마케팅 플랜이라는 이름으로 투자금을 유치하거나 위 코인을 직접 판매하였다고 판단하였다.

① 가상자산의 특성상 신뢰할 만한 인물 또는 기업이 이를 개발한다는 사정은 그 경제적인 가치에 큰 영향을 미친다. 그러나 피고인들이 판매한 최초의 코인은 국내업체 제작 코인이고, 그 이후 판매한 코인은 피고인 A가 P사에 의뢰하여 제작한 코인으로 J사와 무관하다. 더욱이 J사는 인터넷 쇼핑몰을 목적으로 하는 자본금 200만 바트의 소규모회사이고, 회사의 규모, 주주의 구성, 2018. 7. 19. 일본 후쿠오카에서 개최한 E코인의 ICO 행사에서 J사의 대표로서 위 코인의 개발자로 행세한 사람은 외국인 배우였던 점 등을 고려할 때 코인판매·홍보를 목적으로 설립된 유령회사로 판단된다(피고인의 제출한 자료에 의하더라도 선도적인 핀테크 스타트업 기업에 해당한다고 보기 어렵다).

② 거래에 널리 이용되는 블록체인 기술에 기반한 가상자산은 해당 구조와 작동원리에 대한 모든 정보를 포함하고 있는 소스코드를 제3자에게 공개하고, 가상자산의 발행주체가 존재하지 않으면서 필요한 경우 비영리재단이 가상자산 규칙을 운영하는 등 투명한 지배구

조를 보유하고 있다. 그런데 E코인의 경우에는 탈중앙화나 기술의 진보라고 볼 특성이 존재하지 않고, 오히려 M사가 코인의 발행 및 유통을 통제하는 폐쇄형·중앙통제형방식이다. 특히 E코인은 채굴과정 없이 203억 개 가량이 발행되었고, 그 중 180억 개 가량이 피고인 A의 전자지갑에 들어 있었음에도 마치 비트코인과 같이 장차 채굴할 것처럼 거짓으로 소개하였다. 위 코인의 백서는 이더리움 백서와 피어코인 백서를 짜깁기한 수준에 불과하다.

③ E코인은 피고인들이 제작한 자체거래소를 통해 포인트로 전환할 수 있을 뿐, 코인을 결재수단으로 직접 사용할 수 없고, 위 거래소를 통해 코인의 거래(매수, 매도, 현금화)가 이루어지는 것도 아니다. 포인트를 일부 가맹계약이 체결된 점포에서 사용하거나 현금으로 환전할 수는 있었으나, 유명 프랜차이즈 업체의 경우에는 M사가 미리 구매한 기프트콘(해당업체가 특정 제품을 구매할 수 있도록 미리 발행한 전자쿠폰)을 사용할 수 있게 하는 정도여서 M사가 포인트를 이용한 유통플랫폼을 구축한 것도 아니었다. 또 M사는 2018. 4.경부터 포인트의 현금환전 수량을 축소하고, 현금전환 자금이 부족한 때에는 일방적으로 현금전환을 중지하기도 하였다. 이러한 사정을 고려하면 E코인은 실생활에서의 이용가치가 전혀 없었다.

④ 피고인들은 E코인을 상장하기 전에 자체거래소를 이용하여 임의로 코인의 시세를 계속적으로 올렸다(나중에는 프로그램 자체를 수정하여 직접 코인의 시세를 조작하였다). 특히 자체거래소를 통해서는 코인의 거래가 불가능하고, 코인의 매수는 M사를 통해서만 가능하였으므로 수요와 공급에 따른 가격이 성립할 수 없는 상황이었다. 그럼에도 코인의 판매 내지 DMI마케팅 플랜에 가입을 유도하기 위해 피고인들은 자체거래소를 통해 코인의 시세가 상승하고 있다는 허상을 만들었다.

대상판결에서는 위와 같이 폰사사기에 사용된 E코인의 허구성을 설시하였다. 이러한 특성을 반대해석하면 정상적이고 통상적인 가상자산의 특성을 도출해 낼 수 있다.

살펴보면 다음과 같다. ① 가상자산의 개발업체가 명확하여야 한다. 개발업체는 가상자산의 특성을 상세히 기재하는 백서를 발간하고 가상자산을 관리한다. 그리고 이에 대한 정보를 상세히 제공한다. ② 가상자산은 해당 구조와 작동원리에 대한 모든 정보를 포함하고 있는 소스코드를 제3자에게 공개하고, 가상자산의 발행주체가 존재하지 않으면서 필요한 경우 비영리재단이 가상자산 규칙을 운영하는 등 투명한 지배구조를 보유하여야 한다. 이는 탈중앙화라는 가상자산의 핵심적인 특성이다. ③ 가상자산은 거래소를 통하여 거래가 가능하여야 하고, 실제 이용가치가 있어야 한다. 즉, 가상자산은 대중적인 가상자산거래소에서 거래가 자유롭게 이루어져 언제든지 환전할 수 있어야 하고 실제 이용가치 및 재산적 가치를 가지고 있어야 한다.[3] ④ 가상자산은 대중적인 거래소에서 매수·매도를 통하여 자율적으로 시세가 형성되어야 하고 개발업체 또는 특정인에 의하여 시세가 조작되어서는 안

된다.[4]

Ⅲ. 대상판결의 평가

가상자산이 통상 어떠한 특성을 띠는지에 관한 문헌은 많이 있다. 판례도 마찬가지이다. 하지만 가상자산이 어떠한 특성을 가져야 한다는 당위성에 대한 정의를 내린 판결은 아직 없는 듯하다. 이는 블록체인 기술을 바탕으로 한 가상자산이 지금 현재도 발전하고 있는 신기술을 바탕으로 하는 만큼 정의를 내리기가 쉽지 않기 때문이다. 대상판결은 폰지사기 사건에서 이용된 가상자산의 허구성에 관하여 상세히 설명하였다. 이를 반대해석하면 정상적이고 통상적인 가상자산이 지녀야 할 특성을 어느 정도 파악할 수 있다. 이러한 점에서 대상판결은 어느 정도 의의가 있다. 하지만 이러한 해석이 완벽할 수는 없다. 그 정의가 또 바뀔 수도 있기 때문이다. 하지만 현재 가상자산의 특성을 어느 정도 알 수 있고, 필요최소한으로 지녀야 할 특성을 도출한다는 관점에서는 충분히 가치 있는 판결이라고 생각된다.

---

3) 다만 실제 이용가치 면에서는 도지코인(DOGECOIN) 등 단순한 밈코인도 존재하므로, 이 사건에서 언급한 '실생활에서의 이용가치'는 피고인들이 투자를 유도하기 위하여 사용한 기망행위의 한 대상이라는 측면에서 보아야 할 것이다.
4) 이 사건 판결에 대하여 쌍방이 항소하여 현재 항소심(대전지방법원 2022노1578) 진행 중이다.

[16] NFT 발행 사기 사건
— 서울동부지방법원 2022. 10. 21. 선고 2022고단1120 판결 —

[사실 개요]

1. 피고인은 2021. 11. 중순경 A, B, C, D 등이 참여한 카카오톡 대화방에서 '동물 캐릭터를 이용하여 NFT를 디자인하자'고 제안하고, C가 사람 및 동물의 캐릭터 시안을 제작하여 카카오톡 대화방에 업로드하자 피고인이 그 중 고양이 캐릭터를 선정하였으며, 불상의 개발자에게 의뢰하여 고양이 캐릭터로 고유번호 1번부터 고유번호 9999까지 부여된 NFT 9,999개를 제작하였다.

   계속하여 피고인은 2021. 11. 17.경 'catsle.net' 홈페이지를 개설하고 피고인, A, D 등은 트위터·텔레그램·디스코드·카카오톡을 이용해 '캣슬 NFT' 공식 계정과 대화방을 개설해 「캣슬 NFT를 구매하면 ① 클레이튼(KLAY) 코인과 교환할 수 있는 자체 KIT토큰을 제공하고(디파이 출시), ② 추후 공식 굿즈 출시, 캣슬 NFT를 이용한 게임 제작 예정」 등 구체적인 계획이 뒷받침되지 않은 로드맵으로 '캣슬 NFT' 프로젝트를 홍보하고 2021. 11. 25.경 세계최대 NFT 거래 플랫폼인 '오픈씨'(opensea.io)에 '캣슬 NFT'를 출시하였다.

2. 피고인은 피해자로부터 2021. 11. 25. 10: 33경 시가 43,392원 상당의 클레이튼(WKLAY) 코인 25개를 교부받고 캣슬 NFT 1개(고유번호 1277)를 전송한 것을 비롯하여 그 무렵부터 2022. 1. 19. 02: 16경까지 총 1,455회에 걸쳐 9명의 피해자에게 NFT 1,453개를 전송하고 그 대금으로 시가 123,758,157원 상당의 77,160개 클레이튼(WKLAY 또는 KLAY) 코인을 교부받았다.

[판결 요지]

1. 기망행위

피고인은 캣슬 NFT 출시 후에도 캣슬 홈페이지에 본인과 A, C, D 등을 공동운영진으로 소개하며 블록체인 및 SW개발 근무 경험이 있거나 IT 회사 근무경력이 있는 것처럼 거짓말하고, 피고인과 운영진들은 구매자들이 참여한 오픈 카톡방·디스코드 대화방 등에서 NFT를 매수하면 로드맵 내용과 같이 클레이튼으로 교환 가능하고 굿즈 등을 출시하여 NFT의 가치를 계속 높여갈 것이라는 거짓말을 하며 프리세일을 공지하고 여러 이벤트를 개최하며 순차적으로 캣슬 NFT를 판매하였다.

그러나 사실 ① 피고인은 2021. 11.경 블로그, 카카오톡 채팅방, 부산 벡스코 NFT 행사 등에서 단편적으로 NFT 관련 정보를 접한 것이 NFT에 대한 지식의 전부이고 ② A, B, C, D는 피고인으로부터 NFT에 대한 정보를 접한 것일 뿐 블록체인 기술 또는 가상자산 관련 회사에서 근무하거나 업무를 해본 사실이 없으며 ③ 피고인 등이 홈페이지 등에 공지하고 홍보한 로드맵과 자체 발행 토큰을 이용한 보상체계는 다른 NFT 프로젝트의 내

용 중에서 구매자들이 마음에 들어 할 내용을 그대로 베낀 것뿐으로 자체 발행 토큰
(KIT)을 시중에서 유통되는 클레이튼(WKLAY 또는 KLAY) 코인으로 교환해 줄 방안을 마
련한 사실이 없고, ④ 관련 수익이 창출될 수 있는 굿즈 발행 및 게임 출시 관련 시스템
을 구축한 사실도 없어 피해자들에게 NFT를 발행하고 그 대금을 클레이튼 코인으로 지
급받더라도 캣슬 NFT 프로젝트를 수행할 의사나 능력이 없었다.

2. 양형의 이유

이 사건 범행은 가상자산 생태계에서 투자 프로젝트를 갑자기 중단하고 투자금을 편취
하여 잠적하는 수법의 범죄로, 다수인이 역할을 분담하여 조직적·계획적·지능적으로 불
특정 다수의 피해자들을 기망하는 범죄이고, 피고인은 처음부터 범행 전체를 계획·총괄
하며 주도하였는바, 피고인을 엄중히 처벌할 필요성이 크다.

피고인은 블록체인 기술 또는 가상자산 관련 회사 근무경력이 없으면서도 자신을 비롯
한 개발자, 운영진들의 경력을 허위로 기재하고, 프로젝트 자체를 제대로 수행하거나 이
를 통한 수익을 창출할 의사와 능력도 없이 고수익을 보장할 것처럼 다방면으로 홍보하
는 등 사전에 주도적으로 범행을 치밀하게 계획하여 불특정 다수의 피해자들로부터 재산
상 이익을 교부받은 후 잠적하였다. 그 피해액도 상당하다. 피고인은 편취한 금원을 다른
가상자산거래소의 여러 계좌로 몇 차례에 걸쳐 옮긴 후 이를 현금으로 인출하여 자동차
들을 구매하거나 지인들에게 교부하는 등으로 소비하였다. 일부 피해자들과 합의하지 못
하였다.

해설

Ⅰ. 대상판결의 의의 및 쟁점

NFT(Non Fungible Token, 대체불가능 토큰)는 블록체인 기술을 이용해 그림·영상 등 디
지털 아이템에 소유권을 부여해 원본성·유일성을 나타내는 기술로 가상자산 또는 토큰에
비해 발행이 쉽고 통상 10,000개 내외의 정해진 개수만 발행하여 희소성이 있으며 거래가
용이하여 2017년경 최초의 NFT인 '크립토펑크' NFT가 발행된 이후 그 발행량이 점차 확대
되고 있는 추세이다. 이 사건에서는 피고인의 NFT 발행 관련 사기 범행에 관하여 피고인이
자백을 하였고, 법원은 유죄를 선고하였다. 그간 NFT 발행과 관련한 범죄는 드물었다. 그러
나 이제는 NFT 관련 범죄도 다수 발생할 것으로 보이는바, 자백사건에 해당하지만 NFT 범
죄가 어떻게 이루어지고 있고, 이에 관하여 법원에서 바라보는 시각은 어떠한지 살펴보는
기회를 가져보고자 한다.

Ⅱ. 대상판결의 판단 분석

1. NFT에 대한 기본적 고찰

NFT(non-fungible token)란 블록체인과 같은 분산원장기술(DLT)을 이용하여, 디지털 이미지, 비디오, 게임 아이템 또는 기타 디지털 형태의 자산에 대한 권리를 나타내는 일종의 암호화 수단으로서의 디지털 토큰(증표)을 의미한다. 즉 블록체인에서 발행되는 고유의 값(ID)이나 속성을 갖고 있어서 다른 토큰으로의 대체성(fongtoility)이 없는 디지털 토큰이다. 과거에는 무제한으로 복제할 수 있었던 디지털콘텐츠에 대해, 블록체인 기술을 이용하여 발행되는 대체성이 없는 디지털 토큰(증표)인 NFT를 이용함으로써, 데이터에 희소성, 유일성, 상징성 등을 갖게 할 수 있게 되었다. 디지털콘텐츠를 NFT에 나타낸다고 할지라도 블록체인 외부에서 관리되는 디지털콘텐츠의 복제 자체가 방지되는 것은 아니다. NFT는 디지털콘텐츠의 복제를 방지하는 기술이 아니라, 데이터와 그 보유자를 묶는 디지털 '증명서'를 블록체인에 기록하는 기술이라고 할 수 있다. 따라서 NFT를 발행하면 디지털콘텐츠가 복제 등으로부터 보호되지 않는다. 단지, 디지털콘텐츠가 특정인에 의해 보유되고 있는 것을 제3자가 검증할 수 있다는 것이 NFT를 발행하는 의의 중 하나라고 할 수 있다.[1]

이와 반대개념의 '대체가능 토큰'은 통상의 가상자산으로 내가 가진 1ETH(이더리움)은 상대가 가진 1ETH과 같은 가치라 서로 교환 가능하나 '대체불가능 토큰'은 내가 가진 1ETH에 고유번호가 매겨져 있어 상대가 가진 1ETH과 다르고 1:1 교환이 안 된다. 이때 고유번호가 원본에 대한 증명서로 해당 NFT에 원본이라는 증명서를 넣어두고 증명서를 거래하는 방식이다.

기존의 소유권 개념과 비교하면 NFT는 일종의 디지털 세계의 '등기부등본'으로 볼 수 있다. NFT 등장 전에는, 甲이 디지털로 그린 그림의 저작권을 주장할 순 있어도 (원본과 복제품의 구별이 어려워) 원본에 대한 소유권을 입증하기는 사실상 불가하였으나 NFT로 인해 복제 가능한 디지털 파일 중에서도 원본임이 증명가능하고 원본에 대한 소유권 증명이 가능해짐에 따라 소유권 이전도 가능해진다.

다만, NFT에 대하여 우리 민법상 소유권을 인정할 수 있는가에 대한 문제는 이와 다른 차원의 문제이다. 아직 이에 관한 판단이 구체적으로 나오지는 않았지만 앞서 살펴본 바와 같이 우리 판례에서는 비트코인에 대하여 민법상 물건의 개념에 포섭하기 어렵다는 이유로 형법상 재물성도 인정하고 있지 않다. 일본 재판소의 경우에도 비트코인이 소유권의 객체가 되지 못한다고 보았다. 그렇다면 NFT에 대하여도 이와 비슷한 시각에서 판단할 가능성

---

[1] 신봉근, NFT에 관한 민사법적 고찰 : NFT의 사법적 성질과 권리의 대상을 중심으로, 동북아법연구제16권 제2호, 전북대학교 동북아법연구소(2022), 96-99면

이 높다. 물론 NFT 역시 비트코인과 마찬가지로 거래소에서 거래가 이루어지고 있는 점을 감안한다면 재산적 가치, 재산상 이익에 대하여는 충분히 인정 가능하다고 할 것이다.

2. 대상 판결에 대한 분석

가. 기망행위의 인정

이 사건에서 피고인은 NFT를 발행하고 판매하는 과정에서 기망행위를 하였다. 캣슬 NFT 출시 후에도 캣슬 홈페이지에 본인과 A, C, D 등을 공동운영진으로 소개하며 블록체인 및 SW개발 근무 경험이 있거나 IT 회사 근무경력이 있는 것처럼 거짓말하였다. 피고인과 운영진들은 구매자들이 참여한 오픈 카톡방·디스코드 대화방 등에서 NFT를 매수하면 클레이튼으로 교환 가능하고 굿즈 등을 출시하여 NFT의 가치를 계속 높여갈 것이라고 거짓말하였다. 그러나 사실 피고인의 NFT 지식은 단편적인 것에 불과하여 전문지식이 없었고, A, B, C, D 역시 피고인으로부터 NFT에 대한 정보를 접한 것일 뿐 블록체인 기술 또는 가상자산 관련 회사에서 근무하거나 업무를 해본 사실이 없으며, 피고인 등이 홈페이지 등에 공지하고 홍보한 로드맵과 자체 발행 토큰을 이용한 보상체계는 다른 NFT 프로젝트의 내용 중에서 구매자들이 마음에 들어 할 내용을 그대로 베낀 것에 불과하였다. 피고인이 자체 발행한 토큰(KIT)을 시중에서 유통되는 클레이튼(WKLAY 또는 KLAY) 코인으로 교환해 줄 방안을 마련하지도 않았다. 관련 수익이 창출될 수 있는 굿즈 발행 및 게임 출시 관련 시스템을 구축한 사실도 없다. 이와 같이 피고인에게는 캣슬 NFT 프로젝트를 수행할 의사나 능력이 없었음에도 이러한 사실을 숨긴 채 피해자들에게 그 의사와 능력을 기망하여 캣슬 NFT를 판매하였다. 법원은 이를 사기의 기망행위로 판단하여 유죄를 선고하였다.

피고인이 발행한 NFT가 그 당시 실제로 어떠한 가치를 내재하고 있었는지는 별론으로 하더라도 당시 피고인이 피해자들에게 내세운 NFT에 대한 홍보 및 선전은 통상적인 범위를 넘어선 것으로 보인다. 피고인이 실제로 수행할 의사와 능력 범위 밖에 있는 프로젝트가 성사될 것처럼 홍보하고 광고한 것을 기망행위로 판단한 것이다.

나. 양형 판단

이 사건에서 법원은 피고인에게 징역 1년 8월이라는 중형을 선고하였다. 피해자들의 피해금 합계는 123,758,157원 상당의 77,160개 클레이튼(WKLAY 또는 KLAY) 코인이다. 피고인이 범행을 자백하고 있고, 피고인에게 형사처벌 전력이 없는 점과 상당수의 피해자들에게 피해액 또는 그에 준하는 금액을 지급하고 그들과 합의한 점을 감안한다면 통상적인 사기범죄와 비교하였을 때 다소 무거운 형을 선고한 것으로 보인다. 법원은 그 이유를 양형의 이유에서 적시하고 있다. 피고인의 사기 범행은 가상자산 생태계에서 투자 프로젝트를 갑자기 중단하고 투자금을 편취하여 잠적하는 수법의 범죄인바, 다수인이 역할을 분담하여 조직적·계획적·지능적으로 불특정 다수의 피해자들을 기망하는 범죄이고, 피고인은 처음부터 범행 전체를 계획·총괄하며 주도하였으므로, 피고인을 엄중히 처벌할 필요성이 크다고 본 것이다. 일반적인 금원 사기와 비교하였을 때 가상자산 생태계에서 조직적·계획적·지능적으로 불특정 다수의 피해자들을 기망하였다는 점에 가벌성을 좀 더 크게 인정한 것으로 보인다.

다만, 피고인이 양형부당을 이유로 항소(서울동부지방법원 2022노1440)하였고, 항소심은 피고인이 1심에서 피해자 6인과 합의하였고 항소심에 이르러 추가로 피해자 3인과 합의하여 피해자들 모두와 원만히 합의한 점을 고려하여 징역 1년 8월에 집행유예 3년을 선고하였다.[2]

Ⅲ. 대상판결의 평가

대상판결은 흔치 않은 대체불가능토큰인 NFT와 관련된 판결이라는 점에서 그 자체로 의미가 있다. NFT와 관련하여 어떠한 형태로 사기범죄가 일어나는지 잘 보여준 사례라고 생각된다. NFT 분야 역시 앞으로 그 영역이 확대 발전할 것으로 보이므로 그와 관련된 범죄 역시 증가할 것이다. 그러한 점에서 대상판결은 NFT에 대한 대표적인 법원 판결로서 의의가 있다.

---

2) 항소심은 2023. 3. 24. 그대로 확정되었다.

제 2 장

횡령, 배임

[17] 가상자산 유용과 배임죄 성부

―부산지방법원 2020. 5. 14. 선고 2019고단4783 판결, 2021. 3. 4. 항소기각 확정―

[사실 개요]

피고인은 피해자에게 'A 라는 신종 가상자산이 곧 상장되는데, 투자 전망이 좋다. 비트코인이나 이더리움을 보내주면 가장 싼 가격에 A를 구해주겠다.'고 하여 피해자로부터 비트코인, 이더리움을 받은 후 이더리움으로 B 가상자산을 구매하였다('이 사건 범행'). 피고인은 배임죄로 기소되었다.

[판결 요지]

이 사건 범행은 배임죄에 해당하므로, 피고인은 B 가상자산 구매에 소요된 이더리움 개수에 해당하는 재산상의 이익을 취득하고 피해자에게 같은 액수에 해당하는 손해를 가하였다고 볼 수 있다.

해설

I. 대상판결의 의의

이 사건 판결은 용도를 특정하여 보관하고 있는 가상자산을 해당 용도 외의 용도로 사용한 경우 배임죄가 성립하는지 여부를 적시한 판결이다.

II. 가상자산의 법적 성격과 횡령죄 및 배임죄

1. 용도가 특정된 돈의 유용과의 차이점

용도를 특정하여 보관하고 있는 돈을 해당 용도 외의 용도로 사용한 경우 횡령죄가 성립한다. 이 사건 판결은 용도를 특정하여 보관하고 있는 가상자산에 관하여 같은 행위를 한 경우 횡령죄가 아닌 배임죄가 성립한다고 보고 있다. 횡령죄는 재물에 관하여, 배임죄는 재산상 이익에 관하여 각 성립하는 범죄이므로, 이러한 차이점은 가상자산의 법적 성격을 재산상 이익으로 볼 것인지의 문제와 관련된다.

2. 횡령죄의 객체

횡령죄의 객체는 자기가 보관하는 타인의 '재물'이고, 여기에서의 재물은 유체물에 한정되지 아니하고 관리할 수 있는 동력도 재물로 간주된다. 여기서 관리가능한 동력이란 음향, 전기, 빛, 열 등 무체물 중에서 사람에 의한 물리적 관리가 가능한 에너지를 의미하므로, 에너지의 형태를 띠지 않으면서도 가치가 있는 일련의 무형물들은 재물에 포섭되지 않고, 재물에 포섭되지 않는 대표적인 것들로서 컴퓨터용디스크 그 밖에 이와 비슷한 정보저장매체에 기록된 정보를 드는 것이 일반적이다. 재물과 재산상 이익을 구별하고 횡령과 배임을 별개의 죄로 규정한 현행 형법의 규정에 비추어 볼 때 사무적으로 관리가 가능한 채권이나 그 밖의 권리 등은 재물에 포함되지 않는다(대법원 2014. 2. 27. 선고 2011도832 판결).

3. 가상자산의 법적 성격

특정 금융거래정보의 보고 및 이용 등에 관한 법률('특금법') 제2조 제3호는 가상자산을 '경제적 가치를 지닌 것으로서 전자적으로 거래 또는 이전될 수 있는 전자적 증표(그에 관한 일체의 권리를 포함한다)'라고 정의하면서 기존 규율에 따른 각종 유·무형의 자산(게임산업진흥에 관한 법률에 따른 게임물의 이용을 통하여 획득한 유·무형의 결과물, 전자금융거래법에 따른 전자화폐, 주식·사채 등의 전자등록에 관한 법률에 따른 전자등록주식등, 전자어음의 발행 및 유통에 관한 법률에 따른 전자어음, 상법에 따른 전자선하증권, 발행자가 일정한 금액이나 물품·용역의 수량을 기재하여 발행한 상품권 중 휴대폰 등 모바일기기에 저장되어 사용되는 상품권 등)을 그 개념에서 배제하고 있다.

위 정의 규정이 가상자산의 법적 성격에 대해 직접 해답을 주고 있지는 않고, 기존 판례 중에는 가상자산이 횡령죄의 객체가 될 수 있다는 하급심도 있었다(서울동부지방법원 2019. 12. 12. 선고 2019고합324 판결, '이 사건 비교판결').

대상판결은 이 사건 비교판결과는 다르게 가상자산이 재산상 이익에 해당함을 전제로 이 사건 범행이 배임죄에 해당한다고 판시하였다.

가상자산은 성질상 물리적 실체를 가지고 있지 않은 점, 가상자산은 개념상 '사람에 의한 물리적 관리가 가능한 에너지'라기보다는 '컴퓨터용디스크 그 밖에 이와 비슷한 정보저장매체에 기록된 정보'에 가까운 점 등에 비추어 보면, 가상자산은 재물이 아니라 재산상 이익에 해당한다고 보는 것이 타당하다. 따라서 이 사건 비교판결의 판단보다는 대상판결의 판단이 더 합리적이라고 생각한다. 물론 가상자산이 들어 있는 콜드월렛{인터넷에 연결되지 않아 해킹이 어려운 지갑(USB 보관, 하드웨어 지갑 등)}은 재물이 될 수 있다.

4. 향후 문제점

가상자산은 자금세탁 등의 수단으로 자주 사용되고 있고, 이 경우 장물죄로 처벌할 형사정책적 필요성이 있을 수 있다. 그런데 장물죄의 객체는 재물에 한정되어 있어 현재로서는 가상자산에 대해 장물죄의 성립이 어려워 보인다. 관련하여 장물죄의 객체를 재물로 한정하는 것에 대해 '사실상 불법과 책임의 정도에서 재물 취득 행위와 비교하여 결코 가볍지 않은 재산상 이익 취득 행위를 처벌하지 못하는 것은 불합리하다.'는 입법론적 비판이 있어 왔다. 가상자산 분야에 있어서는 그러한 비판이 더 설득력이 있을 수 있는데, 재물 개념에 '전파, 레이저, 광선에너지 그리고 전자형태로 된 아이템 및 정보문서'를 포함시키자는 견해 등이 이러한 비판에 대한 대안이 될 수 있을 것이다.

Ⅲ. 유용 대상인 가상자산이 서로 유사할 경우

대상판결의 A 가상자산과 B 가상자산이 서로 유사할 경우{가령 B가 A의 하드포크(Hard Fork: 블록체인 프로토콜에서 보안상 취약점이 발견되었을 때, 소프트웨어에 새로운 기능을 추가하거나 개선하려 할 때 등의 경우에, 블록체인을 두 갈래로 나누는 방법 등으로 블록체인 프로토콜을 어느 한 시점에서 급격하게 변경하는 것) 과정에서 발생한 경우}, A 가상자산과 B 가상자산이 투자가치 등의 측면에서 거의 차이가 없는 경우 등에도 배임죄가 성립하는지 문제될 수 있다. 이는 위임사무의 해석이라는 사실관계의 문제인데, 위임하는 측의 가상자산에 대한 이해도가 낮으면 낮을수록 포괄적인 가상자산 구매 위임을 하였을 가능성이 높아 배임죄의 성립 가능성이 낮을 것으로 예상된다. 그 반대의 경우 배임죄 자체는 성립하되, 위와 같은 사정들이 양형에 있어서 적극적으로 고려될 수는 있다.

참고문헌

국무조정실 및 국무총리실, "가상자산 사업자 신고제도 안착에 중점 … 거래투명성 강화한다", 2021. 5. 28.자 보도자료
김태명, "재물과 재산상 이익의 개념과 양자의 교착", 형사법연구 제26권 제2호(2014)
네이버 지식백과 하드포크 검색결과(방문일 2022. 11. 14.)
하태영, "한국 형법에 있어서 재물개념의 논쟁사", 비교형사법연구 제5권 제2호(2003)

[18] 이더리움 단일채굴 수탁자가 중복채굴을 한 경우 배임죄의 성부

— 수원지방법원 2021. 1. 14. 선고 2020노4159 판결, 2021. 4. 21. 상고기각 확정—

[사실 개요]

1. 피고인은 2017. 9. 13.경부터 2018. 7. 25.경까지 가상자산 채굴대행 업체인 A 주식회사에서 채굴장 관리팀장으로서 위 회사에서 고객들로부터 위탁받은 가상자산 채굴기의 관리 및 유지보수, 가상자산 채굴 등 업무를 담당하는 사람이다. A회사는 고객들로부터 매월 관리비 명목으로 채굴기 1대당 14만 원을 받기로 하고 고객들 소유 가상자산 채굴기를 위탁받아 관리하면서, 고객들의 채굴기를 가상자산 채굴장(Mining Pool)인 '마이닝풀허브'에 접속시켜 가상자산 일종인 '이더리움'을 채굴해 각 고객들의 계정(소위 '전자지갑')으로 자동이체해 주는 서비스를 제공하고 있다.

2. 피고인은 2018. 1.경 A회사 사무실에서, 컴퓨터 등을 이용해 가상자산 채굴장인 '마이닝풀허브'에 피고인의 계정을 개설한 후, 같은 달 중순경부터 2018. 3.경까지 사이에 위 사무실에서 '크레모어'라는 가상자산 채굴프로그램을 이용하여, 고객인 B 소유 채굴기에 『마이닝풀허브 채굴장에서 이더리움을 채굴해 B의 계정으로 집어넣으라』는 취지의 기존 명령어에, 『마이닝풀허브 채굴장에서 C코인을 채굴해 위 피고인의 계정으로 집어넣으라』는 취지의 명령어를 삽입하는 방법으로 B의 채굴기에서 '이더리움'과 함께 'C코인'을 중복 채굴한 후 위 'C코인'이 피고인의 개인 계정으로 들어가게 한 것을 비롯하여, 그 때부터 2018. 4.경까지 고객 345명의 채굴기 793대에 권한 없이 정보를 입력하여 정보처리를 하게 함으로써 고객들의 채굴기가 채굴한 'C코인' 44,348.57056545개, 'D코인' 29.94755856개를 피고인의 계정으로 집어넣게 하였다.

3. 피고인은 위와 같은 행위로 업무상배임죄 및 컴퓨터등사용사기죄로 수원지방법원 2020. 7. 23. 선고 2019고단6622 판결로 징역 8월을 선고받았다. 피고인은 위 판결에 대하여 항소를 제기하였다. (이하 컴퓨터등사용사기죄는 생략하고 업무상배임죄만 기술함)

[판결 요지]

원심과 당심이 적법하게 채택하여 조사한 증거들에 의하여 인정되는 아래의 각 사실과 사정을 종합하면, 피고인은 피해자 A회사(이하 '피해자 회사'라 한다)의 가상자산 채굴방식을 무단으로 변경하여서는 아니 됨에도 업무상 임무에 위배하여 피고인의 개인 계정으로 가상자산을 중복채굴하기 위해 이 사건 추가채굴을 진행하고, 그에 따라 공소사실 기재 'C코인' 및 'D코인'의 가치 상당을 취득하는 재산상 이익을 얻었으며, 동시에 피해자 회사에 중복 채굴로 인해 증가된 금액 미상의 전기요금 상당의 손해를 가하였고, 피고인에게 업무상배임의 고의가 있었음도 인정된다.

1. 이 사건 추가채굴로 인해 피고인이 'C코인' 44,348.57056545개, 'D코인' 29.94755856 개를 얻었음은 분명하다. 피해자 회사는 본래 '이더리움' 코인을 단일채굴하기 위해 고객들의 채굴기에 '이더마이너'라는 프로그램을 설치하였는데, 피고인은 이 사건 추가채굴을 위해 위 '이더마이너'를 무단으로 삭제하고 듀얼채굴에 필요한 프로그램인 '크레모어'를 설치하기까지 하였다.

2. 피고인은 약 3개월 동안 피해자 회사 몰래 무단으로 이 사건 추가채굴행위를 하다가 피해자 회사가 2018. 5.경 채굴기 관리 전문 프로그램을 도입하려 하자 비로소 본인이 그동안 이 사건 추가채굴행위를 하였음을 피해자 회사에 알리고 자진 퇴사하였다. 이러한 피고인의 행위는 위 채굴기 관리 전문 프로그램이 설치될 경우 피고인의 이 사건 추가채굴행위가 들통이 날 것을 우려하였기 때문으로 보인다.

3. ① 피고인도 검찰 조사에서 "중복 채굴을 하려면 그래픽 카드(GPU)를 오버클럭 해야 하는데, 위 오버클럭은 필연적으로 GPU를 과부하시켜 열이 많이 발생하고, 부품의 내구성 및 수명을 저하시키며, 전기를 많이 사용하게 된다. 그래서 피해자 회사에서는 중복 채굴을 하지 않았다"고 진술한 점, ② 이 사건 추가채굴과 같이 하나의 채굴기로 두 가지 종류의 코인을 채굴하는 듀얼채굴 방식이 있다는 것은 피해자 회사도 알고 있었으므로, 단일채굴에 비해 듀얼채굴 시 전력소모량이 증가하는 등의 손해가 없다면 피해자 회사도 당연히 듀얼채굴을 하였을 것으로 보이나, 피해자 회사는 전력소모량 증가 및 채굴기 과부하 등 문제를 고려하여 단일채굴 방식을 선택하였던 것인 점, ③ 피해자 회사가 입점한 건물에서 전기공사를 담당한 E는 원심 법정에서 "듀얼채굴 시 단일채굴 방식에 비해 전력 소모량이 많고, 그 때문에 대부분의 업체들이 단일채굴방식을 선택한다"는 취지로 진술하였고, 위 건물에서 채굴기를 세팅하고 운영하였던 F는 원심 법정에서 "일반적으로 듀얼채굴 시 전력소모량이 증가하고, 작은 코인들은 급격한 시세변화가 있어 위험성이 있다고 보아 보통은 싱글마이닝(단일채굴)을 하고, DCRI 값을 최소로 설정했을 경우에도 기존 코인 채굴 속도를 건드리지 않고 추가로 중복채굴할 수 있는 경우는 거의 없으며, 그런 값들을 찾기가 굉장히 어렵고 사람들마다 의견도 다르다"는 취지로 진술하였던 점 등을 종합하면, 피고인의 이 사건 추가채굴행위로 인해 피해자 회사의 전기 사용량이 증가하였고, 그에 따라 피해자 회사가 증가된 전기요금 상당의 재산상 손해를 입은 사실이 인정된다. 더불어 배임죄에서 재산상 손해의 발생이 증명된 이상 손해액이 구체적으로 명백하게 산정되지 아니하였더라도 배임죄의 성립에는 영향이 없다.

해설 ──

I. 대상판결의 의의 및 쟁점

이 사건은 고객들 소유의 가상자산 채굴기를 위탁받아 관리하는 피고인이 단일채굴방식으로 위임받았음에도 불구하고 채굴방식을 무단으로 변경하여 피고인의 개인 계정으로 가상자산을 중복채굴하기 위해 이 사건 추가채굴을 진행한 사안이다. 중복채굴을 하더라도 고객의 기존 채굴량이 반드시 줄어든다고 단정할 수는 없다. 그러나 중복채굴로 인하여 채굴기에 과부하가 걸릴 수 있고, 전력 소모량이 증가할 수 있기 때문에 이러한 피고인의 행위에 대하여 업무상배임죄가 성립할 수 있느냐가 쟁점이 되었고, 피고인은 원심에서 업무상배임죄가 유죄로 선고되자 이에 항소하여 다음과 같이 주장하였다. 즉, 피해자 회사의 수백 대가 넘는 가상자산 채굴기를 혼자 관리하였는데, 당시 채굴기 수가 너무 많고 고장이 잦아 관리가 힘들어지고 고장난 채굴기의 수리·정비도 지연되었고, 이에 피고인은 고객의 채굴기에 피고인의 계정을 연동시키는 방법으로 이 사건 추가채굴을 진행하면 채굴기에 오류가 발생하였을 때 곧바로 피고인의 이메일을 통해 그러한 오류가 발생하였다는 사실을 확인할 수 있다는 것에 착안하여 실시간으로 채굴기의 고장에 대처하기 위해 이 사건 추가채굴을 진행한 것이다. 따라서 피고인에게는 업무상배임의 고의가 없었다. 또한 피고인은 이미 가상자산 채굴에 이용되고 있던 채굴기의 연산력(해시파워) 일부를 분배하여 활용하는 방식으로 이 사건 추가채굴을 진행하였고, 추가채굴에 투입되는 연산력(DCRI)을 프로그램이 허용하는 최소치로 설정하였으므로 채굴기의 성능에는 큰 차이가 없어 피고인이 추가채굴을 하였다고 하여 피해자 회사에게 전기 사용량이 증가하는 손해가 발생하였다고 볼 수 없다. 더불어 증가된 전기요금의 구체적인 액수에 관한 입증도 이루어지지 않았다.

II. 대상판결의 분석

1. 가상자산의 채굴이란

가상자산의 채굴(採掘) 또는 마이닝(mining)이란 가상자산의 거래내역을 기록한 블록을 생성하고 그 대가로 가상자산을 취득하는 것을 의미한다. 가상자산은 중앙은행과 같은 중앙집중적이고 통제된 발행기관이 없이 거래내역을 기록한 원장을 전 세계 네트워크에 분산 저장하게 된다. 이러한 블록체인(blockchain)을 유지하기 위해 해당 블록을 생성한 사람에게 일정한 보상을 지급하도록 설계되어 있다. 비트코인(bitcoin)으로 예를 들자면, 10분에 한 번씩 새로운 블록이 생성되는데, 이 블록의 이름을 16진수로 표시한 총 64자리의 해시(hash)를 찾아내는 사람에게 비트코인을 발행하여 지급하는 구조이다. 채굴에 성공한 보상으로 지급되는 비트코인의 양은 4년마다 절반으로 줄어드는데 이를 반감기라고 부른다. 최초의 채굴이 이루어진 2009년에는 50 비트코인이 지급되었으나, 2013년부터 25 비트코인, 2017년부터 12.5 비트코인, 2021년부터 6.25 비트코인으로 각 감소하였고, 2025년부터는 3.125 비트코인으로 줄어들 예정이다. 비트코인은 최종적으로 2140년에 채굴이 중지되도록 설계되어 있다. 가상자산을 채굴하려면 직접 채굴기를 설치하여 채굴하거나 또는 전문 채굴대행업체에 위탁하는 방식이 있다.

2. 배임죄에서의 고의의 의미

배임죄에 있어서도 객관적 구성요건요소에 대한 고의가 있음을 요한다. 일반적으로 업무상배임죄의 고의는 업무상 타인의 사무를 처리하는 자가 본인에게 재산상의 손해를 가한다는 의사와 자기 또는 제3자의 재산상의 이득의 의사가 임무에 위배된다는 인식과 결합하여 성립되는 것이며, 이와 같은 업무상배임죄의 주관적 요소로 되는 사실(고의, 동기 등의 내심적 사실)은 피고인이 본인의 이익을 위하여 문제가 된 행위를 하였다고 주장하면서 범의를 부인하고 있는 경우에는 사물의 성질상 고의와 상당한 관련성이 있는 간접사실을 증명하는 방법에 의하여 입증할 수밖에 없고, 무엇이 상당한 관련성이 있는 간접사실에 해당할 것인가는 정상적인 경험칙에 바탕을 두고 치밀한 관찰력이나 분석력에 의하여 사실의 연결상태를 합리적으로 판단하는 방법에 의하여야 한다.[1] 그리고 설사 피고인에게 본인의 이익을 위한다는 의사도 있었다 하더라도 그 의사는 부수적일 뿐이고 자신이나 제3자의 이득을 취하려는 의사가 주된 것임이 판명되면 배임죄의 고의가 인정된다.[2] 배임죄에 있어서 배임의 범의는 배임행위의 결과 본인에게 재산상의 손해가 발생하거나 발생할 염려가 있다는 인식과 자기 또는 제3자가 재산상의 이득을 얻는다는 인식이 있으면 족하고 본인에게 재산상의 손해를 가한다는 의사나 자기 또는 제3자에게 재산상의 이득을 얻게 하려는 목적은 요하지 아니하며, 이러한 인식은 미필적 인식으로도 족하다.[3]

3. 배임죄에서의 손해의 의미

배임죄는 배임행위로 인하여 본인에게 재산상의 손해가 발생하여야 성립하고, 배임행위와 재산상 손해 사이에는 인과관계가 존재하여야 한다. 업무상배임죄에 있어 본인에게 재산상의 손해를 가한다는 것은 총체적으로 보아 본인의 재산상태에 손해를 가하는 경우, 즉 본인의 전체적 재산가치의 감소를 가져오는 것을 말하는 것으로, 현실적인 손해를 가한

---

1) 대법원 2004. 7. 22. 선고 2002도4229 판결 등 참조.
2) 대법원 2003. 2. 11. 선고 2002도5679 판결 등 참조.
3) 대법원 2004. 7. 9. 선고 2004도810 판결 등 참조.

경우뿐만 아니라 재산상 실해 발생의 위험을 초래한 경우도 포함하며, 재산상 손해의 유무에 관한 판단은 경제적 관점에서 파악하여야 한다.[4] 배임죄에 있어서 손해액이 구체적으로 명백하게 산정되지 않았더라도 배임죄의 성립에는 영향이 없다.[5] 업무상배임죄에서 일단 손해의 위험성을 발생시킨 이상 업무상배임죄는 기수에 이르고, 사후에 피해가 회복되었다 하여도 업무상배임죄의 성립에 영향을 주는 것은 아니다.[6] 업무상배임죄에서 재산상 손해의 유무에 관한 판단은 법률적 판단에 의하지 아니하고 경제적 관점에서 실질적으로 판단하여야 하는데, 여기에는 재산의 처분 등 직접적인 재산의 감소, 보증이나 담보제공 등 채무 부담으로 인한 재산의 감소와 같은 적극적 손해를 야기한 경우는 물론, 객관적으로 보아 취득할 것이 충분히 기대되는데도 임무위배행위로 말미암아 이익을 얻지 못한 경우, 즉 소극적 손해를 야기한 경우도 포함된다. 이러한 소극적 손해는 재산증가를 객관적·개연적으로 기대할 수 있음에도 임무위배행위로 이러한 재산증가가 이루어지지 않은 경우를 의미하므로 임무위배행위가 없었다면 실현되었을 재산 상태와 임무위배행위로 말미암아 현실적으로 실현된 재산 상태를 비교하여 그 유무 및 범위를 산정하여야 한다.[7]

4. 대상판결의 경우

이 사건에서 대상판결은 피고인이 피해자 회사의 가상자산 채굴방식을 무단으로 변경하여서는 아니 됨에도 업무상 임무에 위배하여 피고인의 개인 계정으로 가상자산을 중복채굴하기 위해 이 사건 추가채굴을 진행하고, 그에 따라 'C코인' 및 'D코인'의 가치 상당을 취득하는 재산상 이익을 얻었으며, 동시에 피해자 회사에 중복 채굴로 인해 증가된 금액 미상의 전기요금 상당의 손해를 가하였고, 피고인에게 업무상배임의 고의도 인정된다고 보았다.

우선 '고의'에 대하여 살펴보면, 피고인은 채굴기 수가 너무 많고 고장이 잦아 관리가 힘들어지고 고장난 채굴기의 수리·정비도 지연되었기 때문에 실시간으로 오류정보를 피고인의 이메일로 보고받는 방법으로 채굴기 고장에 대비하고자 본인의 이익을 위하여 이 사건 추가채굴을 하였다고 주장한다. 그러나 대상판결은 ① 피고인은 2018. 1. 중순경부터 이 사건 추가채굴을 하기 시작하였는데, 피해자 회사는 2018. 1. 15. 채굴기 관리업무를 할 직원으로 G를 추가 채용하여 피고인과 업무를 분담하도록 하였으므로 그 무렵부터는 피고인의 업무강도가 감소하였을 것으로 보이는 점, ② 피고인이 이 사건 추가채굴행위를 통하여 실시간으로 채굴기의 손상이나 고장에 대응함에 따라 채굴기의 고장 등이 줄어들었다고 볼 만한 자료는 없고, 오히려 피고인이 이 사건 추가채굴을 하기 시작한 후 채굴기에 과부하가

---

4) 대법원 2012. 10. 11. 선고 2010도2986 판결 등 참조.
5) 대법원 2012. 1. 26. 선고 2011도15179 판결 등 참조.
6) 대법원 2006. 11. 9. 선고 2004도7027 판결 등 참조.
7) 대법원 2013. 4. 26. 선고 2011도6798 판결 등 참조.

걸려 열이 많이 발생하여 AS를 맡기는 일이 빈번하게 발생하였고, 그에 따라 채굴기 관리를 위하여 추가로 채용한 G만으로는 채굴기 관리가 어렵게 되자, 피해자 회사는 H사로부터 채굴기 관리 전문 프로그램까지 도입하려고 하였던 것으로 보이는 점, ③ 피고인은 약 3개월 동안 피해자 회사는 물론 동료 직원인 G에게도 알리지 않고 이 사건 추가채굴을 하다가 피해자 회사가 채굴기 관리 전문 프로그램을 도입하려 하자 갑작스럽게 퇴사한 점 등을 종합하여 보면 피고인에게는 업무상배임의 고의가 인정된다고 판단하였다. 설사 피고인에게 본인의 이익을 위한다는 의사도 있었다 하더라도 그 의사는 부수적일 뿐 결국 피고인 자신의 이익을 위하여 위와 같은 행위를 하였다고 판단한 것으로 보인다.

다음으로 '재산상 손해'가 있었는지 살펴보면, 피고인은 피해자 회사에게 전기 사용량이 증가하는 손해가 발생하였다고 볼 수 없고, 증가된 전기요금의 구체적인 액수에 관한 입증도 이루어지지 않았다고 주장하지만, 전력 소모량 때문에 중복채굴보다 단일채굴을 선호한다는 전문가들의 법정증언과 피해자 회사 역시 그러한 이유로 단일채굴 방식을 선택한 점을 고려하면, 액수 미상의 전기요금 상당의 재산상 손해는 있었다고 판단하였다. 그리고 재산상 손해의 발생이 증명된 이상 전기요금의 구체적인 손해액이 명백하게 산정되지 아니하였더라도 대법원의 확립된 판례에 따라 배임죄의 성립을 인정하였다.[8]

Ⅲ. 대상판결의 평가

대상판결은 가상자산 채굴대행 업체에서 그 관리자가 고객의 채굴기를 위탁받아 관리하면서 그 채굴기에 무단으로 다른 가상자산을 중복채굴하는 경우 업무상배임죄가 성립할 수 있는지에 관한 대표적인 판결로서 의의가 있다. 특히, 이 사건의 특이점은 여타 다른 배임사건과는 달리 피고인의 이익과 본인의 손해가 같지 않다는 것이다. 즉, 피고인은 중복채굴하여 얻은 가상자산의 가치가 재산상 이익이지만, 고객들은 자신이 의뢰한 가상자산이 계속해서 채굴이 되었고, 다만 중복채굴을 함으로써 채굴업체인 피해자 회사의 전력소모량이 증가하여 미상의 증가된 전기요금 상당액의 손해를 입은 것이다. 가상자산 관련 업종이 점점 증가하고 가상자산 채굴업도 점차 일반 대중들에게 알려지게 되면서 이러한 가상자산 채굴기에 관한 재산범죄 사건도 증가할 것으로 예상된다. 이 판결은 가상자산 채굴기에 관한 재산범죄에 있어 중요한 선례가 될 수 있을 것이다.

---

8) 이 사건은 피고인이 상고하였으나 대법원에서 2021. 4. 16. 상고기각판결로 확정되었다.

[19] 가상자산 구매 및 계정 관리를 위탁받은 자가 가상자산을 자신의 계정으로 전송한 경우의 죄책

— 부산지방법원 2021. 5. 27. 선고 2020노2655 판결, 2021. 6. 4. 확정 —

[사실 개요]

1. 피고인은 가상자산 '리플코인(XRP)'의 부산 센터장이었던 사람이다.

2. 피고인은 2016. 2. 27. 피해자 유○지에게 가상자산 리플코인에 투자를 권유하면서 코인구매와 계정 관리를 해주겠다고 제안하여 피해자가 '주식회사 A'에 2016. 2. 29.부터 같은 해 2016. 3. 5.까지 3,900만 원을, 2016. 3. 28. 3,570만 원을 송금하는 등 합계 7,800만 원 상당을 교부하자, 전자지갑 '게이트허브'의 피해자 계정으로 리플코인 3,166,248개(1차 1,512,348개, 2차 1,653,900개)를 전송받아 관리하였다.

3. 피고인은 2017. 3.경 피해자로부터 리플코인의 처분을 요구받은 후 2017. 4.경 리플코인 가격이 상승하자, 같은 달 20.경부터 5. 8.경까지 사이에 피해자를 위해 전자지갑 '게이트허브'에 보관 중이던 피해자 소유의 리플코인 1,653,900개를 다른 리플코인 계정(이하 'EpE5s')으로 전송하였다.

4. 이에 검사는 피고인에 대하여 주위적 공소사실 횡령, 예비적 공소사실 사기, 배임으로 공소제기 하였는데, 제1심(부산지방법원 2019고단92)은 주위적 공소사실에 대하여는 '1차 리플코인만 처분해 달라고 요구하였다'는 취지의 피해자 진술의 신빙성을 배척하고 피해자가 원금보장을 조건으로 리플코인 전체에 대한 처분요구를 한 것으로 보인다면서 무죄를 선고하고, 예비적 공소사실 중 사기죄에 관하여 피고인이 상승한 리플코인 시세를 알지 못하는 피해자를 기망하여 마치 시세가 상승하지 않은 것처럼 피해자를 속여 시세상승 전 가격에 해당하는 7,800만 원만을 지급하고, 실제 시세와의 차액을 편취하였음을 인정하여 이 부분에 대하여 유죄를 선고하였다.

5. 이에 피고인이 사실오인 및 법리오해, 양형부당, 검사가 횡령죄 무죄판결에 대하여 사실오인을 이유로 항소하였다.

[판결 요지]

아래의 사정들을 종합하면, 피고인이 피해자 지갑에서 2차 리플코인을 EpE5s 전자지갑으로 옮김으로써 이를 횡령하였음이 인정된다.

1. 피고인과 피해자 사이에 피해자가 1, 2차 리플코인 전체에 대한 처분권한을 피고인에게 넘겨주고 피고인이 피해자에게 리플코인 구매대금 원금을 보전하여 주기로 하는 약정이 있었다고 볼 아무런 증거가 없다. 설사 피해자가 2017. 3.~4.경 피고인에게 원금이라도 보장해달라는 취지의 말을 한 적이 있었다고 하더라도, 이는 피고인이 리플코인을 구매한 과정이 앞서 본 바와 같이 일종의 다단계 형태로 이루어졌으므로 부산지역에서

리플코인 매매를 담당한 피고인에게 시세가 하락한 것에 대한 책임을 추궁한 취지로 보는 것이 상당하고, 피고인과 피해자 사이에 1, 2차 리플코인의 처분권한 양도에 관한 의사의 합치가 있었다고 보기는 어렵다.

2. 여러 사정들을 고려하면, '피고인에게 1차 리플코인만을 처분하여 달라고 하였고 2차 리플코인을 처분해 달라고 한 바는 없다'는 취지의 피해자의 진술은 피해자가 피고인에게 1, 2차 리플코인 전부를 자유롭게 처분할 권한을 주었다고 보기는 어려운 점 등에 비추어 신빙성이 인정된다.

3. 피고인이 개인용도로 사용하던 전자지갑 계정('CUpRRS')이 별도로 있었다고 하더라도 EpE5s 전자지갑은 피고인의 관리·지배하에 있는 전자지갑 계정에 해당한다.

4. 피고인이 2차 리플코인을 피해자 전자지갑에서 EpE5s 전자지갑으로 옮긴 2017. 4. 20.경 무렵 2차 리플코인의 시세는 공소사실 기재와 같이 59,540,400원 가량이었으므로, 피고인이 피해자로부터 2차 리플코인의 처분을 실제 요구받았다면 위 시세에 따라 리플코인을 매도한 후 수수료 등을 공제하더라도 피해자에게 2차 리플코인 구매 원금 이상의 돈을 정산하여 줄 수 있었던 것으로 보인다. 그럼에도 불구하고 피고인은 EpE5s 전자지갑으로 2차 리플코인을 옮긴 사실 또는 그 시점에 리플코인을 매도하였음을 피해자에게 알리거나 시세에 따른 정산을 해주지 않았고, 오히려 리플코인의 시세가 폭등한 후인 2017. 5. 8.경에 이르러 마치 일본에서 온 투자자에게 리플코인을 매도하는 것처럼 이야기를 꾸며낸 후 1, 2차 리플코인 구매대금 원금 상당액을 피해자에게 송금하였다. 이와 같은 정황에 비추어 보면, 피고인은 리플코인의 시세가 급등세를 보이자 2차 리플코인을 횡령한 다음 이를 무마하기 위하여 피해자에게 1, 2차 리플코인 구매 원금 상당액을 지급한 것으로 보인다.

해설

Ⅰ. 대상판결의 의의 및 쟁점

대상판결은 리플코인 부산 센터장인 피고인이 계정 관리 및 코인 구매를 제안하고 피해자로부터 2차에 걸쳐 피해자의 전자지갑에 리플코인 3,166,248개(1차 1,512,348개, 2차 1,653,900개)를 전송받아 이를 보관하던 중 1차분 코인만 처분하여 달라는 피해자의 요구에도 불구하고 2차분 코인을 자신이 관리하는 리플코인 계정으로 전송한 후 시세가 급등하자 피해자가 지급한 리플코인 매수대금 상당액인 7,800만 원만 반환한 사안으로, 2차분 코인을 자신이 관리하는 지갑으로 전송한 행위가 횡령에 해당하는지에 관한 것이다.

제1심판결은 횡령죄에 관한 특히, 처분범위와 횡령의 인식에 대한 피해자 진술의 신빙성을 배척하고 오히려 피해자가 원금 보장을 조건으로 리플코인 전체의 처분을 요구한 것이라고 보아 횡령죄를 무죄로 판단하고, 다만 시세 상승 사실을 속이고 원금만을 반환하여 피해자를 기망하였다는 이유로 시세와 반환한 금액 차액을 편취액으로 인정하여 사기죄에 대하여만 유죄를 인정하였다. 그러나 대상판결은 1차분 코인과 2차분 코인을 나누어 2차분 코인에 대하여는 처분요구를 하지 않았다는 피해자 진술을 신빙하여 제1심판결과 달리 횡령죄를 인정하였는바, 피해자 진술의 신빙성 여부를 판단을 기초로 피고인에게 횡령죄가 성립하는지가 대상판결의 핵심적인 쟁점이었다.

Ⅱ. 대상판결의 분석 – 횡령죄의 성부

1. 주체

피고인과 피해자는 피고인이 피해자가 구매한 리플코인을 피해자의 계정에 보관하고 위 계정을 피고인이 위탁, 관리하는 내용의 계약을 체결한 것으로 보인다. 이러한 가상자산 투자 위임계약에 대해서는 자본시장법 적용 여부가 문제될 수 있으나 가상자산 그 자체로는 자본시장법의 적용대상은 아니고, 가상자산이 자본시장법상 규율대상이 되는 금융투자상품에 해당하는 경우에는 위 법의 적용을 받게 될 것이고, 대상판결에서 문제되는 리플코인이 금융투자상품에 해당하는지 여부는 현재 미국에서 진행되는 SEC와 리플랩스와의 소송을 포함한 국내외의 여러 논의 상황을 주목해 볼 필요가 있어 보인다.

그러나 리플코인의 법적 성격과 이에 대한 자본시장법의 적용여부와는 무관하게 피고인과 피해자 사이의 사적자치에 기초한 관리위임계약은 당연히 성립하는 것이므로 피고인이 횡령죄의 주체가 되는 것에는 문제가 없어 보인다.

2. 횡령행위 및 불법영득의사

제1심판결과 대상판결의 결론에서 차이가 발생한 것은 결국 1차분 코인만 처분하여 달라는 요청에도 불구하고 피고인이 2차분 코인을 자신의 전자지갑에 이를 옮긴 행위가 횡령의 의사로 한 것인지와 관하여 피해자의 진술의 신빙성 판단을 달리했기 때문이다.

제1심판결은, 1, 2차분 코인이 개수, 매수대금 등에 따라 명확하게 구분되는 것이 아니고, 코인 처분 요청 당시 시세가 원금에도 미치지 않는 상황에서 일부에 대하여만 처분하고 나머지는 시세 상승을 기대하며 보유하려는 의사라기 보다는 모든 코인을 처분하여 어떻게든 원금을 반환받겠다는 의사라고 봄이 합리적이며, 전체 원금 반환 받은 후 2차 코인에 대한 관리 상황에 대해 문의한바 없는데 이는 원금을 회수하여 관리위임 관계가 종료하였다고 인식하였다는 점을 이유로 1차 코인만 처분을 하여 달라고 요청하였다는 피해자 진술의 신빙성을 배척하였다.

그러나 대상판결은 이와 달리 1, 2차 코인의 구매 방식, 피해자의 코인 처분 요청에 대한 진정한 의사 등을 고려하여, 피해자 진술을 신빙하였다. 즉 피해자는 1차 코인을 제3자인 이유니와 피고인을 통해, 2차는 피고인을 통해서만 구매하였으므로 구매 루트에서 1, 2차분 코인이 구별되어 피해자도 이를 구별하여 인식하고 있었다고 보인다. 실제로 위 이유니는 피고인이 보유 중인 코인 중 1차분 코인에 대하여만 다른 전자지갑으로 옮기기도 하였는바 피고인도 위 각 코인을 구별하여 인식하고 있었던 것으로 봄이 합리적일 것이다.

제1심판결은 시세 하락 당시 일부 처분보다는 전부 처분이 일반적으로 합리적인 의사라고 판단하였으나, 가상자산, 주식과 같은 위험자산에 대한 투자시 그 변동성이 심해 단기적 반등도 언제든 기대해 볼 수 있어 일부는 그대로 남겨 두는 경우도 얼마든지 있고 이를 떠나 무엇보다 당시 피해자는 리플코인의 시세를 정확하게 알지 못한 상태였으므로 위와 같은 방식의 판단은 하지 않은 것으로 봄이 상당하다.

또한 피고인은, EpE5s 전자지갑은 자신이 관리하는 계정이 아니고, 본사에서 관리하는 계정이어서 위 전자지갑으로 2차 리플코인을 전송한 것은 이를 횡령한 것이 아니라는 취지로 주장하기도 하였다. 아마도 개인적으로 영득할 의사로 2차분 코인을 전송한 것이 아니라 보관 장소만 바꾼 것이라는 취지의 주장으로 보인다. 그러나, 대상판결은 위 회사가 관리하는 전자지갑 계정이 별도로 존재하는지가 확실하지 않았고, 오히려 이 사건 코인 구매는 다단계 방식으로 이루어졌는데 피고인은 자신을 통하여 코인을 구매하는 사람들에게 이를 분배하는 역할을 맡고 있어 피고인이 사용하는 전자지갑이 많을 것으로 보인다는 점을 들어 위 주장을 받아들이지 않았다. 또한 피고인은 위 전자지갑으로 2차분 코인을 전송한 특별한 이유나 무엇보다 이후 시세 상승이 있었음에도 이에 대한 아무런 언급 없이 원금만을 반환해 준 점에서 불법영득의사를 충분히 인정할 수 있었을 것으로 보인다.

결과적으로 피해자 진술의 신빙성을 받아들인 대상판결의 결론이 보다 타당해 보인다.

3. 객체 – 재물성

대상판결에서는 크게 쟁점이 되지는 않았지만 과연 리플코인이 횡령죄의 객체인 재물에 해당하는지가 문제될 수 있다.

횡령죄의 객체는 자기가 보관하는 '타인의 재물'이므로 재물이 아닌 재산상의 이익은 횡령죄의 객체가 될 수 없다. 횡령죄의 객체인 재물은 동산이나 부동산 등 유체물에 한정되지 아니하고 관리할 수 있는 동력도 재물로 간주되지만(형법 제361조, 제346조), 여기에서 말하는 관리란 물리적 또는 물질적 관리를 가리킨다고 볼 것이고, 재물과 재산상 이익을 구별하고 횡령과 배임을 별개의 죄로 규정한 현행 형법의 규정에 비추어 볼 때 사무적으로 관리가 가능한 채권이나 그 밖의 권리 등은 재물에 포함된다고 해석할 수 없다(대법원 2014. 2. 27. 선고 2011도832 판결 등 참조).

가상자산이 재물에 해당하는지와 관련하여 이를 명확히 판단한 대법원 판결은 현재까지는 존재하지 않는 것으로 보인다. 다만 비트코인의 재물성을 부인한 수원고등법원 2020. 7. 2. 선고 2020노171 판결 및 이에 대한 상급심인 대법원 2021. 12. 16. 선고 2020도9789 판결, 파기 환송심인 수원고등법원 2022. 6. 8. 선고 2021노1056 판결(확정) 이후 가상자산의 재물성을 부정하는 실무례가 점차 증가하는 것으로 보인다[대전지방법원 2022. 7. 7. 선고 2021노3179 판결(상고심 계류 중), 인천지방법원 부천지원 2020고단4376 판결(항소심 계류 중) 등].

가상자산은 물리적 실체가 없어 유체물이 아니고, 아직 그 성격에 대한 명확한 규정이 없어 현재로서는 관리되는 디지털 전자정보에 불과하고, 관리가능한 동력으로 보기도 어렵다. 나아가 가치변동성이 매우 크고, 법적통화로서의 강제통용력도 부여되어 있지 않아 가상자산을 보유 하고 있다는 것만으로 일정한 화폐가치를 지닌 돈을 법률상 지배하고 있다고 할 수도 없다. 여기에 우리 형법은 재산상 이익은 배임죄로, 재물은 횡령죄로 처벌하도록 규율하고 있는 점 등을 고려하면, 현재로서는 가상자산이 횡령죄의 객체가 아니라고 봄이 타당해 보인다. 향후 이에 대한 명확한 대법원 판결 내지 제도적 보완 등을 기대해 본다.

다만, 대상판결의 경우에는 리플코인이 횡령죄의 객체가 아니더라도 피고인이 관리위임계약에 기한 임무에 위반하여 자신이 이익을 취득하고 피해자에게 손해를 입혔으므로 배임죄는 충분히 성립할 수 있고, 제1심판결과 같이 사기죄의 성립도 가능하므로 처벌의 공백이 발생하지는 않을 것으로 보인다.

Ⅲ. 대상판결의 평가

대상판결이 가상자산 관리위임을 통해 위탁 매매를 하는 거래 관계에서의 여러 특수성을 고려하여 제1심판결과 달리 피해자 진술의 신빙성을 판단한 것은 타당해 보인다. 다만, 리플코인이 횡령죄의 객체가 되는지에 대하여는 별다른 쟁점이 되지 않아 판단이 이루어지지 않은 점은 다소 아쉽다.

[20] 착오송금 비트코인의 무단 사용에 대한 배임죄 성부

— 대법원 2021. 12. 16. 선고 2020도9789 판결 —

[사실 개요]

1. 피고인은 A거래소에 계정을 보유하고 있는 사람이고, 피해자는 H거래소의 계정에 200비트코인(BTC)을 보유하고 있던 그리스 국적의 사람이다.

2. 피고인은 2018. 6. 20.경 자신의 주거지에서 알 수 없는 경위로 피해자의 H거래소 가상지갑에 들어 있던 199.999비트코인을 자신의 A거래소 계정으로 이체 받아 보관하게 되었다.

3. 피고인은 2018. 6. 21. 위 199.999비트코인 중 29.998비트코인을 자신의 B거래소 계정으로, 나머지 169.996비트코인을 자신의 C거래소 계정으로 각각 이체하여 재산상 이익인 합계 약 1,487,235,086원[1) 상당의 총 199.994비트코인을 취득하였다.

4. 피고인은 특정경제범죄가중처벌등에관한법률위반(배임)죄로 기소되었고, 제1심(수원지방법원 평택지원 2020. 2. 14. 선고 2019고합56 판결) 및 항소심(수원고등법원 2020. 7. 2. 선고 2020노171 판결) 법원은 피고인에 대하여 유죄를 선고하였다. 이에 대하여 피고인은 위 항소심판결에 대하여 상고를 제기하였다.

[판결 요지]

1. 가상자산 권리자의 착오나 가상자산 운영 시스템의 오류 등으로 법률상 원인관계 없이 다른 사람의 가상자산 전자지갑에 가상자산이 이체된 경우, 가상자산을 이체 받은 자는 가상자산의 권리자 등에 대한 부당이득반환의무를 부담하게 될 수 있다. 그러나 이는 당사자 사이의 민사상 채무에 지나지 않고 이러한 사정만으로 가상자산을 이체 받은 사람이 신임관계에 기초하여 가상자산을 보존하거나 관리하는 지위에 있다고 볼 수 없다. 또한 피고인과 피해자 사이에는 아무런 계약관계가 없고 피고인은 어떠한 경위로 이 사건 비트코인을 이체 받은 것인지 불분명하여 부당이득반환청구를 할 수 있는 주체가 피해자인지 아니면 거래소인지 명확하지 않다. 설령 피고인이 피해자에게 직접 부당이득 반환의무를 부담한다고 하더라도 곧바로 가상자산을 이체 받은 사람을 피해자에 대한 관계에서 배임죄의 주체인 '타인의 사무를 처리하는 자'에 해당한다고 단정할 수는 없다.

2. 대법원은 타인의 사무를 처리하는 자라고 하려면, 타인의 재산관리에 관한 사무의 전부 또는 일부를 타인을 위하여 대행하는 경우와 같이 당사자 관계의 전형적·본질적

---

1) 검사는 '1,486,560,270원'으로 기소하였으나 제출된 증거에 비추어 보면 계산상 오류로 보이고, 따라서 공소사실의 동일성이 인정되고 피고인의 방어권 행사에 불이익을 주지 않는 범위 내에서 직권으로 증거에 의하여 공소장변경 없이 정정하여 인정한다.

내용이 통상의 계약에서의 이익대립관계를 넘어서 그들 사이의 신임관계에 기초하여 타인의 재산을 보호하거나 관리하는 데에 있어야 한다고 함으로써(대법원 2020. 2. 20. 선고 2019도9756 전원합의체 판결 등 참조), 배임죄의 성립 범위를 제한하고 있다. 이 사건과 같이 가상자산을 이체 받은 경우에는 피해자와 피고인 사이에 신임관계를 인정하기가 쉽지 않다.

3. 가상자산은 국가에 의해 통제받지 않고 블록체인 등 암호화된 분산원장에 의하여 부여된 경제적인 가치가 디지털로 표상된 정보로서 재산상 이익에 해당한다(대법원 2021. 11. 11. 선고 2021도9855 판결 참조). 가상자산은 보관되었던 전자지갑의 주소만을 확인할 수 있을 뿐 그 주소를 사용하는 사람의 인적사항을 알 수 없고, 거래 내역이 분산 기록되어 있어 다른 계좌로 보낼 때 당사자 이외의 다른 사람이 참여해야 하는 등 일반적인 자산과는 구별되는 특징이 있다. 이와 같은 가상자산에 대해서는 현재까지 관련 법률에 따라 법정화폐에 준하는 규제가 이루어지지 않는 등 법정화폐와 동일하게 취급되고 있지 않고 그 거래에 위험이 수반되므로, 형법을 적용하면서 법정화폐와 동일하게 보호해야 하는 것은 아니다.

4. 원인불명으로 재산상 이익인 가상자산을 이체 받은 자가 가상자산을 사용·처분한 경우 이를 형사처벌하는 명문의 규정이 없는 현재의 상황에서 착오송금 시 횡령죄 성립을 긍정한 판례(대법원 2010. 12. 9. 선고 2010도891 판결 등 참조)를 유추하여 신의칙을 근거로 피고인을 배임죄로 처벌하는 것은 죄형법정주의에 반한다. 이 사건 비트코인이 법률상 원인관계 없이 피해자로부터 피고인 명의의 전자지갑으로 이체되었더라도 피고인이 신임관계에 기초하여 피해자의 사무를 맡아 처리하는 것으로 볼 수 없는 이상, 피고인을 피해자에 대한 관계에서 '타인의 사무를 처리하는 자'에 해당한다고 할 수 없다.

5. 그런데도 피고인을 배임죄의 주체로서 '타인의 사무를 처리하는 자'에 해당한다고 판단한 원심은 특정경제범죄법위반(배임)죄에서 '타인의 사무를 처리하는 자'에 관한 법리를 오해한 잘못이 있다.

해설

I. 대상판결의 의의 및 쟁점

가상자산의 착오전송은 거래소의 전자지갑 또는 타인의 전자지갑에 들어있던 가상자산이 원래 의도하지 않았던 주소의 전자지갑으로 잘못 전송되는 것을 의미한다. 특정 가상자산별로 부여된 전자지갑에는 고유의 주소(퍼블릭키, Public key)가 존재하고 그 주소를 정

확하게 입력하여야 가상자산이 해당 전자지갑으로 전송될 수 있을 것이다. 그러나 원래 의
도한 바와 달리 해당 주소가 잘못 입력된 경우 제3자가 보유한 전자지갑의 주소로 전송될
수 있고, 그 잘못 입력된 주소에 상응하는 전자지갑이 부존재하는 것이라면 아예 해당 가상
자산이 소멸되어 버릴 수 있다. 이 사건에서는 가상자산을 보유하던 자가 비트코인의 전자
지갑 주소를 잘못 입력하여 해당 비트코인이 제3자인 피고인의 전자지갑으로 전송되어 버
린 경우 위 비트코인을 보관하고 있는 피고인이 배임죄에서 말하는 타인의 사무를 처리하
는 자로서 그 비트코인을 잘못 전송한 피해자를 위하여 그 재산을 보호하거나 관리할 의무
가 있는지 여부가 문제되었다.

Ⅱ. 대상판결의 분석

1. 타인의 사무를 처리하는 자

형법상 배임죄는 타인의 사무를 처리하는 자가 그 임무에 위배하는 행위로써 재산상의
이익을 취득하거나 제3자로 하여금 이를 취득하게 하여 본인에게 손해를 가한 때에 성립한
다(형법 제355조 제2항, 제1항). 그중 '타인의 사무를 처리하는 자'라고 함은, 통상의 계약에
서의 이익대립관계를 넘어서 그들 사이의 신임관계에 기초하여 타인의 재산을 보호 또는
관리하는 데에 있어야 한다.[2] 타인의 사무처리자에 관한 의미[3]에 대하여는 권한남용설,[4]
배신설,[5] 사무처리위반설[6] 등이 있고, 다수설과 판례[7]의 입장은 배신설을 취하고 있다. 어
떤 학설에서든지 사무처리의 근거, 즉 신임관계의 발생근거는 법령의 규정, 법률행위, 관습
또는 사무관리에 의하여도 발생할 수 있고,[8] 배임죄가 성립할 수 있다고 한다.

다만 당사자들 사이에서 신임관계가 있다고 하더라도 배임죄의 전제가 되는 타인의 사
무처리자에 해당한다고 단정할 수는 없고 해당 신임관계의 발생근거와 그 내용과 당사자들
사이의 관계를 고려하여 구체적으로 살펴보아야 할 것이다. 앞서 본 신임관계의 발생근거가
되는 법령의 규정, 법률행위, 사무관리 등은 모두 동일한 정도의 신뢰관계로 보기는 어렵다

---

2) 대법원 2020. 10. 15. 선고 2020도7031 판결
3) 다음의 견해에 대하여는 김혜정, '배임죄의 행위주체인 타인의 사무처리자 판단에 관한 소고', 법과 정책연
   구 제12권 제4호, 한국법정책학회, 2012. 12., 1885면 이하를 참고하기로 한다.
4) 배임죄는 대외적인 관계에서 신임관계를 위반하는 행위로서 법적 대리권의 남용행위에 그 본질이 있다는
   견해로 이에 따르면 그 배신행위는 법률행위에 한하게 된다.
5) 배임죄는 대내관계에서 신임관계를 위반하였다는 데에 본질이 있다는 견해로서 이에 따르면 그 사무가 포
   괄적 위탁의무일 것을 요하지 않고 배임행위가 법률행위임을 요하지 않는다고 한다.
6) 배임죄는 타인의 재산을 관리하는 자가 법률적인 의무를 위반하여 타인에게 재산상 손해를 가하는 것을 본
   질로 한다는 견해로 해당 법률상의 의무를 민법상의 재산보호의무에 한정하고 있다.
7) 대법원 2011. 4. 28. 선고 2011도3247 판결 등
8) 대법원 2013. 3. 28. 선고 2013도145 판결

고 할 것이다. 신임관계를 크게 둘로 나누어 보면 법률의 규정 또는 법률행위에 의하여 그 자체로 신임관계를 발생시키는 것이 있고, 또 한편으로는 법률행위 그 자체로 신임관계를 발생시키지는 않지만 해당 법률행위에 있어 신임관계가 전제되는 경우가 있을 수 있다.[9]

　법률의 규정에 의하여 신임관계를 발생시키는 경우로 친권자,[10] 법정후견인[11] 등이 있을 수 있고 법률행위로 곧바로 신임관계를 발생시키는 경우는 위임,[12] 고용[13] 등이 있을 수 있다.[14] 상법상으로도 익명조합,[15] 위탁매매업[16] 등을 통하여 성립할 수 있다. 위 법률 규정 또는 법률행위의 성립 경위와 그 성격상 타인의 사무처리자라는 지위가 곧바로 발생하게 된다고 볼 수 있다. 반면에 법률행위 그 자체로 신임관계를 발생시키지는 않지만 신임관계가 발생할 여지가 있는 경우와 관련하여 일반적인 법률행위로서 매매, 임대차가 있고, 법률행위가 아닌 것 중에는 사무관리도 있을 수 있는데 이 경우에는 신임관계가 있다고 하더라도 타인의 사무처리자라는 요건이 당연히 성립하지 않고 배임죄에서 타인의 사무를 처리하는 자에 해당할 정도로서의 높은 신임관계가 있는지 따로 살펴보아야 할 것이다.[17]

2. 가상자산 착오전송에 있어서 타인의 사무처리자에 해당하는지 여부

　비트코인과 같은 가상자산을 보유하고 있는 자가 상대방에게 계약에 근거하여 해당 가상자산을 전자지갑 등에 보관하도록 하는 경우 그 상대방은 원칙적으로 타인의 사무처리자로서의 지위를 인정할 수 있을 것이다. 이는 대표적으로 가상자산을 거래하는 플랫폼을 제공하는 거래소의 경우를 들 수 있는데 해당 가상자산이 그 이용자의 전자지갑에 전송되었다고 하더라도 거래소 측의 코딩에 의하여 곧바로 거래소 측 전자지갑에 가상자산이 이전되므로, 이와 관련하여 그 이용자와 거래소 측 사이에 해당 가상자산을 보관하여 주기로 하는 임치계약이 성립되었다고 볼 수 있고,[18] 거래소는 배임죄에서 말하는 신임관계에 기초하여 타인의 사무를 처리하는 자라고 할 수 있다. 가상자산 투자와 관련한 조합을 설립하여 업무처리자가 해당 가상자산을 관리하고 있는 경우도 다른 조합원과의 관계에서 마찬가지

9) 하태인, '배임죄의 본질과 타인의 사무 ─ 대법원 2017. 2. 3. 선고 2016도3674 판결 ─', 법조 제67권 제1호, 법조협회, 2018, 787~789면
10) 민법 제920조
11) 민법 제931조
12) 민법 제680조
13) 민법 제655조
14) 하태인, '배임죄의 본질과 타인의 사무 ─ 대법원 2017. 2. 3. 선고 2016도3674 판결 ─', 법조 제67권 제1호, 법조협회, 2018, 787면
15) 상법 제78조
16) 상법 제101조
17) 하태인, '배임죄의 본질과 타인의 사무 ─ 대법원 2017. 2. 3. 선고 2016도3674 판결 ─', 법조 제67권 제1호, 법조협회, 2018, 788면
18) 서울고등법원 2021. 12. 8. 선고 2021나2010775 판결

로 볼 수 있다. 이는 법률행위에 기초하여 타인의 사무처리자로서의 신임관계가 곧바로 발생하는 경우에 해당한다.

　이와 달리 대상판결 사안과 같이 가상자산이 착오로 전송되는 경우에 이를 전송받은 자가 타인의 사무처리자에 해당하는지 관련하여서는 더 정치한 분석이 요구된다. 특히 가상자산의 착오 전송은 금전의 착오 송금과 비교할 수 있는데, 이는 인터넷 등 전산망에 의한 재물 또는 재산상 이익의 이전이라는 측면에서 양자는 동일하고, 수취인은 자신의 의사와 관계 없이 전송인 또는 송금인의 가상자산 주소 또는 입금계좌 번호의 착각으로 인하여 일방적으로 이를 전송 또는 송금받는 것일 뿐만 아니라 위 가상자산의 전송자 및 금전의 송금자는 신뢰관계가 전혀 없이 위 수취인과 일면식도 없는 사람일 확률이 높기 때문이다.

　금전의 착오 송금과 관련하여 이를 배임죄로 기소한 사건이 명확하게 식별되지는 않는다. 대부분의 금전 착오 송금 사건에 있어서는 이를 인출하여 소비하거나 다른 계좌로 이체[19]한 피고인에 대하여 횡령죄로 의율하였기 때문이다. 다만 위 인출은 현금이라는 재물을 자신의 소유인 것처럼 사용한 행위인 반면에 위 송금받은 예금채권에 대하여 질권을 설정한 경우와 같이 재물이 아닌 재산상 이익 취득이 문제된 경우 배임죄 성립 여부를 다룰 실익이 있다. 금전의 착오이체와 관련하여 수취인의 지위에 있어 채권양도인의 지위와 유사하다는 점을 들어 수취인도 착오지급인의 재산보전행위에 협력할 의무가 있다고 하여 간접적인 신임관계 또는 신의칙에 따라 타인의 사무처리자 지위에 있다고 보는 견해가 있다.[20] 그러나 수취인의 경우 착오송금자로부터 일방적으로 금전을 이체받았을 뿐 어떠한 행위를 한 바도 없고 사무관리에 해당하려면 착오송금자를 위하여 어떠한 내용의 사무를 관리한다는 의사가 있어야 하는데 그러한 의사가 외부적으로 식별될 만한 표지가 전혀 없는 점, 설령 민법상 사무관리에 해당한다고 하더라도 배임죄에서 말하는 타인의 사무관리자에 상응할 만한 신임관계가 있다고 단정할 수는 없고 착오송금의 경위, 당사자들 사이의 관계, 내용 등의 요소들을 감안하여 높은 정도의 신임관계가 있는지 판별하여야 하는데 신뢰관계의 형성이 부재한 점, 위 수취인과 착오송금자 사이의 법률관계는 민사상 부당이득 반환관계에 불과한 점 등에 비추어 볼 때 타인의 사무처리자라고 보기는 어렵다고 보인다.

　이에 착안하여 가상자산의 착오전송의 경우를 살펴보면 결론적으로 타인의 사무처리에 해당하지 않는 금전의 착오송금보다도 더욱 신임관계 형성 여부에서 부족한 양상을 보임을 알 수 있다. 금전 이체의 경우 이를 이체한 사람의 성명이 나타나는 등 최소한의 인적

---

19) 물론 착오송금된 금전을 외부로 인출한 것이 아니라 다른 계좌로 이체한 경우에는 이를 재물이 아닌 재산상 이익의 이전으로 볼 여지가 있으나 현재 대법원 판결은 재물성이 인정된다는 전제 하에 횡령죄로 의율하고 있으므로 이에 따른다.

20) 박동률, '예금, 차명예금, 계좌송금, 계좌이체와 관련된 형법상의 문제점', 법학논고 제28호, 경북대학교 법학연구원, 2008, 460~461면

사항이 드러나 있는 반면에 비트코인과 같은 가상자산의 경우 그 수량 등의 정보가 블록체인 등 암호화된 분산원장에 기록이 될 뿐 수취인으로서는 누가 이를 보냈는지 알 수 있는 정보가 더 적다. 그리고 금전의 착오 이체의 경우 제도적으로 예금자보호법 제39조의2, 제39조의3 등을, 은행 시스템적으로 지연이체서비스, 입금계좌지정 서비스[21] 등을 제공하여 공적 조치 등으로 착오 송금자를 보호할 수 있도록 하는 반면에 가상자산 착오 전송의 경우 이를 보호할 어떠한 제도적 시스템적 조치가 전무해 있고 이와 같은 부분이 물론 수취인이 타인의 사무처리자 지위에 있는지 여부에 직접적인 영향을 미치는 것은 아니더라도 배임죄에서의 신임관계 성립 여부에 있어 충분히 참조 가능할 것이다.

3. 대법원의 태도

원심에서는 피고인이 법률상 원인 없이 타인 소유 비트코인을 자신의 가상자산지갑으로 이체받아 보관하게 된 이상, 그 소유자에 대한 관계에서 비트코인을 부당이득으로 반환하여야 하고 횡령죄와 배임죄는 신임관계를 기본으로 하는 같은 죄질의 재산범죄인데, 원인되는 법률관계 없이 돈을 이체 받은 계좌명의인은 송금의뢰인을 위하여 송금 또는 이체된 돈을 보관하는 지위가 인정되는바, 가상자산을 원인 없이 이체받은 경우를 이와 달리 취급할 이유가 없는 점 등을 고려하여, 피고인도 신의칙에 근거하여 배임죄의 주체로서 '타인의 사무를 처리하는 자'에 해당한다고 보았다.

대법원은 이와 달리 착오전송자와 수취인 사이의 비트코인 반환의무는 민사상 채무에 지나지 않고 이러한 사정만으로 가상자산을 이체 받은 사람이 신임관계에 기초하여 가상자산을 보존하거나 관리하는 지위에 있다고 볼 수 없고, 가상자산을 이체 받은 경우에는 피해자와 피고인 사이에 신임관계를 인정하기가 쉽지 않다는 점 등을 들어 배임죄의 성립의 부정하였다. 결국 대법원은 당사자들 사이에 신임관계로 볼 만한 어떠한 법률관계가 존재하지 않고 오로지 부당이득반환의무라는 민사상 채무만 존재할 뿐이고 해당 비트코인의 반환청구를 할 수 있는 주체가 피해자로 단정할 수 없다면서 피고인을 배임죄에서 말하는 타인의 사무처리자로 보기 어렵다고 본 것인데, 그 결론과 이유 설시는 타당하다고 보인다.

III. 대상판결의 평가

가상자산 착오송금을 받은 수취인에 대한 대법원 판례의 입장은 명확히 타인의 사무처리자로서의 지위를 인정할 수 없고 단지 수취인은 착오송금자에 대하여 민사상 부당이득반

---

21) 본인의 지정계좌로 전자금융 이체한도 내에서 자유롭게 송금이 가능하고, 지정하지 않은 계좌로는 소액 송금만 허용하는 서비스

환의무만 진다는 점이다. 대상판결에서 수취인에 대하여 타인의 사무처리자로서의 지위를 인정하지 않은 것은 무엇보다 착오송금자와 수취인 사이에 수취인 소유의 비트코인을 보관할 만한 신임관계가 존재하지 않는다고 보았기 때문이다. 그렇다면 여기서 나아가 문제될 수 있는 점은 모든 유형의 가상자산과 관련하여 그것이 잘못 전송된 경우 수취인과 착오전송자 사이에 배임죄에서 말하는 신임관계를 부인할 수 있느냐는 것이다. 대법원은 이 사건에서 가상자산은 그 주소를 사용하는 사람의 인적사항을 알 수 없고, 거래 내역이 분산 기록되어 있고 같은 가상자산에 대해서는 현재까지 관련 법률에 따라 법정화폐에 준하는 규제가 이루어지지 않는 등 법정화폐와 동일하게 취급되고 있지 않다는 등의 이유로 비트코인의 착오전송에 있어서의 타인의 사무처리자 지위를 부정하였다.

그런데 예를 들어 기초자산이 화체된 증권형 가상자산은 위 대법원 설시와 달리 자본시장법상 투자계약증권 등으로 보호를 받을 수 있고 해당 가상자산의 전송자가 누구인지 명확하게 나타날 수 있다. 그리고 NFT와 같은 익명성이 덜한 가상자산의 경우에도 전송자가 정확하게 기록되고 있다. 이러한 경우까지도 비트코인과 유사하게 보아 위 대법원 판시를 그대로 적용할 수 있는지는 의문이다.

다만 대상판결 사안에 한정해 보면, 비트코인과 같은 성격의 가상자산에 대하여 착오전송된 경우 배임죄를 부정한 대상판결은 그 결론과 이유 설시에 있어서 타당하다고 할 것으로, 비교적 단순한 법리로서 비트코인 등 가상자산과 관련한 타인의 사무처리자로서의 지위를 부정하였음을 명백히 함과 아울러 앞으로 여러 유형의 가상자산과 관련하여 재산범죄 성립 여부에 대하여 생각해 볼 여지를 마련하였다는 점에서 의의가 있다고 볼 수 있다.

[21] 가상자산 장외거래사업을 담당하는 회사의 임원이 피해자 회사와의 공동사업계약에 따라 보관 중이던 피해자 회사의 가상자산을 임의로 자신의 가상자산 지갑에 전송한 행위에 대한 법적 책임

— 서울중앙지방법원 2022. 1. 14. 선고 2021고합826 판결, 2022. 1. 22. 확정 —

[사실 개요]

1. 주식회사 디***은 서울 강남구에서 가상화폐 금융업을 영위하는 회사이고, 피해자 회사인 주식회사 ***는 서울 강남구에서 블록체인 관련 사업을 영위하는 회사이다.

2. 주식회사 디***은 2019. 7. 1. 피해자 회사와, 기업 및 개인을 대상으로 가상화폐 장외거래(OTC) 사업을 영위하고자 공동사업계약을 체결하였고, 위 계약에 따라 주식회사 디***은 위 사업의 전반적인 운영을 담당하고, 피해자 회사는 위 사업의 운영자금을 부담하기로 하였다.

3. 피고인은 2019. 6.경부터 위 주식회사 디***의 이사로서, 위 공동사업계약에 따라 가상화폐 장외거래(OTC)업무를 총괄하여 왔고, 그에 따라 피고인은 피해자 회사의 계정으로 가상화폐 거래소에 접속한 후 가상화폐 매입을 원하는 고객에게 피해자 회사가 보유 중인 가상화폐를 전송하는 업무 등을 담당하여 왔으므로, 가상화폐 거래소의 피해자 회사 계정에 있는 가상화폐를 안전하게 관리하여야 할 업무상 임무가 있었다.

4. 그럼에도 불구하고 피고인은 위와 같은 임무에 위배하여, 고객으로부터 장외거래 요청이 없었음에도 불구하고 2020. 5. 8. 17:22경 위 주식회사 디***의 사무실에서 가상화폐 거래소 '빗썸(www.bithumb.com)'에 피해자 회사의 계정으로 접속한 후 위 계정에 보관 중인 비트코인 8.25개를 블록체인닷컴(blockchain.com)에 생성되어 있는 피고인의 개인 지갑으로 이체하고, 2020. 5. 11. 21:38경 서울 관악구에 있는 피고인의 주거지에서 위 '빗썸'에 피해자 회사 계정으로 다시 접속한 후 위 계정에 보관 중인 비트코인 38.89개를 렛져(개인용 가상화폐 지갑)로 이체하고, 같은 날 22:17경 위 주거지에서 가상화폐 거래소 '고팍스(www.gopax.co.kr)'에 피해자 회사의 계정으로 접속한 후 위 계정에 보관 중인 비트코인 30개를 위 렛져로 이체하였다.

5. 이로써 피고인은 업무상 임무에 위배하여 피해자 회사의 계정에 보관 중인 77.14개의 비트코인을 임의로 이체함으로써 약 824,463,135원 상당의 재산상 이익을 취득하고 피해자 회사에게 같은 액수에 해당하는 손해를 가하였다.

[판결 요지]

1. 피고인의 법정진술, 관련자에 대한 각 경찰 진술조서, 자수서, otc 공동사업계약서, 2020. 5.부터 2020. 6. 9.까지의 가상자산 시세, 가상자산거래소 빗썸의 피해자 계정에서

피고인 명의 블록체인닷컴 전자지갑계정으로 비트코인 8.25개 전송 내역 및 위 빗썸의 피해자 계정에서 피고인 소유 개인용 가상자산 지갑 렛저로의 68.89개의 비트코인 전송 내역, 가상자산거래소 고팍스의 피해자계정에서 위 피고인 소유의 개인용 가상자산 지갑 렛저로의 비트코인 30개의 전송내역을 종합하면 피고인은 주식회사 디***의 이사로서 피해자 회사와의 가상자산 장외거래 사업을 위한 공동사업계약에 따라 피해자 회사가 위 공동사업의 운영자금으로 예치한 가상자산을 안전하게 관리하면서 가상자산 매입을 원하는 고객에게 피해자 회사가 예치한 가상자산을 전송할 업무상 임무가 있음에도 이를 위배하여 고객으로부터 장외거래 요청이 없음에도 피해자 회사가 예치한 위 가상자산을 자신의 개인지갑으로 임의로 이체하여 약 8억 2,400만 원 상당의 재산상 이득을 취득하고, 피해자 회사에게 같은 액수의 손해를 가한 사실이 인정된다.

2. 피고인의 위와 같은 행위는 특정경제가중처벌 등에 관한 법률 제3조 제1항 제2호[1], 형법 제356조,[2] 제355조 제2항[3]에 해당한다.

3. 피고인의 범죄행위의 경위, 내용, 피해금액에 비추어 보면 죄질이 좋지 않다고 할 것이나, 피고인은 이 사건 범행을 모두 인정하고 있고, 초범이며, 피해금액 상당을 피해자 회사에 변제한 점, 피고인이 수사기관에 자수하여 수사에 적극적으로 협조한 점, 그 밖에 피고인의 연령, 성행, 환경, 가족관계, 범행의 동기와 경위, 수단과 결과, 범행 후의 정황 등 양형의 조건을 조합하여 피고인을 징역 2년에 처하되 다만 이 판결 확정일로부터 3년간 위 형의 집행을 유예한다.

---

1) 제3조(특정재산범죄의 가중처벌) ①「형법」제347조(사기), 제347조의2(컴퓨터등 사용사기), 제350조(공갈), 제350조의2(특수공갈), 제351조(제347조, 제347조의2, 제350조 및 제350조의2의 상습범만 해당한다), 제355조(횡령·배임) 또는 제356조(업무상의 횡령과 배임)의 죄를 범한 사람은 그 범죄행위로 인하여 취득하거나 제3자로 하여금 취득하게 한 재물 또는 재산상 이익의 가액(이하 이 조에서 "이득액"이라 한다)이 5억원 이상일 때에는 다음 각 호의 구분에 따라 가중처벌한다.
   2. 이득액이 5억원 이상 50억원 미만일 때: 3년 이상의 유기징역
   ② 제1항의 경우 이득액 이하에 상당하는 벌금을 병과(倂科)할 수 있다.
2) 제356조(업무상의 횡령과 배임) 업무상의 임무에 위배하여 제355조의 죄를 범한 자는 10년 이하의 징역 또는 3천만원 이하의 벌금에 처한다
3) 제355조(횡령, 배임) ① 타인의 재물을 보관하는 자가 그 재물을 횡령하거나 그 반환을 거부한 때에는 5년 이하의 징역 또는 1천500만원 이하의 벌금에 처한다.
   ② 타인의 사무를 처리하는 자가 그 임무에 위배하는 행위로써 재산상의 이익을 취득하거나 제삼자로 하여금 이를 취득하게 하여 본인에게 손해를 가한 때에도 전항의 형과 같다.

해설 ───

I. 가상자산 무단 전송에 대한 법리

1. 알 수 없는 경위로 자신의 가상자산 계정에 입금된 비트코인을 무단으로 사용한 경우와 관련한 판례의 태도

가. 사실관계

피고인은 알 수 없는 경위로 피해자의 거래소 가상지갑에 들어 있던 199.999비트코인이 자신의 가상자산거래소 후오비 계정에 이체된 것을 알게 되었다. 피고인은 위 비트코인이 자신의 것이 아니라는 것을 알고 있었고, 어떠한 원인으로 자신의 후오비 계정에 이체되었는지 전혀 알지 못하였는데 이와 같이 착오로 이체된 비트코인을 반환하지 않고, 그 중 일부를 자신의 자신의 '업비트' 계정으로, 나머지를 자신의 '바이낸스' 계정으로 각각 이체하여 재산상 이익인 합계 약 14억 8,000만 원 상당의 199.994비트코인을 취득하고, 피해자에게 동액 상당의 손해를 가하였다.

나. 판결의 경과

1) 1심 판결(수원지방법원 평택지원 2019고합56호)의 주요 내용

(1) 착오송금의 사례와 같이 착오로 자신의 은행계좌에 송금된 금원을 불법영득의사로 인출한 경우에는 횡령죄가 성립하지만, 유체물이나 관리할 수 있는 동력이라고 볼 수 없는 비트코인도 횡령죄의 객체인 재물이라고 보기는 어렵고 사무적 관리의 대상이 되는 것으로 볼 수밖에 없다(사무적으로 관리가 가능한 채권이나 그 밖의 권리 역시 재물로 해석 하지 않는다).

(2) 알 수 없는 경위로 피고인의 가상자산거래소 지갑에 이체된 비트코인을 피해자에게 반환하기 위해 그대로 보관하는 등의 사무를 처리할 임무를 부담하는 신임관계를 인정할 수 있다.

(3) 피고인의 위 행위를 횡령으로 기소한 주위적 공소사실에 대해서는 비트코인이 횡령죄의 객체인 재물에 해당하지 아니하여 무죄를 선고하여야 하나 예비적 공소사실인 특정범죄가중처벌 등에 관한 법률위반(배임)죄를 유죄로 인정한 이상 따로 주문에서 무죄를 선고하지 않는다.

2) 2심 판결(수원고등법원 2020. 7. 2. 선고 2020노171 판결)의 주요 내용

(1) 가상자산인 비트코인이 재물성이 인정된다는 검사의 항소에 대해 비트코인은 일정한 가치를 지닌 돈을 법률상 지배한다고 볼 수 있는 예금채권과 달리 횡령죄의 객체인 재물로 볼 수 없다는 원심의 판단을 정당하다고 인정하고 검사의 주장을 받아들이지 않았다.

(2) 알 수 없는 경위로 비트코인이 피고인의 지갑에 이체된 것이므로 비트코인 소유자와 피고인 사이에 신임관계가 존재하지 않으므로 피고인은 소유자와의 관계에서 타인의 사무를 처리하는 자의 지위에 있지 않다는 피고인 및 변호인의 주장에 대해 비트코인은 경제적 가치가 있고, 착오송금의 법리에 비추어 피고인 역시 배임죄의 주체인 타인의 사무를 처리하는 자에 해당한다는 원심의 판단을 정당하다고 인정하고 피고인 및 변호인의 주장을 받아들이지 않았다.

3) 위 판결에 대한 상고심 대법원 2021. 12. 16. 선고 2020도9789 판결의 주요 내용

(1) 가상자산 권리자의 착오나 가상자산 운영 시스템의 오류 등으로 법률상 원인관계 없이 다른 사람의 가상자산 전자지갑에 가상자산이 이체된 경우, 가상자산을 이체받은 자는 가상자산의 권리자 등에 대한 부당이득반환의무를 부담하게 될 수 있다. 그러나 이는 당사자 사이의 민사상 채무에 지나지 않고 이러한 사정만으로 가상자산을 이체받은 사람이 신임관계에 기초하여 가상자산을 보존하거나 관리하는 지위에 있다고 볼 수 없다.

(2) 가상자산은 국가에 의해 통제받지 않고 블록체인 등 암호화된 분산원장에 의하여 부여된 경제적인 가치가 디지털로 표상된 정보로서 재산상 이익에 해당한다. 가상자산은 보관되었던 전자지갑의 주소만을 확인할 수 있을 뿐 그 주소를 사용하는 사람의 인적사항을 알 수 없고, 거래 내역이 분산 기록되어 있어 다른 계좌로 보낼 때 당사자 이외의 다른 사람이 참여해야 하는 등 일반적인 자산과는 구별되는 특징이 있다. 이와 같은 가상자산에 대해서는 현재까지 관련 법률에 따라 법정화폐에 준하는 규제가 이루어지지 않는 등 법정화폐와 동일하게 취급되고 있지 않고 그 거래에 위험이 수반되므로, 형법을 적용하면서 법정화폐와 동일하게 보호해야 하는 것은 아니다.

(3) 원인불명으로 재산상 이익인 가상자산을 이체받은 자가 가상자산을 사용·처분한 경우 이를 형사처벌하는 명문의 규정이 없는 현재의 상황에서 착오송금 시 횡령죄 성립을 긍정한 판례를 유추하여 신의칙을 근거로 피고인을 배임죄로 처벌하는 것은 죄형법정주의에 반한다.

4) 환송 후 판결(수원고등법원 2022. 6. 8. 선고 2021노1056 판결)의 주요 내용

(1) 원심은 주위적 공소사실인 특정경제범죄가중처벌등에관한법률위반(횡령)의 점을 (이유)무죄로, 예비적 공소사실인 특정경제범죄가중처벌등에관한법률위반(배임)의 점을 유죄로 판단하였다. 검사가 원심판결 전부에 대하여, 피고인이 원심판결 중 유죄 부분에 대하여 각 항소하였고, 환송 전 당심은 피고인과 검사의 항소를 모두 기각하였다.

피고인만 환송 전 당심판결 중 유죄로 판단된 예비적 공소사실 부분에 대하여 법리오해를 이유로 상고하였다. 대법원은 환송 전 당심판결 중 예비적 공소사실 부분에 특정경제범죄범죄가중처벌등에관한법률위반(배임)죄에서 '타인의 사무를 처리하는 자'에 관한 법리

오해의 잘못이 있어 파기되어야 하는데 이 부분과 동일체의 관계에 있는 주위적 공소사실인 특정경제범죄처벌등에관한법률위반(횡령) 부분도 파기를 면할 수 없다는 이유로 환송전 당심판결을 전부 파기하여 이 법원에 환송하였다. 원심이 무죄로 판단한 주위적 공소사실 부분은 비록 환송판결에 의하여 파기되어 당심에 이심되기는 하였으나 상고심에서 상고이유로 삼지 않은 부분이므로 상고가 제기되지 아니하여 확정된 것과 마찬가지의 효력이 발생하였으므로, 환송 후 당심의 실질적인 심판범위는 예비적 공소사실에 한정된다.

　　(2) 법원조직법 제8조는 "상급법원의 재판에 있어서의 판단은 당해 사건에 관하여 하급심을 기속한다."고 규정하고, 민사소송법 제436조 제2항 후문도 상고법원이 파기의 이유로 삼은 사실상 및 법률상의 판단은 하급심을 기속한다는 취지를 규정하고 있으며, 형사소송법에서는 이에 상응하는 명문의 규정은 없지만, 법률심을 원칙으로 하는 상고심은 형사소송법 제383조 또는 제384조에 의하여 사실인정에 관한 원심판결의 당부에 관하여 제한적으로 개입할 수 있는 것이므로 조리상 상고심판결의 파기이유가 된 사실상의 판단도 기속력을 가진다. 따라서 상고심으로부터 사건을 환송받은 법원은 그 사건을 재판함에 있어서 상고법원이 파기이유로 한 사실상 및 법률상의 판단에 대하여 환송 후의 심리과정에서 새로운 증거가 제시되어 기속적 판단의 기초가 된 증거관계에 변동이 생기지 않는 한 이에 기속된다(대법원 2009. 4. 9. 선고 2008도10572 판결 등 참조).

　　(3) 원인불명으로 재산상 이익인 가상자산을 이체 받은 자가 가상자산을 사용·처분한 경우 이를 형사처벌하는 명문의 규정이 없는 현재의 상황에서 착오송금 시 횡령죄 성립을 긍정한 판례(대법원 2010. 12. 9. 선고 2010도891 판결 등 참조)를 유추하여 신의칙을 근거로 피고인을 배임죄로 처벌하는 것은 죄형법정주의에 반한다.

　　(4) 비트코인이 법률상 원인관계 없이 피해자로부터 피고인 명의의 전자지갑으로 이체되었더라도 피고인이 신임관계에 기초하여 피해자의 사무를 맡아 처리하는 것으로 볼 수 없는 이상, 피고인을 피해자에 대한 관계에서 '타인의 사무를 처리하는 자'에 해당한다고 할 수 없다. 따라서 이 사건 예비적 공소사실 역시 범죄의 증명이 없는 경우에 해당하여 무죄를 선고한다.

2. 가상자산을 보관하고 있다고 볼 수 있는지 여부

　　현재로서는 가상자산은 물리적 실체가 없으며 물리적으로 관리되는 자연력 이용에 의한 에너지를 의미하는 '관리할 수 있는 동력'에도 해당되지 않으므로 횡령죄의 객체인 재물이라고 볼 수 없고, 사무적으로 관리되는 디지털 전자정보에 불과하다고 보는 것이 판례의 태도라고 볼 수 있다.

　　횡령죄를 입법할 당시에는 가상자산의 개념이 존재하지 않았다. 가상자산을 무단으로 전송한 것이 가상자산의 권리자에 대하여 횡령이 되는지, 배임이 되는지에 대해서 검토해 본다면 가치 있는 무엇인가가 알 수 없는 이유로 자신의 지배하에 들어와 처분가능하게 된 경우 그 가치 있는 무엇인가의 권리자에게 반환하여야 할 신의칙상의 신임관계가 존재한다고 보는 것은 죄형법정주의에 반한다. 특정금융정보법 제2조에 의하면 '가상자산은 경제적 가치가 있는 것으로 전자적으로 거래 또는 이전 될 수 있는 전자적 증표(그에 관한 일체의 권리를 포함한다)'라고 하고 있다. 또한 경제적 가치는 가상자산의 수량에 따라 명확하게 가치의 크기를 알 수 있고 다만 법정화폐와 해당 교환비율만이 문제될 뿐이다. 위 사례의 환송 전 원심 판결은 비트코인을 포함한 가상자산은 법적으로 통화로서 강제통용력이 부여되지 않았고, 그 법적 성격도 정의가 불분명하며 가상자산은 그 시세가 변동하고 거래소별로 어느 정도의 법정화폐를 지급하여야 하는 지 확정되어 있지 않다는 이유로 특정시점의 시세에 따른 화폐가치에 해당하는 금원으로서 재물이라고 할 수 없다고 판시하였으나 보통의 유체동산 역시 시세가 변동되고 특정시점의 시세에 따른 화폐가치에 해당하는 금원에 대응되지 않는 점은 동일하다. 또한 가상자산의 경우 그 집행에 있어 예탁유가증권과 비슷하게 이루어지고 있는 점을 감안하면 오히려 가상자산을 임의로 매각한 것은 업무상 보관하고 있던 주식을 임의로 보관하는 경우에 가깝다고 할 것이고(산업발전법상 기업구조조정조합의 업무집행조합원이 투자자산의 처분 등을 조합원총회의 결의사항으로 규정한 조합규약에도 불구하고 조합 명의로 업무상 보관하던 주식을 임의로 매각한 사안에서, 횡령죄의 성립을 인정한 대법원 2008. 10. 23. 선고 2007도6463 판결 참조), 가상자산거래실태에서도 가상자산을 타인의 재물로 인정하고 있는 것으로 보인다.

　　하급심 판결 중에는 아직 피해자 회사 소유의 비트코인을 피고인 개인의 전자지갑으로 이체한 것을 두고 타인의 재물을 보관하는 자에 해당한다고 보아 횡령죄의 성립을 긍정한 사례도 있으나 이에 대해 피고인이나 변호인이 별도로 다툰 것으로 보이지는 않는다.

Ⅱ. 이 사건에서의 적용

　　1. 이 사건에서 법원은 가상자산의 일종인 비트코인이 재물성은 인정되지 않는다는 전제에서 피해자 회사와의 공동사업계약에 기해 보관하게 된 비트코인을 임의로 자신의 계좌로 전송한 행위를 배임으로 보면서 피고인은 공동사업계약의 당사자인 회사의 이사로서 공동사업계약에 따라 피해자 회사가 운영자금으로 교부한 가상자산인 비트코인을 그 계약에 따라 고객의 요청이 있을 경우에만 고객에게 해당 가상자산인 비트코인을 전송할 업무상 임무가 있다고 보았다.

　　2. 비트코인의 재물성과 관련하여 회사의 가치를 표상한 주식과 같이 비트코인은 비트

코인 네트워크의 가치를 표상하는 성격을 상당부분 가지고 있다고 본다면 비트코인을 횡령죄의 객체인 재물이라고 볼 수도 있다고 본다. 비트코인이 재물이라고 본다면 착오로 송금된 금전을 무단으로 사용한 경우 횡령죄가 성립한다는 것처럼 착오로 송금된 비트코인을 무단으로 사용한 경우에도 횡령죄가 성립한다고 볼 수 있고, 거래계의 통념에도 부합한다.

　　자신의 소유나 자신이 처분할 수 있는 권리가 없는 비트코인이 알 수 없는 이유로 자신의 계정에 입금되었음에도 이를 처분하여 향후 진정한 권리자가 비트코인을 반환받기 어렵게 한 행위는 현재로서는 아무런 범죄행위가 아니고 민사적으로 부당이득반환청구를 할 수 있을 뿐이라는 것은 거래계의 실태와 맞지 않는 점이 있다. 그러나 아직 가상자산의 법적 성질을 어떻게 보아야 하는 것인지, 가상자산에 대한 별도의 법률을 만들 것인지, 기존의 법률 해석에 가상자산을 포섭하는 형식을 취할 것인지도 결정되지 않은 상황이다. 횡령죄와 배임죄는 다 같이 신임관계를 기본으로 하고 있는 같은 죄질의 재산범죄이고(대법원 2015. 10. 29. 선고 2013도9481 판결 등 참조), 다만 횡령죄가 재물을 객체로 하는 반면, 배임죄가 재산상의 이익을 객체로 한다는 점에서 양자가 구별된다(대법원 1961. 12. 14. 선고 4294형상371 판결 취지 참조)고 본다면 착오로 가상자산을 자신의 지갑에 받은 자가 이를 처분한 경우 형사적인 책임을 부담하지 않는다는 것 외에는 가상자산을 재물로 볼 것인지, 재산상의 이익으로 볼 것인지에 따라 형이 달라지지는 않는다고 할 것이다.

　　3. 다만, '송금의뢰인이 다른 사람의 예금계좌에 자금을 송금·이체한 경우 특별한 사정이 없는 한 송금의뢰인과 계좌명의인 사이에 그 원인이 되는 법률관계가 존재하는지 여부에 관계없이 계좌명의인(수취인)과 수취은행 사이에는 그 자금에 대하여 예금계약이 성립하고, 계좌명의인은 수취은행에 대하여 그 금액 상당의 예금채권을 취득한다. 이때 송금의뢰인과 계좌명의인 사이에 송금·이체의 원인이 된 법률관계가 존재하지 않음에도 송금·이체에 의하여 계좌명의인이 그 금액 상당의 예금채권을 취득한 경우 계좌명의인은 송금의뢰인에게 그 금액 상당의 돈을 반환하여야 한다. 이와 같이 계좌명의인이 송금·이체의 원인이 되는 법률관계가 존재하지 않음에도 계좌이체에 의하여 취득한 예금채권 상당의 돈은 송금의뢰인에게 반환하여야 할 성격의 것이므로, 계좌명의인은 그와 같이 송금·이체된 돈에 대하여 송금의뢰인을 위하여 보관하는 지위에 있다고 보아야 한다. 따라서 계좌명의인이 그와 같이 송금·이체된 돈을 그대로 보관하지 않고 영득할 의사로 인출하면 횡령죄가 성립한다'(대법원 2018. 7. 19. 선고 2017도17494 전원합의체 판결, 대법원 2010. 12. 9. 선고 2010도891 판결 등 참조)는 착오송금과 관련한 대법원 판결은 위에서 본 대법원 판결의 내용에 비추어 보면 가상자산을 착오로 전송한 경우에는 해당하지 않는다고 볼 것인데 위 대법원 판결에서는 비트코인을 횡령죄의 객체인 재물에 해당하지 않는다는 전제에서 배임 성립여부를 판단한 것으로 보이기 때문이다. 그러나 위 대법원 판결이 직접적으로 가상자산은 횡령죄의

객체가 될 수 없다고 직접적으로 판시한 것은 아니다. 대다수의 하급심 판결은 위 대법원 판결 취지에 따라 비트코인 등 가상자산의 보관을 위탁한 계약을 위반하여 가상자산을 자기 지갑에 전송한 경우를 업무상 배임으로 의율하는 것 같다.

4. 정보통신망법 위반 여부

가. 본 사건에서는 정보통신망 이용촉진 및 정보보호 등에 관한 법률(이하 '정보통신망법'이라고 한다) 위반 여부에 대해 검사가 공소를 제기한 바 없으므로 이에 대해서는 아무런 판단이 없다. 정보통신망법 제48조 제1항[4])의 규정에 의하면 정당한 접근권한 없이 또는 허용된 접근권한을 초과하여 정보통신망에 침입하는 행위를 금지하고 있으므로 이 사건에서 피고인이 자신에게 허용된 가상자산거래소 빗썸이나 고팍스의 피해자 회사 계정에 로그인하여 피해자 회사의 비트코인을 자신의 계좌로 보낸 것이 정보통신망법 위반인지 여부에 대한 검토가 필요하다.

나. 대법원 2005. 11. 25. 선고 2005도870 판결의 주요 내용

1) 정보통신망 이용촉진 및 정보보호 등에 관한 법률 제48조 제1항은 구 전산망 보급 확장과 이용촉진 등에 관한 법률 제22조 제2항 및 구 정보통신망 이용촉진 등에 관한 법률 제19조 제3항과 달리 정보통신망에 대한 보호조치를 침해하거나 훼손할 것을 구성요건으로 하지 않고 '정당한 접근권한 없이 또는 허용된 접근권한을 초과하여 정보통신망에 침입'하는 행위를 금지하고 있으므로, 정보통신망 이용촉진 및 정보보호 등에 관한 법률은 그 보호조치에 대한 침해나 훼손이 수반되지 않더라도 부정한 방법으로 타인의 식별부호(아이디와 비밀번호)를 이용하거나 보호조치에 따른 제한을 면할 수 있게 하는 부정한 명령을 입력하는 등의 방법으로 침입하는 행위도 금지하고 있다.

2) 정보통신망 이용촉진 및 정보보호 등에 관한 법률 제48조 제1항은 이용자의 신뢰 내지 그의 이익을 보호하기 위한 규정이 아니라 정보통신망 자체의 안정성과 그 정보의 신뢰성을 보호하기 위한 것이라고 할 것이므로, 위 규정에서 접근권한을 부여하거나 허용되는 범위를 설정하는 주체는 서비스제공자라 할 것이고, 따라서 서비스제공자로부터 권한을 부여받은 이용자가 아닌 제3자가 정보통신망에 접속한 경우 그에게 접근권한이 있는지 여부는 서비스제공자가 부여한 접근권한을 기준으로 판단하여야 한다.

3) 이용자가 자신의 아이디와 비밀번호를 알려주며 사용을 승낙하여 제3자로 하여금 정보통신망을 사용하도록 한 경우라고 하더라도, 그 제3자의 사용이 이용자의 사자(사자) 내지 사실행위를 대행하는 자에 불과할 뿐 이용자의 의도에 따라 이용자의 이익을 위하여

---

4) 제48조(정보통신망 침해행위 등의 금지) ① 누구든지 정당한 접근권한 없이 또는 허용된 접근권한을 넘어 정보통신망에 침입하여서는 아니 된다.

사용되는 경우와 같이 사회통념상 이용자가 직접 사용하는 것에 불과하거나, 서비스제공자가 이용자에게 제3자로 하여금 사용할 수 있도록 승낙하는 권한을 부여하였다고 볼 수 있거나 또는 서비스제공자에게 제3자로 하여금 사용하도록 한 사정을 고지하였다면 서비스제공자도 동의하였으리라고 추인되는 경우 등을 제외하고는, 원칙적으로 그 제3자에게는 정당한 접근권한이 없다고 봄이 상당하다.

다. 위 판결의 취지에 따르면, 피고인이 피해자 회사와 공동사업계약을 체결한 회사의 이사의 지위에서 피해자 회사의 가상자산을 탈취할 목적으로 피해자 회사가 알려준 아이디와 비밀번호로 피해자 회사의 가상자산거래소에 로그인을 한 행위는 가상자산거래소가 피고인의 접속을 승인할 것이라고 보기 어렵다는 점에서 정당한 접근권한이 없다고 볼 것이고, 따라서 정보통신망법 위반에 해당한다.

Ⅲ. 결론

1. 원인불명으로 재산상 이익인 가상자산을 이체 받은 자가 가상자산을 사용·처분한 경우 이를 형사처벌하는 명문의 규정이 없으므로 신의칙을 근거로 피고인을 배임죄로 처벌하는 것은 죄형법정주의에 반한다. 신의칙에 의해 신임관계를 인정하는 것이 아니라 가상자산에 대한 권리자와의 계약관계로 신임관계가 인정되는 경우 이를 위배하여 가상자산을 처분한 경우는 업무상 배임이 성립한다.

2. 피고인이 가상자산을 탈취할 목적으로 피해자 회사의 가상자산거래소에 로그인한 행위는 정당한 접근권한 없이 정보통신망에 침입한 것으로 정보통신망법 위반에 해당한다.

[22] 비트코인을 오송금 받은 자의 횡령죄 성부

— 대전지방법원 2022. 7. 7. 선고 2021노3179 판결, 2023. 2. 2. 상고기각 확정 —

[사실 개요]

1. 피고인은 가상자산 거래소에 계정을 보유하고 있는 사람이고, 피해자는 업비트 계정에 비트코인을 보유하고 있는 사람이다. 피고인은 2019. 8. 27.경 일본에 있는 알 수 없는 장소에서 알수 없는 경위로 피고인의 가상지갑에 들어 있던 6.61645203 비트코인(당시 기준 한화 시가 80,700,000원 상당)을 자신의 업비트 계정으로 이체받아 보관하게 되었다.

2. 피고인은 그 무렵 피해자의 비트코인을 임의로 환가하거나 다른 비트코인을 구매하는데 사용하여 80,700,000원 상당의 재산상 이득을 얻었다.

3. 피고인은 형법상 횡령으로 기소되었다가 배임의 공소사실도 선택적으로 추가되었는데, 제1심(대전지법 2021. 9. 15. 선고 2021고단941 판결)에서 법원은 피고인에 대한 배임의 공소사실에 대하여 유죄를 선고하였다. 이에 대하여 피고인은 항소를 제기하였고 항소심은 배임 외에 횡령의 공소사실에 대하여도 심리하였다.

(이하 배임죄 부분은 생략하고 횡령죄만 기술함)

[판결 요지]

1. 횡령죄의 객체는 자기가 보관하는 '타인의 재물'이므로 재물이 아닌 재산상의 이익은 횡령죄의 객체가 될 수 없다. 횡령죄의 객체인 재물은 동산이나 부동산 등 유체물에 한정되지 아니하고 관리할 수 있는 동력도 재물로 간주되지만(형법 제361조, 제346조), 여기에서 말하는 관리란 물리적 또는 물질적 관리를 가리킨다고 볼 것이고, 재물과 재산상 이익을 구별하고 횡령과 배임을 별개의 죄로 규정한 현행 형법의 규정에 비추어 볼 때 사무적으로 관리가 가능한 채권이나 그 밖의 권리 등은 재물에 포함된다고 해석할 수 없다(대법원 2014. 2. 27. 선고 2011도832 판결 참조).

2. 위와 같은 법리에 비추어 보건대, 다음과 같은 이유 즉 ① 이 사건 비트코인은 물리적 실체가 없으므로 유체물이 아닌 점, ② 사무적으로 관리되는 디지털 전자정보에 불과한 것이어서 물리적으로 관리되는 자연력 이용에 의한 에너지를 의미하는 '관리할 수 있는 동력'에도 해당되지 않는 점, ③ 가상자산은 가치 변동성이 크고 법정 통화로서 강제통용력이 부여되지 않은 상태이므로 예금 채권처럼 일정한 화폐가치를 지닌 돈을 법률상 지배하고 있다고도 할 수 없는 점 등을 종합하면, 가상자산의 일종인 비트코인은 횡령죄의 객체인 '재물'로 볼 수 없다고 할 것이므로 피고인이 이를 임의로 소비하거나 그 반환

을 거부하였다고 하여 이로써 피고인에게 횡령죄의 죄책을 물을 수 없다.

해설

Ⅰ. 대상결정의 의의 및 쟁점

이 사건에서 피고인은 횡령과 배임의 각 공소사실로 선택적으로 기소되었고 제1심법원은 배임 부분에 대하여 유죄를 선고하였는데 이에 대하여 피고인은 항소를 하면서 배임과 횡령의 각 공소사실에 대하여 무죄를 주장하였다. 대상판결에서는 횡령 및 배임의 각 공소사실에 대하여 무죄를 선고하였는데, 그중 배임 부분은 이 판례백선에서 다루고 있는 대법원 2021. 12. 16. 선고 2020도9789 판결의 논리를 그대로 차용하고 있으므로 여기서는 논의에서 제외하고 횡령 부분에 대하여만 살펴보겠다.

형법 제355조 제1항에서 명시하는 횡령죄는 타인의 재물을 보관하는 자가 그 재물을 횡령하거나 반환을 거부하는 때에 성립한다. 즉, 횡령죄는 그 객체가 재물이 되어야 성립하고 재산상 이익인 경우에는 보통 배임죄로 의율하는 것이다. 이 사건은 비트코인을 착오 전송한 사안으로 위 비트코인이 형법상 횡령죄의 객체인 재물에 해당하는지 여부가 문제되었다.

Ⅱ. 대상결정의 판단 분석

1. 형법상 재물의 의미

예전에는 형법상 재물의 의미에 대하여 유체물에 한정하는 것은 거의 이견이 없었는데 산업이 발달하면서 그 의미를 확장하려는 논의가 생기게 되었다. 서양권에서는 이와 관련하여 가장 대표적으로 문제가 되었던 것이 전기이다. 그러다가 우리나라에서는 1990년도까지 문서사본, 타인의 일반전화 역무의 재물성이 문제되었고, 디지털이 발달한 2000년도 이후에는 설계도면, 사이버 머니 등의 재물 여부가 문제되었다. 우리 형법은 형법 제346조에 관리가능한 동력은 재물로 간주한다고 명시하고 있어서 유체물에 한하지 않고 무체물이라고 하더라도 관리가능하다면 재물에 포함시키고 있다. 그런데 전기 등의 무체물은 관리가능한 동력으로 재물에 해당함은 이제는 거의 일치되어 있으나 그 범위를 그 외의 것으로 확장할 수 있는지는 의견이 대립하고 있다.

이와 관련하여 크게 사무적관리가능설과 물리적관리가능설로 나뉘는데, 사무적관리가능설은 전기 등 자연적 에너지 뿐만 아니라 우마 또는 인간의 노동력이 포함되고 채권 등

권리도 그것이 문서에 기재되어 있다면 재물성이 있다고 보는 견해이다.[1] 한편 물리적관리
가능설은 재물은 물리성을 구비하여 관리가능한 것에 한정하고 우마 또는 인간의 노동력이
나 채권 등 권리로 재물성을 확장하기는 어렵다는 견해이다.[2] 물리적관리가능성설이 통설
이고, 사무적관리가능설은 재물의 범위를 과도하게 확장시킬 수 있어 물리적관리가능설이
타당하다고 보인다. 다만 정보가 문서로 화체되거나 디스크 또는 USB에 저장된 경우에는
그것이 물리적으로 관리가능하다고 볼 수 있는 만큼 재물성이 있는지 논란이 있을 수 있다
고 보인다.

2. 비트코인이 형법상 재물에 해당하는지 여부

비트코인은 블록체인과 같은 분산형 원장에 네트워크 참여자들이 거래 정보를 기록 한
것인데, 민사사건이기는 하나 서울고등법원은 비트코인에 대하여 '물리적인 실체 없이 경제
적 가치를 디지털로 표상하여 전자적으로 이전, 저장 및 거래가 가능하도록 한 가상자산의
일종으로서 디지털 정보에 해당하므로, 현행법상 물건이라고 볼 수는 없다'는 취지로 판시
하고 있으므로 이를 참고할 만하다.[3]

위 비트코인에 관하여 '배타적 지배가능성'이 존재한다고 하여 민법상 물건의 영역에
포섭할 여지가 있다는 견해가 있는데,[4] 그 논리구성에 따르면 비트코인에 대하여 역시 형
법상 재물에 포함시킬 수 있다고 볼 것이다. 이와 같이 물건 또는 재물의 범위를 전기 기타
관리할 수 있는 자연력까지 확장시킨 것은 사회경제의 발전과 새로운 과학기술의 출현에
대응하기 위한 것이므로 비트코인도 최소한 관리가능한 자연력에 해당한다고 보는 견해가
있을 수 있다. 그러나 비트코인은 물리적인 실체가 없을 뿐만 아니라 어떠한 형태로 관리가
가능한지 알 수 없고 단지 분산원장에 기입되는 정보에 불과하다고 보이므로 재물성을 인
정하기는 곤란하다고 보인다.

한편 비트코인에 대하여 금전성을 인정할 수 있다는 견해[5]가 있는데 비트코인은 강제
통용력을 가진 법정화폐로 보기도 어려우므로 금전성을 인정하기도 어려울 것이다. 따라서
어떠한 경우든 재물성을 인정하기는 어렵다.

---

1) 허호, '재산범죄의 객체에 관한 연구 – 재물개념의 재구성을 중심으로', 전남대학교 법학과 박사학위논문,
  2013. 12., 52면
2) 이재상, '刑法各論', 박영사, 2010, 345면
3) 서울고등법원 2021. 12. 8. 선고 2021나2010775 판결
4) 김현숙, '가상공간과 형법상 재물의 개념 재구성', 비교형사법연구 제12권 제1호, 한국비교형사법학회, 2010,
  159면
5) 송문호, '암호화폐의 법적 성격과 탈중앙화', 동북아법연구 통권 제34호, 전북대학교 동북아법연구소, 281면

3. 대상판결의 경우

이 사건에서 대상판결은 비트코인이 형법상 재물에 해당한다고 보면서 그 근거로 비트코인은 물리적 실체가 없으므로 유체물이 아닌 점, 사무적으로 관리되는 디지털 전자정보에 불과한 것이어서 물리적으로 관리되는 자연력에도 해당되지 않는 점, 가상자산은 가치 변동성이 크고 법정 통화로서 강제통용력이 부여되지 않은 상태인 점을 들었다. 이와 같은 대상판결의 태도는 비트코인이 유체물이나 전기와 같은 관리가능한 자연력에 해당하지 않고 데이터 정보에 불과하다는 것을 전제로 하고 있는데, 데이터 정보가 중요한 거래의 대상으로 인정받고 블록체인 관련 산업이 발달한 오늘날의 거래현장에서도 데이터 정보에 대하여 재물로 인정하지 않는 태도와 맥을 같이 하고 있다. 이러한 점에서 대상판결에 따르면 비트코인은 횡령죄의 객체는 아니고 단지 거래계에서 재산적 가치가 있는 무체물로 취급되므로 단지 재산상 이익으로 볼 수는 있을 것이다.

이는 앞서 든 서울고등법원 2021. 12. 8. 선고 2021나2010775 판결에서 비트코인의 민사상 물건성을 부인하는 전제 하에 그 반환의무를 종류채무로 보지 않고 종류채무와 유사한 채무로 보거나 그 보관계약을 임치계약이 아닌 임치계약적 성질을 가지는 비전형계약으로 보았는데, 대상판결의 취지와 유사한 태도라고 볼 수 있다.

따라서 대상판결 사안과 같이 착오전송된 비트코인을 임의로 처분하여 현금화시킨 경우, 그 비트코인으로 다른 가상자산을 구매한 경우 모두 횡령죄로 의율할 수 없고 나아가 그 비트코인으로 다른 물건을 구매한 경우도 마찬가지이다. 한편 해당 비트코인이 온라인상 전자지갑에 있는 것이 아니라 콜드월렛 중 USB의 전자지갑에 보관되어 있는 경우에는 그것이 물리적으로 관리가능하다는 점에 주안점을 둔다면 횡령죄의 재물성에 해당할지 문제되는데, 참고로 대법원은 정보를 빼낼 목적으로 종이에 출력하여 가져간 경우 재물성을 부정한다는 전제 하에 절도죄의 성립을 배제한 사례가 있다.[6] 마지막으로 비트코인이 아닌 증권형 토큰의 경우 자본시장법상 투자계약증권 등으로 볼 수 있으므로 이를 재물로 볼 수 있는지 문제되나, 대법원은 주식에 대하여 주주권을 표창하는 유가증권인 주권과는 구분된다고 하면서, 주권은 유가증권으로서 재물에 해당되므로 횡령죄의 객체가 될 수 있으나, 자본의 구성단위 또는 주주권을 의미하는 주식은 재물이 아니라고 판시하였는바,[7] 그 논리에 따르면 설령 증권형 토큰이라고 할지라도 물리적 실체가 없고 유가증권으로서 관리가능성이 있다고 볼 수 없는 이상 재물성을 인정하기는 어렵지 않나 생각이 든다.

---

6) 대법원 2002. 7. 12 선고 2002도745 판결
7) 대법원 2005. 2. 18. 선고 2002도2822 판결

Ⅲ. 대상결정의 평가

대상판결은 비트코인과 같은 가상자산이 원래 의도하지 않은 제3자의 전자지갑 주소로 착오로 전송된 경우 그 비트코인을 임의로 처분한 피고인에 대하여 해당 비트코인을 재물로 보아 횡령죄로 의율할 수 있는지 있는지 문제된 대표적인 법원 판결로서 의의가 있다. 한편 위 판결에서 별도로 인식하여야 할 점은 비트코인에 대하여 법정 통화로서 강제 통용력이 부여되지 않은 상태이므로 일정한 화폐가치를 지닌 돈을 법률상 지배하고 있다고도 할 수 없다고 본 것이고 이는 금전성을 부정한 듯한 태도를 엿볼 수 있는 점이다. 민사사건에서도 가상자산에 관한 집행권원으로 채무불이행자명부등재신청이 가능한지에 관하여 서울중앙지방법원 2021. 7. 9.자 2021카불668 결정에서 가상자산의 금전성을 부인한다는 전제에서 신청인의 신청을 각하한 사례가 있는데 그와 유사한 논리로 볼 수 있다. 이와 같이 대상판결은 가상자산의 재물성 여부 외에도 금전성 여부에 대한 법원의 태도를 엿볼 수 있는 또 다른 의의도 있다고 보인다.

제 3 장

유사수신행위,
방문판매

[23] 가상자산 판매 목적 다단계판매조직에서 피고인이 단순한 다단계판매원에 불과하는지 여부 및 해당 가상자산의 재화성이 긍정되는지

— 청주지방법원 2019. 2. 13. 선고 2017고단2346 판결, 2019. 2. 21. 확정—

[사실 개요]

1. 피고인 A는 청주 지역을 중심으로 온라인 가상화폐 'W코인' 투자자 모집 활동을 하는 일명 'Devil그룹'의 그룹장으로서 2016. 1.경부터 일정한 사무실 없이 W코인 투자자 모집 활동을 해오다 2016. 3.경 청주시 청원구 오창읍에 W코인 투자자 모집 사무실(일명 'W코인 오창센터')을, 2016. 9.에는 청주시 청원구에 W코인 투자자 모집 사무실(일명 'W코인 청주센터')을 각 개설하여 W코인 투자자 모집, 산하 그룹 총괄, 투자금 취합 및 해외 송금 등의 업무를 담당하였다.

2. 피고인 B는 2016. 1.경부터 피고인 A와 함께 W코인 투자자 모집활동을 하다 2016. 5.경 피고인 A로부터 W코인 오창센터를 인수하여 운영한 W코인 오창센터장으로서 W코인 투자자 모집, 사무실 운영 자금 관리 등의 업무를 담당하였다.

3. 피고인 C는 2016. 3.경부터 피고인 A, B와 함께 W코인 투자자 모집활동을 하다 2016. 9.경부터 W코인 청주센터장으로서 W코인 투자자 모집 등의 업무를 담당하였다.

4. 피고인들은 다음과 같은 공소사실과 관련하여 방문판매등에관한법률위반으로 각 기소되었다. 피고인들은 관할관청에 다단계판매업 등록을 하지 아니하고, 2016. 1.경부터 2016. 12.경까지 위 W코인 오창센터 및 청주센터 등지에서 불특정 다수의 사람들에게 "영국 옥스퍼드 대학교 법학 박사, 독일 콘스탄트 대학교 경영학 석사, 불가리아 최대 자산가 게임회사 GSF의 최고 경영자인 루자 이그나토바 박사가 새로운 형태의 가상 암호화폐인 W코인을 개발하였다. W코인은 코인회사 중 자산가치 규모로 세계 2위이며 유일하게 회계감사를 마쳤고, 완벽한 블록체인 기술을 탑재하고 있으며 독일과 미국에서 적법성을 인정받았다. 돈을 투자하면 코인을 사는 것이 아니라 지급되는 토큰을 가지고 채굴에 참여하고 그 수익은 100% 회원에게 귀속되며 모든 회원은 실시간으로 채굴현황을 볼 수 있다. 패키지로 얼마짜리를 선택하는가에 따라 토큰이 지급되고 이 토큰이 90~110일 사이에 분할되어 투자액의 10배, 100배가 되어 현금화할 수 있다. 2015. 8.경 1코인에 3,200원이었는데 지금은 8,200원이다. 2017년 연말에는 약 20만 원 정도, 2018년 연말이면 50만 원 내지 80만 원 선에서 시장이 안정적으로 형성된다."고 W코인 투자 사업을 설명하고, 투자 규모에 따른 직급에 대하여, "W코인의 상품은 총 7종류가 있는데, ① '스타터'는 20만 원을 지급하면 140유로를, ② '트레이더'는 80만 원을 지급하면 580유로를, ③ '프로트레이더'는 170만 원을 지급하면 1,130유로를, ④ '이그재큐티브트레이더'는 500만 원을 지급하면 3,330유로를, ⑤ '타이쿤'은 750만 원을 지급하면 5,530유로를, ⑥ '프리미엄'은 2,000만 원을 지급하면 13,780유로를, ⑦ '인피니티'는 3,900만 원을 지급하면 27,530유

로를 각 받을 수 있는 것이다"라고 설명하고, 하위 판매원의 실적과 관련한 수당에 대하여 "패키지 상품에 따라 투자를 하고 하위 투자자를 추천하여 투자를 유치하면 1) 직접판매보너스(추천수당)로 산하 사업자의 직급 PV(포인트 오브 밸류, 수당 지급을 위한 기준금액)의 10%를 지급하고, 2) 산하에 순차적으로 좌우대칭 하위 사업자를 모집하여 매출을 하게 되면 정해진 바에 따라 산하 좌우 실적 중 적은 실적을 기준으로 바이너리보너스(후원수당)를 지급하되, 적은 실적 쪽의 직급 PV의 10%를 지급하고, 3) 매칭수당으로 산하 1대부터 4대까지의 일정 수당의 10% 내지 25%를 지급하고, 산하 4단계 이상을 구성하면 매칭보너스로 선택한 패키지에 따라 1세대부터 4세대까지 총 65%를 지급하고, 자격은 트레이더 직급 이상 2명을 직추천(좌측1명/우측1명) 하여야 하고, 트레이더 직급은 1세대 만 10%를 수당으로 지급하고, 프로트레이더 직급은 1세대, 2세대 각 10%를 수당으로 지급하고, EX 트레이더 직급은 1세대, 2세대 각 10%, 3세대는 20%를 수당으로 지급하고, 타이쿤 직급은 1세대, 2세대는 각 10%, 3세대는 20%, 4세대는 25%를 수당으로 지급하고, 4) 스타트-업 보너스는 회원으로 등록한 날(입금한 날)로부터 처음 30일 동안 5,500 PV 이상 직급자들에게 직판 판매 보너스 10% 에 추가로 10%의 스타트-업 보너스를 지급하여 추천을 많이 할수록 많은 보너스를 지급한다"고 설명하면서 투자를 권유하여 투자자들로부터 2016. 1. 4.부터 2016. 12. 14.까지 합계 6,173,864,544 원 상당을 가상화폐 W코인 구입비 등의 명목으로 피고인들의 계좌로 각 송금 받는 등 위 투자금을 관리하면서 위 'W코인' 외국 본사 측 계좌에 입금하고, 위 회사에서 지급하는 추천수당, 후원수당 등 을 투자자들에게 전달해 줌으로써 다단계판매조직을 관리, 운영하고, 이를 이용하여 재화 등의 거래 없이 금전거래를 하거나 재화 등의 거래를 가장하여 사실상 금전거래만을 하는 행위를 하였다.

5. 이 사건에서 피고인들은, ① W코인 판매(투자)를 목적으로 하는 다단계판매조직을 운영한 다단계판 매업자가 아니라 단순한 다단계판매원에 불과하고, ② W코인은 재산적 가치가 있는 물건으로서 재화 등의 거래 없이 금전거래를 하거나 재화 등의 거래를 가장하여 사실상 금전거래만을 하는 행위를 한 사실이 없다는 취지로 주장하였다.

[판결 요지]

1. ① 주장에 대한 판단

기록에 의해 인정되는, ① 피고인 A은 Devil그룹의 그룹장으로서 각 W코인 오창센터, W코인 청주센터를 각 개설하여 W코인 투자자 모집, 그룹 총괄, 투자금의 취합 및 해외 송금 등의 업무를 실제로 담당하였고, 피고인 B은 W코인 오창센터장으로서, 피고인 C는 W코인 청주센터장으로 각 센터를 관리·운영한 것으로 보이는 점, ② 피고인 A, B의 하 위 투자자인 W코인 청주지사장이었던 김태완도 동일한 혐의에 대해 항소심까지 유죄가 인정된 점, ③ 피고인들은 각 자신명의의 계좌로 투자금을 지급받고, 피고인 B, C는 위와 같이 투자받은 돈을 피고인 A에게 이체하고, 피고인 A은 W코인 본사로 이체하고, 위 회사로부터 각 수당들을 투자자들에게 전달해 주어 다단계 구조를 이루고 있는 점, ④ W코인은 투자를 권유하여 다른 사람이 투자하면 추천한 사람은 투자자가 투자한 금액의 일부를 추천수당으로 받고(수당을 받을 뿐만 아니라 W코인 사이트에 하위 계정이 생성된다), 투자가 1 ~ 4대로 내려갈 때마다 10 ~ 25%까지 정해진 비율대로 수당을 받아 다단계판매조직과 그 구조 및 수익구조가 동일한 점(W코인은 산하에 몇 명의 투자자를 두는지에 따라 사파이어-루비-에메랄드-다이아몬드 등으로 직급이 나눠져 있다), ⑤ 피고인들의 투자권유에 의해 투자된 대상이 물건 등 재화가 아니라 가상화폐라 하여 그 판매방식이나 수익구조가 다단계판매 조직과 동일함에도 다단계판매조직으로 등록할 필요가 없다면 규제를 받지 않게 되어 그 피해자나 피해규모가 과대함에도 방문판매 등에 관한 법률을 잠탈할 우려가 있는 점 등에 비추어 보면, 피고인들은 무등록 다단계판매조직을 관리·운영하며 그 불법을 주도적으로 실현하거나 적극 기여한 다단계판매업자라 할 것이므로, 피고인들 및 변호인의 위 주장은 이유 없다.

2. ② 주장에 대한 판단

기록에 의해 인정되는, ① 피고인들이 투자자들로부터 투자를 받을 당시에는 국내외에서 W코인을 실제로 결제수단으로 사용하는 것이 불가능했던 것으로 보이는 점, ② 피고인들의 주장에 의하더라도 W코인이 결제수단으로 사용할 수 있는 방법이 극히 제한적인 점, ③ 일반적으로 가상화폐의 가치는 별도의 관리주체가 없고 개방형이며 중계기관이 필요 없이 전자적으로 기능하는 것을 본질로 하고 있는데, W코인은 불가리아에 관리주체를 두고 다단계판매구조를 갖추고 있어 단순히 투자를 받은 용도 이외에 가상화폐로서의 실체 또한 의심스러운 면, ④ 피고인들은 W코인이 빗썸 등 거래소 상장이 임박했다고 하나 변론종결일까지 상장되지 않은 점 등에 비추어 보면, 피고인들은 재화로서의 가치가 없는 명목상의 가상화폐를 가장하여 사실상 금전거래를 한 것으로 판단된다.

해설

Ⅰ. 대상판결의 쟁점

가상자산 산업이 발전하면서 여러 가지 파생되는 범죄가 발생하게 되는데, 그 중 가장 많이 발생하는 유형이 사기, 유사수신행위법위반, 방문판매법위반이다. 이와 관련하여 특정 가상자산에 투자하면 큰 이익을 얻을 수 있다고 기망하여 투자금을 유치함으로써 이익을 편취하는 사기를 기본적인 행위태양으로 하여, 이를 다단계방식을 결합함으로써 방문판매법위반도 동시에 나타나는 경우가 많다. 이 사건은 이와 같이 사기와 방문판매법위반의 행위태양이 한꺼번에 보이기는 하나 검찰의 기소 자체는 방문판매법위반에만 한정하여 이루어진 사안으로, ① 피고인들이, W코인 판매를 목적으로 하는 다단계판매조직을 운영한 다단계판매업자가 아니라 단순한 다단계판매원에 불과한지 여부, ② W코인은 재산적 가치가 있는 물건으로서 재화 등의 거래 없이 금전거래를 하거나 재화 등의 거래를 가장하여 사실상 금전거래만을 하는 행위를 하였다고 볼 수 있는지 여부가 문제되었다.

Ⅱ. 대상판결의 분석

1. ① 쟁점(피고인들이 다단계판매업자인지)

방문판매법 제58조 제1항 제1호, 제13조 제1항은 다단계판매업자는 대통령령으로 정하는 바에 따라 소정의 서류를 갖추어 공정거래위원회 또는 시·도지사에게 등록하여야 한다고 규정하면서 이를 위반하여 등록을 하지 않고 다단계판매조직을 개설 또는 운영하는 경우 7년 이하의 징역 또는 2억원 이하의 벌금에 처하고 있다. 그리고 같은 법 제2조 제6호에서는 '다단계판매자'에 대하여 규율하면서 다단계판매를 업으로 하기 위하여 다단계판매조직을 개설하거나 관리·운영하는 자(다단계판매업자)와 다단계판매조직에 판매원으로 가입한 자(다단계판매원)를 나누어 규정하고 있다.

이와 관련하여 방문판매법상 다단계판매조직 등록의무는 다단계판매업자에게만 부과되고 있는바 피고인들은 자신들이 다단계판매조직을 운영한 다단계판매업자가 아니라 그로부터 고용되어 다단계판매업무에 종사한 단순 판매원에 불과하다는 취지로 주장하였으므로 이 사건에서 피고인들이 다단계판매업자에 해당하는지 문제되었다.

앞서 본 법률 문언에 의하면 다단계판매업자는 다단계판매조직을 개설하거나 관리·운영하는 자여야 하고 다단계판매원은 그 외의 자를 의미한다고 할 것이다. 이와 관련하여 방문판매법 제15조 제2항 제4호는 다단계판매업자의 지배주주 또는 임직원은 다단계판매원으로 등록할 수 없다고 규정하고 있는데, 이는 이들을 다단계판매업자로 보고자 하는 취지이다. 그런데 이를 넘어서서 설령 형식적으로 다단계판매업자의 지배주주와 임직원이 아니더라도 실질적으로 다단계판매조직을 운영한다고 볼 수 있다면 다단계판매업자로 보아 무등록 영업행위에 대하여 규제하여야 한다고 봄이 타당하다. 대법원의 경우 '방문판매법에 규정되어 있는 다단계판매의 영업태양 및 다단계판매업자와 다단계판매원 사이의 관계 등에 비추어 볼 때, 다단계판매원이 하위판매원의 모집 및 후원활동을 하는 것은 실질적으로 다단계판매업자의 관리 아래 그 업무를 위탁받아 행하는 것으로 볼 수 있고, 다단계판매업자가 상품의 판매 또는 용역의 제공에 의한 이익의 귀속주체가 된다고 할 것이어서, 다단계판매원은 다단계판매업자의 통제·감독을 받으면서 다단계판매업자의 업무를 직접 또는 간접으로 수행하는 자가 된다'고 판시한 바 있어,[1] 다단계판매원에 대한 통제·감독 권한이 있으면서 상품판매 이익의 귀속주체가 된다면 다단계판매업자에 해당하는 듯한 설시를 하고 있다.

이러한 논지에 따라 대상판결은 피고인들이 Devil 그룹의 그룹장이거나 각 지점의 센터장으로서 각 지점을 관리 및 운영하였고 피고인들이 각각의 판매원들로부터 송금받은 금원을 거의 직접적으로 본사를 송금하고 있어 피고인들이 상위 단계에 위치하고 있다는 등의 이유로 피고인들이 다단계판매원이 아니라 다단계판매업자에 해당한다고 보았다. 여기서 대상판결은 피고인들과 동등한 직위에 있는 제3자가 관련 형사사건에서 다단계판매업자로 인정되었다는 점도 중요한 간접사실로 보았다. 무엇보다 최근 다단계판매조직이 물건 등의 전통적인 재화를 매도하는 방식으로 다단계판매업을 영위하는 것이 아니라 가상자산을 판매하는 방식으로 대체하고 있기 때문에 대상판결은 다단계판매의 대상을 기존의 재화가 아닌 가상자산으로 하더라도 동일한 규제를 받도록 하여야 하고 그 규제를 받지 않으면 피해자나 피해규모가 과대함에도 방문판매법을 잠탈할 우려가 있다고 하여 동일한 법률관계는 동일한 규제를 적용하여야 한다는 취지로 가상자산을 대상으로 하는 다단계판매 또한 그 조직구성에 있어 등록이 요구된다고 판시하였다.

2. ② 쟁점(W코인이 방문판매법 제24조 제1항의 '재화 등'에 해당하는지)

방문판매법 제58조 제1항 제4호, 제24조 제1항 제1호 다.목은 누구든지 다단계판매조직 또는 이와 비슷하게 단계적으로 가입한 자로 구성된 조직을 이용하여 판매업자의 재화등의 공급능력, 소비자에 대한 재화등의 공급실적, 판매업자와 소비자 사이의 재화 등의 공급계약이나 판매계약, 후원수당의 지급조건 등에 비추어 그 거래의 실질이 사실상 금전거래인 행위를 하여서는 아니 된다고 하면서, 이를 위반하는 경우 7년 이하의 징역 또는 2억 원 이하의 벌금에 처하고 있다. 여기서 '재화 등'은 재화 또는 용역이 이에 해당하는데, 그 중 재화는 위 법에 구체적으로 그 의미를 명시하지 않고 있지만 사전적으로 '사람이 바라는 바를 충족시켜 주는 모든 물건'을 의미한다. 이 사건에서는 해당 W코인이 실질적으로 재산적 가치가 있는 재화에 해당하는지 문제되었는데, 대상판결은 위 W코인에 대하여 실제 결제수단으로 사용하는 것이 사실상 불가능하고 가상자산의 실체가 의심스러우며 거래소에 상장되지 않은 점 등에 비추어 재화로서의 가치가 없는 명목상의 가상자산으로 재화임을 가장하여 금전거래를 한 것으로 보았다.

그러나 가상자산의 경우 일부 증권형토큰을 제외하고 대부분에 해당하는 교환형토큰과 유틸리티토큰은 기초자산을 전제하지 않고 있으므로 그 재산적 가치 존재 여부를 식별

---

1) 대법원 2006. 3. 24. 선고 2004도5036 판결

하기 쉽지 않다. 대상판결에서는 피고인들이 투자자들에게 W코인이 거래소에서 상장할 것이라는 취지로 얘기했던 것과 달리 실제로는 거래소에서 상장되지 않았음을 재화성을 부정하는 근거로 설시하였으나 거래소 상장 여부가 반드시 특정 가상자산의 재화성 존재 여부를 좌우하는 것으로 볼 수 없을 것이다. 그러한 논리 하에 의하면 거래소에 상장되었다가 상장 폐지된 경우 재화성이 존재하였다가 소멸되었다고 본다는 것인데 반드시 그렇게 연결된다고 볼 수는 없을 것이다. 마찬가지로 현재 결제수단으로 사용하고 있지 않더라도 수 많은 가상자산 중 결제수단으로 사용하고 있는 것은 비트코인 등 극소수의 가상자산에 불과하다는 점에서 이 또한 재화성이 인정되지 않는다고 단정할 근거로 보는 것은 적절치 않다고 생각한다. 오히려 해당 가상자산의 백서 내용과 해당 가상자산과 관련하여 발행자 측이 행하는 사업 동향 등으로 유추되는 해당 가상자산이 표방하는 사업과 관련한 전망, 실행가능성, 해당 블록체인 생태계의 확장성, 당해 가상자산의 수요와 시장 유동성 등을 더 심리하고 재화성 여부를 판단함이 타당하였다고 보인다.

Ⅲ. 대상판결의 평가

실질적으로 현재 새로 발행되는 가상자산은 다른 방식으로 투자자들을 유치하기 쉽지 않아 다단계판매의 형식으로 투자자들을 모집하여 유통하는 경우가 상당하다. 그리고 만약 위 다단계판매 이후 투자자들이 손해를 입는 경우 투자자들이 발행자 측을 형사 고소하여 방문판매법위반죄 등으로 처벌하고 그렇지 않은 경우는 문제없이 넘어가는 경우가 많다. 그런데 위와 같이 가상자산 투자행위에 대하여 방문판매법위반 여부가 문제되는 경우 법원에서는 특정 가상자산에 대하여 재화성 여부를 판단하기 쉽지 않고 그 기준이 불명확하고 이에 대상판결은 위에서 언급한 바와 같이 결제 가능성, 거래소 상장 여부 등을 판단 기준으로 삼았는데, 그 재화성 여부에 대한 대상판결의 결론 자체는 정당하다고 보더라도 그 이유 부분에 있어서 앞서 본 바와 같이 보강이 필요하다고 보인다. 나아가 장기적으로는 입법론으로서 가상자산을 이용한 위법한 다단계판매와 이로 인한 투자자들의 손해를 예방하기 위하여 가상자산의 발행 및 유통에 있어서 자본시장법상 증권 발행 및 유통과 대등한 수준의 정보제공의무를 부과하고 투자자들이 충분히 그 사업성을 인식하고 투자할 수 있도록 하는 취지로 된 법제도 정비가 필요하다고 보인다.

한편 대상판결은 방문판매법상 다단계판매업자와 다단계판매원에 대하여 명시적으로 구별하고 피고인들을 다단계판매업자로 인정하였는데, 그 판시 과정에 있어서 일반적인 다단계판매와 가상자산을 이용한 다단계판매를 달리 볼 이유가 없다고 하여 동일한 관점과 기준에 따라 다단계판매업자 여부를 판단하였는데, 이는 가상자산을 이용한 다단계판매와 관련한 다른 형사사건[2]들에 있어서도 동일하게 적용될 것으로 보인다.

---

2) 서울중앙지방법원 2019. 1. 10. 선고 2018노1266 판결 등

[24] 투자금을 비트코인으로 구매하여 전자지갑에 송금해 투자자들의 편의를 봐주는 등 투자대행을 한 경우 유사수신행위에 해당하는지 여부

— 대구지방법원 2021. 5. 26. 선고 2020고단4313 판결, 2022. 7. 28. 상고기각 확정 —

[사실 개요]

1. X 업체는 폴란드에서 설립되고 운영되어 온 것으로 추정되는 회사로, 위 회사는 자신들의 홈페이지를 통해 불특정 다수인에게 "X는 소셜미디어 플랫폼 회사이지만 다른 회사들과는 달리 광고·마케팅 수익의 70%를 회원들에게 나누어 주는 시스템으로, 광고팩을 구매하고 하루에 10회 광고를 보기만 하면 단기간에 고소득을 올릴 수 있고, 평생 연금 형식의 수익도 보장된다"며 원금이 보장되는 고수익 사업으로 홍보하여 전 세계적으로 회원들을 모집하고 투자금을 유치하여 오다가, 시스템 업그레이드 등을 이유로 출금기능이 막히는 등 정상적인 운영이 되지 않고 있다.

2. 위 회사는 ① 멤버(가입비 $10), ② 베이직($35), ③ 골드($85), ④ 익스클루시브($185), ⑤ 사파이어($685), ⑥ 로얄($1,685) 등 6단계 회원등급 체계를 가지고 등급별로 수당 지급비율 등에서 차등적 혜택을 부여하여 '로얄' 등급으로 가입하도록 유도하고, '로얄' 등급 회원들에게는 하위 회원들(1대부터 10대까지)의 가입비의 5%를 '프랜드 보너스'로, 직접 추천한 회원들이 받는 프렌드보너스의 10~50%를 '매칭 보너스' 등으로 지급(자체화폐로 X의 계정에 지급하고 해당 화폐는 비트코인 등으로 출금 가능)하는 등 전형적인 다단계 구조로 운영되었다.

3. 피고인은 X의 투자자이자 중간 단계 모집원으로 활동하며, A에게 'X 광고팩을 구입하고 매일 광고를 보면 X 계정에 달러가 쌓이고, 4개월 후에는 원금, 이자 포함 120%를 돌려받을 수 있으니 투자를 하라'고 투자 설명을 하고, 2018. 10. 4.부터 2019. 3. 23.까지 314,566,95원을 교부받았다.

4. 검사는 피고인이 유사수신행위를 하였다는 이유로 피고인을 공소제기 하였다.

[판결 요지]

유사수신행위규제법은 유사수신행위를 금지하면서 '유사수신행위'를 다른 법령에 따른 인가·허가를 받지 아니하거나 등록·신고 등을 하지 아니하고 불특정 다수인으로부터 자금을 조달하는 것을 업으로 하는 행위로서 장래에 출자금의 전액 또는 이를 초과하는 금액을 지급할 것을 약정하고 출자금을 받는 행위(제2조 제1호) 등으로 정의하고 있다. 위 유형의 유사수신행위는 지급약정을 수단으로 하여 자금을 조달하는 행위를 규제하고 있으므로 이 때 지급약정의 의미에 대해서는 유사수신행위법에서 정의하고 있지는 아니하나 이 법이 금융관계법령에 의하여 인허가 등을 받지 아니한 '수신행위' 즉 신용을 공여받는 행위를 규제하는 점, 지급할 것을 약정한다는 것은 법률적으로 지급채무를 부담한다는 의미로 해석함이 통상적인 점을 고려하면, 유사수신행위의 주체는 지급채무를 부담하여 신용을 공여받은 자라고 봄이 상당하다.

X는 '소셜미디어 플랫폼이지만 다른 회사들과 달리 광고·마케팅 수익의 70%를 회원들에게 나누어 주는 시스템으로, 광고팩(1팩당 50달러, 1인당 최대 1,000팩 구매 가능)을 구입하고 하루에 광고 10개를 보면 약 120일 동안 원금 포함 120%의 수익이 발생한다'며 회원들을 모집하고 광고팩 구입을 유도하는 사실, 투자자들이 피고인으로부터 X의 수익구조에 관한 설명을 듣거나 전해 듣고 투자를 한 사실은 인정되나, 한편 피고인은 X의 수익구조를 설명하고 그에 따라 'X'라는 회사가 수익을 지급한다는 취지로 설명한 점, 투자자들은 피고인을 통해 만든 X 계정을 통해 수익금을 지급받았고 피고인으로부터 수익금을 지급받지는 않은 점, 달리 피고인이 지급채무를 부담한다는 취지로 설명하였다고 볼 아무런 자료가 없는 점, 나아가 이 사건 투자는 다단계 방식으로 이루어졌는데 피고인도 X에 투자한 투자자로서 상위 회원이 있는 중간 단계 모집원인 점, 피고인은 현재 재판 중인 소위 '사장급들'을 알지 못하거나 만난 적이 없고, 달리 피고인이 X를 실제로 운영하였다거나 실제 운영자들과 공모하여 다른 투자자들과 차별적인 구조로 수익을 얻었다거나 직책을 부여받았다고 볼 자료가 없는 점(피고인은 위 운영자들과 공범으로 공소가 제기된 것도 아니다), 또한 피고인이 하위 회원을 모집한 것은 X의 운영자들과 의사연락이 있어서가 아니라, 하위 회원이 증가함에 따른 자신의 수익금(추천 보너스 등)을 얻을 목적이었던 것으로 보이고, 투자자들이 보내주는 투자금을 비트코인으로 구매하여 X의 전자지갑에 송금하여 투자자들의 편의를 봐주기도 했는데 이는 투자를 결심한 자들에게 X에 대신 투자해주는 '투자대행'의 역할을 한 것으로 볼 수 있는 점 등을 종합하면, 앞서 본 사실들만으로 피고인이 지급을 약정하여 유사수신행위를 하였다고 볼 수 없다.

해설

I. 대상판결의 의의 및 쟁점

대상판결은 해외에 본사를 둔 것으로 추정되는 다단계 업체인 X에 대한 투자 관련 범행에 관한 것이다. 위 회사는 회원등급을 여러 개로 나누고 차등적 혜택을 부여하여 투자자들을 모집하였는데, 투자자들에게는 하위 회원들의 가입비의 5%를, 직접 추천한 회원들이 받는 보너스의 일정 비율을 추가 보너스로 지급하고, 그 과정에서 자체 발행하는 가상자산으로 X에서 개설된 각자의 계정으로 지급한 후 이를 달러나, 비트코인 등으로 출금가능 하도록 하였다.

대상판결은 가상자산 그 자체의 특수성에 기하여 발생한 범행은 아니나, 자체 발행하는 가상자산을 매개로 하여 이루어진 사건으로 특히 해외에 본사를 두고 운영되는 회사에 투자함에 있어 회사를 소개하고 투자를 유도, 대행하는 자도 유사수신행위규제법에 따라 처벌이 가능한지가 문제되었다.

Ⅱ. 대상판결의 분석

1. 유사수신행위의 처벌 주체

유사수신행위규제법 제2조는 "유사수신행위"란 다른 법령에 따른 인가·허가를 받지 아니하거나 등록·신고 등을 하지 아니하고 불특정 다수인으로부터 자금을 조달하는 것을 업으로 하는 행위로서 '장래에 출자금의 전액 또는 이를 초과하는 금액을 지급할 것을 약정하고 출자금을 받는 행위', '장래에 원금의 전액 또는 이를 초과하는 금액을 지급할 것을 약정하고 예금·적금·부금·예탁금 등의 명목으로 금전을 받는 행위', '장래에 발행가액 또는 매출가액 이상으로 재매입할 것을 약정하고 사채를 발행하거나 매출하는 행위', '장래의 경제적 손실을 금전이나 유가증권으로 보전하여 줄 것을 약정하고 회비 등의 명목으로 금전을 받는 행위'를 말한다고 정하고 있고, 누구든지 유사수신행위를 하여서는 안 되는데 이를 위반한 자는 5년 이하의 징역 또는 5천만 원 이하의 벌금에 처한다고 정하고 있다.

위 규정의 내용에 의하면, 결국 유사수신행위를 하여 처벌을 받는 주체는 '지급약정', '재매입약정', '손실 보전 약정' 등 투자자들과 직접 일정한 약정을 한 자라고 봄이 상당하다.

대상판결은 특히 유사수신행위규제법 제2조 제1호의 '장래에 출자금의 전액 또는 이를 초과하는 금액을 지급할 것을 약정하고 출자금을 받는 행위'에 관한 것인데, 대상판결은 위 지급약정의 의미에 대하여, 유사수신행위규제법이 수신행위를 규제한다는 점, 지급약정이 법률적으로는 지급채무를 부담한다는 의미로 해석함이 통상적이라는 점을 이유로, 유사수신행위 주체는 '지급채무를 부담하여 신용을 공여받은 자'로 보아야 한다고 판단하였다.

유사수신행위규제법이 유사수신행위를 위와 같이 지급약정 등 일정한 약정을 한 행위라고 정하고 있는 만큼 유사수신행위 주체 역시 위 약정의 직접 당사자 또는 사실상 당사자로서 신용을 공여받고, 위 약정상 의무를 부담하는 것으로 보아야 하는 자라고 봄이 타당해 보이므로 위와 같은 대상판결의 입장은 타당해 보인다.

2. 피고인이 유사수신행위의 주체에 해당하는지 여부

대상판결에서 피고인이 과연 투자자와 사이에 위와 같은 신용 공여를 받고 지급약정을 하여 그에 따른 지급채무를 부담하는 자에 해당하는지가 문제되었다. 위와 같은 법리에 의하면, 피고인이 투자자들로부터 신용을 공여받고, 직접 출자금 전액 등의 지급약정의 당사자가 되어 그에 따른 지급채무를 부담하거나 실질적으로 지급 채무를 부담하는지를 기준으로 그 여부를 판단하여야 할 것이다.

대상판결은 여러 사정을 종합한 결과 피고인이 지급약정을 통해 유사수신행위를 하였다고 보기 어렵다고 판단하였다. 먼저 투자자들은 투자금에 대한 수익을 피고인으로부터가 아니라 X 계정을 통해 X로부터 직접 받았고, 피고인이 자신이 위 수익금을 부담한다고 말하였다거나 거래 구조상 실제 피고인이 직접 위 수익금을 부담한다고 볼 여지도 없었다. 피고인은 스스로가 투자자이자 중간 단계 모집원으로 X회사의 경영진이 아니었고 경영진과 의사연락을 통해 출자금 상당의 지급약정 체결과 관련하여 공모 내지 기능적 행위지배를 하였다고 볼 만한 사정도 없었다.

공동정범에서의 공모관계는 암묵적, 순차적으로 이루어질 수 있어 피고인이 X의 경영진과 직접 공모를 한 것이 아니라고 하더라도 죄책을 부담할 수는 있을 것이다. 그러나, 검사는 피고인을 X의 운영자들과 공모관계로 공소제기한 것이 아니고, 또한 피고인은 스스로가 투자자로서 하위 회원 모집을 통해 더 많은 수익금을 받을 목적이 컸던 것으로 보이며, 달리 위 운영자, 경영자들과 암묵적, 순차적으로나마 유사수신행위 공모하였다고 볼 사정도 없었던 것으로 보인다.

결국 피고인은 유사수신행위를 한 자에 해당하지 않고, 이들과 공모를 한 것도 아니므로 무죄를 선고한 대상판결은 타당해 보인다.

Ⅲ. 대상판결의 평가

대상판결은 가상자산을 매개로 투자금을 유치하여 유사수신행위규제법 위반 여부가 문제된 사안이다. 대상판결은 피고인이 중간 모집원에 불과하고 지급약정을 하였다고 볼 수 없는 피고인에 대하여 무죄를 선고하였고, 위 판결은 항소기각, 상고기각으로 위 판결은 그대로 확정되었다.

대상판결은 유사수신행위의 주체에 대해 특히 '지급약정'에 관한 의미를 검토하여 유사수신행위의 주체는 지급채무를 부담하여 신용을 공여받은 자라는 해석을 도출하였다. 유사수신행위의 주체에 대하여 명확한 법상 정의가 없는 상황에서 위와 같은 해석의 시도는 주목할 만하다. 가상자산의 경우 발행주체의 공지 등을 통해 직접 투자를 하는 경우도 있지만 대상판결과 같이 다단계 방식으로 이루어지는 경우 역시 적지 않은 바 이와 같은 경우 범죄의 주체가 될 수 있는지에 대한 기준을 제시한 대상판결은 유사 사례에서 참조할 만하다.

[25] 가상자산을 이용한 방문판매등에관한법률위반의 고의성 판단

— 제주지방법원 2022. 2. 15. 선고 2021노154 판결, 2022. 5. 26. 상고기각 확정 —

[사실 개요]

1. '비트클럽네크워크'는 불특정 다수의 사람들로부터 투자를 받아 아이슬란드 등지에서 비트코인을 채굴한 후 비트코인으로 수익금을 지급하는 속칭 다단계형태의 회사로, 가입비 명목의 미화 99달러 상당과 '풀1지분(미화 500달러), 풀2지분(미화 1,000달러), 풀3지분(미화 2,000달러), 풀4지분(미화 3,500달러)' 중 희망 등급에 맞는 투자금액을 받아 회원을 유치하고, 투자금액 및 하위투자자 모집 실적에 따라 '①일반회원(마이너) − ②빌더 − ③프로빌더 − ④마스터빌더 − ⑤몬스터빌더 − ⑥메가몬스터빌더'로 직급이 구성되며, 직급에 따라 지급되는 수익금의 비율도 증가하는 구조의 회사이다.

2. 피고인은 '비트클럽네트워크'의 국내 사업자로, B와 함께 2017.경부터 제주 지역을 중심으로 하위 투자자를 모집한 사람이고, 공동피고인 A는 위 피고인을 보조하면서 위 강병철에게 하위투자자를 소개하여 준 사람이다.

3. 공동피고인 A은 2017. 10. 18.경 거제시 고현로 59번지에서 피해자 C에게 비트클럽네트워크 회원 가입 및 투자를 권유하면서 '비트 클럽에 투자를 하면 빠르면 7∼8개월, 늦어도 10개월 안에 투자원금을 모두 찾을 수 있고, 33개월(1,000일) 계약 기간에 매월 10%의 일정한 고수익 배당금이 나오고, 재투자 시 복리에 복리 형식으로 이자가 계속 붙어서 매월 고액의 배당금을 120년 평생 연금 식으로 지급하고, 7가지의 각종 보너스를 지급해 준다.'라고 말하고, 피고인도 2017. 10. 20경 제주시 연동 1518-15에 있는 피고인이 운영하는 'NE' 여행사 사무실에서 C에게 비트클럽네트워크 회원 가입 및 투자를 권유하면서 '코인 값이 떨어지면 비트코인이 더 많이 받기 때문에 배당금은 매월 10%씩 꾸준하게 나오므로 큰 차이가 없다. 78만 원 짜리 1개를 가지고 있어도 계약기간 1,000일이 지나면 1개당 매달 20만 원 이상 배당이 나오는데 200개 정도 가지고 있으면 그것만으로도 한 달에 4∼5천만 원씩 배당금을 받을 수 있다."라고 말하였다.

4. 그러나 사실은 위 비트클럽네트워크에 투자를 하더라도 그 배당금은 비트코인 가격의 상승과 하락에 직접적인 영향을 받기 때문에, 비트코인의 가격 하락에도 불구하고 위와 같이 지속적으로 고수익이 보장될 수 있는 구조가 아니었다.

5. 피고인은 C로부터 2017. 10. 20. 피고인 명의의 은행 계좌로 위 비트클럽네트워크 투자금 명목으로 8,000만 원을 송금받은 것을 비롯하여 피해자들로부터 합계 금원을 송금받았다.

6. 이와 관련하여 피고인은 위와 같은 투자설명을 통하여 C를 비트클럽네트워크의 회원으로 모집, C로부터 투자금을 받은 것을 비롯하여 2017. 10. 2.부터 2018. 4. 27.까지 투자자 총 153명으로부터 총 371회에 걸쳐 합계 5,669,883,000원 상당의 금원을 투자금 명목으로 송금받아 다단계 유사조직을 이용하여 재화 등의 거래 없이 금전거래를 하였다는 방문판매등에관한법률위반의 공소사실로 기

소되었다(사기의 공소사실로도 기소되었으나 여기서는 다루지 않음).

7. 위 공소사실에 대하여 제1심판결(제주지방법원 2021. 1. 28. 선고 2020고단2130)은 무죄를 선고하였고, 검사는 제1심판결에 대하여 항소를 제기하면서 '제출된 증거에 의하면 피고인이 다단계 유사조직을 이용하여 재화의 거래 없는 금전거래 또는 재화의 거래를 가장하여 사실상 금전거래만을 하는 행위를 한 사실을 인정할 수 있다'고 주장하였다.

[판결 요지]

1. 방문판매 등에 관한 법률(이하 '방문판매법'이라 한다) 제24조 제1항은 누구든지 다단계판매조직 또는 이와 비슷하게 단계적으로 가입한 자로 구성된 조직을 이용하여 재화 등의 거래 없이 금전거래를 하거나 재화등의 거래를 가장하여 사실상 금전거래만을 하는 행위로서 각 목의 어느 하나에 해당하는 행위를 하여서는 아니 된다고 규정하고 있다. 한편 방문판매법의 규정을 종합하면 '다단계판매'란 판매원의 가입이 단계적으로 이루어져 가입한 판매원의 단계가 3단계 이상일 것, 하위단계의 판매원은 그 상위단계 판매원으로부터 재화 등을 구입한 소비자일 것, 판매원을 단계적으로 가입하도록 권유하는 데 있어 판매 및 가입유치 활동에 대한 경제적 이익(소매이익과 후원수당)의 부여가 유인으로 활용될 것이란 요건을 갖추어야 함을 알 수 있다. 나아가 관련 법률조항의 입법취지 및 관련 규정, 법원의 축적된 해석 등을 종합적으로 고려하면 방문판매법 제24조 제1항 소정의 '이와 유사하게 단계적으로 가입한 자로 구성된 조직'이란 방문판매법 제2조 제5호의 요건을 모두 갖춘 다단계판매조직에는 해당하지 아니하지만 다단계판매의 개념적 구성요소를 상당 부분 갖춘 조직으로서 다단계판매조직으로서의 실질을 유지하고 있는 조직을 의미한다(대법원 2012. 1. 12. 선고 2011도11965 판결, 헌법재판소 2012. 4. 24. 선고 2009헌바329 결정 등 참조).

2. 원심 및 당심이 적법하게 채택하여 조사한 증거들에 의하여 인정되는 다음과 같은 사실 및 사정, 즉 ① 비트클럽네트워크는 상위 추천자가 있어야만 가입할 수 있고 위와 같은 추천에 따라 단계적으로 가입이 이루어져 그 단계가 3단계 이상에 이르는 점, ② 피고인은 몬스터 등급으로 상위 직급에 해당하고 피고인 → A → D → C 등으로 하위 지급자가 설정되어 있어 그로 인한 수당 등을 얻어온 것으로 보이는 점, ③ 피고인이 제출한 2017년 비트클럽네트워크로부터 배당받은 비트코인 내역도 대부분 추천 수당(Binary Earnings, LevelUp Earnings 등)에 해당하고 채굴수당(Mining Earnings)은 추천 수당에 비하면 매우 적은 점, ④ 피고인은 위와 같은 추천 수당을 극대화하기 위해 C 등에게 비트코인네트워크의 계정을 최초로 생성해 줄 때부터 금액을 쪼개어 수십 개의 하위 계정이 상위 계정을 추천인으로 가입하도록 한 점, ⑤ 피고인 및 A가 C 등에게 한 설명도

대부분 추천 수당(보너스) 및 비트코인 가격 상승으로 인한 시세 차익에 관한 것으로 보이는 등 하위 투자자가 가입하도록 권유하는 데에 있어 가입유치 활동에 대한 경제적 이익의 부여가 유인으로 활용되는 점 등을 종합하면, 피고인이 다단계 유사조직을 이용하여 투자금 명목의 돈을 송금받은 사실을 인정할 수 있다.

3. 나아가 피고인은 방문판매법 제24조 제1항의 주체가 "등록하지 않은 다단계판매업자"에 한정된다고 주장하나, 변호인이 근거로 드는 법은 2007년 당시의 법으로서 현행법에는 "누구든지"라고 기재되어 있어 그 범위를 "다단계판매업자"로 제한하고 있지 않음이 명백하다.

4. (그러나) 방문판매법 제24조 제1항 제1호에서 금지하고 있는 "재화 또는 용역(이하 '재화 등'이라 한다)의 거래 없이 금전거래를 하거나 재화 등의 거래를 가장하여 사실상 금전거래만을 하는 행위"란 재화 등을 주고받지 아니하고 오로지 금전수수만을 하거나, 재화 등의 거래를 빙자하여 외형상으로는 재화 등의 거래가 있는 것처럼 보이나 실제로는 재화 등의 거래가 없거나 매우 미미한 정도로만 이루어져 그 실질적 목적은 금전의 수수에만 있는 경우를 의미한다(헌법재판소 2012. 4. 24. 선고 2009헌바329 결정 참조). 비트코인은 경제적인 가치를 디지털로 표상하여 전자적으로 이전, 저장 및 거래가 가능하도록 한 이른바 '가상화폐'의 일종으로 재산적 가치가 있는 무형의 재산이므로(대법원 2018. 5. 30. 선고 2018도3619 판결 등 참조) 비트코인의 재화성을 부인할 수는 없다.

5. 원심 및 당심이 적법하게 채택하여 조사한 증거들에 의하여 인정되는 다음과 같은 사정, 즉 ① 비트클럽네트워크에 투자하는 투자자들은 비트코인 자체가 아닌 "채굴기 지분"에 대한 권리를 취득하고, 회사의 채굴량과 투자자의 지분에 비례하여 비트코인으로 채굴수당을 받게 되는 점, ② 그런데 비트클럽네트워크에 가입한 모든 사람이 받을 채굴수당이 유지되기 위해서는 가입한 사람에 비례하여 채굴기가 늘어나거나 채굴기가 채굴하는 비트코인의 수가 늘어나야 함에도 회원들의 증가에 맞춰 채굴기를 구매하기는 불가능하고 오히려 발행량이 이미 예정되어 있는 비트코인의 특성에 비추어 회원이 늘어나면 채굴량에 따라 지급되는 채굴수당은 점차 감소할 수밖에 없는 구조인데다가 다양한 채굴회사가 등장하고 있었으므로 결국 비트클럽네트워크가 회원들에게 지급할 수 있는 채굴수당은 줄어들 수밖에 없는 구조인 점, ③ 추천수당 등과 같은 보너스 또는 채굴수당으로 지급된 비트코인은 인출할 수 있었으나 계정 생성 시 입금한 비트코인은 1,000일간은 인출할 수 없고 위와 같이 대부분의 투자금이 회원들의 추천 수당 등으로 지급된 것으로 보이는 점, ④ 피고인은 비트코인은 재화 등에 해당하지 않고 그 거래행위 역시 금전거래에 해당하지 않으므로 "재화 등의 거래 없이 금전거래를 한 사실"이 없다고 주장하나, 비트클럽네트워크는 비트코인 자체를 거래한 것이 아니고 "채굴기 지분"을 거래한 것인데,

위 채굴기 지분 또는 위 채굴기가 수행하는 채굴 작업이 재화 또는 용역에 해당하고, 다만 비트코인은 채굴기 지분을 거래하고 각종 보너스 및 채굴수당을 지급하며 비트코인의 가격 상승으로 인한 시세 차익을 얻기 위한 수단으로 사용된 것에 불과한 점, ⑤ 비트클럽네트워크는 2018. 5.경부터 미국에서의 운영을 접은 상태였고, 2019. 2.경에는 러스 메들린 등 경영진이 돌려막기 방식의 사기 혐의로 체포되면서 그 무렵 비트클럽네트워크의 사이트가 폐쇄되었으며, 미국 수사 당국에 의하여 암호화폐 폰지 사기 혐의로 비트클럽네트워크 운영진 3명이 체포되었던 점 등을 종합하면, 비트클럽네트워크의 사업은 비트코인 자체가 아닌 채굴기 지분을 거래하며 그 거래수단으로 비트코인을 이용한 것으로 실제로는 그 채굴기 지분의 거래가 없거나 매우 미미한 정도로만 이루어져 실질적인 사업의 목적은 금전 수수에만 있는 경우에 해당한다고 봄이 타당하므로 "재화 등의 거래를 가장하여 금전거래를 하는 행위"에 해당할 여지는 있으나 공소사실 기재와 같이 "재화 등의 거래 없이 금전거래를 하였다."고 보기는 어렵다.

6. 반면 피고인이 다단계 유사조직을 이용하였다고 하더라도 피고인이 사건 당시 비트클럽네트워크가 재화 등의 거래를 가장하여 사실상 금전거래만을 한다는 사실을 알고 있었어야 그 죄책을 물을 수 있을 것이나, 원심 및 당심이 적법하게 채택하여 조사한 증거들에 의하여 인정되는 다음과 같은 사정, 즉 ① 피고인이 하위 투자자들로부터 돈을 받은 기간은 2017. 10. 2.부터 2018. 4. 27.경까지 약 7개월인데 위 기간동안 비트클럽네트워크는 정상적으로 운영되고 있었고, 2018. 5.경부터 미국에서의 운영을 중단하고 2018. 7.경에 이르러서야 신규 회원 가입 등이 되지 않았던 점, ② 피고인은 국내 최상위 투자자인 홍복희 등으로부터 비트클럽네트워크에 대한 정보를 얻고 있었던 것으로 보이고 위 E, B 등은 비트클럽네트워크의 설립자들과 아이슬란드에 있는 채굴장에 방문하였던 것으로 보이는 점, ③ 피고인도 비트클럽네트워크에 투자하였다가 사이트가 폐쇄됨으로 인하여 비트코인을 인출하지 못하고 있는 것으로 보이는 점 등을 고려하면, 검사가 제출한 증거들만으로는 피고인에게 방문판매등에관한법률위반죄의 고의가 있다고 인정하기 부족하다.

해설

I. 대상판결의 의의 및 쟁점

방문판매 등에 관한 법률(이하 '방문판매법') 제58조 제1항 제4호, 제24조 제1항 제1호는 다단계판매조직 또는 이와 비슷하게 단계적으로 가입한 자로 구성된 조직을 이용하여 재화 등의 거래 없이 금전거래를 하거나 재화 등의 거래를 가장하여 사실상 금전거래만을 하는 행위를 하는 자에 대하여 7년 이하의 징역 또는 2억원 이하의 벌금에 처한다고 규정하고 있다. 위 규정이 명시하는 바와 같이 방문판매법은 다단계판매를 완전히 금지하는 것이 아니라 다단계판매조직을 이용한 판매행위 자체는 허용하면서 그 부작용을 방지하기 위한 취지에서 입법된 것이다. 즉, 다단계판매조직을 이용한 판매행위에 있어 그 거래 대상이 재화, 서비스 등 금전적 가치가 있는 것으로 존재하면 되고 그러한 거래 대상이 존재하지 않는 허위인 경우에만 규제하는 것이다. 허위인 거래 대상에 대하여 대가를 주고 구입할 소비자는 존재하지 않을 것이므로 위 규정은 대부분 사기와 함께 기소되기도 한다.

대상판결도 이와 마찬가지로 방문판매법위반과 사기로 기소된 사안인데, 특히 가상자산의 채굴 투자와 관련하여 방문판매법위반의 고의성이 존재하는지 문제된 사건이다. 위 쟁점에 관하여 많은 가상자산 관련 사건들은 사기죄와 방문판배법위반죄를 동시에 인정하여 피고인을 처벌하고 있는데, 이 사건에서는 피고인에 대하여 무죄를 인정하였다. 여기서 문제된 대상판결의 쟁점은 피고인의 행위가 방문판매법에서 말하는 다단계판매행위에 해당하는지(쟁점 ①), 설령 다단계판매행위에 해당한다고 하더라도 피고인에게 방문판매법위반의 고의가 존재하는지(쟁점 ②), 피고인이 재화 등의 거래 없이 금전거래를 하였다고 볼 수 있는지(쟁점 ③)에 관한 것이었다.

II. 대상판결의 분석

1. 피고인의 행위가 다단계판매행위에 해당하는지(쟁점 ①)

이 사건에서 문제되는 방문판매법 제24조 제1항은 다단계판매조직을 이용한 남용행위를 처벌하고 있고, 그 다단계판매에 대하여 규정하고 있는 같은 법 제2조 제5호는 '다단계판매라 함은 판매업자가 특정인에게 다음 각 목의 활동을 하면 일정한 이익을 얻을 수 있다고 권유하여 판매원의 가입이 단계적으로 이루어지는 다단계판매조직을 통하여 재화 등을 판매하는 것을 말한다'고 규정하고 있다. 그중 가.목에서 당해 판매업자가 공급하는 재화 등을 소비자에게 판매할 것을, 나.목에서 가.목의 규정에 의한 소비자의 전부 또는 일부를 당해 특정인의 하위판매원으로 가입하도록 하여 그 하위판매원이 당해 특정인의 활동과 같은 활동을 할 것을 규정하고 있다.

이 사건에서 피고인 등이 주도하여 만든 조직인 '비트클럽네크워크'는 불특정 다수의 사람들로부터 투자를 받아 비트코인을 채굴한 후 비트코인으로 수익금을 지급하는 방식의 회사로, 가입비 명목의 미화 99달러 상당과 '풀1지분(미화 500달러), 풀2지분(미화 1,000달러), 풀3지분(미화 2,000달러), 풀4지분(미화 3,500달러)' 중 희망 등급에 맞는 투자금액을 받아 회원을 유치하고, 투자금액 및 하위투자자 모집 실적에 따라 '① 일반회원(마이너) – ② 빌더 – ③ 프로빌더 – ④ 마스터빌더 – ⑤ 몬스터빌더 – ⑥ 메가몬스터빌더'로 직급이 구성되며, 직급에 따라 지급되는 수익금의 비율도 증가하는 구조로 되어 있다. 여기에 판결문에서 언급한 바와 같이 위 비트클럽네트워크는 가입자들에게 채굴기에 대한 지분을 부여하되 채굴수당(Mining Earnings)과 추천 수당(Binary Earnings, LevelUp Earnings 등)을 지급하기로 약속을 한 것이다. 채굴수당은 추천 수당과 달리 판매원들의 다단계판매의 대가라기보다는 위 회사에 투자하여 수령한 지분의 배당이라고 볼 수 있는데, 채굴수당의 경우 가입자가 늘어날수록 채굴기에 대한 지분이 희석되고 비트코인 채굴의 반감기가 지나갈수록 이를 채굴하기 더욱 어려워지므로 채굴수당은 지속적으로 적어지고 다단계판매와 밀접하게 관련된 추천 수당은 갈수록 증가할 수밖에 없는 구조로 종국에는 추천 수당이 대부분이 된다. 그리고 피고인 등은 대부분 추천 수당 등을 언급하면서 하위 투자자가 가입하도록 권유하여 위 하위 투자자들에게도 새로운 투자자들을 유치하도록 하였던 사정들에 비추어 볼때 위 비트클럽네트워크는 다단계판매조직에 해당하고 이를 수긍한 대상판결의 판시는 타당하다고 보인다.

2. 피고인에게 방문판매법위반의 고의가 존재하는지(쟁점 ②)

대상판결에서는 '피고인이 하위 투자자들로부터 돈을 받은 기간 동안 비트클럽네트워크는 정상적으로 운영되고 있었고, 미국에서의 운영을 중단한지 얼마 되지 않은 2018. 7.경에 이르러서야 신규 회원 가입 등이 되지 않았던 점, 피고인은 국내 최상위 투자자로부터 비트클럽네트워크에 대한 정보를 얻고 있었던 것으로 보이는 점,피고인도 비트클럽네트워크에 투자하였다가 사이트가 폐쇄됨으로 인하여 비트코인을 인출하지 못하고 있는 것으로 보이는 점 등을 고려하면, 검사가 제출한 증거들만으로는 피고인에게 방문판매법위반죄의 고의가 있다고 인정하기 부족하다'고 판시하였다.

그런데 위와 같이 판시한 사정만으로 피고인에게 방문판매법위반죄의 고의성을 부인할 수 있는지 의문이 있다. 위에서 언급한 바와 같이 위 비트클럽네트워크에 가입자들이 증가할수록 채굴기 등에 대한 지분이 희석화되고 비트코인 채굴의 반감기가 도래할수록 채굴량이 감소하여 채굴수당이 더 적어지고 추천 수당은 증가하는 구조인데, 하위 판매원들에 대한 수당 지급과 관련하여 추천 수당이 대부분이 된다면 어떠한 수익으로 추천 수당을 지급한다는 것인지 의문이 있고 피고인도 이에 대하여 살펴보았어야 한다고 보인다. 만약 하위 판매원들의 투자금으로 채굴기를 늘리거나 이를 증가시키지 않더라도 채굴기를 업그레이드 시키는 등 효용을 늘림으로써 채굴량이 많아진다고 볼 수 있다면 그 수당의 지급을 위한 재무구조에 대하여 수긍할 수 있겠지만 이러한 보장이 전혀 없는 상태에서 지급한다는 보너스 수당, 추천 수당은 재화나 용역의 대가 없이 혹은 이를 가장하여 지급할 것을 약정하였다고 볼 여지가 있다. 이는 피고인이 당시 위 네트워크의 상위 가입자이고 중간 또는 하위 가입자에 해당하지 않는 점, 피고인으로서는 위 투자가 비트코인을 대상으로 한 것인지 채굴기를 대상으로 한 것인지에 대하여도 투자권유단계에서 명확히 알아보았어야 함에도 이를 이행하지 않았던 것으로 보이는 점, 피고인의 투자자들에 대한 권유 내용, 경위 등에 비추어 볼 때 더욱 그러하다. 이러한 경우 피고인에게 방문판매법위반의 미필적 고의의 여지가 있어 보이고 대상판결에서 그 고의성을 부인하기 위해서는 더 이유를 보강하는 것이 필요해 보인다.

3. 피고인이 재화 등의 거래 없이 금전거래를 하였다고 볼 수 있는지(쟁점 ③)

대상판결에서는 비트클럽네트워크의 사업은 비트코인 자체가 아닌 채굴기 지분을 거래하며 그 거래수단으로 비트코인을 이용한 것으로 실제로는 그 채굴기 지분의 거래가 없거나 매우 미미한 정도로만 이루어져 실질적인 사업의 목적은 금전 수수에만 있는 경우에 해당한다고 봄이 타당하므로 '재화 등의 거래를 가장하여 금전거래를 하는 행위'에 해당할 여지는 있으나 공소사실 기재와 같이 '재화 등의 거래 없이 금전거래를 하였다'고 보기는 어렵다고 판시하였다. 이에 대한 근거로 비트클럽네트워크에 투자하는 투자자들은 비트코인 자체가 아닌 '채굴기 지분'에 대한 권리를 취득하고, 회사의 채굴량과 투자자의 지분에 비례하여 비트코인으로 채굴수당을 받게 되는 점, 회원들의 증가에 맞춰 채굴기를 구매하기는 불가능하고 오히려 발행량이 이미 예정되어 있는 비트코인의 특성에 비추어 회원이 늘어나면 채굴량에 따라 지급되는 채굴수당은 점차 감소할 수밖에 없는 구조인 점, 미국 수사 당국에 의하여 암호화폐 폰지 사기 혐의로 비트클럽네트워크 운영진 3명이 체포되었던 점 등을 들었다.

이와 관련하여 대상판결이 재화 등의 거래를 가장하여 금전거래를 하는 행위에 해당한다고 본 것을 타당하나 이를 '재화 등의 거래를 가장하여 금전거래를 하는 행위'에 해당할 여지는 있으나 공소사실 기재와 같이 '재화 등의 거래 없이 금전거래를 하였다'고 보기는 어렵다고 보아 구성요건해당성을 부인한 것은 타당하지 않다고 보인다. 방문판매법 제24조 제1항 제1호는 '재화 등의 거래 없이 금전거래를 하거나 재화등의 거래를 가장하여 사실상 금전거래만을 하는 행위'를 금지 대상으로 명시하고 있는데 이를 별개의 죄로 볼 수 있는지부터 의문이 있을 뿐만 아니라 설령 공소장에 공소사실 부분에 '재화 등의 거래 없이 금전거래를 하였음'을 기재하였더라도 증거만 충족된다면 법원이 스스로 재화 등의 거래를 가장하여 사실상 금전거래만을 하는 행위로 보아 구성요건해당성을 인정하더라도 무방하다고 보이고 그렇게 하더라도 피고인의 방어권을 침해하였다고 볼 수 없다고 생각한다.

Ⅲ. 대상판결의 평가

　　요즘 가상자산을 이용한 다단계판매가 많이 증가하고 있고 사기, 유사수신과 결부되어 많은 피해자들을 양산하고 있다. 이와 관련하여 많은 형사판결들은 가상자산을 활용한 다단계판매에 대하여 방문판매법위반의 유죄를 선고하고 있는바 피고인에게 무죄를 선고한 대상판결은 그 판결 이유의 타당성을 검토할 만한 가치가 있다고 보인다. 대상판결 사안과 관련하여 주목할 점은 가상자산을 이용한 많은 다단계판매 행위가 위 방문판매법위반죄의 구성요건에 완전히 들어맞게 이루어지는 것은 아니고 이를 회피하기 위한 형식을 마련할 수 있다는 점이다. 예를 들어 실질적인 구조는 3단계 이상의 모집방식을 취하고 있으나 형식적으로는 3단계 미만의 모집 방식을 취하는 경우, 다단계판매의 표지인 추천 수당과 관련하여 마치 가상자산의 에어드랍, 렌딩 또는 스테이킹의 수당의 형식으로 지급하는 경우, 대상판결 사안과 같이 채굴수당과 추천 수당을 섞어놓는 경우 등이 있을 수 있을 것이다. 이러한 경우 피고인에게 방문판매법위반죄에 해당하는지 애매할 수 있고 그 유죄 여부를 판단하기 어려워질 수 있다.

　　이러한 경우 투자자들의 모집 구조, 추천 수당 지급을 위한 자금 조달 방법과 그 타당성·현실가능성, 해당 피고인이 그 투자 구조에서 상위 투자자에 속하는지 여부, 구체적인 사안에서 피고인의 언행 등을 종합적으로 고려하여 그 형식에 구애받지 않고 실질적인 법률관계 등을 고려하여 방문판매법위반 여부를 판단하여야 할 것이다. 마지막으로 대상판결은 '비트코인은 경제적인 가치를 디지털로 표상하여 전자적으로 이전, 저장 및 거래가 가능하도록 한 이른바 '가상화폐'의 일종으로 재산적 가치가 있는 무형의 재산이므로 비트코인의 재화성을 부인할 수는 없다고 판시하였는바 방문판매법 제24조 제1항 제1호의 '재화 등'에 해당하였다고 본 의의도 있다.

[26] 가상자산을 교부받은 행위가 유사수신행위법에서 금지하고 있는
'출자금' 수취 행위 및 방문판매법에서 금지하고 있는 재화 등의 거래
없이 다단계 판매조직 또는 이와 유사한 다단계조직을 이용하여 한
'금전거래'에 해당하는지 여부

— 서울고등법원 2022. 5. 12. 선고 2021노2074 판결, 2022. 8. 25. 상고기각 확정 —

[사실 개요]

1. 피고인은 가상자산 투자상품 및 관련 인터넷사이트를 개발하여 운영, 관리하고, 사업설명회를 실시하여 불특정 다수의 투자자를 모집하며, 투자자들로부터 투자받은 가상자산을 직접 매매하여 운용한 이 사건 사업의 '총책'이다.

2. 피고인은 X 상호로 '가상자산 블록체인 전문 소프트웨어 개발' 회사를 설립하고 이를 내세워 케이블 TV 및 유튜브 방송에서 예명으로 활동하며 가상자산 매매기법 등을 소개하여 인지도를 쌓아 오던 중 2019. 4. 초순경 공범들과 이 사건 사업을 함께 진행하기로 하였고, 이후 순차적으로 '최상위사업자'들과도 뜻을 모아 카카오톡 메신저 단체방인에서 사업 진행을 모색하면서 그들로 하여금 상위사업자들과 함께 불특정 다수의 투자자를 다단계 방식으로 모집하게 하여 투자를 받았다. 또한 피고인은 가상자산 투자를 위한 인터넷사이트를 구축하여 2019. 4. 29. 도메인 등록을 하고, 다수의 투자자들이 인터넷 회원 가입을 하자, 2019. 7. 25. 이 사건 사업의 진행을 위해 사무실을 마련하고 직원들로 하여금 전반적인 운영을 관리하게 하고, 투자자들의 입출금 관리 및 고객센터를 두고 상담 업무를 하게 하였다.

3. 피고인은 2019. 4. 27.경부터 2019. 11. 25.경까지 불특정 다수의 투자자들을 상대로 이 사건 사업 설명을 통해 모두 사실이 아님에도 홍콩에 있는 회사가 이더리움 계열회사 중 세계 10위 안에 들고, 자산이 수조 원으로 수년간 배당금을 정상적으로 지급해온 회사이며, 가상자산 트레이딩을 통해 수익을 창출하고, 홍콩에 있는 본사에서 직접 플랫폼을 운영하여 투자자의 입출금을 관리한다고 하면서, 자신들에게 이더리움, 이더리움클래식을 투자하면 원금 보장 및 최소 매월 10% 이상 배당을 지급해주고, 다단계식으로 매일 일정 비율 수익을 배당하겠다 등으로 피해자들 기망하였다. 이를 통해 피고인은 피해자들로부터 총 13,293회에 걸쳐 피고인 명의의 여러 가상자산 전자지갑으로 합계 27,600,754,957원 상당{109565.827328 이더리움(ETH), 207985.0134 이더리움클래식(ETC)을 각 원화로 환산하여 합산}의 가상자산을 교부받았다.

4. 검사는 피고인을 사기 및 유사수신행위의규제에관한법률위반, 방문판매등에관한법률위반의 혐의로 공소제기를 하였고, 제1심법원은 모든 범죄사실을 유죄로 인정하였다(서울중앙지방법원 2021. 11. 5. 선고 2020고합959 판결).

5. 이에 피고인은 사실오인 및 법리오해, 양형부당을 이유로, 검사는 양형부당을 이유로 각 항소하였는데, 특히 피고인은 유사수신행위의규제에관한법률위반 및 방문판매등에관한법률위반의 점과 관련하여 피고인은 국내법상 통화로 인정받는 화폐가 아닌 가상화폐인 이더리움과 이더리움클래식을 투자자로부터 교부받은 것이므로, 이는 유사수신행위법에서 금지하고 있는 '출자금'을 지급받은 행위에 해당하지 않고, 방문판매법에서 금지하고 있는 재화 등의 거래 없이 다단계 판매조직 또는 이와 유사한 다단계조직을 이용하여 한 '금전거래'에도 해당하지 않는다고 주장하였다

[판결 요지]

1. 유사수신행위를 규제하려는 입법 취지는 관계 법령에 의한 허가나 인가를 받지 않고 불특정 다수인으로부터 출자금 또는 예금 등의 명목으로 자금을 조달하는 행위를 규제하여 선량한 거래자를 보호하고 건전한 금융질서를 확립하려는 데에 있으므로, 이러한 입법 취지나 유사수신행위법 규정상 '출자금'이라는 용어의 의미에 비추어 보면, 실질적으로 상품의 거래가 매개된 자금의 수입은 이를 출자금의 수입이라고 보기 어려우나 그것이 상품의 거래를 가장하거나 빙자한 것이어서 실제로는 상품의 거래 없이 금원의 수입만 있는 것으로 볼 수 있는 경우에는 이를 법에서 금하는 유사수신행위로 볼 수 있다(대법원 2007. 4. 12. 선고 2007도472 판결 참조).

방문판매법상 '재화 등의 거래 없이 금전거래만을 하거나 재화 등의 거래를 가장하여 사실상 금전거래만을 하는 행위'란 재화 등의 주고받음이 없이 오로지 금전수수만을 하거나, 재화 등의 거래를 빙자하여 외형상으로는 재화 등의 거래가 있는 것처럼 보이나 실제로는 재화 등의 거래가 없거나 매우 미미한 정도로만 이루어져 그 실질적 목적은 금전의 수수에만 있는 경우를 의미한다 할 것이다. 이에 해당하는지 여부는 구체적인 사건에서 당해 재화 등의 객관적 가치 및 공급가액의 적정성, 공급을 받는 자의 사용·소비 의도 유무, 투자금의 회수 예정 여부 등 제반 사정을 종합하여 판단하여야 한다(헌법재판소 2012. 4. 24. 선고 2009헌바329 전원재판부 결정 참조).

3. ① 경제적인 가치를 디지털로 표상하여 전자적으로 이전, 저장 및 거래가 가능하도록 한 이른바 '가상화폐'의 일종인 이더리움 및 이더리움클래식의 성질, ② 이 사건 투자자들은 오로지 투자할 목적으로 이더리움 및 이더리움클래식 등을 구매하면서 그 구매자금을 투자금으로 인식하였던 점, ③ 투자자들의 수익 실현 절차는 이더리움 및 이더리움클래식의 취득만이 아니라 취득한 이더리움 및 이더리움클래식을 실물 화폐로 환전하는 것까지 예정하고 있는 점, ④ 이더리움 및 이더리움클래식은 거래소를 통하여 곧바로 매도하여 쉽게 현금화 할 수 있는 점, ⑤ 일부 피해자들은 이더리움을 구매하는 방법을 알지 못하여 현금을 지급하였고 피고인 측에서 이더리움의 구매 및 입금을 도와준 점 등

을 종합하면, 피고인이 피해자들로부터 이더리움 및 이더리움클래식을 교부받은 행위는, 유사수신행위법 제2조에 정한 '출자금을 받는 행위' 및 방문판매법 제24조 제1항 제1호에 정한 '재화 등의 거래 없이 금전거래를 하거나 재화 등의 거래를 가장하여 사실상 금전거래만을 하는 행위'에 해당한다.

해설

Ⅰ. 대상판결의 의의 및 쟁점

대상판결에서 피고인은 다수의 피해자들을 기망하여 이들로부터 거액에 이르는 가상자산인 이더리움과 이더리움클래식을 교부받았다. 검사는 위 행위에 대해 사기뿐만 아니라 유사수신행위법에서 금지하는 '출자금을 받는 행위' 및 방문판매법에서 금지하는 '재화 등의 거래 없이 금전거래를 하거나 재화 등의 거래를 가장하여 사실상 금전거래만을 하는 행위'에 해당한다고 보아 위 각 죄에 대하여도 공소를 제기하였다.

종래에는 위와 같은 범죄가 문제되는 경우 보통 강제통용력이 있는 법정화폐인 원화가 주로 그 매개체로 활용되었을 것이나, 가상자산의 등장 이후에는 대상판결과 같이 가상자산도 위 법이 적용되는 '출자금', '금전거래' 등에 해당하는지가 새로운 문제로 대두되었다.

Ⅱ. 대상판결의 분석

1. 처벌조항의 내용 및 취지

대상판결에서 적용되는 처벌조항의 내용은 아래와 같다.

유사수신행위법

제2조(정의) 이 법에서 "유사수신행위"란 다른 법령에 따른 인가·허가를 받지 아니하거나 등록·신고 등을 하지 아니하고 불특정 다수인으로부터 자금을 조달하는 것을 업(業)으로 하는 행위로서 다음 각 호의 어느 하나에 해당하는 행위를 말한다.

  1. 장래에 출자금의 전액 또는 이를 초과하는 금액을 지급할 것을 약정하고 출자금을 받는 행위

제3조(유사수신행위의 금지) 누구든지 유사수신행위를 하여서는 아니 된다.

제6조(벌칙) ① 제3조를 위반하여 유사수신행위를 한 자는 5년 이하의 징역 또는 5천만원 이하의 벌금에 처한다.

> **방문판매법**
>
> **제24조(사행적 판매원 확장행위 등의 금지)** ① 누구든지 다단계판매조직 또는 이와 비슷하게 단계적으로 가입한 자로 구성된 조직을 이용하여 다음 각 호의 어느 하나에 해당하는 행위를 하여서는 아니 된다.
>
> 　1. 재화 등의 거래 없이 금전거래를 하거나 재화등의 거래를 가장하여 사실상 금전거래만을 하는 행위로서 다음 각 목의 어느 하나에 해당하는 행위
>
> **제58조(벌칙)** ① 다음 각 호의 어느 하나에 해당하는 자(제29조제3항에 따라 준용되는 경우를 포함한다)는 7년 이하의 징역 또는 2억원 이하의 벌금에 처한다. 이 경우 다음 각 호의 어느 하나에 해당하는 자가 이 법 위반행위와 관련하여 판매하거나 거래한 대금 총액의 3배에 해당하는 금액이 2억원을 초과할 때에는 7년 이하의 징역 또는 판매하거나 거래한 대금 총액의 3배에 해당하는 금액 이하의 벌금에 처한다.
>
> 　4. 제24조제1항 또는 제2항에 따른 금지행위를 한 자

　이와 같이 유사수신행위를 규제하는 입법 취지는 관계 법령에 의한 허가나 인가를 받지 않고 불특정 다수인으로부터 출자금 또는 예금 등의 명목으로 자금을 조달하는 행위를 규제하여 선량한 거래자를 보호하고 건전한 금융질서를 확립하려는 데에 있다(대법원 2005. 11. 24. 선고 2003도2213 판결 등 참조).

　한편, 사전적으로 '출자금'은 '자금으로 낸 돈'을 말하고 '자금'은 '사업을 경영하는 데에 쓰는 돈' 등을 의미하고[헌법재판소 2019. 4. 11. 선고 2017헌바388, 2018헌바378(병합) 전원재판부 결정], 가상자산이 강제통용력이 있는 법정화폐의 지위를 가지고 있지는 않으며, 죄형법정주의 원칙까지 고려한다면, 위 출자금의 개념을 지나치게 확장해석 하여 가상자산도 이에 포함시키는 것은 다소 어려울 것으로 보인다. 그러나 이러한 점을 악용하여 사실은 금전을 지급받는 것이나 그 형식만을 가상자산 등 금전으로 쉽게 환가할 수 있는 자산으로 지급받는 경우가 있을 수 있으므로 재산상 가치가 있고, 금전으로서 쉽게 환가가 가능하여 이를 통한 자금 조달을 용이하게 할 수 있어 실질적으로 금전을 지급받은 것으로 평가할 수 있다면 이러한 자산을 지급받는 행위 역시 위 조항에서 정한 금지되는 행위로 봄이 상당할 것이다.

　또한 방문판매법상 처벌 규정은, 다단계판매가 거래대상이 되는 상품의 품질이나 가격과 무관하게 하위판매원의 확보에 따른 이윤획득에 치우치게 되거나 실제 상품의 거래 없이 혹은 명목상 거래만으로 다단계판매가 행해지는 금전다단계판매로 변질될 수도 있고, 판매원의 주된 이익이 상품판매보다는 판매원의 신규 가입에 의존하는 불법적 형태의 다단계판매, 소위 피라미드 판매는 다단계판매자의 허위·과장광고에 따라 높은 액수의 후원수당을 기대하고 하위판매원으로 가입한 다수 소비자에게 심각한 피해를 야기하기도 하는바,

위 규정은 이러한 다단계판매의 변칙적 운용으로 인한 위와 같은 피해를 방지하기 위하여 제정되었다(헌법재판소 2012. 4. 24. 선고 2009헌바329 전원재판부 결정 참조). 결국 위 조항 역시 위 유사수신행위법의 규정과 그 입법취지가 유사한 바 방문판매법에서 정한 '금전'거래 역시 그 앞서 본 바와 같이 해석함이 타당해 보인다.

2. 대상판결에의 적용

대상판결에서 피고인은 금전이 아닌 가상자산을 지급받았다. 그런데 가상자산 특히 이 사건에서 문제되는 이더리움과 이더리움클래식은 가상자산을 대표하는 가상자산으로, 이더리움은 전체 가상자산 중 시가총액 2위를 차지하고 있고(이 사건 범행 당시 및 2022년 현재에도 마찬가지다), 이더리움클래식 역시 이더리움에는 미치지 못하지만 전체 가상자산 중 비교적 높은 시가총액 및 순위를 보유하며[1] 둘 모두 국내외 유수의 거래소에서 활발하게 거래되고 있다. 이처럼 피고인들이 받은 가상자산은 모두 재산상의 가치가 있고 쉽게 금전으로 환가할 수도 있는바, 이를 받은 행위 역시 위 각 법에서 정한 '출자금'이나 '금전'을 받은 행위에 해당한다고 평가하는 것이 타당하다.

한편 가상자산이 재산상 가치가 있는지와 관련하여, 법으로 강제통용력이 인정되거나 그러한 수준의 국민적 인식이 존재한다고 보기는 어려울 것이나, 특정금융정보법은 가상자산을 '경제적 가치를 지닌 것으로서 전자적으로 거래 또는 이전될 수 있는 전자적 증표(제2조 제3호)'라 정의하고 있고, 적어도 대상판결에서 문제되는 이더리움, 이더리움클래식은 현실적으로도 그 가치를 인정받아 매우 활발한 거래가 이루어지고 있으며, 대법원 역시 가상자산인 비트코인은 경제적인 가치를 디지털로 표상하여 전자적으로 이전, 저장 및 거래가 가능하도록 한 이른바 '가상화폐'의 일종으로 재산적 가치가 있는 무형의 재산이라거나(대법원 2018. 5. 30. 선고 2018도3619 판결 등 참조), 비트코인은 사기죄에서의 재산상 이익에 해당한다고 판시하기도 한 만큼(대법원 2021. 11. 11. 선고 2021도9855 판결 참조), 이더리움과 이더리움클래식 역시 재산상 가치가 있음은 분명해 보인다.

대상판결에서 피해자들의 인식과 수익 창출 방식, 피고인의 목적 등을 고려하면, 이 사건 범행에서 가상자산은 단순한 매개일 뿐 실질적으로 피고인은 금전을 지급받은 것으로 평가할 수도 있다. 피해자들인 투자자들은 피고인이 요구에 따라 가상자산을 구매하여 피고인에게 투자한 것으로 단지 위 가상자산을 구매하는 자금 그 자체를 투자금으로 인식하였고, 특별히 가상자산만의 고유한 특성을 고려하여 가상자산으로 투자한 것으로 보이지는 않는다. 더군다나 피해자들의 목적은 위와 같은 투자를 통해 수익을 보고 최종적으로 현금

---

1) 2022. 11. 16. 기준 시가총액은 3,765,764,396,079원으로 전체 23위에 해당한다(https://coinmarketcap.com〉currencies〉ethereum‒classic).

으로 환가하려 하였다고 봄이 상당하므로 이러한 점에서도 가상자산을 지급한 행위를 금전을 지급한 행위와 구별하여 볼 것은 아니다. 또한 피고인 역시 가상자산을 받아 이를 이용해 자금을 조달할 목적이었다. 결국 위 범행에서 가상자산은 단순히 투자금 및 수익금을 산정하거나 수수하는 단위 내지 매개일 뿐 이더리움 및 이더리움클래식을 활용하였을 뿐 실질은 금전을 지급한 것으로 평가할 수 있을 것이다.

유사수신행위법의 입법취지는 선량한 거래자를 보호하고 건전한 금융질서를 확립에 있다. 그런데 가상자산을 이용한 디파이(DeFi, Decentralized Finance, 탈중앙화 금융) 형태의 거래는 기존의 금융과는 구별되고 아직 이에 대한 명확한 법적 정의나 규제가 없어 위 법에서 보호하고자 하는 금융질서에 포함되는지 의문이 있을 수 있다. 그러나 가상자산 거래를 통한 선량한 거래자 보호라는 취지는 이 사건에서도 적용될 수 있고, 특히 대상판결에서 가상자산은 금전거래를 위한 단순 매개에 불과하고 실질은 금전의 거래라고 볼 수도 있어 이는 기존 금융질서를 해하게 되는 결과를 초래하므로 이러한 점에서도 위와 같은 해석 및 피고인에 대한 처벌은 타당해 보인다.

대상판결 역시 결론적으로 피고인의 주장을 배척하고 유죄로 판단하였고, 피고인이 다시 상고하였으나 대법원은 대상판결의 결론을 지지하였다.

Ⅲ. 대상판결의 평가

대상판결은 유사수신행위법, 방문판매법상 금지되는 출자금 지급받은 행위, 금전거래 행위에 피고인이 가상자산을 받은 행위가 포함되는지에 관한 판결이다. 대상판결은 위 '출자금', '금전'에 가상자산이 포함되는지에 대하여는 명시적으로 판시하지 않고, 가상자산의 경제적 가치, 가상자산은 매개에 불과하고 실질적으로는 금전의 거래에 해당하는 사정 등을 고려하여 피고인의 행위가 각 처벌대상이 된다고 판시하였고, 대법원 역시 이에 대한 명확한 판시를 하지 않은 채 대상판결의 결론을 유지하였다.

아직 가상자산의 성격에 대한 정의가 명확하지 않은 상황에서 위와 같은 판시가 최선이었다고 보이고, 적어도 유사한 사례에서도 많은 경우가 대상판결과 같이 피고인, 피해자들의 인식과 목적 등에 비추어 가상자산의 지급이 사실상 금전거래와 동일하다고 평가할 수 있는 경우가 많을 것이므로, 대상판결과 같은 결론을 취하는 것이 어렵지 않아 보인다. 다만, 가상자산 자체가 목적이 된 유사수신행위가 위 법의 적용대상이 되는지는 논란이 있을 것으로 보인다. 대상판결은 가상자산을 지급받는 행위도 유사수신행위법과 방문판매법의 적용이 될 수 있음을 판시한 판결로서 가상자산의 법적 성격이 명확히 규정되기 전까지는 유사 사례에서 선례가 될 것으로 보인다.

[27] 가상자산이 방문판매법상의 재화에 해당하는지 여부

― 전주지방법원 2023. 2. 16. 선고 2021노1989 판결, 2023. 2. 24. 확정―

[사실 개요]

1. X는 미국 캘리포니아주에서 인터넷 게임 사이트 등을 운영하며 비트코인 등 가상자산 채굴, 거래, 'BGC 코인' 상장 등을 통해 수익을 창출하여 수익금을 지급할 것처럼 광고하는 온라인 상품을 다단계 형태로 판매하는 회사이다.

2. A는 X의 일명 '국내 1번 사업자'로서 전국에 센터를 조직하고, 국내 투자자들의 전산 계정을 관리하는 사람이고, 피고인은 위 A 등의 하위 투자자이자 일명 '군산 센터장'으로서 군산 일대에 소재한 투자자들을 관리하였다.

3. 검사는, 피고인이 위 A 등과 공모하여 시·도지사에게 등록하지 아니하고, 2018. 4.경 'X' 온라인 상품에 대한 투자자를 모집하면서 "비트코인을 구매하여 미국 X 본사 전자지갑에 보내면 '달러'로 표시되는 포인트를 받게 되고, 이를 이용해 'BGC 코인'을 구매하면, 'BGC 코인'이 2018. 7.경 110원에 상장된 다음 100,000원 정도 까지 가격이 오를 것이니 투자하라. 이와 더불어 투자자들은 하위 투자자 유치 실적 등에 따라 데일리 수당으로 본인 투자금의 0.5~0.8%, 추천수당으로 하위 투자자 투자금의 10%를 각각 지급받을 수 있고, 나아가 후원수당, 추천매칭, 롤업수당 등을 별도로 지급받을 수 있다."는 취지로 투자설명을 하며 투자자 겸 판매원을 모집하여, 후원수당 등을 매개로 '판매원 ― 1대 하위 판매원 ― 2대 하위 판매원 ― 3대 하위 판매원 ― 4대 하위 판매원'식으로 순차적으로 가입한 3단계 이상의 다단계 판매조직과 비슷하게 단계적으로 가입한자로 구성된 조직을 이용하여 재화 등의 거래 없이 2018. 4. 18.부터 2018. 8. 20.까지 투자자들로부터 총 161회에 걸쳐 합계 278,550,000원을 송금받았다면서 방문판매등에관한법률위반의 혐의로 피고인을 공소제기 하였다.

4. 이에 제1심법원(전주지방법원 군산지원 2021 고정107호)은 비트코인과 같은 가상자산은 결제수단의 지위를 가질 뿐 방문판매법이 정한 '재화 등'에는 해당하지 않는다고 보아 무죄를 선고하였고, 이에 검사가 항소하였다.

[판결 요지[1]]

1. 인정사실

기록에 의하면 ① 피고인이 구매자들로부터 돈을 지급받으면 그 대가로 X의 계좌를 개설해주고, 위 계좌에는 이 사건 달러가 수당의 형식으로 매일 지급되는 사실, ② 구매자들은 자신의 이름으로 개설된 위 계좌에 지급된 이 사건 달러와 관련하여, 본사인 X에

---

1) 쟁점과 관련이 있는 부분만 기재한다.

환전을 신청하면 X 본사는 그 당시의 전환율에 따라 이 사건 달러를 '비트코인'으로 전환하여 그 계좌주에게 지급하는 사실, ③ 구매자들은 이 사건 달러를 위와 같이 '비트코인' 형태의 암호화폐로 전환하여 지급받는 것 외에도 위 X에서 개발한 암호화폐인 'BGC 코인'으로도 전환하여 지급받을 수 있는 사실, ④ 이 사건 달러는 위와 같이 '비트코인' 또는 'BGC 코인'과 같은 암호화폐로 전환하거나, 그 회원들 사이의 사적인 거래를 통하는 것 외에는 실물 자산으로 변환할 방법이 없는 사실은 각 인정된다.

2. 암호화폐가 방문판매법 제2조 제1호의 '재화 등'에 해당하는지 여부

방문판매법 제2조 제1호는 '재화 등'이라 함은 재화 또는 용역을 의미한다고 규정하고, 부가가치세법 제2조 제1호, 제2호에 의하면 '재화'란 재산 가치가 있는 물건 및 권리를 의미하되, 여기서 '물건'이란 상품, 제품, 원료, 기계, 건물 등 모든 유체물과 전기, 가스, 열 등 관리할 수 있는 자연력이 이에 해당하고, '권리'는 광업권, 특허권, 저작권 등 위 물건 외에 재산적 가치가 있는 모든 것을 의미한다(부가가치세법 시행령 제2조).

'비트코인'과 같은 가상화폐의 성질이 금전인지 자산인지 등에 관하여 여전히 논란이 있고, 이러한 가상화폐가 법률적으로 방문판매법이 규정하는 '재화 등'의 개념에 포섭될 수 있는 것인지 분명하지 않은 부분이 있기는 하다. 그러나 적어도 현재 전 세계에서 수많은 개인과 기업이 '비트코인' 등 가상화폐의 가치를 인정하고 거래 및 투자수단으로서 별도의 시장을 형성하여 거래되고 있는 점, 대법원은 '비트코인'이 재산적 가치가 있는 무형의 재산이라고 하면서 범죄수익 몰수의 대상이 된다고 판단한 바 있는 점 등을 감안하면(대법원 2018. 5. 30. 선고 2018도3619 판결 등 참조), '비트코인'과 같은 가상화폐가 적어도 그 자체로 일정한 재산적 가치를 가지는 대상물이라고 판단된다. 여기에 아직 가상화폐가 실물경제에서 교환의 수단이나 가치의 척도로서의 역할을 하여 금전을 대체하는 역할을 하고 있지는 아니한 점, 가상화폐가 통상 투자의 대상으로 여겨지기는 하나, 주식이나 채권처럼 별도의 제도와 법리로 규제하고 있지도 아니한 점을 고려하면, 이 사건에서 '비트코인'이나 'BGC 코인'의 가상화폐는 일응 방문판매법이 규정하는 '재화 등'에 해당되는 것으로 보아야 한다. 이 부분 원심과 판단을 달리한다.

해설

I. 대상판결의 의의 및 쟁점

대상판결에서 구매자들이 피고인 등을 통해 거래하는 방식은 다음과 같다. 피고인이 구매자로부터 돈을 지급받으면 그 대가로 X의 계좌를 개설해주고, 위 계좌에는 위 X라는 조직 내에서 통용되는 결제수단(이를 '달러'라고 지칭, 이하 '달러')이 수당의 형식으로 매일 지급된다. 구매자들은 자신의 이름으로 개설된 위 계좌에 지급된 달러와 관련하여, 본사인 X에 환전을 신청하면 본사는 그 당시의 전환율에 따라 그 '달러'를 '비트코인'으로 전환하여 그 계좌주에게 지급한다. 구매자들은 그 '달러'를 위와 같이 '비트코인' 형태의 가상자산으로 전환하여 지급받는 것 외에도 위 X에서 개발한 'BGC 코인'으로도 전환하여 지급받을 수 있다.

한편 검사는 피고인을 방문판매법 제58조 제1항 후문 제1호, 제13조 제1항(무등록 방문판매업의 점), 제58조 제1항 후문 제4호, 제24조 제1항 제1호 후단 나목(가장거래의 점)을 적용하여 공소제기 하였고, 항소심에서는 동법 제24조 제1항 제1호 다목을 선택적으로 추가하였다. 그런데 위 조항 모두에는 '재화 등'이라는 구성요건이 존재한다. 따라서 대상판결에서는 위 구성요건 해당 여부와 관련하여 위와 같은 거래를 통해 구매자들이 구매한 대상 및 그 성격 등이 문제되었다.

Ⅱ. 대상판결의 분석

1. 이 사건 처벌조항

대상판결에서 문제된 처벌조항은 다음과 같다.

방문판매법

제2조(정의) 이 법에서 사용하는 용어의 뜻은 다음과 같다.

5. "다단계판매"란 다음 각 목의 요건을 모두 충족하는 판매조직(이하 "다단계판매조직"이라 한다)을 통하여 재화등을 판매하는 것을 말한다.

제13조(다단계판매업자의 등록 등) ① 다단계판매업자는 대통령령으로 정하는 바에 따라 다음 각 호의 서류를 갖추어 공정거래위원회 또는 특별시장·광역시장·특별자치시장·도지사·특별자치도지사(이하 "시·도지사"라 한다)에게 등록하여야 한다.

(이하 생략)

제24조(사행적 판매원 확장행위 등의 금지) ① 누구든지 다단계판매조직 또는 이와 비슷하게 단계적으로 가입한 자로 구성된 조직을 이용하여 다음 각 호의 어느 하나에 해당하는 행위를 하여서는 아니 된다.

1. 재화등의 거래 없이 금전거래를 하거나 재화등의 거래를 가장하여 사실상 금전거래만을 하는 행위로서 다음 각 목의 어느 하나에 해당하는 행위

   나. 판매원과 재화등의 판매계약을 체결한 후 그에 상당하는 재화등을 정당한 사유 없이 공급하지 아니하면서 후원수당을 지급하는 행위

다. 그 밖에 판매업자의 재화등의 공급능력, 소비자에 대한 재화등의 공급실적, 판매업자와 소
비자 사이의 재화등의 공급계약이나 판매계약, 후원수당의 지급조건 등에 비추어 그 거래
의 실질이 사실상 금전거래인 행위

제58조(벌칙) ① 다음 각 호의 어느 하나에 해당하는 자(제29조제3항에 따라 준용되는 경우를 포함
한다)는 7년 이하의 징역 또는 2억원 이하의 벌금에 처한다. 이 경우 다음 각 호의 어느 하나에 해
당하는 자가 이 법 위반행위와 관련하여 판매하거나 거래한 대금 총액의 3배에 해당하는 금액이 2
억원을 초과할 때에는 7년 이하의 징역 또는 판매하거나 거래한 대금 총액의 3배에 해당하는 금액
이하의 벌금에 처한다.

1. 제13조제1항에 따른 등록을 하지 아니하고(제49조제5항에 따라 등록이 취소된 경우를 포함한
   다) 다단계판매조직이나 후원방문판매조직을 개설·관리 또는 운영한 자
4. 제24조제1항 또는 제2항에 따른 금지행위를 한 자

위 법조항에 해당하기 위해서는 무등록 상태로 '재화등을 판매'하는 다단계판매조직을
개설 등을 하여야 하고, 판매원과 '재화등의 판매계약을 체결한 후' 금전 가장 거래를 하여
야 하며, 재화등의 공급능력 등에 비추어 거래의 실질이 사실상 금전거래 행위에 해당하여
야 한다. 여기서 '재화등'에 대한 정확한 정의 규정이 방문판매법상에는 존재하지 않는다.
다만 일반적으로 재화란 '사람이 바라는 바를 충족시켜 주는 모든 물건'을 의미하고(표준국
어대사전), 부가가치세법령은 '재화'를 '재산 가치가 있는 물건 및 권리'라고 정하면서 구체
적으로는 '상품, 제품, 원료, 기계, 건물 등 모든 유체물(有體物), 전기, 가스 열 등 관리할 수
있는 자연력', '광업권, 특허권, 저작권 등 위 물건 외에 재산적 가치가 있는 모든 것'이라고
정하고 있다(부가가치세법 제2조 제1호, 동법 시행령 제2조).

2. 대상판결의 내용

(1) 앞서 본 바와 같이 구매자들은 현금으로 '달러'를 구매하고, '달러'를 통해 비트코인
이나 BGC 코인으로만 전환할 수 있는데, '달러'는 가상자산을 구매할 수 있는 권리이므로,
대상판결과 제1심판결은 모두 가상자산이 '재화 등'에 해당하는지의 문제로 귀결된다고 보
았으나 판단은 상이하였다.

(2) 먼저 제1심판결은 가상자산이 경제적 가치가 있다고 하더라도 그러한 사정만으로
바로 '재화 등'에 해당하지는 않는다고 보았는데 그 근거는 다음과 같다. ① 주식이나 채권
의 경우 이를 화체하는 증권(실물자산을 화체하는 선화증권, 화물증권의 경우를 제외한다)이
있음에도 이는 부가가치세법이 과세 대상으로 삼는 재화 등이 아니다. ② 통화도 경제적 가
치를 화체하고 있음에도 이는 '결제수단'에 불과하지 '재화 등'에 해당하지 않는다. ③ 조세

실무 역시 가상자산의 공급을 '재화 등'의 공급으로 보지 않아 부가가치세의 과세 대상이 아니라는 판결이 존재하고, 해외 주요국 역시 마찬가지이다. ④ 대법원이 재화 등으로 인정한 게임머니, 사행성 게임장에서 경품으로 지급된 상품권은 현실의 재화 등과 구체적인 연관성(이를 통해 게임을 계속하거나 아이템 등을 구매할 수 있다)이 있어 재화 등으로 구성할 여지가 있으나, '달러'는 현실의 재화 등과의 구체적인 연관성이 없다. ⑤ 결국 '재화 등'이라 함은, 재산적 가치가 있는 것들 중에서도 그 자체로 내재적인 가치를 갖는 것을 지칭하고, 일정한 추상화가 이루어진 경우에도 특정 재화 등과의 관련성을 유지하는 한도 내에서만 '재화 등'에 해당한다.

제1심판결은 위와 같은 점들을 근거로 가상자산은 그 자체로 현실의 재화 등과 특정한 연결고리가 존재하지 않은 것으로서 마치 주식, 화폐와 같이 고도로 추상화된 가치저장수단이라는 특성을 가지므로, 가상자산은 가치를 내재한 결제수단과 같은 지위를 가질 뿐, 이를 방문판매법이 정한 '재화 등'이라고 볼 수는 없다고 결론을 지었다. 결국 '달러'는 '가상자산'을 구매할 수 있는 결제수단에 불과한데, 가상자산은 그 자체로 현실의 재화 등과는 구체적인 연관성이 없어 '재화 등'에 해당하지 않는다고 본 것이다.

(3) 그러나 대상판결은 제1심판결과 달리 가상자산은 '재화등'에 해당한다고 판단하였다. 대상판결은 현실에서 가상자산이 일정한 경제적 가치를 인정받아 활발한 거래가 이루어지고 있음을 먼저 지적하였다. 또한 대법원이 '비트코인'이 재산적 가치가 있는 무형의 재산으로 보아 몰수의 대상으로 보고 있는 점(대법원 2018. 5. 30. 선고 2018도3619 판결 등 참조)도 주요 근거로 제시하였다. 대상판결이 명시적으로 설시하지는 않았지만, 대상판결은 해당 사건에서 문제되는 가상자산이 가장 규모가 크고, 활발한 거래가 이루어지고 있는 비트코인으로의 교환이 가능하다는 점을 판단에 있어 중요하게 고려한 것으로 보인다. 만일 비트코인 등 주요 가상자산이 아닌 거래가 거의 이루어지지 않는 가상자산의 경우였다면 이와는 다른 판단도 가능했을 것으로 보인다.

나아가 대상판결은 가상자산이 금전의 역할을 수행하지 않고 있고, 주식, 채권 등과 같이 별도로 규제가 이루어지고 있지 않다는 점을 고려하여, 결국 가상자산은 재산적 가치가 있어 '재화등'에 해당한다고 판단하였다(다만, 대상판결은 피고인이 다른 주범과 공모하여 범행을 하였다고 보기 어렵다고 보아, 무죄를 선고한 제1심판결과 같은 결론을 유지하였다).

(4) 제1심판결은 가상자산의 재산적 가치를 인정하면서도 내재적 가치가 있거나 일정한 추상화가 이루어진 경우에도 현실의 재화 등과의 관련성이 유지되는 것만이 재화에 해당한다고 하면서 가상자산은 화폐와 같이 '결제수단'과 유사하다고 판단하였다. 그러나, 특정 가상자산의 경우 제한된 영역에서 화폐와 같이 교환의 매개체로 활용되는 경우도 있을 수 있으나 일반적으로 가상자산의 극심한 변동성 등으로 인해 그와 같은 용도로 활용되는

경우는 극히 적고, 대부분의 거래자들의 인식도 마찬가지로 보인다. 나아가 현재 시행중인 법률과 제도는 교환의 매개수단으로 법정통화를 상정하여 형성된 것으로 가상자산에 위 법률과 제도를 그대로 적용하여 가상자산이 그러한 지위를 가진다고 보기도 어려울 것이다. 또한 부가가치세법령은 재화에 대해 '재산적 가치가 있는 모든 것'을 포함한다고 정하고 있고, 무등록 다단계판매를 방지하여 피해를 방지하고자 하는 방문판매법상의 목적과 취지는 가상자산을 구매대상으로 하여 이루어지는 경우에도 관철될 필요성이 있으므로, 방문판매법상 재화의 범위를 제1심판결처럼 한정하여 해석할 필요는 적을 것으로 보인다. 결과적으로 현실의 거래 상황을 충분히 고려하여 가상자산도 재화 등에 해당한다고 판단한 대상판결의 결론이 타당하다.

Ⅲ. 대상판결의 평가

대상판결에서는 비트코인 등 가상자산이 방문판매법에서 정한 '재화 등'에 해당하는지가 문제되었고, 대상판결은 가상자산의 거래현실, 가상자산에 대한 대법원의 입장 등을 고려하여 제1심판결과 달리 가상자산도 위 법상 '재화 등'에 해당한다고 판단하였다. 현재 방문판매법 등을 비롯한 대부분의 법률과 제도는 전통적인 자산에의 적용을 전제로 마련되어 새로운 형태의 자산인 가상자산에의 적용 여부는 매우 불분명한 상황이다. 대상판결은 이러한 상황에서 위와 같이 명확히 판단을 하였다는 점에서 의의가 있다.

제4장

마약

[28] 비트코인을 대마 매수대금 명목으로 송금한 것이 대마 매수 외에 흡연행위의 보강증거가 되는지 여부

— 대법원 2019. 8. 29. 선고 2019도6198 판결 —

[사실 개요]

1. 피고인은 '2016. 6. 20. 23:33 ~ 23:58경 'A코리아'를 통해 알게 된 성명불상의 판매상이 알려준 전자지갑으로 한화 약 30만 원 상당의 비트코인을 송금한 후, 2016. 6. 21. 02:00경 서울 관악구 신림동에 있는 주택가 에어컨 실외기 밑에서 위 판매상이 은닉해 둔 대마 약 2g을 찾아와 이를 매수하고, 이를 비롯하여 피고인은 2016. 6. 21.경부터 2018. 3. 10.경까지 위와 같은 방법으로 총 16회에 걸쳐 대마 약 53g을 694만 원에 매수하였다.'는 대마매수의 공소사실과 '2016. 6. 21. 03:00경 서울 관악구 남부순환로157길 37 참사랑채 빌라 103호 피고인의 종전 주거지에서 담배 파이프에 대마 0.5~1g을 넣고 불을 붙여 그 연기를 들이마시는 방법으로, 대마 약 2g을 2회에 걸쳐 흡연하는 등 2016. 6. 21.경부터 2017. 3. 29.경까지 15회 위와 같은 방법으로 대마 약 45g을 45회에 걸쳐 흡연하였다.'는 대마흡연의 공소사실(이하 '이 사건 공소사실'로 각각 기소되었다(그 외 피고인과 공범 B의 공동정범에 따른 대마매수와 흡연의 공소사실도 있고 이는 유죄 확정).

2. 이에 대하여 제1심은 '이 사건 공소사실에 부합하는 증거로는 ① 피고인의 수사기관 및 이 법정에서의 진술 ② 피고인의 소변에서 대마 성분에 관한 양성반응이 나타났다는 취지의 마약감정서, ③ 피고인의 모발(길이 5~10cm)에서 대마 성분에 관한 양성반응이 나타났다는 취지의 마약감정서 등이 있는데, ㉠ 수사기관은 2018. 5. 14. 16:30경 피고인으로부터 소변 및 모발을 임의제출받아 이를 감정하였고, 그 결과 대마 성분에 관한 양성반응이 나타났으나, 소변검사에서 대마 성분이 검출되는 기간을 고려할 때 위 소변에 대한 마약감정결과는 소변채취일부터 1년 이상 이전의 2017. 3. 29. 이전의 대마 흡연의 점에 관한 보강증거로 삼기는 어려운 점, ㉡ 모발(약 5 ~ 10cm)의 경우에도 모발이 평균적으로 한 달에 1cm 정도 자란다고 가정하더라도, 위와 같이 압수된 피고인의 모발에 대한 감정만으로 1년 이상 이전인 2017. 3. 29. 이전의 대마 흡연의 점에 관한 보강증거로 삼기는 어려운 점, ㉢ 피고인이 위와 같이 필로폰을 매수하면서 그 대금을 마약판매자의 비트코인 주소로 송금한 사실은 피고인의 대마 매수행위에 대한 보강증거는 될 수 있어도 그와 실체적 경합범 관계에 있는 필로폰 투약행위에 대한 보강증거는 될 수 없는 점(위 대법원 2007도10937 판결 참조) 등을 종합하여 보면, 위 각 증거들은 피고인이 2016. 6. 21.부터 2017. 3. 29.까지 약 45회에 걸쳐 대마 약 45g을 흡연하였다는 공소사실에 대한 보강증거로 삼기 부족하고, 달리 피고인의 자백을 보강할 만한 증거가 없다'는 이유로 위 대마매수의 공소사실은 유죄로 인정하고, 대마흡연의 공소사실에 대하여는 무죄를 선고하였다(서울중앙지방법원 2018. 12. 12. 선고 2018고합957 판결).

3. 이에 대하여 검사는 항소를 제기하였고, 항소심은 피고인의 자백 이외에 이를 보강할 수 있는 증거가

부족하다고 판단하여 계쟁 공소사실을 무죄로 판단한 제1심판결은 정당한 것으로 수긍할 수 있다는 취지로 항소기각 판결을 선고하였다(서울고등법원 2019. 4. 25. 선고 2019노74 판결).

4. 검사는 다시 위 항소심판결에 대하여 대법원에 상고하였다.

[판결 요지]

1. 자백에 대한 보강증거는 범죄사실의 전부 또는 중요 부분을 인정할 수 있는 정도가 되지 않더라도, 피고인의 자백이 가공적인 것이 아닌 진실한 것임을 인정할 수 있는 정도만 되면 충분하다. 또한 직접증거가 아닌 간접증거나 정황증거도 보강증거가 될 수 있고, 자백과 보강증거가 서로 어울려서 전체로서 범죄사실을 인정할 수 있으면 유죄의 증거로 충분하다(대법원 2007. 7. 12. 선고 2007도3041 판결, 대법원 2018. 3. 15. 선고 2017도20247 판결 등 참조).

2. 원심은 판시와 같은 이유로 피고인에 대한 공소사실 중 원심 판시 대마 흡연으로 인한 마약류 관리에 관한 법률 위반(대마) 부분(이하 '이 부분 공소사실')에 대하여 피고인의 자백을 보강할 증거가 없다고 인정하여, 이를 무죄로 판단한 제1심판결을 그대로 유지하였다.

3. 그러나 적법하게 채택된 증거에 의하여 다음과 같은 사정을 알 수 있다.

가. 피고인은 수사기관에서부터 원심까지 일관되게 이 부분 공소사실을 인정하였다. 피고인은 기존 담배의 속을 제거하고 대마를 넣어 흡연하는 방법으로 1회, 그 이후에는 인터넷에서 검색하여 알아낸 대마 흡연 방법에 따라 편의점에서 파는 커피잔 은박지에 구멍을 뚫고 그 위에 대마를 올린 후 불을 붙여 빨대로 연기를 마시는 방법으로 14회 대마를 흡연하였다고 진술하였고, 유죄로 인정된 제1심 공동피고인 K와 함께 대마를 흡연한 부분에 관하여는 파이프를 구매하여 파이프에 대마를 넣어 흡연하였다고 진술하였다. 이와 같이 피고인이 대마 흡연 방법을 시간의 경과에 따라 달리하여 구체적으로 진술한 점에 비추어 보면, 위 진술은 직접 경험하지 않고는 진술하기 어려운 내용으로 그 자백 진술에 신빙성과 임의성이 인정된다.

나. 이 부분 공소사실은 모두 피고인이 대마를 매수하여 취득한 당일 혹은 그 다음날 몇 시간 후로 대마 흡연 일시가 특정되었고, 비트코인을 송금한 내역으로 위와 같은 대마 매수행위가 증명되었다. 피고인이 대마 흡연을 위하여 대마를 매수하였는데 대마를 매수한 대가로 지급한 비트코인 송금 내역을 확인하고 그 대마 흡연 일시를 특정하였다는 사정만으로 대마 흡연에 관한 자백 진술의 신빙성이나 임의성이 부정된다고 볼 수는 없다.

다. 피고인이 이 부분 공소사실 관련 대마 매수 및 이 부분 공소사실 행위 이후 K와 공모하여 대마를 매수하고 함께 흡연한 부분이 유죄로 인정되었는데, 위 대마 매수 방식 및 대마 흡연 경위가 이 부분 공소사실과 거의 유사하고, 피고인이 대마를 다시 다른 사람에게 매도하는 등 달리 처분하였다고 볼만한 사정도 존재하지 않는다.

라. 원심이 증거로 채택한 B에 대한 각 피의자신문조서 사본 및 비트코인 거래내역에 의하면, B는 A코리아 사이트에서 비트코인으로 대금을 지급받고 대마를 판매하는 일을 하였다고 진술하였고, 피고인은 이 부분 공소사실 행위 무렵 하이코리아 사이트를 통해 대마를 매수하면서 B 또는 성명불상자에게 비트코인을 송금하였음을 알 수 있다. 이러한 B에 대한 각 피의자신문조서 사본 및 비트코인 거래내역은 피고인이 A코리아 사이트를 통해 B 또는 성명불상자로부터 매수한 대마를 흡연하였다는 자백의 진실성을 담보하기에 충분하다.

4. 위와 같은 사정을 앞서 본 법리에 비추어 살펴보면, 이 부분 공소사실에 관한 피고인의 자백을 보강할 증거가 있다고 판단된다. 그런데도 원심은 이와 달리 이 부분 공소사실을 무죄로 판단하였다. 이러한 원심의 판단에는 자백의 보강증거에 관한 법리를 오해하여 판결에 영향을 미친 위법이 있다. 이 점을 지적하는 검사의 상고이유 주장은 이유 있다.

해설

I. 대상판결의 의의 및 쟁점

필로폰, 대마 등 마약 사건은 그 속성상 매우 은밀하고 조심스럽게 매매 및 투약·흡연이 이루어지는 경우가 많고 다른 범죄들보다 특히 과학기술의 발전에 맞추어 최첨단의 이기를 매우 빠르게 도입하는 것이 특징적이다. 원래 마약 사건은 수사기관의 수사망을 피하기 위하여 매수자로부터 돈이 입금되면 매도자가 미리 고지한 장소에 속칭 '던지기' 방식으로 마약을 놓고 가면 매수자가 이를 찾아가는 방식으로 이루어졌는데, 요즘에는 당사자 간의 연락은 텔레그램으로 하고 대가의 지급은 현금 등이 아닌 비트코인과 같은 가상자산을 전송하는 방법으로 이행하는 경우가 거의 대다수이다. 특히 비트코인은 현재 음성적인 마약 매매 시장에 있어 마치 달러와 같은 기축통화의 역할을 하는 것으로 파악되고 있고 수사기관은 그 전송내역을 파악하여 마약 매매에 있어 증거로 확보하려는 노력을 다하고 있다.

이 사건에서도 역시 피고인이 공범과 함께 판매상에게 전자지갑을 이용하여 비트코인을 전송한 후 대마를 매수하는 방식을 취하였는데, 그 대마 매수 및 흡연행위가 수사기관에 적발되었다. 여기서 문제된 대마 흡연의 공소사실과 함께 기소된 대마 매수 및 흡연의 공소사실은 피고인과 공범이 모두 자백한 상태여서 상호간에 보강증거가 뒷받침되어 있다고 볼 수 있다. 그런데 피고인이 공범 없이 단독으로 실행한 대마 매수 및 흡연에 관한 이 사건 공소사실의 경우 공범의 진술이 존재하지 않는 상태이고 소변 및 모발 감정서의 경우 위 각 공소사실의 일시와 맞지 않아 증거로 쓸 수 없는 상태여서 비트코인거래내역으로 위 대마 흡연의 보강증거로 쓸 수 있는지 문제되었다.

Ⅱ. 대상판결의 분석

1. 기존의 대법원 판결과 그 분석

먼저 자백에 대한 보강증거는 어떠한 것이 되는지에 대하여 범죄사실의 전부 또는 중요부분을 인정할 수 있는 정도가 되지 아니하더라도 피고인의 자백이 가공적인 것이 아닌 진실한 것임을 인정할 수 있는 정도만 되면 족할 뿐만 아니라 직접증거가 아닌 간접증거나 정황증거도 보강증거가 될 수 있으며, 또한 자백과 보강증거가 서로 어울려서 전체로서 범죄사실을 인정할 수 있으면 유죄의 증거로 충분하다고 보고 있다.[1] 학설의 전반적인 태도(진실성담보설 또는 실질설)도 위 대법원 판결의 취지와 같다.[2]

나아가 마약 투약의 보강증거와 관련하여 대상판결의 제1심판결이 인용한 대법원 2008. 2. 14. 선고 2007도10937 판결은 실체적 경합범은 실질적으로 수죄이므로 각 범죄사실에 관하여 자백에 대한 보강증거가 있어야 한다는 대법원 1959. 6. 30. 선고 4292형상122 판결을 원용하면서, '피고인이 필로폰을 매수하면서 그 대금을 은행계좌로 송금한 사실'에 대한 압수수색검증영장 집행보고는 필로폰 매수행위에 대한 보강증거는 될 수 있어도 그와 실체적 경합범 관계에 있는 필로폰 투약행위에 대한 보강증거는 될 수 없다고 판시한 바 있고 많은 하급심 판결들[3]도 이를 원용하고 있다.

위 대법원 판결의 공소사실은 '피고인이 2007. 6. 중순 일자불상 22:00경 대구 신천 4동 소재 동대구 고속버스터미널 부근 상호불상 모텔 5층 방실에서 1회용 주사기에 담긴 필로폰 약 0.03그램을 생수로 희석하여 자신의 팔에 주사하는 방법으로 필로폰을 투약하였다'는 것이었다. 위 공소사실을 유죄로 인정하는 증거로는 ① 피고인의 제1심법정에서의 진술 및 피고인에 대한 검찰 피의자신문조서의 진술기재와 ② 공범에 대한 검찰 진술조서의 진술기재, ③ 필로폰 시가보고가 있었는데 피고인의 자백인 법정 진술과 검찰 피의자신문조서의

---

1) 대법원 2000. 9. 26. 선고 2000도2365 판결, 대법원 2002. 1. 8. 선고 2001도1897 판결
2) 천대엽, "자백과 주된 보강증거 사이에 일부 불일치가 존재하는 경우, 유죄의 보강증거로 될 수 있는지 여부", 대법원판례해설 통권 제53호; 최운성, "메스암페타민을 투약하였다는 피고인의 자백과 유·무죄 여부 – 자백과 보강증거, 대법원 2008. 2. 14. 선고 2007도10937 판결 –", 대구판례연구회 제17집(2008. 12.)
3) 의정부지방법원 2022. 8. 10. 선고 2022고합11 판결, 인천지방법원 2022. 1. 27. 선고 2021노3492 판결, 수원지방법원 2022. 1. 14. 선고 2021노939, 2021노6175(병합) 판결 등 다수

진술기재 외에 공범의 진술은 피고인의 진술을 들었다는 전문증거로 보강증거로 쓸 수 없고, 필로폰 시가보고는 필로폰의 도·소매가격을 파악한 것에 불과하여 역시 보강증거로 쓸 수 없는 상황이었다. 이에 남은 마지막 증거가 피고인의 필로폰 대금을 송금한 사실에 대한 압수수색검증영장 집행보고는 필로폰 매수의 보강증거가 될 수 있지만, 필로폰 투약의 보강증거가 될 수 없다는 것이다. 이와 유사한 취지로 대법원 2005. 5. 26. 선고 2004도8827 판결이 있다.

반대 취지의 대표적인 대법원 판결로 대법원 2007. 7. 12. 선고 2007도3041 판결을 들 수 있다. 이 사건에서는 감정의 대상이 되는 모발이 4cm 가량이고 모발이 통상 한달에 1cm 가량 자라므로 모발채취일로부터 4달을 역산하더라도 이에 대한 공소사실인 필로폰 투약시점은 그 이전이므로 모발감정결과는 그 증거로 사용할 수 없기는 하나, 원심이 증거로 채택한 참고인(매도인) D의 검찰 진술조서사본의 기재 내용에 의하면 피고인의 메스암페타민의 투약행위가 있기 바로 전날과 3일 전에 2회에 걸쳐 피고인에게 메스암페타민을 매도하였다는 것이어서 피고인의 자백의 진실성을 담보하기에 충분하다고 보아 위 D의 검찰 진술조서사본은 피고인의 자백에 대한 보강증거가 되기에 충분하다고 보았다.

이와 같은 대법원 판결들의 취지를 종합하여 보면 원칙적으로 마약 매매와 관련한 직접 증거는 마약 투약 혹은 흡연의 보강증거로 사용할 수는 없으나, 그 매매행위가 투약 시점과 매우 근접해 있고 매수한 마약이 투약한 마약 외에 그대로 남아 있다고 볼 만한 상당한 경우 예외적으로 위 매매와 관련한 직접 증거를 위 마약 투약 혹은 흡연의 간접·정황증거로서 보강증거로서의 효력을 인정하는 듯 보인다. 이러한 대법원의 태도는 실체적 경합범 관계인 마약 매매와 투약 사이의 죄수 관계에 따른 증거의 설시를 엄격하게 분리하면서도 그 죄수 관계의 도그마에 얽매이지 않고 그 매매의 대상인 마약을 투약에 사용하였다고 볼 만한 사정이 있는 경우 매매의 직접증거를 투약의 보강증거로 볼 수 있도록 하였는데 이는 마약 수사의 환경과 실무를 고려한 상당히 합리적인 설시라고 보인다.

따라서 마약에 대한 대금을 비트코인으로 전송하는 경우 그 비트코인 전송내역은 원칙적으로 마약 매매의 직접증거가 될 뿐 그 마약의 투약에 대한 보강증거가 될 수는 없지만, 그 비트코인 전송내역에서 나타난 전송 시점이 그 투약의 시점과 근접하고 비트코인을 전송한 사람이 피고인 또는 특수관계인임이 특정될 수 있다면 마약 투약에 대한 보강증거가 될 여지가 있다.

2. 이 사건의 경우

대상판결은 피고인이 대마 흡연 방법을 시간의 경과에 따라 달리하여 구체적으로 진술한 점에 비추어 보면, 위 진술은 직접 경험하지 않고는 진술하기 어려운 내용으로 그 자백 진술에 신빙성과 임의성이 인정된다고 하면서, 피고인이 대마를 매수하여 취득한 당일 혹은 그 다음날 몇 시간 후로 대마 흡연 일시가 특정되었고, 피고인이 대마를 다시 다른 사람에게 매도하는 등 달리 처분하였다고 볼 만한 사정도 보이지 않아 이 사건 비트코인 거래내역은 피고인이 앞서 매수한 대마를 흡연하였다는 자백의 진실성을 담보하여 피고인의 자백을 보강할 증거가 된다고 판단하였다.

이는 결국 비트코인을 전송하는 방식으로 이루어진 대마의 매수 시점과 흡연의 시점이 매우 근접하고 매수한 대마가 위 공소사실에서 피고인이 흡연한 대마를 제외하고 그 분량이 그대로 유지되고 있는 사안으로 항소심 및 제1심판결에서 원용한 대법원 2008. 2. 14. 선고 2007도10937 판결이 적용되지 않는다고 보이고, 앞서 본 반대취지의 대법원 2007. 7. 12. 선고 2007도3041 판결과 그 결론을 같이 한다고 볼 수 있다.

대상판결 사안에서 피고인은 위 공소사실로 수사를 받을 당시 대마 흡연의 시점을 비트코인 거래내역에 나타난 전송 시점을 확인하고 그 대마 흡연 일시를 특정하였는데 대상판결은 그렇더라도 피고인의 자백 진술의 신빙성이나 임의성이 부정될 수는 없다고 보았는데 이는 비트코인 거래내역의 전송시점과 대마 흡연 일시의 근접성을 뒷받침 시켜준다고 볼 수 있다. 게다가 피고인이 제1심에서 유죄로 인정된 공범과의 대마 흡연과 여기서 문제된 공소사실과 그 흡연의 방식 및 경위가 유사할 뿐만 아니라 A코리아 사이트에서 매수한 대마를 흡연하였다는 내용도 동일하여 그 자백의 신빙성 및 보강증거의 효력을 더 인정할수 있었던 것으로 볼 수 있다.

Ⅲ. 대상판결의 평가

대상판결은 비트코인을 전송하는 방식으로 대마를 매수하여 흡연한 공소사실과 관련하여 대마매수의 직접증거인 비트코인 전송내역을 대마흡연의 보강증거로 사용할 수 있는지 판단한 것으로 그 비트코인의 전송시점과 흡연 시점의 시차를 비교하고 잔존 대마의 양을 확인하여 그 보강증거로서의 효력을 인정하였다. 이는 실체적 경합관계에 있는 경우 다른 죄수의 증거로 보강증거를 활용할 수 없다는 다른 대법원 판결의 법리와 다른 것으로 앞으로 다른 사안에 있어서도 참고가 될 것으로 보인다.

결국 이 사건은 대법원 판결 법리에 대하여 구체적 타당성을 융통성 있게 고려한 것으로 그 결론 설시에 있어서 타당하다고 할 수 있다.

[29] 마약거래에서 비트코인 송금행위가
마약범죄의 실행의 착수인지 여부

— 서울서부지방법원 2021. 3. 31. 선고 2020고합288 판결, 2021. 4. 8. 확정 —

[사실 개요]

피고인은 A와 함께 매매대금을 분담하여 대마를 매수하기로 마음먹고, 2018. 2. 25.경 A에게 20,000원을 송금하고, A는 특수한 웹브라우저인 '다크웹'을 통해 대마 거래 사이트인 '하이코리아'에 접속한 다음 대마 판매자에게 문자 암호화 프로그램으로 대마를 판매할 것을 요청하고, 위 판매자가 알려주는 비트코인 주소로 0.053332 비트코인(한화 612,096원)을 송금한 후 위 판매자가 알려주는 불상의 장소에서 대마 약 5그램을 매수하려 하였으나 위 판매자가 그 다음날 불상의 이유로 판매할 수 없다며 매매대금을 환불하여 주어 매수에 실패한 것을 비롯하여 그때부터 2018. 4. 30.경까지 사이에 2회에 걸쳐 A와 공모하여 대마 약 8그램을 매수하려다 실패하였다.

[판결 요지]

1. 이 법원이 채택하여 조사한 증거들에 의하여 인정되는 아래의 사실 또는 사정들을 종합하여 보면, 피고인과 A가 공모하여 대마 거래 사이트인 '하이코리아'에서 불상의 판매자와 대마 매매계약을 체결한 후에 그 판매자가 지정하는 비트코인 주소로 매매대금인 비트코인을 송금하였다면, 이는 대마 매매 행위의 실행에 착수한 것이라고 봄이 타당하다.

① A는 피고인과 공모하여 대마를 매수하기 위하여 '하이코리아'에 접속하였고, 2018. 2. 25. '하이코리아'를 통하여 알게 된 불상의 판매자가 지정하는 비트코인 주소로 비트코인을 송금하였다가 2018. 2. 27. 비트코인을 환불받았으며, 2018. 4. 30.에도 '하이코리아'를 통하여 알게 된 불상의 판매자가 지정하는 비트코인 주소로 비트코인을 송금하였다가 같은 날 비트코인을 환불받았다. 이에 관하여 A는 검찰에서 '2018. 2.경과 2018. 4.경 비트코인을 전송하였다가 환불받았는데, 판매자가 판매할 대마가 없다고 하면서 돌려준 것이다'는 취지로 진술하였다.

② A에게 '하이코리아'를 통하여 대마를 판매하였던 판매자는 경찰에서 '하이코리아에서는 비트코인으로만 대마를 거래한다. 비트코인을 전송받고 난 후에는 본인이 대마를 포장해서 어떤 장소를 정해서 숨겨놓은 다음에 매수자에게 대마를 숨겨놓은 장소 주소를 알려주면 매수자가 찾아가는 방식이다. 다크웹 하이코리아에서 딜러(판매자)를 하려면 신용이 있어야 되고, 사기를 치고 하면 사이트에서 소문이 돌고 해서 다시는 판매를

할 수가 없다. 다크웹 상이지만 계속해서 대마를 팔기 위해서는 신용이 있어야 되기 때문에 비트코인만 받고 물건(대마)을 주지 않는 그런 사기는 할 수가 없다'는 취지로 진술하였다.

③ 이처럼 '하이코리아'는 대마만 전문적으로 거래하는 사이트이고, 대마 판매 게시판을 열람하기 위하여 일정한 등급을 달성할 것을 요구하고 있으며, 일정 수의 판매자가 항상 접속하여 있고, 판매자의 신용이 거래에 있어서 중요한 역할을 한다. 이러한 '하이코리아'의 특성에 더하여, A는 '하이코리아'에서 다섯 명쯤 되는 판매자들로부터 대마를 구입하였는데, 그중 총 144회는 실제로 대마를 수령하였고, 대마를 수령하지 못하고 판매대금을 환불받은 것은 이 부분 공소사실을 포함하여 총 8회에 불과한 사정 등을 종합하여 보면, 이 부분 공소사실에 해당하는 '하이코리아' 판매자가 불상의 자라고 하더라도, 해당 판매자는 특별한 사정이 없는 한 대마를 소지하고 있거나 입수 가능한 상태에 있었다고 보는 것이 타당하다. 따라서 피고인이 A와 공모하여 '하이코리아'를 통하여 알게 된 불상의 판매자와 대마 매매계약을 체결한 후 판매자가 지정하는 비트코인 주소로 매매대금인 비트코인을 송금하였다면, 이는 대마 매매 행위라는 범죄 의사가 비약적으로 발현된 범죄행위의 실행에 착수한 단계라고 할 것이다.

④ A는 피고인과 공모하여 판매자가 지정하는 비트코인 주소로 비트코인을 송금하였으므로, 판매자가 지정하는 장소에서 대마를 수거하는 것 이외에는 대마 매수행위를 종료시키기 위한 더 이상의 추가적인 행위가 남아 있지 않았다.

해설 ─────────────────────────────────────

I. 대상판결의 의의 및 쟁점

이 사건에서 피고인은 대마 판매자로부터 대마를 구입하기 위하여 판매자가 지정하는 비트코인 주소로 매매대금인 비트코인을 송금하였는데, 판매자가 대마를 판매할 수 없다며 환불하여 주었다. 이에 대하여 검찰은 마약류관리에관한법률위반(대마) 미수죄로 기소하였는데, 피고인은 마약 거래에 있어 마약을 매수하기 위하여 불상의 판매자가 지정하는 비트코인 주소로 비트코인을 송금한 것만으로는 대마 매매 행위의 실행에 착수하였다고 볼 수 없다는 이유로 이 부분 무죄를 주장하였다. 이처럼 이 사건에서는 마약 거래에 있어 판매자의 비트코인 주소로 비트코인을 송금한 것이 마약범죄의 실행의 착수로 볼 수 있는지가 문제되었다.

Ⅱ. 대상판결의 판단 분석

1. 실행의 착수의 의미

미수범이 성립하려면 행위자가 범죄실현의사를 가지고 범죄를 시작하여야 한다. 범죄의 시작은 실행의 개시를 의미하는 실행의 착수가 있어야 한다. 실행의 착수는 결국 범죄의 예비와 미수의 경계선이 된다. 실행의 착수를 결정하는 기준은 미수의 처벌근거와 밀접한 관련을 갖고 있고 이에 따라 객관설, 주관설, 주관적 객관설의 대립이 있다. 통설은 주관적 객관설로서 범인의 범행의사를 기준으로 개별적인 행위의 객체 또는 구성요건실현에 대한 직접적인 위험이 인정될 때에 실행의 착수를 인정하는 견해이다.[1] 대법원은 "야간이 아닌 주간에 절도의 목적으로 다른 사람의 주거에 침입하여 절취할 재물의 물색행위를 시작하는 등 그에 대한 사실상의 지배를 침해하는 데에 밀접한 행위를 개시하면 절도죄의 실행에 착수한 것으로 보아야 한다."고 판시[2]하여 밀접행위설을 취하고 있는바, 이는 앞서 본 주관적 객관설을 취하고 있는 것으로 평가된다. 마약범죄에 관한 판례에서도 "마약류 관리에 관한 법률 제59조 제1항 제7호에서 규정하는 대마의 매매 행위는 매도·매수에 근접·밀착하는 행위가 행하여진 때에 그 실행의 착수가 있는 것으로 보아야 하고, 마약류에 대한 소지의 이전이 완료되면 기수에 이른다고 할 것이다."라고 판시하였다.[3]

2. 대상판결의 경우

이 사건에서 대상판결은 피고인이 대마 거래 사이트에서 불상의 판매자와 대마 매매계약을 체결한 후에 그 판매자가 지정하는 비트코인 주소로 매매대금인 비트코인을 송금하였다면, 이는 대마 매매 행위라는 범죄 의사가 비약적으로 발현된 범죄행위의 실행에 착수한 것이라고 판시하였다. 그 근거로는 피고인과 판매자는 대마 매매계약을 체결하였고, 이후 피고인 측에서 비트코인의 송금으로 매매대금까지 지불하였으나 단지 판매자가 판매할 대마가 없다고 하면서 매매대금을 돌려준 점, 판매자가 비트코인을 전송받고 난 후에는 판매자가 대마를 포장해서 어떤 장소를 정해서 숨겨놓은 다음에 매수자에게 대마를 숨겨놓은 장소를 알려주면 매수자가 찾아가기만 하면 되고, 이외에는 대마 매수행위를 종료시키기 위한 더 이상의 추가적인 행위가 남아 있지 않은 점, 대마 거래 사이트인 '다크웹 하이코리아'에서 딜러(판매자)를 하려면 신용이 있어야 되고, 사기를 치면 사이트에서 소문이 돌아 다시는 판매를 할 수 없으며, 피고인이 총 거래 중 144회는 실제로 대마를 수령하였고, 대

---

1) 온라인주석서 형법총칙(2)(제2판), 한국사법행정학회(2011), 41~45면
2) 대법원 2003. 6. 24. 선고 2003도1985, 2003감도26 판결 참조.
3) 대법원 2020. 7. 9. 선고 2020도2893 판결 참조.

마를 수령하지 못하고 판매대금을 환불받은 것은 총 8회에 불과하여, 이 사건 판매자가 불상의 자라고 하더라도, 해당 판매자는 특별한 사정이 없는 한 대마를 소지하고 있거나 입수 가능한 상태에 있었다고 보이는 점 등을 들고 있다.

이 사건을 구체적으로 살펴보면, 피고인은 불상의 판매자와 사이에 대마 매매계약을 체결하였다. 매매대금은 최근 마약범죄에 주로 쓰이고 있는 가상자산인 비트코인을 사용하였다. 판매자가 보내준 비트코인 주소에 송금하는 형식으로 매매대금을 지불하였다. 그렇다면 이제 남은 거래행위는 판매자가 대마를 포장해서 특정장소에 숨겨놓고 피고인은 판매자가 알려준 장소에 가서 대마를 가져오기만 하면 된다. 이 사건 대마 거래사이트는 신용을 중시하므로 대부분의 대마 거래는 성사되었고, 환불된 사례도 극소수에 그친다. 결국 피고인이 판매자와 사이에 대마 매매계약을 체결하고 비트코인을 송금한 것은 대마 매수행위에 있어 근접·밀착한 행위가 행하여졌다고 충분히 인정할 수 있다. 따라서 이러한 피고인의 행위를 마약범죄의 실행의 착수로 인정한 것은 타당하다고 판단된다.[4]

Ⅲ. 대상판결의 평가

최근 마약범죄에 있어 마약거래 매매대금의 대부분은 이 사건과 같이 가상자산을 전송하는 것으로 거래되고 있다. 대상판결은 비트코인과 같은 가상자산을 이용하여 마약거래를 하는 경우 가상자산을 전송한 것이 마약매매행위의 실행의 착수인지 여부가 문제된 선례적인 법원 판결로서 의의가 있다. 실제로 마약거래에 있어 매매대금을 현금 또는 계좌이체의 방식으로 지불하였다면 이 판결과 같이 쟁점이 되지 않았을지도 모른다.[5] 하지만 비트코인이라는 새로운 형식의 마약대금 지불방식이 생겨난 만큼 이러한 주장 역시 충분히 할 수 있을 법한 주장이고, 법원 역시 적절히 판단하였다고 생각된다. 만약 비트코인이 처음 생겨난 초창기였다면 가상자산의 송금이 매매대금을 지불한 것과 같이 평가될 수 있는지부터가 문제될 수 있었을 것이다. 하지만 이제는 이 판결에서도 비트코인의 자산성을 쟁점화하지 않은 것처럼 이제는 비트코인과 같은 가상자산의 자산성 여부는 논쟁의 대상이 아닌 것으로 보인다. 이 또한 이 판결의 숨은 의의가 아닌가 하는 생각이 든다.

---

4) 이 판결은 2021. 4. 8. 그대로 확정되었다.
5) 의정부지방법원 고양지원 2021. 11. 5. 선고 2021고합244 판결에서는 피고인이 대마를 매수하기 위하여 판매자가 지정하는 케이뱅크 계좌로 금원을 이체하였으나 판매자가 지정하는대로 가상자산으로 환전하는 과정에서 환전이 거절되어 피고인에게 환불되는 바람에 미수에 그쳤다고 판단하였는바, 실행의 착수 여부가 쟁점이 되지 않았다.

[30] 마약류 판매대금 수금을 위하여 가상자산 전자지갑을 대여한 자에 대하여 마약류 매매 방조죄가 성립하는지 여부

— 서울고등법원 2021. 10. 28. 선고 2021노1202 판결, 2021. 11. 11. 확정 —

[사실 개요]

1. 피고인은 미국 시민권자로, 텔레그램 마약판매 채널에서 마약류 판매책인 조**, 정**을 알게 되었다.

2. 조**, 정**은 공모하여 2020. 2. 13.경 불상지에서 텔레그램에 접속하여 마약 관련 단체채팅방인 '다크*** 팬클럽' 등에 마약판매 광고를 게시한 다음 이를 보고 연락 온 마약수사팀 소속 경찰관에게 비트코인 구매대행 업체인 비트프록시를 통해 미국 가상화폐 거래소인 Coinbase(이하 '코인베이스'라 한다)에 개설된 피고인 명의의 비트코인 지갑 주소로 0.01528BTC를 전송하게 하고, 다음 날 00: 01경 위 경찰관으로부터 비트코인이 입금되었음이 확인되자 서울 서초구 소재 2층 단자함에 대마 약 1그램을 숨겨둔 다음 그 장소를 찍은 사진을 위 경찰관에게 전송해 주어 이를 가져가게 하는 방법으로 대마를 매매하였다. 조**, 정**은 위와 같은 방법으로 위 무렵부터 2020. 4. 27.경까지 사이에 총 34회에 걸쳐 합계 1.97234BTC 상당의 대마 약 93그램 및 MDMA(일명 '엑스터시', 이하 '엑스터시'라 한다) 13정, LSD 2탭을 매매하였다.

3. 피고인은 조**, 정**이 위와 같이 마약류를 매매함에 있어서 이를 돕기 위하여 2020. 2. 13.경부터 2020. 4. 27.경까지 사이에 불상지에서 조** 등에게 텔레그램을 통해 마약대금을 수령할 자신의 전자지갑주소를 알려준 다음 비트코인이 입금되면 그 사실을 조** 등에게 알려주고, 이후 입금된 비트코인에서 10~20% 상당의 수수료를 뗀 나머지 비트코인을 국내 가상화폐 거래소인 업비트에 개설된 조**의 비트코인 지갑주소로 재전송해주었다.

4. 피고인은 조** 등의 부탁을 받고 비트코인 지갑을 빌려주는 대가로 수수료 명목의 돈을 취득하기로 한 사실이 있을 뿐 조** 등이 피고인의 비트코인 지갑을 마약류 판매대금 수금을 위하여 사용하려 한다는 사정이나 피고인의 비트코인 지갑에 입금되는 비트코인이 마약류 판매대금이라는 사실을 전혀 알지 못하였다고 1심(인천지방법원 부천지원 2021 고합17 판결)에서부터 주장하였다.

5. 1심 법원은 피고인에게 조**, 정**의 마약류 매매에 대한 방조, 엑스터시, LSD 매매, 대마 재배 및 보관에 대해 모두 유죄로 인정하여 징역 7년 형을 선고하였고, 마약류 매매 방조로 1,816만 원, 마약류 매매로 800만 원을 각 추징하였다.

6. 위 1심 판결에 피고인이 항소하였고, 이 법원은 위 1심 법원의 추징금 산정이 잘못되었음을 지적하면서 추징부분을 파기하였고, 피고인의 나머지 항소는 모두 기각하였다.

[판결 요지]

1. 마약류관리에 관한 법률 제67조에 의한 몰수나 추징은 범죄행위로 인한 이득의 박탈을 목적으로 하는 것이 아니라 징벌적 성질의 처분이므로, 그 범행으로 인하여 이득을 취득한 바 없다 하더라도 법원은 그 가액의 추징을 명하여야 하고, 그 추징의 범위에 관하여는 죄를 범한 자가 여러 사람일 때에는 각자에 대하여 그가 취급한 범위 내에서 마약류 가액 전액의 추징을 명하여야 한다(대법원 1993. 3. 23. 선고 92도3250 판결, 대법원 2001. 12. 28. 선고 2001도5158 판결 등 참조). 피고인이 취급한 범위 내에서 조**, 정**이 마약류 매매의 대가로 받은 비트코인 또는 이를 원화로 환전한 돈을 마약류 매매 방조 범행으로 인한 수익금으로 몰수·추징하여야 할 것인데 조**, 정**이 총 34회에 걸쳐 매도한 대마 약 93그램, 엑스터시 13정, LSD 2탭의 실제 거래가액 1.97234BTC를 각 거래시점의 비트코인 가액을 기준으로 환산하면 17,912,819원으로 산정된다.(피고인이 업비트에 개설된 조**의 지갑으로 전송한 비트코인을 조**, 정**이 판매한 가격을 기준으로 하였고, 이를 알 수 없는 경우 조**의 지갑으로 비트코인을 전송한 날자와 가까운 매도일의 시세로 환산하였다)

2. 다음의 사정을 종합하면, 피고인의 마약류 매매에 대한 방조 책임이 넉넉히 인정된다.

① 조**과 정**은 원심 법정에서 "피고인을 통하여 비트코인에 투자한 사실은 없고, 수사단계에서 비트코인에 투자하였다고 진술한 것은 허위이다. 피고인의 비트코인 지갑을 사용하여 마약류 판매대금을 지급받고 그 대가로 일정 수수료를 지급하기로 하여 피고인의 비트코인 지갑으로 마약류 판매대금을 수금한 것이다."는 취지로 각 증언하였는바, 위 각 법정진술은 피고인과의 텔레그램 대화내역 등 객관적인 증거들과 모순되지 않고 조**, 정**이 피고인에게 불리한 허위의 진술을 할 이유를 찾기 어려운 점 등의 사정에 비추어 그 신빙성이 인정된다.

② 피고인은 단순히 조** 등이 피고인의 비트코인 지갑을 빌려주면 대가를 주겠다고 하여 이에 응한 것이라는 취지로 주장한다. 그러나 조**은 이미 별도의 비트코인 지갑을 가지고 있었고, 조** 등이 비트코인 거래를 위한 지갑을 생성하는 데 별다른 장애요인도 없었던 것으로 보이며, 단순히 비트코인 지갑을 빌려주는 대가로 입금된 비트코인의 10~20%에 이르는 수수료를 취득하기로 하였다는 것은 매우 이례적인 점 등에 비추어 피고인의 위와 같은 변소는 설득력이 떨어진다.

③ 피고인은 종전에도 조** 등과 마약거래를 한 적이 있는 것으로 보이고, 피고인의 비트코인 지갑을 이용한 마약매매가 계속 중일 때에도 텔레그램을 이용하여 수시로 조** 등과 마약류에 관한 대화(마약류 매매의사 전달, 구매자들의 반응 등)를 주고받음과 동시에 수시로 피고인의 비트코인 지갑 주소를 보내주고 입금 확인도 해주었다.

   – 피고인은 조**, 정**이 마약류 매매대금을 받기 위하여 피고인 명의의 비트코인 지갑을 사용한다는 사정을 잘 알면서도 그 주소를 조** 등에게 알려준 다음, 위 지갑에 마약대금이 입금되면 그 사실을 조** 등에게 알려주고, 이후 10~20% 상당의 수수료를 뗀 나머지 비트코인을 조**의 비트코인 지갑 주소로 재전송해주는 방법으로 조** 등의 대마, 엑스터시, LSD 매매를 방조한 사실이 충분히 인정된다고 할 것이어서 피고인의 마약류 매매 방조 관련 사실오인 주장은 받아들일 수 없다.

해설

I. 마약사건에 있어 가상자산의 이용

   1. 마약사건에 있어 텔레그램과 가상자산이 범행수단으로 많이 사용되고 있다. 서로 만나본 적이 없는 사람들이 sns에서 범행을 모의하고, 가상화폐를 통해 범죄수익을 분배 세탁하는 신종 범죄들이 많이 나타나고 있다.

   마약사건에서는 주로 비트코인이 마약대금을 수수하는데 많이 사용되고 있다. 이때 마약대금으로 교부한 비트코인을 가상자산거래소를 통해 원화로 환전하는 과정에 참여한 사람에 대해 마약류 매매 등에 대한 방조죄로 의율하는 경우 방조책임을 인정한 구체적인 사실관계를 살펴보는 것도 의미가 있다.

   또한 텔레그램 성착취 조직(일명 박사방 사건)을 범죄단체로 인정한 사례(대법원 2021도7444 판결)이후 2021. 3.경 텔레그램 마약방을 형법 제114조의 '범죄단체 등의 조직'죄로 기소하여 현재 재판중인 사건도 있다(검사는 범죄목적만을 위해 조직되어 있고, 닉네임 등으로 특정가능한 다수인이 존재하며, 구성원들이 조직적, 유기적으로 역할 분담을 하고 있고, 탈퇴와 가입이 쉽지 않으며 내부적인 결속, 수익분배행위가 있었음을 근거로 범죄단체 조직죄로 기소하였다). 텔레그램을 이용하여 마약매매, 자금세탁 등 관련 업무를 분담한 마약사건에 있어 텔레그램 방에 있는 구성원들에게 범죄단체 조직죄의 죄책을 부담시킬 수 있는지, 구성원 모두를 마약범죄의 공동정범으로 처벌할 수 있는지, 일부는 정범, 나머지 일부는 단순 방조범으로 구분하여 처벌하여야 하는지 사안별로 검토할 필요가 있다.

   2. 현재 마약 범죄는 대부분 던지기 방법으로 판매되고 있다[1]. '던지기 방법'은 판매상은 sns등에 마약류 광고글을 게시, 위 글을 보고 연락해 오는 매수자들로부터 대금을 차명계좌로 입금받거나 전자지갑을 통해 비트코인으로 입금받은 후, 미리 전국 각지 빌라의 통

---

[1] "가상화폐를 통해 범죄수익을 세탁하는 신종 텔레그램 범죄집단에 대한 규제 검토 : 인천 텔레그램 마약그룹방 수사 사례를 중심으로", 이재인, 형사법의 신동향 통권 74호 202-230면

신단자함 등 은밀한 곳에 은닉해 놓은 마약류 장소 사진을 매수자들에게 전달하여 찾아가는 방법으로 판매자와 매수자가 대면하지 않아도 되는 점 때문에 많이 사용된다.

특정금융정보법이 시행되기 전인 2021. 9.경 이전에는 가상자산 구매대행업자에 대한 규제가 없었으므로 많은 가상자산구매대행업자가 텔레그램 마약방의 운영자와 결탁하여 자신의 업체를 사용하여 거래하도록 텔레그램 마약방에 광고를 하고 자금세탁을 한 것으로 추정된다.

자금세탁수법은 통상 다음과 같다. ① 마약류 매수자들은 마약류 판매자가 알려준 일회용 지갑주소로 비트코인을 전송하거나, 비트코인을 사용하지 않은 매수자들은 가상자산 구매대행업자의 지정 계좌에 금원을 입금, ② 가상자산 구매대행업자는 수수료 공제후 남은 금원에 상당한 비트코인을 구매하여 마약류 판매업자의 전자지갑에 전송, ③ 가상자산 구매대행업자는 전송후 텔레그램을 통해 마약류 판매업자에게 비트코인을 전송하였음을 보고, ④ 마약류 판매업자는 자신의 전자지갑으로 전송된 비트코인을 확인하거나 텔레그램을 통한 입금보고 후 입금을 확인한 후 던지기 방식으로 마약류 판매, ⑤ 마약류 판매업자는 자신이 가진 비트코인(마약류대금)을 가상자산 구매대행업자에게 환전요청, ⑥ 가상자산 구매대행업자는 마약류 판매업자로부터 비트코인을 전송받은 후 수수료 공제 후 그에 상당한 금원을 마약류 판매업자의 수익금 계좌로 분산하여 이체, ⑦ 마약류 판매업자는 여러 명의 인출책을 통해 현금 인출하게 한 후 수익 분배, ⑧ 마약류 판매업자는 가상자산 구매대행업자와 거래하는 마약류 매수자들에게 비밀번호나 암구호를 알려주었고, 가상자산구매대행업자는 암구호 등을 통해 마약류 판매업자와의 연관성을 확인하거나 마약류 판매업자에게 마약매수자여부를 확인한 후 거래를 진행함

가상자산 구매대행업자들은 수사기관이 자료를 요청할 경우 마약류 판매업자에게 이를 보고하고 대응책을 상의하였으며 자료 요청을 묵살하거나 자료를 폐기하였다고 허위 회신을 하는 방법으로 적극적으로 수사를 방해하는 것이 대부분이다. 가상자산 구매대행업자들은 '범죄자금인줄 몰랐다', '신청인들의 신원을 확인하였다'고 변소하고 수사를 대비하여 마약류 판매업자, 마약류 매수업자와 서로 모르는 사이인 것처럼 인식될 허위 메시지를 남겨 두기도 한다고 한다.

3. 방조죄의 성립과 관련한 문제

가. 공소사실의 특정

마약류 사건에 있어 정범의 공소사실의 특정과 관련하여 대법원 2005. 12. 9. 선고 2005도7465 판결 사안을 살펴본다. 위 사건에서 검사의 공소사실은 다음과 같다. '피고인은 마약류취급자가 아님에도 불구하고, 2004. 11. 14.경부터 2005. 2. 4.경까지 사이에 군산시 이하

불상지에서 향정신성의약품인 메스암페타민(속칭 '필로폰') 약 0.05g 내지 0.1g을 1회용 주사기에 넣고 생수에 희석한 뒤 왼쪽 팔뚝에 주사하거나 맥주 등 음료에 타서 마시는 방법으로 투약하였다.' 이에 대해 제1심은 공소사실이 특정되지 않았다는 이유로 공소기각판결을 하였고, 위 판결에 검사가 항소하였으나 항소심 법원 역시 항소를 기각하였다. 검사는 마약사건의 특수성을 고려할 때 모발감정에서 메스암페타민을 투약한 사실이 판명되었음에도 피고인이 그 투약사실을 부인하고 있는 경우에는 검사가 기소당시의 증거에 기반하여 최대한으로 범행일시와 장소를 특정하였다면 범죄일시를 일정기간내로 기재하였다고 하더라도 공소사실이 특정되었다고 보아야 한다고 주장하면서 상고하였다.

대법원은 형사소송법 제254조 제4항이 "공소사실의 기재는 범죄의 시일, 장소와 방법을 명시하여 사실을 특정할 수 있도록 하여야 한다."라고 규정한 취지는, 심판의 대상을 한정함으로써 심판의 능률과 신속을 꾀함과 동시에 방어의 범위를 특정하여 피고인의 방어권 행사를 쉽게 해주기 위한 것이므로, 검사로서는 위 세 가지 특정요소를 종합하여 다른 사실과의 식별이 가능하도록 범죄 구성요건에 해당하는 구체적 사실을 기재하여야 한다. 공소사실에 기재된 범행일시는 피고인의 모발을 대상으로 실험을 한 결과 필로폰 양성반응이 나왔다는 감정 결과만에 기초하여 그 정도 길이의 모발에서 필로폰이 검출된 경우 그 투약 가능한 기간을 역으로 추산한 것이고, 투약량이나 투약방법 역시 마약복용자들의 일반적인 통례이거나 피고인의 종전 전과에 나타난 투약량과 투약방법을 근거로 한 것에 불과하며, 그 투약의 장소마저 위와 같이 기재한 것만으로는 형사소송법 제254조 제4항의 요건에 맞는 구체적 사실의 기재라고 볼 수 없으므로, 이 사건 공소는 그 공소사실이 특정되었다고 할 수 없다(대법원 2005. 12. 9. 선고 2005도7465 판결)고 판시하였다.

나. 방조범의 고의에 대한 판례(대법원 2022. 6. 30. 선고 2020도7866 판결)

형법 제32조 제1항은 "타인의 범죄를 방조한 자는 종범으로 처벌한다."라고 정하고 있다. 방조란 정범의 구체적인 범행준비나 범행사실을 알고 그 실행행위를 가능·촉진·용이하게 하는 지원행위 또는 정범의 범죄행위가 종료하기 전에 정범에 의한 법익 침해를 강화·증대시키는 행위로서, 정범의 범죄 실현과 밀접한 관련이 있는 행위를 말한다. 또한 방조범은 정범의 실행을 방조한다는 이른바 '방조의 고의'와 정범의 행위가 구성요건에 해당하는 행위인 점에 대한 '정범의 고의'가 있어야 한다. 정범의 마약류 불법거래 방지에 관한 특례법상 '불법수익 등의 은닉 및 가장' 범행의 방조범 성립에 요구되는 방조의 고의와 정범의 고의에 관하여 보면, 예컨대 마약매수인이 정범인 마약매도인으로부터 마약을 매수하면서 마약매도인의 요구로 차명계좌에 제3자 명의로 마약 매매대금을 입금하면서 그 행위가 정범의 범행 실행을 방조하는 것으로 불법성이 있다는 것을 인식해야 한다는 것을 뜻한다. 물론 방조범에서 요구되는 정범 등의 고의는 정범에 의하여 실현되는 범죄의 구체적 내용을 인식해야 하는 것은 아니고 미필적 인식이나 예견으로 충분하지만, 이는 정범의 범행 등의 불법성에 대한 인식이 필요하다는 점과 모순되지 않는다.

Ⅱ. 이 사건에서의 적용

1. 피고인이 자신의 미국 가상자산거래소 코인베이스에 개설한 가상자산지갑을 마약류 매수자들의 비트코인 입금 수단으로 제공한 점에 대한 평가

가. 범죄단체 조직이나 마약류 판매의 공동정범 여부

피고인과 조**, 정**이 마약류 판매를 위한 범죄단체를 조직했는지 혹은 피고인을 조**, 정**과의 공동정범으로 볼 수 있는지 문제가 된다. 형법 제114조에서 정한 '범죄를 목적으로 하는 단체'란 특정 다수인이 일정한 범죄를 수행한다는 공동목적 아래 구성한 계속적인 결합체로서 그 단체를 주도하거나 내부의 질서를 유지하는 최소한의 통솔체계를 갖춘 것을 의미한다(대법원 2020. 8. 20. 선고 2019도16263 판결)고 판례가 보고 있으므로 피고인과 조**, 정**이 범죄목적인 마약류 판매라는 공동의 목적으로 조직을 결성하고 텔레그램 등을 통해 단체를 주도하거나 내부의 질서를 유지하는 최소한의 통솔체계가 있는지 검토하여 본다. 형법 114조의 범죄단체의 조직죄는 사형, 무기 또는 장기 4년 이상의 범죄를 목적하는 단체를 조직하거나 가입 또는 구성원으로 활동한 사람을 해당 목적한 죄에 정한 형으로 처벌하는 무거운 죄에 해당하므로 그 해석을 더욱 엄격하게 할 필요성이 있다. 범죄단체의 조직죄에 해당하려면 앞서 본 바와 같이 계속적인 범죄행위를 위한 단체로서의 실질이 있어야 하고 나아가 내부질서에 대한 통솔체계가 있어야 한다. 이 사건에서 피고인과 조**, 정**은 텔레그램 방에서 범죄 행위에 대해 논의한 바는 있으나 하나의 조직으로서 마약류 판매를 위해 모의하고 실행하였다고는 보기 어렵다고 할 것이어서 마약 판매를 위한 범죄 단체를 조직했다고 보기는 어렵다. 조**, 정**은 피고인에게 마약판매를 위한 도움의 대가로 별도 계산으로 대가를 지급했다고 보일 뿐 하나의 조직체에서 마약판매에 대한 대가를 나누어 정산하였다고 보기는 어렵기 때문에 더더욱 그러하다.

피고인이 조**, 정**과 공동정범으로 인정될 수 있는가에 대해서 살펴본다. 2인 이상이 범죄에 공동 가공하는 공범관계에서 공모는 법률상 어떤 정형을 요구하는 것이 아니고 2인 이상이 공모하여 어느 범죄에 공동 가공하여 그 범죄를 실현하려는 의사의 결합만 있으면 되는 것으로, 비록 전체의 모의과정이 없었다고 하더라도 수인 사이에 순차적 또는 암묵적으로 상통하여 의사의 결합이 이루어지면 공모관계가 성립하고, 이러한 공모가 이루어진 이상 실행행위에 직접 관여하지 아니한 자라도 다른 공모자의 행위에 대하여 공동정범으로서의 형사책임을 지며, 위 공모에 대하여는 직접증거가 없더라도 정황사실과 경험법칙에 의하여 이를 인정할 수 있다(대법원 2005. 5. 11. 선고 2003도4320 판결 등 참조). 판례는 공동정범과 방조범의 구분은 기능적 행위지배가 있는지 여부에 따라 달리보고 있다. 무형적인 방조범과 공모공동정범의 구분은 쉽지 않은데 전체 범죄에서 공범의 지위, 역할, 범죄 경과에 대한 지배 내지 장악력을 종합하여 단순한 공모에 그치는 것이 아니라 범죄에 대한 본질적 기여를 통해 기능적 행위지배가 존재하는 것으로 인정된다면 이른바 공모공동정범으로서의 죄책을 면할 수 없다(대법원 2011. 5. 13. 선고 2011도2021 판결 참조)는 대법원 판결에 따르면 범죄에 본질적 기여를 했는지 여부에 따라 공모공동정범인지 방조범인지가 가려질 것이다. 이 사건에서 피고인이 마약을 판매한 조**, 정**과 알게 된 경위, 마약판매대금의 분배 여부, 마약구매자에 대한 정보 등을 종합하여 볼 때 피고인이 마약판매대금을 입금할 전자지갑 주소를 알려준 행위가 조**, 정**의 마약판매와 관련하여 본질적으로 기능적 행위지배를 하였다고 보기는 어렵다.

나. 방조범으로서의 책임 여부

형법상 방조행위는 정범이 범행을 한다는 정을 알면서 그 실행행위를 용이하게 하는 직접, 간접의 모든 행위를 가리키는 것으로서 그 방조는 유형적, 물질적인 방조뿐만 아니라 정범에게 범행의 결의를 강화하도록 하는 것과 같은 무형적, 정신적 방조행위까지도 이에 해당한다(대법원 1997. 1. 24. 선고 96도2427 판결).

형법 제32조 제1항은 "타인의 범죄를 방조한 자는 종범으로 처벌한다."라고 정하고 있다. 방조란 정범의 구체적인 범행준비나 범행사실을 알고 그 실행행위를 가능·촉진·용이하게 하는 지원행위 또는 정범의 범죄행위가 종료하기 전에 정범에 의한 법익 침해를 강화·증대시키는 행위로서, 정범의 범죄 실현과 밀접한 관련이 있는 행위를 말한다. 또한 방조범은 정범의 실행을 방조한다는 이른바 '방조의 고의'와 정범의 행위가 구성요건에 해당하는 행위인 점에 대한 '정범의 고의'가 있어야 한다. 정범의 마약류 불법거래 방지에 관한 특례법상 '불법수익 등의 은닉 및 가장' 범행의 방조범 성립에 요구되는 방조의 고의와 정범의 고의에 관하여 보면, <u>예컨대 마약매수인이 정범인 마약매도인으로부터 마약을 매수하면서 마약매도인의 요구로 차명계좌에 제3자 명의로 마약 매매대금을 입금하면서 그 행위가 정범의 범행 실행을 방조하는 것으로 불법성이 있다는 것을 인식해야 한다는 것을 뜻한다.</u> 물론 방조범에서 요구되는 정범 등의 고의는 정범에 의하여 실현되는 범죄의 구체적 내용을 인식해야 하는 것은 아니고 미필적 인식이나 예견으로 충분하지만, 이는 정범의 범행 등의 불법성에 대한 인식이 필요하다는 점과 모순되지 않는다(대법원 2022. 6. 30. 선고 2020도7866 판결).

이 사건에서 피고인은 마약매도인으로부터 마약매수를 위해 비트코인을 지급하려는 사람들을 위하여 자신의 암호자산지갑에 마약대금인 비트코인을 입금하도록 하여 주었기 때문에 정범인 조**, 정**의 고의와 조**, 정**의 마약매도를 도와준다는 방조의 고의가 충분히 인정되므로 방조범의 죄책을 지는 것은 분명하다. 다만 피고인의 행위가 방조에 그치지 않고 공모공동정범에 해당하여 정범으로서의 죄책을 지거나 혹은 마약매매를 위한 범죄단체를 조직하였다고 볼 수 있는지에 대해서는 엄격한 증명이 필요할 것인데, 마약매수자로부터 마약대금으로 비트코인을 전송받은 후 일부를 수수료로 공제하고 나머지 비트코인을 조**, 정**에게 지급하여 왔던 점과 텔레그램에서의 대화내역을 종합하여 볼 때 피고인이 정범인 조**, 정**의 마약매도행위를 사실상 지배하였다거나 일체로서의 조직으로서의 실체를 갖추고 있었다고 보기는 어렵다는 것은 앞서 본 바와 같다. 피고인이 자신의 미국 가상자산거래소 코인베이스에 개설한 가상자산 지갑을 마약류 매수자들을 위한 비트코인 입금 수단으로 제공한 점에 대해 피고인은 단순히 수수료를 받기 위한 목적이었을 뿐 마약류 매수자들의 대금 입금수단인 점을 몰랐다는 취지로 주장하나 법원은 만일 그러한 사정을 몰랐다고 하면 10% 이상의 많은 수수료를 공제할 아무런 이유가 없었고, 정범이 스스로 가상자산지갑을 개설할 수도 있었음에도 피고인에게 가상자산지갑을 요청한 점에 비추어 피고인은 정범의 고의가 있었다고 판단하였다.

2. 마약류 사건에서의 가상자산의 몰수, 추징과 관련한 문제

마약류관리에 관한 법률 제67조에 의한 몰수나 추징은 범죄행위로 인한 이득의 박탈을 목적으로 하는 것이 아니라 징벌적 성질의 처분이므로, 그 범행으로 인하여 이득을 취득한 바 없다 하더라도 법원은 그 가액의 추징을 명하여야 하고, 그 추징의 범위에 관하여는 죄를 범한 자가 여러 사람일 때에는 각자에 대하여 그가 취급한 범위 내에서 마약류 가액 전액의 추징을 명하여야 한다(대법원 1993. 3. 23. 선고 92도3250 판결, 대법원 2001. 12. 28. 선고 2001도5158 판결 등 참조).

따라서 피고인이 취급한 범위 내에서 조**, 정**이 마약류 매매의 대가로 받은 비트코인 또는 이를 원화로 환전한 돈을 마약류 매매 방조 범행으로 인한 수익금으로 몰수·추징하여야 한다. 법원은 피고인이 업비트에 개설된 조**의 지갑으로 전송한 비트코인을 마약류 매매의 대가로 받은 돈으로 보고 정범인 조**, 정**이 비트코인을 매도하여 원화로 바꾼 금액을 추징금으로 산정하였고, 비트코인을 매도한 시점을 알 수 없는 경우 이를 알 수 없는 경우 조**의 지갑으로 비트코인을 전송한 날자와 가까운 매도일의 시세로 환산한 금액을 추징금으로 산정하였다. 조**, 정**이 비트코인을 매도하지 않고 그대로 보유하고 있었다면 해당 비트코인을 마약류 범죄로 인한 수익금으로 몰수할 것이고, 피고인은 그와 별도로 자신이 마약대금으로 수취하여 조**, 정**에게 지급한 비트코인을 보유하고 있지 않다고 하더라도 해당 금액을 추징하여야 한다. 다만 추징금 산정과 관련하여 비트코인의 시세는 방조행위가 이루어진 비트코인 전송시점에 가까운 거래소 시세로 환산하였는데 타당하다고 생각한다.

Ⅲ. 결론

1. 마약류관리법 위반 범죄에 있어서 비트코인이 마약류 구매를 위하여 많이 사용되고 있다. 이 경우 마약류 구매를 위하여 마약매수희망자가 마약매도인에게 바로 비트코인을 전송하는 경우 블록체인의 특성상 해당 비트코인이 마약거래를 위해 전송되었음을 인정하기 쉬우므로 대부분 마약거래와 무관한 것처럼 보이는 제3자의 가상자산지갑을 마약매수대금인 비트코인의 입금계좌로 사용한다.

이 경우 제3자가 해당 가상자산에 입금되는 비트코인이 마약대금임을 알 수 있었던 사정이 있으면 제3자는 마약류관리법 위반 범죄의 방조범의 죄책을 지게 된다. 제3자의 가상자산지갑을 사용하는 것 자체가 자금세탁을 위한 것이므로 가상자산지갑을 입금계좌로 사용하게 하는 제3자는 마약류범죄의 정범들과는 무관한 것처럼 보이는 사람일 것이므로 공모공동정범이나 범죄단체조직죄로 의율하기는 어렵다.

2. 단순히 가상자산지갑을 이용하도록 하였을 뿐이라는 피고인의 주장에 대해 텔레그램 대화방의 내용, 정범인 조**, 정**의 진술, 수수료로 수취한 금액의 정도를 종합하여 피고인의 가상자산지갑에 전송되는 비트코인이 마약과 관련한 대금임을 알 수 있었다고 판단하였다.

3. 마약류 범죄에서 방조범이 범죄수익금을 보유하고 있지 않는다고 하더라도 방조의 범위내에서는 방조범에 대하여 정범이 취급한 마약대금 상당액을 추징하여야 하고 그 추징액 산정을 위한 비트코인 시세는 방조행위가 이루어진 시가에 근접한 비트코인의 거래소 시세로 할 수 있다.

[31] 범죄사실과 무관한 가상자산이 함께 보관되어 있는 가상자산지갑을 몰수하기 위한 요건

— 서울고등법원 2022. 6. 3. 선고 2022노580 판결, 2020. 6. 20. 상고취하 확정 —

[사실 개요]

1. 피고인은 마약류취급자가 아님에도 아래와 같이 향정신성의약품인 2C-B와 MDMA(일명 '엑스터시', 이하 '엑스터시'라고 한다)를 해외에서 수입하여 국내에서 판매하였다.

2. 엑스터시 및 2C-B 수입 및 매매

   가. 피고인은 2021. 7.경 TOR 브라우저 기능을 이용하여 IP를 우회한 다음, 일명 '다크웹'상의 마약류 판매 사이트인 'A'에 접속한 후 성명불상의 마약류 판매자(닉네임 'B')에게 엑스터시 50정을 주문하고 그 대금으로 가상자산 C 약 0.77개(한화 약 248,832원)를 전송하였다. 위 성명불상자는 2021. 6. 19.경부터 2021. 8. 1.까지 총 8회에 걸쳐 국제우편을 통해 해외에서 마약류를 국내로 밀반입하는 방법으로 피고인과 공모하여 엑스터시 및 2C-B를 수입하였다.

   나. 피고인은 2021. 8. 1.경 텔레그램으로 성명불상 마약류 구매자로부터 2C-B 및 엑스터시 대금으로 22만 원 상당의 비트코인을 전송받고, 2C-B 1정 및 엑스터시 1정을 매매하였고, 2021. 8. 1. 경부터 2021. 8. 2.경 사이에 텔레그램으로 성명불상의 마약류 구매자로부터 2C-B 대금으로 10만 원 상당의 가상자산(비트코인 또는 가상자산 C)을 전송받고, 2C-B 1정을 매매하였으며, 2021. 8. 9.경 텔레그램으로 성명불상 마약류 구매자로부터 2C-B 및 엑스터시 대금으로 22만 원 상당의 가상자산(비트코인 또는 가상자산 C)을 전송받고, 2C-B 1정 및 엑스터시 1정을 매매하였다.

3. 피고인은 위와 같이 마약을 판매하고 지급받은 가상자산을 가상자산지갑(레저나노X) 1대(증 제33호, 이하 '이 사건 가상자산지갑'이라 한다)를 통해 관리·보유하였는데, 위 가상자산지갑에는 위 마약 판매대금으로 지급받은 가상자산 외에도 피고인이 별도로 보유하는 가상자산의 주소·개인키 등 정보가 함께 보관되어 있다. 피고인이 수입한 마약은 수사 절차에서 전량 압수되었다. 또한 피고인이 마약을 판매하고 지급받은 가상자산의 수량이 정확하게 특정되어 있지 않고, 원화로 환산한 가액(합계 54만 원)만이 나타나 있다.

4. 피고인은 마약류관리에관한법률위반(향정)죄로 인천지방법원 2022. 2. 18. 선고 2021고합687 판결로 징역 2년 6월, 증 제33호(가상자산지갑) 등의 몰수 및 54만 원 추징을 선고받았다. 검사는 「마약류 관리에 관한 법률」 제67조를 근거로 수입한 마약과 이 사건 가상자산지갑의 몰수와 함께 위 환산가액 54만 원의 추징을 구하였고, 원심은 이를 모두 받아들여 몰수·추징을 명하였다. 이에 대하여 피고인은 위 판결에 대하여 항소를 제기하였다.

5. 항소심 법원은 제1회 공판기일에서 검사에게 피고인이 이 사건 가상자산지갑을 통해 보유하는 가상

자산을 인출할 수 있도록 하는 조치가 가능한지에 관하여 석명하였으나, 검사는 이에 관하여 별다른 답변을 하지 않았다.

[판결 요지]

1. 「마약류 관리에 관한 법률」 제67조의 몰수나 추징을 선고하기 위하여는 몰수나 추징의 요건이 공소가 제기된 범죄사실과 관련되어 있어야 하므로, 법원은 범죄사실에서 인정되지 않은 사실에 관하여는 몰수나 추징을 선고할 수 없다(대법원 2016. 12. 15. 선고 2016도16170 판결).

2. 피고인의 이 사건 마약류 수입 범행과 관련된 마약은 모두 압수되었고, 마약류 판매 범행으로 얻은 수익금에 대해서는 피고인이 지급받은 가상자산의 수량이 특정되지 않는 등 몰수할 수 없다고 보아 검사가 그 환산 가액의 추징을 구한 사실, 이 사건 가상자산지갑에는 피고인이 보유하는 가상자산의 주소·개인키 등 정보가 보관되어 있고 이러한 정보 없이는 피고인이 가상자산을 인출할 수 없는 사실은 앞서 본 것과 같다.

그렇다면 이 사건 범죄사실과 관련된 마약류나 수익금은 모두 몰수·추징의 대상이 되었으므로, 이와 별도로 피고인이 보유하는 가상자산을 몰수하는 것은 중복된 몰수 처분이거나 범죄사실과 무관한 재산적 이익을 박탈하는 것으로서 허용될 수 없다. 이 사건 가상자산지갑을 몰수하면 피고인이 위 지갑을 통해 관리하는 가상자산을 인출할 수 없게 되어 결국 범죄사실과 무관한 가상자산을 몰수하는 것과 마찬가지의 결과가 되므로 역시 허용되지 않는다.

3. 피고인이 마약 판매대금을 가상자산을 지급받고 이를 보유하기 위하여 이 사건 가상자산지갑을 이용함으로써 이것이 범죄행위 수행에 기여한 측면이 있음은 인정된다. 그렇다 하더라도 수사과정에서 이 사건 가상자산지갑을 통해 보유하는 가상자산을 피고인이 관리가능한 다른 주소로 이체하거나 환전할 수 있도록 조치한 후 이를 압수하거나, 이 사건 가상자산지갑과 별도로 피고인이 가상자산 주소·개인키 정보를 보유하는 등으로 피고인이 가상자산을 인출하는데 지장이 없다는 사정이 밝혀지지 않은 이상, 이 사건 가상자산지갑을 몰수함으로써 범죄사실과 무관한 피고인의 재산적 이익을 박탈하는 결과를 가져오는 것은 허용될 수 없다.

4. 결국 원심이 이 사건 가상자산지갑을 몰수한 것은 몰수대상이 될 수 없는 물건을 몰수한 것으로 위법하다.

해설 ─────────────────────────────────

Ⅰ. 대상판결의 의의 및 쟁점

가상자산 거래를 위해서는 가상자산의 보관이나 입출금 거래에 사용할 '주소(address)'[1]와 그 주소에 접근하여 거래를 승인하기 위한 '개인키(private key)'[2]가 필요하다. 가상자산 보유자가 보유 주소의 개인키를 잊어버리면 그 주소에 접근할 수 없게 되어 결국 가상자산에 대한 권리를 상실하는 결과가 된다.[3]

가상자산 지갑(crypto wallet)은 가상자산 주소와 개인키를 생성·관리하기 위한 프로그램이나 전자장치이다. 이 사건 가상자산지갑은 휴대용 저장장치인 USB처럼 생긴 하드웨어형 전자지갑으로, 가상자산 주소와 개인키를 인터넷과 연결되지 않은 하드웨어 장치에 저장하고 거래를 할 때에만 장치를 컴퓨터(혹은 모바일)에 연결하며, 거래 시에도 개인키를 사용한 프로세스를 장치 내부에서 수행하고 승인된 거래 내역만을 컴퓨터에 전송하여 개인키를 온라인상에 노출시키지 않는 방식으로 작동된다.[4] 피고인은 이 사건 가상자산지갑에는 범죄사실과 무관한 가상자산이 보관되어 있으므로 이 사건 가상자산지갑을 몰수한 것은 위법하다고 주장하며 항소를 제기하였으므로, 이러한 가상자산지갑을 몰수하기 위한 요건이 쟁점이 되었다.

Ⅱ. 대상판결의 분석

1. 형법상 몰수의 요건

몰수물의 형태는 물건이다. 형법 제48조에서는 물건을 몰수대상으로 규정하고 있다. 따라서 민법 제98조의 물건 개념에 따라 유체물 및 전기 기타 관리할 수 있는 자연력이 이에 해당한다. 뇌물죄의 경우에는 형법 제134조에 따라 몰수대상이 뇌물이므로 물건뿐만 아니라 재산상 이익도 포함된다고 할 것이다.[5] 몰수원인 범죄의 내용에 관하여는 형법 제49

---

1) 은행의 계좌번호에 비유할 수 있다. 입출금 등 거래를 위해 상대방에게 공개하여야 하므로 '공개키(public key)'라고도 한다. 영어알파벳과 숫자를 무작위로 조합한 약 30자리의 문자열로 구성된다. (예: 13PPWQT2XwgxsN2kftUq5cqKaQCfc2X6)
2) 은행 계좌의 비밀번호에 비유할 수 있다. 역시 영어알파벳과 숫자를 무작위로 조합한 긴 문자열로 구성된다. 개인키가 제3자에게 노출되면 제3자가 그 주소에 보관된 가상자산을 제한 없이 인출할 수 있다.
3) 이상의 내용은 김정훈, "비트코인을 범죄수익으로 취득한 경우 몰수·추징이 가능한지 여부", 대법원판례해설116호(2018), 535면 이하; 연성진 외 5명, 가상자산(Cryptocurrency) 관련 범죄 및 형사정책 연구, 한국형사정책연구원(2017), 29면 이하 참조.
4) 온라인상에 프로그램 형태로 존재하는 '소프트웨어 전자지갑'에 비하여, 개인키 등이 노출되어 해킹당할 위험이 없어 보안성이 높다. 박준모, 안전한 가상자산 관리를 위한 FPGA 기반의 핫 월렛, 서울대학교 대학원 공학석사 학위논문(2019. 2), 1~2면
5) 대법원 2010. 5. 13. 선고 2009도7040 판결 등 참조.

조 본문에서 몰수는 타형에 부가하여 과한다고 규정하고 있으므로 이는 몰수원인인 범죄가 유죄인 경우에 그 형에 부가하여 몰수를 과한다고 보아야 한다. 즉, 몰수는 원칙적으로 공소사실에 관하여 형사재판을 받는 피고인에 대한 유죄의 판결에서 다른 형에 부가하여 선고되는 형이라 할 것이다. 따라서 대법원은 기소되지 않은 범죄를 몰수원인범죄로 하여서는 몰수를 할 수 없다는 입장을 취하고 있다. 또한 공소사실에 대하여 무죄로 판단하고 공소사실과 다른 사실을 유죄로 인정하면서 그에 관련된 압수물을 몰수하는 것은 기소되지 않은 범죄를 몰수원인 범죄로 한 것으로서 불고불리의 원칙에 위반된다고 판시하였다.[6] 나아가 몰수는 부가적인 것이므로 제기된 공소는 몰수판결을 받는 당해 피고인에 대하여 제기된 것이어야 한다.[7] 한편, 마약류 관리에 관한 법률 제67조에서는 이 법에 규정된 죄에 제공한 마약류·임시마약류 및 시설·장비·자금 또는 운반 수단과 그로 인한 수익금은 몰수한다고 규정하고 있으므로, 마약과 그 마약 범행을 위해 제공된 장비와 수익금 모두 몰수의 대상이 된다.

2. 범죄사실과 무관한 가상자산이 함께 보관된 가상자산지갑에 대한 몰수의 요건

우선 가상자산지갑은 가상자산 주소와 개인키를 생성·관리하기 위한 프로그램이나 전자장치이므로, 이 사건의 경우처럼 가상자산지갑이 휴대용 저장장치인 USB처럼 생긴 하드웨어형 전자지갑인 경우 물건의 형태를 가지므로, 몰수의 요건인 물건에 해당하여 몰수가 가능하다.

그 다음으로 앞서 본 바와 같이 몰수는 원칙적으로 유죄판결을 받은 경우에 하여야 하고 기소되지 않은 사실에 관하여는 몰수를 할 수 없다. 따라서 범죄사실과 관련 있는 부분과 범죄사실와 관련이 없는 부분이 혼재해 있다면 이를 구분하여 특정하지 못하는 이상 전체를 몰수의 대상으로 삼을 수는 없다고 보아야 한다. 가상자산지갑의 경우도 마찬가지라 할 수 있어 가상자산지갑이 범죄와 관련이 있는 부분과 없는 부분이 함께 있다면 이를 분리·특정하여 몰수할 수 없는 이상 가상자산지갑 전체를 몰수할 수는 없다고 보아야 한다. 이 사건 가상자산지갑은 마약범죄의 수익에 해당하는 가상자산과 이에 해당하지 아니하는 가상자산이 포함되어 있고, 이 사건 가상자산지갑을 열기 위한 가상자산의 주소·개인키 등 정보 또한 함께 보관되어 있다. 그런데 범죄수익에 해당하는 가상자산을 특정할 수 없고, 분리할 수 없다면 가상자산지갑 전체를 몰수할 수는 없다고 할 것이다. 따라서 범죄사실과 무관한 가상자산이 함께 보관된 가상자산지갑을 몰수하기 위하여서는 범죄와 관련된 가상자산이 특정되어야 하고, 이러한 가상자산이 분리되어 압수되거나 적어도 범죄와

---

6) 대법원 2010. 5. 13. 선고 2009도11732 판결 등 참조.
7) 온라인주석서 형법총칙(2)(제3판), 한국사법행정학회(2020) 446-447면(이상원)

관련 없는 가상자산에 대하여 피고인이 인출할 수 있는 방법이 있어야 한다.

3. 대상판결의 경우

우선 이 사건 판결은 범죄와 관련 없는 가상자산이 특정되어 분리·인출될 수 없는 한 가상자산지갑 전체를 몰수할 수 없다고 판시하였다. 즉, 피고인이 마약 판매대금을 가상자산을 지급받고 이를 보유하기 위하여 이 사건 가상자산지갑을 이용함으로써 이것이 범죄행위 수행에 기여한 측면이 있음은 인정된다 하더라도 수사과정에서 이 사건 가상자산지갑을 통해 보유하는 가상자산을 피고인이 관리가능한 다른 주소로 이체하거나 환전할 수 있도록 조치한 후 이를 압수하거나, 이 사건 가상자산지갑과 별도로 피고인이 가상자산 주소·개인키 정보를 보유하여 피고인이 범죄와 관련 없는 가상자산을 인출할 수 없다면, 이 사건 가상자산지갑을 몰수함으로써 범죄사실과 무관한 피고인의 재산적 이익을 박탈하는 결과를 가져오는 것은 허용될 수 없다는 것이다. 항소심 법원이 제1회 공판기일에서 검사에게 피고인이 이 사건 가상자산지갑을 통해 보유하는 범죄와 관련 없는 가상자산을 인출할 수 있도록 하는 조치가 가능한지에 관하여 석명하였으나, 검사는 이에 관하여 별다른 답변을 하지 않았는바, 피고인의 재산적 이익을 보호하기 위한 판결을 하였다고 판단된다.

또한, 이러한 판결을 하게 된 또다른 측면으로는 피고인의 이 사건 마약류 수입 범행과 관련된 마약은 모두 압수되었고, 마약류 판매 범행으로 얻은 수익금에 대해서는 피고인이 지급받은 가상자산의 수량이 특정되지 않는 등 몰수할 수 없다고 보아 검사가 그 환산가액의 추징을 구한 사실을 근거로, 이 사건 범죄사실과 관련된 마약류나 수익금은 모두 몰수·추징의 대상이 되었다고 보았다. 이와 별도로 피고인이 보유하는 가상자산을 몰수하는 것은 중복된 몰수 처분이거나 범죄사실과 무관한 재산적 이익을 박탈하는 것으로서 허용될 수 없다는 것이다. 이 사건 가상자산지갑을 몰수하면 피고인이 위 지갑을 통해 관리하는 가상자산을 인출할 수 없게 되어 결국 범죄사실과 무관한 가상자산을 몰수하는 것과 마찬가지의 결과가 되므로 역시 허용되지 않는다고 보았다.[8]

Ⅲ. 대상판결의 평가

비트코인 등 가상자산 자체의 몰수에 관하여는 기존 판결과 평석이 다수 존재한다. 그러나 가상자산지갑의 몰수에 관하여는 기존 판결에서 다룬 사례가 거의 없었다. 또한 이 사건은 가상자산지갑 내에 범죄와 관련 있는 가상자산과 관련 없는 가상자산이 혼재해 있는

---

8) 이 사건은 피고인이 상고하였으나 2020. 6. 20. 상고취하로 확정되었다.

경우이다. 이러한 경우에 가상자산지갑을 몰수할 수 있는지와 그 요건에 관하여 선례가 되는 매우 중요한 판결이라 할 것이다. 향후 가상자산범죄가 계속 증가할 것으로 보이므로 가상자산지갑의 몰수 또한 중요한 쟁점으로 떠오를 것으로 보인다. 이 판결은 이에 대한 중요한 기준점을 제시할 수 있을 것이다.

[32] 대마 판매대금으로 받은 비트코인인지 여부에 관한 증명의 정도

— 수원고등법원 2022. 8. 24. 선고 2022노228 판결('1판결', 2022. 11. 2. 상고기각 확정);

서울고등법원 2022. 8. 17. 선고 2022노217, 1004(병합) 판결('2판결', 2022. 11. 10. 상고기각 확정) —

[1판결의 사실 개요]

1. 피고인은 대마를 판매하여 마약류 불법거래 방지에 관한 특례법 위반 등의 범죄로 기소되었다. 수사기관은 피고인의 전자지갑으로 입금된 비트코인에서 피고인이 대마 거래 웹사이트의 판매 보증금으로 사용하였다고 주장하는 비트코인과 또 다른 대마 거래 웹사이트의 판매자 등록을 위해 사용하였다고 주장하는 비트코인을 공제하고 남은 비트코인에 각 범행일별 비트코인 최저시세를 적용하여 환산한 원화로 피고인의 대마 판매수익금을 특정하였다.

2. 이에 대하여 피고인은 ① 추적을 피하기 위해 대마 판매대금으로 받은 비트코인을 다른 비트코인 전자지갑으로 이동하였다가 다시 입금 받은 입금내역, ② 코인조인(가상자산을 주고받은 주소가 남지 않도록 프로그램을 이용하여 가상자산을 여러 개 섞었다가 쪼개는 행위)을 하기 위한 최소단위를 충족하기 위해 피고인이 스스로 입금한 내역, ③ 판매자 자격을 피고인에게 양도한 자가 피고인에게 판매자 자격 양도 대금을 비트코인이 아닌 대마로 받고 싶다며 환불한 내역, ④ 대마 거래 웹사이트에 판매자로 등록하기 위해 일정한 액수의 돈을 환전하여 비트코인 전자지갑으로 입금한 내역들은 모두 대마 판매수익금이 아니므로, 마약류관리에 관한 법률('마약류관리법') 제67조 단서의 추징대상에서 제외되어야 한다고 주장하였다.

[2판결의 사실 개요]

1. 피고인들은 대마를 판매 및 유통하는 범죄집단으로 활동하기로 공모하고, 피고인 A는 대마를 재배할 공장 건물('이 사건 공장')을 자기 명의로 임차하였고, 그 무렵 피고인 B는 피고인 C의 조언 등을 토대로 이 사건 공장의 계약전력을 증설하고, 공장 내부에 대마 재배시설을 완성하였다. 이후 피고인 B는 피고인 D가 제공한 대마 모종 10주를 피고인 A를 통해 건네받고, 그때부터 이 사건 공장에서 대마생육 개체를 늘리는 방법으로 대마 약 50주를 재배하였다. 이로써 피고인들은 공모하여 판매할 목적으로 대마를 재배하였다.

2. 이에 대하여 검사는 피고인들이 판매목적 대마 50주 재배 범행으로 인하여 157,665,000원의 수익을 얻었다고 주장하면서 위 금액에 대한 마약류관리법 제67조 단서의 공동 추징을 구형하였다.

[1판결 요지]

1. 피고인이 주장하는 내역 중 ①, ②, ③은, 입금일시와 출금일시의 선후관계 및 금액

의 동일 내지 불특정 등에 비추어 보면, 이를 대마 판매수익금으로 인정할 수 있다.

2. 피고인이 주장하는 내역 중 ④의 경우, 해당 비트코인 송금 시점이 피고인의 대마 거래 웹사이트 가입 시점과 근접한 점 등에 비추어 보면, 해당 비트코인을 대마 판매로 인한 수익금으로 볼 수 없다.

[2판결 요지]

몰수·추징의 사유는 범죄구성요건 사실에 관한 것이 아니어서 엄격한 증명은 필요 없지만 역시 증거에 의하여 인정되어야 하므로, 검사가 제출한 증거들 및 그로 인해 인정되는 사실들만으로는 피고인들이 판매목적 대마 50주 재배 범행으로 인하여 157,665,000원의 수익을 얻었다는 사실이 증명되었다고 보기 어렵다.

해설

I. 대상판결들의 쟁점

비트코인 거래의 특성상 거래 상대방을 특정하거나 자금을 추적하기 어려워 다수의 마약 거래에 비트코인이 대금 지급 수단으로 활용되고 있다. 이 사건의 주된 쟁점은 마약류관리법 제667조 단서가 규정한 '마약류관리법에 규정된 죄에 제공한 마약류, 자금 등과 그로 인한 수익금'의 범위에 관하여 피고인과 수사기관의 주장이 다를 경우, 법원으로서는 어느 범위에서 추징을 명하여야 하는지에 대한 것이다.

II. 1판결의 분석

1. 추징액의 인정에 있어서 증명의 정도

대법원은 "마약류 관리에 관한 법률상의 추징은 범죄행위로 인한 이득의 박탈을 목적으로 하는 것이 아니라 징벌적 성질을 가진 처분이므로 그 범행으로 인하여 이득을 취한 바 없다 하더라도 법원은 가액의 추징을 명하여야 하고, 몰수, 추징의 대상이 되는지 여부나 추징액의 인정은 엄격한 증명을 필요로 하지 아니한다."라고 판시하여 왔다(대법원 1993. 6. 22. 선고 91도3346 판결, 대법원 2007. 3. 15. 선고 2006도9314 판결).

2. 법원의 판단

이 사건의 재판부는 위 대법원의 법리를 전제로, ㉮ 피고인이 수사기관에서 한 대마 판매 수익금에 관한 진술 내용이 수사기관이 특정한 피고인의 대마 판매 수익금과 일치하는 점, ㉯ 수사기관은 일부 피고인의 의견을 받아들여 대마 판매 수익금 산정에서 제외하였고, 각 범행일별 비트코인 최저시세를 적용하여 원화로 환산하였는데, 이는 피고인이 실제 현금화한 금액과 동일하거나 더 적은 금액일 것으로 보이므로, 수사기관의 대마 판매수익금 특정은 적정한 것으로 보이는 점, ㉰ 코인조인을 위해 지급되는 수수료의 입금액 대비 일반적인 비율에 비추어 피고인의 전자지갑의 입금내역을 살펴보면, 코인조인 전·후의 비트코인이 일정한 비율로 감소한 것으로 보이지 않고, 오히려 코인조인 후의 비트코인이 더 증가한 경우도 발견되는 점, ㉱ 코인조인 외의 입금내역과 관련된 피고인의 주장을 뒷받침할 만한 자료도 없는 점 등을 근거로, 피고인이 주장하는 내역 중 ①, ②, ③을 대마 판매수익금으로 인정하였다.

한편 이 사건의 재판부는 해당 비트코인 송금 시점이 피고인의 대마 거래 웹사이트 가입 시점과 근접한 점 등에 비추어 피고인이 주장하는 내역 중 ④를 대마 판매수익금에 해당하지 않는 것으로 판단하였다.

Ⅲ. 2판결의 분석

1. 추징액의 인정에 있어서 증명의 정도

대법원은 "몰수·추징의 대상이 되는지 여부나 추징액의 인정 등은 범죄구성요건사실에 관한 것이 아니어서 엄격한 증명은 필요 없지만 역시 증거에 의하여 인정되어야 함은 당연하고, 그 대상이 되는 범죄수익을 특정할 수 없는 경우에는 추징할 수 없다."라고 판시하여 왔다(대법원 2006. 4. 7. 선고 2005도9858 판결, 대법원 2007. 6. 14. 선고 2007도2451 판결 등 참조).

2. 법원의 판단

이 사건의 재판부는 '위 50주 중 일부 물량은 수확 및 건조까지 성공적으로 이루어져 시장에 공급되었고, 피고인들 중 일부가 그 대가로 상당한 금액의 비트코인을 분배받은 것으로 보이기는 한다. 일부 피고인이 구성원들에 대한 대마 판매 대금 정산 내역을 기재한 엑셀 장부에 157,665,000원 상당의 비트코인이 지급되었다고 기재되어 있다.'라고 판단한 후 위 대법원의 법리를 전제로, ㉮ 위 엑셀장부의 비트코인 지급 시기와 최초 대마 모종 10주가 공급된 시기, 그 10주로부터 상품성 있는 대마를 공급하기 위해 필요한 기간이 서로 불일치하므로, 위 엑셀 장부의 기재된 일부 지급 내역을 피고인들이 재배하여 공급한 대마의 대가라고 단정하기 어려운 점, ㉯ 일부 피고인이 밝히고 있는 대마 판매대금 비트코인 현금화 시기와 내역이 위 엑셀장부와 일치하지 않는데, 검사가 이를 합리적으로 설명할 수 있는 별다른 증거를 제출하지 못한 점, ㉒ 다수의 피고인들이 '최초로 건네받은 대마 모종 10주는 못 키우고 다 죽어버렸다.'라고 진술하고 있는 점 등을 근거로, 검사가 주장하는 157,665,000원을 추징금으로 인정하지 않았다.

Ⅳ. 대상판결들의 평가

1. 가상자산 주소의 익명성과 관련하여

비트코인에 대한 몰수를 인정한 최초의 대법원 판례(대법원 2018. 5. 30. 선고 2018도3619 판결) 사안에서 피고인은, '비트코인의 블록체인은 10분마다 거래내역이 갱신되어 피고인이 보관하고 있던 비트코인과 수사기관이 보관하고 있는 비트코인의 동일성을 인정할 수 없다.'는 주장을 하였다. 1판결의 피고인이 주장하는 코인조인은 이러한 동일성 부정의 주장과 궤를 같이 하는 주장으로서 다른 형사 판결문상[서울중앙지방법원 2022. 1. 21. 선고 2021고합451, 2021고합854(병합), 2021고합886(병합) 판결 등] 텀블링(tumbling) 또는 믹싱(mixing)으로 불리기도 한다. 혼화되어 보관되는 예금채권에서의 자금세탁과 유사한 코인조인은 송신/수신 전자지갑 주소만으로는 송신/수신 대상자를 특정할 수 없는 점에서 예금채권의 계좌이체와 구별된다. 이러한 가상자산의 특성으로 인해 가상자산이 마약류 거래에 있어 폭 넓게 사용되고 있는데, 반면 1판결과 같이 피고인이 추징액을 다투어야 하는 상황에서는 피고인에게 불리하게 작용하는 측면도 있다. 판례가 추징액의 인정에 있어서 수사기관의 증명의 정도를 완화하고 있어 사실상 피고인이 문제된 가상자산 중 일부가 대매 판매수익대금이 아니라는 사실을 적극적으로 밝혀야 필요가 있는데, 자신의 전자지갑에 기재된 지갑주소만으로는 송신/수신 대상자를 특정할 수 없기 때문이다. 1판결의 판단 논거 중 앞서 본 Ⅱ. 2.의 ㉒, ㉓항이 이에 해당한다. 다만 1판결에서는 문제된 가상자산의 송금시점 등에 관하여 밝혀진 사정 역시 추징액 산정에 있어 적극적으로 고려하였다.

물론 해당 비트코인이 제3자에게 처분되거나 보관되지 않는 이상 비트코인의 동일성은 유지된다고 볼 수 있고, 그 동일성을 전제로 범죄수익금에 대한 추징을 명할 수 있게 된다. 2판결은 이러한 동일성이 유지되지 않는 경우, 검사가 마약 판매대금의 특정을 위한 가상자산 현금화 시기, 이를 뒷받침해 주는 엑셀장부의 내역 등에 대한 충분한 설명 등을 하여야 함을 설시하였다.

2. 가상자산 시가의 변동성과 관련하여

관세법 제282조 제23항은 '문제된 물품의 범칙 당시의 국내도매가격에 상당한 금액을 범인으로부터 추징한다.'라고 규정하고 있다. 이와 달리 마약류관리법은 추징액 산정의 시점을 규정하고 있지 않다.

추징액 산정시기에 관하여 수수시설, 몰수불능시설, 재판선고시설, 개별화설 등이 대립하고 있고, 일부 예외적인 입장을 취한 판례도 있으나(대법원 2005. 7. 15. 선고 2003도4293 판결), 판례의 주류는 재판선고시설을 취하고 있다(대법원 2007. 3. 15. 선고 2006도9314 판결 등). 대마 등의 판매대금이 가상자산 형태로 남아 있으면 그 가상자산을 몰수하면 되지만, 해당 가상자산을 이미 매도했을 경우 그 범죄수익금을 추징하기 위한 한화 환산 가액 시점이 문제될 수 있다. 앞서 본 대법원 2007. 3. 15. 선고 2006도9314 판결과 1판결은 재판선고시가 아닌 시점, 즉 가상자산 처분시점 또는 범행 시점에서의 가상자산 환산 가액을 추징가액으로 인정하여, 기존의 주류적인 판례와는 다소 차이점이 있다. 이에 대하여는 ① 가상자산의 가격 변동성 속에서 법적 안정성을 추구할 필요성, ② 재판선고시의 가격이 원화 환전시의 가격보다 상승한 경우 마약 매도인이 실질적으로 취득한 이익보다 과다한 액수를 추징당하는 문제가 있고, 그 역의 경우에는 마약 매도인으로 하여금 불법수익을 보유하는 것을 허용하는 문제가 있는 점 등을 이유로 정보통신망법 위반죄나 마약류관리법상 범죄의 경우 재판선고시설을 고집할 필요가 없다는 평석들이 있다. 외화채권에서의 대법원 판례(대법원 2001. 11. 27. 선고 2001도4829 판결. 외화 역시 경제 상황에 따라 큰 가격 변동성을 보이는 경우가 있다) 역시 재판선고시설의 입장을 취하고 있는 것과의 균형성이 문제될 수 있으나, 기존에 수사보고서에 기재된 마약시가를 기준으로 추징액을 산정하는 방식은 몰수 대상인 마약의 가격 변동이 그리 크지 않기 때문이므로, 역으로 가격 변동이 큰 가상자산의 경우에는 달리 볼 필요가 있으므로, 위 평석들은 타당한 견해라고 생각한다. 입법론으로는 앞서 본 관세법처럼 '범죄 당시'의 가액으로 규정하는 것도 하나의 방법이다. 구체적으로 범행시설과 가상자산처분시설이 대립할 수 있고, 전자는 '범행 후 오랜 기간이 흐른 경우까지 가상자산처분시설에 의하는 것은 구체적 타당성에 반할 여지가 있다.'는 점을 논거로, 후자는 '마약류관리법 제67조 단서에 따르면 몰수가 불가능할 경우 비로소 추징하게 되는데, 가상자산이 처분되었을 경우 비로소 몰수가 불가능해지므로 가상자산처분시설이 법문에 충실한 해석이다.'라는 점을 논거로 각 제시할 수 있을 것이다.

한편 1판결처럼 범행시점의 최저시세로 추징액을 계산할 경우 해당 최저시세의 계산에 동원되는 거래소의 특정 문제가 발생할 수 있다. 영토를 초월하여 발생하는 가상자산 마약 거래의 속성 등을 고려하면, 문제된 가상자산 거래에 해외 거래소가 포함되어 있고 그 해외 거래소를 특정할 수 있다면 그 해외 거래소의 시세까지 고려하여 최저시세를 산정하는 것이 바람직하다고 생각한다.

가상자산의 변동성으로 인해 수사기관으로서는 추징액 산정에 있어 보다 적은 액수에 수렴하는 방향으로 추징액을 구형할 수밖에 없고, 1판결은 그러한 사정을 피고인의 주장을 배척하는 논거들 중의 하나로 사용하였다. 2판결은 추징액 산정에 있어 엄격한 증명은 필요 없으나 최소한 수사기관의 판매대금 특정을 위한 증거들 상호 간의 정합성과 일관성은 필요하다고 판단한 사안이다.

참고문헌

김정훈, "비트코인을 범죄수익으로 취득한 경우 몰수·추징이 가능한지 여부", 판례해설(116)(2018)

신일성, "가상자산을 이용한 마약범죄에 관한 연구-마약 매매를 중심으로-", 사법논집 제75집(2022)

제 5 장

정보통신망

[33] 가상자산 채굴을 위한 소프트웨어를 몰래 설치하도록 하는 행위가 정보통신망법상 악성프로그램 유포행위가 되는지 여부 및 몰래 설치한 가상자산 채굴 프로그램을 실행하도록 한 것이 정보통신망법침해행위가 되는지 여부

— 서울동부지방법원 2019. 7. 26. 선고 2019고단1680 판결, 2019. 8. 3. 확정 —

[사실 개요]

1. 피고인들은 2017. 9.경 김포시에 있는 ** 커피숍에서, 채굴프로그램을 만들어 이력서를 가장한 파일에 삽입한 다음, 마치 구직을 하는 사람인 것처럼 업체들의 인사담당자들에게 이메일을 보내면서 위 채굴프로그램이 삽입된 파일을 이력서인 것처럼 첨부하여, 위 파일을 열어보는 인사담당자들의 컴퓨터에 악성프로그램을 유포하고, 이들 컴퓨터들로 하여금 암호화폐 '모네로'를 채굴하게 하여 위 암호화폐를 피고인들이 취득하기로 공모하였다.

2. 이에 따라 피고인 a는 '암호화폐 채굴' 프로그램을 다운로드 받아 실행하는 기능을 가진 프로그램인 '드로퍼(Dropper)' 프로그램과 컴퓨터의 CPU 자원 50%를 지속적으로 소모하는 방법으로 운용을 방해하면서 실제 암호화폐 채굴행위를 하도록 하는 프로그램인 '암호화폐 채굴' 프로그램을 만드는 등 악성프로그램을 개발하고 이를 테스트 하였다.

3. 피고인 b와 피고인 c는 '드로퍼' 프로그램을 이력서로 가장한 문서파일에 삽입하여 피해자들에게 유포하고, 피고인 a는 '암호화폐 채굴' 프로그램을 다운로드 받을 수 있는 서버를 관리하여, 피고인들은 피해자들이 이력서로 가장한 문서파일을 열람하기만 하면 '드로퍼' 프로그램이 실행되어 인사담당자들의 컴퓨터로 하여금 피고인들이 관리하고 있는 서버에 접속하여 '암호화폐 채굴' 프로그램을 다운로드 받게 하고, 암호화폐 '모네로' 채굴행위를 하게 만들었다.

4. 피고인들은 공모하여, 2017. 12. 27. 13: 47경 ** 커피숍에서 노트북을 이용하여, 다음 이메일 계정에 접속한 후 구직자를 가장해 '안녕하세요. 채용담당자님'이라는 제목으로 이메일을 보내면서, 암호화폐 '모네로' 채굴 악성프로그램을 다운로드하고 실행시키는 기능을 수행하는 '드로퍼' 악성프로그램이 삽입된 '*** 이력서.alz'를 첨부한 다음, ㈜넥○○○에서 채용업무를 담당하는 피해자 임○○의 이메일 계정에 이메일을 발송하는 2017. 10. 7.경부터 2017. 12. 29.경까지 같은 방법으로 총 32,435회에 걸쳐 위 채굴프로그램을 유포하였다.

4. 피고인들은 2017. 12. 20. 15: 08경부터 2018. 2. 8. 15: 07경까지 총 6,038회에 걸쳐 '드로퍼' 프로그램을 열람한 컴퓨터로 하여금, 피고인들이 관리하는 외부 서버에 접속하여 '암호화폐 채굴' 프로그램을 다운로드 받아 실행하도록 하였다.

[판결 요지]

1. '암호화폐 채굴' 프로그램을 다운로드 받아 실행하는 기능을 가진 프로그램인 '드로퍼(Dropper)' 프로그램과 컴퓨터의 CPU 자원 50%를 지속적으로 소모하는 방법으로 운용을 방해하면서 실제 암호화폐 채굴행위를 하도록 하는 프로그램인 '암호화폐 채굴' 프로그램은 정보통신망법에서 정한 악성프로그램에 해당하고, 이를 유포하는 행위는 정보통신망법이 정한 악성프로그램 유포행위에 해당한다.

2. 피고인들이 몰래 설치한 '드로퍼'프로그램을 열람한 컴퓨터로 하여금 피고인들이 관리하는 외부 서버에 접속하여 가상자산 채굴 프로그램을 다운 받아 이를 실행하도록 하는 행위는 정당한 권한 없이 정보통신망을 침입한 행위로 정보통신망침해행위에 해당한다.

해설 ─────────────

I. 들어가며

1. 정보통신망 이용촉진 및 정보보호 등에 관한 법률(이하 '정보통신망법'이라 한다)에서 정한 악성프로그램 유포행위

정보통신망법 제48조 제2항은 "누구든지 정당한 사유 없이 정보통신시스템, 데이터 또는 프로그램 등을 훼손·멸실·변경·위조하거나 그 운용을 방해할 수 있는 프로그램(이하 '악성프로그램'이라 한다)을 전달 또는 유포하여서는 아니 된다."라고 정하고 있고, 같은 법 제70조의2는 "제48조 제2항을 위반하여 악성프로그램을 전달 또는 유포하는 자는 7년 이하의 징역 또는 7천만 원 이하의 벌금에 처한다."라고 정하고 있다. 정보통신망법 제70조의2와 제48조 제2항은 악성프로그램이 정보통신시스템, 데이터 또는 프로그램 등(이하 '정보통신시스템 등'이라 한다)에 미치는 영향을 고려하여 악성프로그램을 전달하거나 유포하는 행위만으로 범죄 성립을 인정하고, 그로 말미암아 정보통신시스템 등의 훼손·멸실·변경·위조 또는 그 운용을 방해하는 결과가 발생할 것을 필요로 하지 않는다. 악성프로그램에 해당하는지는 프로그램 자체를 기준으로 하되, 그 사용용도와 기술적 구성, 작동 방식, 정보통신시스템 등에 미치는 영향, 프로그램의 설치나 작동 등에 대한 운용자의 동의 여부 등을 종합적으로 고려하여 판단하여야 한다(대법원 2020. 10. 15. 선고 2019도2862 판결).

2. 정보통신망법상 악성프로그램의 판단요건

정보통신망법은 2001. 1. 16. 법률 제6360호로 전부 개정되면서 제48조(정보통신망 침해

행위 등의 금지)를 신설하였는데, 이는 컴퓨터바이러스를 전달·유포하거나 타인의 정보통신망의 안정적 운영을 방해할 목적으로 대량의 정보를 전송하는 등의 행위에 대한 처벌근거를 마련하기 위한 것이었다. 종전에는 바이러스의 유포행위 자체에 대한 처벌규정이 존재하지 않았는데, 이에 그러한 행위가 업무방해나 정보의 손괴를 목적으로 한 것이라고 하더라도 유포 과정에서 우연히 적발되어 실제 침해로 나타나지 않는 경우 등에는 그 처벌이 어려울 수 있다는 점에서, 바이러스 유포행위 자체를 독자적인 유형의 범죄로 평가하여 이에 대한 처벌법규를 신설해야 한다는 주장이 유력하게 제기되었고, 위 규정은 이러한 문제에 대응하기 위해 도입된 것이라고 볼 수 있다.[1]

악성프로그램에 대한 해석 중 운용을 방해할 수 있는 프로그램 부분은 그 해석이 불분명하여 죄형법정주의 위반이라는 주장이 강력하게 제기되고 있으나 컴퓨터 과학의 빠른 발전으로 인해 악성프로그램의 양상에 대해 미리 규정하는 것이 어렵기 때문에 명확한 정의를 내리기 어렵다는 이유로 명확성의 원칙을 위반한 것이 아니라는 헌법재판소의 판단이 있었다.

대법원은 악성프로그램을 판단함에 있어 프로그램 자체를 기준으로 하되, 그 사용용도 및 기술적 구성, 작동방식, 정보통신시스템 등에 미치는 영향, 프로그램 설치에 대한 운용자의 동의 여부를 종합적으로 고려하여야 한다[2]고 판시하였다. 법규제정과정에서의 논의에 비추어 볼 때 컴퓨터바이러스를 유포하는 경우는 당연히 이에 포함된다. 구체적인 사례를 보면 웹사이트 순위상승 작업 프로그램의 경우 피해 컴퓨터 사용자가 의도하지 않은 작업이 자신도 모르는 상태에서 이루어지고 컴퓨터의 cpu나 네트워크의 점유율을 높여 컴퓨터의 성능과 네트워크의 속도를 저하시킬 수 있어 악성프로그램에 해당한다[3]는 판결이 있고, 사용자의 동의에 의해 그 사용자의 컴퓨터에 설치되어 인터넷 포털 사이트가 제공하는 제공하는 광고를 대체하는 방식으로 광고를 출현시키는 프로그램은 사용자의 동의가 있었고, 광고가 나타나는 사이트의 운영에도 아무런 영향을 미치지 않으며 프로그램 사용을 원하지 않는 경우 이를 삭제할 수 있다는 점에서 악성프로그램이라고 보기 어렵다[4]는 결정이 있다. 컴퓨터 사용자의 자발적인 동의여부가 가장 중요하고, 정보통신망에 어느 정도의 부하를 일으키는지 여부에 따라 악성프로그램 여부가 결정된다고 판단된다.

---

1) "정보통신망법의 '악성프로그램' 해당 여부의 판단 기준", 정희엽, 대법원판례해설, 법원도선관 2021
2) 대법원 2019. 12. 12. 선고 2017도16520 판결
3) 대법원 2013. 3. 28. 선고 2010도14607 판결
4) 대법원 2010. 8. 25.자 2008마1541 결정

Ⅱ. 이 사건에서의 적용

1. 이 사건 가상자산 채굴 프로그램이 정보통신망법에서 정한 악성프로그램에 해당하는 지 여부

가. 가상자산 채굴에 대해 아직 산업적으로 인정되지 않은 상태이다. 그렇다고 하여 가상자산 채굴이 위법한 것도 아니다. 블록체인기술을 이용해서 소프트웨어로 가상자산을 채굴하는 것은 그 자체로 악성 프로그램이라고 볼 수는 없다.

나. 앞서 본 대법원 판례에서의 악성프로그램 기준에 따라 이 사건 가상자산 채굴 프로그램이 악성프로그램에 해당하는지 살펴본다. 이 사건 가상자산 채굴 프로그램 사용용도 및 기술적 구성, 작동방식, 정보통신시스템 등에 미치는 영향을 살펴보고, 프로그램 설치에 대한 운용자의 동의 여부를 고려해서 전체적으로 살펴본다. 이 사건 가상자산 채굴 프로그램은 컴퓨터 이용자가 스스로의 판단에 따라 프로그램을 다운로드 받는 것이 아니고, 구직자를 가장해 이력서를 채용담당자에게 보내면서 해당 이력서에 채용담당자 모르게 이 사건 가상자산 채굴 프로그램을 설치하도록 한 것은 분명하다. 나아가 이 사건 가상자산 채굴 프로그램이 가상자산인 모네로를 채굴하여 피고인들에게 이를 취득하게 함으로써 메일을 열어본 채용담당자 회사의 정보통신시스템을 성능을 저하시켰을 뿐 아니라 이러한 성능저하에 대해 위 회사로부터도 아무런 동의나 승낙을 받지 않은 이상 이 사건 가상자산채굴 프로그램은 정보통신망법이 정한 악성프로그램에 해당한다.

다. 이 사건 가상자산채굴 프로그램이 악성프로그램인 이상 피고인들이 이러한 가상자산채굴 프로그램이 탑재된 메일을 3만 회 이상 보낸 것은 정당한 사유 없이 악성프로그램을 유포한 것에 해당한다.

2. 이 사건 가상자산 채굴 프로그램이 탑재된 이메일을 열람하여 이 사건 가상자산채굴 프로그램을 다운로드하게 한 후 위 해당 컴퓨터로 하여금 피고인들이 관리하는 외부 서버에 접속하여 이 사건 가상자산채굴 프로그램을 실행하게 한 행위가 정보통신망법이 정한 침입행위에 해당하는지 여부

가. 정보통신망법 제49조는 "누구든지 정보통신망에 의하여 처리·보관 또는 전송되는 타인의 정보를 훼손하거나 타인의 비밀을 침해·도용 또는 누설하여서는 아니 된다."라고 정하고, 제71조 제1항 제11호는 '제49조를 위반하여 타인의 정보를 훼손하거나 타인의 비밀을 침해·도용 또는 누설한 자는 5년 이하의 징역 또는 5천만 원 이하의 벌금에 처한다.'고 정하고 있다.

나. 대법원 2005. 11. 25. 선고 2005도870 판결

정보통신망법 제48조 제1항은 구 전산망 보급확장과 이용촉진 등에 관한 법률 제22조 제2항 및 구 정보통신망 이용촉진 등에 관한 법률 제19조 제3항과 달리 정보통신망에 대한 보호조치를 침해하거나 훼손할 것을 구성요건으로 하지 않고 '정당한 접근권한 없이 또는 허용된 접근권한을 초과하여 정보통신망에 침입'하는 행위를 금지하고 있으므로, 정보통신망 이용촉진 및 정보보호 등에 관한 법률은 그 보호조치에 대한 침해나 훼손이 수반되지 않더라도 부정한 방법으로 타인의 식별부호(아이디와 비밀번호)를 이용하거나 보호조치에 따른 제한을 면할 수 있게 하는 부정한 명령을 입력하는 등의 방법으로 침입하는 행위도 금지하고 있다고 보아야 한다.

다. 대법원 2013. 3. 28. 선고 2010도14607 판결

갑 주식회사 대표이사인 피고인이, 갑 회사가 운영하는 웹사이트에서 무료프로그램을 다운로드받을 경우 'eWeb.exe'이라는 악성프로그램이 몰래 숨겨진 'ActiveX'를 필수적으로 컴퓨터 내에 설치하도록 유도하는 방법으로 컴퓨터 사용자들의 정보통신망에 침입하였다고 하여 구 정보통신망 이용촉진 및 정보보호 등에 관한 법률(2008. 6. 13. 법률 제9119호로 개정되기 전의 것) 위반으로 기소된 사안에서, 피해 컴퓨터에 연결된 정보통신망을 이용한 악성프로그램의 피해 컴퓨터 내 설치 경위, 피해 컴퓨터 사용자들이 인식하지 못하는 상태에서 악성프로그램의 실행 및 피해 컴퓨터에 연결된 정보통신망을 이용한 갑 회사 서버 컴퓨터와의 통신, 그 통신에 의한 지시에 따라 피해 컴퓨터와 인터넷 포털사이트 '네이버' 시스템 사이에 연결되는 정보통신망을 이용한 네이버 시스템에 대한 허위 신호 발송 결과 등에 비추어 볼 때, 악성프로그램이 설치됨으로써 피해 컴퓨터 사용자들이 사용하는 정보통신망에 침입하였다고 보아 유죄를 인정한 원심판단을 수긍하였다.

라. 정보통신망에 대한 보호조치를 침해하거나 훼손하지 않더라도 정보통신망에 접근권한 없이 접속하는 경우 정보통신망법에서 정한 침입행위에 해당한다고 할 것인데, 이 사건에서 피고인들은 이메일에 몰래 탑재한 악성프로그램을 이용하여 앞서 본 채용담당자의 컴퓨터가 피고인들이 관리하는 서버에 접속하여 이 사건 가상자산 채굴 프로그램을 다운로드 받아 이를 실행시켰고 이는 정당한 접근권한 없이 정보통신망에 침입한 것에 해당한다.

Ⅲ. 결론

1. 정보통신망법 악성프로그램 유포죄

피고인들은 구직자를 가장해 회사의 채용담당자에게 이메일로 이력서를 보내면서 해당 이메일을 열람하면 가상화폐 채굴 프로그램을 다운로드받아 이를 실행시키는 프로그램

을 첨부파일에 첨부하였다. 회사의 채용담당자의 동의가 없었다는 점, 이 사건 가상자산채굴 프로그램은 해당 컴퓨터의 cpu를 사용함으로써 정보통신망의 성능을 저하시킨다는 점에서 이 사건 가상자산 채굴 프로그램은 악성프로그램에 해당하고 이러한 악성프로그램을 다수의 이메일 계정으로 보낸 경우 이는 정보통신망법이 정한 악성프로그램 유포죄에 해당한다.

2. 정보통신망 침입죄

피고인들이 악성 프로그램을 다운로드한 컴퓨터를 이용하여 이 사건 가상자산 채굴 프로그램을 구동시킨 것은 이메일을 받은 채용담당자 소속 회사의 정보통신망에 권한 없이 접근한 것에 해당하므로 정보통신망 침입죄에 해당한다.

[34] 피해자의 정보통신망에 무단으로 침입하여
가상자산을 탈취하였는지 여부

— 의정부지방법원 2021. 7. 15. 선고 2020노593 판결, 2021. 10. 8. 상고기각 확정 —

[사실 개요]

1. 2018. 11. 26. 16:12경 인터넷 가상자산 거래 사이트에서 누군가 피해자 이○○ 의 아이디와 비밀번호를 입력하는 방법으로 피해자의 계정에 접근권한 없이 침입한 다음, 권한 없이 피해자가 위 계정에 보유하고 있는 DNA 등 가상화폐를 매도하는 사건이 발생하였다.

2. 검사는 피고인에 대하여 그가 피해자의 가상자산 계정에 무단으로 침입하여 정당한 접근권한 없이 정보통신망에 침입하고, 정보통신망에 의하여 처리되는 피해자의 정보를 훼손하였다는 정보통신망이용촉진및정보보호등에관한법률위반(정보통신망침해등)으로 기소하였다.

3. 제1심판결(의정부지방법원 고양지원 2020. 2. 13. 선고 2019고단1702 판결)은 '이 사건 당시 피고인이 피해자의 계정으로 접속한 성명불상자와 같은 IP를 사용하였다고 볼 직접적인 증거가 없다'는 등을 이유로 합리적인 의심을 할 여지가 없을 정도로 공소사실이 진실한 것이라는 확신을 가지기 어렵다고 보아 피고인에 대하여 무죄를 선고하였다.

4. 이에 대하여 검사는 항소를 제기하면서, 제출한 증거들에 의하면 이 사건 공소사실을 유죄로 인정할 수 있음에도, 이를 무죄로 판단한 원심판결에는 사실을 오인하여 판결에 영향을 미친 위법이 있다는 주장을 하였다.

[판결 요지]

1. ① 이 사건 공소사실 일시인 2018. 11. 26. 16:12에 피해자의 계정에 로그인한 IP(아이피)는 119. 199. xx. xx.(이하 '제1아이피'라 한다)이고, ② 2018. 11. 26. 16:59에 피해자의 계정에 로그인한 IP(아이피)는 182. 237. xx. xx.(이하 '제2아이피'라 한다)으로서 피고인이 사용한 것이며, ③ 문제된 거래가 주로 이루어진 시각은 16:12 ~ 16:59이다. 여기서 제1아이피가 피고인이 사용하는 아이피와 동일하다면, 이는 피고인이 16:12에 피해자 계정에 로그인(즉 침입) 하였다는 사실을 직접적으로 증명할 수 있다. 그런데 위 ① 기재는 제1아이피가 피고인이 사용하는 아이피라는 사실까지는 적극적으로 증명된 것이 아니다. 그러나 그것이 피고인은 16:12에 피해자 계정에 로그인(즉 침입) 하지 않았다는 반대사실까지 적극적으로 증명하는 것은 아니다. 따라서 피고인이 16:12에 피해자 계정에 로그인(즉 침입) 하였다는 사실은 여전히 그와 관련성이 깊은 간접증거들에 의하여 인정되는 여러 간접사실을 종합하여 인정할 수 있는 것이다.

2. 다음과 같은 간접사실을 종합적으로 고려하면, 피고인은 VPN 서비스 등을 사용하여 16:12에 피해자 계정에 로그인(즉 침입) 하였다고 인정할 수 있다. ① 이 사건 무렵 동일한 인터넷 회선에서 원래 사용하던 아이피를 다른 아이피로 바꾸어 사용할 수 있게 해주는 가상사설망(VPN; Virtual Private Network, 이하 'VPN'이라고만 한다) 서비스가 상용화된 것으로 보인다. ② 제2아이피는 이 사건에서 문제된 거래 직후에 피해자 계정에 로그인 하였는데, 이는 피고인이 VPN 서비스 업체인 ㈜R로부터 할당받아 사용한 것임이 확인되었다. ③ 피고인은 검찰에서, ㈜R의 VPN 서비스를 사용한 사실을 인정하면서, ㈜R가 고정 아이피만 제공한다는 이유로 그 서비스를 해지하고 2019. 1.경부터는 로그인 할 때마다 '마케팅 유동 아이피'를 할당해주는 N아이피라는 업체의 서비스를 사용하고 있다고 진술하였는바, 피고인은 아이피 특정을 어렵게 해주는 VPN 서비스에 대해 잘 알면서 이를 가상w자산거래 시 적극적으로 사용한 것으로 보인다. ④ 위 거래소에 로그인 한 후 VPN 서비스를 이용하면 아이피 변경이 가능하며, 그 로그인 이력은 로그인하는 시점의 아이피이고 로그인 후 VPN 서비스로 아이피가 변경되는 경우 변경된 아이피의 이력은 보여주지 아니하며, 가상자산 거래 시 핸드폰과 PC를 동시에 이용하는 것과 같이 기기를 2개 이상 이용하여 복수의 아이피가 하나의 계정으로 접속하는 것이 가능할 수도 있었다. ⑤ 위와 같은 경우, 16:12에 로그인 한 후 16:59에 다른 단말기에서 새로운 아이피로 로그인을 하더라도, 16:12에 로그인 한 단말기의 아이피가 자동으로 로그아웃 되지 않을 것이라고 추단할 수 있다. ⑥ 아래에서 보는 바와 같이, 피고인과 피해자 간에 16:12 ~ 16:59 이루어진 거래는 그 패턴이나 결과가 피고인에게만 일방적으로 유리하게 전개된 매우 이례적인 것이어서 개방된 시장에서 우연의 일치로 이루어진 것이라고 보기 어렵다. ⑦ 앞서 본 바와 같이 16:59에 피해자 계정에 로그인 한 제2아이피가 피고인이 ㈜R로부터 할당받은 아이피임이 확인되었음에도 불구하고, 피고인과 변호인은 당심 변론종결일까지도, 피고인은 가상자산 거래소에서 하는 이벤트의 경쟁자를 줄이기 위하여 피해자 계정의 비밀번호를 여러 번 무작위로 입력하여 그 계정을 로그인 할 수 없는 것으로 만들었을 뿐 피해자 계정에 로그인 한 적이 없고, 16:59에 피해자 계정에 로그인 한 사람도 피고인이 아니라는 주장으로 일관하였는바, 이는 16:12에 로그인 한 제1아이피가 피고인과는 무관한 것임을 강조하기 위하여 피고인이 피해자 계정에 아예 로그인 한 적 없다고 주장하고 그에 따라 객관적인 로그인 이력까지 부정하는 억지 주장을 하게 된 것으로 보인다.

3. 가상자산 거래내역을 보면, 피고인과 피해자가 45분 동안 같은 시간대별로 동일한 코인을 매도·매수하였고, 쌍방호가 방식으로 실시간으로 이루어지는 거래시장에서 매 코인마다 피고인과 피해자 간에 매우 긴밀하게 거래가 성사된 것을 알 수 있다. 최소 수

십 개의 코인이 상장된 거래소에서 피고인과 피해자가 45분 동안 일곱 차례 연속으로 정확히 같은 시간대에 동일한 코인을 거래하였다는 것은 우연의 일치로 보기 어렵다. 특히 피고인과 피해자의 2018. 11. 26. 이전 또는 이후의 거래내역과 비교해 보면, 다음과 같은 점에서 이 사건 45분간의 거래는 매우 특이하다는 것을 알 수 있다. ㉠ 피고인 및 피해자는 2018. 11. 26. 이전과 이후에는 제2거래군~제7거래군의 매매대상인 DNA, ANDR, ELF, ZRX 코인을 거래한 적이 아예 없거나 매우 소액을 거래하였을 뿐이다. ㉡ 피고인 및 피해자는 2018. 11. 26. 이전과 이후에는 주로 하루에 하나의 코인을 정하여 매매하였지 이 사건에서처럼 다수의 코인을 분 단위로 빈번하게 매매한 적이 드물다. ㉢ 즉 피고인과 피해자는 유독 2018. 11. 26.의 45분 동안, 그 전에는 한 번도 거래한 적이 없거나 생소한 코인들을 정확히 분 단위 시간대별로 정하여 짧은 시간 안에 매수와 매도를 반복하였다. 위와 같은 사정들을 종합하면, 이 사건 피고인과 피해자 간 거래는 매우 이례적인 것이어서 피고인과 피해자 각자의 주문 호가가 우연히 맞아 떨어져 매매가 성사된 것으로 보기 어렵다.

4. 피고인의 거래 패턴을 보면 아래와 같은 이유로 정상적인 거래라 보기 어렵고, 사실상 피고인이 피해자 계정에 침입하여 고의로 피해자와 사이에 피고인에게 유리한 거래를 성사시킨 것으로 봄이 상당하다. ㉠ 피고인과 피해자 간의 거래 64건 중 최소 63건은 확정적으로 피고인에게 유리한 거래였다. ㉡ 피고인과 피해자 간의 거래 64건은 모두 거의 동시에 매도, 매수 주문이 접수되었고 호가 및 물량이 일치하는 경우가 압도적으로 많았다. ㉢ 위 64건 이외의 거래는 모두 매집 단계 또는 종료 단계에서 이루어졌거나, A, B 유형의 거래가 반복되는 사이에 간헐적으로 이루어진 것이다. 위 거래 패턴에 비추어 볼 때, 피고인이 주장하는 것처럼 피해자가 모종의 이유로 싼 가격에 코인을 매도하고 피고인이 제3자들에 섞여 우연히 이를 매수하게 된 것이라고 볼 수 없다. ㉣ 매매대금 규모의 관점에서 보더라도, 위 45분 동안의 거래내역 중에서 피고인과 피해자 간에 거래가 성사된 64건의 금액이 큰 비중을 차지하였고, 나머지 거래내역들은 피고인과 피해자 간의 거래 64건을 위하여 부차적으로 진행된 것으로 보인다.

5. 피고인과 피해자 간의 거래는 가격 면에서 일관되게 피고인에게 유리하게 조정되어 있다(피고인은 230 ~ 260원에 피해자로부터 코인을 매수하고, 피해자는 280 ~ 290원에 피고인으로부터 코인을 매수함). 뿐만 아니라 피고인과 피해자의 매도·매수 주문이 접수된 시점이 매우 밀접하고 주문한 물량과 호가가 정확히 일치한다. 한편 제2거래군에서 피고인과 피해자 간의 거래는 총 13건에 불과하여 전체 거래에서 차지하는 비중이 횟수로는 낮아 보인다(피고인의 거래 총 18건, 피해자의 거래 총 48건). 그러나 위 13건을 제외한 피고인과 피해자의 각 거래는 특수한 경우(매집 단계 및 종료 단계)를 제외하면 모

두 매매대금이 소액이다(주로 100만 원 이하이며 다액이더라도 300만 원을 넘지 못한다). 반면 위 13건의 경우 매매대금이 최소 600만 원에서 최대 1,000만 원을 상회한다. 즉, 매매대금의 관점에서 제2거래군의 거래는 피고인과 피해자 간에 유의미하게 집중되어 있다고 볼 수 있다. 피고인과 피해자가 서로 다른 사람을 상대로 체결한 거래 횟수의 상당수는 매집 단계 또는 종료 단계에 발생한 것으로 보인다. 위와 같은 사정을 종합하여 보면, 제2거래군의 A, B 유형의 거래는 개방된 시장에서 피고인과 피해자가 우연하게 체결한 것으로 볼 수 없다.

6. ① 피해자의 유의미한 거래는 모두 피고인으로부터 코인을 비싸게 사서 다시 피고인에게 싸게 파는 것이다. ② 동시에 다수의 사람이 다수의 코인을 대상으로 하여 참여하는 가상화폐 거래시장의 특성상 45분 동안 피고인과 피해자 사이에 위와 같이 정형화된 거래군이 우연하게 형성되었다고는 보기 어렵다. 위와 같은 점을 종합하여 보면, 피고인이 피해자의 계정에 침입하여 매도·매수 주문을 내어 피고인과 피해자 간 거래를 성사시켰다고 봄이 상당하다.

7. 이상과 같은 사정들을 종합하면, 피고인이 2018. 11. 26. 16:12경 무단으로 피해자의 계정에 침입하여 피해자의 가상화폐를 매도하여 정보를 훼손한 사실을 인정할 수 있는 바, 이와 달리 이 사건 공소사실을 무죄로 판단한 원심판결에는 사실을 오인하여 판결에 영향을 미친 위법이 있으므로, 검사의 사실오인 주장은 이유 있다.

해설

Ⅰ. 대상판결의 쟁점

블록체인 시스템에서는 모든 트렌젝션 데이터가 공개되어 있는 반면에 사용자 정보는 거의 주어지지 않고 공개키만을 사용하여 거래하므로 익명성과 보안성이 강화된 측면을 보인다. 이 블록체인 시스템에 기반하여 만들어진 가상자산 거래 또한 고도화된 익명성으로 인하여 관련 당사자들의 신원이 밝혀지지 않는 특성이 있다. 이에 따라 여러 부작용이 발생할 수 있는데, 특히 피해자가 보유하던 가상자산을 탈취당하거나 그 계정이 침입당하는 경우 그 침입자를 추적하기 쉽지 않다는 것이다. 이에 대응하여 그 침입자를 추적하기 위한 수단이 몇 가지 제시되고 있는데 그중 가장 유력한 것으로 블록체인 탐색기를 통하여 검색창에 트렌젝션이나 가상자산 주소 등을 통하여 그 침입자가 누구인지 유추할 수 있다. 그 외에도 탈취자 또는 침입자가 피해자의 가상자산을 탈취하거나 피해자 명의의 계정에 침입하는 과정에서 피해자에게 접근하기 위하여 사용하였던 IP 주소를 역추적하는 방법으로도 그 탈취자 또는 침입자의 인적 정보를 입수하는 방식이 가능할 수 있는데, 이 사건에서도 역추적된 IP 주소나 거래내역, 거래패턴 등을 통하여 피고인이 피해자의 가상자산을 탈취하거나 그 계정에 침입한 것이 맞는지 그 사실관계가 문제된 사안이다.

Ⅱ. 대상판결의 분석

1. 원심의 판시사항

애초에 원심은 다음과 같은 이유로 피고인에 대하여 무죄를 선고하였다.

① 이 사건 공소사실은 2018. 11. 26. 16:12경 피해자의 계정으로 접속한 자, 즉 당시 IP 119. 199. xx. xx.를 사용하여 접속한 성명불상자가 피고인인 것을 전제로 하나, 당시 피고인이 위와 같은 IP를 사용하였다고 볼 직접적인 증거가 없다. ② 피해자와 증인 김○○ 등은 피고인과 피해자 사이의 가상화폐 거래로 인하여 피고인이 이익을 얻었고, 그 이익이 피해자의 손해와 유사하다는 점을 근거로 피고인이 위 계정에 침입한 자라고 진술하나, 구체적인 거래 내역, 그로 인한 이익과 손실 발생 경위 등을 살피지 않고 위와 같은 점만으로 피고인이 피해자의 계정에 불법으로 침입한 자라고 단정할 수는 없다. ③ 만약 피고인이 피해자의 계정에 침입하여 자신과 거래를 하였다고 가정한다면, 피고인과 피해자 사이의 거래가 적어도 상당 부분을 차지하였어야 할 것이나, 당시 피해자의 전체 거래 중 피고인과 피해자 사이의 거래 비중이 높다고 보기 어렵다. ④ 피해자와 피고인 사이의 거래내역서 확인되는 다음과 같은 점도 동일인 사이의 거래라면 이해하기 힘든 부분이다. ㉠ 피해자 계정에 침입한 성명불상자는 2018. 11. 26. 16:13부터 QTUM, GRS, NXT, BBC 등의 가상화폐를 매도하는데, 위 거래에 피고인은 전혀 관여하지 않는다. 성명불상자가 저가에 매도하고 피고인이 이를 매수한다면 바로 이익을 실현할 수 있음에도 아무런 행위를 하지 않았다는 점은 이해하기 어렵다. ㉡ 이후 성명불상자는 16:15부터 DNA 가상화폐를 매수단가 228.9999 ~ 290로 정하여 연속으로 매수주문을 하는데, 매수단가 290에서 피고인과 매도·매수가 이루어진다. 그런데 피고인이 290으로 매도주문을 한 거래번호는 569987이고, 성명불상자의 매수주문 거래번호는 569971 ~ 570001이며 그중 매도·매수가 이루어진 주문번호는 570001이다. 즉 성명불상자는 17개의 매수주문을 연속으로 하였고, 그중 가장 단가가 높은 최종 매수주문과 피고인의 매도주문이 일치하였는데, 피고인의 매도주문은 그 거래번호를 고려하면 성명불상자의 매수주문(원심판결은 '매도주문'이라 기재하였으나 이는 오기로 보인다)이 이루어지는 사이에 이루어졌다. 피해자와 피고인 사이의 다른 거래에서도 1회에 거래가 이루어지는 경우도 있으나, 위와 같이 피해자의 주문 사이에 피고인의 주문이 들어가 있는 경우도 여러 번 발견된다. 만약 같은 사람이라면 1회에 거래가 이루어지는 것이 아니라 위와

같은 방식으로 거래가 이루어지는 것을 쉽게 이해하기 어렵다. ⓒ 피고인과 성명불상자의 다른 거래를 보더라도, 피고인이 성명불상자에게 1회적으로 저가로 매수하거나 고가로 매도하는 것이 아니라, 연속적인 매도·매수주문 사이에서 경우에 따라서는 피고인의 다른 매도주문에 비해 저가로 매도하는 경우에 성명불상자와 매도·매수가 체결되는 경우도 나타난다.

2. 구체적 분석

원심판결의 요지는 피고인이 사용하던 주소는 성명불상자가 가상자산 탈취를 위하여 접근한 IP 주소와 다르고 위 성명불상자의 IP 주소를 사용하였다고 볼 만한 자료가 없고 거래내역, 거래패턴 등에 비추어 볼 때 피고인이 성명불상자와 피해자 사이의 거래행위가 이루어지고 있는 기간 동안 우연히 피해자와 거래를 하였을 뿐이어서 피고인이 피해자의 계정에 무단으로 침입하여 가상자산을 매도하는 등 정보를 훼손하였다고 볼 수 없다는 것이다.

반면에 대상판결은 원심판결의 결론과 이유는 부당하다면서 파기하였다. 이와 관련하여 대상판결은 피고인이 사용하던 IP 주소가 피해자의 가상자산을 탈취한 성명불상자의 IP 주소가 다르더라도 그것만으로 피고인이 피해자 계정에 침입하지 않았다고 적극적으로 인정할 수 없고, 오히려 당시 동일한 인터넷 회선에서 원래 사용하던 아이피를 다른 아이피로 바꾸어 사용할 수 있게 해주는 가상사설망(VPN)이 활성화되었고 피고인도 VPN 서비스 업체로부터 IP를 할당받았음이 확인되었으며 피고인도 수사과정에서 당시 IP 특정을 어렵게 하는 마케팅 유동 아이피 서비스를 이용하고 있었다고 진술하였다는 이유로 피고인이 성명불상자의 IP 주소를 사용하였다고 볼 여지가 있다는 취지로 설시하였다.

나아가 대상판결은 거래내역, 거래패턴과 관련한 원심판결의 설시 또한 부정하면서, 피고인이 피해자와 가상자산 매매 거래를 할 당시 성명불상자 등 공개시장에서의 거래가 상당히 많았으나 그 거래 규모는 상당히 소액인 반면에, 피고인과 피해자의 거래가 상당히 다액을 차지하고 있을 뿐만 아니라 거래 패턴을 분석하여 보면 피고인이 미리 매집한 가상자산을 시가보다 고액으로 매도주문을 내면 피해자가 이를 매수하고 다시 피고인이 시가보다 저가로 가상자산 매수주문을 내면 그 즉시 피해자가 이를 싼 가격에 매도하는 거래가 수차례 반복하는 이상 행태가 보이고 있어 피해자의 가상자산을 직접적으로 탈취한 것은 아니더라도 이상 거래의 방식으로 피해자로부터 부당한 이익을 취득하였다고 보면서 이는 피고인이 피해자의 계정에 침입하여 매도·매수 주문을 내어 피고인과 피해자 간 거래를 성사시켰다고 보았다고 설시한 것이다.

이와 관련하여 주목할 점은 성명불상자와 피고인의 IP 주소가 다르다는 것을 유력한 근거로 하여 피고인에게 무죄를 선고했던 원심판결과 달리 대상판결은 IP 주소가 일률화되지 않고 중간에서 변경가능하다는 점을 밝히면서 성명불상자의 IP 주소로 거래한 내용을 배제하고 피고인의 것으로 인정되는 IP 주소를 통한 거래만을 대상으로 하여 그 거래의 내용 및 태양을 관찰하고 그 거래의 행태가 이례적일 뿐만 아니라 이 사건과 관련한 종국적인 이득이 대부분 피고인에게 귀속되었다는 이유로 원심판결을 파기하고 피고인에게 유죄를 선고한 것이다. 대상판결은 단순히 피고인과 피해자들 사이에 이루어진 가상자산 거래가 공개시장에서 단순히 우연히 이루어진 것이라는 원심판결의 판시를 부정하고 구체적으로 그 거래패턴과 내용, 거래규모를 면밀하게 관찰하면서 IP주소의 조작가능성 등 기술발달 양상을 염두에 두고 신중하게 설시한 판결로서 그 타당성이 인정될 수 있다.

Ⅲ. 대상판결의 평가

　　해킹 또는 무단 접근에 의하여 피해자들의 가상자산을 탈취해가는 사안이 급증하는 가운데 대상판결은 피고인이 피해자의 계정에 무단으로 접근하여 가상자산 거래를 진행하여 이익을 탈취하였는지 여부를 구체적으로 밝힌 것으로서 의미가 있다. 특히 가상자산 탈취 또는 이익 반출에 대하여 그 동안 피해자들이 대응책을 마련하기 쉽지 않았으나 위와 같은 거래행위의 구체적인 분석을 통하여 피고인의 행위를 특정해 내고 IP 주소 동일 여부에 매몰되지 않고 판결의 이유 설시에 있어 탄탄한 논리를 구성하였다고 볼 수 있다. 다만 만약 피고인이 외국의 IP 주소를 활용하거나 타인의 IP 주소를 무단으로 이용하여 가상자산을 탈취하거나 무단으로 거래하는 경우 이를 어떻게 수사하여야 하는지는 아직 명확하지 않으므로 가상자산의 탈취자를 추적할 수 있는 여러 방안이 모색되는 것이 요구된다고 보인다.

[35] 불법 음란물 사이트의 수익을 가상자산으로 환전하는 업무를 맡은 자에게 음란물유포의 방조죄를 인정할 수 있는지

— 대전지방법원 2021. 10. 13. 선고 2021노2653 판결, 2022. 1. 14. 상고기각 확정 —

[사실 개요]

1. A는 미국에 서버를 둔 '야동사이트 총집합 망고' 사이트를 개설하여 운영하는 사람으로서 위 사이트에 음란물을 게시하여 유인하는 방법으로 회원들을 모집하고, 다른 불법 도박 사이트, 음란물유포 사이트, 성매매 알선 사이트 등의 배너 광고를 게시하여 주는 사람으로, 2017. 11. 12.경 불상지에서 위 '야동사이트 총집합 망고 사이트'(이하 '이 사건 사이트') 풀 게시판에 남녀의 성기가 노출되고 성교행위가 촬영된 동영상인 '(HD 고화질) 너 밖에 보이지 않아~ △△△ △△ 풀야동'이라는 제목의 동영상 파일을 게시한 것을 비롯하여 그 때부터 2019. 4. 15.경까지 남녀의 성기나 성교행위가 촬영된 동영상 245개를 게시하였다.

2. 피고인은 A의 부탁으로 피고인의 은행계좌로 위 사이트 배너 광고대가를 입금 받아 이를 여러 가상자산 거래소를 통해 비트코인, 리플코인 등 가상화폐로 환전하여 A에게 이체하여 주었다.

3. 이와 관련하여 피고인은 A 등과 공모하여 위와 같이 음란한 영상을 배포·판매하거나 공공연하게 전시하였다는 내용의 정보통신망이용촉진및정보보호등에관한법률위반(음란물유포)으로 기소되었다.

4. 제1심(대전지방법원 2021. 7. 23. 선고 2021고단317 판결)은 피고인에 대하여 정보통신망이용촉진및정보보호등에관한법률위반(음란물유포)죄의 공동정범을 인정하면서 징역 10월을 선고하였다. 이에 대하여 피고인은 항소를 제기하였다.

5. 항소심인 이 사건에서, 피고인은 이 사건 사이트에서 음란물을 확인하기 위해서는 사이트 내 링크에 들어가 해당 파일을 일일이 확인하여야 하는바, 피고인은 이 사건 범행기간 전이나 범행기간 동안 사이트에 접속한 사실 자체가 없어 당시 위 사이트에 게시되거나 업로드된 파일이 어떠한 내용의 영상인지를 알 수 없었던 점, 피고인이 태국에서 사용하는 컴퓨터, 외장하드, 노트북에 관한 디지털 포렌식 결과에 의하더라도 이 사건에서 문제된 동영상을 업로드하거나 수정한 사실이 확인되지 않는 점 등에 비추어 볼 때, 피고인이 곽이성의 음란물유포행위를 이용하여 자신의 범행의사를 실행에 옮긴다는 의사가 있었다고 볼 수 없어, 피고인을 공모공동정범으로 처벌할 수는 없다는 취지로 주장하였다.

[판결 요지]

1. 공동정범 성립 여부

가. 형법 제30조의 공동정범은 2인 이상이 공동하여 죄를 범하는 것으로서, 공동정범이 성립하기 위해서는 주관적 요건으로서 공동가공의 의사와 객관적 요건으로서

공동의사에 기한 기능적 행위지배를 통한 범죄의 실행사실이 필요하다. 공동가공의 의사는 타인의 범행을 인식하면서도 이를 제지하지 아니하고 용인하는 것만으로는 부족하고, 공동의 의사로 특정한 범죄행위를 하기 위해 일체가 되어 서로 다른 사람의 행위를 이용하여 자기의 의사를 실행에 옮기는 것을 내용으로 하는 것이어야 한다. 따라서 공동정범이 성립한다고 판단하기 위해서는 범죄 실현의 전 과정을 통하여 행위자들 각자의 지위와 역할, 다른 행위자에 대한 권유 내용 등을 구체적으로 검토하고 이를 종합하여 공동가공의 의사에 기한 상호 이용의 관계가 합리적인 의심을 할 여지가 없을 정도로 증명되어야 한다(대법원 2015. 10. 29. 선고 2015도5355 판결 등 참조).

나. 원심이 설시한 사정들 및 검사가 제출한 증거를 종합적으로 고려하더라도, 범행 당시 피고인이 이 사건 사이트가 음란물 사이트임을 알았다고 볼 수 있을 뿐(이에 관하여는 아래 '방조범 성립 여부'에서 살펴본다), 더 나아가 곽이성의 음란물 게시행위를 이용하여 자신의 의사를 실행에 옮기는 기능적 행위지배를 통하여 범죄를 실행하였다고 보기는 부족하고, 달리 증거가 없다.

2. 방조범 성립 여부

가. 법원은 공소사실의 동일성이 인정되는 범위 내에서 공소가 제기된 범죄사실보다 가벼운 범죄사실이 인정되는 경우, 심리의 경과 등에 비추어 볼 때 피고인의 방어에 실질적인 불이익을 주는 것이 아니라면 공소장변경 없이 직권으로 가벼운 범죄사실을 인정할 수 있으므로, 공동정범으로 기소된 범죄사실을 방조사실로 인정할 수 있다(대법원 2018. 9. 13. 선고 2018도7658 판결 등 참조).

나. 형법상 방조행위는 정범이 범행을 한다는 정을 알면서 정범의 실행행위를 용이하게 하는 직접·간접의 행위를 말한다. 방조범은 정범의 실행을 방조한다는 방조의 고의와 정범의 행위가 구성요건에 해당하는 행위인 점에 대한 정범의 고의가 있어야 한다. 그러나 이와 같은 고의는 내심적 사실이므로 피고인이 이를 부정하는 경우에는 사물의 성질상 고의와 상당한 관련성이 있는 간접사실을 증명하는 방법에 의하여 입증할 수밖에 없고, 이때 무엇이 상당한 관련성이 있는 간접사실에 해당할 것인지는 정상적인 경험칙에 바탕을 두고 치밀한 관찰력이나 분석력에 의하여 사실의 연결 상태를 합리적으로 판단하는 외에 다른 방법이 없다. 또한 방조범의 경우에 정범의 고의는 정범에 의하여 실현되는 범죄의 구체적 내용을 인식할 것을 요하는 것은 아니고 미필적 인식 또는 예견으로 족하다(대법원 2005. 4. 29. 선고 2003도6056 판결 참조).

다. 위와 같은 법리에 비추어 이 사건으로 돌아와 보건대, 원심이 설시한 사정들에 더하여 적법하게 채택한 증거에 의하여 알 수 있는 아래의 사정들, 즉 ① 피고인도 이 사건 사이트에 있는 배너광고를 정리한 '망고 광고 파일'을 작성한 사실 자체는 인정하면서도 그 작성 경위에 관하여 납득할만한 설명을 하지 못하고 있을 뿐만 아니라 위 파일은 피고인이 이 사건 사이트를 최초로 검색해 보았다고 주장한 2020. 10.보다 앞선 2020. 9. 21. 작성된 것으로 확인되어 이 사건 사이트를 알게 된 시점에 관한 피고인의 주장에 상당한 의심이 드는 점(한편, 위 파일이 작성된 일자가 이 사건 범행기간 이후라고 하여 피고인이 위 파일 작성 전에는 이 사건 사이트가 음란물 사이트임을 알지 못하였다고 볼 것만은 아니다), ② 피고인에게 환전업무를 제안한 사람의 텔레그램 아이디를 확인할 자료는 없으나, 피고인처럼 이 사건 사이트의 배너광고 대가를 입금 받아 가상화폐로 환전해 준 B가 환전상의 문제로 입금 받은 광고비를 피고인의 계좌로 입금한 적이 있는 점에 비추어 볼 때 피고인과 B는 동일인(또는 동일집단)으로부터 환전업무를 제안 받았을 것으로 보이는바, B가 닉네임 '망고 야동총집합 망고'인 사람과 환전업무에 관하여 텔레그램 메시지를 주고받은 객관적 자료가 제출된 이상 피고인에게 환전업무를 제안한 사람의 닉네임에는 '야동총집합'이라는 단어가 없었다는 피고인의 주장은 쉽사리 믿기 어려운 점 등을 종합하여 보면, 피고인은 이 사건 사이트가 음란물 사이트임을 알면서도 A의 요청에 따라 불법광고 수익을 가상화폐로 환전해 주는 방법으로 A의 음란물유포 범행을 용이하게 하는 방조행위를 하였다고 할 것이다.

해설

I. 대상판결의 의의 및 쟁점

대상판결은 음란 사이트에 음란영상물을 게시한 A라는 자를 피고인이 도와 그 수익을 피고인 명의의 계좌로 입금받아 가상자산 거래소로 이체한 후 그 금원을 가상자산으로 환전함으로써 해당 수익을 세탁하여 준 사안이다. 이 사건은 피고인이 A와 공모하여 음란물을 유포한 정범성 여부 및 설령 공동정범이 아니더라도 위와 같은 환전행위가 위 음란물유포의 방조행위에 해당하는지가 문제되었다.

대상판결을 비롯하여 여러 판결에서 음란물유포행위의 수익으로 취득한 금원을 가상자산을 바꾸어 주는 등 이를 환전해 준 자들에 대하여 위법한 음란물유포 행위에 가담하여 처벌할 수 있는지 문제되었는데, 대상판결은 그 정범성과 방조범 여부가 모두 쟁점이 되었는바, 가상자산 환전행위에 대하여 음란물유포죄에 대한 기능적 행위지배 및 실질적 기여

행위가 존재한다고 볼 수 있는지 여부를 밝힌 대표적인 판결이다.

Ⅱ. 대상판결의 분석

1. 음란물유포 등에 의한 정보통신망이용촉진및정보보호등에관한법률죄의 의의

정보통신망 이용촉진 및 정보보호 등에 관한 법률 제74조 제1항 제2호, 제44조의7 제1항 제1호는 '음란한 부호·문언·음향·화상 또는 영상을 배포·판매·임대하거나 공공연하게 전시한 자'에 대하여 1년 이하의 징역 또는 1,000만 원 이하의 벌금에 처한다고 규정하고 있다. 위 법률 규정은 초고속 정보통신망의 광범위한 구축과 그 이용촉진 등에 따른 음란물의 폐해를 막기 위하여 마련된 것이다. 여기서 '공연히 전시'한다고 함은 불특정 또는 다수인이 실제로 음란한 부호·문언·음향 또는 영상을 인식할 수 있는 상태에 두는 것을 의미하고,[1] '음란'이라 함은 사회통념상 일반 보통인의 성욕을 자극하여 성적 흥분을 유발하고 정상적인 성적 수치심을 해하여 성적 도의관념에 반하는 것으로서, 표현물을 전체적으로 관찰·평가해 볼 때 단순히 저속하다거나 문란한 느낌을 준다는 정도를 넘어서 존중·보호되어야 할 인격을 갖춘 존재인 사람의 존엄성과 가치를 심각하게 훼손·왜곡하였다고 평가할 수 있을 정도로 노골적인 방법에 의하여 성적 부위나 행위를 적나라하게 표현 또는 묘사한 것을 의미한다.[2]

대상판결에서 A는 이 사건 사이트 게시판에 남녀의 성기가 노출되고 성교행위가 촬영된 동영상 수백개를 게시하였는데 이는 음란한 영상을 배포, 공연히 전시 등의 행위를 하였다고 볼 수 있고 이는 설령 위 사이트가 회원제로 운영되는 등 제한적이고 회원들 상호간에 위 음란물을 게시, 공유하여 온 사정이 있다 하여도 당시 회원수나 위 사이트의 설립 경위, 음란물 게시 방법 등에 비추어 볼 때 정보통신망을 이용하여 음란물을 다수인이 인식할 수 있는 상태로 두었다고 봄이 타당하다고 할 것이다.

2. 피고인에게 A와의 공동정범이 인정되는지 여부

형법 제30조의 공동정범이 성립하기 위하여는 주관적 요건인 공동가공의 의사와 객관적 요건으로서 그 공동의사에 기한 기능적 행위지배를 통하여 범죄를 실행하였을 것이 필요하고, 여기서 공동가공의 의사란 타인의 범행을 인식하면서도 이를 제지함이 없이 용인하는 것만으로는 부족하고 공동의 의사로 특정한 범죄행위를 하기 위하여 일체가 되어 서로 다른 사람의 행위를 이용하여 자기의 의사를 실행에 옮기는 것을 내용으로 하는 것이어

---

1) 대법원 2003. 7. 8. 선고 2001도1335 판결, 대법원 2008. 2. 14. 선고 2007도8155 판결
2) 대법원 2012. 10. 25. 선고 2011도16580 판결

야 한다.[3] 그리고 이러한 공동가공의 의사를 인정하기 위하여는 엄격한 증명이 요구되지만, 피고인이 주관적 요소인 공동가공의 의사를 부인하는 경우에는, 사물의 성질상 범의와 상당한 관련성이 있는 간접사실 또는 정황사실을 증명하는 방법에 의하여 이를 입증할 수밖에 없고, 무엇이 상당한 관련성이 있는 간접사실에 해당할 것인가는 정상적인 경험칙에 바탕을 두고 치밀한 관찰력이나 분석력에 의하여 사실의 연결상태를 합리적으로 판단하는 방법에 의하여야 할 것이다.[4]

이 사건에서 제1심판결은, 입금액의 5% 내지 7%인 고율의 수수료를 지급하면서까지 복잡한 방법으로 피고인 명의의 계좌로 돈을 입금받은 것에 비추어 볼 때 피고인으로서는 이 사건 사이트 운영자인 A가 불법적인 사이트를 운영하고 있음을 충분히 예상할 수 있었던 점, 10억 원이라는 거액이 자신 명의의 은행계좌로 입금되고 그중 5,000만 원을 피고인이 수수료 명목으로 취득하였음에도, 이 사건 사이트가 음란물 사이트임을 알지 못하였다는 피고인의 진술은 쉽게 납득하기 어려운 점, 이 사건 발생 이후이기는 하나 피고인의 컴퓨터에서 2020. 9. 21. 작성된 이 사건 사이트 배너광고 관련 파일이 발견되기도 한 점, 그 밖의 주변인들의 진술들을 종합하여 볼 때 피고인은 이 사건 사이트가 음란물 사이트라는 점을 알고 있었고 피고인이 이 사건 사이트가 음란물 사이트임을 알면서 판시 행위를 통하여 이 사건 사이트 운영으로 인한 범죄수익의 자금 세탁을 담당하였으므로, 피고인에게는 이 사건 사이트 운영, 즉 음란물 게시에 대한 본질적 기여를 통한 기능적 행위지배가 존재한다고 평가할 수 있다고 하면서 A와 음란물유포죄의 공동정범이 인정된다고 보았다.

이에 대하여 대상판결은 범행 당시 피고인이 이 사건 사이트가 음란물 사이트임을 알았다고 볼 수 있을 뿐 더 나아가 A의 음란물 게시행위를 이용하여 자신의 의사를 실행에 옮기는 기능적 행위지배를 통하여 범죄를 실행하였다고 보기는 부족하고, 달리 증거가 없다고 판시하였는데, 어떠한 이유로 기능적 행위지배가 존재하지 않는지에 대하여 더 상세하게 기재하지는 않았다.

그런데 이와 같이 음란물, 성매매 등과 관련한 모든 판결[5]이 대가의 전달, 환급 등에 대하여 공동정범성을 부인한 것은 아니다. 예를 들어 대구지방법원 2020. 1. 16. 선고 2019고단3936 판결에서는 피고인이 성매매알선 공동정범의 공소사실로 기소되었고 위 사건에서 피고인은 공범이 성매매업소 등으로부터 광고비조로 입금된 돈을 받아 전달한 역할에 그쳤

---

3) 대법원 2003. 3. 28. 선고 2002도7477 판결, 대법원 2021. 3. 25. 선고 2020도18285 판결
4) 대법원 2003. 1. 24. 선고 2002도6103 판결
5) 수원지방법원 2022. 6. 22. 2021고합824 판결(현재 수원고등법원 2022노658호로 계속 중)에서는 공범의 영리 목적 정보통신망 이용 촬영물 판매에 대하여 피고인이 자신의 명의의 트위터를 제공하여 광고행위에 제공하고 공범으로부터 교부받은 수익인 문화상품권을 환불받아 현금으로 되돌려준 사안에서 그 방조범을 인정한 바 있다.

음에도 불구하고 피고인이 공범 운영 사이트에서 계속적, 반복적으로 성매매 등을 할 수 있는 곳을 광고하고, 그 성매매 업소 등으로부터 광고비조로 돈을 받는 것을 알고 있었고 피고인이 광고비로 입금된 돈을 받아 전달하는 주요역할을 하였다는 등의 이유로 그 공동정범성을 인정하였으며 위 판결이 확정되기도 하였다.

이 사건에서는 피고인이 위 대구지방법원 판결 사안을 넘어서서 그 범죄수익을 가상자산 거래소에서 비트코인, 리플코인 등으로 환전하여 자금세탁까지 하였는데도 공동정범성을 부인하였는데 일응 살펴보면 단순히 그 수익을 전달함에 그쳤던 대구지방법원 판결에서는 공동정범성을 인정하였던 반면에 대상판결에서는 그 수익을 추적하기 어려운 가상자산으로 환전하여 범행의 발각을 방지하기 위한 조치까지 하였다고 볼 수 있음에도 정범성을 부인하였다. 이는 음란물유포와 성매매알선의 구성요건과 보호법익이 다르기 때문으로 볼 여지는 있다(성매매알선과 달리 음란물유포 등은 범죄수익은닉의규제및처벌등에관한법률위반죄에서 적용되는 중대범죄에 해당하기도 한다).

대상판결에 한정하여 살펴보면 대법원 판결의 법리에 비추어 볼 때 피고인이 공범과 특정한 범죄행위를 하기 위하여 일체가 되어 서로 다른 사람의 행위를 이용하여 자기의 의사를 실행에 옮기는 것을 내용으로 하여야 공동정범성이 인정될 수 있고 대상판결에서 피고인이 위 공동정범이 인정되기 위해서는 공범의 음란물유포행위에 대하여 가담하였다고 볼 수 있어야 하는데 음란물유포행위에 직접 참여하지 않고 가상자산으로 환전하기만 한 피고인이 과연 공범의 행위를 이용하여 음란물유포행위를 실행하고자 하였다고 평가할 수 있는지는 의문이 있고, 대상판결 사안에서 피고인이 위 음란물유포에 모의하였다고 볼 만한 자료도 없는 이상 그와 같은 취지에서 대상판결의 태도는 타당하다고 볼 수 있다.

3. 피고인에게 방조범이 인정되는지 여부

방조범은 정범에 종속하여 성립하는 범죄이므로 방조행위와 정범의 범죄 실현 사이에는 인과관계가 필요하다. 방조범이 성립하려면 방조행위가 정범의 범죄 실현과 밀접한 관련이 있고 정범으로 하여금 구체적 위험을 실현시키거나 범죄결과를 발생시킬 기회를 높이는 등으로 정범의 범죄 실현에 현실적인 기여를 하였다고 평가할 수 있어야 한다.[6] 그리고 형법상 방조행위는 정범이 범행을 한다는 정을 알면서 그 실행행위를 용이하게 하는 직접, 간접의 모든 행위를 가리키는 것으로서, 방조범은 정범의 실행을 방조한다는 이른바 방조의 고의와 정범의 행위가 구성요건에 해당하는 행위인 점에 대한 정범의 고의가 있어야 하나, 이와 같은 고의는 내심적 사실이므로 피고인이 이를 부정하는 경우에는 사물의 성질상 고의

---

6) 대법원 2021. 9. 9. 선고 2017도19025 전원합의체 판결

와 상당한 관련성이 있는 간접사실을 증명하는 방법에 의하여 입증할 수밖에 없고, 이 때 무엇이 상당한 관련성이 있는 간접사실에 해당할 것인가는 정상적인 경험칙에 바탕을 두고 치밀한 관찰력이나 분석력에 의하여 사실의 연결상태를 합리적으로 판단하는 외에 다른 방법이 없다고 할 것이며, 또한 방조범에 있어서 정범의 고의는 정범에 의하여 실현되는 범죄의 구체적 내용을 인식할 것을 요하는 것은 아니고 미필적 인식 또는 예견으로 족하다.[7]

대상판결에서 피고인은 정범인 A가 위 음란물유포로 취득한 수익을 비트코인과 리플 등으로 환전하여 수사기관 등으로 하여금 그 수익에 대한 추적을 어렵게 하는 등 위 범죄행위에 대하여 실질적인 기여를 하였다. 특히 위 환전행위는 A의 음란물유포 범행 과정에서 이루어졌다고 볼 수 있는데, 이는 피고인이 A로부터 매월 정기적으로 수익금을 계좌이체의 방식으로 교부받기도 한 것으로 뒷받침된다. 여기에 피고인이 이 사건 사이트에 있는 배너 광고를 정리한 '망고 광고 파일'을 작성하였고 그 작성 경위에 관하여 납득할만한 설명을 하지 못하고 있으며 이 사건 사이트의 최초 검색 시점에 대한 진술이 사실과 상이하여 피고인의 주장을 믿을 수 없는 점, 피고인 명의의 계좌로 총 10억 원이 입금되고, 그 중 5천만 원을 피고인이 수수료 명목으로 취득한 점 등을 추가하여 보면 피고인이 A의 음란물유포와 관련한 정범의 고의가 있다는 대상판결의 판시는 타당하여 보인다.

한편 동일 죄명에 해당하는 수개의 행위를 단일하고 계속된 범의 아래 일정기간 계속하여 행하고 그 피해법익도 동일한 경우에는 이들 각 행위를 통틀어 포괄일죄로 처단하여야 할 것이고 이는 방조범의 경우에도 마찬가지인데,[8] 상당한 기간 동안 음란물유포가 이루어지고 피고인은 매월 일정한 금원을 수수료로 지급받고 환전행위를 하여 주었는바 이는 포괄일죄로 음란물유포의 방조범이 성립된다고 보인다.

Ⅲ. 대상판결의 평가

정보통신망 이용촉진 및 정보보호 등에 관한 법률 제74조 제1항 제2호에서 규정하는 음란물유포죄는 인터넷망과 같이 초고속 정보통신망을 이용한 음란물의 유포는 매우 전파속도가 빠르고 전파의 범위가 일반 대중들로서 광범위하여 유포의 피해가 확대될 수 있다는 측면과 아울러 음란물의 유포로 사람들의 정상적인 성적 수치심을 해하여 성적 도의관념에 반할 뿐만 아니라 사람의 존엄성과 가치를 심각하게 침해할 수 있어 그 사회적 법익을 보호하기 위한 측면도 있다. 그런데 음란물유포행위는 최근 그 수익을 가상자산으로 환전하거나 외화로 바꾸어 외국으로 이를 유출시키는 등으로 수익을 은닉시키려는 시도를 많이

---

7) 대법원 2010. 3. 25. 선고 2008도4228 판결
8) 대법원 1995. 9. 5. 선고 95도1269 판결, 대법원 2010. 11. 25. 선고 2010도1588 판결

하는 경향성을 보이고 있고 외화 환전에 비하여 가상자산 환전은 더욱더 추적이 쉽지 않아 음란물유포의 정범으로서는 그 수익 은닉에 있어 가상자산을 이용하고자 하는 유혹을 쉽게 받게 된다.

대상판결에서는 이와 같이 정보통신망을 이용한 음란물유포에 있어 그 수익을 가상자산으로 바꾸어 주어 그 추적을 어렵게 한 피고인에게 비록 음란물유포에 직접 가담하지 않았다고 하더라도 음란물유포의 공동정범으로 처벌할 수 있는지, 설령 안 된다고 하더라도 방조범으로 의율할 수 있는가를 판단하고 있다. 대상판결에서는 기능적 행위지배를 부정하여 공동정범성을 부인하였지만 방조범은 인정하였다. 이와 같이 대상판결은 가상자산을 이용한 범죄수익 은닉행위와 공범성을 다룬 의의가 있다.

제 6 장

범죄수익은닉

[36] 비트코인의 몰수 가능성과 그 범위

— 대법원 2018. 5. 30. 선고 2018도3619 판결 —

[사실 개요]

1. 피고인은 2013. 12. 4.경부터 미국에 서버를 둔 'A'라는 성인사이트를 개설하여 운영하며 1,227,313 명의 회원들을 모집하고, 모집한 회원들을 무료회원이나 유료회원으로 구분하여 관리하며 회원등급에 따라 게시글 열람 권한을 달리 부여하고, 위 사이트 내 하위 게시판을 두어 음란동영상을 유형별로 분류하여 게시 및 검색, 다운로드 등이 가능하게 관리하고, 유료회원들로 하여금 미리 컬처랜드 상품권이나 비트코인 등으로 결제하여 위 A 사이트 내 포인트를 적립케 한 다음 유료회원들이 원하는 영상이나 사진 등을 내려받기 하는 경우 위와 같이 미리 적립하여 둔 포인트를 차감시키는 방법으로 회원들로부터 대가를 지급받으며 위 A 사이트를 운영하였다.

   가. 피고인은 2014. 5.경부터 2017. 4.경까지 위 A 사이트 내 게시판에 남녀의 성기나 성교행위가 촬영된 143,418개의 영상파일, 남녀의 성기나 성교행위가 촬영된 92,514개 사진파일, 아동·청소년이용음란물 동영상 파일 120개를 각 게시하였다.

   나. 피고인은 위 A 사이트에 접속하는 자들에게 광고 내용이 자동으로 전송되고 광고 내용을 클릭하면 광고 대상 사이트로 바로 연결되는 배너를 이용하여 광고를 하며 광고주로부터 광고 대가를 받는 수익사업을 영위하던 중, 2016. 12.경부터 2017. 4. 13.경까지 5회에 걸쳐 위 A 사이트에 접속하는 불특정 다수인들을 상대로 5개의 스포츠토토 형식의 불법 인터넷도박 사이트를 광고하였다.

2. 피고인은 위와 같은 행위로 정보통신망이용촉진및정보보호등에관한법률위반(음란물유포)죄, 아동·청소년의성보호에관한법률위반(음란물제작·배포등)죄, 도박개장방조죄 및 국민체육진흥법위반죄 등으로 수원지방법원 2017. 9. 7. 선고 2017고단2884 판결로 징역 1년 6월 및 3억 4,000만 원의 추징을 선고받았다. 검사는 압수된 비트코인의 몰수를 구형하였으나, 1심은 피고인의 범죄수익을 3억 4,000만 원으로 인정하는 이상 객관적 기준가치를 상정할 수 없는 216 비트코인 중 위 범죄수익에 해당하는 부분만을 특정하기 어려울 뿐만 아니라 비트코인은 현금과는 달리 물리적 실체 없이 전자화된 파일의 형태로 되어 있어 몰수하는 것이 적절하지 아니하다는 이유로 비트코인을 몰수하지 아니하였다. 피고인과 검사는 위 판결에 대하여 각 항소를 제기하였다.

3. 항소심(수원지방법원 2018. 1. 30. 선고 2017노7120 판결)에서는 이 사건에서 압수된 비트코인은 '범죄수익은닉의 규제 및 처벌 등에 관한 법률'에서 규정하고 있는 '재산'에 해당하여 몰수의 대상이 된다고 보고, 몰수의 범위에 관하여 ① 후원금 입금 목록에서 그 출처가 확인되는 160.95097975비트코인은 압수된 비트코인의 이체 주소와 액수가 모두 이 사건 음란사이트의 후원금 입금 목록에서 확인되는 것으로서, 피고인이 이 사건 음란사이트 운영과정에서 취득한 재산으로 인정되고, ② 입금

주소가 후원금 입금 목록에서 확인되나, 그 액수가 일치하지 않는 10.96243756비트코인은 위 주소를 통해 비트코인이 이체된 이상 그 비트코인은 이 사건 음란사이트를 이용할 목적으로 입금된 것으로 보는 것이 합당하고, 음란사이트의 이용을 위한 포인트 구입 내지 광고비 지급 외에 달리 위 주소로 비트코인을 입금할 만한 사정은 찾기 어려우므로, 이 부분 비트코인 역시 피고인이 이 사건 음란사이트를 운영하는 과정에서 취득한 재산에 해당하며, ③ 관리자 ID로 입금된 19.40991687비트코인은 음란사이트 광고비 명목으로 지급되어 피고인이 이 사건 음란사이트의 운영을 통해 취득한 재산에 해당하여 각 몰수하고, 다만 ④ 후원금 입금 목록에서 확인되지 않는 24.80161322비트코인은 그 입금 경로를 3단계에 걸쳐 추적해 보아도 후원금 입금 목록에서 그 주소를 확인할 수 없으므로 이 부분 비트코인은 범죄수익에 해당하지 아니한다고 판단하여 압수된 216.1249474비트코인 중 191.32333418비트코인에 대하여 몰수를 선고하였다.

4. 피고인과 검사는 항소심의 판결에 대하여 상고를 제기하였다.

[판결 요지]

1. 피고인으로부터 압수한 비트코인(Bitcoin)을 몰수할 수 없다는 주장에 관한 판단

가. 범죄수익은닉의 규제 및 처벌 등에 관한 법률(이하 '범죄수익은닉규제법'이라 한다)은 국제적 기준에 맞는 자금세탁방지 제도를 마련하고 범죄수익의 몰수·추징에 관한 특례를 규정함으로써 특정범죄를 조장하는 경제적 요인을 근원적으로 제거하여 건전한 사회질서의 유지에 이바지함을 목적으로 제정된 법률이다. 특정범죄를 직접 처벌하는 형법 등을 보충함으로써 중대범죄를 억제하기 위한 형사법 질서의 중요한 일부를 이루고 있다.

나. 범죄수익은닉규제법은 "중대범죄에 해당하는 범죄행위에 의하여 생긴 재산 또는 그 범죄행위의 보수로 얻은 재산"을 범죄수익으로 규정하고(제2조 제2호 가목), 범죄수익을 몰수할 수 있다고 규정한다(제8조 제1항 제1호). 그리고 범죄수익은닉규제법 시행령은 "은닉재산이란 몰수·추징의 판결이 확정된 자가 은닉한 현금, 예금, 주식, 그 밖에 재산적 가치가 있는 유형·무형의 재산을 말한다."라고 규정하고 있다(제2조 제2항 본문).

다. 위와 같은 범죄수익은닉규제법의 입법취지 및 법률 규정의 내용을 종합하여 보면, 범죄수익은닉규제법에 정한 중대범죄에 해당하는 범죄행위에 의하여 취득한 것으로 재산적 가치가 인정되는 무형재산도 몰수할 수 있다.

라. 한편, 범죄수익은닉규제법 별표 제1호 사목에서는 형법 제247조의 죄를, 별표 제24호에서는 정보통신망 이용촉진 및 정보보호 등에 관한 법률(이하 '정보통신망법'이라 한다) 제74조 제1항 제2호의 죄를 중대범죄로 규정하고 있다. 따라서 피고인의 정보통신망법 위반(음란물유포)죄와 도박개장방조죄는 범죄수익은닉규제법에 정한 중대범죄에 해

당한다.

　마. 피고인이 범죄수익은닉규제법에 정한 중대범죄에 해당하는 정보통신망법 위반(음란물유포)죄와 도박개장방조죄에 의하여 취득한 비트코인은 재산적 가치가 있는 무형의 재산이라고 보아야 한다. 그 이유는 다음과 같다. ① 비트코인은 경제적인 가치를 디지털로 표상하여 전자적으로 이전, 저장 및 거래가 가능하도록 한, 이른바 '가상자산'의 일종이다. ② 피고인은 음란물유포 인터넷사이트인 A 사이트를 운영하면서 사진과 영상을 이용하는 이용자 및 이 사건 음란사이트에 광고를 원하는 광고주들로부터 비트코인을 대가로 지급받아 재산적 가치가 있는 것으로 취급하였다.

　바. 이 사건 몰수의 대상인 비트코인은 특정되어 있다.

　사. 따라서 피고인이 범죄수익은닉규제법에 정한 중대범죄에 의하여 취득한 비트코인을 몰수할 수 있다고 본 원심의 판단은 앞서 본 법리에 따른 것으로서 정당하다.

　2. 원심의 몰수 판단이 부당하다는 주장에 관한 판단

　가. 범죄수익은닉규제법 제8조 제2항은 "제1항에 따라 몰수할 수 있는 재산(이하 '몰수대상재산'이라 한다)이 몰수대상재산 외의 재산과 합쳐진 경우 그 몰수대상재산을 몰수하여야 할 때에는 합쳐짐으로써 생긴 재산 중 몰수대상재산(합쳐지는 데에 관련된 부분만 해당한다)의 금액 또는 수량에 상당하는 부분을 몰수할 수 있다."라고 규정하고 있다. 피고인이 보유하고 있던 비트코인 중 중대범죄에 의하여 취득한 금액에 상당하는 부분만 몰수하는 것이 가능하다.

　나. 원심은 몰수에 관하여 다음과 같이 판단하였다. 피고인으로부터 임의제출받아 압수한 216.1249474비트코인(BTC) 중 191.32333418비트코인(BTC)은 범죄수익은닉규제법에 정한 중대범죄인 이 사건 음란사이트의 운영과 관련한 범죄행위에 의하여 취득한 것이므로, 범죄수익에 해당하여 이를 몰수한다.

　다. 원심판결 이유를 관련 법리와 적법하게 채택한 증거들에 비추어 살펴보면, 원심의 판단에 상고이유 주장과 같이 논리와 경험의 법칙을 위반하여 자유심증주의의 한계를 벗어나거나 몰수와 추징의 증명책임과 증명의 정도에 관한 법리를 오해한 잘못이 없다.

해설

Ⅰ. 대상판결의 의의 및 쟁점

　현재 시점에서 가상자산(비트코인)의 자산성을 인정하고 몰수가 가능하다는 점에 관하여는 크게 이의가 없겠지만 불과 몇 년 전만 하더라도 가상자산(비트코인)의 자산성과 몰수

가능성에 관하여는 논란의 여지가 많았다. 앞서 본 바와 같이 대상판결의 1심 판결에서도 비트코인은 현금과는 달리 물리적 실체 없이 전자화된 파일의 형태로 되어 있어 몰수하는 것이 적절하지 아니하다는 이유로 비트코인을 몰수하지 아니한 반면, 원심은 압수된 비트코인은 '범죄수익은닉의 규제 및 처벌 등에 관한 법률'에서 규정하고 있는 '재산'에 해당하여 몰수의 대상이 된다고 판시하며 법원 내에서도 가상자산(비트코인)의 몰수 가능성에 대하여 다른 판단을 하였다. 비트코인이 처음 탄생한 것이 2009년이고 그로부터 채 10년도 되지 않은 시점에서 가상자산(비트코인)의 자산성 및 몰수 가능성이 현실적인 문제로 대두된 것이었다.

Ⅱ. 대상판결의 분석

1. 가상자산(비트코인)이 형법상 몰수의 대상에 해당하는지 여부

형법상 몰수물의 형태는 물건이다. 형법 제48조에서는 물건을 몰수대상으로 규정하고 있다. 따라서 민법 제98조의 물건 개념에 따라 유체물 및 전기 기타 관리할 수 있는 자연력이 이에 해당한다. 뇌물죄의 경우에는 형법 제134조에 따라 몰수대상이 뇌물이므로 물건뿐만 아니라 재산상 이익도 포함된다고 할 것이다.[1] 가상자산(비트코인)은 물리적인 실체가 없는 전자화된 파일 형태로 존재하므로 민법상 '물건'의 개념에 해당한다고 보기는 어렵다. 민법상 물건의 개념에 준하는 것으로 형법상 '재물'의 개념이 있는데, 재물이란 유체물, 즉 일정한 공간을 차지하고 있는 물체 내지 물질에 한한다는 유체성설과 재물이란 관리가능한 물건을 의미하므로 관리가능한 한 유체물뿐만 아니라 전기 기타의 에너지도 재물에 포함된다고 보는 관리가능성설의 견해대립이 있다.[2] 우리 형법은 제346조에서 관리할 수 있는 동력은 재물로 간주한다고 규정하고 있다. 이에 관하여 비트코인은 물리적 실체가 없으므로 유체물이 아니고, 또 사무적으로 관리되는 디지털 전자정보에 불과한 것이어서, 물리적으로 관리되는 자연력 이용에 의한 에너지를 의미하는 '관리할 수 있는 동력'에도 해당되지 않으며, 나아가 가상자산은 가치 변동성이 크고, 법적 통화로서 강제 통용력이 부여되지 않은 상태이므로 예금채권처럼 일정한 화폐가치를 지닌 돈을 법률상 지배하고 있다고도 할 수 없어 재물로 볼 수 없다는 고등법원의 판결이 있다.[3] 따라서 가상자산(비트코인)은 형법상 몰수의 대상이 된다고 보기는 어렵다.[4]

---

1) 대법원 2010. 5. 13. 선고 2009도7040 판결 등 참조.
2) 온라인주석서 형법각직(5)(제5판), 한국사법행정학회(2017), 336~337면(김경선)
3) 수원고등법원 2020. 7. 2. 선고 2020노171 판결 참조. 이에 관하여 아직 대법원 판결은 존재하지 않는다.
4) 이에 관하여 이 사건에서 비트코인을 형법상 몰수규정을 적용하여 몰수하였어야 한다는 견해로는 김교창, "가상자산의 법적 성격과 가상자산이 몰수의 대상이 될 수 있는지 여부", 판례연구 제35집 2, 서울지방변호

2. 가상자산(비트코인)이 범죄수익은닉규제상 몰수의 대상에 해당하는지 여부

범죄수익은닉규제법은 "중대범죄에 해당하는 범죄행위에 의하여 생긴 재산 또는 그 범죄행위의 보수로 얻은 재산"을 범죄수익으로 규정하고(제2조 제2호 가목), 범죄수익을 몰수할 수 있다고 규정한다(제8조 제1항 제1호). 그리고 범죄수익은닉규제법 시행령은 "은닉재산이란 몰수·추징의 판결이 확정된 자가 은닉한 현금, 예금, 주식, 그 밖에 재산적 가치가 있는 유형·무형의 재산을 말한다."라고 규정하고 있다(제2조 제2항 본문). 또한 법무부에서 발간한 범죄수익은닉규제법 해설(2002년)에서도 범죄수익을 구성하는 '재산'에 관하여 "물건에 한정하지 않고 은행예금·대출채권·무체재산권 등 무형적 이익을 포함한 사회통념상 경제적 가치가 있는 이익 일반"으로 해석하고 있다.[5] 이에 더불어 판결요지에 설시된 범죄수익은닉규제법의 입법취지를 고려하여 보면 범죄행위에 의하여 취득한 재산적 가치가 있는 무형의 재산도 몰수의 대상이 될 수 있다. 이와 같이 범죄수익은닉규제법상 몰수의 대상에 무형의 재산도 포함하고 점, 가상자산(비트코인)은 세계 각국의 거래소에서 시세가 형성되어 거래가 이루어지고 있어 재산적 가치도 있는 점, 가상자산(비트코인)은 블록체인 기술로 어느 정도 특정이 가능한 점 등을 고려하여 보면 가상자산(비트코인)은 범죄수익은닉규제법상 몰수의 대상이 될 수 있다.

한편, 범죄수익은닉규제법 제8조 제2항은 "제1항에 따라 몰수할 수 있는 재산(이하 '몰수대상재산'이라 한다)이 몰수대상재산 외의 재산과 합쳐진 경우 그 몰수대상재산을 몰수하여야 할 때에는 합쳐짐으로써 생긴 재산 중 몰수대상재산(합쳐지는 데에 관련된 부분만 해당한다)의 금액 또는 수량에 상당하는 부분을 몰수할 수 있다."라고 규정하고 있으므로, 그 중 대범죄에 해당하는 일부분에 대한 몰수도 가능하다.

3. 대법원의 태도

가. 몰수 가능성

원심은 압수된 비트코인은 '범죄수익은닉규제법'에서 규정하고 있는 '재산'에 해당하여 몰수의 대상이 된다고 판시하였고, 이에 대하여 피고인이 상고하였으나 대법원 역시 판결요지에 설시한 바와 같은 이유로 피고인이 범죄수익은닉규제법에 정한 중대범죄에 의하여 취득한 비트코인을 몰수할 수 있다고 판단하였다. 이를 자세히 살펴보면, 우선 대법원은 범죄수익은닉규제법의 입법취지 및 법률 규정의 내용을 종합하여 보면, 범죄수익은닉규제법

사회(2021) 119면 참조.

5) 김정훈, "비트코인을 범죄수익으로 취득한 경우 몰수·추징이 가능한지 여부", 대법원판례해설 116호(2018), 551면 참조.

에 정한 중대범죄에 해당하는 범죄행위에 의하여 취득한 것으로 재산적 가치가 인정되는 무형재산도 몰수할 수 있다고 보았다. 특정범죄를 조장하는 경제적 요인을 근원적으로 제거하려는 범죄수익은닉규제법의 입법취지를 고려하면 타당한 판단이라고 보여진다. 또한 대법원은 비트코인은 재산적 가치가 있는 무형의 재산이라고 보았다. 특히 비트코인은 경제적인 가치를 디지털로 표상하여 전자적으로 이전, 저장 및 거래가 가능하도록 한, 이른바 '가상자산'의 일종임을 명시적으로 인정하였다. 또한 이 사건 몰수대상인 비트코인이 특정되어 있다고 설시하여 비트코인이 특정이 가능하다는 점 또한 명확히 하였다. 현실적으로 비트코인이 범죄수익으로 이용되고 있는 이상 이를 몰수할 수 있다고 판단한 것은 현실을 고려한 매우 타당한 판결이라고 생각된다.

나. 몰수의 범위

대법원은 피고인이 보유하고 있던 비트코인 중 중대범죄에 의하여 취득한 금액에 상당하는 부분만 몰수하는 것이 가능하고 설시하면서, 피고인으로부터 임의제출받아 압수한 216.1249474비트코인(BTC) 중 191.32333418비트코인(BTC)은 범죄수익은닉규제법에 정한 중대범죄인 이 사건 음란사이트의 운영과 관련한 범죄행위에 의하여 취득한 범죄수익에 해당한다고 보았는바, 원심의 판단을 그대로 인정하여 이를 몰수하였다. 원심은 이 사건 음란사이트의 후원금 입금 목록에서 그 출처가 확인되는 비트코인뿐만 아니라 입금 주소가 후원금 입금 목록에서 확인되나, 그 액수가 일치하지 않는 비트코인도 역시 범죄수익으로 인정하였다. 관리자 ID로 입금된 비트코인도 이 사건 음란사이트의 광고비로 지급되었고 후원금 입금 목록에서 확인된 사정을 고려하여 범죄수익으로 인정하였다. 다만, 입금주소가 후원금 입금목록에서 확인되지 않은 비트코인만을 몰수의 대상에서 제외하였다. 이러한 원심의 판단을 대법원은 그대로 인용하였는바, 범죄수익을 철저히 몰수하려는 범죄수익은닉규제법의 입법취지를 충실히 지킨 타당한 판결이라고 생각된다.

다. 추징

원심은 피고인이 범죄수익은닉규제법에 정한 중대범죄의 범죄행위에 의하여 비트코인 형태로 취득하였다가 현금으로 환전한 2억 원을 범죄수익으로 인정하여 이를 추징하였고, 대법원도 이를 그대로 인정하였다. 즉, 비트코인의 몰수가 가능함에 따라 비트코인을 환전하여 얻은 현금에 대하여 추징할 수 있다고 인정한 것이다. 몰수가 가능하다는 입장에서 타당한 결론이다.

Ⅲ. 대상판결의 평가

2018년 당시만 하더라도 1심 판결과 같이 가상자산(비트코인)의 자산성 및 몰수 가능성에 대하여 논란이 많았다. 하지만 대상판결은 이러한 가상자산(비트코인)의 자산성을 인정하고 몰수 및 추징이 가능하다고 본 사실상 최초의 판결로서 그 의미가 매우 크다고 볼 수 있다. 다만, 대상범죄가 범죄수익은닉규제법에 해당하지 않는 경우에는 결국 형법상 몰수의 규정을 적용할 수밖에 없을 것인데 이 경우에는 가상자산(비트코인)을 몰수할 수 없으므로, 입법적 해결이 필요하다.

[37] 가상자산 지갑으로의 송금행위가 범죄수익 등의 취득 또는 처분에 관한 사실을 가장한 것인지 여부

— 대구지방법원 안동지원 2019. 5. 10. 선고 2019고단74 판결, 2019. 5. 18. 확정 —

[사실 개요]

1. 성명불상자는 미국에 서버를 둔 'A'라는 성인사이트를 개설·운영하며 A 사이트 내 게시판에 남녀의 성기나 성교행위가 촬영된 17,165개의 음란한 사진 또는 동영상 파일을 공공연하게 전시하였다.

2. 피고인은 2017. 9. 중순경 A 사이트를 운영하는 성명불상자에게 연락하여 성명불상자로부터 A 사이트의 배너에 게시된 불법 성매매사이트 광고 수입비와 A 사이트 회원들이 음란물을 다운로드받기 위해 필요한 회원 등업비를 피고인의 계좌로 송금받아 그중 85%를 성명불상자가 요구하는 대로 송금하고 나머지 15%를 피고인이 수수료로 취득하기로 하는 제안을 받고 이를 승낙한 다음, 2017. 10.경부터 2018. 10. 9.경까지 피고인 명의의 B은행 계좌로 송금받은 249,513,683원 중 85%에 해당하는 212,086,631원을 성명불상자가 지정하는 가상자산 지갑, 해외 계좌 등으로 송금하였다.

3. 이에 검찰은 피고인에 대하여 정보통신망이용촉진및정보보호등에관한법률위반(음란물유포)방조죄 및 범죄수익 등의 취득 또는 처분에 관한 사실을 가장하였다는 이유로 범죄수익은닉의규제및처벌등에관한법률위반죄 등으로 기소하였다.

[판결 요지]

피고인은 2017. 9. 중순경 성명불상자의 제안에 따라 A 사이트의 배너에 게시된 불법 성매매사이트 광고 수입비와 A 사이트 회원들이 음란물을 다운로드받기 위해 필요한 회원 등업비를 피고인의 계좌로 송금받아 그중 85%를 성명불상자가 요구하는 대로 송금해 주기로 마음먹고, 2017. 10.경부터 2018. 10. 9.경까지 피고인 명의의 B은행 계좌로 배너광고비와 등업비임을 알면서도 249,513,683원을 송금받고, 그중 85%에 해당하는 212,086,631원을 성명불상자가 지정하는 가상자산 지갑, 해외 계좌 등으로 송금하여 범죄수익 등의 취득 또는 처분에 관한 사실을 가장하였다.

해설

Ⅰ. 대상판결의 의의 및 쟁점

이 사건에서 피고인은 성명불상자의 정보통신망이용촉진및정보보호등에관한법률위반(음란물유포)행위를 방조하면서, 이에 대한 범죄수익을 피고인의 계좌로 송금받은 후 다시 성명불상자가 지정하는 가상자산 지갑, 해외 계좌 등으로 송금하여 주었다. 이에 대하여 검사는 피고인에 대하여 범죄수익은닉의규제및처벌등에관한법률위반죄로 기소하였는데, 성명불상자가 지정하는 해외 계좌로 송금하는 행위 외에 가상자산 지갑에 송금하는 행위 역시 범죄수익 등의 취득 또는 처분에 관한 사실을 가장한 것인지가 문제된다.

Ⅱ. 대상판결의 판단 분석

1. '범죄수익 등의 취득 또는 처분에 관한 사실을 가장하는 행위'의 의미

범죄수익은닉의 규제 및 처벌 등에 관한 법률 제3조 제1항 제1호에 정한 '범죄수익 등의 취득에 관한 사실을 가장'하는 행위는 범죄수익 등을 정당하게 취득한 것처럼 취득 원인에 관한 사실을 가장하거나 범죄수익 등이 귀속되지 않은 것처럼 귀속에 관한 사실을 가장하는 행위를 의미하고, 이러한 행위는 범죄수익을 발생시키는 당해 범죄행위와는 별도의 행위라고 평가될 수 있는 것이어야 하고 당해 범죄행위 자체에 그치는 경우는 이에 해당하지 아니한다.[1] 이러한 행위에는 이른바 차명계좌라 불리우는 다른 사람 이름으로 된 계좌에 범죄수익 등을 입금하는 행위와 같이 범죄수익 등이 제3자에게 귀속하는 것처럼 가장하는 행위가 포함될 수 있으며, 구체적인 사안에서 차명계좌에 범죄수익 등을 입금하는 행위가 '범죄수익 등의 취득 또는 처분에 관한 사실을 가장하는 행위'에 해당하는지 여부를 판단할 때에는 해당 계좌의 실제 이용자와 계좌 명의인 사이의 관계, 이용자의 해당 계좌 사용의 동기와 경위, 예금 거래의 구체적 실상 등을 종합적으로 고려하여야 한다. 범죄수익은닉의 규제 및 처벌 등에 관한 법률 제3조 제1항 제1호가 규정하는 '범죄수익의 취득 또는 처분에 관한 사실을 가장하는 행위'는 같은 조항 제3호가 규정하는 '범죄수익을 은닉하는 행위'와 달리 '특정범죄를 조장하거나 또는 적법하게 취득한 재산으로 가장할 목적'을 구성요건으로 하고 있지 않음이 법문상 명백하므로, 특정범죄를 조장하거나 또는 적법하게 취득한 재산으로 가장할 목적이 없었더라도 범죄수익 등의 취득 또는 처분에 관한 사실을 가장하였다면 위 법률에 따른 죄책을 면하지 못한다.[2] 대법원은 경찰서 생활질서계에 근무하는

---

1) 대법원 2014. 9. 4. 선고 2014도4408 판결
2) 대법원 2008. 2. 28. 선고 2007도10004 판결

피고인 갑이 사행성 게임장 업주인 피고인 을로부터 뇌물을 수수하면서, 피고인 을의 자녀 명의의 은행 계좌에 관한 현금카드를 받은 뒤 피고인 을이 위 계좌에 돈을 입금하면 피고인 갑이 현금카드로 돈을 인출하는 방법으로 범죄수익의 취득에 관한 사실을 가장하였다는 내용으로 기소된 사안에서, 위 행위는 범죄수익은닉의 규제 및 처벌 등에 관한 법률 제3조 제1항 제1호에서 정한 '범죄수익 등의 취득 또는 처분에 관한 사실을 가장하는 행위'에 해당한다고 판시하였다.[3]

2. 가상자산의 익명성 문제

가상자산의 지갑과 주소는 익명으로 개설되므로 특정한 개인정보와 연결되어 있지 않다. 따라서 블록체인에 기록된 가상자산 거래내역의 추적이 가능하다고 해서 곧바로 가상자산 거래자의 신원을 알 수 있는 것은 아니다. 다만, 대량의 비트코인을 현금화하기 위하여는 통상 가상자산 거래소를 이용하여야 하는데, 가상자산 거래소들은 통상 계정 생성시에 본인 확인 절차를 거치고 있으므로, 이러한 거래를 추적하여 거래자의 실제 명의인을 찾아낼 수 있을 뿐이다. 실제로 각국 수사기관에서도 범죄행위로 전송된 가상자산의 거래를 추적하면서 거래소에서의 거래에 관하여 예의주시하고 있는 것으로 알려져 있다.[4]

3. 대상판결의 경우

이 사건에서 대상판결은 성명불상자가 지정하는 해외 계좌로 송금하는 행위 외에 가상자산 지갑에 송금하는 행위 역시 범죄수익 등의 취득 또는 처분에 관한 사실을 가장한 것으로 판단하였다. 검사의 기소내용에 대하여 피고인이 다투지 않았기 때문에 법원이 별다른 판단근거를 제시하진 않았다. 대법원은 이미 이른바 차명계좌라 불리우는 다른 사람 이름으로 된 계좌에 범죄수익 등을 입금하는 행위와 같이 범죄수익 등이 제3자에게 귀속하는 것처럼 가장하는 행위가 범죄수익 등의 취득 또는 처분에 관한 사실을 가장하는 행위라고 판시한 바 있다. 그렇다면 성명불상자가 지정하는 타인의 해외 계좌에 범죄수익을 송금하는 것은 이러한 행위에 포함된다고 볼 수 있다. 그런데 타인의 가상자산 지갑으로 송금하는 행위도 이러한 행위에 포함된다고 보았다. 가상자산 지갑에 송금하기 위해서는 우선 가상자산의 형태로 송금이 이루어져야 할 것이고, 가상자산 거래소 등으로부터 성명불상자가 지정하는 가상자산 지갑주소로 송금이 이루어져야 하는 등 기존 예금의 송금과는 다른 태양의 범죄행위가 이루어진다. 그런데 이 사건 대상판결은 가상자산의 송금 또한 예금 계좌

---

3) 대법원 2012. 9. 27. 선고 2012도6079 판결
4) 지충현, 비트코인의 개략적인 특성과 그에 관한 형사증거법적 문제, 법관연수 어드밴스(Advance) 과정 연구 논문집:. 전문 분야 소송의 주요쟁점(조세/상사소송), 사법연수원(2018), 155－156면.

로의 송금과 마찬가지로 범죄수익 등의 취득 또는 처분에 관한 사실을 가장하는 행위로 판단하였다. 대법원 및 법원 실무상 이제 가상자산의 자산성을 인정하고 있고 가상자산 지갑으로 가상자산이 이체된 경우 익명성을 가지는 특성을 고려한다면 이러한 대상판결의 판단은 타당한 판단이라고 생각된다.[5]

Ⅲ. 대상판결의 평가

대상판결은 타인의 가상자산 지갑에 범죄수익 등을 송금하는 행위를 범죄수익은닉의 규제 및 처벌 등에 관한 법률 제3조 제1항 제1호에 정한 '범죄수익 등의 취득에 관한 사실을 가장'하는 행위로 본 대표적인 판결로서 의의가 있다. 기존에는 통상 차명계좌로 불리는 타인의 계좌로 송금하는 행위가 이러한 행위의 대표적인 유형이었다. 그러나 앞으로는 가상자산의 자산성이 인정받고 있고, 가상자산 특유의 익명성으로 인하여 범죄수익 등이 가상자산 지갑으로 송금되는 경우가 더욱 늘어날 것이다. 대상판결은 이러한 행위에 대하여 유죄로 판단한 선례적인 판결이라는 의의가 있다.

---

5) 이 판결은 2019. 5. 18. 그대로 확정되었다.

[38] 가상자산 환전 방식의 범죄수익은닉죄에 있어서 고의성 판단 : 무죄 사례

— 대구지방법원 2022. 2. 15. 선고 2021노4427 판결, 2022. 2. 23. 확정 —

[사실 개요]

1. A는 텔레그램 '박사방'에서 스폰서 아르바이트 광고 등으로 피해자들을 유인한 후 협박하여 음란한 영상물을 제작하고, 이를 맛보기 형식의 무료방 또는 일정 금원을 받고 회원가입이 가능한 유료방에 전시하는 등 성착취 영상물을 제작·유포하였고, 그 과정에서 입장료, 회원비, 후원금 등의 명목으로 가상자산을 취득하였다.

2. 피고인은 2020. 1. 6.경 인천 부평구에 있는 부평역에서 A를 만나 A가 성착취 영상물의 제작·유포 등으로 취득한 범죄수익인 시가 2,266,472원 상당의 모네로 36.556를 수수료 5%를 제외한 현금 2,153,000원으로 바꾸어 전달한 것을 비롯하여 그때부터 2020. 3. 6.경까지 총 14회에 걸쳐 시가 합계 72,854,547원 상당의 모네로 880.003178를 수수료를 제외한 현금 70,154,000원으로 바꾸었다.

3. 이와 관련하여 피고인은 A가 취득한 범죄수익인 가상자산 모네로를 마치 일반자금인 것처럼 현금화하여 적법하게 취득한 재산으로 가장할 목적으로 범죄수익을 은닉하였다는 내용의 범죄수익은닉의 규제및처벌등에관한법률위반으로 기소되었다.

4. 제1심(대구지방법원 2021. 11. 10. 선고 2021고단493, 1648 판결)은 피고인에 대하여 무죄를 선고하였다. 이에 대하여 검사는 항소를 제기하였다.

[판결 요지]

1. 원심은, 범죄수익은닉규제법 제3조 제1항 제3호는 "특정범죄를 조장하거나 적법하게 취득한 재산으로 가장할 목적으로 범죄수익 등을 은닉한 자는 5년 이하의 징역 또는 3천만 원 이하의 벌금에 처한다."고 규정하고 있다. 여기서 "특정범죄"란 재산상의 부정한 이익을 취득할 목적으로 범한 죄로서 별표에 규정된 죄(이하 "중대범죄"라 한다)와 제2호 나목에 규정된 각 죄를 말하고(제2조 제1호), "범죄수익 등"이란 중대범죄에 해당하는 범죄행위에 의하여 생긴 재산 또는 그 범죄행위의 보수로 얻은 재산, 제2호 나목의 각 죄에 관계된 자금 또는 재산, 중대범죄에 해당하는 범죄행위에 의하여 생긴 재산의 과실로 얻거나 위 재산의 대가 혹은 위 재산의 보유, 처분에 의하여 얻은 재산 등을 말하며(제2조 제2 내지 4호), 범죄수익은닉규제법 제3조 제1항 제3호는 고의범죄로서 주관적 구성요건으로 대상재산이 위 법 소정의 '범죄수익 등'에 해당한다는 점에 대한 인식과 이를 은닉하려는 의사를 필요로 하는데, '특정범죄'의 구체적인 내용까지

는 알 필요가 없으나 적어도 대상재산이 '특정범죄'에 의하여 생긴 것이라는 점에 대한 미필적 인식은 있어야 한다는 법리를 전제한 뒤에, 아래와 같은 이유 등으로 이 부분 공소사실을 무죄로 판단하였다.

가. 피고인이 환전해준 모네로(이하 '이 사건 가상자산'이라 한다)는 A 등이 아동·청소년이용음란물을 제작·유포함으로써 범죄수익은닉규제법 별표에 규정된 중대범죄인 구 아동·청소년의 성보호에 관한 법률(2020. 6. 2. 법률 제17338호로 개정되기 전의 것) 제11조 제1항 및 제2항의 각 죄를 저질러 취득한 재산이므로, 위 가상자산이 범죄수익은닉규제법 소정의 '범죄수익 등'에 해당함에는 의문이 없다.

나. 피고인이 이 사건 당시 위 가상자산이 범죄수익은닉규제법 소정의 '범죄수익 등'에 해당한다는 점을 인식하였는지 여부에 관하여 살펴본다. 원심이 적법하게 채택하여 조사한 증거들에 의하면, ㉠ 피고인이 인터넷에 '다크코인(모네로, 대시) 돈세탁 해드립니다'는 제목으로 '거래기록이 남지 않는 모네로입니다, 다크코인은 모든 기록이 남지 않으며 추적불가입니다, 전송하는 순간 세탁완료, 모네로 수수료 3.5%, 서울, 인천 지역 현금 손대손 직거래' 등과 같은 내용의 광고를 하고, A가 위와 같은 광고를 보고 피고인을 만나 이 사건 가상자산을 여러 차례에 걸쳐 현금으로 환전한 사실, ㉡ 피고인은 A를 만난 자리에서 A의 신분을 확인하지 않았고, 범행과 관련된 자금은 받지 않는다고 하면서도 정작 A에게 위 가상자산의 취득경위에 대하여는 제대로 물어보지 않았던 사실, ㉢ 2019. 12.경부터 2020. 3.경까지 피고인이 텔레그램을 통하여 자금세탁 문의자들에게 탈세나 스포츠토토 등 관련 자금을 세탁하여 자금추적을 어렵게 만들어 줄 수 있다는 취지의 답변을 한 사실을 각 인정할 수 있다. 위 인정사실들에 비추어 보면, 피고인이 이 사건 가상자산이 구체적으로 어떠한 범죄에 의하여 생긴 것인지는 몰랐다 하더라도 적어도 위 가상자산이 범죄수익은닉규제법 소정의 '범죄수익 등'에 해당한다는 정도는 인식하고 있었던 것이 아닌가 하는 의심이 들기는 한다.

다. 그러나 다른 한편으로 위 증거들에 의하여 인정되는 다음과 같은 사실 내지 사정들, 즉 ㉠ A는 이 법정에서 '피고인에게 처음 환전에 대해 문의할 당시 스포츠토토 관련 자금과 같은 불법적인 돈도 환전이 가능한지 물으니, 피고인이 불법적인 것은 취급하지 않는다고 했다, 피고인과 환전거래를 하기로 약속했다가 막연히 느낌이 좋지 않아 거래를 중단한 적이 있고, 나중에 다른 환전광고가 있어 연락을 해보니 그 환전업자도 피고인이었는데, 피고인과 다시 거래를 하면서 코인의 출처에 대하여 채굴을 해서 얻은 것이라고 이야기한 적이 있다'고 진술하였고, 수사기관에서는 '피고인에게 텔레그램 아이디 외에는 알려준 것이 없다, 피고인이 보이스피싱 돈이 아닌

가 하고 묻기에 불법 채굴한 돈이라고 이야기한 적이 있다'는 취지로 진술한 점, ⓛ 피고인이 이 사건 환전거래를 의뢰한 사람이 박사방 운영자인 A라는 것을 알고 있었다거나 이 사건 가상자산이 아동·청소년이용 음란물을 제작·유포한 대가로 받은 것임을 인식하고 있었다고 볼 만한 근거는 없는 점, ⓒ 수사기관이 A의 행적을 추적하는 과정에서 A가 부평역에서 피고인을 만나 환전을 하는 장면을 확인하고 피고인 명의 계좌들의 거래내역을 기초로 피고인에 대한 조사를 여러 차례 실시하였는데, 그 과정에서 피고인은 일관되게 이 사건 가상자산이 범죄행위로 인하여 생긴 것인 줄은 몰랐다는 취지로 진술한 점, ⓔ 피고인은 2019. 11. 1.부터 이 사건 범행일까지 다수의 거래자들을 상대로 수십억 원의 가상자산 환전거래를 했던 것으로 보이는 반면, 범죄수익은닉규제법위반으로 기소된 환전거래는 이 사건에 한정되는데, 타 환전거래와 비교하여 이 사건 환전거래의 대상인 이 사건 가상자산이 '특정범죄'로 생긴 재산이라는 것을 인식할 수 있는 뚜렷한 징표도 없는 점 등을 종합해 보면, 앞서 든 인정사실들과 검사가 제출한 증거들만으로는 피고인이 이 사건 당시 이 사건 가상자산이 범죄수익은닉규제법 소정의 '범죄수익 등'에 해당한다는 것을 미필적으로라도 인식하고 있었다는 점이 합리적 의심 없이 증명되었다고 보기에 부족하고, 달리 이를 인정할 증거가 없다.

2. 원심이 적시한 위와 같은 사정들에다가, 원심이 적법하게 채택하여 조사한 증거들에 의하여 인정되는 다음과 같은 사정들을 더하여 보면, 원심의 판단은 정당한 것으로 수긍할 수 있고, 거기에 검사가 주장하는 바와 같은 사실오인의 잘못이 없다.

가. 모네로의 경우 다른 가상자산에 비하여 거래내역 추적이 좀 더 어려운 측면이 있다고 하더라도 그러한 사정만으로 모네로 환전거래를 모두 범죄자금의 세탁의 일환이라고 보기도 어렵다.

나. 피고인은 가상자산거래소를 거치지 않은 개인 가상자산 거래를 다수 하여 왔는데, A와의 이 사건 거래에서도 가상자산거래소를 거치지 않고 현금 대면거래를 한 사정만으로 이 사건 거래에서만 범죄자금의 세탁이라는 점을 알았다고 보기는 어렵다.

다. 비록 피고인이 가상자산거래소를 이용하였을 때의 수수료율보다 높은 수수료를 A로부터 받은 것은 사실이나, 가상자산거래소가 아닌 개인 간의 수수료율이나 피고인의 다른 가상자산 거래보다 더 높은 수수료를 A로부터 받았다는 사정이 엿보이지 않는 점에 비추어, 건당 3.3% 내지 5%(소액 거래이거나 피고인이 A의 거처로 이동하여 거래할 경우 다소 더 높은 수수료를 받은 것으로 보인다)의 수수료율이 평소의 거래보다 이례적으로 고율의 수수료라고 보기도 어렵다.

라. 피고인이 다른 사람들과 자금 세탁 관련 텔레그램 대화를 나누었다고 하더라도 위

대화내용에 비추어 이 사건 거래가 자금 세탁 행위라고 단정할 수는 없다.

마. 피고인이 '필고'를 통하여 다시 연락이 온 A와 계속 거래를 한 사실은 있으나, A는 수사기관에서 "'필고'를 통해 피고인과 다시 거래를 하면서 코인의 출처에 대하여 채굴을 해서 얻은 것이라고 이야기한 적이 있다"는 취지로 진술한 점에 비추어 '필고'에 불법 자금세탁 관련 내용의 광고가 게시되었다고 하더라도 A가 피고인에게 해주는 위와 같은 말 이외에는 A가 당시 성착취 영상물을 제작·유포하여 가상자산을 취득하였다는 사실을 알 방법이 전혀 없는 피고인에게 범죄수익에 대한 인식이 있었다고 인정하기 부족하다.

해설

Ⅰ. 대상판결의 의의 및 쟁점

대상판결은 세간에 문제가 되었던 이른바 '박사방' 사건에 관한 것으로 박사방 일당이 아동·청소년들을 협박하여 제작한 음란 영상물을 텔레그램 등을 통하여 유포하고 그 대가로 모네로라는 가상자산을 취득한 것에 대하여 피고인이 현금으로 환전해 준 사안이다. 이 사건은 피고인이 위와 같이 환전해 준 가상자산이 음란물유포의 대가로 취득한 것임을 알았는지 여부가 문제되었고 위 공소사실에 대하여 무죄 확정되었는바 위 무죄의 근거가 되는 이유들을 구체적으로 살펴볼 수 있다는 점에서 의의가 있다고 할 것이다.

대상판결 선고 전후로 음란물유포 뿐만 아니라 게임물, 도박 등의 위법한 행위의 수익으로 취득한 가상자산을 환전해 준 자들에 대하여 해당 가상자산을 환전 의뢰한 자들이 위법한 행위로 취득한 것을 알면서 이를 환전하여 주었는지에 대한 고의성 판단이 많이 문제되었고, 대상판결은 그 주관적 구성요건요소와 관련하여 유죄 여부를 판단할 수 있는 기준이 무엇인지 확립되어 가는 그 과정에 선고된 판결이다.

Ⅱ. 대상판결의 분석

1. 범죄수익은닉의규제및처벌등에관한법률위반죄의 의의

범죄수익은닉규제법 제3조 제1항은 범죄수익 등의 은닉 및 가장행위를 처벌하고 있는데, 이중 대상판결에서 문제되는 위 제3호는 '특정범죄를 조장하거나 적법하게 취득한 재산으로 가장할 목적으로 범죄수익 등을 은닉한 자'에 대하여 5년 이하의 징역 또는 3,000만 원 이하의 벌금에 처한다고 규정하고 있다.

여기서 '특정범죄'라 함은 '사형, 무기 또는 장기 3년 이상의 징역이나 금고에 해당하는 죄, 별표에 규정된 죄[1], 제2호 나목에 규정된 죄'[2] 등을 의미하는데, 대상판결에서 박사방 일당들이 범한 범죄는 아동·청소년의 성보호에 관한 법률 제7조에서 규정하는 아동·청소년 강간 또는 강제추행, 같은 법 제11조에서 규정하는 아동·청소년성착취물의 제작·배포이고, 이는 장기 3년 이상의 징역에 해당하는 죄에 해당하므로 범죄수익은닉규제법 제3조 제1항 제3호에서 규정하는 특정범죄에 해당한다고 볼 수 있다.

그리고 위 조항에서 규정하는 '범죄수익'에 대하여 중대범죄에 해당하는 범죄행위에 의하여 생긴 재산 또는 그 범죄행위의 보수로 얻은 재산에 해당한다고 규정하는데, 위 중대범죄에는 역시 아동·청소년을 이용하여 성착취물을 제작 및 판매하는 등의 행위도 포함되었다.[3] 원래 중대범죄에는 위 아동·청소년 이용 성착취물 제작 및 판매죄는 포함되지 않았으나 디지털 성범죄 관련 범죄가 사회적으로 큰 문제가 되었고 위 범죄의 특성상 휴대전화, 인터넷 등을 이용하여 광범위하고 빠르게 위 성착취물이 유포될 수 있어 이를 억제하고 그 수익의 철저한 환수 및 방조행위의 엄단을 위하여 2019. 8. 위 법률을 개정하여 아동·청소년 이용 성착취물 제작 및 판매죄도 포함하도록 하였다.

위 범죄는 '특정범죄를 조장하거나 적법하게 취득한 재산으로 가장할 목적'이 추가적 구성요건으로 요구되어 있는 목적범에 해당하는데, 특정범죄의 '조장'이라 함은 해당 범죄가 더 심해지도록 부추긴다는 의미로 단순한 도움을 의미하는 방조보다는 다소 적극적인 의미로 볼 수 있고, 적법하게 취득한 재산으로 '가장'이라 함은 거짓으로 꾸민다는 개념으로 명시적 또는 묵시적으로 마치 적법한 재산인 것처럼 그 양태를 보이는 것을 의미한다.

2. 범죄수익은닉의규제및처벌등에관한법률위반죄 성립 여부

위 법원이 제출한 증거에 따르면, 피고인이 인터넷에 '다크코인 돈세탁 해드립니다'는 제목으로 '거래기록이 남지 않는 모네로입니다, 다크코인은 모든 기록이 남지 않으며 추적 불가입니다'는 등의 광고를 하였고, A가 위와 같은 광고를 보고 피고인을 만나 여러 차례에 걸쳐 현금으로 환전하였으며 피고인은 A를 만난 자리에서 A에게 위 가상자산의 취득경위에 대하여는 제대로 물어보지 않았던 사실이 인정되었다. 위 모네로 코인은 블록체인과 같

---

1) 유가증권, 우표와 인지에 관한 죄 중 제224조의 죄, 성풍속에 관한 죄 중 제243조 및 제244조의 죄, 신용, 업무와 경매에 관한 죄 중 제315조의 죄, 횡령과 배임의 죄 중 제357조 제2항의 죄, 관세법 제270조의2의 죄, 정보통신망 이용촉진 및 정보보호 등에 관한 법률 제74조 제1항 제2호, 제6호의 죄, 영화 및 비디오물의 진흥에 관한 법률 제95조 제6호의 죄, 여권법 제25조 제2호의 죄, 한국토지주택공사법 제28조 제1항의 죄

2) 성매매알선 등 행위의 처벌에 관한 법률 제19조 제2항 제1호의 죄, 폭력행위 등 처벌에 관한 법률 제5조 제2항 및 제6조의 죄, 국제상거래에 있어서 외국공무원에 대한 뇌물방지법 제3조 제1항의 죄, 특정경제범죄 가중처벌 등에 관한 법률 제4조의 죄, 국제형사재판소 관할 범죄의 처벌 등에 관한 법률 제8조부터 제16조까지의 죄, 공중 등 협박목적 및 대량살상무기확산을 위한 자금조달행위의 금지에 관한 법률 제6조 제1항, 제4항의 죄

3) 범죄수익은닉규제법 별표 제31호

은 분산원장 등에 송금자와 수취인 등이 기록될 수 있는 일반 가상자산과 달리 크립토노트(CryptoNote)[4] 프로토콜로 송금증명을 채택함으로써 이용자의 익명성을 강화한다. 특히 위 모네로는 링 서명(Ring Signature)이라고 하여 가상자산의 그룹 서명에서 원 서명자를 추적할 수 없도록 섞는 서명 방식을 사용함으로써 위 그룹 내에서의 거래 내역을 조회하기 위하여는 프라이빗키(private key)가 따로 요구된다. 이러한 익명성이 크게 강화되었기 때문에 시중 가상자산 거래소에서는 그 동안 거래되던 모네로 코인을 상장폐지를 함으로써 그 거래를 지원하지 않고 있고 현재는 다크웹에서 많이 활용되고 있는 것으로 보인다. 따라서 대상판결 사안에서도 이러한 모네로 코인의 성격, 이를 이용한 피고인의 거래행위의 태양 등을 토대로 피고인이 범죄행위를 목적으로 A와 가상자산 환전 거래를 한 것이 아닌지 의심을 하였다.

그럼에도 불구하고 대상판결과 원심은 피고인이 박사방 일당인 A를 개인적으로 알고 있는 상황이 아니었고 불법인 아동·청소년 성착취물을 제작 및 유포한 A가 위와 같은 행위를 저질렀는지 알 수 있는 방법도 없었으며 실제로 A가 법정에 출석하여 피고인이 A에게 보이스피싱으로 취득한 돈이냐고 질문을 하여 피고인에게 불법채굴한 돈이라고 얘기한 적이 있고 피고인으로부터 불법적인 돈의 환전은 안 된다는 말을 들었다는 취지로 증언하여 피고인으로서는 아동·청소년 성착취 제작 및 유포로 받은 금원임을 알 수 없었으므로 '특정범죄'에 의하여 생긴 것이라는 점에 대한 미필적 인식이 없었다고 판단하였다. 위 A의 증언은 위 범죄사실의 성립 여부에 있어서 중요한 판단요소가 되었다고 보이는데 피고인이 불법채굴로 취득한 돈으로 알고 있었다고 하더라도 그것만으로는 A의 범행이 특정범죄 혹은 중대범죄에 해당함을 알았다고 유추할 수는 없으며 오히려 피고인이 보이스피싱으로 취득한 돈이냐는 질문을 함으로써 그와 같은 정도의 위법한 범죄로 인한 수익은 취급하지 않겠다는 의사를 표명하였다고 볼 수 있기 때문이다.

무엇보다 당시 피고인은 A 외에도 수많은 사람들과 다수의 가상자산 환전을 함으로써 전문적으로 가상자산 환전업을 하였던 것으로 추단된다는 점이다. 위 다수의 거래가 중대한 범죄로 인하여 취득한 금원에 대한 거래로 볼 만한 자료는 없다는 점에서 다른 거래들과 비교하여 볼 때 A의 범행만 특정범죄에 해당한다고 볼 수 있는 징표 또한 부존재하기 때문에 함부로 고의성을 인정할 수 없다는 것이다. 그리고 모네로 자체가 매우 익명적인 특성을 가지고 있고 범죄에 이용되기 쉽기는 하나 이러한 특성만으로 피고인에게 유죄를 인정하기에는 무죄추정의 원칙에 반할 소지가 있고 더 나아가 피고인의 거래행태, 다른 환전행위의 불법성, 피고인의 대화 내용 등에 관하여 추가적인 조사를 통하여 위 무죄추정의 원칙을 뒤

---

4) 송신인을 식별할 수 없도록 하는 익명화 지향 가상자산에 사용하는 프로토콜, 이에는 모네로 외에도 바이트 코인(BCN) 등이 있다.

집을 만한 증거의 제시가 추가적으로 요구되었다고 보인다.

Ⅲ. 대상판결의 평가

판결 내용에서 알 수 있듯이 피고인에게 의심스러운 사정이 존재하였음에도 불구하고 대상판결에서 피고인의 고의성을 인정하지 않은 것은 기록을 살펴보더라도 피고인이 아동·청소년 성착취물유포 및 제작죄로 취득된 금원과 관련한 것이라는 것을 알았다고 볼 만한 사정이 부족하다고 보았기 때문이다. 피고인이 주로 범죄행위에 이용되는 다크코인인 모네로코인으로 금전을 환전하였기 때문에 만약 법률 규정상 특정 범죄에 대한 범죄수익은닉에 한정하지 않고 모든 유형의 범죄행위로 취득한 수익은닉행위까지 처벌하도록 입법하였다면 피고인에게 고의성을 인정하여 유죄로 판결할 수 있는 여지가 있었을 것이다. 그렇지만 위 죄의 구성요건 자체가 특정범죄 또는 중대범죄로 그 범위를 매우 좁히고 있기 때문에 그 특정범죄에 대한 수익을 은닉하기 위한 고의성으로 모네로코인을 환전하였다고 볼 만한 증거가 뒷받침되지 않은 이상 피고인에 대하여 무죄를 인정한 대상판결의 태도는 타당하다고 보인다.

제 7 장

금융실명거래

[39] 가상자산 펌핑 작업 행위가 금융실명법 제3조 제3항의 탈법행위에 해당하는지 여부

— 청주지방법원 2020. 9. 17. 선고 2020노262 판결, 2020. 9. 25. 확정 —

[사실 개요]

1. 피고인은 성명불상자로부터 "코인 신규 상장시 펌핑 작업 업무를 보고 있는 업체입니다", "4~7건 정도의 업무 드리고 업무 마감 전에 일당 30만원 드립니다"라는 메시지와 함께 '피고인 계좌로 들어오는 돈으로 비트코인을 사서 전달해 달라'는 제안을 받고 자신의 계좌를 사용하도록 하였다.

2. 성명불상자는 보이스피싱 피해자들로부터 합계 169,710,000원을 송금 받았고, 피고인인은 위 계좌로 입금된 돈을 각 비트코인으로 환전하여 성명불상자가 알려준 전자지갑 주소들로 이를 송금하였고, 일부는 거래정지로 송금하지 못하였다.

3. 이에 검사는 피고인이 성명불상자가 탈법행위를 목적으로 타인인 피고인의 실명으로 금융거래를 하는 것을 방조하였다면서 금융실명거래및비밀보장에관한법률위반방조죄로 피고인을 공소제기 하였다.

[판결 요지]

1. 금융실명법 제3조 제3항과 같이 예시적 입법형식으로 된 법률규정을 해석함에 있어서는 구체적으로 열거된 예시로부터 추론되는 공통적 판단기준의 한계 내에서 그 예시에 준하는 사례만을 규율대상으로 삼아야 하고, 그와 같은 한계를 넘어서는 해석은 죄형법정주의의 명확성 원칙에 반하는 것으로 허용될 수 없다. 따라서 금융실명법 제3조 제3항의 '그 밖의 탈법행위'는 불법재산의 은닉, 자금세탁행위, 공중협박자금조달행위 및 강제집행의 면탈에 준하는 정도에 이르러야 한다고 볼 것이다. 그런데 이 사건에서 '허위의 거래실적을 쌓아 대출을 받기 위해 입출금하는 행위' 및 '코인 펌핑 작업을 하는 행위'가 불법재산의 은닉, 자금세탁행위, 공중협박자금조달행위 및 강제집행의 면탈에 준하는 탈법행위라고 단정하기 어렵다.

2. 검사가 제출한 증거들만으로는 공소사실에서 정범에 해당하는 보이스피싱 조직원인 성명불상자가 피고인에게 말한 대로 '코인 펌핑 작업을 하는 행위'를 하였다고 인정할 증거가 없다.

해설 ──

Ⅰ. 대상판결의 의의 및 쟁점

대상판결에서 피고인은 가상자산 상장시 펌핑 작업을 한다는 성명불상자의 업무를 돕기 위해 대가를 받고 자신의 계좌를 제공하고 성명불상자의 요구대로 계좌에 입금된 돈을 비트코인으로 환전하여 성명불상자에게 이를 전송하였다. 검사는 위와 같은 성명불상자의 가상자산 펌핑 행위가 금융실명법 제3조 제3항에 정한 '탈법행위'에 해당한다고 보아 피고인이 위 행위를 방조하였다고 보아 공소를 제기하였다.

이에 제1심판결(청주지방법원 2020. 2. 26. 선고 2019고단1009 판결)은 무죄를 선고하였고, 대상판결 역시 결론을 유지하였다. 검사는 항소를 하면서 가상자산 펌핑 작업은 자본시장법에서 금지하는 '불건전 영업행위' 중 하나인 주가조작(시세조종) 행위에 해당하고 이는 금융실명법 제3조 제3항에서 정하는 탈법행위에 해당한다고 주장하였으나 결과적으로 대상판결은 이를 받아들이지 않았다.

Ⅱ. 대상판결의 분석

1. 관련 법령의 내용 및 해석 방법

대상판결에서의 적용법조는 아래와 같다.

금융실명법

제3조 ③ 누구든지 「특정 금융거래정보의 보고 및 이용 등에 관한 법률」 제2조 제4호에 따른 불법재산의 은닉, 같은 조 제5호에 따른 자금세탁행위 또는 같은 조 제6호에 따른 공중협박자금조달행위 및 강제집행의 면탈, 그 밖에 탈법행위를 목적으로 타인의 실명으로 금융거래를 하여서는 아니 된다.

제6조(벌칙) ① 제3조제3항 또는 제4항, 제4조제1항 또는 제3항부터 제5항까지의 규정을 위반한 자는 5년 이하의 징역 또는 5천만원 이하의 벌금에 처한다.

위와 같이 금융실명법 제6조 제1항은 불법·탈법적 목적에 의한 타인 실명의 금융거래를 처벌하고 있는데, 대법원은 그 취지에 대하여 다음과 같이 판시하고 있다. '금융실명법은 실지 명의(이하 '실명'이라고 한다)에 의한 금융거래를 실시하고 그 비밀을 보장하여 금융거래의 정상화를 꾀함으로써 경제정의를 실현하고 국민경제의 건전한 발전을 도모함을 목적으로 하고 있고(제1조), 금융거래란 금융회사 등이 금융자산을 수입, 매매, 환매 등을 하는 행위를 말하며(제2조 제3호), 실명이란 주민등록표상의 명의, 사업자등록증상의 명의 등을

말한다고 규정하면서(제2조 제4호), 누구든지 특정 금융거래정보의 보고 및 이용 등에 관한 법률 제2조 제3호에 따른 불법재산의 은닉, 제4호에 따른 자금세탁행위 또는 제5호에 따른 공중협박자금조달행위 및 강제집행의 면탈, 그 밖에 탈법행위를 목적으로 타인의 실명으로 금융거래를 하여서는 아니 되고(제3조 제3항), 위와 같은 목적으로 타인의 실명으로 금융거래를 하는 행위를 처벌하도록 규정하고 있다(제6조 제1항). 위와 같은 금융실명법의 입법목적과 내용을 종합해 보면, 불법·탈법적 목적에 의한 타인 실명의 금융거래를 처벌하는 것은 이러한 금융거래를 범죄수익의 은닉이나 비자금 조성, 조세포탈, 자금세탁 등 불법·탈법행위나 범죄의 수단으로 악용하는 것을 방지하는 데에 그 목적이 있으므로, 위와 같은 탈법행위의 목적으로 타인의 실명으로 금융거래를 하였다면 이로써 금융실명법 제6조 제1항의 위반죄가 성립하는 것이다(대법원 2017. 12. 22. 선고 2017도12346 판결).'

한편, 금융실명법 제3조 제3항은 이른바 예시적 입법형식을 취하고 있는데, 예시적 입법형식은 법률 명확성의 원칙에 위배되지 않기 위해 예시한 구체적인 사례들이 그 자체로 일반조항의 해석을 위한 판단지침을 내포하고 있어야 하고, 그 일반조항 자체가 그러한 구체적인 예시들을 포괄할 수 있는 의미를 담고 있는 개념이어야 한다(헌재 2014. 7. 24. 선고 2013헌바169 결정 등 참조)는 점을 고려하여, 예시적 입법을 해석함에 있어서는 구체적으로 열거된 예시로부터 추론되는 공통적 판단기준의 한계 내에서 그 예시에 준하는 사례만을 규율대상으로 삼아야 할 것이다.

또한 위 조항은 형사처벌 조항으로서 위 조항을 해석함에 있어서는 죄형법정주의 원칙에 따라 명문의 형벌법규의 의미를 피고인에게 불리한 방향으로 지나치게 확장해석하거나 유추해석하는 것은 허용되지 않는다(대법원 2011. 8. 25. 선고 2011도7725 판결 등 참조).

2. 대상판결에의 적용

이 사건은 성명불상자의 '가상자산 펌핑행위'가 이른바 시세조종에 해당하고 이는 금융실명법 제3조 제3항에서 금지 및 처벌하는 '탈법행위'에 해당함을 전제한다. 그런데 일반적으로 탈법행위는 직접적으로 강행법규에 위반되지는 않으나 강행법규가 금지하고 있는 것을 회피하기 위하여 다른 수단을 사용함으로써 실제로는 금지사항을 실현하는 행위를 의미하는데, 위에서 본 이 사건 처벌조항의 취지, 규정 형식 및 해석 방법에 관한 여러 법리를 종합하면, 위 '탈법행위'는 불법재산의 은닉, 자금세탁행위, 공중협박자금조달행위 및 강제집행의 면탈에 준하는 정도에 이르러야 한다고 해석함이 상당하다.

한편, 자본시장법 제176조는 '시세조종행위 등의 금지'라는 제목으로 상장증권 또는 장내파생상품의 매매에 관하여 그 매매가 성황을 이루고 있는 듯이 잘못 알게 하거나, 그 밖에 타인에게 그릇된 판단을 하게 할 목적으로 일정한 행위를 금지하고 있는데, 주식의 경우

주가 펌핑 행위는 대표적인 시세조종 행위로 해당 행위는 금지된다. 그러나 가상자산의 경우 그 자체로는 자본시장법의 적용을 받는 금융투자상품에 해당하는지 명확하지 않다. 최근 '루나 사태'로 가상자산 중 증권형 토큰의 경우 자본시장법을 적용하여 규율할 수 있는지에 대한 검토가 진행 중인 것으로 보이나 이에 대하여는 추가 논의가 필요해 보인다. 그러나 대상판결에서는 구체적인 가상자산의 종류에 대한 자료는 나와 있지 않으므로 피고인에게 유리하도록 해석하여 자본시장법이 적용되는 가상자산은 아닌 것으로 보이고 검사 역시 이러한 점을 기초로 공소제기를 한 것으로 보인다.

결국, 대상판결의 경우 가상자산의 펌핑 행위 등 시세조종 행위를 금지하는 강행규정이 존재하지 않는 상황에서 가상자산의 펌핑 행위가 위와 같은 불법재산의 은닉, 자금세탁행위, 공중협박자금조달행위 및 강제집행의 면탈에 준한다고 해석하는 것은 앞서 본 법리에 비추어 허용되지 않을 것이다.

대상판결 역시 이 사건 처벌조항의 형식과 해석 방법, 죄형법정주의 원칙 등을 기초로 가상자산 펌핑 행위가 탈법행위에 해당하다고 보기 어렵다고 판단하여 피고인에 대해 무죄를 선고하였는바, 타당한 결론이고, 울산지방법원 2020. 1. 31. 선고 2019고단2068 판결(항소기각 확정) 역시 같은 입장이다.

3. 방조범의 구성요건

방조범은 정범에 종속하여서만 성립하므로 방조범이 성립하기 위해서는 정범의 성립이 전제되어야 하므로, 방조범의 성립요건은 방조자의 방조행위와 정범의 실행행위가 필요하다. 또한 방조자의 방조행위 내용과 정범의 실행행위 내용의 불일치가 서로 다른 범죄구성요건에 걸쳐 발생한 경우에는 과소 실행인 경우 방조한 범죄와 동일한 죄질의 범죄를 적게 실행한 때에 한하여 방조자는 정범이 실행한 범위 내에서의 완전한 종범으로서의 책임만을 진다.[1]

대상판결의 경우 피고인은 가상자산 펌핑 행위를 방조할 의도로 계좌 대여 및 비트코인 송금 등의 행위를 하였으나, 실제 정범인 성명불상자는 이를 가상자산 펌핑 행위와는 질적으로 전혀 다른 보이스피싱을 통한 사기 범행에 사용하였을 뿐 펌핑 작업을 한 것으로 보이지는 않는다. 또한 피고인에게 성명불상자의 사기 범행에 대한 인식이 전혀 없었던 것으로 보인다. 결국 이러한 점에서도 피고인에게는 무죄가 선고되어야 하고, 대상판결의 결론은 타당하다.

---

1) 주석서 형법 총칙(2) 제3판, 186면

Ⅲ. 대상판결의 평가

대상판결은 가상자산 펌핑 행위가 금융실명법 제3조 제3항에서 금지하는 '탈법행위'에 해당하는지에 대하여 이에 해당하지 않는다고 판시하였다. 방조범의 구성요건 해당성 여부를 별론으로 하고, 피고인이 인식한 행위에 대한 사회적 비난가능성만을 고려하면 가상자산 펌핑 행위 역시 사회적 해악은 주식 시장 등에서 시세조종 행위가 일어나는 경우에 비하여 결코 작지 않을 것이다. 그러나 형사재판에서의 죄형법정주의의 대원칙에 비추어 처벌조항은 확장해석 하여서는 아니 되고 시장에서 자유롭게 거래가 허용되는 경우에는 그 해악이 크다 하여 명백한 법규가 존재하지 않는 상황에서 이를 처벌하는 것은 적절하지 않다. 이러한 점에서 대상판결의 논리와 결론은 지극히 타당해 보인다.

현재 일부 가상자산에 대하여는 자본시장법이 그대로 적용될 수도 있다는 의견도 존재하고, 가상자산 전체에 대하여도 자본시장에서의 규제와 같이 시세조종 행위 등 사회적 해악이 큰 일정 행위에 대하여는 여러 입법 논의도 진행되고 있는바 그 추이를 지켜볼 필요가 있어 보인다.

[40] 가상자산 거래한도 제한 회피가 금융실명법상 탈법행위인지

— 서울중앙지방법원 2021. 7. 22. 선고 2020노3387 판결('1판결', 2021. 7. 30. 확정);
대구지방법원 2020. 8. 25. 선고 2020노1370 판결('2판결', 2020. 11. 16. 상고기각 확정);
수원지방법원 성남지원 2019. 5. 1. 선고 2019고정72 판결('3판결', 2019. 5. 9. 확정) —

아래의 피고인들은 모두 '성명불상자가 탈법행위를 목적으로 타인인 피고인들의 실명으로 금융 거래하는 것을 방조하였다.'는 금융실명거래및비밀보장에관한법률('금융실명법')위반방조죄로 기소되었다.

[1판결의 사실 개요]
피고인은 성명불상자로부터 '코인 마진 거래 일을 하면 구매금의 2%를 수수료로 주겠다. 내가 직접 거래할 경우 거래 한도 제한에 걸릴 수 있어 거래대금을 분산할 필요가 있다.'라는 제안을 받고 이를 수락하여 피고인 명의의 계좌를 성명불상자에게 제공하였다. 이어서 피고인은 성명불상자로부터 보이스피싱 사기를 당한 피해자가 피고인의 은행 계좌에 입금한 돈으로 가상자산을 구입한 후 이를 성명불상자가 알려준 전자지갑 주소로 보냈다.

[2판결의 사실 개요]
피고인은 성명불상자로부터 '홍콩지사 국제 금거래소 사원 모집 중으로 가상자산에 투자하는데 일일한도가 제한되어 있어 아르바이트 할 사람을 구하고 있다. 가상자산을 대신 구입해주면 하루 30만 원에서 50만 원까지 지급하겠다.'라는 제안을 받고 이를 수락하여 피고인 명의의 계좌를 성명불상자에게 제공하였다. 이어서 피고인은 성명불상자로부터 보이스피싱 사기를 당한 피해자가 피고인의 은행 계좌에 입금한 돈 중 일부로는 가상자산을 구입한 후 이를 성명불상자가 알려준 전자지갑 주소로 보내고, 나머지 일부로는 위 성명불상자로 하여금 소액결제를 할 수 있도록 인증번호를 전송하였다.

[3판결의 사실 개요]
피고인은 성명불상자로부터 '가상자산 관련 투자회사인데 국내 거래한도에 묶여 있어, 투자금액을 해외 거래사이트로 입금해주면 거래금액의 1%를 수수료로 주겠다. 계좌번호를 알려주면 그 계좌로 투자금이 입금되고 그 돈을 가상자산거래소에 충전하여 비트코인을 구매한 후 알려주는 전자지갑 주소로 출금하면 된다.'라는 제안을 받고 이를 수락하여 피고인 명의의 계좌를 성명불상자에게 제공하였다. 성명불상자와 성명불상자로부터 보이스피싱 사기를 당한 피해자는 피고인의 은행 계좌에 돈을 입금하였고, 피고인은 위 돈 중 일부로 비트코인을 구입한 후 이를 성명불상자가 알려준 전자지갑 주소로 보냈다.

[1판결 요지]
1. 피고인을 금융실명법위반방조죄로 처벌하기 위해서는 그 전제로서 정범인 성명불상

자가 피고인 명의 계좌를 이용하여 피해자로부터 송금 받은 돈이 금융실명법 제3조 제3항의 '불법재산'에 해당하여 이를 은닉할 목적이 있거나 타인 명의로 가상자산을 거래하는 행위가 '탈법행위'에 해당하여야 한다.

2. 이 중 '불법재산의 은닉'을 할 목적이라는 초과 주관적 구성요건은 엄격한 증명의 대상인데, 피고인과 성명불상자의 대화 내용, 성명불상자의 범행 방법, 횟수, 밝혀진 총 피해액, 보이스피싱 범행으로 인한 계좌이체사실이 드러날 경우 해당 계좌가 정지되는 사정, 실제로 피고인의 계좌가 정지되자 성명불상자가 피고인과의 연락을 끊은 점 등을 고려하면, 위 증명이 있다고 할 수 없다.

3. 금융실명법 제3조 제3항의 '그 밖의 탈법행위'는 그 적용 범위를 한정하여야 하는데, '거래한도 제한을 초과하는 가상자산의 거래'는 이러한 탈법행위에 해당하지 않는다.

[2판결 요지]

정범인 성명불상자의 '가상자산의 구입과 이체 행위'가 금융실명법위반죄의 구성요건을 갖춘 위법한 행위라고 보기 어렵고, 피고인이 인식하였다는 가상자산의 거래가 위법하다거나 불법재산의 은닉, 자금세탁 행위 등에 준하는 탈법행위에 해당한다고 보기 어렵다.

[3판결 요지]

피고인에게 '탈법행위'를 목적으로 한 금융거래라는 점에 대한 인식이나 예견조차 없었다고 보기 어렵고, 금융실명법위반방조 범행에 대한 고의가 인정된다.

해설

I. 대상판결들의 쟁점

이 사건의 쟁점은 성명불상자가 '가상자산 거래한도 제한 회피'라는 목적을 내세워 피고인의 은행 계좌 등을 받아, 위 계좌 및 그와 연결된 가상자산거래소 계좌 등을 보이스피싱 사기 범행의 도구로 사용하였을 때, 해당 피고인을 금융실명법 제3조 제3항 위반죄로 처벌할 수 있을지 여부이다.

II. 관련 법령

❏ 금융실명법

제3조(금융실명거래) ③ 누구든지 「특정 금융거래정보의 보고 및 이용 등에 관한 법률」 제2조제4호에 따른 불법재산의 은닉, 같은 조 제5호에 따른 자금세탁행위 또는 같은 조 제6호에 따른 공중협

박자금조달행위 및 강제집행의 면탈, 그 밖에 탈법행위를 목적으로 타인의 실명으로 금융거래를 하여서는 아니 된다.

❏ 특정 금융거래정보의 보고 및 이용 등에 관한 법률('특금법')

제2조(정의) 이 법에서 사용하는 용어의 뜻은 다음과 같다.

　4. "불법재산"이란 다음 각 목의 것을 말한다.

　　가.「범죄수익은닉의 규제 및 처벌 등에 관한 법률」제2조제4호에 따른 범죄수익등

　　나.「마약류 불법거래 방지에 관한 특례법」제2조제5항에 따른 불법수익등

　　다.「공중 등 협박목적 및 대량살상무기확산을 위한 자금조달행위의 금지에 관한 법률」제2조
　　　제1호에 따른 공중협박자금

　5. "자금세탁행위"란 다음 각 목의 행위를 말한다.

　　가.「범죄수익은닉의 규제 및 처벌 등에 관한 법률」제3조에 따른 범죄행위

　　나.「마약류 불법거래 방지에 관한 특례법」제7조에 따른 범죄행위

　　다.「조세범 처벌법」제3조,「관세법」제270조,「지방세기본법」제102조 또는「특정범죄 가중
　　　처벌 등에 관한 법률」제8조의 죄를 범할 목적 또는 세법에 따라 납부하여야 하는 조세(「
　　　지방세기본법」에 따른 지방세를 포함한다. 이하 같다)를 탈루할 목적으로 재산의 취득·처
　　　분 또는 발생 원인에 관한 사실을 가장하거나 그 재산을 은닉하는 행위

　6. "공중협박자금조달행위"란「공중 등 협박목적 및 대량살상무기확산을 위한 자금조달행위의
　　금지에 관한 법률」제6조제1항의 죄에 해당하는 행위를 말한다.

제7조(신고) ③ 금융정보분석원장은 제1항에도 불구하고 다음 각 호의 어느 하나에 해당하는 자에
대해서는 대통령령으로 정하는 바에 따라 가상자산사업자의 신고를 수리하지 아니할 수 있다.

　2. 실명확인이 가능한 입출금 계정[동일 금융회사등(대통령령으로 정하는 금융회사등에 한정한
　　다)에 개설된 가상자산사업자의 계좌와 그 가상자산사업자의 고객의 계좌 사이에서만 금융거
　　래등을 허용하는 계정을 말한다]을 통하여 금융거래등을 하지 아니하는 자. 다만, 가상자산거
　　래의 특성을 고려하여 금융정보분석원장이 정하는 자에 대해서는 예외로 한다.

❏ 구 범죄수익은닉의 규제 및 처벌 등에 관한 법률(2020. 3. 24. 법률 제17113호로 타법개정되고,
　2020. 5. 19. 법률 제17263호로 일부 개정되기 전의 것, '범죄수익법')

제2조(정의) 이 법에서 사용하는 용어의 뜻은 다음과 같다.

　1. "특정범죄"란 재산상의 부정한 이익을 취득할 목적으로 범한 죄로서 별표에 규정된 죄(이하
　　"중대범죄"라 한다)와 제2호나목에 규정된 죄를 말한다.

　2. "범죄수익"이란 다음 각 목의 어느 하나에 해당하는 것을 말한다.

　　가. 중대범죄에 해당하는 범죄행위에 의하여 생긴 재산 또는 그 범죄행위의 보수로 얻은 재산

　3. "범죄수익에서 유래한 재산"이란 범죄수익의 과실로 얻은 재산, 범죄수익의 대가로 얻은 재산

및 이들 재산의 대가로 얻은 재산, 그 밖에 범죄수익의 보유 또는 처분에 의하여 얻은 재산을 말한다.

　4. "범죄수익등"이란 범죄수익, 범죄수익에서 유래한 재산 및 이들 재산과 그 외의 재산이 합쳐진 재산을 말한다.

제3조(범죄수익등의 은닉 및 가장) ① 다음 각 호의 어느 하나에 해당하는 자는 5년 이하의 징역 또는 3천만원 이하의 벌금에 처한다.

　1. 범죄수익등의 취득 또는 처분에 관한 사실을 가장한 자

　2. 범죄수익의 발생 원인에 관한 사실을 가장한 자

　3. 특정범죄를 조장하거나 적법하게 취득한 재산으로 가장할 목적으로 범죄수익등을 은닉한 자

[별표] 중대범죄(제2조 제1호 관련)

　1. 「형법」 중 다음 각 목의 죄

　　거. 제2편 제39장 사기와 공갈의 죄 및 같은 편 제40장 횡령과 배임의 죄 중 제347조, 제347조의2, 제348조, 제351조(제347조, 제347조의2 및 제348조의 상습범만 해당한다), 제355조 또는 제356조의 죄(각 범죄행위로 인하여 취득하거나 제3자로 하여금 취득하게 한 재물 또는 재산상 이익의 가액이 3억 원 이상 5억 원 미만인 경우만 해당한다)

Ⅲ. 대상판결들의 분석

1. 1판결

(1) 금융실명법 제3조 제3항 중 불법재산의 은닉에 해당하는지

대상판결은 아래의 논거들을 이유로 이 사건 범행이 금융실명법 제3조 제3항 중 불법재산의 은닉에 해당하지 않는다고 보았다.

① 정범인 성명불상자가 피고인 명의 계좌를 이용하여 피해자로부터 송금받은 편취금액은 3억 원 미만이 분명하므로, 정범인 성명불상자의 위 사기 범행은 범죄수익법 제2조, 제3조 및 별표 제1호 거목에서 정하고 있는 '중대범죄'에 해당하지 않고, 그 사기 범행에 의하여 생긴 재산인 편취금(보이스피싱 사기 피해자가 피고인의 계좌로 입금한 돈) 역시 범죄수익법상 '범죄수익'에 해당하지 않아 금융실명법상 '불법재산'에 해당하지 않는다.

② 금융실명법 제3조 제3항 위반죄의 종범이 성립하려면, 실행의 착수 당시 정범에게 '불법재산의 은닉'을 할 목적이 있어야 하고, 이 초과 주관적 구성요건 역시 엄격한 증명의 대상이다. 피고인과 성명불상자의 대화 내용, 성명불상자의 범행 방법, 횟수, 밝혀진 총 피해액, 보이스피싱 범행으로 인한 계좌이체사실이 드러날 경우 해당 계좌가 정지되는 사정, 실제로 피고인의 계좌가 정지되자 성명불상자가 피고인과의 연락을 끊은 점 등을 고려하면, 검사가 제출한 증거만으로 성명불상자가 피고인의 계좌를 이용할 당시 성명불상자에게 3억

원을 초과하는 불법재산을 은닉할 목적이 있었다고 인정할 수 없다.

　③ 피고인의 수사기관에서의 진술, 피고인과 성명불상자 사이의 문자 내용 등에 비추어 보면 검사가 제출한 증거만으로는 피고인이 정범인 성명불상자의 보이스피싱 사기범행을 알았다거나 자기 명의의 계좌로 입금된 돈이 보이스피싱 사기범행의 피해금인 사실을 알았다고 인정하기 어려우므로, 피고인에게 성명불상자가 불법재산 은닉 목적으로 타인 실명 금융거래를 한다는 점에 관한 인식이나 이를 용이하게 한다는 고의가 있다고 볼 수 없다.

(2) 금융실명법 제3조 제3항 중 그 밖의 탈법행위에 해당하는지

　검사는 가상자산 규제를 회피하는 탈법행위로서 특금법 제7조 제3항 위반을 제시하였는데, 대상판결은 아래와 같이 판단하였다.

　"금융실명법 제3조 제3항에서 정한 탈법행위에 해당하는지 여부는 해당 강행규정의 취지, 회피수단의 내용, 행위의 경위와 목적, 연관된 사회·경제적 사정 등을 고려하여 엄격하게 판단하여야 할 것이므로 위에서 정한 '그 밖의 탈법행위'는 불법재산의 은닉, 자금세탁행위, 공중협박자금조달행위 및 강제집행의 면탈 등에 비견될 만큼 위법성이 중하고 사회적 비난가능성이 높은 행위인 것으로 그 적용 범위를 한정하여야 한다. 단순 사기 범행은 강행법규를 정면으로 위반한 것으로서 '탈법행위'의 문언에 맞지 않고, 금융실명법 제3조 제3항의 예시적 열거 부분의 불법재산은 사기죄의 경우 3억 원을 초과한 편취금만 해당한다고 정의하고 있으므로, 3억 원 미만의 편취금을 은닉할 목적을 '그 밖에 탈법행위를 할 목적'에 포함시킬 수 없다.

　검사가 제시한 특금법 조항은 이 사건 범행 당시에는 시행되지 않았고, 그 내용 역시 가상자산거래를 영업으로 하는 가상자산사업자를 수범자로 하고 있다. 따라서 검사가 이 사건에서 정범인 성명불상자나 피고인이 어떤 가상자산 규제를 회피하는 탈법행위를 하였는지에 대해 아무런 주장·증명을 하지 않고 있다고 보이고, 설령 성명불상자와 피고인이 정부의 가상자산 규제를 회피하였다고 하더라도 검사가 제출한 증거만으로는 정부의 가상자산 규제 회피가 불법재산의 은닉, 자금세탁행위, 공중협박자금조달행위 및 강제집행의 면탈 등에 비견될 만큼 위법성이 중하고 사회적 비난가능성이 높은 행위라고 인정하기 어렵다.

　현행법상 가상자산의 거래한도제한을 초과하는 거래를 금지하는 강행법규가 존재하지 않는바, 피고인이 거래한도제한을 초과하여 가상자산을 거래하려는 성명불상자의 행위를 도와주었다고 하더라도, 피고인에게 탈법행위 목적으로 타인 실명 금융거래를 한다는 점에 관한 인식이나 이를 용이하게 한다는 고의가 있다고 볼 수 없다."

2. 2판결

대상판결 역시 앞서 본 1. (2)항의 밑줄 친 부분 법리를 토대로, 이 사건에서와 같은 단순한 가상자산의 구입과 이체 행위는 특금법 제3조 제3항에서 열거된 불법재산 은닉이나 자금세탁행위 등과 같은 정도의 불법성이 있다고 보기는 어렵다고 판단하였다. 대상판결은 '허위의 거래실적을 쌓아 대출을 받기 위해 입출금하는 행위'가 금융실명법상 탈법행위에 해당하지 않는다는 판례(대법원 2019. 12. 27. 선고 2019도15080 판결, 대법원 2019. 12. 24. 선고 2019도12796 판결, 대법원 2019. 12. 13. 선고 2019도14155 판결)와 이 사건 범행 사안이 유사한 것으로 보고 있다.

또한 대상판결은 "이 사건 범행은, 피고인이 인식한 금융거래의 목적을 기준으로, 피고인은 성명불상자가 탈법행위인 가상자산의 거래를 하는 것을 방조하였다는 것으로, 그 내용은 객관적으로 확인된 정범의 고의나 행위와 맞지 않다. 즉 정범인 성명불상자가 피고인이 인식하였다는 탈법행위(가상자산 거래)를 하였다는 증거도 없다."라고도 판시하였다.

3. 3판결

대상판결의 피고인은 이 사건 범행의 고의가 없었다고 주장하였는데, 대상판결은 "피고인에게 '탈법행위'를 목적으로 한 금융거래라는 점에 대한 인식이나 예견조차 없었다고 보기 어렵고, 피고인에게 금융실명법위반방조 범행에 대한 고의를 인정할 수 있다."라고 판시하였다.

Ⅳ. 대상판결들의 평가

1. 객관적 구성요건의 측면에서

이 사건 성명불사자들처럼 보이스피싱 범행으로 취득한 돈을 세탁하기 위해 피고인에게 은행 계좌 및 가상자산 거래를 요구하는 사례는 빈번하게 있어 왔다. 자금세탁의 3단계, 즉 ① 범죄행위 내지 불법행위를 통하여 취득한 자금을 금융기관에 예탁하는 등 금융체계 안으로 편입시키는 단계(Placement), ② 이러한 자금의 불법성을 은폐하기 위하여 반복조작을 하는 단계(Layering), ③ 이를 통해 불법자금을 합법적인 경제체계 안으로 유입시켜 통합하는 단계(Integration) 중 이 사건 피고인들이 자신의 은행 계좌를 제공하는 것은 ①단계에, 그 계좌에 입금된 돈으로 가상자산을 구입하여 성명불상자가 요구한 계좌로 보내는 것은 ②단계에 각 해당한다. ①단계 중 은행계좌 제공이라는 객관적인 부분에 관하여는 '대가를 수수·요구 또는 약속하면서 접근매체를 대여받거나 대여하는 행위'를 금지하고 있는 전자금융거래법이 존재한다(위 법 제6조 제3항 제2호, 제49조 제4항 제2호). 문제는 이 사건 범행이 ①② 단계 모두를 통합하는 행위로서 금융실명법 제3조 제3항 위반에 해당하는지 여부이다. 위 조항이 탈법행위의 예시가 되는 전제행위들을 특정하여 열거해놓은 이상 1, 2판결과 같이 새기는 것이 타당하다고 생각한다. 1판결의 검사가 제시한 특금법 제7조 제3항이라는 실명거래 요구 규정 회피가 이러한 탈법행위에 해당하는지 문제될 수 있으나, 다른 탈법행위의 태양으로 나열된 것들이 직접적 형사처벌대상 행위임에 반하여 위 규정 위반 행위는 단순한 행정법령위반 행위이고, 그마저도 금융정보분석원장의 신고 불수리 재량을 인정한 규정에 불과하므로 소극적으로 새겨야 한다고 본다. 주식거래에 있어서 실명에 의한 거래가 강제되지 않는 것이 원칙이라면(대법원 2010. 12. 9. 선고 2009도6411 판결) 가상자산사업자의 사업신고 단계가 아닌 사인간의 가상자산 거래에 있어서는 더욱 그러할 것이다.

한편 1판결은 범죄수익법의 내용을 살펴 편취금액이 3억 원 이상이 아니라면 '불법재산의 은닉'에 해당하지 않는다고도 판단하였다. 보이스피싱 범행에 임하는 성명불상자로서는 여러 명의 계좌를 이용하여 그 합계액이 3억 원 이상일 경우가 많을 것이나, 이는 검사가 입증해야 하는 부분이다. 금융실명법 제3조 제3항 위반죄에 관하여서는 징역형 역시 규정되어 있다. 행위불능화(incapacitation)를 위한 징역형과 같은 비금전적 제재는 비례의 원칙상 거액의 자금세탁이나 거액의 불법 비자금 조성을 위한 차명예금의 경우 등 그 불법성과 가벌성이 매우 큰 경우로 제한하는 것이 법경제학적으로도 바람직하므로, 1판결의 이 부분 판단은 타당하다고 생각한다.

2. 주관적 고의의 측면에서

다수의 계좌를 모집하는 업무는 비정상적인 거래에서 빈번하게 발생하는 것으로 무언가 탈법이나 불법을 의도한 것으로 인식하였을 가능성은 있으나, 그것이 탈세목적인지 시세조종목적인지 비자금관리목적인지 알 수 없었다면 특정범죄의 공범으로 볼 수 없다. 1, 2판결은 이러한 피고인의 고의를 염두에 두고 금융실명법위반의 점에 관하여 판단하였다. 다만 3판결은 1, 2판결과 다르게 성명불상자가 피고인에게 '가상자산 투자회사'의 '국제거래' 과정에 참여할 것을 요구하였다는 점에서 1, 2판결의 경우보다는 피고인의 고의를 더 인정할 여지가 넓기는 하다. 물론 검사로서는, '가상자산 투자회사'의 측면에서 1판결과 마찬가지로 특금법 제7조 제2항 제2호 등을 특정할 필요가 있고, '국제거래' 측면에서 어떠한 외국환거래법 위반 등이 문제되는지를 특정할 필요가 있다. 자금세탁과 관련한 처벌 공백을 방지하자는 입장에서 입법론으로 '검사에게 자금세탁의 전제범죄에 관하여 목적이라는 엄격한 입증책임을 지우고 있는 것이 국제사회의 추세와 부합하지 않으므로 추정 규정을 두는 등의 입법을 해야 하고, 위 전제범죄를 제한적으로 열거하는 방식을 개정해야 한다.'는 견해

등도 제시되고 있으나, 죄형법정주의가 요구하는 명확성의 원칙상 위와 같은 접근은 신중해야 한다고 본다.

참고문헌

김세현, "차명거래 규제에 관한 법경제학적 연구", 법관연수 어드밴스(Advance) 과정 연구논문집:. 특정 주제 연수(형사법 신종증거론/재판의 본질(2018)

김용욱, "자금세탁죄의 개정방향: 초국가적 조직범죄집단과 관련하여", 형사정책연구 20권 4호(2009)

김태연, "차명거래에 대한 금융규제법적 대응", BFL 46호(2011)

제 8 장

외국환거래

[41] 가상자산의 국제 송금 및 국내 재매도 후 수수료를 공제한 차액을 지급한 것이 무등록 외국환업무인지/이 경우 추징액 산정
— 서울중앙지방법원 2019. 12. 19. 선고 2019노2619 판결, 2019. 12. 27. 확정 —

[사실 개요]

피고인은 2012. 8. 24.부터 2014. 5. 26.까지 환전업무를 하였고, '한국에서 중국으로 송금을 원하는 의뢰인으로부터 원화를 받아 수수료를 공제한 나머지 금액에 상응하는 위안화를 의뢰인이 지정한 중국 계좌로 이체하는 방식으로 무등록 외국환업무를 하였다.'는 외국환거래법('법') 위반죄로 형사처벌을 받은 전력이 있다. 피고인은 2017. 5. 29.경부터 2018. 1. 24.경까지 총 944회에 걸쳐 중국인, 일본인 등 의뢰인들로부터 중국 위안화 등 외화로 구매된 비트코인을 피고인 명의 빗썸 지갑으로 받아 국내 가상자산거래소에서 매도하고, 그 판매대금에서 수수료 1~1.5%를 공제한 나머지 금액을 의뢰인 또는 그가 지정한 사람에서 현금, 상품권 등으로 직접 지급하거나 의뢰인이 지정하는 계좌로 이체해 주었다('이 사건 행위'). 피고인이 받은 비트코인에는 물품대금이나 수출대금 등을 중국에서 한국으로 송금하기를 원하는 많은 중국인들이 중국 화폐인 위안화로 구매한 것들도 상당수 포함되었다. 이 사건 행위를 통한 송금액은 합계 3,653,679,880원이었고, 피고인은 수수료로 합계 36,000,000원 상당의 수익을 얻었다. 피고인은 '기획재정부장관에게 등록하지 않고 대한민국과 중국 및 일본 간의 금전 지급 및 수령에 관한 외국환업무를 업으로 하였다.'는 혐의로 기소되었다.

[판결 요지]

1. 이 사건 행위는 법 제3조 제1항 제16호 (나)목, (마)목, 법 시행령 제6조 제4호의 '대한민국과 외국간의 지급·수령에 직접적으로 필요하고 밀접하게 관련된 부대업무'로서, 외국환거래법 제27조의2 제1항 제1호, 제8조 제3항에서 금지하고 있는 무등록 외국환업무에 해당한다.

2. 이 경우 법 30조에 따라 추징하는 가액은 피고인이 얻은 수익금액을 기준으로 산정한다.

해설

I. 대상판결의 의의 및 쟁점

2017년경 비트코인의 국내 거래소에서의 시세가 중국 등 외국 거래소에서의 그것보다 높아 외국 가상자산거래소를 통해 비트코인을 구매한 외국인 등이 피고인에게 1~1.5%의 수수료를 지급하고도 국내 가상자산거래소를 통하여 비트코인을 현금화하면 경제적으로 이득을 취할 수 있었던 상황이었다. 이 사건 행위는 이러한 배경 하에 이루어졌는데, 법 및 법 시행령은 이 사건 행위가 외국환업무인지에 관하여 직접적인 규정을 두고 있지 않다. 대상판결은 이 사건 행위가 '대한민국과 외국 간의 지급·추심 및 수령'에 직접적으로 필요하고 밀접하게 관련된 부대업무에 해당하는지 여부에 관하여 밝히면서 그 논거를 제시하고 있다.

이 사건 행위가 외국환업무에 해당한다면, 법 제30조의 몰수나 추징이 가능한지 등도 문제된다. 위 조문은 가상자산을 몰수의 대상으로 명시하고 있지 않기 때문이다.

Ⅱ. 대상판결의 분석

1. 관련 법령

❏ **외국환거래법**

제3조(정의) ① 이 법에서 사용하는 용어의 뜻은 다음과 같다.

16. "외국환업무"란 다음 각 목의 어느 하나에 해당하는 것을 말한다.

　가. 외국환의 발행 또는 매매

　나. 대한민국과 외국 간의 지급·추심 및 수령

　다. 외국통화로 표시되거나 지급되는 거주자와의 예금, 금전의 대차 또는 보증

　라. 비거주자와의 예금, 금전의 대차 또는 보증

　마. 그 밖에 가목부터 라목까지의 규정과 유사한 업무로서 대통령령으로 정하는 업무

제8조(외국환업무의 등록 등) ③ 제1항 및 제2항에도 불구하고 금융회사등이 아닌 자가 다음 각 호의 어느 하나에 해당하는 외국환업무를 업으로 하려는 경우에는 대통령령으로 정하는 바에 따라 해당 업무에 필요한 자본·시설 및 전문인력 등 대통령령으로 정하는 요건을 갖추어 미리 기획재정부장관에게 등록하여야 한다. 이 경우 제1호 및 제2호의 외국환업무의 규모, 방식 등 구체적인 범위 및 안전성 확보를 위한 기준은 대통령령으로 정한다.

1. 외국통화의 매입 또는 매도, 외국에서 발행한 여행자수표의 매입

2. 대한민국과 외국 간의 지급 및 수령과 이에 수반되는 외국통화의 매입 또는 매도

3. 그 밖에 외국환거래의 편의 증진을 위하여 필요하다고 인정하여 대통령령으로 정하는 외국환업무

제27조의2(벌칙) ① 다음 각 호의 어느 하나에 해당하는 자는 3년 이하의 징역 또는 3억원 이하의 벌금에 처한다. 다만, 위반행위의 목적물 가액의 3배가 3억원을 초과하는 경우에는 그 벌금을 목적물 가액의 3배 이하로 한다.

1. 제8조제1항 본문 또는 같은 조 제3항에 따른 등록을 하지 아니하거나, 거짓이나 그 밖의 부정

한 방법으로 등록을 하고 외국환업무를 한 자(제8조제4항에 따른 폐지신고를 거짓으로 하고 외국환업무를 한 자 및 제12조제1항에 따른 처분을 위반하여 외국환업무를 한 자를 포함한다)

제30조(몰수·추징) 제27조제1항 각 호, 제27조의2제1항 각 호 또는 제29조제1항 각 호의 어느 하나에 해당하는 자가 해당 행위를 하여 취득한 외국환이나 그 밖에 증권, 귀금속, 부동산 및 내국지급수단은 몰수하며, 몰수할 수 없는 경우에는 그 가액을 추징한다.

❏ **외국환거래법 시행령**
제6조(외국환업무) 법 제3조제1항제16호마목에서 "대통령령으로 정하는 업무"란 다음 각 호의 업무를 말한다.
4. 그 밖에 법 제3조제1항제16호가목부터 라목까지 및 이 조 제1호부터 제3호까지의 업무에 딸린 업무

2. 1심 재판부의 판단

1심 재판부는 "이 사건 행위가 국내에서 이루어진 것으로, 법 제3조 제1항 제16호 (나)목에서 정한 '대한민국과 외국 간의 지급 및 수령'에 해당하지 않으므로, 피고인이 업으로 외국환업무를 하였다고 볼 수 없다."고 판단하였다.

3. 항소심 재판부의 판단

(1) 외국환업무 해당성

항소심 재판부는, "대한민국과 외국 간의 지급·추심 및 수령에 직접적으로 필요하고 밀접하게 관련된 부대업무는 외국환거래법상 외국환업무에 포함된다(대법원 2016. 8. 29. 선고 2014도14364 판결 등)."는 법리를 토대로, ① 이 사건 행위는 외국에서 의뢰인으로부터 외국통화를 지급받은 후 국내에서 국내 계좌를 이용하여 의뢰인 또는 의뢰인이 지정하는 계좌로 원화를 송금하는 방식으로 이루어지는 이른바 '환치기'라는 불법 송금방식에 비트코인이 중간매개체로 추가된 것에 불과한 점, ② 피고인의 경력과 범죄전력, 피고인이 직접 중국 인터넷 채팅방이나 코인 광고를 통하여 의뢰인을 구하기 위하여 영업활동을 한 사정에 비추어 보면 피고인은 이 사건 행위가 실질적으로 중국 등 외국에서 대한민국으로 송금하는 효과가 있다는 것을 충분히 인식하였다고 볼 수 있는 점, ③ 피고인에 대한 의뢰인 중 국내 거주자가 있다고 하더라도, 그가 외국 가상자산거래소에서 위안화 등 외화로 구매한 비트코인을 국내에서 피고인과의 위와 같은 거래를 통해서 국내 가상자산거래소에서 판매하여 그 판매대금 상당을 원화로 현금화하여 지급받은 것이라고 할 수 있는 점 등을 근거로, 이 사건 행위는 '대한민국과 외국간의 지급·수령에 직접적으로 필요하고 밀접하게 관련

된 부대업무'로서, 외국환거래법이 금지하고 있는 무등록 외국환업무에 해당한다고 판단하였다.

(2) 추징 근거 및 추징액 산정

항소심 재판부는, 피고인에게 법 제30조에 기하여 피고인이 수수료로 취득한 한화 상당액의 추징을 명하였다.

Ⅲ. 대상판결의 평가

1. 외국환업무 해당성

대상판결의 항소심 재판부는 피고인의 경력 및 전력, 물품대금과 수출대금이 상당수 포함된 이 사건 행위의 특성 등을 근거로 법 제3조 제1항 제16호 (나)목, (마)목, 법 시행령 제6조 제4호의 '대한민국과 외국간의 지급·수령에 딸린 업무'를 넓힌 해석을 전개하였다. 대상판결처럼 이 사건 행위의 본질을 실질적인 환전 및 송금 효과 발생으로 본다면, 이 사건처럼 피고인이 의뢰인으로부터 직접 가상자산을 받든지 아니면 의뢰인으로부터 외화를 받은 후 피고인의 외국 가상자산거래소에서 가상자산을 구매하여 이를 다시 피고인의 국내 가상자산거래소로 보내든지, 그 이후에 의뢰인이 지정한 계좌이체 등을 해주었다면 모두 동일하게 무등록 외국환업무에 해당한다고 볼 수 있다(후자의 행위를 무등록 외국환업무 해당한다고 본 판례로 인천지방법원 2022. 2. 14. 선고 2021고단6363 판결 참조). 법 기술상 법 제3조 제1항 제16호 (마)목, 법 시행령 제6조 제4호와 같은 일반 규정을 두는 것은 불가피하지만, 궁극적으로는 가상자산을 이용한 외국환거래가 외국환거래와 그 밖의 대외거래의 시장질서를 교란하는 행위를 규제할 필요가 있는 경우, 시행령이나 시행규칙 등으로 그 요건을 명확하게 할 필요가 있을 것으로 보인다.

한편 피고인은 가상자산을 매도하고 매수하는 행위를 영업으로 했다는 점에서 현재 시행 중인 특정 금융거래정보의 보고 및 이용 등에 관한 법률상 가상자산사업자에 해당한다. 참고로 일본의 자금결제에 관한 법률은 한국의 가상자산사업자를 암호자산교환업자로 명명하고 있고, 일본의 외국환 및 외국무역법상 일부 규정은 암호자산교환업자 역시 위 법의 적용 대상임을 밝히고 있다.

2. 추징 근거 및 추징액

항소심 재판부와 같은 입장은 다른 하급심 판례에서도 발견된다(인천지방법원 2022. 2. 14. 선고 2021고단6363 판결). 법 제30조는 '외국환이나 그 밖에 증권, 귀금속, 부동산 및 내국지급수단'을 몰수 대상으로 규정하고 있어, 형법상 몰수 대상인 '물건'보다 그 범위가 더

좁다. 대상판결이 법 제30조를 근거로 적시하였다고 해서 가상자산이 위 규정의 '외국환, 증권'에 해당한다는 입장을 밝혔다고 단정할 수는 없다. 이 사건 행위는 가상자산을 국내 가상자산거래소에서 매도하여 한화를 취득한 행위를 포함하는데, 위 한화는 법 제30조의 내국지급수단에 해당한다고 볼 수 있고, 대상판결은 이러한 전제 하에 법 30조에 따른 추징을 명하였다고 해석할 수 있다. 다만 피고인처럼 가상자산 전부를 국내 가상자산거래소에서 매도하지 않고, 본인이 취득할 수수료 상당액만큼의 가상자산을 가상자산 형태로 보관하고 있을 경우, 해당 가상자산이 법 제30조의 '외국환, 증권, 내국지급수단'에 해당한다고 볼 수 있을지는 의문이다. 이는 가상자산의 법적 성격에 따라 결정될 문제이고, 가상자산이 문언상 그리고 성질상 위 각 대상에 해당하지 않는다고 볼 여지가 있으며, 가상자산의 증권성 등을 인정하는 것은 세법 등과의 체계상 신중을 요하기 때문이다. 물론 이 경우에도 형법상 몰수, 추징은 여전히 가능할 것이다.

참고문헌

일본의 자금결제에 관한 법률, 외국환 및 외국무역법, <https://elaws.egov.go.jp> (방문일 2022. 11. 1.)

[42] 외국인으로부터 국내 상품권 환전 명목으로 가상자산을 전송받은 것이 외국환거래법위반인지 여부

— 서울중앙지방법원 2021. 10. 22. 선고 2019노3615 판결, 2021. 10. 30. 확정 —

[사실 개요]

1. 피고인은 서울 영등포구 XX에서 "A환전" 상호의 환전소를 운영하고 있었고 외국환업무에 관한 등록은 하지 않은 상태였다.

2. 피고인은 2017. 5. 8. 성명불상의 의뢰인으로부터 전송받은 가상자산을 B거래소에 매도한 금액 9,900,000원을 상품권 판매업자인 L의 계좌로 송금하여 상품권을 구매한 다음 성명불상의 의뢰인에게 상품권으로 전달하여 주었다.

3. 이와 관련하여 피고인은 외국환관리법위반으로 기소되었는데 그 공소사실은 아래 4항과 같다.

4. '누구든지 외국환업무를 업으로 하려는 자는 대통령령으로 정하는 바에 따라 외국환업무를 하는 데에 충분한 자본·시설 및 전문인력을 갖추어 미리 기획재정부장관에게 등록하여야 한다. 그럼에도 피고인은 서울 영등포구 xx에서 "A환전" 상호의 환전소를 운영하면서 아래와 같은 방법으로 한국과 중국 간 송금을 원하는 사람들로부터 수수료를 받고, 속칭 환치기 수법으로 한국과 중국 간 지급에 관한 외국환업무를 하기로 마음먹었다. 즉, 우리나라 상품권 구매를 의뢰하는 불특정 다수의 중국인(의뢰인)들의 가상화폐를 피고인의 가상화폐 전자지갑으로 전송받아 우리나라 가상자산거래소인 "B거래소"에서 매도하여 상품권 구매대금을 마련한 다음 위 자금으로 국내 상품권업자로부터 상품권을 매입하여 의뢰인이 지정한 사람에게 상품권으로 지급하여 주는 대체송금 방법으로 한국과 중국 간 송금업무를 영위하기로 하였다. 이에 따라 피고인은 외국환업무에 관한 등록을 하지 아니한 채 2017. 5. 8. 성명불상의 의뢰인으로부터 전송받은 가상화폐를 B거래소에 매도한 금액 9,900,000원을 상품권 판매업자인 L의 계좌로 송금하여 상품권을 구매한 다음 성명불상의 의뢰인에게 상품권으로 전달하여 주는 방법으로 2017. 5. 8.경부터 2017. 9. 9.경까지 총 1,893회에 걸쳐 한화 17,902,316,972원을 중국에서 한국으로 송금 대행하여 주었다. 이로써 피고인은 기획재정부장관에게 등록하지 않고 한국과 중국 간 지급에 관한 외국환업무를 업으로 하였다.'

5. 이와 관련하여 제1심판결(서울중앙지방법원 2019. 10. 22. 선고 2019고단4672 판결)은 '피고인이 국내에서 공소사실 기재와 같이 성명불상의 의뢰인으로부터 전송받은 가상화폐를 B거래소에 매도한 금액으로 상품권을 구매한 다음 그 의뢰인에게 전달하는 거래를 한 사실은 인정되나 검사가 제출한 증거들만으로는 위 각 거래가 외국환거래법 제3조 제1항 제16호 나목에서 정한 "대한민국과 외국 간의 지급"임이 합리적 의심의 여지없이 증명되었다고 볼 수 없고, 달리 이를 증명할 증거가 없다'는 이유로 피고인에 대하여 무죄를 선고하였다.

6. 이에 대하여 검사는 항소를 제기하였고 그 항소이유로서 '피고인이 불특정 다수의 중국인인 환전의뢰

인으로부터 국내의 상품권 등으로 환전해 줄 것을 의뢰받으면서 가상자산를 전송받는 방법을 사용한 것에 대하여, 환전의뢰인이 비트코인을 보유할 목적이나 비트코인의 시세 차익을 얻을 목적으로 피고인에게 비트코인 매매의 중개를 의뢰한 것으로 보이지 않는 이상, 피고인은 '환치기' 범행을 실행하는 방법으로 비트코인을 전송받는 대체송금방식을 택한 것으로 보아야 하는바, 이러한 피고인의 행위는 외국환거래법에서 정한 '대한민국과 외국 간의 지급 및 수령'에 해당한다. 그리고 피고인은 위와 같은 자신의 행위로 인하여 실질적으로 환전의 효과가 발생한다는 사실을 충분히 인식하고 있었다고 보아야 할 것이므로, 피고인에게 외국환거래법위반의 고의 또한 인정된다'고 주장하였다.

[판결 요지]

1. 외국환거래법 제3조에서는 '대한민국과 외국 간의 지급·추심 및 수령'을 외국환업무라고 규정하고 있을 뿐, 외국환업무가 '지급수단'에 의해야 한다고 규정하고 있지는 않다.

2. 따라서 피고인이 가상화폐 거래소를 통하여 가상화폐를 전송받는 행위 자체만으로는 외국환거래법상 외국환업무에 해당하지 않는다고 볼 여지가 있다 할지라도, 피고인이 국내 가상화폐 거래소에서 가상화폐를 원화로 매도한 후 그 대금을 환전의뢰인이 지정한 계좌로 송금하는 행위는 '한국에서의 지급 및 수령'에 해당함이 분명하므로, 국내 가상화폐 거래소 내 피고인의 계정(전자지갑)으로 전송된 가상화폐가 외국(중국)에서 외화(위안화)로 구입된 것이라는 점만 확인된다면, 위와 같은 거래는 외국환거래법상 외국환업무에 해당한다고 판단함이 상당하다.

3. 즉, "대한민국과 외국 간의 지급 및 수령"에 해당하는 환치기라 볼 수 있으려면, 환전의뢰인들이 외국(중국)에서 외화(위안화)를 이용해 가상화폐를 구매하고, 위 가상화폐를 피고인의 국내 가상화폐 거래소 전자지갑으로 송금한 다음, 피고인이 이를 국내에서 원화로 환전해 원화나 상품권 등으로 의뢰인이 지정한 자에게 지급하였다는 점 또는 피고인 소유의 국내 가상화폐 거래소 전자지갑으로 전송된 가상화폐가 외국에 있는 가상화폐 거래소의 전자지갑(외화로 가상화폐를 구매하였음이 강하게 추정된다 할 것이다)에서부터 송금된 것이라는 점이 인정되어야 할 것이다.

4. 하지만 검사가 제출한 증거들을 모두 합하여 보더라도, 피고인이 전송받은 각 가상화폐가 외국(중국)에서 외화(위안화)로 취득되었다거나, 외국 거래소 전자지갑에서 전송된 것이라고 인정하기 부족하고, 달리 이를 인정할 만한 증거가 없다. 당심의 B거래소 운영자에 대한 제출명령회신결과는, 피고인이 환전의뢰인들로부터 가상화폐를 전송받은 피고인 또는 피고인 남편 명의의 국내 가상화폐 거래소 계정(전자지갑, 이하 위 계정들을 구별하지 않고 모두 '피고인 계정'으로 통칭한다)의 거래내역 및 로그기록으로서, 이에 의하더라도, 피고인 계정의 접속은 거의 대부분이 국내에서 이루어진 사실, 특히 외국

에서 피고인 계정에 의하여 가상화폐가 구매된 적은 없는 사실(외국에서 피고인 계정에 접속한 기록이 있으나, 그 때는 위 계정에 보관되어 있던 원화를 국내 은행 계좌로 송금하는 업무만 이루어졌다)과, 피고인의 계정에 가상화폐를 전송한 상대의 가입정보(TXID)까지만 확인될 뿐이고, 나아가 그 상대 계정이 외국 가상화폐 거래소 계정인지, 위 전송 거래가 행해진 장소(접속기록)가 외국인지, 전송된 가상화폐가 외화로 매입된 것인지 여부에 관한 정보는 확인되지 않는다.

5. 한편 의뢰인이 전송한 가상화폐가, 외화(위안화)로 구매된 것이라거나, 외국(중국)의 가상화폐 계정으로부터 전송된 것이라는 점을 피고인이 충분히 또는 미필적으로나마 인식하고 있었음을 인정할 증거도 없다. 이러한 점들을 모두 합하여 보면, 결국 이 사건 공소사실을 무죄로 본 원심의 판단은 정당한 것으로 수긍이 가고, 거기에 검사가 주장하는 바와 같은 사실오인 내지 법리오해의 위법은 없다 할 것이다.

해설

Ⅰ. 대상판결의 의의 및 쟁점

몇 년 전부터 국내와 해외의 가상자산 거래소들의 특정 가상자산 종목에 대한 시세 차이를 이용하여 이익을 취득하기 위하여 가상자산을 반입 또는 반출하는 행위가 증가하고 있다. 이른바 '김치프리미엄' 혹은 '역프'를 이용하는 것이다. 그 외에도 중국에서는 채굴장의 영업을 금지하거나 가상자산의 매매를 금지하여 중국인들이 채굴된 비토코인을 국내에서 유통하려 할 수 있고 또는 내국인들이 국내에서 외국으로 가상자산을 반출시켜 다른 영업에 활용하려 할 수 있다. 이러한 행위에 대하여 여러 가지 외국환거래법상 쟁점이 잠재되어 있다. 예를 들어 외국환거래법 제29조, 제17조에 의하면 신고를 하지 않고 미화 2만 달러 이상의 지급수단 또는 증권을 반출하는 경우 1년 이하의 징역 또는 1억 원 이하의 벌금에 처하는데, 가상자산을 외국으로 반출하는 경우 그 가상자산이 위 규정에서 명시하는 지급수단 또는 증권이 되는지 여부, 설령 해당된다고 하더라도 해당 가상자산이 미화 2만 달러 이상의 가치를 가지고 있는지와 관련하여 그 시가 산정 기준 및 그 시점을 어떻게 할지 문제될 수 있다.

대상판결에서 검사가 피고인을 기소한 공소사실은 피고인이 우리나라의 상품권 구매를 의뢰하는 다수의 중국인들로부터 가상자산을 전송받아 이를 거래소에서 매각하여 그 자금으로 상품권을 매입한 후 이를 다시 성명불상자에게 지급한 것으로, 여기서도 위 가상자산이 외국환업무의 대상에 해당하는지, 해당한다고 하더라도 피고인이 외국환업무를 영위하였다고 볼 수 있는지 여부가 문제된다.

II. 대상판결의 분석

1. 가상자산이 외국환업무의 대상에 해당하는지

이 사건 공소사실은 외국환거래법 제27조의2 제1호, 제8조 제1항에 따른 무등록 외국환업무 영업행위에 관한 것이다. 여기서 위 적용법조의 대상이 되는 '외국환'이라 함은 대외지급수단, 외화증권, 외화파생상품 및 외화채권을,[1] '외국환업무'라 함은 외국환의 발행 또는 매매, 대한민국과 외국 간의 지급·추심 및 수령, 외국통화로 표시되거나 지급되는 거주자와의 예금, 금전의 대차 또는 보증, 비거주자와의 예금, 금전의 대차 또는 보증, 그 밖에 시행령으로 정하는 업무[2]를 말한다.

대상판결은 '외국환거래법 제3조에서는 "대한민국과 외국 간의 지급·추심 및 수령"을 외국환업무라고 규정하고 있을 뿐, 외국환업무가 "지급수단"에 의해야 한다고 규정하고 있지는 않으므로, 피고인이 가상화폐 거래소를 통하여 가상화폐를 전송받는 행위 자체만으로는 외국환거래법상 외국환업무에 해당하지 않는다고 볼 여지가 있다 할지라도, 피고인이 국내 가상화폐 거래소에서 가상화폐를 원화로 매도한 후 그 대금을 환전의뢰인이 지정한 계좌로 송금하는 행위는 '한국에서의 지급 및 수령'에 해당함이 분명하다'고 판시하였다. 그 논거로 대상판결은 외국환거래법 제3조 제1항 제3호의 '지급수단'은 외국환거래법 제3조 제1항 제1, 2, 4 내지 13호에 규정된 내국통화, 외국통화, 귀금속, 증권, 채권 등과 함께 외국환거래법에 의하여 규제되는 대상을 가리키는 것이지, 거래 방법을 의미하는 것은 아니라는 점과, 피고인이 외국(중국)에서 환전의뢰인으로부터 외화(위안화)를 지급받아 그 가치에 해당하는 물건(예컨대 금)을 구매한 후, 국내에서 그 물건을 매도하여 그 대금을 한화로 환전의뢰인이 지정한 계좌로 송금한 것과 동일하다는 점을 들었다.

이와 같은 대상판결의 논지를 풀어보자면 다음과 같은 논리적 흐름에서 이루어진 것으로 보인다. 앞서 본 바와 같이 외국환거래법상 무등록 외국환업무 영업행위의 적용 대상인 외국환에 해당되는 것은 대외지급수단, 외화증권, 외화파생상품 및 외화채권이고 외국환업무는 외국환의 발행 또는 매매, 대한민국과 외국 간의 지급·추심 및 수령, 외국통화로 표시

---

1) 외국환거래법 제3조 제1항 제13호
2) 외국환거래법 시행령 제6조
  1. 비거주자와의 내국통화로 표시되거나 지급되는 증권 또는 채권의 매매 및 매매의 중개
  2. 거주자 간의 신탁·보험 및 파생상품거래(외국환과 관련된 경우에 한정한다) 또는 거주자와 비거주자 간의 신탁·보험 및 파생상품거래
  3. 외국통화로 표시된 시설대여(「여신전문금융업법」에 따른 시설대여를 말한다. 이하 같다)
  4. 그 밖에 법 제3조제1항 제16호 가목부터 라목까지 및 이 조 제1호부터 제3호까지의 업무에 딸린 업무

되거나 지급되는 거주자와의 예금, 금전의 대차 또는 보증 등으로 외국환을 전제로 한 업무로 한정되어 있다.

만약 가상자산을 외국에서 반입해 온 행위 자체로만 보자면 위 가상자산이 외국환에 해당하는지 불분명하다. 가상자산은 외화파생상품이나 외화채권에 해당하지 않음은 명백하고, 외화증권의 경우 해당 가상자산이 외화로 표시되었다고 상정하기 어려울 뿐만 아니라 증권성 여부도 위 공소사실에 해당 가상자산이 어떤 종목인지 특정되지 않고 단지 '가상화폐'라고만 표시된 이상 이를 명확히 알 수 없다.

마지막으로 위 가상자산이 대외지급수단인지 문제되는데 대상판결에서 예시로 든 '금'의 경우 대외지급수단이라 볼 수 있지만 가상자산의 경우 교환토큰, 유틸리티토큰, 증권형 토큰, 스테이블코인 등 다양하게 존재하고 있고 유통의 기능을 갖는 교환토큰이 가장 대외지급수단에 가깝다고 볼 수 있으나 대상판결 사안에 나타나는 가상자산이 교환토큰인지, 교환토큰에 해당하더라도 위 대외지급수단에 해당하는지 명확하지 않다. 이는 공소사실 자체로도 해당 가상자산이 어떠한지 특정되어 있지 않을 뿐만 아니라 그 가상자산의 성질에 대한 검사의 주장도 나와 있지 않기 때문이다. 이러한 상황에서 위 가상자산이 외국환거래법상 대외지급수단에 해당한다고 보기도 어렵다고 보인다.

그럼에도 불구하고 대상판결이 '환전의뢰인들이 외국에서 외화(위안화)를 이용해 가상자산을 구매하고, 위 가상자산을 피고인의 국내 거래소 전자지갑으로 송금한 다음, 이를 피고인이 이를 국내에서 원화로 환전해 원화나 상품권 등으로 의뢰인이 지정한 자에게 지급하였다는 점'이 인정된다면 피고인을 유죄로 볼 수 있다고 판시하였다. 이는 설령 대상판결이 가상자산을 중국에서 전송한 행위 자체에 대하여 가상자산을 외국환에 해당한다고 볼 수는 없더라도, 실질적으로 중국에서 통용되는 위환화가 우리나라로 반입되어 온 것이고 가상자산은 위 위안화를 우리나라로 반입하기 위한 수단에 불과한 것으로 가상자산을 중국에서 위안화로 구매하고 매입한 가상자산을 국내 거래소 전자지갑을 통하여 들여온 다음 이를 팔아 원화로 변경한 행위를 전체적으로 관찰하면 '대한민국과 외국 간의 지급·추심 및 수령'으로 볼 수 있다고 본 것으로 해석된다. 중국에 있는 거래소에서 해당 가상자산을 매입하기 위한 화폐가 어떠한 것인지는 분명하지 않지만 위안화, 적어도 달러가 통용될 것으로 봄이 상당하고 원화는 통용되지 않을 것이니 만큼 해당 외화가 가상자산이라는 수단을 통하여 반입되었다고 봄에 무리는 없을 것으로 보인다.

2. 피고인이 외국환업무를 영위하였다고 볼 수 있는지 여부

위와 같이 위안화를 국내에 들여오기 위한 수단으로 가상자산을 국내에 반입한 것이라면 외국환거래법위반에 해당할 수 있다고 하더라도 해당 가상자산이 외국(중국)에서 유래한 것인지, 혹은 위안화를 들여와 가상자산을 구입한 것인지 등이 증거에 의하여 규명되어야 할 것이다. 그러나 수사기관에서는 대상판결에서 이를 뒷받침할 만한 증거를 제출하지 못한 것으로 보인다.

　　이와 관련하여 대상판결은, '피고인이 환전의뢰인들로부터 가상자산을 전송받은 피고인 또는 피고인 남편 명의의 국내 가상화폐 거래소 계정의 거래내역 및 로그기록에 의하더라도, 피고인 계정의 접속은 거의 대부분이 국내에서 이루어졌고 특히 외국에서 피고인 계정에 의하여 가상자산이 구매된 적은 없는 사실과, 피고인의 계정에 가상자산을 전송한 상대의 가입정보까지만 확인될 뿐이고, 나아가 그 상대 계정이 외국 가상화폐 자산 거래소 계정인지, 위 전송 거래가 행해진 장소가 외국인지, 전송된 가상자산이 외화로 매입된 것인지 여부에 관한 정보는 확인되지 않는다'고 하여 피고인이 외국환업무를 영위하였다고 보기 어렵다는 취지로 판시하였다. 외국환관리법위반으로 외화 반입이 직접적으로 드러나는 것은 국제공항 세관을 통하여 금괴나 거액의 달러를 가지고 있었던 경우에 명확히 입증되었다고 볼 수 있다. 계좌이체의 경우도 비교적 명확하게 알 수 있다. 그러나 가상자산의 전송과 같은 경우 블록체인 계정에 상대방에 대한 정보가 충분히 나와 있지 않고 그것이 외국에서 유래되었는지, 외국의 거래소에서 구입한 것인지 명확하지 않다. 이는 공소기관인 검사가 반드시 증명해야 할 사항으로 단순히 외국인으로부터 가상자산을 이용한 상품권 매입을 의뢰받았다고 하여 무리하게 해당 가상자산이 외국에서 유래한 것이라고 단정할 수는 없을 것이다.

　　한편 피고인에게 외국환관리법위반에 대한 미필적 고의 또한 인정하기 어렵다고 보았는데 제1심판결도 '가상자산을 이용한 상품권 거래에는 내국통화인 범죄자금 내지 범죄수익을 국내에서 조달하거나 세탁하기 위한 거래와 같이 외국환거래가 아닌 것도 있을 수 있고, 피고인으로서는 자신이 관여하기 전후의 사정을 알지 못하였을 가능성도 충분히 있다'고 판시하였고 피고인도 수사기관에서 '중국과 한국 간 송금을 원하는 의뢰자들로부터 전송받았다는 사실은 이해가 되지 않습니다. 가상화폐를 전송받을 때 국내에서도 전송받은 경우가 있습니다. 그 사람이 중국에서 전송하는지 국내에서 전송하는지 확실치 않습니다.'라고 하여, 자신은 가상화폐 전송지가 국외인지 여부를 알지 못하였고 전송지가 국내인 경우도 있었다는 취지로 진술한 점 등을 참고한 것으로 보인다.

Ⅲ. 대상판결의 평가

　　대상판결은 외국인으로부터 가상자산의 전자지갑을 통하여 전송받은 가상자산으로 국내에서 상품권을 매입하여 다시 이를 전달한 경우 외국환관리법위반에 해당한다고 문제되었다. 여기서 대상판결은 설령 가상자산을 전송받는 행위 자체만으로는 외국환거래법상 외국환업무에 해당하지 않는다고 볼 여지가 있다 할지라도 전체적인 행위를 조망하여 보면 충분히 외국환업무에 포섭될 수 있다는 취지로 판시하였다. 그러나 더 나아가 검사가 주장하는 피고인이 실제 외국환업무를 하였는지에 대하여 증거로 명확하게 뒷받침되지는 않았다고 보았다.

　이는 피고인에 대한 무죄 추정의 원칙에 입각한 합리적인 판단이기는 하나 블록체인에 기재되는 정보가 매우 한정적이라는 점과 외국과의 가상자산 거래의 정보 공유가 제대로 이루어지지 않고 있다는 점에서 입법, 외국과의 조약 등을 통하여 시스템 상으로 수사기관의 증명을 다소라도 용이하게 해줄 필요성이 있다고 보이고 대상판결은 이를 생각해줄 계기가 되었다는 점에서 의의가 있다.

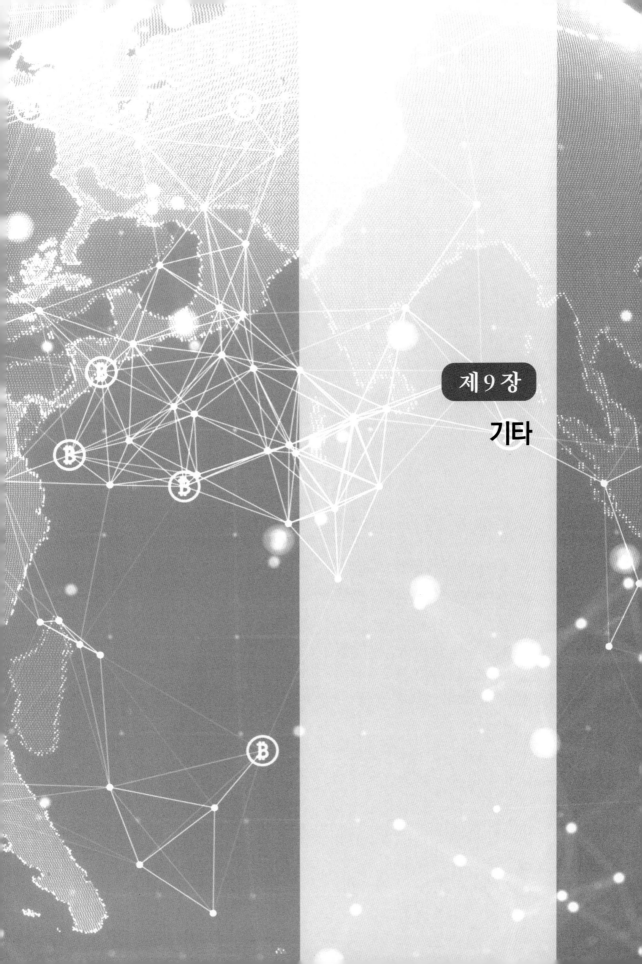

제 9 장

기타

[43] 가상자산 거래에 필요한 은행계좌번호 등을 알려준 것이 전자금융거래법상 접근매체 양도인지

— 의정부지방법원 2018. 5. 18. 선고 2018고단816 판결, 2018. 5. 26. 확정 —

[사실 개요]

피고인은 성명불상자로부터 "가상자산 거래를 하는데 필요하니 계좌번호, 비밀번호와 일회용 비밀번호 생성기(OTP)에 표시되는 비밀번호를 알려주면, 매월 1,000만 원을 지급하겠다."라는 제의를 받고, 이를 승낙하여 성명불상자에게 피고인 명의의 은행계좌번호와 비밀번호를 알려주고, 거래를 할 때마다 OTP로 생성되는 비밀번호를 수회에 걸쳐 알려주었다.

[판결 요지]

피고인의 행위는 전자금융거래법 제49조 제4항 제1호, 제6조 제3항 제1호가 규정한 전자금융거래에 필요한 접근매체를 양도한 경우에 해당한다.

해설 ─────────────────────────────────────

Ⅰ. 대상판결의 의의와 쟁점

전자금융거래법 제4항 제1호, 제6조 제3항 제1호는 전자금융거래에 필요한 접근매체의 양도를 금지하고 있다. 대상판결은 가상자산 거래에 필요한 각종 계좌번호, 비밀번호 등이 이에 해당하는지에 관하여 판단하였다.

Ⅱ. 대상판결의 분석 및 평가

1. 관련 법령

전자금융거래법상 접근매체의 양도는 다른 법률에 특별한 규정이 없는 한 금지되고, 여기에서의 접근매체는 '전자금융거래에 있어서 거래지시를 하거나 이용자 및 거래내용의 진실성과 정확성을 확보하기 위하여 사용되는 수단 또는 정보'를 의미한다(제2조 제10호). 그런데 전자금융거래법상 전자금융거래라 함은 금융회사 또는 전자금융업자가 전자적 장치를 통하여 금융상품 및 서비스를 제공하고, 이용자가 금융회사 또는 전자금융업자의 종사자와 직접 대면하거나 의사소통을 하지 아니하고 자동화된 방식으로 이를 이용하는 거래를 의미한다(제2조 제1호). 가상자산 거래소의 경우 특정 금융거래정보의 보고 및 이용 등에 관한 법률 제2조 제1호의 금융회사 등에는 해당하지만 전자금융거래법 제2조 제1, 3, 4, 5호가 규정하는 금융회사 또는 전자금융업자에는 해당하지 않는다.

2. 가상자산 거래에 필요한 수단 또는 정보의 경우

이 사건의 경우 은행계좌번호와 비밀번호 등이 전자금융거래법상 접근매체에 해당함에는 의문의 여지가 없다. 다만 일회용 비밀번호 생성기(OTP)에 표시되는 비밀번호가 은행거래에 사용되는 비밀번호인지 혹은 가상자산 거래에만 사용되는 비밀번호인지는 불분명하다. 만약 후자의 경우라면 이것이 독자적으로 전자금융거래법상의 접근매체에 해당하는지에 관하여 추가적인 검토가 필요하다.

기존 은행계좌번호 등과는 다른 가상자산 거래에만 필요한 특별한 수단 또는 정보 가령, 가상자산 거래소 계좌, 가상자산 종이지갑(개인키와 가상자산 주소 및 이에 각 대응되는 QR 코드를 종이에 출력한 후 금고와 같은 안전한 장소에 보관하는 형태의 지갑)이나 하드웨어 지갑(보안 기능이 탑재된 USB 외장 저장장치로, 조작방지 처리된 저장장치 내에 키를 저장하고, 사용할 때만 컴퓨터에 연결되어 사용자 인증이 있으면 개인키로 서명된 트랜잭션을 컴퓨터에 전달하는 방식 등으로 작동하는 지갑)과 관련된 각종 장치나 정보를 이용한 거래는 전자금융거래법상의 금융회사나 전자금융업자와 무관하게 이루어지므로, 이러한 정보 등이 전자금융거래법상 접근매체의 정의 개념을 충족하지 못하는 측면이 있다. 실명 은행계좌와 연결된 가상자산 거래소를 통한 보이스피싱 범죄의 경우 해당 은행계좌 역시 함께 양도됨이 일반적이므로, 가상자산 거래에 특유한 정보 등이 독립하여 양도되는 경우는 상정하기 어려울 것이나, 혹시 양자가 함께 양도된다면 적어도 개념적으로는 후자를 접근매체에 해당하지 않는다고 보는 것이 타당하다고 생각한다. 즉, 대상판결에서의 OTP 비밀번호가 가상자산 거래에만 필요한 비밀번호라면 이는 전자금융거래법상 접근매체에 해당하지 않고, 다만 이것이 양도되었다는 사정을 양형요소 중의 하나로 고려하면 족하다고 본다. 가상자산 거래에만 필요한 정보의 양도와 은행계좌번호 등의 양도에 관한 처벌균형성 등이 문제된다면 가상자산 특유 정보의 양도에 관한 입법이 필요하다. 이는 근본적으로는 가상자산을 기존 금융상품과 금융자산의 법체계 안에 어느 범위까지 포섭시킬지의 문제이므로, 신중하게 접근해야 할 것이다.

참고문헌 ————————————————————————————————

이혜정, "가상자산에 대한 민사집행 연구", 사법정책연구원 연구총서 2022-12 (2022)

[44] 전파적합성 인증을 받지 않은
가상자산 채굴기 수입과 관세법위반

— 인천지방법원 2019. 1. 23. 선고 2018고단5639 판결, 2019. 9. 17. 항소기각 확정 —

[사실 개요]

1. 가상자산 도소매업 등을 영위하는 법인의 대표이사인 피고인은 전파법에 의한 전파적합성 평가대상인 가상자산 채굴기('이 사건 채굴기')를 전파적합성 인증을 받지 아니하고 수입하였다. 이에 피고인은 부정한 방법으로 수입하였다는 관세법위반죄로 기소되었다.

2. 피고인은 이 사건 채굴기를 수입할 당시 위 채굴기가 인증대상이 아니었다고 주장하였다.

[판결 요지]

1. 관세법 제270조 제2항(법령에 따라 수입에 필요한 조건을 갖추지 아니하거나 부정한 방법으로 갖추어 수입한 자)에는 '법령'이라고만 규정하고 있어서 문언 해석상 그 법령에는 전파법 제58조의2가 당연히 포함된다.

2. 이 사건 채굴기는 네트워크에서 암호화된 거래 정보를 해독하는 고유의 기능을 수행하는 전기기기로, 전파법 제58조의2에서 정한 적합성평가 대상(방송통신기자재와 전자파장해를 주거나 전자파로부터 영향을 받는 기자재)에 해당하여 이를 수입하려는 자는 국립전파연구원장의 적합 인증 등 적합성평가를 받아야 한다. 따라서 위 적합성 평가를 받지 않고 이 사건 채굴기를 수입한 것은 관세법 제270조 제2항 위반이다.

해설

Ⅰ. 대상판결의 의의 및 쟁점

이 사건 채굴기는 기존에 없던 새로운 형태의 기자재로서 그에 관하여 전파법이 정한 적합인증을 받아야 하는지, 만약 그렇다면 위 인증을 받지 않은 채 이 사건 채굴기를 수입하는 것이 관세법상 부정한 수입에 해당하는지 등이 문제된 사건이다.

Ⅱ. 대상판결의 사실관계 및 관련 법령

1. 사실관계

피고인은 이 사건 가상화폐 채굴기에 대하여 2017. 10.경 국립전파연구원에 적합성평가확인 신청서를 제출하여 2017. 12. 6.경 국립전파연구원장으로부터 적합성평가확인을 받았다. 그런데 이후 피고인은 위 적합성평가확인을 받지 아니한 상태에서 A 회사를 통하여 추가적으로 이 사건 채굴기를 적합성평가 대상이 아닌 게임콘솔악세사리 등으로 허위 신고하여 수입하였다.

이에 피고인은 관세법상 부정수입죄(제270조 제2항) 및 허위신고죄(제276조 제2항 제4호)로 기소되었다.

피고인은 관세법 제226조 제2항이 정한 공고사항에 이 사건 채굴기가 포함되어 있지 않은 점 등을 근거로 이 사건 채굴기를 수입할 당시 위 채굴기가 인증대상이 아니었다고 주장하였다.

2. 관련 법령

> ❏ 관세법
> 제226조(허가·승인 등의 증명 및 확인) ① 수출입을 할 때 법령에서 정하는 바에 따라 허가·승인·표시 또는 그 밖의 조건을 갖출 필요가 있는 물품은 세관장에게 그 허가·승인·표시 또는 그 밖의 조건을 갖춘 것임을 증명하여야 한다.
> ② 통관을 할 때 제1항의 구비조건에 대한 세관장의 확인이 필요한 수출입물품에 대하여는 다른 법령에도 불구하고 그 물품과 확인방법, 확인절차, 그 밖에 필요한 사항을 대통령령으로 정하는 바에 따라 미리 공고하여야 한다.
> 제270조(관세포탈죄 등) ② 제241조제1항·제2항 또는 제244조제1항에 따른 수입신고를 한 자 중 법령에 따라 수입에 필요한 허가·승인·추천·증명 또는 그 밖의 조건을 갖추지 아니하거나 부정한 방법으로 갖추어 수입한 자는 3년 이하의 징역 또는 3천만원 이하의 벌금에 처한다.
> 제276조(허위신고죄 등) ② 다음 각 호의 어느 하나에 해당하는 자는 물품원가 또는 2천만원 중 높은 금액 이하의 벌금에 처한다.
> 4. 제241조제1항·제2항 또는 제244조제1항에 따른 신고를 할 때 제241조제1항에 따른 사항을 신고하지 아니하거나 허위신고를 한 자
>
> ❏ 관세법 시행령
> 제233조(구비조건의 확인) 법 제226조제2항의 규정에 의한 허가·승인·표시 기타 조건(이하 이 조에서 "구비조건"이라 한다)의 구비를 요하는 물품에 대하여 관세청장은 주무부장관의 요청을 받아 세관공무원에 의하여 확인이 가능한 사항인지 여부, 물품의 특성 기타 수출입물품의 통관여건 등을 고려하여 세관장의 확인대상물품, 확인방법, 확인절차(관세청장이 지정·고시하는 정보통신망을 이용한 확인신청 등의 절차를 포함한다), 그 밖에 확인에 필요한 사항을 공고하여야 한다.

> ❏ 관세법 제226조에 따른 세관장확인물품 및 확인방법 지정고시('이 사건 고시')
> 제7조(확인물품 및 확인사항) ① 「관세법」 제226조제2항에 따라 통관할 때 세관장이 확인하여야 할 수출입물품의 대상법령 및 물품의 구비요건과 물품별 수출입요건은 별표 1과 별표 2와 같다.
>
> ❏ 전파법
> 제58조의2(방송통신기자재등의 적합성평가) ① 방송통신기자재와 전자파장해를 주거나 전자파로부터 영향을 받는 기자재(이하 "방송통신기자재등"이라 한다)를 제조 또는 판매하거나 수입하려는 자는 해당 기자재에 대하여 다음 각 호의 기준(이하 "적합성평가기준"이라 한다)에 따라 제2항에 따른 적합인증, 제3항 및 제4항에 따른 적합등록 또는 제7항에 따른 잠정인증(이하 "적합성평가"라 한다)을 받아야 한다.
> 제86조(벌칙) 다음 각 호의 어느 하나에 해당하는 자는 1년 이하의 징역 또는 1천만원 이하의 벌금에 처한다.
> 　4의 2. 제58조의2제1항을 위반하여 적합성평가를 받지 아니한 기자재를 판매·대여할 목적으로 진열·보관 또는 운송하거나 무선국·방송통신망에 설치한 자

Ⅲ. 대상판결의 판시

　　대상판결은 ① 가상자산 도소매업을 영위하는 법인의 대표이사인 피고인이 이 사건 범행 이전에 이 사건 채굴기에 관하여 적합성평가확인을 받은 적이 있는 점, ② 피고인이 이 사건 채굴기를 허위 신고하여 수입한 점, ③ 관세법 제270조 제2항상 법령의 문언 해석, ④ 관세법 제226조 제2항은 수출입 물품의 통관에 있어서 법령에서 정한 조건 등에 대한 세관장의 확인을 위한 구체적인 절차 규정을 대통령령으로 정하여 미리 공고하여야 한다는 것이지 대통령령의 규정 내용에 따라 상위 법령인 전파법 제58조의2에서 정한 적합성 평가를 배제하는 규정이라고 해석하기는 어려운 점, ⑤ 이 사건 채굴기의 기능과 특성 등에 비추어, 이 사건 채굴기가 전파법 제58조의2에서 정한 적합성평가 대상에 해당하고, 위 적합성평가를 받지 않고 이를 수입한 것은 관세법 제270조 제2항 위반이라고 판시하였다.

Ⅳ. 대상판결의 평가

　　대상판결의 결론은 주어진 사실관계 하에서 타당하다고 보인다. 다만 앞서 본 ①에서 ⑤까지의 논거들 중 일부에 관하여 아래와 같은 사항들이 문제될 수 있다.

1. 피고인의 범의(① 부분)

부정수입으로 인한 관세법위반죄 역시 '법령에서 정하는 바에 따라 허가·승인·표시 또는 그 밖의 조건을 갖출 필요가 있는 물품에 해당함을 알면서도 위 조건을 구비하지 않을 것'이라는 구성요건해당성에 대하나 고의를 필요로 한다. 이 사건 피고인과 달리 가상자산 도소매업을 영위하지 않은 자가 기존에 이 사건 채굴기에 관하여 적합성평가확인을 받은 적이 없다면, 해당 피고인의 범의가 없다고 볼 여지가 생긴다. 다만 기존 대법원 판례에 의하여 확립되어 있는 법률의 부지 법리에 의할 때 범의가 없다고 볼 경우는 그다지 넓지 않을 것이다.

관련하여 부산고등법원 2001. 4. 12. 선고 2000노998 판결('이 사건 비교판결')을 살펴볼 필요가 있다. 위 판결의 1심 재판부는 그 사건에서 문제된 중고복사기가 관세법 시행령 제233조, 이 사건 고시 제7조 제1항 별표 2에 따라 세관장확인대상물품에서 제외된 점, 이러한 사실이 매스컴 등에 널리 보도된 점, 피고인은 무역업무에 문외한인 점 등을 고려하여, 해당 피고인이 관세법상의 부정수입죄에 대하여 그 고의가 없다고 보았다. 이에 반하여 위 판결의 항소심 재판부는 법률의 부지의 법리에 따라 피고인의 고의를 부정할 수는 없다고 판단한 것으로 보인다.

2. 허위신고로 인한 관세법위반죄와의 관계(② 부분)

이 사건 피고인은 부정수입 외에도 허위신고를 하였고, 후자의 성립요건이 전자의 성립요건 가능성을 더 강화시키는 측면이 있으나, 양 구성요건은 서로 구별되는 것으로 가상자산 채굴기에 관하여 허위신고를 하지 않더라도 부정수입으로 인한 관세법위반죄만이 성립할 수 있다고 본다.

3. 부정수입으로 인한 관세법위반죄와 세관장물품확인 절차와의 관계(③ 및 ④ 부분)

이 사건 피고인이 관세법 시행령 제233조, 이 사건 고시 등을 근거로 이 사건 채굴기가 인증대상이 아니었다고 주장한 것은 이 사건 비교판결의 항소심 재판부의 판단과 일부 유사한 측면이 있다. 이 사건 비교판결에서 항소심 재판부는 ㉮ 관세법 제270조 제2항 중 '법령에 따라 수입에 필요한 허가·승인·추천·증명 또는 그 밖의 조건을 갖추지 아니하거나'라는 부분은, 구 관세법(1995. 12. 6. 법률 제4982호로 개정되기 전의 것) 제181조의2 제1호가 "법령이 정하는 허가·승인·추천·원산지증명 기타 조건을 허위 기타 부정한 방법으로 구비하여 제137조 또는 제138조의2의 신고를 한 자"만을 처벌하도록 규정되어 있었던 까닭에 관세법 제226조 제1항이 규정하는 수입조건 자체를 구비하지 아니하여 동 조항을 위반하는 행위를 처벌할 수 없었던 입법상의 미비점을 보완하기 위하여 1996. 12. 30. 법률 제5194호로 관세법이 개정될 때 도입된 것이므로, 통관절차에서 세관장의 수입조건 확인대상물품이 아닌 것으로 제외된 물품의 경우에는 다른 개별 법령에서 그 수입에 관련 행정청의 허가 등이 필요한 것으로 규정되어 있고 또 그 조건을 갖추지 아니한 채 이를 수입하였다 하더라도 관세법 제270조 제2항의 부정수입죄에는 해당하지 않는 점, ㉯ 문제된 중고복사기가 관세법 시행령 제233조, 이 사건 고시 제7조 제1항 별표 2에 따라 세관장확인대상물품에서 제외되었으므로 피고인이 이 사건 중고복사기를 형식승인을 받지 아니하고 수입하였다 하더라도 이를 두고 통관에 필요한 물품의 수입조건 확인절차에서 부정한 수단을 동원하였다고 보기는 어려운 점, ㉰ 피고인의 문제된 수입 및 판매 행위는 관세법상의 부정수입죄가 아니라 구 전기용품안전관리법(1999. 9. 7. 법6019호로 개정되어 2000. 7. 1.자로 시행되기 전의 것, 이하 같다) 위반죄로 처벌하는 것이 더 합목적적인 점, ㉱ 세관장의 수입조건 확인대상물품으로 특별히 지정되지 아니하고 구 전기용품안전관리법상의 형식승인대상으로만 되어 있는 중고복사기와 같은 물품의 경우에는 형식승인을 받지 않았다고 하더라도 위 행정목적을 달하기 위하여 그 통관단계에서부터 이를 규제하는 것은 지나친 것이고, 이는 그 형식승인에 관한 주무관청의 감독에 맡기는 것이 관세법 제226조와 구 전기용품안전관리법 규정을 모두 의미있게 새기는 방법이 되는 점 등을 근거로 부정수입으로 인한 관세법위반죄가 무죄라고 판단하였다.

대상판결에서 문제된 전파법 제58조의2 위반에 관하여서도 역시 별도의 처벌규정이 있는 점에서 위 ㉰ 부분 판시와 유사한 측면이 있다. 다만 대상판결의 피고인은 '이 사건 채굴기를 수입할 당시 위 채굴기가 인증대상이 아니었다.'고 주장하였으나, 이 사건 비교판결에서와 같이 이 사건 고시에서 채굴기를 적극적으로 세관장확인대상물품에서 제외시켰다는 사정을 발견할 수 없다는 점에서, 대상판결의 판시는 위 ㉮ 및 ㉯ 부분 판시와는 다르다. 대상판결은 이러한 사정에 주목하여 관세법위반의 점에 관하여 유죄로 판단한 것으로 보인다.

만약 가상자산 채굴기의 수입에 있어서도 위 ㉮ 및 ㉯ 부분 판시와 유사한 측면이 있다면, 이 사건 비교판결의 법리도 적극적으로 참고할 필요가 있다. 관세법위반죄와 전파법위반죄가 동시에 성립한다고 볼 수밖에 없다면, 법률의 부지가 문제되는 피고인에 대하여는 위 ㉱항 부분의 법리를 고려하여 형이 더 높은 관세법위반죄보다는 보다 형이 더 경하고 직접적인 구성요건 위반행위를 명시한 전파법위반죄로 의율하는 것이 형사정책적으로 더 타당하다고 볼 여지가 있다.

참고문헌

류수현, "부정수입죄의 구성요건", 관세판례해설(2006)

[45] 신용카드 결제를 통한 자금 융통 및 이를 이용해 가상자산을 구매하게 한 행위가 여신전문금융업법위반죄에 해당하는지 여부

— 대전지방법원 2019. 1. 24. 선고 2018노2334 판결, 2019. 7. 25. 상고기각 확정 —

[사실 개요]

1. 피고인은 화장품 도소매업 등을 목적으로 주식회사 구성플러스를 운영하면서 동시에 A 가상자산을 인터넷사이트를 통해 판매하여 왔다.

2. 그런데 피고인인 인터넷 가상자산 거래 사이트를 통해 A 가상자산을 구입하려는 사람이 현금 대신 카드 결제를 요구하자, 실제로 화장품 등 물품을 판매한 사실이 없음에도 위 '구성플러스' 신용카드 가맹점 명의로 화장품을 구매한 것처럼 신용카드 거래를 하고 같은 액수 상당의 A 가상자산을 구매 하도록 하였고, 그 횟수 및 액수는 111회, 합계 143,327,000원에 달했다.

3. 이에 검사는 피고인이 물품의 판매 등을 가장하여 신용카드를 거래하게 하여 자금을 융통해 준 것이 라면서 여신전문금융업법 제70조 제3항 제2호를 위반을 이유로 공소제기 하였다.

4. 제1심법원은 유죄 판결을 선고하였고(제1심에서 피고인은 범행을 모두 자백하였다), 이에 피고인이 사실오인 및 법리오해, 양형부당을 이유로 항소하였다.

[판결 요지]

1. 여신전문금융업법은 여신전문금융업법 제70조 제3항 제2호 가.목(이하 '이 사건 조문')과 같이 판매 등을 가장하여 자금을 융통하여 준 자와 이를 중개·알선한 자를 처벌하는 규정을 두고 있으나, 자금을 융통 받은 자를 처벌하는 규정은 없다. 그리고 자금을 융통하여 준 자와 융통 받은 자가 서로 대향적 행위를 하는 상대방이므로, 융통 받은 자를 형법 일반 공범 규정으로 처벌할 수도 없다(대법원 2002. 7. 22. 선고 2002도1696 판결 참조).

2. A 가상자산이 이 사건 조문의 '물품'에 해당한다고 보면 피고인은 물품을 실제로 판매한 것이므로 물품의 판매를 가장한 행위가 있었다고 보기 어렵다.

3. A 가상자산을 이 사건 조문의 '물품'에 해당하지 않는다고 보거나 화장품 등을 구매한 것처럼 가장하였다고 보면, '자금을 융통한 행위'가 없어 이 사건 조문의 구성요건을 충족하지 못한다. 피고인이 자금을 융통 받은 자에 해당하는 경우, 이 사건 조문이 적용되지 않는다.

해설 ─────

Ⅰ. 대상판결의 의의 및 쟁점

대상판결에서 피고인은 A 가상자산을 판매하면서 자신이 별도로 운영 중인 화장품 가게를 이용하여 마치 신용카드로 화장품을 구매하는 것처럼 결제하면서 실제로는 위 가상자산을 판매하여 왔다. 검사는 '신용카드를 통한 화장품 구매 결제(가장행위) → 피고인이 구매자들에게 자금 융통 → 융통한 자금으로 같은 금액 상당의 가상자산의 구매'라는 구조를 기초로 피고인이 구매자들에게 직접 자금을 융통한 것으로 보아 이 사건 공소제기를 하였다.

이에 제1심법원에서는 피고인이 모든 범행을 인정하여 별다른 쟁점 없이 유죄가 선고되었으나, 피고인이 위 판결에 항소하면서 자신은 실제 A 가상자산을 판매한 것으로 물품 판매를 가장한 것이 아니라는 취지로 주장하였고, 항소심인 대상판결은 결과적으로 이를 받아들여 피고인에게 무죄를 선고하였는데, 대상판결에서는 A 가상자산이 물품에 해당한다고 보거나 해당하지 않는다고 보거나 어떠한 경우라도 범죄가 성립되지 않는다고 판단하였다.

Ⅱ. 대상판결의 분석

1. 이 사건 조문의 내용 및 취지

이 사건 조문의 내용은 아래와 같다.

여신전문금융업법 제70조
③ 다음 각 호의 어느 하나에 해당하는 자는 3년 이하의 징역 또는 2천만원 이하의 벌금에 처한다.
  2. 다음 각 목의 어느 하나에 해당하는 행위를 통하여 자금을 융통하여 준 자 또는 이를 중개·알선한 자
    가. 물품의 판매 또는 용역의 제공 등을 가장하거나 실제 매출금액을 넘겨 신용카드로 거래하거나 이를 대행하게 하는 행위

이 사건 조문의 취지는 신용카드를 이용한 불법대출행위, 즉 유령가맹점을 개설하거나 가맹점과 공모하여 신용카드회원으로 하여금 카드 결제를 하게 하고, 결제금액 중 이자 및 수수료를 공제한 금액을 신용카드회원에게 대출하여 주는 방식의 불법대출행위에 대한 제재장치를 마련하여 신용거래질서의 확립을 도모하기 위한 것으로 보인다(대상판결 설시 내용).

따라서 이 사건 조문의 적용을 위해서는 실제로 신용카드거래가 없었음에도 불구하고, 신용매출이 있던 것으로 가장하거나 실제의 매출금액을 초과하여 신용카드에 의한 거래를 할 것을 요하고, 실제로 신용카드에 의한 물품거래가 있었을 뿐만 아니라 그 매출금액 그대로 매출전표를 작성한 경우는 위 법조에서 규정하는 처벌대상에 포함되지 아니한다(대법원 2006. 7. 6. 선고 2006도654 판결 등 참조).

2. 편면적 대향범 해당 여부 및 처벌 가부[1]

'2인 이상의 관여자가 동일한 목표를 추구하되 서로 다른 방향에서 서로 다른 행위를 행함으로써 하나의 범죄실현에 관여하는 경우' 또는 '2인 이상의 대향적 협력에 의하여 성립하는 범죄'를 강학상 대향범이라 하는데, 그 중 일방만을 처벌하는 경우를 편면적 대향범이라고 한다(음화판매죄, 공무상비밀누설죄, 촉탁승낙살인죄 등).

편면적 대향범에 해당하는지 여부에 대한 판단기준과 관련하여 학설은 일반적으로 '양도, 판매, 교부' 등과 같은 구성요건 요소가 명시적으로 기술되어 대향자 쌍방의 협력행위를 요구하거나 적어도 구성요건의 해석으로부터 쌍방의 협력행위를 전제로 하는 범죄구성요건은 명문으로 쌍방의 처벌을 규정하고 있지 아니하는 한 불가벌적 대향범에 해당한다고 보고 있고, 대법원 역시 기본적으로 구성요건 요소를 일응의 기준으로 하고 있다고 평가된다(대법원 2001. 12. 28. 선고 2001도5158 판결, 대법원 2009. 6. 23. 선고 2009도544 판결, 대법원 2013. 6. 27. 선고 2013도3246 판결, 대법원 2014. 1. 16. 선고 2013도6969 판결, 대법원 2015. 2. 12. 선고 2012도4842 판결 등 참조).

나아가 이러한 편면적 대향범의 경우 처벌 규정이 없는 점에서 형법총칙상 공범규정을 적용한 처벌이 가능한지가 문제되는데, 대법원은 일관하여 서로 대향된 행위의 존재를 필요로 하는 관계에 있어서는 공범이나 방조범에 관한 형법총칙 규정의 적용은 있을 수 없다고 판시하고 있다(위 각 대법원 판결 참조).

3. 대상판결에의 적용

자금 융통의 경우 '자금을 융통하여 준 자'가 있다면 이를 '융통받는 자'가 당연히 존재하여야 하므로 위 각 행위는 대향적 행위에 해당하고, 이 사건 조문은 '자금을 융통받은 자'만을 처벌하고 있으므로 앞서 본 편면적 대향범에 해당하며, 따라서 처벌규정이 없는 이상 형법총칙상 공범이나 방조범에 관한 규정을 적용하여 처벌할 수는 없다.

---

1) 이재욱, '매입형 분양대행계약과 매매계약의 구별기준 및 미등기건물의 전매의뢰행위가 공인중개사의 업무 및 부동산 거래신고에 관한 법률 위반죄에 있어서 편면적 대향범에 해당하는지 여부', 대법원판례해설, 법원도서관, 2013, 826면 이하.

검사는 피고인이 직접 자금을 융통하여 주었다고 보아 공소를 제기하였으나, 대상판결은 "가맹점주 등이 타인의 신용카드를 사용하여 스스로 수수료를 부담하면서 자금을 융통 받은 경우까지 '융통해 준 자'에 포함된다고 해석하기는 어렵다."고 판시하여 피고인은 스스로 수수료를 부담하고 자금을 융통 받은 자로서 처벌 주체에 해당하지 않는다고 판단한 것으로 보인다. 그러나 피고인이 실제 신용카드를 통한 결제한 대금 자체를 그대로 받는 것은 아닌 점에서 피고인이 자금을 융통 받은 자에까지 해당하는지는 다소 의문이다.

나아가 대상판결은 여러 가지 가정을 통해 피고인의 행위가 어떠한 경우라도 범죄에 해당하지 않는다고 보았는데, 먼저 만일 피고인의 주장과 같이 A 가상자산이 물품에 해당한다고 본다면 가장판매행위가 없으므로 구성요건에 해당하지 않을 것이다. 다음으로 A 가상자산이 물품에 해당하지 않는다거나 화장품 매매를 가장한 것이라고 보더라도 앞서 본 바와 같이 피고인은 자금을 융통해 준 자가 아니라 자금을 융통 받은 자에 해당하므로 역시 구성요건에 해당되지 않는다고 보았다.

피고인이 실제 화장품 판매업을 영위하고 있었고, 피고인이 A 가상자산 구매자들에게 신용카드를 이용한 구매를 허용하면서 이들로부터 별도의 이자나 수수료를 받는 등의 행위를 한 것으로 보이는 사정이 없으며, 단지 A 가상자산 구매자들의 요구에 따라 편의상 이러한 거래 방식을 택한 점에서 피고인이 자금융통을 한 것은 아니라고 판단한 것으로 생각된다. 또한 앞서 본 바와 같이 이 사건 조문은 신용카드를 이용한 불법대출행위를 막기 위한 규정인데 피고인의 위와 같은 행위는 이러한 입법취지를 잠탈하는 행위는 아닌 것으로 보아야 할 것이다.

결과적으로 피고인에 대하여 무죄를 선고한 대상판결은 타당하고, 대법원 역시 대상판결은 정당하다고 하여 검사의 상고를 기각하였다(대법원 2019. 7. 25. 선고 2019도2415 판결).

Ⅲ. 대상판결의 평가

대상판결은 가상자산 구매자들로부터 다른 물품을 구매하는 것처럼 신용카드를 결제하게 한 후 동액 상당의 가상자산을 구매하게 한 행위가 물품 판매를 가장한 자금융통행위에 해당하는지에 관한 판결로서, 위와 같이 자금융통을 하는 행위와 이를 받는 행위는 대향범의 관계에 있고, 자금융통을 하는 자만을 처벌하는 점에서 자금융통을 받은 자인 피고인은 처벌할 수 없다는 취지의 판결이다.

한편, 2018년경 정부는 자금세탁방지 위반, 불법 현금유통, 사행성 거래로 인한 여신전문금융업법 위반 및 외국환거래법 위반 소지가 있다는 이유로 카드사들에 대하여 가상자산 거래소에서의 결제 서비스 중단을 권고했고, 이에 국내 카드사들은 2018. 1.경부터 신용·체크카드를 이용한 가상자산 구매를 카드사 승인 단계에서 차단하고 있다.[2] 대상판결은 그 이전의 행위이기는 하나 신용카드로의 가상자산 구매가 국내에서는 현재 허용되지 않는 이상 위와 같은 방식의 거래는 존재할 것으로 보인다. 그러나 이러한 행위가 여신전문금융업법위반죄가 성립되지 않는다고 하더라도 신용카드의 실제 매출 현황이 제대로 잡히지 않거나 이에 따라 각종 세금 포탈 등의 문제도 발생할 수 있으므로 제도적 보완이 필요해 보인다.

---

[2] '가상자산 카드 결제 막았다더니 4년간 3200억 원 결제돼', 부산일보기사(2022. 10. 20.자) https://www.busan.com/view/busan/view.php?code=2022102013430599309. 다만 해외 가상자산 거래소에서의 결제를 완벽하게 막기는 어려운 실정으로 보인다.

[46] 가상자산 거래소의 기왕의 정보처리 장애 상태를 이용하여 가상자산을 취득하였을 뿐이더라도 컴퓨터등장애업무방해죄가 성립하는지 여부

— 서울동부지방법원 2021. 1. 15. 선고 2020노485 판결, 2021. 3. 25. 상고기각 확정 —

[사실 개요]

1. AP 토큰은 이더리움 블록체인 플랫폼을 이용하여 제작된 토큰으로 OC 유한책임회사(이하 'OC')가 2018. 1. 22.경 최초 발행하여 2018. 5. 22. 16:00경 피해 회사인 E 블록체인 테크놀로지 유한책임회사(E BLOCKCHAIN TECHNOLOGY LTD.)가 운영하는 가상자산 거래소(이하 '이 사건 거래소')에 상장한 가상자산의 일종이다.

2. OC는 위와 같이 이 사건 거래소에 AP 토큰을 상장하기 전에 AP 토큰의 성립, 발전 및 상장에 기여하였거나 그 가치를 인정하여 투자하기를 원하는 사람들에게 상장 후 3개월간 판매금지(Lock-up)를 조건으로 AP 토큰을 할인 판매하는 소위 '프라이빗 세일'을 하였고, 프라이빗 세일을 통해 AP 토큰을 구매한 투자자들에게 AP 토큰을 관리·보관할 수 있는 전자지갑인 '마이이더월렛(MyEtherWallet)'으로 구매한 AP 토큰을 전송해 주었으며, 프라이빗 세일 기간 동안 판매된 모든 AP 토큰에 대하여 상장 후 3개월간 판매금지를 위한 기술적 조치를 취하였다.

3. 피고인은 위 프라이빗 세일 기간인 2018. 1.~2.경 AP 토큰 287,500개를 구매하여 마이이더월렛에 보관하고 있었다.

4. 피고인은 AP 토큰이 이 사건 거래소에 상장되기 직전인 2018. 5. 21. 16:30경 다른 투자자들과 카카오톡 단체대화방에서 가상자산 관련 정보를 공유하던 중, 투자자 P로부터 '내 마이이더월렛에 보관 중인 락업된 AP 토큰 676개를 이 사건 거래소에 개설한 내 계정으로 시험 삼아 전송을 시도해 보았는데 실제로 전송이 이루어진 것처럼 위 계정에 676개의 AP 토큰이 생성되었고, 한편 마이이더월렛에 보관 중인 기존 AP 토큰의 개수는 줄어들지 않고 그대로 남아 있다'는 취지의 이야기를 듣게 되었고, 이를 통해 이 사건 거래소 등의 시스템에 오류가 있다는 사실을 알게 되었다.

5. 피고인은 위와 같은 시스템 오류를 이용하여 피고인의 마이이더월렛에 보관되어 있는 상장 후 3개월간 판매금지 조건의 AP 토큰을 이 사건 거래소 계정으로 계속하여 전송을 시도하는 방법으로 실제 AP 토큰의 전송이 없음에도 이 사건 거래소 계정에 AP 토큰을 생성시킨 다음, 이 사건 거래소를 통해 위와 같이 생성된 AP 토큰을 비트코인(BTC) 등 다른 암호화폐로 교환하기로 마음먹었다.

6. 피고인은 2018. 5. 22. 15:18경 자신의 주거지에서, AP 토큰이 거래금지가 되어 있는 사실을 알면서도 피고인의 마이이더월렛에 접속한 다음, 전송 란에 피고인의 이 사건 거래소 계정 주소 '0x736a30c7a9b1e69ccd8447axxxxxxxxxxxxx'와 토큰 수 '500'을 기재하고 전송(Generate

Transaction) 버튼을 클릭함으로써, 위와 같은 시스템 오류를 이용하여 피해 회사가 운영하는 이 사건 거래소의 컴퓨터등 정보처리장치에 피고인의 마이이더월렛에 AP 토큰은 줄어들지 않으면서 비트젯 거래소의 위 계정에 500개의 AP 토큰이 생성되도록 하였다.

7. 이에 대하여 피고인은 '이 사건 거래소의 컴퓨터 등 정보처리장치에 부정한 명령을 입력하여 위 계정에 AP 토큰 500개, 시가 6,780원 상당이 생성한 것을 비롯하여 146회에 걸쳐 합계 41,683,699개, 시가 합계 290,570,409원 상당의 AP 토큰이 피고인 및 누나의 이메일 명의로 만든 이 사건 거래소의 3개 계정에 생성되도록 하여 같은 금액 상당의 재산상 이익을 취득함과 동시에, 같은 방법으로 정보처리에 장애가 발생하게 함으로써 피해 회사가 운영하는 이 사건 거래소의 가상자산 거래 중개 업무를 방해하였다.'는 컴퓨터등사용사기 및 컴퓨터등장애업무방해의 공소사실로 기소되었다.

8. 제1심 공판 과정에서 피고인은 위 각 공소사실을 모두 자백하였고 제1심도 유죄를 인정하여 피고인에 대하여 징역 10월을 선고하였다(서울동부지방법원 2020. 4. 23. 선고 2019고단3855 판결).

9. 이에 대하여 피고인은 항소를 제기하였고, 이 사건 거래소가 애초 정보처리를 제대로 할 수 없는 상태를 이용하였을 뿐이므로, 이러한 피고인의 행위로 인하여 정보처리에 장애가 발생하였다고 할 수 없는데도 피고인에게 컴퓨터등장애업무방해죄의 성립을 인정한 원심판결에는 법리오해의 잘못이 있다는 취지의 주장을 하였다.

[판결 요지]

1. 컴퓨터등장애업무방해죄가 성립하기 위해서는 부정한 명령 입력 등의 가해행위 결과 정보처리장치가 그 사용목적에 부합하는 기능을 하지 못하거나 사용목적과 다른 기능을 하는 등 정보처리의 장애가 현실적으로 발생하였을 것을 요한다(대법원 2004. 7. 9. 선고 2002도631 판결 등 참조).

2. 원심이 적법하게 채택하여 조사한 증거들에 의하여 인정되는 다음과 같은 사실과 사정들을 위 관련 법리에 비추어 살펴보면, 피고인이 이 사건 거래소의 정보처리장치에 원심 판시 범죄사실 기재와 같이 부정한 명령을 입력하여 '허위의 이 사건 AP 토큰이 이 사건 거래소 계정에 생성'되도록 함으로써 이 사건 거래소의 '정보처리에 장애를 발생'하게 하였음을 충분히 인정할 수 있다. 따라서 원심의 판단은 정당하고, 거기에 법리오해의 위법이 있다고 할 수 없다.

가. 이 사건 거래소 시스템의 경우, 이 사건 컴퓨터등장애업무방해 범행 당시 전송 프로그램 실행 여부에 관한 결과값(success/fail)만 처리하는 기능을 두었을 뿐 전송 성공 여부에 관한 결과값(true/false)을 처리하는 기능은 갖추지 못한 탓에 실패한 전송명령을 정상적인 거래로 처리함으로써 마이이더월렛에는 잔고의 변화가 없음에도 이 사건 거래소 계정에는 AP 토큰이 전송된 것으로 기록하게 되었다.

나. 피고인은 이 사건 거래소 정보처리장치의 프로그램 오류를 이용하여 부정한 전송 명령을 입력하였고, 그 결과 피고인의 마이이더월렛에는 잔고의 변화가 없음에도 이 사건 거래소 계정에는 허위의 이 사건 AP 토큰이 생성되었다.

다. 이처럼 허위의 이 사건 AP 토큰이 생성된 결과는 그 자체만으로도 이 사건 거래소의 정보처리장치가 그 사용목적에 부합하는 기능을 하지 못하거나 사용목적과 다른 기능을 한 것에 해당하므로, 이로써 '정보처리의 장애가 현실적으로 발생'하였다고 할 것이다.

해설

I. 대상판결의 의의 및 쟁점

주식시장은 한국거래소로 대중의 주식 거래 창구가 일원화되어 있는 반면에 가상자산 시장의 경우 수많은 거래소가 설립되었다가 소멸하는 등 상당히 난립하는 모습을 보이고 있다. 따라서 가상자산 거래소는 상당수가 거래 시스템이 완전히 확립되지 않은 모습을 보이고 있고 해킹, 오류 등에 노출되는 경우가 적지 않게 일어난다.

대상판결은 특정 거래소에 상장 예정인 가상자산에 관한 것으로, 발행자 등의 정책에 따른 락업으로 인하여 아직 해당 가상자산을 위 거래소 전자지갑 계정에 전송할 수 없음에도 이를 위반하여 실제로 전송하는 경우 원래 출금된 전자지갑에 위 가상자산의 개수가 그대로 유지되면서 위 거래소 전자지갑 계정에도 전송된 개수만큼의 가상자산이 생성되는 것으로 기재되는 오류가 발생한 사안이다. 이러한 경우 컴퓨터등사용사기죄와 컴퓨터등장애업무방해죄가 성립되는지 문제되었다. 여기서 컴퓨터등사용사기죄의 경우 설령 거래소 전자지갑에 해당 가상자산이 존재하는 것처럼 기재되었다고 하더라도 그 가상자산이 상장하는 경우 일정한 가액으로 이를 매도할 수 있어 경제적 가치가 존재함을 부인할 수 없으므로 컴퓨터등사용사기에 해당함은 이견은 없을 것이다.

따라서 여기서는 피고인에게 컴퓨터등장애업무방해죄가 성립하는지가 가장 문제가 될 것인데, 컴퓨터등장애업무방해죄는 컴퓨터등 정보처리장치 또는 전자기록등 특수매체기록을 손괴하거나 정보처리장치에 허위의 정보 또는 부정한 명령을 입력하거나 기타 방법으로 정보처리에 장애를 발생하게 하여 사람의 업무를 방해한 경우에 성립한다.[1] 대상판결에서는 위 죄와 관련한 쟁점으로 ㉠ 블록체인 기록 또는 전자지갑 계정이 정보처리장치 또는 전

---

1) 형법 제314조 제2항

자기록 등 특수매체기록에 해당하는지, ⓛ 아직 상장되지 않은 거래소의 전자지갑 계정에 전송을 시도한 것이 부정한 명령 입력 또는 기타 방법에 해당하는지, ⓒ 기왕의 오류 상태를 이용한 것이 정보처리에 장애를 발생하게 한 것으로 볼 수 있는지 등에 관한 것인바, 이에 대하여 살펴보기로 한다.

Ⅱ. 대상판결의 분석

1. 블록체인 기록 또는 전자지갑 계정이 정보처리장치 또는 전자기록 등 특수매체기록에 해당하는지

블록체인은 P2P 방식으로 연결된 네트워크에 참여자들의 거래 정보를 담는 분산원장 시스템으로, 분산된 데이터베이스의 한 유형이라고 볼 수 있다. 중앙의 서버 한곳에 정보를 보관하고 그 관리자가 통제하는 시스템과 달리 블록체인에 기재된 참여자들의 거래 정보는 그 참여자들이 함께 기록 및 보관하는 등 이를 공유하게 된다. 가상자산의 거래도 거래 과정에서 그 정보가 블록체인에 입력되는데 예를 들어 비트코인의 경우 송신인·수신인·거래금액 및 시간이 포함된 트랜젝션 데이터가 저장되는 것이다.

한편 위 컴퓨터등장애업무방해죄에서 손괴 또는 허위정보 입력 등의 대상이 되는 정보처리장치와 특수매체기록과 관련하여 먼저 정보처리장치에 대하여 보면 자동적으로 계산이나 데이터처리를 할 수 있는 전자장치[2]로서 보통 컴퓨터 등과 같은 하드웨어가 이에 해당한다고 볼 수 있다. 전자매체 등 특수매체기록의 경우 전자방식이나 자기방식 이외의 방식으로 저장된 기록을 의미하며 이에는 소프트웨어를 비롯하여 레이저를 이용한 광디스크, 광학방식과 자기방식을 함께 이용한 광자기디스크 등이 있다.

분산원장으로 기재된 가상자산 거래와 관련한 블록체인 정보는 하드웨어에 해당하지는 않으므로 정보처리장치에 해당하지 않음은 명백하나 위 전자기록 등 특수매체기록과 관련하여서는 물리적인 기록에 한하지 않고, 소프트웨어 등 다양한 매체의 기록들도 이에 포섭시키려는 취지에서 입법된 것으로 위 블록체인상에 기재된 거래 정보 또한 일정한 기록매체상에 데이터가 보존되어 있는 상태로 볼 수 있으므로 블록체인도 특수매체기록에 해당한다고 볼 수 있다.

따라서 대상판결 사안에서도 피고인이 거래소 시스템의 오류를 이용하여 AP 토큰이 블록체인 계정에 생성된 것으로 기록되도록 하였는데 이 또한 특수매체기록에 해당하고 설령 그렇지 않다 하더라도 위 AP 토큰 허위 생성과 관련한 정보가 위 거래소 계정의 컴퓨터

---

2) 대법원 2004. 7. 9. 선고 2002도631 판결

혹은 거래소 운영 시스템에도 입력된 것이므로 위 컴퓨터 등은 정보처리장치 및 특수매체 기록에 해당한다고 볼 수 있다.

2. 아직 상장되지 않은 거래소의 전자지갑 계정에 전송을 시도한 것이 부정한 명령 입력 또는 기타 방법에 해당하는지

컴퓨터등장애업무방해죄에서 규율하는 행위태양은 '허위의 정보 또는 부정한 명령의 입력 기타 방법'이다. 여기서 '허위의 정보 또는 부정한 명령'이란 객관적으로 진실에 반하는 내용의 정보를 입력하거나 정보처리장치를 운영하는 본래의 목적과 상이한 명령을 입력하는 것을 말한다.[3] 이 사건의 경우 피고인이 자신의 계정에 있는 AP 토큰 일정량을 거래소 계정에 보내면 자신의 계정에 위 토큰이 그대로 남으면서 위 거래소 계정에도 동일한 양이 생성되는 시스템상 오류를 이용하여 위 AP 토큰을 전송하였다. 피고인이 위 AP 토큰 500개를 전송하는 버튼을 누른 것 자체만으로는 그 정보가 진실에 반한다고 볼 수 없으므로 허위의 정보 입력에 해당하지는 않을 것이다.

부정한 명령에 해당하는지와 관련하여 피고인의 위 정보 입력 행위가 거래소 운영의 본래 목적과 상이한 명령을 입력하는 행위에 해당하는지 문제될 수 있다. 대상판결에서는 위와 같은 행위에 대하여 부정한 명령에 해당한다고 본 듯하다. 그런데 가상자산을 전송하기 위하여 그 전자지갑 계정 주소에 입력하는 행위 자체가 '부정한' 명령에 해당하는지 의문이다. 물론 AP 토큰에 대하여 일정 기간 동안 판매행위를 하지 못하도록 락업이 되어 있고 피고인은 이를 알면서 거래소 계정에 AP 토큰을 전송하였다. 그러나 전자지갑에 위 가상자산을 전송한다는 취지의 입력행위 자체는 통상의 가상자산 거래행위와 비교하여 보았을 때 어떠한 차이점이 있는지 알 수 없고 민사상 손해배상청구 등으로 해결하면 되는 사안으로, 형법상 가벌성이 있는 부정한 행위에 해당하는지 명확하지 않다. 위와 같은 오류가 발생한 것은 락업 시스템을 제대로 구축하지 못한 AP 토큰 발행자나 거래소 운영자의 잘못이고 피고인의 입력 행위 자체가 부정함이라는 표지를 갖추었다고 보기 어렵다. 차라리 컴퓨터등장애업무방해죄에서 말하는 '기타 방법'에 해당한다고 볼 여지가 있다고 보아 이로써 유죄를 인정하든지 민사적인 방법으로 (락업 약정을 위반한) 채무불이행을 이유로 해당 가상자산의 생성정보의 삭제를 구하거나 이로 인하여 취득한 금원에 상당한 손해배상 또는 부당이득반환을 구하면 되는 것으로 생각한다.

---

3) 대법원 2012. 5. 24. 선고 2011도7943 판결

3. 기왕의 오류 상태를 이용한 것이 정보처리에 장애를 발생하게 한 것으로 볼 수 있는지

피고인은 대상판결 사안에서 거래소가 애초 정보처리를 제대로 할 수 없는 상태를 이용하였을 뿐이고, 이러한 피고인의 행위로 인하여 정보처리에 장애가 발생하였다고 볼 수 없다고 주장하였다. 이 사건에서 피고인이 자신의 계정에서 거래소 계정으로 일정한 수량의 AP 토큰을 보내면 위 양 계정에 AP 토큰이 동일한 수량이 존재하게 되는 거래소 시스템의 오류가 있음을 알고 자신의 AP 토큰을 거래소 계정으로 보낸 것인데 피고인은 자신의 행위로 정보처리에 장애라는 결과가 발생한 것은 아니라는 주장이다. 그러나 피고인의 전송 버튼 입력이라는 행위로 인하여 가상자산 개수가 새롭게 증가된 상태로 전자지갑 계정에 입력되었으므로 이는 기왕에 장애가 발생한 상태가 아니라 피고인의 행위로서 장애를 발생하게 한 것으로 평가할 수 있다.

Ⅲ. 대상판결의 평가

대상판결은 락업된 가상자산을 전송하면 그 가상자산 보유량이 2배가 되는 오류를 이용한 사안으로, 그 가상자산 관련 블록체인 정보가 특수매체기록인지, 그 전송 버튼 입력행위가 부정한 명령에 해당하는지를 생각해 볼 만한 시사점을 던져 준다는 점에서 상당히 의미가 있다고 볼 수 있다. 특히 컴퓨터등장애업무방해죄는 컴퓨터가 대중에 보급되고 인터넷이 생겨난 1995년경 입법된 것인데, 새롭게 등장한 블록체인과 가상자산에 대하여도 이를 규율할 수 있는지, 규율할 수 없다면 어떻게 법률 내용을 개정하거나 개선할 것인지에 대하여 연구할 필요성을 제공해 준다고 할 것이다.

[47] 가상자산거래에 활용되는 인프라 시스템 운영 기술 및 경영 관련 자료가 부정경쟁방지법상 영업비밀인지

— 서울중앙지방법원 2021. 11. 4. 선고 2021고단4809 판결, 2021. 11. 12. 확정—

[사실 개요]

1. 블록체인 기술 기반 핀테크 금융서비스를 목적으로 설립된 피해 회사('피해 회사')는 블록체인 산업 분야 ISO/IEC 27001 인증을 취득하였고, 국내에서 정보보호 관리체계(ISMS) 인증을 취득하였다. 피해 회사는 위 각 인증을 받기 위해 작성하였던 가상자산 거래에 활용되는 서버 네트워크 등 인프라 시스템 운영 기술 및 경영 관련 자료('이 사건 자료')를 문서출력물 또는 파일의 형태로 자료에 '대외비'라는 문구를 명시하여 관리하고 있었다.

2. 피해 회사의 보안전략팀 팀장으로서 정보보안 및 개인정보보호 등을 관리하는 업무에 종사하였던 피고인은 동종업체의 정보보호 관련 업무자로 이직하면서, 위 자료에 접근 권한이 없었음에도 위 자료들을 취득하였다. 피고인은 부정경쟁방지및영업비밀보호에관한법률('부정경쟁방지법')위반(영업비밀누설등) 및 업무상배임죄로 기소되었다.

[판결 요지]

1. 이 사건 자료는 피해 회사 내의 정보보호 관련 규제 등 피해 회사의 약점을 파악할 수 있고, 경쟁사 입장에서는 위 자료를 통해 기술개발과 정보보호 관리체계 구축에 발생하는 비용과 시행착오를 줄이며 단기간 내에 용이하게 경쟁우위에 올라갈 수 있는 영업상 주요한 자산으로서, 부정경쟁방지 및 영업비밀 보호에 관한 법률 제18조 제1항, 제2항의 영업비밀에 해당한다.

2. 피고인이 이 사건 자료를 취득한 것만으로도 ① 부정한 이익을 얻거나 영업비밀 보유자에게 손해를 입힐 목적으로 그 영업비밀을 취득한 것으로 볼 수 있고, ② 업무상 임무에 위배하여 피해 회사의 영업비밀 상당의 경제적 가치에 해당하는 시가 불상의 재산상 이득을 취득하고, 피해 회사에 동액 상당의 재산상 손해를 가하였다고 볼 수 있다.

해설

I. 대상판결의 의의 및 쟁점

대상판결은 이 사건 자료가 부정경쟁방지법상 영업비밀에 해당하는지, 위 영업비밀 취득에 '부정한 이익을 얻거나 영업비밀 보유자에 손해를 입힐 목적'이 있다고 보기 위한 근거로는 무엇이 있는지, 이 사건 자료의 취득만으로 업무상배임죄의 기수에 해당하는지에 관한 판단이 내려진 사건이다.

Ⅱ. 대상판결의 사실관계

1. 피해 회사가 받은 각 인증

피해 회사가 받은 ISO/IEC 27001 인증은 국제표준화기구(ISO: International Organization for Standardization) 및 국제전기기술위원회(IEC: International Electrotechnical Commission)에서 제정한 정보보호 관리체계에 대한 국제표준이자 정보보호 분야에서 가장 권위 있는 국제 인증으로, 정보보호정책, 물리적 보안, 정보접근 통제 등 정보보안 관련 11개 영역, 133개 항목에 대해 국제 심판원들의 엄격한 심사와 검증을 통과해야 취득할 수 있는 인증이다.

피해 회사가 받은 국내 정보보호 관리체계(ISMS) 인증은 정보통신망 이용촉진 및 정보보호 등에 관한 법률 제47조에 따라 과학기술정보통신부장관이 정보통신망의 안전성·신뢰성 확보를 위하여 관리적·기술적·물리적 보호조치를 포함한 종합적 관리체계를 수립·운영하고 있는 업체에 부여하는 인증이다.

2. 피해 회사의 영업비밀 관리 방법

피해 회사는 위 각 인증을 받기 위해 작성하였던 이 사건 자료를 A 문서출력물과 B 파일로 관리하였는데, 각 상단에 '대외비'라는 문구가 명시되어 있었다.

피해 회사는, A 문서출력물은 폴더 외부에 붉은 색으로 'Confidential'이라 표시하고, 인가자 외에는 출입할 수 없도록 지문인식 출입이 가능한 통제구역 내 금고 캐비넷 안에 보관하며, A의 문서파일은 피해 회사 내부망을 통해서만 접속이 가능하고, 모든 접근 이력은 DLP 시스템을 통해 기록되며, 보안전략팀 임직원에 한해 접근이 가능하도록 제한하고, USB 등 외부저장매체로의 복사가 불가능하도록 하였다.

그리고 피해 회사는, B 압축 파일 내의 개별 파일들은 재무/인사 및 보안전략팀 임원에게만 열람을 허용하고, 파일 자체에 암호를 설정하여 취급자 이외에는 열람을 금지하였으며, 취급자들에게도 출력물 열람 이외 파일복사는 금지하였다.

또한 피해 회사는 소속 직원들을 상대로 정기적으로 보안 교육을 실시하는 등 위 자료들을 철저히 관리하고 있다.

3. 피고인의 이 사건 자료 취득

피고인은 '재직 중에 취득한 회사의 모든 기업비밀을 회사의 업무와 관련된 용도에 한하여 사용하고, 어떠한 방식이로든 사·내외 어떠한 제3자에게도 누설·제공하지 않으며, 퇴직시에는 본인이 관리하고 있던 회사의 기업비밀과 관련한 일체의 자료 및 각종 시스템 접근 권한을 회사의 지시에 따라 반납 또는 파기하고, 이와 관련한 어떠한 형태의 사본도 개인적으로 보유하거나 유출하지 않겠다.'는 취지의 정보보안 서약서를 작성하여 피해 회사에게 제출하였다.

피고인은 피해 회사의 시스템 접근 권한이 정지되고, 피해 회사 사옥출입카드를 회수당하여 피해 회사의 시스템에 정당하게 접근할 권한이 없었음에도 그 이후 토요일에 피해 회사 보안전략팀 부하 직원을 통하여 피해 회사 보안전략팀 사무실 안으로 들어 가, 위 사무실 캐비넷 안에 보관되어 있던 A 출력물이 편철되어 있는 폴더를 가방에 넣어 가지고 나가 위 자료를 취득하였다.

그 다음 날 피고인은 피해 회사 전략팀 부하직원으로 하여금 B 압축파일을 피고인의 이메일 주소로 전송하게 하도록 하여 위 자료 역시 취득하였다.

Ⅲ. 대상판결의 분석

1. 이 사건 자료가 영업비밀인지

부정경쟁방지법은 영업비밀을 '공공연히 알려져 있지 아니하고(비공지성) 독립된 경제적 가치를 가지는 것으로서(경제적 유용성), 비밀로 관리된(비밀관리성) 생산방법, 판매방법, 그 밖에 영업활동에 유용한 기술상 또는 경영상의 정보'로 정의하고 있다(제2조 제2호).

먼저 경제적 유용성과 관련하여 대법원은 그 의미를 '그 정보의 보유자가 그 정보의 사용을 통해 경쟁자에 대하여 경쟁상의 이익을 얻을 수 있거나 또는 그 정보의 취득이나 개발을 위해 상당한 비용이나 노력이 필요하다는 것이다.'라고 보면서 '어떠한 정보가 위와 같은 요건을 모두 갖추었다면, 위 정보가 바로 영업활동에 이용될 수 있을 정도의 완성된 단계에 이르지 못하였거나, 실제 제3자에게 아무런 도움을 준 바 없거나, 누구나 시제품만 있으면 실험을 통하여 알아낼 수 있는 정보라고 하더라도, 위 정보를 영업비밀로 보는 데 장애가 되는 것은 아니다.'라고 판시하여 왔다(대법원 2008. 2. 15. 선고 2005도6223 판결 등). 학설상으로도 영업비밀에 있어서 경제적 가치란 정보 자체가 경제거래의 대상이 되는 독자적인 재산적·금전적 가치를 가져야 하는 것이 아니라, 비밀로 소유·관리할만한 정당한 이익이 있어야 하는 것으로 이해되고 있다. 이 사건 자료 중 일부 자료는 현재 발생한 정보 관련 사고가 아니라 앞으로 발생할 수 있는 사고에 대한 예방으로 작성된 것이 있는데, 이 자료가 '바로 영업활동에 이용될 수 있을 정도의 완성된 단계에 이르지 못하였거나, 실제 제3자에게 아무런 도움을 준 바 없다.'고 하더라도, 이를 영업상 비밀로 볼 수 있다.

다음으로 비밀관리성이 인정되기 위해서는 ① 해당 정보의 보유자가 그 정보를 비밀로서 관리하고자 하는 의사가 있어야 하고(주관적 요건), ② 이러한 비밀관리의사를 객관적으로 인식시킬 수 있는 조치가 필요하다(객관적 요건). 대법원은 "영업비밀이 '상당한 노력에 의하여 비밀로 유지된다'는 것은 정보가 비밀이라고 인식될 수 있는 표시를 하거나 고지를 하고, 정보에 접근할 수 있는 대상자나 접근 방법을 제한하거나 정보에 접근한 자에게 비밀준수의무를 부과하는 등 객관적으로 정보가 비밀로 유지·관리되고 있다는 사실이 인식 가능한 상태인 것을 말한다."라고 판시하여 왔다(대법원 2014. 8. 20. 선고 2012도12828 판결). ① 요건을 증명하는 것은 쉽지 않기 때문에 실무상으로는 주로 ② 요건에 증명의 초점이 맞춰 객관적 조치가 이루어진 정도에 따라 비밀관리성의 충족 여부를 판단해 왔고, 대상판결에서 피해 회사가 취한 각종 영업비밀 관리 방법은 이러한 요건을 충족한다고 보인다.

2. 피고인이 부정한 이익을 얻거나 영업비밀 보유자에게 손해를 입힐 목적으로 이 사건 자료를 취득하였는지

대상판결은 이 사건 자료의 성격, 피고인의 피해 회사에서의 지위, 피고인이 퇴사 후 동종업체에 취직한 사정, 피고인이 이 사건 자료를 취득한 방법 등을 종합하여, 피고인이 부정한 이익을 얻거나 영업비밀 보유자에게 손해를 입힐 목적으로 이 사건 자료를 취득하였다고 보았다.

부정경쟁방지법은 영업비밀 부정취득행위를 절취, 기망, 협박, 그 밖의 부정한 수단으로 영업비밀을 취득하는 행위로 정의하고 있고(제2조 제3호 가.목), 여기에서 '그 밖의 부정한 수단'이라 함은 형법상 범죄를 구성하는 행위뿐만 아니라 비밀유지의무 위반 또는 그 위반의 유인 등 건전한 거래질서의 유지 내지 공정한 경쟁의 이념에 비추어 위에 열거된 행위에 준하는 선량한 풍속 기타 사회질서에 반하는 일체의 행위나 수단을 의미한다(대법원 2011. 7. 14. 선고 2009다12528 판결). 피고인이 이 사건 자료를 취득하는 과정에서 부하 직원들에게 자신이 마치 피해 회사의 자료를 취득하는 것에 대해 피해 회사의 허락이 있었던 것처럼 행동한 것은 위의 기망 또는 그 밖의 부정한 수단에 해당한다고 할 것이다.

3. 피고인이 이 사건 자료를 취득하여 재산상 이득을 취득하고, 피해 회사에 동액 상당의 재산상 손해를 가하였다고 할 수 있는지

대법원은 종래 '영업비밀을 부정취득한 자는 취득한 영업비밀을 실제 사용하였는지에 관계없이 부정취득행위 그 자체만으로 영업비밀의 경제적 가치를 손상시킴으로써 영업비밀 보유자의 영업상 이익을 침해하여 손해를 입힌다고 보아야 한다.'라고 판시하여 왔다(대법원 2011. 7. 14. 선고 2009다12528 판결). 대상판결은 이러한 대법원의 입장을 업무상배임죄에서의 그것에 적용시켜 이 사건 자료의 취득만으로 업무상 배임죄의 기수가 된다고 보았다. 앞서 본 것처럼 영업비밀에 있어서 경제적 가치를 '비밀로 소유·관리할만한 정당한 이익'으로 본다면, 영업비밀의 취득 자체로 위와 같은 경제적 가치를 훼손하였다고 하는 것이 논리적으로 일관된다.

업무상배임죄에 있어서 임무위배행위의 범위는 부정경쟁방지법상 영업비밀 침해의 범위보다 넓다. 즉 문제된 자료가 영업비밀에 해당하지 아니한다 하더라도, 그 자료가 불특정 다수인에게 공개되어 있지 아니하여 보유자를 통하지 아니하고는 이를 통상 입수할 수 없고, 그 자료의 보유자가 그 자료의 취득이나 개발을 위해 상당한 시간, 노력 및 비용을 들인 것으로서 그 자료의 사용을 통해 경쟁자에 대하여 경쟁상의 이익을 얻을 수 있는 정도의 영업상 주요한 자산에 해당한다면, 이는 업무상의 임무에 위배한 행위로서 업무상배임죄가 성립한다(대법원 2016. 7. 7. 선고 2015도17628 판결, 대법원 2020. 2. 27. 선고 2016도14642 판결). 그렇다면 역으로 문제된 자료가 영업비밀에 해당하고 그 영업비밀에 대한 침해가 있었다면 업무상배임죄에서의 임무위배행위가 더 인정되기 쉬울 것이다.

참고문헌

사법연수원, 『지식재산권 재판실무편람』, 박영사(2020)

박강우, "산업스파이범죄의 실태와 법적 규제의 문제점", 형사정책연구 23권 3호 통권 91호(2012)

[48] 수인이 다크웹을 통해 역할을 분담하여 마약을 매도하고 비트코인을 받은 것이 범죄집단 조직, 가입 및 활동인지

— 서울고등법원 2022. 8. 17. 선고 2022노217, 1004(병합) 판결, 2022. 11. 20. 상고기각 확정—

[사실 개요]

1. 피고인 A는 총책으로서 대마 재배, 판매, 배송 등 범행을 담당할 구성원들의 물색·가입, 수사기관의 단속에 대비한 구성원들의 교육, 재배에 필요한 LED조명기기 등의 장비 제공, 대마 클론 공급 등 대마유통 범행 전반을 지시·관리·감독하고 구성원들을 통솔하는 역할을, 피고인 B는 통신책이자 총책과 구성원들 사이에서 중간관리자의 역할을, 피고인 C, D, F, G는 배송책과 재배책 역할을, 피고인 E는 재배책 역할을 각각 담당하기로 하고, 성명불상자가 운영하는 수개의 다크웹 사이트 등에서 대마유통 범행을 반복적으로 실행하여 수익을 나누었다.

2. 피고인들은 범죄집단 조직, 가입 및 활동죄와 마약류관리에관한법률위반(대마)죄로 기소되었다.

[결정 요지]

1. 피고인들이 조직, 가입 및 활동한 집단('이 사건 집단')은, 특정 다수인이 대마를 재배하여 판매하는 등의 대마유통 범행을 수행한다는 공동목적 아래 구성원들이 정해진 역할(총책, 연락책, 재배책, 배송책 등) 분담에 따라 행동함으로써 범행을 반복적으로 실행할 수 있는 조직체계를 갖춘 계속적인 결합체에 해당하므로, 형법상 범죄집단에 해당한다.

2. 마약류관리에관한법률위반(대마)죄에 관한 양형을 결정함에 있어서, 피고인들이 범죄집단을 조직, 가입 및 활동한 것은 특별양형인자 중 '가중요소: 조직적 또는 전문적 범행'에 해당한다.

해설

I. 대상판결의 의의 및 쟁점

다크웹(darkweb)은 특수 브라우저로 접속이 가능하고 구글 등 통상의 검색엔진에서는 검색되지 않는 인터넷 은닉망이다. 익명성이 보장되기 때문에 마약류 등 불법 금제품들이 다크웹을 통해 활발히 거래되고 있다. 대마는 해외에서 의료용으로 활용이 증가하는 추세이고, 미국·캐나다 등의 국가에서는 기호용으로 사용하더라도 단속이 엄격하지 않으므로 해외경험을 통해 대마를 취급해 본 유학파들과 진정·안정 등 대마의 긍정적인 효과에만 심

취한 젊은 층을 중심으로 꾸준한 수요가 있기 때문에 국내 다크웹에서는 마약류 중 대마가 주로 유통되고 있다.

대상판결은 다크웹을 통한 대마 재배, 유통, 판매의 역할 분담을 해온 피고인들의 집단이 형법상 범죄집단에 해당하는지, 이러한 방식의 마약매매 범행이 특별양형인자 중 '가중요소: 조직적 또는 전문적 범행'에 해당하는지 여부가 문제되는 판결이다. 특히 이 사건 판결은 비트코인과 다크웹을 이용한 마약 유통사범 중 최초로 형법상 범죄집단 조직죄 등으로 기소된 사안인 것으로 보인다.

Ⅱ. 범죄집단 조직, 가입 및 활동죄에 관하여

1. 사실관계

(1) 역할분담을 통한 조직적·반복적 체계 구축

다크웹 사이트 등에서 특정한 아이디 등을 사용한 대마판매 조직 갑('이 사건 집단')은 대마유통에 가담할 구성원들을 물색하고 판매 전반을 관리·감독하는 총책, 판매할 대마를 재배하여 공급하는 재배책, 다크웹 사이트에 마약류 판매 광고글을 게시·관리하고 사이트의 회원들과 대마매매 관련 메시지를 주고받는 통신책, 재배책으로부터 공급받은 대마를 보관하고 있다가 통신책의 연락을 받고 매수자가 가져갈 수 있도록 배송하는 배송책으로 구성되어 있다. 각 구성원들은 위 역할분담에 따라 마약류 판매 광고글 게시에서부터 대마 재배 및 공급, 대마매매, 배송 등 일련의 대마유통을 다크웹 사이트 회원 등을 상대로 조직적·반복적으로 실행한다.

재배책은 공장 또는 창고건물에서 대마를 재배하되, 통신책과 대마의 생육상태, 수확시기, 예상 수확량 등에 대한 메시지를 주고받으면서 수확에 성공한 대마는 보관하고 있다가 통신책의 지시에 따라 배송책에게 공급하고, 한편 한 곳에서 오랫동안 대마를 재배할 경우 수사기관에게 단속될 것을 우려하여 1개의 장소에서 1년가량 대마를 재배하여 수확하고 나면 그곳의 임대차 계약을 해지하고 다시 다른 장소로 옮겨가 재배를 계속하는 방식으로 수사기관의 단속을 회피해왔다. 이때, 재배장소의 계약전력 용량을 사전에 증설하여 대마재배 과정에서 상당한 전력을 사용하더라도 전력공급에 문제가 없도록 하였고, 재배장소의 온도 조절에 사용되는 에어컨은 한번 설치하면 이전하기 곤란하므로 대여업체에 매월 사용료를 지급하고 대여받아 사용하였으며, LED조명기기 등 나머지 장비는 재배장소를 변경할 때마다 설치 및 철거를 반복하는 식으로 재활용하였다.

통신책은 판매할 대마를 다크웹 사이트를 통해 광고하고, 광고글을 보고 연락해온 매수자들과 GPG 프로그램(Gnu Privacy Program; 공개키 암호를 사용하여 송·수신하는 메시지 등을 암호화·복호화 해주는 오픈소스 소프트웨어) 등을 통해 메시지를 주고받으면서 입금이 완료된 주문 건을 대상으로 배송책을 통해 당일 배송이 이루어지도록 처리하였고, 보통 배송책들로부터 받은 좌표(마약 판매자 측이 주로 주택가 인근에 있는 에어컨 실외기, 가스배관, 배전함, 화단 등에 마약류를 은닉해 둔 위치를 의미한다. 이하 '좌표')를 매수자들에게 순차적으로 알려주는 동시에 매수자들로 하여금 대마 수거 시 대중교통 이용, 밀폐용기 준비, 주변장소 탐색 등 일종의 행동요령도 숙지하게 하였다.

배송책은 공급책으로부터 전달받은 대마를 소분하여 투명 비닐 지퍼백 등에 담아 보관하고 있다가, 통신책으로부터 판매할 대마의 수량 등에 대한 메시지를 받으면 도심의 주택가로 이동하여 좌표를 통신책에게 알려주었다.

(2) 구성원 가입, 교육 및 관리

총책은 지인들 중 대마유통 범행에 가담할 자를 물색하여 범행가담 제안을 하고, 그 제안을 받은 자가 가담의사를 밝히면, 그 사람에게 통신책의 메신저 아이디를 알려주거나 통신책에게 그 사람의 메신저 아이디를 알려주었다. 이후 그 사람이 통신책과 자신의 범행 역할 등과 관련하여 메신저로 대화를 주고받게 되면 비로소 이 사건 집단에 가입이 된다.

총책은 평소 구성원들에게 서로 특정 메신저로만 연락하고 서로의 신분을 노출하지 말도록 지시하였고, 만일 구성원 중 누군가가 메신저를 통해 상대방의 신분 확인을 시도하거나 범행장소 등을 물으면 수사기관에 단속된 것으로 간주하고 잠적하도록 하는 등 암묵적인 규칙을 세우고 이를 구성원들에게 주입하였다.

통신책은 자신이 다수의 구성원들과 연락 시 그들의 정체나 역할을 혼동하는 것을 막고, 구성원들의 관리를 비롯하여 수사기관의 단속에 대처할 목적으로 구성원들에게 임의로 만든 문자열과 숫자열을 조합한 메신저 아이디를 사용하도록 하였고, 구성원들 중 일부가 검거되거나 모르는 사람으로부터 연락이 오면 구성원들 전원이 기존에 사용하던 아이디에서 숫자열만 유지하되 문자열을 변경하도록 하여 연락체계를 유지하였다.

(3) 공모관계 및 역할분담

총책은 지인들 중 대마유통 범행에 가담할 자를 물색하여 범행가담 제안을 하고, 그 제안을 받은 자가 가담의사를 밝히면, 그 사람에게 통신책의 메신저 아이디를 알려주거나 통신책에게 그 사람의 메신저 아이디를 알려주었다. 이후 그 사람이 통신책과 자신의 범행 역할 등과 관련하여 메신저로 대화를 주고받게 되면 비로소 이 사건 집단에 가입이 된다.

총책은 평소 구성원들에게 서로 특정 메신저로만 연락하고 서로의 신분을 노출하지 말도록 지시하였고, 만일 구성원 중 누군가가 메신저를 통해 상대방의 신분 확인을 시도하거나 범행장소 등을 물으면 수사기관에 단속된 것으로 간주하고 잠적하도록 하는 등 암묵적인 규칙을 세우고 이를 구성원들에게 주입하였다.

통신책은 자신이 다수의 구성원들과 연락 시 그들의 정체나 역할을 혼동하는 것을 막고, 구성원들의 관리를 비롯하여 수사기관의 단속에 대처할 목적으로 구성원들에게 임의로 만든 문자열과 숫자열을 조합한 메신저 아이디를 사용하도록 하였고, 구성원들 중 일부가 검거되거나 모르는 사람으로부터 연락이 오면 구성원들 전원이 기존에 사용하던 아이디에서 숫자열만 유지하되 문자열을 변경하도록 하여 연락체계를 유지하였다.

(4) 피고인별 행위

피고인 A는 다크웹을 통한 대마유통을 목적으로 다크웹 사이트에서 이 사건 집단의 총책 역할로 구성원들을 모집한 후 B로 하여금 통신책을, D로 하여금 배송책을 담당하도록 하여 대마유통 범행을 조직적·반복적으로 실행할 수 있는 역할분담 체계를 갖춤으로써 이 사건 집단을 조직하고, 재배책들에게 대마 모종을 제공하였으며, 수개의 다크웹 사이트와 특정 메신저 상의 익명 공간에서 이 사건 집단의 구성원으로 활동하였다.

피고인 B는 이 사건 집단에 통신책으로 가입하고, GPG 프로그램을 보관·관리하면서 다크웹에 접속하여 마약류판매 광고글을 게시·관리하고 마약류 매수자들과 통신하는 역할을 비롯하여, 이 사건 집단의 이른바 중간관리자로서 재배책이 생산한 대마를 배송책이 전달받을 수 있도록 중개하는 역할, 대마대금을 비트코인으로 받고 이를 세탁하여 구성원들의 범행수익을 정산하여 지급하는 역할, 대마판매 내역과 관련된 장부를 작성하는 역할, 구성원들 간 연락체계를 구축하고 유지하는 역할 등을 수행하여 이 사건 집단의 구성원으로 활동하였다.

피고인 C, D, F, G는 이 사건 집단에 배송책 또는 재배책으로 가입하고, 대마를 보관하고 서울 지역에 배송하는 역할, 대마를 재배하여 공급하는 역할, 수감된 총책인 A에게 범행 상황 및 검거된 구성원들의 수사내용 등을 전달하는 역할, 재배장소 임차 및 각종 전자제품·원예용품 구비 등 대마재배를 준비하는 역할, 범죄수익으로 정산받은 비트코인을 현금화하는 역할 등을 수행하여 이 사건 집단의 구성원으로 활동하였다.

피고인 E는 이 사건 집단에 재배책으로 가입하고, 대마를 재배하여 공급하는 역할 등을 수행하여 이 사건 집단의 구성원으로 활동하였다.

2. 피고인들의 주장

피고인들은 이 사건 집단이 형법상 범죄집단으로서 존재하지 않는다거나, 그러한 범죄집단에 가입하여 활동할 의사가 없었다고 주장하였다.

3. 법원의 판단

(1) 관련 법리

형법상 '범죄를 목적으로 하는 집단'이란 특정 다수인이 사형, 무기 또는 장기 4년 이상의 범죄를 수행한다는 공동목적 아래 구성원들이 정해진 역할분담에 따라 행동함으로써 범죄를 반복적으로 실행할 수 있는 조직체계를 갖춘 계속적인 결합체를 의미한다. '범죄단체'에서 요구되는 '최소한의 통솔체계'를 갖출 필요는 없지만, 범죄의 계획과 실행을 용이하게 할 정도의 조직적 구조를 갖추어야 한다(대법원 2020. 8. 20. 선고 2019도16263 판결 참조).

또한, 범죄단체는 다양한 형태로 성립·존속할 수 있는 것으로서 정형을 요하는 것이 아닌 이상 그 구성·가입이 반드시 단체의 명칭이나 강령이 명확하게 존재하고 단체 결성식이나 가입식과 같은 특별한 절차가 있어야만 성립되는 것은 아니고(대법원 2005. 9. 9. 선고 2005도3857 판결 등 참조), 이는 범죄집단의 경우도 마찬가지이다.

한편 범죄집단 구성원으로서의 '활동'이란 범죄집단의 조직구조에 따른 조직적·집단적 의사결정에 기초하여 행하는 범죄집단의 존속·유지를 지향하는 적극적인 행위를 일컫는다. 특정한 행위가 범죄집단의 구성원으로서의 활동에 해당하는지 여부는 당해 행위가 행해진 일시, 장소 및 그 내용, 그 행위가 이루어지게 된 동기 및 경위, 목적, 의사 결정자와 실행 행위자 사이의 관계 및 그 의사의 전달 과정 등의 구체적인 사정을 종합하여 실질적으로 판단하여야 한다(대법원 2009. 9. 10. 선고 2008도10177 판결 참조).

(2) 형법상 범죄집단의 존재

법원은 아래의 사정들을 종합하여, '이 사건 집단은 특정 다수인이 대마를 재배하여 판매하는 등의 대마유통 범행을 수행한다는 공동목적 아래 구성원들이 정해진 역할분담에 따라 행동함으로써 범행을 반복적으로 실행할 수 있는 조직체계를 갖춘 계속적인 결합체, 즉 형법 제114조 소정의 범죄집단에 해당한다.'라고 판단하였다.

① 공동 범죄목적으로 결합된 특정 다수인의 결합체

피고인들은 겨별 범죄의 법정형이 최대 징역 30년에 달하는 대마유통 범행을 수행한다는 공동목적을 가지고 결합된 특정 다수인이다. 먼저 피고인 A, B가 대마유통 범행의 기본구조를 설계하고, 나머지 피고인들은 배송책 또는 재배책 등으로 이 사건 집단에 가입하였다.

② 역할분담에 따른 조직구조

이 사건 집단에서는 서로 간의 역할 분담이 명확했다. 총책인 피고인 A는 대마유통 범행 구조를 설계하고, 재배책 및 배송책을 맡을 구성원들을 물색하여 범행가담 가입을 제안하고 그 사람이 가담의사를 밝히면 통신책인 피고인 B와 메신저로 서로 소통하도록 함으로써 이 사건 집단에 가입시키는 역할, 구성원들에게 재배나 배송 등의 범행을 지시하거나 범행 요령을 교육하는 역할, 조직 내 수익분배 기준을 정하여 이를 분배하는 역할 등을 맡았다. 연락책인 피고인 B는 피고인 A와 함께 대마유통 범행 구조를 설계하고, 다크웹 사이트에서 대마 판매 광고글을 게시하며, 피고인 A가 가입시킨 구성원들과 메신저로 소통하면서 재배나 배송 등 구체적인 범행 과정을 관리하는 역할 등을 맡았다. 재배책은 총책 및 연락책의 관리 하에 대마를 재배하면서 지시가 올 때마다 배송책에게 대마를 제공하는 역할 등을, 배송책은 연락책의 지시가 오면 대마를 지정 장소에 가져다 놓고 그 위치를 연락책에게 알려주는 역할 등을 맡았다.

이 사건 집단은 대마 판매 광고, 대마 재배, 구매자와의 계약 체결, 배송까지 일련의 모든 과정을 내재화하였다. 그리고 범행 과정에서 구성원들은 총책인 피고인 A의 지시를 받거나 그에게 보고를 하였고, 통상은 연락책인 피고인 B로부터 메신저를 통한 실시간 연락을 받고 재배, 배송을 실시하고 그에게 대마 재배 상황, 예상 물량, 수확 시기를 보고하는 등 유기적으로 협업하였다.

③ 이 사건 집단의 관리·운영

피고인 A는 연락책과 재배책, 배송책이 서로의 신원을 알지 못하도록 익명성이 보장되는 메신저를 통해서 새로운 구성원을 가입시키고 의사연락도 위 메신저로 하도록 함으로써, 일부 구성원들이 배신하거나 수사기관에 검거되더라도 나머지 구성원들이 대마유통 범행을 계속할 수 있도록 하였다.

피고인 B는 구성원들에게 임의로 만든 문자열과 숫자열을 조합한 메신저 아이디를 사용하도록 하였고, 구성원들 중 일부가 검거되거나 모르는 사람으로부터 연락이 오면 구성원들 전원이 기존에 사용하던 아이디에서 숫자열만 유지하되 문자열을 변경하도록 하여 연락체계를 유지하였다. 실제로 피고인 G가 검거되었을 당시 피고인 B는 자신을 비롯한 구성원들의 아이디 문자열을 변경하도록 하였다.

피고인 A는 피고인 D에게 수사기관의 추적을 피하는 방법을 가르치고, 피고인 B는 재배책들에게 대마 재배 노하우(창문 차폐, 전력 증설 등)를 공유하고, 배송책들에게 대마를 비닐 팩에 넣은 후 이를 다시 종이컵에 넣은 다음 종이컵 외부에 대마 그램수를 기재하는 방식으로 배송하도록 하거나 그 밖에 배송 시 주의사항을 공지하고, 피고인 D로부터 메신저를 통해 재배 중인 대마 사진을 수시로 전송받는 등 개별 범행을 세밀하게 관리하였다.

④ 대마유통 범행의 지속

피고인 A는 마약류관리에관한법률위반(대마)죄와 관련하여 구금되었다. 피고인 A는 위 구금기간에 피고인 B, C, D, E로부터 수시로 접견을 받거나 서신을 주고받으면서 대마유통 범행에 관한 상황을 보고받고 지시를 하였다. 가령 피고인 F가 마약류관리에관한법률위반(대마)죄와 관련하여 검거되자, 피고인 D는 얼마 후에 피고인 A를 접견하여 위 검거사실을 알려주기도 하였다.

피고인 A는 위 구금기간에 여러 차례에 걸쳐 비트코인을 자기 명의의 가상자산 거래소 계좌로 지급받아 이를 현금화하였는데, 피고인 B의 도움으로 이 사건 집단의 대마유통 범행 수익을 현금화한 것으로 보인다.

피고인 F, G가 검거되자, 피고인 C는 구금된 두 피고인을 여러 차례 접견하거나 서신을 주고받으면서 수사 및 재판 진행 상황, 외부의 대마공장 정리 등에 관하여 긴밀하게 의논하였다.

기존의 다크웹 사이트가 단속 등의 사정으로 폐쇄되더라도 피고인 B 등은 새로운 다크웹 사이트에서 종전과 같은 방식으로 대마 판매 광고 및 판매를 계속하였다.

(3) 이 사건 집단에의 가입 및 활동

법원은, 피고인들의 각 역할 분담 내용, 피고인들의 이 사건 집단 가입 시점과 경위, 피고인 A와의 인적 관계, 피고인들이 자신이 관여하는 대마가 다크웹에서 이 사건 집단의 이름으로 판매되는 사정도 잘 알고 있었던 것으로 보이는 점 등을 종합하여, 피고인들이 이 사건 집단이 대마유통 범행을 목적으로 하는 범죄집단임을 인식하고 구성원으로 가입하여 활동하였다고 판단하였다.

4. 평가

형법상 '범죄를 목적으로 하는 집단'이란 범죄의 실행을 공동목적으로 한 다수 자연인의 결합체를 의미하는 것으로 형법상 범죄단체와는 달리 계속적일 필요는 없다. 범죄집단의 조직과 가입은 일정한 형식이나 방법을 요하지 않고, 범죄집단 구성원으로서의 '활동'이란 집단의 범죄목적을 촉진하기 위한 활동을 의미한다.

이 사건 피고인들의 이 사건 집단 조직, 가입 및 활동은 형법상 범죄집단 조직 등의 기존 법리에 부합하고 있어, 이 사건 법원의 판단은 타당하다. 가상자산을 이용한 다크웹상의 대마 판매 등의 범행이 늘어간다면 이를 특별법상의 범죄단체 또는 범죄집단죄로 처벌해야 할 입법론이 제기될 수 있을 것으로 예상한다.

Ⅲ. 마약매매 범행에서의 특별양형인자에 관하여

대법원 양형위원회가 발간하는 양형기준에 따르면, 조직적 또는 전문적 범행은 마약류관리에관한법률위반(대마)죄에 있어서 특별양형인자로서 가중요소에 해당하고, 그 의미는 '범죄조직의 일원으로서 또는 범죄조직과 연계하여 범행한 경우, 다수인이 역할을 분담하여 조직적으로 범행한 경우, 범행에 전문적인 장비나 기술을 사용한 경우, 그 밖에 이에 준하는 경우' 중 하나 이상에 해당하는 경우를 뜻한다.

　이 사건 피고인들 중 양형기준이 적시된 피고인들은 모두 이러한 가중요소의 적용을 받아 형이 결정되었다. 피고인들이 형법상 범죄집단 조직, 가입 및 활동죄를 범하였고, 이는 앞서 본 가중요소의 정의에 충분히 해당한다.

　문제는 형법상 범죄집단 조직 등까지 이르지 않은 채, 단순히 다크웹이나 SNS로 마약류를 판매하여 그 대가로 비트코인 등 가상자산을 받고, 매수인과 약속된 좌표로 마약류를 배송하는 범행이 위 가중요소에 해당하는지 여부이다. 이러한 태양의 범행이 수인이 가담하여 이루어진 경우에 관하여 현재 하급심 판례들의 다수는 이를 긍정적으로 보고 있다. 다만 수인이 아니라 단지 1명이 이러한 범행에 나아간 경우나, 대다수가 사용하는 일반적인 SNS나 가상자산을 통한 마약류 유통을 '전문적 장비나 기술'로 보기 어려운 경우에도 앞서 본 가중요소를 적용할 수 있는지에 관하여는 이견이 있을 수 있고, 그에 관한 후속 연구가 필요할 것이다. 장기적으로는 성범죄 양형기준과 별도로 디지털 성범죄 양형기준을 만든 것과 유사하게 새로운 양형기준 또는 양형인자를 마련하는 것도 적절한 형사정책이 될 수 있다.

[49] 가상자산 상장 사기죄와 관련하여
부패재산몰수회복법에 따른 추징 가부

— 창원지방법원 2022. 9. 29. 선고 2022노792 판결, 2022. 10. 7. 확정 —

[사실 개요]

1. 피고인은 2019. 10. 초순경 SM 식당에서 피해자 A에게 "내가 비트코인 등 가상화폐로 많은 돈을 벌었는데, 너도 부자를 만들어 줄 테니 코인에 투자를 해라. 내가 'P'란 코인을 개당 10원에 구입하였는데, 현재 1개당 30원이 되었다. 그 P코인이 한국에는 비트소닉 거래소에 상장되어 있고, 홍콩에 있는 거래소에 상장 예정이다. 개당 30원에 구입하면 앞으로 많이 올라 돈을 벌 수 있다. 그리고 싱가포르에서 개발 중인 'G' 코인도 구입해 두면 매월 15~20%의 수익을 얻을 수 있고, 갖고 있으면 두 배 이상 돈을 벌 수 있다. 원금은 몇 억까지 내가 무조건 책임져 주겠다."는 취지로 거짓말을 하였다.

2. 그러나 사실 피고인은 피해자로부터 코인 구입 명목으로 금원을 받더라도 그 금액에 상응하는 특정 가상자산을 구입할 의사나 능력이 없었고, 원금을 보장해 줄 의사나 능력도 전혀 없었다.

3. 피고인은 이와 같이 피해자를 기망하여 이에 속은 피해자로부터 2019. 10. 13.경부터 2019. 11. 13.경까지 피고인의 계좌로 P코인 또는 G코인 구입 명목으로 총 108,120,000원 상당을 송금받고 2019. 9. 6.부터 2019. 11. 13.까지 장래에 출자금을 초과하는 금액을 지급할 것을 약정하고 총 4명으로부터 총 17회에 걸쳐 합계 160,520,000원을 피고인 명의 계좌로 송금받는 방법으로 유사수신행위를 하였다.

4. 이에 대하여 피고인은 사기, 유사수신행위규제법위반 등으로 기소되어 위 공소사실들을 모두 자백하였고, 제1심판결(창원지방법원 진주지원 2022. 3. 23. 선고 2021고단3158 판결)은 피고인에 대하여 징역 1년 및 집행유예 3년을 선고하면서, 부패재산의 몰수 및 회복에 관한 특례법(이하 '부패재산몰수법')에 따른 검사의 추징금 청구를 받아들이지 아니하였다.

5. 검사는 제1심판결에 대하여 항소를 제기하면서 양형이 너무 적고 추징금 청구를 받아들이지 아니하여 제1심판결이 부당하다는 취지로 주장하였다.

[판결 요지]

검사는, '범죄피해자의 피해회복이 심히 곤란하다고 인정되는 경우'에 해당함을 이유로 전체 사기 피해액 108,120,000원 중 피해자 A에게 반환된 20,000,000원을 공제한 88,120,000원(108,120,000원 - 20,000,000원)에서, 피고인이 인정하는 실제 취득한 비율

10%에 해당하는 8,812,000원(88,120,000원 × 0.1)의 추징을 구하나(부패재산몰수법 제6조 제1항), 원심단계에서 피고인과 위 피해자 사이에 대물변제 방법에 따라 일부 피해회복이 이루어졌고 나아가 이를 기초로 위 피해자와 합의에 이른 사정에 비추어 보면, 피해회복이 심히 곤란하다고 단정하긴 어렵다. 여기에 위 법 제6조 제1항의 몰수·추징이 법원의 재량권이 인정되는 임의적 몰수·추징 규정인 점을 더하여 보면, 피고인에 대하여 추징을 명하지 않은 원심의 판단이 재량의 합리적인 범위를 넘어 부당하다고 평가할 수 없다.

해설

Ⅰ. 대상판결의 의의 및 쟁점

부패재산몰수법은 부패재산의 몰수 및 추징, 환수 등에 관한 특례를 규정함으로써 부패범죄를 조장하는 경제적 요인을 근원적으로 제거하여 부패범죄를 효과적으로 방지·척결하고 청렴한 국제사회질서 확립에 이바지함을 목적으로 제정된 것으로,[1] 원래 범죄피해재산은 환부 또는 교부의 대상으로 몰수 및 추징의 대상이 되지 않지만 사기와 같은 부패범죄로 인한 수익의 해외 및 국내에서의 반환, 피해자 환부를 위하여 위 수익의 몰수 또는 추징이 먼저 이루어질 필요가 있기 때문이다.[2] 위 법은 2002. 12. 효력이 발생한 국제연합부패방지협약의 국내비준을 위하여 부패자산의 몰수 및 추징에 관한 국내이행법률로서 제정된 것이다.[3]

이 사건은 피고인이 특정 가상자산 종목들에 대하여 거래소에서 상장될 예정이라거나 가격이 급등할 것이라고 피해자들을 속여서 투자금 또는 출자금 등의 명목으로 돈을 교부받아 사기 및 유사수신규제법위반으로 기소된 사안으로 위 부패재산몰수법 제5조 제1항에 따라 검사가 제기한 추징금청구를 받아들이지 아니한 제1심판결의 결론이 타당한지 여부가 문제되었다.

Ⅱ. 대상판결의 분석

1. 부패재산몰수법에 따른 추징의 내용

부패재산몰수법은 범인 외의 자에게 귀속되지 아니한 부패재산 등을 몰수할 수 있고

---

1) 부패재산몰수법 제1조
2) 도종진, 이천현, 김한균, "부패재산의 몰수 및 회복에 관한 특례법 및 동 시행령 연구 - 부패재산의몰수및회복에관한특례법 해설서 및 동법시행령안 작성", 2008년 법무부 용역보고서, 한국형사정책연구원, 14면
3) 상계보고서, 8~9면

(제3조 제1항, 제4조 제1항), 위 부패재산을 몰수할 수 없거나 그 재산의 성질, 사용상황 등의 사정으로 인하여 이를 몰수함이 상당하지 아니하다고 인정될 때에는 그 가액을 범인으로부터 추징한다(제5조 제1항)고 규정하고 있다. 한편 위 법은, 위 부패재산이 범죄피해재산으로서 범죄피해자가 그 재산에 관하여 범인에 대한 재산반환청구권 또는 손해배상청구권 등을 행사할 수 없는 등 피해회복이 심히 곤란하다고 인정되는 경우에는 몰수·추징할 수 있고(제6조 제1항), 이에 따라 몰수·추징된 범죄피해재산은 피해자에게 환부한다(제6조 제2항)고 규정하고 있다.

위 규정들에서 명시하고 있는 부패재산은 범죄수익 등으로서 부패범죄의 범죄행위에 의하여 생긴 재산 등을 말하는데,[4] 위 범죄수익은 부패범죄에 의하여 생긴 총 이익을 말하고 위 이익에서 비용을 공제한 순수익을 의미하는 것은 아니다.[5] 그리고 여기서 말하는 부패범죄에 대하여는 불법 또는 부당한 방법으로 물질적·사회적 이득을 얻거나 다른 사람으로 하여금 얻도록 도울 목적으로 범한 죄로서 공적 부패 및 민간부패영역의 특별법과 형법상 죄들을 포함하는 형태를 취하였고,[6] 이 사건에서 피고인이 기소된 죄명인 형법 제347조 제1항의 사기죄도 포함하고 있다.[7]

한편 위 법은 제6조 제1항에서 명시하는 범죄피해재산에 대하여 특정 범죄행위로 인하여 피해자로부터 취득한 재산 또는 그 재산의 보유·처분에 의하여 얻은 재산을 말한다고 규정하면서, 이 사건에서 문제된 유사수신행위의 방법으로 범행한 형법 제347조 제1항의 사기죄도 그 특정 범죄행위에 포함하고 있다.[8]

이와 같이 위 법 제3조 내지 제5조의 부패재산에 대한 몰수·추징의 경우에 비하여 위 제6조의 범죄피해재산에 대한 몰수·추징의 경우에 그 범죄행위의 범위를 더 한정하고 있다. 이는 원래 범죄피해재산이 환부 또는 교부의 대상이고 몰수·추징의 대상은 아니지만 피해자가 존재하는 특정범죄에 대하여 피해자가 직접 반환청구권 등을 행사하기 어려운 경우 해당 범죄수익의 반환을 위한 전제로 몰수 또는 추징이 필요한 경우가 있을 수 있기는 하나 범죄피해재산의 몰수 또는 추징은 개인의 재산권 침해 여지가 있어 헌법상 보장되는 개인의 사적 재산권을 보호하기 위하여 그 침해를 최소화하기 위하여 범죄행위를 한정한 것이다.[9]

---

4) 부패재산몰수법 제2조 제2호
5) 전계보고서, 20면
6) 전계보고서, 19면
7) 부패재산몰수법 제2조 제1호 별표 제1호 다.목
8) 부패재산몰수법 제2조 제3호 가.목
9) 전계보고서, 22면

2. 대상판결의 타당성 여부

이 사건에서 검사는 부패재산몰수법 제6조 제1항에 따라 피고인이 취득한 범죄피해재산의 추징을 구하였다. 이에 대하여 제1심판결은 피해자의 인적 구성과 피해 규모, 구체적인 범행 방법, 이 사건 범죄피해재산에 관한 자금 흐름, 피해 일부의 변제 내역 등에 비추어 볼 때, 범죄피해자가 그 재산에 관하여 범인에 대한 재산반환청구권 또는 손해배상청구권 등을 행사할 수 없는 등 피해회복이 심히 곤란한 경우에 해당한다고 보기는 어려우므로, 이에 관한 추징을 선고하지는 않는다고 판시하였다.

위 법 제6조 제1항의 추징의 요건으로 부패재산으로서 범죄피해재산에 대한 것일 것, 범죄피해자가 범인에 대한 재산반환청구권 또는 손해배상청구권 등을 행사할 수 없는 등 피해회복이 심히 곤란하다고 인정되는 때라 할 것인데, 이 사건은 피고인이 유사수신행위의 방법을 이용하여 사기범행을 범한 것으로 이로 인하여 피해자들로부터 취득한 금원은 범죄피해재산에 해당함은 명백할 것이다. 따라서 이 사건에서 범죄피해자들이 피고인에 대한 피해회복이 심히 곤란하다고 인정되는지 여부가 쟁점이 되었다.

이에 대하여 대상판결은 원심단계에서 피고인과 위 피해자 사이에 대물변제 방법에 따라 일부 피해회복이 이루어졌고 나아가 이를 기초로 위 피해자와 합의에 이른 사정에 비추어 보면, 피해회복이 심히 곤란하다고 단정하긴 어렵다고 보아 추징금청구에 대한 제1심판결의 판단이 정당하다고 보았다. 이와 관련하여 위 법 제6조 제1항에 따른 추징금 청구를 심리함에 있어서 같은 법 제5조 제1항의 추징금 청구와 달리 제6조 제1항의 추징금 청구에 있어서는 범죄피해재산의 범위를 매우 한정시키고 있는 점, 원래 범죄피해재산은 환부 또는 교부의 대상이고 몰수·추징의 대상은 아니지만 범죄피해자의 반환청구권 행사가 곤란할 경우를 대비하여 사인에 대한 재산권 침해를 감수하고 예외적으로 둔 조항인 점, 법문상으로도 피해회복이 '심히' 곤란하다고 인정되는 때에 한하여 몰수 또는 추징이 가능하다고 명시한 점 등에 비추어 볼 때 추징금 청구를 인용하기 위해서는 상당히 엄격하게 해석해야 한다고 보인다.

위에서 명시한 '피해회복이 심히 곤란하다고 인정되는 때'로 볼 수 있으려면 예를 들어 부패범죄로 취득한 범죄수익을 해외의 계좌, 부동산, 가상자산 등으로 빼돌려 숨기는 경우,[10] 국내에 그 재산을 두고 있다고 하더라도 그 재산에 해당하는 부동산, 주식, 가상자산 등을 차명으로 해 놓는 경우, 범인이 그 재산을 금괴, 현금 등으로 바꾼 다음 도주한 경우 등을 상정할 수 있을 것이다.

---

10) 전계보고서, 34면

그러나 이 사건에서는 피고인이 사기 피해자에게 전체 피해금액의 90%에 상당하는 대부분의 피해 금액을 지급하면서 합의하였고 기록상 피해금액을 가상자산으로 바꾸어 놓거나 해외에 은닉하는 등의 사정이 보이지 않은 점에 비추어 볼 때, 설령 가상자산 상장투자 사기로서 해외 거래소에 상장한다는 기망행위로 취득한 금원이라 할지라도 피해자가 손해배상청구권 등을 행사할 수 없는 등 피해회복이 심히 곤란하다고 인정된다고 보기 어렵다고 생각한다. 이는 피해 금액 중 아직 회복되지 않은 금액이 남아있다고 하더라도 마찬가지일 것이고 그 남은 금액도 범인이 재산을 은닉하고 피해를 회복시키지 않은 다른 사건에 비하여 그 피해를 전보받을 수 있을 가능성이 더 높다고 보인다. 따라서 검사의 추징금 청구를 받아들이지 않은 대상판결의 태도는 타당하다고 할 것이다.

Ⅲ. 대상판결의 평가

대상판결에서 문제되는 가상자산을 이용한 사기 범행은 유사수신규제법위반과도 함께 이루어지는 경우가 많으므로 특히 가상자산 사기 범행에 대하여 검사가 기소를 할 때 그와 함께 추징금 청구를 할 여지가 크다. 그런데 수사기관에서는 가상자산 사기 범행에 대하여 사기와 유사수신규제법위반이 경합범으로서 함께 이루어졌다고 하여 기계적으로 추징금 청구도 하는 것이 실무례로 보이는데 이는 사인의 재산권 침해 여지를 심화시키기 때문에 피해회복이 심히 곤란한 경우에 해당하는지를 더 엄격하게 해석한 다음 추징금 청구를 할 필요가 있다. 이 사건과 같이 피해자가 피고인으로부터 대부분의 피해를 회복받은 경우에는 화해 또는 민사소송으로도 충분히 전보받을 수 있을 것으로 보이기 때문이다. 대상판결은 이러한 수사기관의 추징금 청구를 제한하고 그 요건을 엄격하게 하는 법률의 입법 취지에 맞게 판시하였다는 점에서 그 의의가 있다고 하겠다.

[50] 거래소 지갑에서 이더리움이 압수된 경우 지갑명의인의 환부청구 가부

— 서울중앙지방법원 2020. 9. 10.자 2020보5 결정, 2020. 9. 18. 확정 —

[사실 개요]

1. 피의자 성명불상재(이하 '피의자'라 한다)는 'P 코인'이라는 이름의 가상자산을 판매한다고 속여 2018. 11. 5.부터 2018. 11. 9.까지 사이에 다수의 피해자들로부터 총 589회에 걸쳐 시가 약 4,026,402,050원 상당의 이더리움 16,907개를 전송받아 편취한 뒤 잠적하였다. 이 사건과 관련하여 준항고인은 자신이 속한 암호화폐 공동투자 커뮤니티의 임시대표를 맡아 피의자에게 'P 코인'의 공동구매 의사를 전달하였고, 준항고인 측 투자자 72명은 피의자가 알려준 전자지갑 주소로 이더리움 2,458개를 전송하였다.

2. 피의자는 사기 범행을 종료한 2018. 11. 9. 위와 같이 전송받은 이더리움 중 250개를 준항고인 명의의 U 거래소(D 주식회사가 운영하는 인터넷 가상자산 거래소) 전자지갑으로 전송하였다.

3. 서울지방경찰청 사이버수사대 소속 사법경찰관(이하 '피준항고인'이라 한다)은 2019. 6. 3. U 거래소를 운영하는 D 주식회사로부터 위와 같이 준항고인 명의의 U 거래소 전자지갑으로 전송된 이더리움 250개를 압수하였는데, 위 압수는 서울지방경찰청(사이버수사대 테러2팀) 명의로 개설한 U 거래소 계정의 전자지갑에 위 이더리움을 이체하는 방식으로 이루어졌다(이하 위와 같이 압수된 이더리움 250개를 '이 사건 압수물'이라 한다).

4. 준항고인은 2020. 1. 9. 피준항고인에게 이 사건 압수물의 환부청구를 하였으나 피준항고인은 이를 거부하였고, 준항고인은 준항고인 측 투자자들 중 40명의 동의서를 받아 2020. 2. 20. 재차 이 사건 압수물의 환부청구를 하였으나 피준항고인은 다시 이를 거부하였다.

[판결 요지]

1. 가상자산 거래소의 기능과 운영방식, 현금 및 가상자산의 성질 등에 비추어 보면 가상자산 거래소와 회원 사이의 현금 및 가상자산에 관한 일반적인 법률관계는 다음과 같다고 보인다. 즉, 회원이 현금을 가상자산 거래소가 금융기관에 개설한 법인계정에 입금하면 그 현금에 대한 소유권은 금융기관에 이전되고, 가상자산 거래소는 금융기관에 대하여 예금청구권을 취득하게 되며, 회원은 가상자산 거래소에 대하여 현금 출금청구권을 취득하게 된다. 그리고 회원의 가상자산 거래소 계정과 연계된 거래소의 전자지갑에 가상자산이 입금되면 그 가상자산에 대한 소유 내지 처분권은 가상자산 거래소로 이전되고, 회원은 가상자산 거래소에 대하여 가상자산 출금청구권을 취득하게 된다.

2. U 거래소 이용약관에 의하면 앞서 본 법률관계는 U 거래소와 그 회원 사이에도 동일하게 적용된다고 판단된다. 따라서 U 거래소 외부에 개설된 피의자의 전자지갑에서 준항고인 명의의 U 거래소 전자지갑에 이 사건 압수물인 이더리움 250개가 전송되었다고 하더라도, 이에 대한 소유권 내지 처분권은 U 거래소를 운영하면서 전자지갑을 관리하는 D 주식회사로 이전된다고 봄이 상당하고[U 거래소 이용약관에 의하면, 'U 거래소 지갑'의 소유, 통제 또는 운영의 주체는 계정 명의자인 회원이 아니라 D 주식회사라고 할 것이다. D 주식회사는 이 사건 압수물에 대한 소유권 포기서를 작성하기도 하였다], 준항고인은 D 주식회사에 대하여 이더리움 250개에 대한 출금청구권만을 가지게 될 따름이다. 한편, 준항고인 명의의 U 거래소 계정에는 피의자로부터 전송받은 가상자산량을 반영한 가상자산 포인트가 입력될 뿐이고, 실제 이 사건 압수물은 D 주식회사가 관리하는 U 거래소 전자지갑에서 보관하던 중에 압수되었으므로, 준항고인이 위 압수물의 소지자, 보관자 또는 제출인에 해당한다고 볼 수도 없다. 따라서 D 주식회사가 피준항고인에 대하여 이 사건 압수물의 환부를 청구할 수 있는지 여부는 별론으로 하고 준항고인에게 위 압수물의 환부를 청구할 권리가 있다고 보기는 어려우므로, 준항고인의 환부청구에 대한 피준항고인의 거부 처분 역시 위법하거나 부당하다고 볼 수 없다.

해설

Ⅰ. 대상결정의 의의 및 쟁점

준항고인은 이 사건 압수물은 다른 피해자들의 이더리움과 완전히 구별되는 것으로서 다른 피해자들이 이에 대해 어떠한 권리를 주장할 수 없고, 준항고인을 비롯한 준항고인 측 투자자들 다수가 이 사건 압수물을 환부 받아 생계에 보태야 하는 상황에 놓여 있어 이 사건 압수물은 전부 그 소유자인 준항고인에게 환부되어야 하고, 적어도 준항고인에게 위 압수물이 환부되는 것에 동의한 투자자들의 투자금액에 비례하여 이 사건 압수물 중 이더리움 199.27개는 준항고인에게 환부되어야 한다고 주장하였다. 그러나 피준항고인은 준항고인이 이 사건 압수물의 소유자, 소지자, 보관자 또는 제출인이 아니라고 판단하여 환부를 거부한 것으로 보이는바, 결국 U 거래소 지갑에 보관된 이 사건 이더리움의 소유자가 누구인지가 이 사건의 쟁점이라고 할 것이다.

Ⅱ. 대상결정의 판단 분석

1. 압수물의 환부청구

형사소송법 제218조의2 제1항은 '검사는 사본을 확보한 경우 등 압수를 계속할 필요가 없다고 인정되는 압수물 및 증거에 사용할 압수물에 대하여 공소제기 전이라도 소유자, 소지자, 보관자 또는 제출인의 청구가 있는 때에는 환부 또는 가환부하여야 한다.'고 규정하고 있다. 압수는 물건의 점유를 수시기관의 점유로 이전하는 것이므로 이로 인한 피압수자에 대한 법익침해가 중대하다. 이에 따라 압수로 인해 확보되는 공익과 피압수자의 법익침해를 비교형량하여 필요최소한도로 행해야 하는 비례성의 원칙에 유의하여야 한다. 피압수자가 그 물건을 사용할 필요가 있는 경우에는 수사기관은 압수물을 사본한다든가, 사진으로 압수물을 대체한다든가 하는 방식으로 압수를 대체할 수 있다면 압수를 계속할 필요가 없으므로 이를 환부해 줄 필요가 있다.[1]

2. 가상자산 거래소를 통한 가상자산 거래의 법률관계

대부분의 가상자산 이용자들은 거래소를 통하여 가상자산을 보유하고, 거래소를 통하여 거래활동을 하고 있다. 거래소를 통할 경우, 보통 거래소가 자체적으로 풀노드 방식으로 블록체인에 연결되어 가상자산을 보유하고 있고, 이용자들은 거래소에 계정을 만들게 되며, 거래소는 이용자들이 거래소와의 관계에서 어느 종류의 가상자산을 얼마의 수량으로 보유하고 있는지를 자체적인 장부로 관리한다. 이용자가 원할 경우 자신의 고유 지갑에 가지고 있는 가상자산을 거래소에 이전하여 주고 다른 가상자산 또는 법정통화로 교환하는 거래를 할 수 있고, 대부분의 경우 손쉬운 절차로 법정통화를 거래소에 입금한 다음 거래소 자체의 장부상으로 거래를 진행한다. 이용자들은 거래소가 보유한 가상자산 혹은 법정통화를 직접적으로 지배하거나 보유한다고 할 수 없고, 자신의 장부상 보유하고 있는 가상자산 또는 법정통화의 출금을 원할 경우 거래소에 이를 요청할 수 있는 지위에 있게 된다. 이러한 법률관계에 대하여 정확하게 법적으로 설명하기는 쉽지 않은데, 일본에서는 가상자산은 재산적 가치 단위로서 추상적인 존재이므로 거래소와 이용자의 관계는 준소비임치로서의 성질을 가지고 있고 관리자의 지배는 타주점유라고 설명하는 견해가 있다.[2]

한편 일본 가상자산 거래소인 마운트곡스 파산사건에서는 거래소 이용자가 거래소가 관리하고 있는 비트코인에 대하여 소유권의 객체로서 거래소를 상대로 환취권을 행사할 수

---

1) 온라인주석서 형사소송법(2) 제5판, 한국사법행정학회(2017), 309면(이완규)
2) 김익현, 황인용, "가상자산 거래소 도산 관련 법률 문제 – 일본 마운트곡스사의 파산 사건을 중심으로–", 도산법연구 제8권 제2호(2018), 268–271면 참조.

있는지가 쟁점이 되었다. 이에 일본 동경지방재판소는 비트코인이 소유권의 객체가 되기 위해 요구되는 유체성 및 배타적 지배 가능성을 가지고 있다고는 인정되지 않아 물권인 소유권의 객체가 되지 않아 이용자는 비트코인의 소유권자가 될 수 없고, 마운트곡스가 관리하는 비트코인 주소에 보유된 비트코인에 대해서 공유지분권을 가질 수도 없으며, 소유권을 기초로 한 환취권도 행사할 수 없다고 판시하였다.[3]

이와 같이 가상자산 거래소를 통한 가상자산 거래의 특수한 상황을 고려하면 결국 가상자산 거래소 이용자는 자신이 거래소에 보관하고 있는 가상자산의 소유권자로 보기는 어렵고, 단지 거래소에 대하여 가상자산에 관한 채권적 출금청구권을 가지고 있는 상태라고 해석하여야 할 것이다.

3. 대상결정의 경우

이 사건 결정의 경우 가상자산 거래소에서의 가상자산 거래의 법률관계 및 U 거래소 약관을 근거로 U 거래소 외부에 개설된 피의자의 전자지갑에서 준항고인 명의의 U 거래소 전자지갑에 이더리움 250개가 전송되었다고 하더라도, 이에 대한 소유권 내지 처분권은 일단 U 거래소를 운영하면서 전자지갑을 관리하는 D 주식회사로 이전된다고 판단하였다. 이에 따라 준항고인은 위 이더리움에 대한 소유권 내지 처분권한을 보유한다고 볼 수 없고 D 주식회사에 대하여 이더리움 250개에 대한 출금청구권만을 가지게 된다고 본 것이다. 결국 대상결정은 앞서 본 법리와 유사하게 거래소 내의 가상자산에 대하여 가상자산 이용자의 소유권 내지는 처분권을 인정하지 않고 단지 채권적 출금청구권만을 인정한 것으로 보인다. 따라서 준항고인은 이 사건 이더리움에 대하여 소유권자로서 환부청구를 할 수 없다. 더불어 대상판결은 준항고인 명의의 U 거래소 계정에는 피의자로부터 전송받은 가상자산량을 반영한 가상자산 포인트가 입력될 뿐이고, 실제 이 사건 압수물은 D 주식회사가 관리하는 U 거래소 전자지갑에서 보관하던 중에 압수되었으므로, 준항고인이 위 압수물의 소지자, 보관자 또는 제출인에 해당한다고 볼 수도 없다고 보아 압수물의 소지자, 보관자 또는 제출인으로서의 환부청구도 불가능하다고 보았다. 그러면서 이 사건 이더리움의 소유권 내지 처분권을 가진 D 주식회사가 피준항고인에 대하여 이 사건 압수물의 환부를 청구할 수 있는지 여부는 별론이라고 하여 만약 D 주식회사가 환부청구를 할 경우에는 청구가 인용될 여지는 남겨 두었다.[4]

---

[3] 김익현, 황인용(주 2) 284면 참조.
[4] 이 결정은 2020. 9. 18. 그대로 확정되었다.

Ⅲ. 대상결정의 평가

이 사건 대상결정은 가상자산 거래소 내에 보관된 가상자산에 대하여 이용자가 어떠한 권리를 가지는지에 관하여 판단한 사례로서 중요한 선례로서의 의미가 있다. 대체적인 견해는 가상자산 거래소 내의 가상자산의 경우 이용자는 채권적 출금청구권을 가지는 것으로 보고 있는듯하다. 하지만 아직 대법원의 확립된 입장이 나오지는 않은 상태이므로, 이에 관하여는 심도 있는 논의가 계속 이루어져야 할 것으로 보인다. 가상자산이 소유권의 객체가 될 수 있는지에 관하여도 일본의 경우 마운트곡스 파산사건에서 비트코인이 소유권의 객체가 될 수 없다고 보았지만 국내의 경우에도 이와 같이 해석할지가 문제되고, 개인지갑에 있는 가상자산에 대한 법률관계를 어떻게 처리할 것인지도 중요한 관심사라고 할 것이다. 추후 이에 대한 연구와 해석론을 기대해 본다.

제2편

행정

[51] 가상자산거래소를 운영하는 회사가 벤처기업 육성에 관한 특별조치법에 따른 벤처기업에 해당하는지 여부

— 서울행정법원 2019. 6. 28. 선고 2018구합89770 판결, 2019. 7. 25. 항소취하 확정 —

[사실 개요]

1. 원고는 2017. 9. 26. 벤처기업 육성에 관한 특별조치법('벤처기업법') 제25조 제2항에 따라 벤처기업에 해당한다는 확인을 받았다. 그 후 같은 법 시행령 제2조의4 [별표 1]이 2018. 10. 2. 대통령령 제29216호로 개정되면서 '블록체인 기반 암호화 자산 매매 및 중개업'이 벤처기업 업종에서 제외되었다.

2. 이에 피고는 벤처기업법 제25조의2 제1항 제2호에 따라 원고가 더 이상 벤처기업의 요건을 갖추지 아니하게 된 경우에 해당한다는 이유로 원고에 대한 벤처기업 확인을 취소하였다('이 사건 처분').

[판결 요지]

1. 벤처기업법 제25조의2 제1항 제2호가 규정하는 "제2조의2의 벤처기업의 요건을 갖추지 아니하게 된 경우"라 함은, 벤처기업으로 확인받은 이후에 벤처기업법 제2조의2가 규정하는 벤처기업의 요건을 충족하지 못하게 된 경우는 물론이고, 같은 법 시행령으로 정하는 '벤처기업에 포함되지 아니하는 업종'을 영위하는 기업에 해당하게 되어 결국 벤처기업법 제3조에 따라 '벤처기업에 포함되지 않게 된 기업'을 포함한다.

2. 벤처기업 확인을 받은 기업이 벤처기업법 제2조의2가 규정하는 벤처기업의 요건을 갖추지 아니하게 된 경우, 피고가 벤처기업법 제25조의2 제1항에 따른 처분을 함에 있어 반드시 기존 벤처기업 확인의 유효기간을 기다려야 할 의무가 있다고 보기 어렵고, 피고로서는 적법한 재량권의 범위 내에서 벤처기업 확인을 곧바로 취소할지 여부를 결정할 수 있다.

3. 원고의 임·직원 3명이 원고가 운영하는 가상자산거래소의 운영업무와 관련하여 사전자기록등위작, 위작사전자기록등행사, 사기 혐의로 각각 기소된 점 등을 감안하여 이 사건 처분을 한 것이 재량권 일탈·남용에 해당하지 않는다.

해설

I. 대상판결의 의의 및 쟁점

벤처기업법 제25조 제2항에 따라 벤처기업에 해당한다는 확인을 받은 후 사후적으로 그 확인을 취소하는 경우, 필요한 법적 근거의 정도, 기존에 받은 확인기간의 법적 성격, 위 취소처분이 재량처분인지 여부 및 만약 그렇다면 그 재량권행사에 있어서 고려되는 사항 등에 관하여 판단한 사례이다.

Ⅱ. 취소처분에 필요한 법적 근거

1. 행정행위 철회의 관점에서

벤처기업법 제25조의2 제1항 제2호는 '제2조의2의 벤처기업의 요건을 갖추지 아니하게 된 경우' 기존에 벤처기업법 제25조 제2항에 따라 받은 확인을 취소할 수 있다고 규정하고, 대상판결의 피고는 위 조항에 근거하여 이 사건 처분을 하였다. 그런데 벤처기업법 제25조 제2항은 피고가 벤처기업의 해당 여부를 확인하고 벤처기업확인서를 발급하도록 규정하고 있고, 위와 같은 벤처기업의 해당 여부 확인 과정에 '대통령령으로 정하는 업종을 영위하는 기업은 벤처기업에 포함하지 아니한다.'라고 규정한 벤처기업법 제3조의 요건 확인 절차가 포함됨은 당연하다.

이렇게 본다면 '행정행위를 한 처분청은 비록 그 처분 당시에 별다른 하자가 없었고, 또 그 처분 후에 이를 취소할 별도의 법적 근거가 없다 하더라도 원래의 처분을 존속시킬 필요 가 없게 된 사정변경이 생긴 경우 그 효력을 상실케 하는 별개의 행정행위로 이를 취소할 수 있다.'라고 판시한 대법원 판결(대법원 1995. 6. 9. 선고 95누1194 판결 등)에 따라, 피고로서는 별도의 법적 근거 없이도 벤처기업법 시행령 제2조의4 [별표1]이 2018. 10. 2. 대통령령 제 29216호로 개정되면서 '블록체인 기반 암호화 자산 매매 및 중개업'이 벤처기업 업종에서 제외되었다는 사정변경을 이유로 원래의 벤처기업 확인 처분을 취소(철회)할 수 있다.

2. 법률유보 원칙의 관점에서

다만 대상판결은 피고가 제시한 법적 근거 지움이 타당한지에 관한 원고 주장의 당부 를 판단하였다. 이 사건 처분은 수익적 행정처분의 취소로서 실질적인 효과가 제재적 행정 처분과 유사하여, 제재적 행정처분에서와 마찬가지로 그 법적 근거가 필요하다.

벤처기업법 제25조의2 제1항 제2호는 같은 법 제2조의2만을 언급하고 있고, '벤처기업 법 제3조에 따라 벤처기업에서 제외된 기업'에 관하여는 규정하고 있지 않다. 벤처기업법 제3조는 '제2조 제1항에도 불구하고 … 대통령령으로 정하는 업종을 영위하는 기업은 벤처 기업에 포함하지 아니한다.'라고, 벤처기업법 제2조 제1항은 '벤처기업이랑 제2조의2의 요건 을 갖춘 기업을 말한다.'라고 각 규정하여, 벤처기업법 제2조 제1항을 매개로 벤처기업법 제 3조와 같은 법 제2조의2 사이의 연관성이 확인될 뿐이다.

대법원은 행정처분 취소소송상 원고적격의 해석에 있어 '근거 법규'의 개념에 근거 법규가 다른 법규를 인용함으로 인하여 근거 법규가 된 경우까지를 아울러 포함한다는 점을 반복적으로 밝혀왔다(대법원 2004. 8. 16. 선고 2003두2175 판결).

대상판결은 벤처기업법 제2조 제1항, 제2조의2, 제3조, 제25조의2의 체계적 해석을 통해 입법자의 의도를 '제3조에 따라 대통령령으로 정한 업종을 영위하는 기업은 벤처기업에서 제외하여 벤처기업법이 정하고 있는 혜택을 부여하지 않겠다.'라고 본 후, '제2조의2의 벤처기업의 요건을 갖추지 아니하게 된 경우'에 '대통령령으로 정하는 벤처기업에 포함되지 아니하는 업종을 영위하는 기업에 해당하게 되어 결국 제3조에 따라 벤처기업에 포함되지 않게 된 기업'을 포함시키고 있다. 처분의 근거 법규를 확대하는 시도는 국민의 권리를 축소하는 결과를 초래하여 앞서 본 대법원이 전개한 논리와 그 지향점은 다르나, 적어도 구조적인 방법론에 있어서는 양자는 유사한 측면을 띄고 있다.

특히 주목할 바는 기존의 법률유보 원칙 논의의 대부분이 수직적인 위임입법의 한계와 관련하여 이루어졌으나, 대상판결은 같은 형식인 법률 내에서 수평적인 근거법규의 해석론을 전개하였다는 것이다.

Ⅲ. 확인기간의 법적 성격

1. 관련 규정 및 원고 주장의 요지

벤처기업법 제25조 제2항 단서는 피고로 하여금 유효기간을 정하여 벤처기업확인서를 발급할 의무를 부담시키고 있고, 이에 따라 같은 법 시행령 제18조의4(2020. 5. 12. 대통령령 제30676호로 개정되기 전의 것)는 그 유효기간을 확인일로부터 2년으로 정하고 있다. 한편 벤처기업법 제25조의2 제1항은 제1호의 '거짓이나 그 밖의 부정한 방법으로 벤처기업임을 확인받은 경우'를 제외하고는 나머지 각 호에 해당하는 경우를 벤처기업 확인의 '임의적' 취소사유로 규정하고 있다.

원고는 위 규정들을 토대로, '벤처기업 확인을 받은 기업이 사후적으로 벤처기업법 제2조의2의 요건에 흠결이 발생하였다고 하더라도 곧바로 벤처기업 확인이 실효되거나 이를 취소하여야 하는 것은 아니고 적어도 기존의 벤처기업 확인의 유효기간까지는 벤처기업의 지위를 유지할 수 있도록 하여야 한다.'고 주장하였다.

2. 평가

판례는 '벤처기업법 제2조의2, 제25조, 벤처기업 확인요령(중소벤처기업부 고시) 제18조 제2항에 따라 발급되는 예비벤처기업확인서는 증명의 편의를 위하여 발급되는 확인서면이지 실체적 권리의무의 창설·변경·소멸을 위한 목적에서 작성되는 처분문서가 아니므로, 위

서류에 기재된 유효기간은 그 서류 자체가 거래상 통용될 수 있는 유효기간을 의미할 뿐이다.'라는 입장을 밝힌 바 있다(대법원 2018. 2. 28. 선고 2017두67872 판결).

벤처기업법 제2조의2 제1항 제3호 다목 ⑵와 제25조는 벤처기업의 요건과 확인절차를 규정함에 있어 예비벤처기업과 벤처기업을 구분하지 않고 있고, 예비벤처기업확인서 양식 역시 벤처기업확인서와 동일하게 그 근거 법령으로 벤처기업법 제25조를 명시하고 있는 등 예비벤처기업확인서와 벤처기업확인서를 동일하게 취급하는 입장에서는(이러한 이유로 예비벤처기업 확인을 받은 날을 조세특례법상 벤처기업 확인을 받은 날로 본 판결로 대법원 2011. 12. 22. 선고 2009두14040 판결) 벤처기업확인서에 기재된 유효기간 역시 그 서류 자체가 거래상 통용될 수 있는 유효기간을 의미한다고 볼 것이다. 이와 반대로 벤처기업법에 따른 벤처기업으로 확인받은 기업에 대하여 기술보증기금의 우선적 신용보증(제5조), 소득세·법인세·취득세·재산세 및 등록면허세 등의 감면(제14조) 등 다양한 혜택이 발생하는 것을 실체적 권리의무의 창설·변경에 해당하는 것으로 본다면, 이 사건에서 문제된 벤처기업확인서의 유효기간에 대해 더 강화된 의미를 부여할 수 있다. 학설상 이 사건에서의 유효기간을 부관으로 분류할지 혹은 준법률행위적 행정행위인 확인(Feststellung)으로 분류할지 이견이 있을 수 있다. 이중 확인은 권리설정적 성격을 지닌다고 보는 견해가 많다.

유효기간을 확인으로 본다고 하더라도, 그 유효기간은 해당 기간의 지속성에 대한 신뢰보호가 강하게 요청된다는 의미를 지닐 뿐 법령의 개정이나 사실상태의 현저한 변화 등의 사정이 생겼을 때에도, 그 유효기간에 대한 절대적인 보호가 이루어져야 한다고 볼 수는 없다. 앞서 본 행정행위의 철회 법리에 의할 때에도 실제로 철회하여야 할 공익상의 필요와 철회로 인하여 당사자가 입을 불이익 등을 형량하여 철회 여부를 결정하여야 하고, 이것이 잘못되었을 때에는 재량권의 남용이나 일탈에 해당하게 되는데(대법원 1990. 6. 26. 선고 89누5713 판결 등), 그 형량 요소 중의 하나로 유효기간의 의미가 충분히 고려되어야 할 것이다.

대상판결은 유효기간의 법적 성격에 관한 별다른 논증 없이 해당 유효기간이 절대적으로 보호될 수는 없다고만 보면서 재량권 일탈·남용 여부의 판단 결과에 따라 원고의 주장을 배척하고 있어, 그 논증 과정이 다소 아쉽다고 생각한다.

Ⅳ. 재량권의 일탈·남용

1. 벤처기업법 시행령의 개정

벤처기업법 시행령 제2조의4 [별표1]이 2018. 10. 2. 대통령령 제29216호로 개정되면서 '블록체인 기반 암호화 자산 매매 및 중개업'이 벤처기업 업종에서 제외된 이유는, 가상자산과 관련하여 비정상적인 투기과열 현상과 유사수신·자금세탁·해킹 등의 불법행위가 발생함에 따라 건전한 산업생태계를 형성하고 산업 경쟁력을 높이기 위함이다. 위 개정 당시 블록체인 기술 관련 업종(블록체인 기반 유선 온라인 게임 소프트웨어 개발 및 공급업, 블록체인 기반 모바일 게임 소프트웨어 개발 및 공급업, 블록체인 기반 시스템 소프트웨어 개발 및 공급업, 블록체인 기반 응용 소프트웨어 개발 및 공급업, 블록체인 기반 컴퓨터 프로그래밍 서비스업, 블록체인 기반 컴퓨터 시스템 통합 자문 및 구축 서비스업, 블록체인 기술 관련 기타 정보기술 및 컴퓨터 운영 서비스업, 블록체인 기술 관련 호스팅 서비스업)은 벤처기업에 포함되는 업종으로 그대로 유지하였다.

2. 평가

대상판결은 ① 이 사건 처분이 개정된 벤처기업법 시행령의 입법 목적에 부합하고, ② 원고 회사의 임직원 3명(이사회 의장, 재무이사, 퀀트팀장)이 원고가 운영하는 가상자산거래소의 운영업무와 관련하여 사전자기록등위작, 위작사전자기록등행사, 사기 혐의로 각각 기소되었으며, ③ 이 사건 처분으로 원고가 세금감면 등의 혜택을 부여받지 못하게 되는 것일 뿐, 가상자산 매매 및 중개업 자체는 계속 영위할 수 있다는 이유로, 이 사건 처분이 재량권을 일탈·남용하지 않았다고 판단하였다.

앞에서 본 것처럼, 재량권의 일탈·남용의 판단 요소 중의 하나로 앞서 본 벤처기업확인 유효기간의 의미나 기간 경과의 정도 등이 고려되지 않은 것은 아쉽다.

나아가 판례는 '형사사건으로 기소되었다는 이유만으로 직위해제처분을 하는 것은 정당화될 수 없고, 당사자가 유죄판결을 받을 고도의 개연성이 있는지 여부, 당사자가 계속 직무를 수행함으로 인하여 공정한 공무집행에 위험을 초래하는지 여부 등 구체적인 사정을 고려하여 그 위법 여부를 판단하여야 한다.'라고 반복적으로 판시하고 있는데(대법원 1999. 9. 17. 선고 98두15412 판결, 대법원 2014. 8. 26. 선고 2014두37412 판결, 대법원 2017. 6. 8. 선고 2016두38273 판결 등), 위 판시와의 일관성을 유지하기 위해서는 원고 회사의 임직원들이 유죄판결을 받을 고도의 개연성이 있는지 여부, 원고가 블록체인 기반 가상자산 매매 및 중개업을 운영하면서 개정 벤처기업법 시행령이 예정하고 있는 유사수신·자금세탁·해킹 등의 불법행위를 할 위험이 있는지 여부 등이 추가로 판단되었어야 할 것이다. 물론 위 판시는 헌법상 공무원의 신분보장의 필요성이 고려된 것으로, 이 사건의 경우 가상자산 매매 및 중개업자의 헌법상 지위에 관한 검토가 선행되어야 할 필요도 있다.

참고문헌
이경운, "허가 등의 조건존속기간", 행정판례평선 (2011)
변무웅, "이른바 준법률행위적 행정행위", 한양법학 33집 (2011)

[52] 지급정지에 대한 이의제기신청 반려처분 취소소송
― 서울고등법원 2019. 11. 29. 선고 2019누40798 판결, 2020. 4. 13. 상고기각 확정 ―

[사실 개요]

1. A 은행은 2017. 11. 28. 전기통신금융사기 피해 방지 및 피해금 환급에 관한 특별법('법') 제4조 제1항에 따라 가상자산 거래업을 영위하는 원고 명의의 계좌('이 사건 계좌')에 대한 지급정지 조치('이 사건 지급정지')를 하였다. 원고는 2017. 12. 6. 구법(2018. 3. 13. 법률 제15472호로 개정되기 전의 것, 이하 같다) 제7조 제1항에 따라 A 은행에게 지급정지에 대한 이의제기를 하였다. 금융감독원('금 감원')은 위 계좌로 입금된 돈을 전기통신금융사기 피해금으로 보고, 2017. 12. 8.부터 같은 달 15.까지 법 제5조 제2항, 제3항에 따라 위 계좌의 예금채권에 대한 채권소멸절차의 개시를 공고한 뒤 이를 원고에게 통지하였다.

2. 금감원은 2018. 1. 31. 원고의 위 1.항 기재 이의제기 신청을 반려하였고, 원고는 위 반려처분의 취 소소송을 제기하였다. 구법은 법으로 개정되었고, 법은 2018. 3. 13. 시행되었다.

3. 그런데 이 사건 계좌에 입금한 명의인들은 원고가 운영하는 가상화폐 거래소의 회원으로서 가상자산을 매수하기 위하여 입금을 한 것이었고, 원고는 정당한 권원에 의하여 위 입금을 받은 것이었다.

[판결 요지]

1. 원고의 이의제기를 통해 구법 제8조 제1항 제2호에 따라 채권소멸절차가 종료되었으므로, 이 사건 계좌의 예금채권이 소멸하지 않았고, 원고로서는 피고의 이의제기 반려결정의 취소를 구할 법률상 이익이 있다.

2. 피고의 이의제기 반려결정 당시 구법 제8조 제2항 제2호 본문에 따른 지급정지의 해제가 없었고, 피고가 원고의 이의제기를 수용하는지 여부에 따라 이 사건 지급정지의 종료(해제) 여부가 결정되므로, 피고의 반려결정은 항고소송의 대상인 처분이다.

3. 구법 제8조 제2항 제2호 단서에 따라 지급정지 해제 여부를 결정하는 기관은 결국 피고이므로, 피고는 피고적격이 있다.

4. 구법 제7조 제1항은 명의인의 이의제기가 수용될 수 있는 범위를 좁게 규정하여 명의인의 재산권을 지나치게 제한할 우려가 있으므로, 법 제7조를 소급적용하는 것이 오히려 명의인 등의 이익을 증진하고 불이익이나 고통을 제거하는 경우에 해당한다. 따라서 원고의 이의제기에도 법 제7조 제1항을 소급적용해야 하고, 원고가 정당한 권원에 의하여 입금을 받은 이상 피고는 법 제7조 제1항 제2호에 따라 원고의 이의제기를 수용했어야 한다.

해설

Ⅰ. 대상판결의 의의 및 쟁점

가상자산과 연결된 은행 계좌는 자금세탁 등의 탈법행위의 수단으로 사용될 가능성이 있다. 대상판결은 위와 같은 의심으로 인해 은행의 지급정지 및 금융감독원의 채권소멸절차가 개시된 후 가상자산 거래업을 영위하는 사업자가 이의제기 등을 통해 구제받는 절차에 관한 법리를 제시하였다.

Ⅱ. 관련 법령

〈법〉

제4조(지급정지) ① 금융회사는 다음 각 호의 어느 하나에 해당하는 경우 거래내역 등의 확인을 통하여 전기통신금융사기의 사기이용계좌로 의심할 만한 사정이 있다고 인정되면 즉시 해당 사기이용계좌의 전부에 대하여 지급정지 조치를 하여야 한다.

제5조(채권소멸절차의 개시 공고) ② 금융감독원은 제1항에 따라 채권소멸절차 개시의 공고 요청을 받은 경우 지체 없이 대통령령으로 정하는 바에 따라 다음 각 호의 사항을 공고하여야 한다.

③ 금융감독원은 제2항에 따라 채권소멸절차의 개시에 관한 공고를 한 경우 지체 없이 명의인에게 채권소멸절차의 개시에 관한 사실을 통지하여야 한다. 다만, 명의인의 소재를 알 수 없는 경우에는 제2항에 따른 공고로 명의인에 대한 통지가 이루어진 것으로 본다.

제7조(지급정지 등에 대한 이의제기) ① 명의인은 다음 각 호의 어느 하나에 해당하는 경우에는 제4조제1항에 따른 지급정지 또는 제13조의2제3항에 따른 전자금융거래 제한이 이루어진 날부터 제5조제2항에 따른 공고일을 기준으로 2개월이 경과하기 전까지 금융회사에 지급정지, 전자금융거래 제한 및 채권소멸절차에 대하여 이의를 제기할 수 있다.

　　2. 제9조에 따라 소멸될 채권의 전부 또는 일부를 명의인이 재화 또는 용역의 공급에 대한 대가로 받았거나 그 밖에 정당한 권원에 의하여 취득한 것임을 객관적인 자료로 소명하는 경우.
　　(단서 생략)

제9조(채권의 소멸) ① 명의인의 채권(제5조제2항 및 제6조제3항에 따른 채권소멸절차 개시 공고가 이루어진 금액에 한한다)은 제5조제2항에 따른 최초의 채권소멸절차 개시의 공고일부터 2개월이 경과하면 소멸한다.

부칙 〈제15472호, 2018.3.13〉

제1조(시행일) 이 법은 공포한 날부터 시행한다.

제2조(이의제기에 관한 적용례) 제7조제1항 및 제2항의 개정규정은 이 법 시행 당시 지급정지된 사

기이용계좌부터 적용한다.

〈구법〉

제7조(지급정지 등에 대한 이의제기) ① 명의인은 제4조제1항에 따른 지급정지 또는 제13조의2제3항에 따른 전자금융거래 제한이 이루어진 날부터 제5조제2항에 따른 공고일을 기준으로 2개월이 경과하기 전까지 해당 계좌가 사기이용계좌가 아니라는 사실을 소명하여 지급정지, 전자금융거래 제한 및 채권소멸절차에 대하여 이의를 제기할 수 있다.

② 제1항에 따른 이의제기를 접수한 금융회사는 이의제기 사실을 즉시 피해구제 신청을 한 피해자 및 금융감독원에 통지하여야 한다.

제8조(지급정지 등의 종료) ① 금융회사 및 금융감독원은 다음 각 호의 어느 하나에 해당하는 경우 사기이용계좌의 전부 또는 일부에 대하여 이 법에 따른 지급정지·채권소멸절차 및 명의인에 대한 전자금융거래 제한을 종료하여야 한다. 다만, 제1호에 해당하는 경우에는 전자금융거래 제한을 종료하지 아니 한다.

　2. 제7조제1항에 따른 이의제기가 있는 경우

② 금융회사는 제1항에도 불구하고 다음 각 호의 어느 하나에 해당하는 때에는 지급정지를 해제하지 아니한다.

　2. 제7조제2항에 따라 명의인의 이의제기 사실을 피해자가 통보받은 날부터 2개월이 경과하기 전. 다만, 명의인이 해당 계좌가 사기이용계좌가 아니라는 사실을 충분히 소명하고 이에 상당한 이유가 있다고 인정되는 경우에는 지급정지를 해제할 수 있다.

③ 금융회사 또는 금융감독원은 제1항 및 제2항에 따라 지급정지 및 채권소멸절차를 종료한 경우 지체 없이 해당 명의인과 피해구제 신청을 한 피해자 및 관련 금융회사에 통지하여야 한다.

Ⅲ. 대상판결의 분석

1. 법률상 이익

금감원은 "구법 제8조 제1항 제2호의 채권소멸절차 종료사유는 '명의인이 이의제기를 하고, 금융회사 또는 금감원이 이러한 이의제기가 정당한 것으로 인정한 경우'를 의미하므로, 원고의 이의제기를 정당한 것으로 인정하여 채권소멸절차를 종료시키지 않은 이상, 법 제9조 제1항에 따라 채권소멸절차 개시 공고일로부터 2개월이 경과한 시점에 이미 이 사건 계좌의 예금채권이 소멸하였으므로, 위 이의제기 반려결정을 취소할 법률상 이익이 없다."고 항변하였다.

대상판결은 ① 별도의 처분이 있어야 채권소멸절차가 종료된다면, 명의인의 정당한 이의제기가 있음에도 공고일로부터 2개월 안에 별도 처분이 없을 경우 명의인의 예금채권이 자동으로 소멸되어 불합리한 점, ② 공고일로부터 2개월이 경과하면 자동으로 채권이 소멸되고 그 이전에는 어떠한 법적 효과도 없으며 공고 외의 별도의 절차나 행위도 필요 없는 채권소멸절차의 특성상(구법 제8조 제3항), 채권 소멸 전에 채권소멸절차를 종료하는 경우에도 별도의 절차나 행위가 필요 없는 점 등에 비추어 보면, 금감원의 수용 여부를 불문하고 계좌 명의인의 이의제기가 있으면 구법 제8조 제1항 제2호에 따라 채권소멸절차가 당연히 종료되었다고 판단하였다. 더 나아가 대상판결은 위와 같은 효과의 결과, 이 사건 지급정지, 원고의 이의제기, 금감원의 채권소멸절차 개시 공고 순으로 진행된 이 사건의 경우, 원고의 이의제기에도 불구하고 이루어진 채권소멸절차 개시 공고의 효력을 인정할 수 없고, 따라서 위 채권소멸절차가 진행되지 않았으며, 결과적으로 이 사건 계좌의 예금채권이 소멸되지 않아, 법률상 이익이 있다고 보았다.

2. 행정처분성

금감원은 "이의제기 반려결정만으로는 원고의 권리의무에 어떠한 변화도 발생하지 아니하고 채권소멸절차가 그대로 진행될 뿐이므로, 채권소멸절차 개시 공고가 행정처분이지 이의제기 반려결정은 행정처분이 아니다."라고 항변하였다.

대상판결은 "구법 제8조 제2항 제2호에 의하면, 계좌 명의인이 이의제기를 하더라도 곧바로 계좌에 대한 지급정지가 종료(해제)되는 것이 아니라 '해당 이의제기를 수용하는 경우(제2호 단서)' 또는 '명의인의 이의제기 사실을 피해자가 통보받은 날부터 2개월이 경과한 경우(제2호 본문)'에만 지급정지가 종료(해제)되는데, 이 사건 지급정지가 제2호 본문에 따라 종료되지 않았다. 그렇다면 원고의 이의제기가 수용되는지 여부에 따라 이 사건 지급정지의 종료 여부가 결정되므로, 금감원의 이의제기 반려결정은 행정처분이다."라고 판시하면서 위 항변을 배척하였다.

3. 피고적격

금감원은 구법 제8조 제2항이 지급정지 해제의 주체를 금융회사로 규정하고 있으므로 자신에게는 피고적격이 없다고 항변하였다.

대상판결은 ① 구법 제8조 제1항은 지급정지, 채권소멸절차 등의 종료의무를 금융회사 뿐만 아니라 금감원에게도 부담시키고 있는 점, ② 구법 제7조 제2항은 금융회사로 하여금 이의제기 사실을 피해자 및 금감원에 통지하여야 함을 규정하고 있지만 금융회사가 금감원에게 이의제기의 수용 여부를 통지하는 규정은 따로 없으므로 이의제기의 수용 여부를 금감원이 결정하도록 예정하였다고 볼 수 있는 점, ③ 실무상 이의제기의 수용 여부는 금융회사가 아닌 금감원이 결정하고 있고, 금감원의 결정에 금융회사는 사실상 종속될 수밖에 없는 점 등을 고려하면, 구법 제8조 제2항 제2호 단서에 따라 지급정지 해제 여부를 결정하는 기관은 결국 금감원이므로, 금감원에게 원고의 반려결정 취소처분 취소소송에 대한 피고적 격이 있다고 보았다.

4. 적용 법률 및 결과

법 제7조 제1항 제2호는 구법 제7조 제1항에 비해 이의제기하는 계좌명의인이 소명하 여야 하는 사실에 관한 요건을 명확하게 하고, 조금 더 소명이 쉬운 요건사실을 소명할 수 있도록 하였다. 이 사건에서의 소급입법을 진정 소급입법으로 포섭할지 혹은 부진정 소급 입법으로 포섭할지 문제될 수 있으나, 설령 전자로 본다고 하더라도 대법원은 법령의 소급 적용, 특히 행정법규의 소급적용은 법령을 소급적용하더라도 일반 국민의 이해에 직접 관 계가 없는 경우, 오히려 그 이익을 증진하는 경우, 불이익이나 고통을 제거하는 경우 등의 특별한 사정이 있는 경우에 한하여 예외적으로 법령의 소급적용이 허용됨을 밝혀왔다(대법 원 2005. 5. 13. 선고 2004다8630 판결, 대법원 2013. 2. 14. 선고 2012두3774 판결 등). 대상판결 은 구법 제7조 제1항은 명의인의 이의제기가 수용될 수 있는 범위를 좁게 규정하고 있고 이 로 인해 명의인의 재산권을 지나치게 제한할 우려가 있으므로, 법 제7조를 소급적용하는 것 이 오히려 명의인 등의 이익을 증진하고 불이익이나 고통을 제거하는 경우에 해당한다고 보면서, 원고의 이의제기에 법 제7조 제1항을 소급적용하였다. 구법 당시에는 정상적인 상 거래 대금이라 하더라도 피해자의 계좌로부터 송금·이체된 피해금이라면, 계좌명의인의 이 의제기를 반려해오고 있었다. 보이스피싱 피해를 이유로 지급정지를 허위로 신고한 것으로 의심되는 자가 적지 않은 상황에서, 일단 피해자에게 환급된 금전은 피해자의 일반재산에 귀속되어 계좌 명의인으로서는 이후 소송을 제기하여 승소하더라도 다른 일반채권자들과 동 순위로 환급금을 안분하여야 하는 불리한 지위에 처해 있었는데, 이에 2018. 3. 13. 개정 된 법은 '입금된 금액이 재화나 서비스를 제공하고 받은 금액임을 소명한 경우' 계좌명의인 의 지급정지에 대한 이의제기를 허용하기에 이른 것이다. 대상판결의 해석은 이러한 법의 개정이유를 적극적으로 고려한 것이다.

대상판결은, 이 사건 계좌에 입금한 명의인들이 원고가 운영하는 가상화폐 거래소의 회원으로서 가상자산을 매수하기 위하여 입금을 하였으므로, 원고가 법 제7조 제2항 제2호 의 정당한 권원에 의해 채권을 취득한 경우에 해당하므로, 피고는 법 제7조 제1항 제2호에 따라 원고의 이의제기를 수용했어야 한다고 판단하였다.

Ⅳ. 대상판결의 평가

사기이용계좌로 의심할 만한 사정만 있었고 실제로는 사기이용계좌에 해당하지 않는 경우에 해당 계좌 명의인이 그에 관한 채권소멸절차로부터 보호받아야 함은 당연하다. 자칫 경직된 방향으로 이루어질 수 있는 구법과 법에 규정된 지급정지, 이의제기, 채권소멸절차 등에 관하여, 타당한 해석을 한 판결이라고 본다.

참고문헌

홍채영, "'전기통신금융사기피해 방지 및 피해금 환급에 관한 특별법' 고찰을 통한 선의의 사기이용계좌 명의인 구제책 검토", CNU Law Review 제14호(2019)

[53] 가상자산을 취득할 수 있도록 한 인터넷게임의 등급분류결정취소처분에 대한 집행정지여부

— 서울고등법원 2022. 4. 13.자 2022루1036 결정, 2022. 4. 22. 확정 —

[사실 개요]

1. 신청인은 인터넷 게임을 개발하여 퍼블리싱하는 회사로 2021.경 '무한돌파삼국지 리버스' 게임물(이하 '이 사건 게임'을 제작하여 구글 LLC를 통해 이 사건 게임을 퍼블리싱하여 운영하고 있었다. 이 사건 게임은 게임을 플레이하면서 게임내에서 사용가능한 가상자산인 무돌을 얻고 이를 가상자산거래소를 통해 현금화할 수 있었다.

2. 이 사건 게임은 일일 퀘스트(미션)을 완수하면 가상자산 무돌코인 50개를 얻을 수 있고, 가상자산인 무돌코인은 탈중앙거래소를 통해 그라운드 x가 발행한 클레이로 바꿀 수 있었고, 이 클레이를 다시 빗썸과 코인원 거래소를 통해 현금화할 수 있었다. 무돌코인 50개를 취득하는데 10 내지 15분이면 되고, 무돌코인 100개가 4,500원 정도의 시세를 형성하자 이 사건 게임가입자가 순식간에 증가하여 2021. 12.경 일일 이용자수 20만 명에 이르는 흥행을 이루었다. 구글 플레이스토어의 매출 중 10위권을 달성하기도 하였다.

3. 이 사건 게임은 자체등급분류제도를 이용하여 게임물심의를 받지 않고 서비스가 되었는데 자체등급분류제도란 게임물관리위원회가 자체 등급분류 사업자를 선정해 해당 사업자가 청소년 이용불가게임과 아케이드 게임을 제외한 게임등급을 지정할 수 있게 하는 제도로, 모바일 게임은 구글과 애플이 자체 가이드라인에 따라 심사하고 그 심사만 통과하면 앱스토어에서 자유롭게 다운로드 받아 게임을 이용할 수 있다.

4. 이 사건 게임의 이용자수가 급증하자 게임물관리위원회는 사행성 게임여부에 대해 모니터링을 하고 있다고 발표하고, 발표후 10일 만에 이 사건 게임에 대해 등급분류결정 취소처분(이하 '이 사건 등급분류결정 취소처분'이라고 한다)을 하였다.

5. 이 사건 게임의 운영사인 신청인은 이 사건 등급분류결정 취소처분에 대해 서울행정법원에 위 등급분류결정 취소처분에 대해 행정처분취소소송을 제기함과 동시에 신청인에게 회복하기 어려운 손해가 발생하고 공공복리에 미칠 중대한 영향은 존재하지 않는다고 주장하면서 이 사건 집행정지신청을 하였다.

[판결 요지]

1. 행정소송법 제23조 제2항에서 정하고 있는 집행정지 요건인 '회복하기 어려운 손해'

라 함은, 특별한 사정이 없는 한 금전으로 보상할 수 없는 손해로서 이는 금전보상이 불
능인 경우 내지는 금전보상으로는 사회관념상 행정처분을 받은 당사자가 참고 견딜 수
없거나 또는 참고 견디기가 현저히 곤란한 경우의 유형, 무형의 손해를 일컫는다(대법원
2010. 5. 14.자 2010무48 결정 등 참조). 당사자가 행정처분 등이나 그 집행 또는 절차의
속행으로 인하여 재산상의 손해를 입거나 기업 이미지 및 신용이 훼손당하였다고 주장하
는 경우에 그 손해가 금전으로 보상할 수 없어 '회복하기 어려운 손해'에 해당한다고 하
기 위해서는, 그 경제적 손실이나 기업 이미지 및 신용의 훼손으로 인하여 사업자의 자금
사정이나 경영 전반에 미치는 파급효과가 매우 중대하여 사업 자체를 계속할 수 없거나
중대한 경영상의 위기를 맞게 될 것으로 보이는 등의 사정이 존재하여야 한다(대법원
2003. 4. 25.자 2003무2 결정).

　2. 이 사건 등급분류결정 취소처분으로 인해 신청인이 이 사건 게임물의 서비스를 중
단하게 됨으로써 입게 될 손해는 금전으로 보상할 수 없는 손해라고 보기 어렵다. 또한
신청인은 현재 이 사건 게임물과 내용이 동일하고, '블록체인' 기술을 사용하여 거래소에
서 환전이 가능한 일종의 가상자산인 '무돌토큰'을 제공하는 기능만을 제외한 변형된 버
전으로 "무한돌파삼국지 리버스L" 게임물의 서비스를 제공하고 있으므로, 이 사건 처분
의 효력이 정지되지 않는다고 하여 신청인의 사업 자체가 계속될 수 없거나 중대한 경영
상 위기를 맞게 되는 등 신청인에게 회복하기 어려운 손해가 발생한다고 인정하기도 어
렵다고 할 것이어서 이 사건 등급분류결정 취소처분의 효력으로 신청인에게 회복하기 어
려운 손해가 발생할 우려가 있다고 볼 수 없다.

　3. 설령 신청인의 손해 예방을 위한 긴급한 필요가 인정된다 하더라도 공공복리에 중
대한 영향을 미칠 우려가 있다면 처분의 효력정지는 허용되지 않는다(행정소송법 제23조
제3항). 이때 공공복리란, 그 처분의 집행과 관련된 구체적·개별적인 공익을 말하는 것
으로(대법원 1999. 12. 20.자 99무42 결정 참조), 공공복리에 미칠 영향이 중대한지의 여
부는 신청인의 '회복하기 어려운 손해'와 '공공복리' 양자를 비교·교량하여 전자를 희생
하더라도 후자를 옹호하여야 할 필요가 있는지 여부에 따라 상대적·개별적으로 판단하
여야 한다(대법원 2010. 5. 14.자 2010무48 결정 참조).

　4. ① 현재 신청인은 이 사건 게임물에서 이 사건 등급분류결정 취소 처분을 통해 주무
관청이 문제로 삼은 부분만을 수정·제거한 다음 오락이나 여가선용의 목적을 위한 게임
물로서 "무한돌파삼국지 리버스L" 서비스를 일반 공중에 제공하여 영업을 계속하고 있는
바, 신청인에게 예상되는 손해는 제한적이라고 보이는 반면, ② 신청인이 이 사건 게임물
을 서비스하는 과정에서 이용자들에게 가상자산을 게임물이용에 따른 대가 또는 보상으
로 제공하면서 이를 손쉽게 현금화할 수 있는 수단까지 제공한 것은, 이 사건 등급분류결

정 취소처분사유에서 지적된 바와 같이 경품의 제공에 관한 게임관련 사업자의 준수사항, 환전 관련 행위를 금지하는 게임산업진흥에 관한 법률의 관련 규정 및 자체등급분류 제도의 취지를 위반한 것으로 볼 여지가 있는 점, ③ 환전 가능한 가상자산을 이용자에게 지급해 주는 게임물의 제공은 신청인의 행위가 거의 최초의 시도로 보이는데, 이 사건 게임물에 대한 사법적 처리의 경과에 따라 향후 동종·유사한 방식의 게임물에 있어 그 출시 여부 및 운영 방법, 이와 관련된 이용자들의 이해관계에 상당한 영향을 미칠 것으로 예상되는바, 이용자들의 피해를 방지하고 등급분류제도 운영상의 혼란 및 형해화를 방지하기 위해서라도 이 사건 등급분류결정 취소처분의 효력정지는 신중할 필요가 있다고 보이는 점 등에 비추어 보면, 신청인이 이 사건 등급분류결정 취소처분으로 입게 될 손해에 비하여 이 사건 등급분류결정 취소처분의 집행을 통해 달성하고자 하는 공익이 보다 큰 것으로 볼 여지는 상당하고 이 사건 등급분류결정 취소처분의 효력정지가 공공복리에 중대한 영향을 미칠 우려가 있다고 판단된다.

해설

I. 행정처분에 대한 집행정지 일반론

1. 관련 규정의 해석

가. 행정소송법 제23조의 규정

행정소송법 제23조에서는 행정처분의 집행정지에 대해 규정하고 있다.

행정소송법 제23조(집행정지) ① 취소소송의 제기는 처분등의 효력이나 그 집행 또는 절차의 속행에 영향을 주지 아니한다.

② 취소소송이 제기된 경우에 처분등이나 그 집행 또는 절차의 속행으로 인하여 생길 회복하기 어려운 손해를 예방하기 위하여 긴급한 필요가 있다고 인정할 때에는 본안이 계속되고 있는 법원은 당사자의 신청 또는 직권에 의하여 처분등의 효력이나 그 집행 또는 절차의 속행의 전부 또는 일부의 정지(이하 "집행정지"라 한다)를 결정할 수 있다. 다만, 처분의 효력정지는 처분 등의 집행 또는 절차의 속행을 정지함으로써 목적을 달성할 수 있는 경우에는 허용되지 아니한다.

③ 집행정지는 공공복리에 중대한 영향을 미칠 우려가 있을 때에는 허용되지 아니한다.

나. 행정처분에 대한 취소소송이 제기된 경우 처분의 효력을 정지시킬 것인지는 입법정책의 문제인데 독일은 집행정지의 원칙을, 일본과 프랑스는 집행부정지의 원칙을 택하고 있고, 우리나라는 행정소송법 제23조 제1항에 따라 집행부정지 원칙을 채택하고 있다.[1] 행

정법원의 집행정지신청사건 처리 실무를 간략하게 소개하면 다음과 같다.[2] 먼저 심문을 필수적으로 하는 것은 아니며 40%의 재판부만 거의 모든 사건의 심문기일을 진행하고 나머지는 사건에 따라 심문기일을 지정하거나 서면공방만으로 결정한다.

　　다. 집행정지는 행정소송에 관련되는 임시구제절차로서 집행부정지 원칙을 택하고 있는 우리나라의 경우 매우 중요한 의미를 지니고 있다. 행정소송에서의 집행정지 요건으로는 ① 적법한 본안소송이 제기되어 있을 것, ② 본안소송에서 패소할 가망이 없을 것, ③ 회복하기 어려운 손해를 예방하기 위하여 긴급한 필요가 있을 것, ④ 공공복리에 중대한 영향을 미칠 염려가 없을 것 등을 들고 있다.[3] 판례는 '행정처분의 효력정지나 집행정지제도는 신청인이 본안소송에서 승소판결을 받을 때까지 그 지위를 보호함과 동시에 후에 받을 승소판결을 무의미하게 하는 것을 방지하려는 것이어서, 본안소송에서 처분의 취소가능성이 없음에도 처분의 효력이나 집행의 정지를 인정한다는 것은 제도의 취지에 반한다. 그러므로 효력정지나 집행정지사건 자체에 의하여도 신청인의 본안 청구가 이유 없음이 명백하지 않아야 한다는 것도 효력정지나 집행정지의 요건에 포함시켜야 한다(대법원 1999. 11. 26. 자 99부3 결정, 대법원 1992. 6. 8.자 92두14 결정 등 참조)'고 하면서 본안 청구의 승소가능성을 집행정지의 요건으로 참작하도록 하고 있다.

2. 회복하기 어려운 손해

가. 판례의 태도

"행정소송법 제23조 제2항에 정하고 있는 행정처분 등의 집행정지 요건인 '회복하기 어려운 손해'라 함은 특별한 사정이 없는 한 금전으로 보상할 수 없는 손해로서 이는 금전보상이 불능인 경우 내지는 금전보상으로는 사회관념상 행정처분을 받은 당사자가 참고 견딜 수 없거나 또는 참고 견디기가 곤란한 경우의 유형, 무형의 손해를 일컫는다. 당사자가 행정처분 등이나 그 집행 또는 절차의 속행으로 인하여 재산상의 손해를 입거나 기업 이미지 및 신용이 훼손당하였다고 주장하는 경우에 그 손해가 금전으로 보상할 수 없어 '회복하기 어려운 손해'에 해당한다고 하기 위해서는, 그 경제적 손실이나 기업 이미지 및 신용의 훼손으로 인하여 사업자의 자금사정이나 경영 전반에 미치는 파급효과가 매우 중대하여 사업 자체를 계속할 수 없거나 중대한 경영상의 위기를 맞게 될 것으로 보이는 등의 사정이 존재하여야 한다."(대법원 2003. 4. 25.자 2003무2 결정)

---

1) 헌법재판소 역시 행정소송법 제23조 제1, 2항이 재판청구권을 침해하지 않는다고 판시하였다(헌재 2018. 1. 25. 2016헌바208 참조)

2) 이하는 '행정소송 집행정지 사건에 관한 소고', 정현기, 저스티스 통권 187호(2021. 12.), 86면 ~113면을 참고하였다.

3) '집행정지의 실체적 요건', 최광률, 행정판례평선, 2011, 박영사

나. 재산상 손해

실무상 재산상 손해를 주장하는 경우는 집행정지의 요건인 회복하기 어려운 손해라고 보는 경우가 많지 않다. 재산상 손해를 주장하는 경우 판례는 앞에서 본 바와 같이 사업자의 자금사정이나 경영상의 파급효과로 사업자체를 계속하기 어렵거나 중대한 경영상의 위기를 맞을 것을 요한다고 하고 있으므로 집행정지사유로 재산상 손해를 주장하는 경우 그로 인한 자금사정이나 경영상의 파급효과에 대해 상세히 소명하여야 한다. 따라서 신청인은 제무재표, 대출현황, 현금보유 규모를 상세히 재판부에 제출하고, 영업금지처분에 대한 집행정지를 구하는 경우에는 평소 매출규모, 영업이익, 처분으로 인한 매출감소[4] 및 매출감소로 사업을 계속하기 어려운 경우에 해당하는지를 소명하게 된다.

다. 명예, 신용 등 인격권 훼손 등의 손해(행정처분을 받은 당사자가 참고 견딜 수 없거나 또는 참고 견디기가 곤란한 경우의 유형, 무형의 손해)

인격권 훼손 등의 손해를 주장하는 경우 처분의 근거법령에서 보호목적과 보호법익이 무엇인지 살펴볼 필요가 있다. 행정처분에 대한 효력정지신청을 구함에 있어서도 신청을 할 법률상 이익이 있어야 하는 바 이 법률상 이익은 해당 행정처분으로 인하여 발생하거나 확대되는 손해가 당해 행정처분의 근거법률에 의하여 보호되는 직접적이고 구체적인 이익과 관련이 있어야 하고 단지 간접적이거나 사실적·경제적 이해관계를 가지는데 불과한 경우에는 여기에 포함되지 않는다(대법원 2000무17결정)고 할 것이다. 제재적 행정처분의 경우 행정처분의 상대방의 명예가 훼손되지 않는 경우는 오히려 생각하기 어렵다. 근거법령 자체에서 인격적 가치를 보호법익으로 삼는 경우 예컨대 허위요양기관 명단 공표처분이나 고액, 상습체납자 명단 공개 처분 등의 경우에서는 주로 검토될 수 있다.

3. 긴급한 필요

집행정지가 긴급하게 필요하다는 것 역시 집행정지의 요건 중의 하나로 볼 수 있다. 회복하기 어려운 손해가 불이익의 정도라고 한다면 긴급한 필요는 시간적 절박성의 문제이다. 선거, 집회, 시험 등 특정일자가 주요한 사건이나, 병역, 임기, 학업 등 기간이 중요한 의미를 가지는 사건의 경우 긴급한 필요 요건에 대해 세심한 검토가 필요하다. 긴급한 필요를 회복하기 어려운 손해와 별개의 요건을 볼 필요가 없다는 주장도 경청할 만하나 법에서 긴급한 필요성을 요건으로 들고 있는 이상 회복하기 어려운 손해의 요건 외에 추가로 긴급성 요건이 필요하다고 할 것이다.

---

[4] 입찰참가자격제한의 행정처분의 집행정지사건에 있어 행정처분으로 인해 낙찰받지 못하는 매출규모가 4년 평균 23.5% 정도인 경우 경영전반에 중대한 영향을 미치는 정도라고 보기 어렵다고 판시한 하급심 판례(서울행정법원 2021아11856 결정)가 있다.

4. 공공복리에 중대한 영향을 미칠 우려

공공복리에 중대한 영향을 미칠 우려는 집행정지의 소극적 요건으로 행정처분에 대한 집행정지를 함으로써 공공복리에 중대한 영향을 미칠 우려가 있는 때에는 집행정지는 허용되지 않으며 그 주장, 입증책임은 피신청인인 행정관청에 있다(대법원 2004. 5. 12. 선고 2003무41 결정). 신청인이 독점적 혹은 과점적 지위에 있어 신청인에게 어떠한 행정처분을 하고 그 행정처분의 결과로 공익이 저하되는 경우 이를 집행정지 사유에 있어 고려를 할 것인지가 문제된다. 앞서 본 논문에서의 서울행정법원의 재판부 설문 조사 결과에 따르면 서울행정법원 재판부의 40%는 행정처분으로 달성하려는 공공복리와 형량을 하고, 30%는 신청인이 주장하는 손해의 부수적 사정으로 고려하며, 나머지 30%는 특별하게 고려하지 않는다고 답변하였다. 집행정지로써 구제하려는 손해는 해당 신청인의 개인적 손해이지 공익적 관점에서의 손해나 제3자의 손해는 고려되지 않는다고 할 것이어서 신청인이 사회에 필수적인 물건을 제조한다거나 하는 등으로 행정처분결과 공익이 저해될 수 있다고 하더라도 이를 공공복리에 중대한 영향을 미친다는 보기는 어렵다.

5. 본안청구에서의 승소가능성

가. 행정처분의 효력정지나 집행정지를 구하는 신청사건에서 행정처분 자체의 적법 여부를 판단할 것이 아니라 행정처분의 효력이나 집행을 정지시킬 필요성이 있는지 여부에 대하여만 판단대상이 된다. 행정처분 자체의 적법 여부는 본안재판에서 심리를 거쳐 판단할 것이고 신청사건에서는 판단대상이 아니다.

나. 그러나 행정처분의 집행정지제도는 신청인이 본안 소송에서 승소판결을 받을 때까지 그 지위를 보호하고 동시에 승소판결을 받더라도 해당 판결이 실질적으로 의미가 없게 되는 것을 방지하기 위함이므로 본안소송에서 명백하게 처분의 취소가능성이 없음에도 집행정지를 인정하는 것은 제도의 취지에 반한다. 따라서 명백하게 신청인의 본안청구가 본안에서 받아들여질 가능성이 없는 경우에는 집행정지를 할 수 없다. 대법원은 '처분 등이나 그 집행 또는 절차의 속행으로 인하여 생길 회복하기 어려운 손해를 예방하기 위하여 긴급한 필요가 있는지는 처분의 성질, 양태와 내용, 처분상대방이 입는 손해의 성질, 내용과 정도, 원상회복, 금전배상의 방법과 난이도 등은 물론 본안청구의 승소가능성 정도 등을 종합적으로 고려하여 구체적, 개별적으로 판단하여야 한다'(대법원 2018. 7. 12.자 2018무600결정)고 판시하여 승소가능성을 고려하고 있으나 승소가능성을 집행정지의 요건으로 삼는 것은 명시적인 법규에 반해 신청인에게 불리한 조건을 추가하는 것이라는 이유로 반대하는 견해가 있다. 서울행정법원에서 실시한 설문조사결과에서도 재판부별로 본안청구의 승소가능성

을 고려하는지에 대해 의견이 달랐는데 대체적으로 본안청구가 이유 없음이 명백한 경우를 매우 엄격하고 좁게 판단하고 있다.

Ⅱ. 이 사건에서의 적용

1. 이 사건에서 원심(서울행정법원 2022. 1. 14.자 2021아13469 결정)은 자세한 설시 없이 신청인이 제출한 소명자료만으로는 신청인에게 이 사건 회복하기 어려운 손해를 예방하기 위해 그 효력을 정지할 긴급한 필요가 있다고 인정하기 부족하고, 설령 그와 같은 필요성이 있다고 하더라도 그 효력을 정지할 경우 공공복리에 중대한 영향을 미칠 우려가 있다고 판단된다고 결정하였다.

2. 위 원심결정에 신청인이 항고를 하였고, 이 사건 항고심결정에서는 항고를 기각하면서 다음과 같은 이유를 들었다.

가. 회복하기 어려운 손해가 발생하는지 여부에 관하여 신청인이 이 사건 등급분류결정 취소처분에 따라 이 사건 게임물의 서비스를 중단하게 됨으로써 입게 될 손해는 금전으로 보상할 수 없다고 보기 어렵다. 무엇보다 이 사건 게임물에서 블록체인 기술을 적용하여 가상자산거래소에서 환전이 가능한 '무돌토큰'을 제공하는 기능만을 제외한 변형된 버전의 게임물을 제공하고 있어 이 사건 등급분류결정 취소처분의 효력이 정지되지 않는다고 하여 신청인의 사업자체가 계속될 수 없거나 중대한 경영상 위기를 맞게 되는 등 회복하기 어려운 손해가 발생한다고 볼 수 없다고 판단하였다. 이 사건 게임물에서의 활동을 통하여 가상자산거래소에서 환전이 가능한 무돌토큰을 획득할 수 있는 기능만을 제외하여 종전과 같은 형태의 게임으로 시장에서 서비스하고 있는 이상 이 사건 등급분류결정 취소처분으로 사업을 더 이상 영위하기 어렵다고 할 수는 없다.

나. 공공복리에 중대한 영향을 미칠 우려가 있는지의 요건에 대해서도 신청인의 손해는 제한적인 반면 이 사건 게임물에서 게임물 이용에 따른 대가 또는 보상으로 무돌토큰이라는 가상자산을 제공하여 현금화할 수 있도록 한 것은 경품의 제공에 관한 게임관련 사업자의 준수사항, 환전 관련 행위를 금지하는 게임산업진흥에 관한 법률의 관련 규정 및 자체등급분류제도의 취지를 위반한 것으로 볼 여지가 있고, 또한 환전 가능한 가상자산을 게임 이용자에게 지급하는 게임물의 허용 여부는 매우 중요한 문제로서 이 사건 게임 이용자들 및 무돌토큰 거래자들의 피해를 방지하고 등급분류제도의 형해화를 방지하기 위해서라도 이 사건 등급분류결정 취소처분에 대한 효력정지는 신중하여야 한다고 판시하면서 이 사건 등급분류결정 취소처분에 대한 집행정지는 공공복리에 중대한 영향을 미칠 우려도 있다고 판시하고 있다.

3. 이 사건 결정에서 판시한 바와 같이 블록체인 기술을 적용하여 게임을 통해 가상자산을 취득하고 이를 가상자산거래소에서 환전할 수 있는 기능을 제외한 게임을 시장에서 서비스하고 있고, 블록체인 기술을 적용한 이 사건 게임물을 서비스 할 수 없게 되어 신청인이 더 이상 사업을 영위할 수 없을 정도에 이르렀다고 볼 사정이 없는 이상 신청인에게 회복이 불가능한 손해가 발생하고 이를 방지하기 위하여 이 사건 등급분류결정 취소처분을 취소할 긴급할 필요가 있다고 볼 수는 없다. 다만 이 사건 결정에서 추가적으로 블록체인 기술이 적용된 이 사건 게임물에 대한 이 사건 등급분류결정 취소처분에 대해 집행정지를 하는 것이 공공복리에 중대한 영향을 미칠 우려가 있다고 본 점에 대해서는 좀 더 검토가 필요하다고 할 것이어서 이에 대해 따로 분석해본다.

Ⅲ. 블록체인기술이 적용되어 게임물 이용자들이 가상자산을 획득할 수 있는 게임의 허용여부(소위 'P2E 게임'의 허용여부)

1. Play to Earn 게임

블록체인 게임에 대한 명확한 정의는 없다. 가상자산 전문 데이터분석 업체인 메사리는 블록체인 게임을 '토큰화된 자산을 사용하여 게임 내 콘텐츠를 구성하고 이를 블록체인상에서 가상자산(암호화폐)으로 거래할 수 있도록 지원하는 게임'이라고 정의하고 있다. 게임을 하면서 여러 가지 미션을 수행하는 등으로 게임 이용자들이 게임에서 사용가능한 토큰을 얻을 수 있는 게임을 p2e 게임이라고 한다. 종전의 게임에서도 유저들이 게임을 서비스 하는 회사가 제공한 게임물에서 다양하게 사용가능한 포인트 등을 지급하여 왔다. 다만 블록체인 게임은 그러한 게임물의 이용에 따라 유저들이 획득하는 포인트 등을 블록체인 기반 기술을 적용하여 게임물 서비스 회사가 임의로 조작할 수 없는 토큰으로 발행한 것이 차이가 있다. 토큰으로 발행된 이상 가상자산거래소에 상장도 가능하고 다른 코인이나 토큰 등 가상자산과도 거래가 가능하므로 결국 가상자산거래소를 통해 환전이 가능하게 된다. 게임을 이용하여 토큰(FT), NFT를 얻을 수 있도록 하는 많은 게임들이 새로 생성되고 있으나 아직 우리나라에서는 이에 대한 명확한 규정은 없다. 다만 게임산업법(게임산업진흥에 관한 법률) 등에 따르면 경품제공과 관련하여 게임물 사업자가 지켜야 할 사항을 규정하고 있고, 게임을 통하여 얻은 보상에 대한 환전관련 행위를 금지하고 있는데 과연 블록체인게임에서 획득하는 토큰이나 NFT가 게임산업법이 규정하는 경품에 해당하는지 환전금지 규정에 저촉되는지 분명하게 법적인 결론이 난 상황은 아니다. 이 사건 결정에서는 이 사건 게임물 이용을 통해 얻는 가상자산은 게임산업진흥에 관한 법률의 경품제공관련 규정, 환전금지규정의 위반소지가 있고, 등급분류제도의 형해화와 이용자의 피해가 발생할 우려가 있다고 판시하고 있다. 이 사건 결정은 아직 법적인 결론이 분명하게 나지 않은 상황에서 이 사건 등급분류결정 취소처분에 대한 집행정지를 하는 것이 적절하지 않다고 판단한 것처럼 보인다. 과연 이 사건 결정에서 말하는 그러한 우려와 관련하여 관련 규정을 검토할 필요성이 있다.

2. 특정금융정보법, 게임산업법의 규정과 게임 관련 토큰

특정금융정보법에서 가상자산이란 '경제적 가치를 지닌 것으로 전자적으로 거래 또는 이전될 수 있는 전자적 증표(그에 관한 일체의 권리를 포함한다)'라고 정의하면서 단서에서 게임산업진흥에 관한 법률 제32조 제1항 7호[5]에 따른 게임물의 이용을 통하여 획득한 유, 무형의 결과물을 가상자산의 범위에서 제외하고 있다(특정금융정보법 제2조 제3호 나목). 블록체인게임을 통해서 얻은 토큰이나 NFT는 문언적으로 경제적 가치를 지닌 전자적으로 이전될 수 있는 전자적 증표에 해당되고, 게임산업법에서 정하고 있는 게임물의 이용을 통하여 획득하는 무형의 결과물에도 해당되는 것처럼 보인다. 블록체인게임을 통해서 얻은 토큰이나 NFT은 가상자산거래소에서의 환전을 예정하고 있으므로 만일 위 토큰이나 NFT가 게임산업법에서 정한 무형의 결과물에 해당한다고 보게 되면 블록체인게임은 게임산업법 제32조에 따라 불법게임물이 되어 유통할 수 없게 될 뿐 아니라 게임을 유통한 자는 게임산업법에 따라 형사처벌을 받게 된다.

게임물의 이용을 통하여 획득한 유, 무형의 결과물이 어떠한 것이냐에 대해서는 게임산업법에서 '점수, 경품, 게임 내에서 사용되는 가상의 화폐로서 대통령령이 정하는 게임머니 및 대통령령이 정하는 이와 유사한 것을 말한다'고 하여 대통령령에서 그 구체적 범위를 정하도록 하고 있다. 게임산업법 시행령 제18조의 3[6]에서 환전이 금지되는 게임물로 정한

---

5) 게임산업진흥에 관한 법률(2021. 12. 7. 법률 제18550호, 시행 2022. 1. 1.) 제32조(불법게임물 등의 유통금지 등) ① 누구든지 게임물의 유통질서를 저해하는 다음 각 호의 행위를 하여서는 아니 된다.
    7. 누구든지 게임물의 이용을 통하여 획득한 유·무형의 결과물(점수, 경품, 게임 내에서 사용되는 가상의 화폐로서 대통령령이 정하는 게임머니 및 대통령령이 정하는 이와 유사한 것을 말한다)을 환전 또는 환전 알선하거나 재매입을 업으로 하는 행위

6) 제18조의3(게임머니 등)법 제32조제1항 제7호에서 "대통령령이 정하는 게임머니 및 대통령령이 정하는 이와 유사한 것"이란 다음 각 호의 어느 하나에 해당하는 것을 말한다.
    1. 게임물을 이용할 때 베팅 또는 배당의 수단이 되거나 우연적인 방법으로 획득된 게임머니
    2. 제1호에서 정하는 게임머니의 대체 교환 대상이 된 게임머니 또는 게임아이템(게임의 진행을 위하여 게임 내에서 사용되는 도구를 말한다. 이하 같다) 등의 데이터
    3. 다음 각 목의 어느 하나에 해당하는 게임머니 또는 게임아이템 등의 데이터
      가. 게임제작업자의 컴퓨터프로그램을 복제, 개작, 해킹 등을 하여 생산·획득한 게임머니 또는 게임아이템 등의 데이터
      나. 법 제32조제1항제8호에 따른 컴퓨터프로그램이나 기기 또는 장치를 이용하여 생산·획득한 게임머니 또는 게임아이템 등의 데이터
      다. 다른 사람의 개인정보로 게임물을 이용하여 생산·획득한 게임머니 또는 게임아이템 등의 데이터
      라. 게임물을 이용하여 업으로 게임머니 또는 게임아이템 등을 생산·획득하는 등 게임물의 비정상적인

것 중 블록체인게임의 토큰과 가장 유사한 것은 '게임물을 이용할 때 베팅 또는 배당의 수단이 되거나 우연적인 방법으로 획득된 게임머니'라고 할 것인데 우연적인 방법에 의해 얻는 것이 아니라 대부분 게임 내에서 정해진 목표를 달성한 경우에 얻을 수 있도록 되어 있는 블록체인 게임의 토큰은 사행적이거나 비정상적·불법적으로 얻은 게임머니에 해당하지 않는다고 본다.

대법원 역시 본 규정의 적용대상인 게임아이템, 게임머니에는 온라인 RPG게임상 이용자들 이 중개사이트를 통해 현금으로 거래한 아이템이나 게임머니는 포함되지 않는다고 보았고, 이에 따라 해당 게임머니와 아이템이 현금과의 교환가치를 지니는 것이라고 하더라도 시행령상 규정된 게임아이템, 게임머니에 해당하지 않는다면 본 조문을 적용할 수 없다고 보았다(대법원 2009. 12. 24. 선고 2009도7237, 7238 판결). 이에 따라 현재 고스톱이나 포커 등 배팅이나 배당을 모사하는 웹보드 게임의 경우를 제외하고는 이러한 게임상 아이템을 환전하는 것이 허용되어 있다.[7] 게임아이템 등의 현금거래 자체는 본질적으로 아이템 등의 이용권을 거래하는 것이고 이용자의 선택적 행위이므로 이를 이유로 게임 자체의 사행성이 있다고 볼 수는 없다고 하면서 게임사가 현금거래기능을 제공하고 있는지 여부에 따라 사행성을 판단할 것이 아니라 우연한 결과에 의해 재산의 득실이 발생하는 지 여부에 따라 사행성을 판단하여야 한다.[8]

한편 게임산업법 제28조 제3호는 "경품 등을 제공하여 사행성을 조장하지 아니할 것"이라고 규정하고 이에 위반한 경우에도 형사처벌을 가하고 있다. 블록체인게임의 토큰이 경품에 해당하는지 여부가 논의될 수 있다. 게임산업법에서 경품의 정의를 명확히 하고 있지는 않으나 헌법재판소는 게임산업법에서의 경품이란 '게임물을 이용한 결과물로 게임물 이용자에게 제공되는 재화 또는 이와 유사한 것으로 재산상 이익이 되는 것'이라고 판시한 바 있다. 이러한 헌법재판소의 정의규정은 너무 포괄적이어서 일반적인 게임아이템도 경품에 해당할 수가 있어 그 정의를 보다 구체적으로 정할 필요성이 대두된다. 경품을 제공하여 사행성을 조장하지 않아야 한다는 게임산업법 제28조 제3호의 규정에 비추어 보면 경품은 이를 이용하여 사행성을 조장하는 것이므로 블록체인 게임의 가상자산이 사행성을 조장하는지 여부에 따라 경품 여부도 가려질 것이라고 해석하는 것이 타당하다.

대법원은 '한편, 국민의 문화적 삶의 질을 높이기 위하여 게임제공업자의 영업수행방식을 적절하게 규제함으로써 게임물이 사행성화하는 것을 차단하고자 하는 게임산업법 제28조 제3호의 입법취지 및 위 법률조항의 문언에 비추어 볼 때 위 법률조항에 의하여 금지되

이용을 통하여 생산·획득한 게임머니 또는 게임아이템 등의 데이터
7) '블록체인과 가상화폐의 형사법적 문제와 전망' 이정훈, 홍익법학 제20권 제1호(2019)
8) '새로운 법영역으로서의 게임법' 정해상, 한국법학원, 저스티스 통권 제146-3호(2015년 2월호)

는 대상은 경품 등을 제공함으로써 '사행성을 조장하는 행위'라고 할 것이어서, 게임제공업자가 위 법률조항의 위임에 따라 허용되는 경품의 종류·지급기준·제공방법 등을 정하고 있는 이 사건 고시 중 경품제공행위의 사행성 조장 여부에 직접적인 관련이 있는 규정을 위반하여 경품을 제공하였다면 이는 위 법률규정에 의하여 금지된 사행성을 조장하는 경품제공행위에 해당하여 게임산업법 제45조 제3호에 의하여 처벌된다고 할 것이지만, 이와 달리 경품제공행위의 사행성 조장 여부와 직접적인 관련이 없는 규정을 위반하여 경품을 제공하였다고 하더라도 그러한 사정만으로 곧바로 위 행위를 위 법률규정에 의한 사행성을 조장하는 행위에 해당한다고 하여 위 규정에 의하여 처벌할 수는 없을 것이다.'(대법원은 2009. 6. 11. 선고 2008도10565 판결)라고 판시하였다.

　게임산업법 제2조에서는 "사행성게임물"이라 함은 ① 베팅이나 배당을 내용으로 하는 게임물, ② 우연적인 방법으로 결과가 결정되는 게임물로서 그 결과에 따라 재산상 이익 또는 손실을 주는 것을 말한다고 규정하고 있다. 그럼에도 게임물게임산업법 시행규칙 제8조 제3항[9]에서 사행성 판단의 기준이 되는 재산상 이익 또는 손실을 줄 수 있는지 여부에 대한 구체적인 기준을 ① 게임물 이용에 사회통념상 과다한 비용이 소요되는지 여부, ② 게임물 이용을 통하여 획득한 유·무형의 결과물이 환전되거나 환전이 용이한지 여부, ③ 재산상 이익 또는 손실을 줄 수 있도록 게임물을 개조·변조하는 것이 용이한지 여부를 고려하여 관리위원회 규정에 따르도록 되어 있기 때문에 환전이 용이하기만 하면 사행성게임물로 결정되어 등급분류를 받기 어렵게 되어 있다. 관리위원회에서 게임물의 사행성판단에 베팅, 배당을 내용으로 하는지, 우연적인 방법에 의해 결과가 결정되는지를 우선 판단하는 것이 아니라, 환전용이성을 우선하여 등급분류에서 고려하고 있기 때문이라고 할 것인데 블록체인게임에서 사용되는 가상자산이 가상자산거래소를 통해 환전이 용이하다는 이유만으로 블록체인게임이 사행성이 있다고 보기 어렵다. 현실적으로 블록체인게임에서 가상자산을 사용한다는 이유만으로 사행성이 있어 게임서비스를 할 수 없도록 하는 나라는 현재 중국과 우리나라가 유일하다. 특정금융정보법 제2조 제3호 나목에서 가상자산에서 제외되도록 정한 '게임산업법에 따른 게임물 이용을 통하여 획득한 유무형의 결과물'에 대해 사행성 있는 게임의 베팅이나 배당 용도 등으로 사용되는 것에 한정된다고 볼 것인지 일반적인 게임물을 통하여 획득한 재산적 결과물은 모두 해당하여 블록체인게임의 토큰도 가상자산에서 제

---

9) ③ 법 제21조제7항에 따른 사행성 확인 기준은 법 제2조제1호의2 각 목의 어느 하나에 해당하는 게임물에 대하여 그 이용 결과 재산상 이익 또는 손실을 줄 수 있는지 여부로 한다. 이 경우 재산상 이익 또는 손실을 줄 수 있는지 여부의 구체적인 기준에 관하여는 다음 각 호를 고려하여 관리위원회규정으로 정한다.
　1. 게임물 이용에 사회통념상 과다한 비용이 소요되는지 여부
　2. 게임물 이용을 통하여 획득한 유·무형의 결과물이 환전되거나 환전이 용이한지 여부
　3. 재산상 이익 또는 손실을 줄 수 있도록 게임물을 개조·변조하는 것이 용이한지 여부

외되는지 견해가 갈릴 수 있으나[10] 개인적으로는 블록체인게임에서 사용되는 토큰의 경우 해당 게임이 게임산업법 규정에 따라 사행성이 있어 게임물로 인정될 수 없고 그 용도 역시 베팅이나 배당용도로 사용되는 경우에는 특정금융정보법에서 정하는 가상자산에서 제외된 다고 생각한다. 문언적 해석보다 훨씬 폭이 좁게 해석하는 것이긴 하지만 그렇지 않으면 실 제로 블록체인게임에서 사용하는 토큰으로 자금세탁을 하는 것을 방지할 수 없게 된다. 게 임이론에 따르면 인간이 가진 성과에 따른 인센티브제도 역시 하나의 게임이라고 볼 수 있 다. 물론 게임산업법에서 게임물은 컴퓨터프로그램 등 정보처리기술이나 기계장치를 이용 하는 것을 말하고 있으므로 운동경기나 경연을 게임산업법상 게임이라고 볼 여지는 없다.

기술의 발전에 따라 메타버스나 sns에서 다수의 사람들이 상호작용하고 있다. 인터넷 에서 이루어지는 위와 같은 상호작용에는 법정화폐를 주고 받는 것 외에 가상자산거래소에 서 환가가 가능하여 재산적 가치를 가지는 가상자산의 판매, 이전도 많이 발생하고 있다. 게임산업법에서 말하는 게임에서 오락성을 높이거나, 학습 및 운동효과를 높일 수 있도록 할 목적으로 게임유저의 노력에 따라 가상자산을 획득할 수 있도록 게임을 설계하는 경우 가 많아지고 있는데 이는 우연적 결과에 따라 가상자산을 취득하는 것과는 달리 사행성이 있다고 할 수는 없을 것이다.

3. 게임산업법의 경품규정, 등급분류거부제도의 위헌성 여부

게임 역시 인간의 창의적 표현의 하나라고 한다면 게임물에 대하여 사전에 등급분류를 하고 등급분류를 받지 아니하면 게임물 서비스를 할 수 없도록 하고, 사행성 게임물로 결정 되는 경우에는 게임물의 유통이 원천적으로 금지되도록 하는 것은 헌법적 관점에서 볼 때 사전검열에 해당할 수 있고, 유통이 금지되는 사행성 게임물의 판정기준을 법이 아니라 대 통령령에 위임하는 것 역시 포괄위임입법 금지, 죄형법정주의 위반이 될 여지가 있다. 이 사건 게임물 영업을 할 수 없도록 한 등급분류결정 취소처분의 집행정지사건을 다룸에 있 어 등급분류결정의 헌법적 의미와 이러한 사전적 등급분류결정 제도가 없으면 공공복리에 어떠한 피해가 생길 수 있는지에 대해서도 고민이 있었으면 더 좋았을 것이다.

Ⅳ. 이 사건에의 적용

1. 이 사건의 경우는 처음 play to earn의 내용을 담은 블록체인 게임이 자체등급분류 제도를 이용해서 게임물이 대중에게 서비스 되고 선풍적인 인기를 끌게 되자 게임물관리위

---

10) '블록체인 게임 프로젝트의 법적 이슈' 김영준, 서울대학교 금융법센터, BFL 제115호(2022. 9.0 97면 이하

원회가 게임산업법 제21조의 8에 따라 직권으로 등급분류취소결정을 하였고, 신청인이 이에 대해 등급분류결정 취소처분에 대한 행정소송을 제기함과 동시에 집행정지신청을 한 사안이다.

2. 회복하기 어려운 손해 발생 여부

집행정지신청에 대한 판단에 있어 본안사건에서 명백하게 승소할 가능성이 없는지 여부가 집행정지신청의 소극적 요건으로 보아야 한다고 할 수도 있으나 법문상 본안사건에 대해 신청재판부에서 이를 판단할 필요는 없다고 할 것이다. 그러나 제출된 자료만으로 본안에서 명백하게 승소가능성이 없다고 판단되는 경우 실무상 집행정지결정을 하지 않는다. 집행정지여부를 판단함에 있어서 법문에 충실하게 신청인에게 회복할 수 없는 손해가 발생할 우려가 있고 이를 방지하여야 할 긴급할 필요가 있는지, 집행정지를 하지 않으면 공공복리를 저해할 우려가 있는지에 대해서만 판단하면 된다.

이 사건에서 재판부는 이 사건 게임물에서 사용되는 토큰만을 제외한 게임물을 현재 서비스 하고 있다는 점을 주된 이유로 신청인에게 회복할 수 없는 손해가 발생한다고 할 수 없다고 하였다. 그러나 기업의 경우 단기간에 급격하게 매출이 저하되거나 고객이 대거 이탈하는 경우 혹은 불법게임물을 유통한다는 이유로 기업이미지에 큰 타격을 입는 경우에는 단순히 이익이 줄어드는 것에 그치지 아니하고 기업의 존속까지 어려울 수 있다. 집행정지를 함으로써 공공복리를 저해할 우려가 없어야 하는 것을 집행정지의 소극적 요건으로 고려하는 이상 회복할 수 없는 손해의 발생을 엄격하게 요구하는 것은 행정편의주의적인 사고라 할 것이다. 오히려 국가가 국민의 기본권과 영업의 자유를 보장하여야 할 의무가 있고 법률로서만 국민의 기본권을 제한할 수 있다는 점을 숙고하여 보면 공공복리에 저해가 될 우려가 없는 이상 행정처분에 대한 집행정지를 보다 넓게 인정하는 것이 맞는 방향이 아닌가 생각이 된다. 다만 이 사건에서 이 사건 등급분류결정 취소처분으로 인하여 신청인 회사의 매출이 급격하게 떨어지거나 게임 유저가 대거 이탈하였다는 점, 신청인 회사의 기업이미지에 심대한 타격을 입었다는 점에 대하여 충분히 소명을 하였음에도 이를 배척하였는지 여부는 알 수 없다.

3. 공공복리에 미칠 중대한 영향에 대하여

이 사건에서 재판부는 신청인의 토큰이 없는 게임을 계속 서비스하고 있어 신청인에게 예상되는 손해는 제한적인 반면 이 사건 게임의 이용자들이 이 사건 게임을 통하여 얻은 가상자산을 쉽게 현금화할 수 있고 이는 게임산업법 및 자체등급분류제도의 취지를 위반한 것으로 볼 수도 있고, 향후 비슷한 게임물의 출시, 운영방법 등에 상당한 영향을 미칠 수 있으며 블록체인게임과 관련한 이용자들의 이해관계에 상당한 영향을 미칠 것으로 예상된다는 이유로 이 사건 등급분류결정 취소처분에 대한 효력정지가 공공복리에 중대한 영향을 미칠 우려가 있다고 판단하였다.

이 사건 게임물이 게임에서 사용하는 가상자산이 가상자산거래소에서 쉽게 환전이 가능하다고 하더라도 이를 게임산업법이 정한 사행성이라고 할 수 없음은 앞서 본 바와 같다. 설령 사행성이 있어 게임산업법을 위반한 것으로 볼 여지가 있다고 하더라도 행정처분의 근거가 된 법률위반 여부를 다시 공공복리에 중대한 영향을 미칠 수 있다는 요건으로 삼는 것은 적절하지 않다. 비슷한 블록체인게임이 다수 출시될 예정이 있고, 해당 블록체인게임의 토큰 운영방법에 영향을 줄 수 있다는 점, 등급분류제도의 운영상의 혼란 및 형해화 우려 역시 공공복리와는 직접적인 관련이 있다고 보기는 어렵다. 해당 블록체인게임으로 인하여 다수의 피해자가 발생할 우려가 있다는 공공복리와 직접적인 관련이 있는 사실에 대한 소명이 필요한 것으로 보인다.

이 사건에서는 신청인에게 회복할 수 없는 손해가 발생할 수 있고 이를 예방하기 위한 긴급한 필요가 인정된다고 하더라도 여러 사정을 종합하여 이 사건 등급분류결정 취소 처분에 대한 집행정지를 하는 것은 공공복리에 중대한 영향을 미칠 우려가 있어 허용하기 어렵다고 판시하였는데, 집행정지를 할 수 없는 사유로 든 공공복리에 중대한 영향을 미칠 우려에 대해서는 수긍하기 어려운 점이 있다.

V. 결론

1. 행정처분에 대한 집행정지는 신청인에게 회복하기 어려운 손해가 발생할 우려가 있고 이를 예방하기 위해 그 효력을 정지할 긴급한 필요가 있으며, 집행정지로 인하여 공공복리에 중대한 영향을 미칠 우려가 없는 경우에 발령된다.

2. 블록체인게임에서 게임내에서 사용되는 토큰을 가상자산거래소에서 환전할 수 있도록 서비스설계를 하였다고 하여 바로 해당 블록체인게임을 사행성이 있다고 할 수는 없다. 특정금융정보법 제2조 제3호 나목에서는 게임산업법 제32조 제1항 제7호에 따른 게임물 이용을 통하여 획득한 유, 무형의 결과물은 가상자산에서 제외된다고 규정하고 있다. 위 규정에 근거하여 가상자산에서 제외되는 유, 무형의 결과물은 일반적인 블록체인 게임의 토큰 일반이 아니라 사행성을 가진 게임에서 사용되는 게임아이템, 토큰 등 유, 무형의 결과물로 한정된다.

3. 블록체인 게임에서 사용되는 토큰이 쉽게 환전될 수 있다는 이유만으로 사행성이 있다고 보기는 어렵고 그렇다면 사행성이 있다는 점을 주된 이유로 한 등급보류결정 취소처분

에 대해서는 본안에서 행정처분이 취소될 여지가 있다. 그러나 해당 행정처분에 대한 집행정지 사건에서는 본안에서의 승소가능성 여부는 집행정지 사건에서 고려될 것은 아니고, 회복할 수 없는 손해가 발생할 우려가 있고 이를 방지할 긴급한 필요가 있는지, 집행정지를 하는 것이 공공복리에 중대한 영향을 미칠 가능성이 있는지만을 검토하여야 할 것이다.

[54] 가상화폐[1] 채굴을 위해 사용한 재화에 대한 부가가치세 매입세액 공제여부

— 수원지방법원 2022. 9. 22. 선고 2021구합71183 판결, 수원고등법원 2022누14298로 항소 중 —

[사실 개요]

1. 원고들은 '**샘'이라는 상호로 연구개발 관리업 등을 각 영위하고 있는 사업자들이다.

2. 원고들은 2018. 1. 10.경 주식회사 ***샘 등으로부터 가상화폐(판결문 표현인 가상화폐을 가상화폐으로 바꾸어 부르기로 한다)인 이더리움 채굴을 위한 컴퓨터 264대 및 관리용역(이하 원고들이 공급받은 컴퓨터 및 관리용역을 총칭하여 '이 사건 재화등'이라 한다)을 공급받고, 2018. 4. 25. 부가가치세신고를 하면서 관련 매입세액 86,976,365원을 매입세액 공제액으로 처리하여 매입세액 공제 후 환급받을 세액으로 84,960,422원을 신고하였다(이하 '이 사건 환급신고'라 한다).

3. 피고 화성세무서장은 원고들의 이 사건 재화 등 구입이 가상화폐 채굴과 관련된 매입에 해당하고, 가상화폐 채굴업이 부가가치세 면제대상에 해당하므로 이 사건 재화등은 면세사업 등에 관련된 매입세액으로 공제될 수 없다고 보아 원고들의 환급신청을 거부하는 한편, 2018. 7. 9. 원고들에게 2018년 제1기 부가가치세 10,754,090원을 각 경정·고지하였다(이하 '이 사건 처분'이라 한다).

4. 원고들은 이에 불복하여 조세심판청구를 제기하였으나, 2021. 5. 27. 조세심판원은 원고들이 교부받은 세금계산서와 관련하여 공급받은 품목이 가상화폐 채굴업과 관련하여 사용되었는지 여부를 재조사하여 그 결과에 따라 세액을 경정한다고 결정하였고, 이에 피고가 재조사를 실시하였으나 원고들에게 이 사건 처분을 유지하는 내용의 재조사결과를 통지하였다.

5. 원고들은 재차 조세심판원에 심판청구를 하였으나 2021. 5. 27. 기각되었다.

[판결 요지]

1. 가상화폐 공급이 부가가치세 과세대상인지 여부

가. 부가가치세법 제4조에 의하면 사업자가 행하는 재화 또는 용역의 공급에 대하여 부가가치세를 과세하며, 같은 법 제38조 제1항 제1호에 따르면, 사업자가 자기의 사업을 위해 사용하였거나 사용할 목적으로 공급받은 재화 또는 용역에 대한 부가가치세액은 매출세액에서 공제할 수 있는 반면, 같은 법 제39조 제1항 제7호 및 제29조 제8항에 따르면, 면세사업 및 부가가치세가 과세되지 아니하는 재화 또는 용역을 공급하는 사업(이하

---

[1] 특정금융정보법에서는 블록체인기술을 이용하여 생성한 코인, 토큰 등을 가상화폐, 암호화폐, 암호자산 등의 용어를 통일하여 가상자산(virtual asset)이라고 하고 있으나 여기에서는 판결문에 사용된 가상화폐라는 용어를 사용하기로 한다.

'면세사업 등'이라 한다)에 관련된 매입세액(면세사업 등을 위한 투자에 관련된 매입세액을 포함)은 매출세액에서 공제할 수 없다.

나. 부가가치세법 제2조 제1호는 '"재화"란 재산 가치가 있는 물건 및 권리를 말한다. 물건과 권리의 범위에 관하여 필요한 사항은 대통령령으로 정한다.'고 정하고 있고, 부가가치세법 시행령 제2조 제1항에서는 위 물건에 관하여 '상품, 제품, 원료, 기계, 건물 등 모든 유체물과 전기, 가스 열 등 관리할 수 있는 자연력'으로 정하고 있으며, 제2항에서는 위 권리에 관하여 '광업권, 특허권, 저작권 등 제1항에 따른 물건 외에 재산적 가치가 있는 모든 것으로 한다.'고 정하고 있다.

다. 아래의 사정을 종합하면 가상화폐는 부가가치세법이 정하는 재화로 볼 수 없고, 재화에 해당한다고 하더라도 가상화폐공급이 부가가치세 부과대상이라고 볼 수 없다.

① 유체물과 자연력이 아님은 명백하므로 가상화폐를 부가가치세법이 정하는 물건이라고 볼 수 없다. 따라서 가상화폐가 부가가치세법이 정하는 재화에 해당하려면 부가가치세법이 정한 재산 가치가 있는 '권리'에 해당하여야 하는데 가상화폐은 사용가치는 없고 지급수단으로서의 기능만 가지는 것으로 이를 광업권, 특허권, 저작권 등 재산 가치가 있는 '권리'에 해당한다고 보기도 어렵다. 가상화폐를 '권리'로 보는 것은 "특별한 이익을 누릴 수 있는 법률상의 힘"이라는 권리의 사전적 의미에도 반한다.

② 부가가치세법 시행령 제2조 제2항에서 권리에 대하여 '광업권, 특허권, 저작권 등 물건 이외에 재산적 가치가 있는 모든 것'이라고 정하고 있지만 사전적 의미의 권리에 포섭할 수 없는 것인데도 '유체물이나 관리할 수 있는 자연력이 아닌 재산적 가치가 있는 모든 것'에 해당되기만 한다면 '권리'로 보는 것은 권리의 의미에 대하여 문리해석의 범위를 벗어난 것일 뿐만 아니라, 조세법규 엄격해석의 원칙에도 반하고, 위와 같은 재산적 가치가 있는 물건 및 권리를 재화로 규정하고 그 구체적 의미에 대하여 시행령에 별도로 규정한 부가가치세법 규정 체제에도 반하는 해석으로 보인다.

③ 가정적 판단

설령 달리 보아 가상화폐가 현행 부가가치세법상 권리의 개념에 포섭되어 재화로 볼 수 있다고 하더라도, ㉠ 부가가치세는 소비재의 사용·소비행위에 담세력을 인정하는 세제인데(대법원 2018. 4. 12. 선고 2017두65524 판결 참조) 가상화폐를 사용가치가 있는 소비재라고 보기 어렵고 가상화폐은 교환가치에 그 주된 효용이 있는 점[부가가치세는 그 성질상 부가가치가 새롭게 창출되는 재화나 용역의 유통단계가 있게 되면 부과되는 것인데, 가상화폐은 전자적 형태로 존재하여 그 형태가 존재하지 아니하고, 그 자체의 사용으로 인한 가치는 없고 오로지 시장에서 그 가치가 부여되는 것으로 보이며, 그에 따라 가상화폐의 가치도 매우 가변적이다(그로 인하여 과세표준을 정하기도 어려워 보인다).],

ⓛ 비록 그 가치가 법정화폐 대비 수시로 변하는 특성이 있기는 하나 이는 외국화폐의 환율 변동과 유사하게 취급할 여지가 있는 점 등을 고려할 때 가상화폐의 공급 및 유통 행위를 통해 부가가치가 창출된다고 보기도 어렵다는 점, ③ 현재 세법 체계에서 과세 당국은 가상화폐를 부가가치세 과세대상으로 삼고 있지 않으며, 원고들도 가상화폐 공급과 관련하여 부가가치세 매출세액을 신고한 바가 없다는 점. ④ 부가가치세법 시행규칙 제78조, 별지 제48호의4 서식에서는 '가상화폐를 대금 지불 수단으로 상정하고 있는 점을 모두 고려하여 보면 우리 부가가치세법 체계상 가상화폐는 부가가치세 부과 대상이 아님을 전제로 한 것으로 해석될 여지가 있다.

2. 가산세 부과처분의 적법성 여부

아래의 사정을 모두 감안하면 원고들이 부가가치세 납부를 지연한 것에 대한 정당한 사유가 있다고 볼 수 없으므로 가산세 부과처분 역시 적법하다.

① 앞서 본 바와 같이 과세 당국은 가상화폐를 부가가치세 과세대상으로 삼고 있지 않아 왔던 것으로 보이고 달리 반증이 없고, 원고들 역시 이 사건 관련 가상화폐에 관하여 부가가치세를 납부한 바가 없다.

② 매입세액 공제 여부는 그와 관련된 사업이 면세사업 등에 해당하는지 여부 등에 달려있는 것이므로, 원고들이 매입세액이 공제될 수 있다고 생각하였다면, 그와 연계된 자신의 사업인 가상화폐 공급에 관한 부가가치세를 신고·납부하였어야 함에도 이를 신고한 바가 없었다. 이는 가상화폐 공급이 부가가치세 부과 대상이라고 생각하였다는 원고들의 주장과 배치되는 행위이다. ③ 원고들의 이러한 일련의 행위는 자신들이 공급하는 재화에 대해서는 부가가치세를 신고 납부한 바가 없음에도 그와 관련된 매입세액에 대해서만 공제가 가능하여 결과적으로 매출세액은 전혀 내지 않으면서 관련 매입세액에 대해 환급만을 받겠다는 것인데, 이는 부가가치세제상 받아들이기 어렵다.

④ 원고들이 달리 가상화폐 공급이 면세사업에 해당하는지 여부나 그 매출세액을 신고하지 않았음에도 불구하고 관련 매입세액을 공제할 수 있는지 여부 등에 관하여 과세관청에 조회를 한 바도 없다.

해설 ─────────────

Ⅰ. 부가가치세와 관련한 일반이론

1. 관련 규정

> ▣ 부가가치세법
>
> **제2조(정의)** 이 법에서 사용하는 용어의 뜻은 다음과 같다.
>
> 1. "재화"란 재산 가치가 있는 물건 및 권리를 말한다. 물건과 권리의 범위에 관하여 필요한 사항은 대통령령으로 정한다.
>
> 6. "과세사업"이란 부가가치세가 과세되는 재화 또는 용역을 공급하는 사업을 말한다.
>
> 7. "면세사업"이란 부가가치세가 면제되는 재화 또는 용역을 공급하는 사업을 말한다.
>
> **제4조(과세대상)** 부가가치세는 다음 각 호의 거래에 대하여 과세한다.
>
> 1. 사업자가 행하는 재화 또는 용역의 공급
>
> 2. 재화의 수입
>
> **제9조(재화의 공급)** ① 재화의 공급은 계약상 또는 법률상의 모든 원인에 따라 재화를 인도하거나 양도하는 것으로 한다.
>
> ② 제1항에 따른 재화의 공급의 범위에 관하여 필요한 사항은 대통령령으로 정한다.
>
> **제26조(재화 또는 용역의 공급에 대한 면세)** ① 다음 각 호의 재화 또는 용역의 공급에 대하여는 부가가치세를 면제한다.
>
> 11. 금융·보험 용역으로서 대통령령으로 정하는 것
>
> **제27조(재화의 수입에 대한 면세)** 다음 각 호에 해당하는 재화의 수입에 대하여는 부가가치세를 면제한다.
>
> 15. 제6호부터 제13호까지의 규정에 따른 재화 외에 관세가 무세(무세)이거나 감면되는 재화로서 대통령령으로 정하는 것. 다만, 관세가 경감되는 경우에는 경감되는 비율만큼만 면제한다.
>
> **제38조(공제하는 매입세액)** ① 매출세액에서 공제하는 매입세액은 다음 각 호의 금액을 말한다.
>
> 1. 사업자가 자기의 사업을 위하여 사용하였거나 사용할 목적으로 공급받은 재화 또는 용역에 대한 부가가치세액(제52조제4항에 따라 납부한 부가가치세액을 포함한다)
>
> 2. 사업자가 자기의 사업을 위하여 사용하였거나 사용할 목적으로 수입하는 재화의 수입에 대한 부가가치세액
>
> ② 제1항제1호에 따른 매입세액은 재화 또는 용역을 공급받는 시기가 속하는 과세기간의 매출세액에서 공제한다.
>
> ③ 제1항제2호에 따른 매입세액은 재화의 수입시기가 속하는 과세기간의 매출세액에서 공제한다.
>
> **제39조(공제하지 아니하는 매입세액)** ① 제38조에도 불구하고 다음 각 호의 매입세액은 매출세액에서 공제하지 아니한다.

7. 면세사업등에 관련된 매입세액(면세사업등을 위한 투자에 관련된 매입세액을 포함한다)과 대통령령으로 정하는 토지에 관련된 매입세액

② 제1항에 따라 공제되지 아니하는 매입세액의 범위에 관하여 필요한 사항은 대통령령으로 정한다.

제75조(자료제출) 다음 각 호의 어느 하나에 해당하는 자는 재화 또는 용역의 공급과 관련하여 국내에서 판매 또는 결제를 대행하거나 중개하는 경우 대통령령으로 정하는 바에 따라 관련 명세를 매 분기 말일의 다음 달 말일까지 국세청장에게 제출하여야 한다.

(각 호 생략)

■ 부가가치세법 시행령

제2조(재화의 범위) ① 「부가가치세법」(이하 "법"이라 한다) 제2조 제1호의 물건은 다음 각 호의 것으로 한다.

  1. 상품, 제품, 원료, 기계, 건물 등 모든 유체물

  2. 전기, 가스, 열 등 관리할 수 있는 자연력

② 법 제2조 제1호의 권리는 광업권, 특허권, 저작권 등 제1항에 따른 물건 외에 재산적 가치가 있는 모든 것으로 한다.

제56조(그 밖에 관세가 무세이거나 감면되는 재화의 범위) 법 제27조 제15호에 따른 관세가 무세이거나 감면되는 재화는 다음 각 호의 어느 하나에 해당되는 재화로 한다.

  17. 지도, 설계도, 도안, 우표, 수입인지, 화폐, 유가증권, 서화, 판화, 조각, 주상, 수집품, 표본 또는 그 밖에 이와 유사한 물품

제121조(자료제출) ① 법 제75조에 따라 해당 사업자는 기획재정부령으로 정하는 월별 거래 명세를 매 분기 말일의 다음 달 말일까지 국세청장에게 전자적 방법으로 제출하여야 한다.

② 제1항에서 규정한 사항 외에 자료제출 등에 관하여 필요한 사항은 국세청장이 정한다.

2. 부가가치세의 일반 구조

가. 부가가치세는 유럽에서 수입된 제도로 EU 지침에서 규정하는 내용을 참조하여 해석하여야 올바른 해석을 할 수 있다고 한다.[1] 부가가치세법 제2조에서 재화와 용역에 대한 정의를 하고 있다. 이러한 용어는 사실 법적이라기 보다는 경제학적인 용어인데 이는 부가가치세법을 이해할 때 경제학적인 관점에서의 접근이 필요함을 알려준다. 부가가치세법상 권리는 재화 중 물건을 제외한 나머지를 총칭하는 개념으로 민법상 권리의 개념과 일치하지 않는다고 할 것이다. 대법원 역시 영업권도 재산적 가치가 있는 무체물이라고 판시하고 있다(대법원 2014. 1. 16. 선고 2013두18827 판결).

---

1) '부가가치세법상 공급의 해석에 관한 연구', 권형기, 조세법 연구, 세경사 2021년

나. 과세실무상 현금이나 현금성자산은 과세대상이 아니다. 수표, 어음은 과세대상이 아니다. 현금 및 현금성자산은 부가가치세 조문의 해석상으로는 재화라고 할 수 있으나 그 해석에서는 재화라고 보지 않는다. 경제학적 관점에서 시장에서의 매매를 전제로 부가가치세가 발생한다고 보기 때문이다. 재화나 용역이 거래의 대상에 해당하는지 소비를 위한 교환의 수단에 해당하는 것인지에 따라 부가가치세법상 취급이 달라진다. 대법원 판례나 EU는 재화나 용역의 공급에 대한 대가가 있어야 부가가치세법이 적용된다고 하는데 이는 소비지출에 담세력을 두는 부가가치세 제도에서 당연한 결론이다. 시장에서 거래대상이 아니라 교환수단으로 통화를 지급하는 경우 이 통화는 거래대상이 아니어서 부가가치세법상 과세대상에 해당되지 않는다. 부가가치세법의 해석에 있어 유럽에서는 중립성의 원칙을 적용하고 있는데 이는 개별사업자가 창출한 부가가치의 범위 내에서만 과세되고 매입세액 공제가 반드시 이루어져야만 관철되는 원칙이다.

유럽연합의 부가가치세 지침의 주요 내용은 다음과 같다[2]. 유럽사법재판소는 비트코인과 스웨덴 법정통화인 크로네를 교환하는 서비스를 제공하려는 사업을 하고자 하는 사업자가 비트코인 구매와 판매에 있어 부가가치세가 납부되어야 하는지 여부에 대한 사전결정청구에 대하여 2015. 10. 22. 비트코인과 법정통화인 크로네를 교환하는 거래는 유상의 서비스 제공에 해당하고(아래 지침 제2조), 위와 같은 서비스 제공에 대해서는 통화와 관련한 거래로 부가가치세가 면제되어야 하며(아래 지침 제135조), 지급, 송금, 주식 등과 관련한 용역으로 해석되어 면세범위에 해당한다고 볼 수는 없다(아래 지침 제135조)고 판시하였는데 부가가치세법이 유럽에서 유래한 점을 감안하면 우리나라에서의 가상자산 공급과 관련한 부가가치세 부과 여부에 대해 해석론상 참고할 만하다.

● 부가가치세 지침 제2조
1. 다음의 거래에 대해서는 부가가치세가 부과된다.
  (a) 회원국 역내에서 과세자(taxable person)에 의한 유상의 재화 공급
  (c) 회원국 역내에서 과세자(taxable person)에 의한 유상의 서비스 공급

● 부가가치세 지침 제14조
(1) 재화의 공급이란 유형자산을 소유자로서 처분할 수 있는 권리를 이전하는 것을 의미한다.

● 부가가치세 지침 제24조
(1) 서비스의 공급이란 재화의 공급에 해당하지 않는 모든 거래를 의미한다.

---

2) '비트코인의 세법적 취급에 관한 검토' 최동렬, 김익현, 율촌판례연구, 박영사, 2017

● 부가가치세 지침 제135조

(1) 회원국은 다음 거래에 대해서는 부가가치세를 면제해야 한다.

  (d) 당좌예금계좌(deposit and current account), 지급(payments), 송금(transfers), 부채(debts), 수표(cheques) 및 기타 양도성 증권(negotiable instruments)에 관한 거래[양도(negotiations) 포함], 단 추심(debt collection) 제외

  (e) 통화, 법정 통화로 사용되는 은행 지폐 및 주화에 대한 거래 [양도(negotiations)포함] , 단 법정 통화로 사용되지 않는 수집품으로서의 금, 은 혹은 다른 주화, 은행 지폐 혹은 고전(고전, coins of numismatic interest)은 제외

  (f) 회사(companies)나 단체(associations)의 지분(shares)이나 수익(interest), 채무증서(debentures) 및 기타 증권(securities, 단 제15조 (2)에 언급된 documents establishing title to goods, and the rights or securities 제외)에 관한 거래[양도(negotiations) 포함, 관리(management)나 보관(safekeeping)은 제외]

다. 대법원 2018. 5. 18. 선고 2012두22485 전원합의체 판결

부가가치세는 재화나 용역이 생산·제공되거나 유통되는 모든 단계에서 창출된 부가가치를 과세표준으로 하고 소비행위에 담세력을 인정하여 과세하는 소비세로서의 성격을 가지고 있지만, 부가가치세법은 부가가치 창출을 위한 '재화 또는 용역의 공급'이라는 거래 그 자체를 과세대상으로 하고 있을 뿐 그 거래에서 얻은 소득이나 부가가치를 직접적인 과세대상으로 삼고 있지 않다. 이와 같이 우리나라의 부가가치세는 실질적인 소득이 아닌 거래의 외형에 대하여 부과하는 거래세의 형태를 띠고 있으므로, 부가가치세법상 납세의무자에 해당하는지 역시 원칙적으로 그 거래에서 발생한 이익이나 비용의 귀속이 아니라 재화 또는 용역의 공급이라는 거래행위를 기준으로 판단하여야 한다. 그리고 부가가치세의 과세원인이 되는 재화의 공급으로서 인도 또는 양도는 재화를 사용·소비할 수 있도록 소유권을 이전하는 행위를 전제로 하므로, 재화를 공급하는 자는 위탁매매나 대리와 같이 부가가치세법에서 별도의 규정을 두고 있지 않는 한 계약상 또는 법률상의 원인에 의하여 재화를 사용·소비할 수 있는 권한을 이전하는 행위를 한 자를 의미한다.

위 대법원 판결의 취지에 따르면 과세표준은 재화나 용역이 생산 유통되는 모든 단계에서 창출된 부가가치이고, 담세력은 소비행위이며 과세대상은 소득이나 부가가치가 아닌 재화와 용역의 공급 즉 거래라고 해석할 수 있다.

3. 가상자산에 대한 부가가치세 부과와 관련하여 생각해 볼 점

가. 유럽사법재판소는 비트코인의 구매와 판매에 부가가치세를 부과하여야 할 것인가

가 문제된 사안에서 비트코인을 거래의 객체로 볼 수는 없고, 지급수단의 기능을 가진다고 보았다. 기획재정부 역시 2021. 3. 2. 가상자산의 공급은 부가가치세 과세대상에 해당하지 않는다고 판단하였다.[3]

　　나. 대법원은 '부가가치세는 재화나 용역이 생산·제공되거나 유통되는 모든 단계에서 창출된 부가가치를 과세표준으로 하여 부과하는 조세이므로, 부가가치가 새롭게 창출되는 재화나 용역의 유통단계가 있으면 부가가치세가 부과되는 것이 원칙이라고 판시하면서 도박행위는 일반적으로 부가가치를 창출하는 것이 아니므로 부가가치세 과세대상이 아니지만 스포츠 도박 사업자가 정보통신망에 구축된 시스템 등을 통하여 고객들에게 도박에 참여할 수 있는 기회를 제공하고 이에 대한 대가로서 금전을 지급받는 경우에는 비록 그 행위가 사행성을 조장하더라도 재산적 가치가 있는 재화 또는 용역의 공급에 해당하므로 부가가치세 과세대상으로 보아야 한다'(대법원 2017. 4. 7. 선고 2016도19704 판결)고 판결하였고, 대법원 2004두13288 판결에서는 카지노에서 발생하는 입장료에 대해서는 부가가치세를 부과하는 것이 정당하나 고객들이 게임기구를 이용하여 게임을 하면서 발생하는 도박수입에 대해서는 부가가치를 창출한 것이 없으므로 이에 대해서는 부가가치세를 부과할 수 없다고 판시하였다. 반면 성인용 전자오락실에서의 수입에 대해서는 도박게임을 통한 수입이 아니라 게임기 이용 용역을 제공한 것으로 보아 게임기에 투입한 총금액이 부가가치세 과세표준이라는 다수의 판결이 선고되었는데 이 경우 소득세보다 훨씬 많은 부가가치세 과세표준이 산정되는데 이는 문제가 있다. 위 판결에서의 논리에 따라 게임머니를 재화의 공급으로 보면 사업자가 얻은 소득과 무관하게 지출되는 상금은 따로 매입세액 공제가 되지 않으므로 게임머니 전체가 공급가액으로 산정되어 게임장 운영자의 소득세 과세표준에 비해 부가가치세 과세표준이 훨씬 많아지는 불합리가 발생한다. 게임머니를 재화로 공급한다고 인정하는 대신 도박사업자와 도박참여자 사이에 도박기회를 통한 보상지급에 대한 계약으로 보아 일련의 도박서비스 일체를 용역의 공급으로 게임머니는 공급이 아닌 공급요소 중 하나로 보게 되면 상금을 부가가치세 과세표준에서 공제할 수 있게 되고 부가가치세 과세표준이 소득세 과세표준을 훨씬 상회하는 불합리를 시정할 수 있다는 견해[4]가 있는데 타당하다고 생각한다.

　　다. 화폐나 화폐대용증권, 상품권 등을 재화로 보아 과세를 한다면 사업자가 창출하는 부가가치의 합이 소비지출과 일치하지 않게 될 뿐 아니라 상품권의 경우 부가가치세법상 과세표준이 이중 계산될 수도 있다. 부가가치법은 재화나 용역의 공급과 그에 대한 직접적인 대가관계에 따라 결정되며 공급의 단위는 계약의 내용에 따라 해석으로 결정되어야 한

---

3) 위 논문 96페이지
4) 위 논문 126 페이지

다. 또한 부가가치세법상 각 단계 사업자의 과세범위의 합계와 최종소비자의 소비지출은 일치하도록 하는 것이 조세중립성 원칙에 부합한다.

Ⅱ. 이 사건에서의 적용

1. 가상화폐 공급이 부가가치세법상 재화 또는 용역의 공급에 해당하는지 여부

가. 가상화폐 채굴을 통해 얻은 가상화폐는 향후 거래소를 통해 다른 가상자산이나 법정화폐로 교환할 것을 예정하고 있다. 이 사건에서 원고들이 채굴한 가상화폐인 '이더리움'을 거래소를 통해 매각한 경우 재화 또는 용역의 공급에 해당하는지가 문제된다.

나. 부가가치세법 4항 1호에서는 부가가치세 과세대상을 사업자가 행하는 재화 또는 용역의 공급이라고 정하고 있고, 같은 법 제2조 제1호, 동법 시행령 제2조 제1항에서 재화란 재산 가치가 있는 물건 및 권리를 말하고, 재화의 공급은 계약상 또는 법률상의 원인에 따라 재화를 인도하거나 양도하는 것으로 한다고 정하고 있다.

앞서 본 경제학적 관점에서 부가가치세를 바라볼 때 시장에 새로운 어떤 것의 가치를 인정하여 그에 대하여 화폐로 가치가 측정되는 경우 부가가치세 과세대상으로 보는 것이 합리적이다. 위 판결은 원고들이 채굴한 이더리움이 유체물이 아니고, 관리할 수 있는 자연력도 아니어서 물건이라고 볼 수 없고, 권리도 아니며 부가가치세법상 시행령이 정한 광업권, 특허권, 저작권 등 물건 이외에 재산적 가치가 있는 모든 것에도 조세법규의 엄격해석의 원칙에 의할 때 포함되지 않는다고 판단하였다.

개인적으로는 가상자산의 경우 대법원이 재산적 가치가 있다고 판단하고 있고, 원고들이 컴퓨터와 전력를 이용하여 존재하지 않던 이더리움을 채굴하였고 이렇게 채굴된 이더리움이 가상자산 거래소 즉 시장을 통해 재산적 가치가 있는 원화로도 교환이 가능하다는 점을 고려하여 보면 부가가치세법상 가상자산인 이더리움은 재화로 보는 것이 타당하다. 부가가치세법의 특성에 따라 가상자산인 이더리움을 다른 법률에서의 정의와 달리(예컨대 특정금융정보법상의 가상자산 정의) 정의하여 처리한다고 하더라도 이를 불합리하다고 볼 수도 없다.

2. 가상화폐인 이더리움 채굴(공급)이 부가가치세 부과 대상인지 여부

가. 위 판결에서 ① 소비행위에 담세력을 인정하는 부가가치세 규정에 비추어 볼 때 이더리움은 가치 있는 소비재라고 보기 어렵고, 교환가치에 주된 효용이 있다는 점, ② 이더리움의 가치가 법정화폐 대비 수시로 변하는 특성이 외국 화폐의 환율변동에 유사하다고 볼 수 있어 가상화폐인 이더리움의 공급 및 유통이 부가가치를 창출한다고 보기 어려운 점,

③ 과세당국이 현재 가상화폐를 부가가치세 과세대상으로 삼고 있지 않으며 원고들도 가상화폐 공급과 관련하여 부가가치세 매출세액을 신고한 바는 없는 점을 종합하여 부가가치세 부과대상이라고 볼 수 없다고 판단하였다.

　나. 이 사건에서 원고들은 이더리움을 채굴하기 위한 목적으로 컴퓨터 등 재화를 구입하였다. 이렇게 채굴된 이더리움을 판매 또는 법정화폐로 교환한 경우 이더리움 공급을 부가가치세 과세대상이라고 볼 수 있는지에 대해 먼저 생각할 필요가 있다. 위 판결에서는 이더리움은 부가가치세법상 재화나 용역이라고 보기 어렵고 부가가치세법이 정하는 재화나 용역외의 어떤 것이라고 판단하고 있다. 부가가치세법이 부가가치에 대해 과세하는 것이 본질적인 목적이라고 본다면 현재 시장에서 가치 있는 것으로 판매되고 있는 가상자산인 이더리움을 부가가치세법상의 재화나 용역이 아니라고 볼 수는 없다는 것이 개인적인 생각이다. 이더리움은 유체물이라고 볼 수는 없지만 실재하면서 사회적으로 기능하고 있는 어떤 것이라고 볼 수 있으므로 부가가치세법의 해석에 있어 재산적 가치가 있는 물건이라고 못 볼 바도 아니다. 이더리움은 지급수단으로 기능할 수도 있고, 그 외 다른 서비스에 대한 권리를 표상할 수도 있다. 이러한 가치 있는 재화인 이더리움을 공급하고 이에 대한 대가를 받는 행위가 부가가치세 부과대상이 아니라고 해석하기는 어렵지 않을까 생각한다. 위 판결에서는 과세당국이 현재 가상화폐를 부가가치세 과세대상으로 삼고 있지 않으며 원고들도 가상화폐 공급과 관련하여 부가가치세 매출세액을 신고한 바는 없는 점도 가상자산인 이더리움을 부가가치세 과세대상으로 보기 어렵다는 근거의 하나로 삼았는데 이는 아직 가상자산에 대한 이해가 충분히 성숙하지 않은 이유로 나타난 현상일 뿐 그러한 현상이 있다고 하여 가상자산이 부가가치세 과세대상 해당하는지 여부를 좌우하는 것은 아니라고 할 것이다.

　가상자산 혹은 가상화폐가 부가가치세 부과대상이라고 하더라도 부가가치세가 면제될 수 있는지는 별도로 판단해야 한다. 일반적으로 법정통화 자체의 송금은 부가가치세법상 과세대상이 아니라 과세된 거래에 대한 대가일 뿐이라고 이해되고 있고, 지급수단으로 사용되어 별도의 부가가치를 창출하지 않는 것으로 보이는 금융거래에 대해서는 부가가치세를 면제하고 있다. 이더리움이 지급수단으로만 사용되는 경우 부가가치세법 26조 제1항 제11호의 금융보험 용역에 해당하여 부가가치세 면제대상에 해당할 수 있다. 앞서 본 유럽재판소 결정에서 법률자문관 역시 비트코인과 법정화폐가 지급수단으로 동일한 기능을 한다면 비트코인을 법정화폐와 달리 볼 필요가 없다고 보았다.[5] 결국 이더리움이 비트코인이나 법정화폐와 동일하게 지급수단으로서의 역할만 하고 재산적 가치가 있는 물건이나 권리라

---

5) '비트코인의 세법적 취급에 관한 검토' 최동렬, 김익현, 율촌판례연구, 박영사, 2017

고 볼 수는 없는지를 판단해야 할 것이다. 부가가치세법 26조 제1항 제11호에 의하면 금융보험 용역으로서 대통령령으로 정하는 것의 공급에 대하여는 부가가치세를 면제한다고 규정하고 있다. 동법 시행령 제40조에서는 면세하는 금융보험 용역의 범위를 정하고 있는데 주요 용역은 내국환, 외국환, 수납 및 지급대행, 전자상거래와 관련한 지급대행, 자본시장법에 의한 집합투자업(부동산, 실물자산 등 자산에 운영하는 경우는 제외), 금융결제원이 수행하는 지급결제제도 운영업무 등이다. 이더리움을 법정화폐로 교환하는 것이 위 부가가치세 면제범위에 포함되는지 여부를 보건대 유럽연합의 지침이 통화, 법정통화로 사용되는 은행 지폐 및 주화에 대한 거래라고 포괄적인 규정으로 되어 있는 반면 우리 법은 은행법, 자본시장법, 외국환거래법 등에 따른 업무 및 부수업무에 대해 구체적으로 면세를 규정하고 있어 유럽연합의 해석과는 다를 수 있다. 문언상으로는 면세범위에 해당한다고 보기 어렵다.

그러나 가상자산은 현재 주식과 비슷하게 블록체인 네트워크를 건설하기 위한 자금조달수단으로 향후 해당 네트워크에서 가치를 가진다. 즉 가상자산은 해당 가상자산이 사용되는 네트워크의 가치에 연동되고 해당 네트워크가 커지고 해당 가상자산의 수요가 많아지면 당연히 공급이 확정된 가상자산의 가격은 오르게 된다. 일종의 서비스 이용 대가가 화체된 상품권의 역할을 하는 경우가 많다. 상품권의 경우 화폐대용증권애 해당하거나 그렇지 않다고 하더라도 강한 환전성을 가진다는 이유로 상품권의 공급을 부가가치세의 과세대상에서 제외하고 있는 실무에 따르면 가상자산인 이더리움 역시 통화나 상품권과 같은 성질을 가지고 있어 부가가치세 과세대상이 아니라고 보는 것이 타당하다.

다. 이더리움의 공급이 부가가치세 과세대상이 아니라고 보면 제39조 제1항 제7호 및 제29조 제8항에 따르면, 면세사업 및 부가가치세가 과세되지 아니하는 재화 또는 용역을 공급하는 사업(이하 '면세사업 등'이라 한다)에 관련된 매입세액(면세사업 등을 위한 투자에 관련된 매입세액을 포함)은 매출세액에서 공제할 수 없다고 할 것이어서 원고들이 이더리움 채굴을 위해 구입한 컴퓨터등 구입금액에 대해 매입세액으로 공제할 수는 없다. 이 사건에서 원고들이 구입한 컴퓨터를 사용하여 이더리움을 채굴한 경우 바로 채굴한 이더리움 가액 상당의 매출세액이 존재한다고 볼 것인지, 이더리움을 시장에 공급한 경우 해당 공급한 이더리움 가액 상당의 매출세액이 존재한다고 볼 수 있는지 문제되나 이더리움 공급 자체가 부가가치세 면제대상인 경우라면 어떻게 보더라도 매입세액 공제가 되지 않으므로 결론에 차이는 없다.

2. 가산세 부과의 적법 여부

가. 세법상 가산세는 과세권의 행사 및 조세채권의 실현을 용이하게 하기 위하여 납세자가 정당한 이유 없이 법에 규정된 신고, 납세 등 각종 의무를 위반한 경우에 개별 세법이

정하는 바에 따라 부과되는 행정상의 제재로서 납세자의 고의, 과실은 고려되지 않는 것이고, 다만 납세의무자가 그 의무를 알지 못한 것이 무리가 아니었다거나 그 의무의 이행을 당사자에게 기대하는 것이 무리라고 하는 사정이 있을 때 등 그 의무해태를 탓할 수 없는 정당한 사유가 있는 경우에는 이를 부과할 수 없다(대법원 2003. 12. 11. 선고 2002두4761 판결 등 참조).

나. 이 사건에서 법원은 원고들이 이더리움 공급과 관련하여 부가가치세를 납부한 적이 없었고, 이더리움 공급이 면세사업에 해당하는지 여부 등에 대해 과세관청에 조회해보지도 않았던 점, 매출세액 관련 신고는 하지 아니하고 매입세액의 환급만을 받으려는 하는 것은 부가가치세법상 받아들일 수 없다는 이유로 원고들이 부가가치세 납부를 지연한 정당한 사유가 존재하지 않는다고 보았는데 타당한 결론이다.

Ⅲ. 결론

1. 원고들이 채굴한 가상자산인 이더리움은 지급수단으로 또는 강한 환전성을 가진 상품권의 성질을 가지고 있으므로 통화와 마찬가지로 부가가치세를 부과대상에 해당하지 않는다. 이 경우 이더리움이 부가가치세법상 재화에 해당하나 금융거래에 사용되는 수단으로 면세대상이라고 해석할 수 있으나 현행법은 구체적인 법률에서 정한 금융거래만을 면세대상으로 하고 있어 입법적 해결이 필요하다.

2. 원고들이 이더리움의 공급이 부가가치세 부과대상에 해당한다고 믿고 이러한 이유로 매입세액이 공제될 수 있다고 생각하였다면 이더리움 공급이 면세사업에 해당하는지, 매출세액을 신고하지 않았음에도 매입세액을 공제할 수 있는지 여부에 대해 과세관청에 조회를 하였어야 하는데 이러한 조치를 하지 않았을 뿐 아니라 원고들 역시 가상화폐인 이더리움 공급과 관련한 부가가치세를 납부한 적이 없으므로 원고들이 부가가치세 납부를 지연한 것에 대한 정당한 사유가 있다고 볼 수 없다.

[55] 토큰의 공급과 부가가치세 부과 대상 여부

— 서울행정법원 2022. 10. 27. 선고 2021구합79148 판결, 2023. 7. 7. 항소기각 확정 —

[사실 개요]

1. 가상자산 거래소('이 사건 거래소')를 운영하는 원고는 2018.경부터 이 사건 거래소를 이용하는 고객들이 가상자산을 거래하면, 해당 고객들로부터 거래금액의 일정 비율에 해당하는 약정수수료('이 사건 수수료')를 지급받는 한편, 고객들이 거래 당일 이 사건 거래소를 통한 전체 거래에 기여한 정도에 따라 자신들이 자체적으로 발행한 가상자산인 A 토큰을 지급하였다.

2. 원고는 2018년 및 2019년 부가가치세 신고 당시에는 이 사건 수수료 전액을 과세표준에 포함시켜 부가가치세를 신고·납부하였다가, 2020.경 '이 사건 수수료는 이 사건 토큰 지급에 대한 반대급부로서 부가가치세 과세대상이 아니다.'라는 취지로 주장하며 기납부한 부가가치세의 환급을 요구하는 경정청구를 하였다.

3. 관할 세무당국('피고')는 '이 사건 수수료를 고객들에게 이 사건 토큰을 공급하고 수취한 대가로 볼 수는 없고, 원고가 이 사건 거래소를 통해 고객들의 가상자산 거래를 중개하고 수취한 중개수수료로서 부가가치세 과세대상에 해당한다.'고 보아 위 경정청구를 거부하였다('이 사건 처분').

4. 원고는 이 사건 처분에 대해서 취소소송을 제기하면서, '① 이 사건 수수료는 원고가 이 사건 토큰을 고객에게 지급한 것에 대한 반대급부로서 수취한 것인데, 가상자산인 이 사건 토큰은 부가가치세법상의 재화가 아니므로, 이 사건 수수료 역시 부가가치세법상 재화 또는 용역 공급의 대가가 아니다. ② 가상자산 거래의 중개는 서로 다른 두 당사자 사이의 거래를 주선하여 주는 것인데, 적어도 당사자가 한 명인 자전거래에 한해서는 원고가 거래의 중개 등 어떠한 용역을 제공하였다고 볼 수 없으므로, 적어도 자전거래 부분에 해당하는 수수료는 용역 제공의 대가가 아니다.'라고 주장하였다.

[판결 요지]

1. 원고가 이 사건 수수료를 고객들에 대한 이 사건 토큰 공급에 대한 반대급부로 수취한 것이라 볼 수 없다.

2. 일부 고객이 이 사건 토큰을 획득하기 위해서 매수 직후 매수한 수량과 동일한 수량을 다시 매도하는 등의 거래를 반복하였다 하더라도 원고가 구축해놓은 시스템을 이용하여, 즉 원고가 제공하는 서비스를 이용하여 거래한 이상 용역의 제공이 없었다고 볼 수 없다.

3. 따라서 이 사건 처분은 적법하다.

해설 ───

Ⅰ. 대상판결의 의의 및 쟁점

가상자산의 법적 성격과 관련하여 그 공급이 부가가치세 부과대상인지가 문제되어 왔다. 대상판결은, 가상자산의 일종인 이 사건 토큰의 공급과 이 사건 거래소가 고객들에게 지급하는 이 사건 수수료가 일정 부분 결부되어 있을 때, 가상자산의 공급이 부가가치세 대상이 아니므로, 이 사건 수수료 역시 부가가치세의 대상이 아니라고 보아야 하는지를 다루고 있다.

Ⅱ. 관련 법령 및 약관

❑ 부가가치세법

제4조(과세대상) 부가가치세는 다음 각 호의 거래에 대하여 과세한다.

1. 사업자가 행하는 재화 또는 용역의 공급

제29조(과세표준) ① 재화 또는 용역의 공급에 대한 부가가치세의 과세표준은 해당 과세기간에 공급한 재화 또는 용역의 공급가액을 합한 금액으로 한다.

③ 제1항의 공급가액은 다음 각 호의 가액을 말한다. 이 경우 대금, 요금, 수수료, 그 밖에 어떤 명목이든 상관없이 재화 또는 용역을 공급받는 자로부터 받는 금전적 가치 있는 모든 것을 포함하되, 부가가치세는 포함하지 아니한다.

1. 금전으로 대가를 받는 경우: 그 대가. 다만, 그 대가를 외국통화나 그 밖의 외국환으로 받은 경우에는 대통령령으로 정한 바에 따라 환산한 가액

❑ 이 사건 거래소의 이용약관('이용약관')

제2조(정의)

이 약관에서 사용하는 용어의 정의는 다음과 같습니다.

1. "서비스"라 함은 단말기 종류를 불문하고, 회원이 이용할 수 있는 이 사건 거래소의 가상자산 거래 서비스 및 이와 관련된 제반 서비스를 의미합니다.

2. "회원"이라 함은 이 약관에 따라 회사와 이용계약을 체결하고, 회사가 제공하는 서비스를 이용하는 고객을 말합니다.

6. "A 토큰"이라 함은 회원이 서비스 내에서 가상자산 거래 등을 통해 채굴할 수 있으며, 회사가 제공하는 서비스(상장 코인 투표권 부여, 이 사건 거래소 수수료 수익 공유 등) 이용 시 부가적인 혜택을 제공하는 회사 자체 발행 가상자산을 말합니다.

12. 회원간 거래관련 용어

　　판매자란, 가상자산을 판매할 의사로 해당 가상자산을 회사가 온라인으로 제공하는 양식에
　　맞추어 등록하거나 신청한 회원을 말합니다.
구매자란, 가상자산을 구매할 의사로 해당 가상자산을 회사가 온라인으로 제공하는 양식에 맞추어
등록하거나 신청한 회원을 말합니다.
제17조(유료 서비스의 이용)
　1. 회원은 가상자산 거래 서비스, 가상자산 입출금 서비스 등 회사가 제공하는 서비스를 이용하
　　는 경우 이에 따른 수수료를 지급하여야 합니다. 서비스 수수료는 회사의 홈페이지 "고객센터
　　－수수료안내"에 명시되어 있습니다. 회사는 시장 및 회사의 상황에 따라 언제든지 이용에 따
　　른 대가를 수정하여 공시하고, 공시일에 지정한 효력 발생일부터 수정된 내용의 대가를 수익
　　할 수 있습니다.

Ⅲ. 대상판결의 내용

1. 원고의 첫 번째 주장에 관한 판단

　　원고는, 이 사건 거래소가 다른 거래소에 비하여 수수료가 높음에도 불구하고 이 사건 토큰을 획득하기 위하여 이 사건 거래소를 이용하는 고객들이 있고, 이 사건 토큰을 획득하기 위한 목적 하에서 반복적으로 자전거래(매수 직후 매수한 수량과 동일한 수량으로 다시 매도하는 거래)를 한 고객들의 거래내역이 있으므로, 이 사건 수수료는 원고가 이 사건 토큰을 고객에게 지급한 것에 대한 반대급부로서 수취한 것이라고 주장하였다.

　　이에 대하여 법원은 아래의 ①, ②, ③의 각 논거로 원고의 주장을 배척하였다.

　　① 이 사건 거래구조, 이용약관 제17조 제1항에서 "회원은 '가상자산 거래 서비스', 가상자산 입출금 서비스 등 회사가 제공하는 서비스를 이용하는 경우 이에 따른 수수료를 지급하여야 합니다."라고 규정하는데, 이용약관 제2조 제12호에서 "회원간 거래관련 용어"라는 표제 하에 "판매자"와 "구매자"를 규정하고 있으므로 위 '가상자산 거래 서비스'는 판매자와 구매자 사이 가상자산 거래를 중개하는 서비스를 의미하는 점, 이 사건 수수료는 이와 같은 원고가 제공하는 서비스의 대가인 점 등을 종합하여 볼 때, 이 사건 수수료의 본질은 판매자와 구매자 사이의 가상자산 거래를 중개하는 용역을 제공함에 대한 대가로 수취하는 중개수수료에 해당한다.

　　② 이용약관 제2조 제6호에서 이 사건 토큰은 서비스 내에서 가상자산 거래 등을 통해 채굴할 수 있는 것이라고 규정하는바, 이는 고객이 이 사건 거래소에서 가상자산을 거래함에 따라 이 사건 토큰을 획득할 수 있다는 의미이며, 이 사건 토큰 자체가 원고와 고객들 사이의 거래목적물이 되는 것은 아니라고 보인다.

③ 이 사건 거래소의 거래량이 증가할수록 원고의 수익이 증가하므로 원고가 영업전략상 고객들의 기여도에 비례하여 이 사건 토큰을 지급한 것으로 보일 뿐, 위와 같은 사정만으로 원고가 고객들에게 이 사건 토큰을 지급하고 그 반대급부로서 이 사건 수수료를 수취한 것이라고 보기는 어렵다.

2. 원고의 두 번째 주장에 관한 판단

원고는 아울러 '자전거래에 대해서는 원고가 서로 다른 두 당사자 사이의 거래를 중개해준 것이 아니므로, 부분에 해당하는 수수료는 용역 제공의 대가로 볼 수 없다.'라고도 주장하였다.

이에 대하여 법원은 '자전거래 역시 원고가 구축해놓은 시스템을 이용하여 가상자산을 거래한 경우, 즉 원고가 제공하는 서비스를 이용하여 거래한 경우에 해당하므로, 용역의 제공이 없었다고 볼 수는 없다.'라는 이유로 위 주장 역시 배척하였다.

[56] NFT화가 가능한 게임 아이템 제공이 게임산업진흥에 관한 법률 상에서 금지하는 경품에 해당하는지 여부

— 서울행정법원 2023. 1. 13. 선고 2021구합65484 및 2021구합69899 판결, 2023. 2. 2. 각 확정 —

[처분의 경위]

1. 당사자의 지위

가) 원고는 게임소프트웨어 개발 및 서비스를 주된 사업으로 영위하는 회사로서 주로 턴제 전략 RPG(Role Playing Game)[1] 게임을 개발, 서비스하고 있다.

나) 피고는 게임물관리위원회로서 게임산업진흥에 관한 법률(이하 '게임산업법'이라 한다)에 따라 게임물의 등급분류에 관한 사항을 포함하여 게임물에 대한 관리, 감독 업무를 총괄하는 자이다.

2. 이 사건 처분

가) 원고는 게임산업법 제21조의2에 따른 자체등급분류사업자인 구글 엘엘씨(Google LLC, 이하 '구글'이라 한다)로부터 2021. 3. 30. 이 사건 게임에 관하여 15세 이용가 등급에 해당하는 등급분류를 받았다.

나) 피고는 구글에 대하여 2021. 4. 12. 이 사건 게임에 대한 등급분류를 취소하는 내용의 등급분류 취소결정 예정 사전통지를 하고, 2021. 5. 17. 다음과 같은 사유로 게임산업법 제22조 제4항에 근거하여 이 사건 게임에 대한 등급분류를 취소하였으며(이하 '이 사건 1처분'이라 한다, 2021구합 65484 사건 관련), 구글은 2021. 5. 18. 원고에게 이 사건 처분사실을 통지하였다.

다) 원고는 2021. 4. 19. 피고에게 이 사건 게임에 유료재화를 사용하는 아이템 거래소 기능을 추가한 이 사건 게임에 대하여 청소년이용불가로 등급분류 신청을 하였으나, 피고는 2021. 6. 11. 위 게임이 게임산업법 제28조 제2의2호, 제2호, 제3호에 해당한다는 이유로 게임산업법 제22조 제2항, 제28조에 근거하여 등급분류를 거부하였다(이하 '이 사건 2처분'이라 한다, 2021구합69899 사건 관련).

3. 이 사건 제1, 2처분의 공통된 처분 사유는 아래와 같다.

O 최대 24시간까지 자동으로 아이템을 획득하는 사냥 등이 진행되는 기능이 존재함. 이러한 24시간 자동사냥 기능은 이용자의 조작을 일절 요하지 않는 등 이용자의 노력이나 실력이 최초의 설정 이외에는 반영될 여지가 없는 것으로서, 이를 통한 아이템의 획득 여부 또는 그 내용은 우연에 의하여 결정된다고 할 수 있음

O 'NFT(Non fungible Token)'를 거래 마켓에 등재하려는 시도를 하거나 가상화폐 토큰을 이용하여 이를 거래할 수 있도록 하는 시스템 구축을 계획하는 등의 사정을 종합적으로 고려해 보았을 때, 결과

---

1) RPG(Role Playing Game)란 가상의 세계 속에서 각자에게 할당된 캐릭터의 역할을 수행하며 성장해나가는 게임이고, 턴제 전략 RPG는 이러한 RPG 게임의 하위 장르로서 이용자가 캐릭터들을 전장에 전략적으로 배치한 후 몬스터나 다른 이용자를 상대로 서로 턴을 바꿔가면서 전투를 진행하는 게임을 말한다.

적으로 게임의 결과에 해당하는 아이템을 'NFT'로 전환하여 제공하는 기능은 이용자에게 재산상 손익을 발생시킨다고 볼 수 있음

○ 또한 가상자산화(NFT)한 아이템은 그 소유권이 게임사가 아닌 이용자에게 귀속되며 또한 게임 외부로 자유로운 이동 및 교환, 거래 등이 가능하므로 게임산업법상 경품에 해당하며 거래소 활성화 시 사행적으로 이용될 우려가 높음

○ 위와 같은 내용을 종합하여 보았을 때, 대상 게임물은 게임산업법 제28조 2의2 게임물의 내용구현과 밀접한 관련이 있는 운영방식 또는 기기/장치 등을 통하여 사행성을 조장하는 게임, 제2호 사행행위를 하게 하거나 이를 하도록 내버려두는 행위 및 제3호의 경품 등을 제공하여 사행성을 조장하는 행위에 해당함

[판결 요지]

1. 이 사건 게임에서 제공하는 NFT화 할 수 있는 아이템은 게임산업법 제28조 제3호가 금지하고 있는 경품에 해당한다고 할 것이고, 이 사건 게임에서 경품을 제공하는 것은 그 자체로 사행성을 조장하는 행위라고 봄이 상당하다.

2. NFT화 할 수 있는 아이템의 경우 이용자가 이를 NFT화하는 경우 이 사건 게임 서비스의 제공 여부나 이용자가 이 사건 게임의 계정을 유지하고 있는지 여부와 무관하게 영구적으로 이용자에게 소유권이 귀속되며, 이 사건 게임의 계정이 없는 자도 NFT를 구매함으로써 이를 소유할 수 있다.

3. NFT의 대체가능성, 환가성, 유통가능성에 비추어 이 사건 게임을 통해 이용자들이 얻는 NFT 내지 NFT가 화체된 아이템의 경우 단순히 디지털 자산의 고유한 주소로서의 의미만을 가지는 것이 아니라 그 자체로 재산상 가치를 인정할 수 있다.

해설

Ⅰ. 대상판결의 의의 및 쟁점

NFT(Non Fungible Token, 대체불가능 토큰)[2]에 관한 의미있는 행정 판결이 선고되어 소개한다. 이 사건은 소송을 제기하기 전부터 세간의 관심을 모았던 사건이다. 원고는 우리나라 최초로 NFT와 결부된 게임을 출시하였는데, 게임물관리위원회에서 등급분류를 거부함으로써 사실상 국내에서 이 사건 게임을 제공할 수 있는 기회를 박탈당하였고, 이에 이 사건 제1, 2처분의 취소를 구하는 이 사건 각 소송을 제기하였다. 이 사건 각 소송의 핵심 쟁점은 NFT화가 가능한 게임 아이템 제공이 게임산업법 상에서 금지하는 경품에 해당하여 사

---

2) NFT에 대한 자세한 정의 및 법적 성질에 관하여는 앞서 본 'NFT 발행 사기 사건'을 참고.

행성을 가지는지에 관한 것이다. 이 외에도 아이템이 현실에서 거래되고 있는 기존 게임과의 사이에 형평의 원칙 위반 여부에 관하여도 살펴본다.

Ⅱ. 관련 법령

> ■ 게임산업진흥에 관한 법률
>
> 제2조(정의)
> 이 법에서 사용하는 용어의 정의는 다음과 같다.
>   1. "게임물"이라 함은 컴퓨터프로그램 등 정보처리 기술이나 기계장치를 이용하여 오락을 할 수 있게 하거나 이에 부수하여 여가선용, 학습 및 운동효과 등을 높일 수 있도록 제작된 영상물 또는 그 영상물의 이용을 주된 목적으로 제작된 기기 및 장치를 말한다. 다만, 다음 각 목의 어느 하나에 해당하는 것을 제외한다.
>   가. 사행성게임물 (이하 생략)
>   1의2. "사행성게임물"이라 함은 다음 각 목에 해당하는 게임물로서, 그 결과에 따라 재산상 이익 또는 손실을 주는 것을 말한다.
>   가. 베팅이나 배당을 내용으로 하는 게임물
>   나. 우연적인 방법으로 결과가 결정되는 게임물
> (이하 생략)
>
> 제21조(등급분류) ① 게임물을 유통시키거나 이용에 제공하게 할 목적으로 게임물을 제작 또는 배급하고자 하는 자는 해당 게임물을 제작 또는 배급하기 전에 위원회 또는 제21조의2제1항에 따라 지정을 받은 사업자로부터 그 게임물의 내용에 관하여 등급분류를 받아야 한다. 다만, 다음 각 호의 어느 하나에 해당하는 게임물의 경우에는 그러하지 아니하다.(각호 생략)
> ② 게임물의 등급은 다음 각 호와 같다.
>   1. 전체이용가 : 누구나 이용할 수 있는 게임물
>   2. 12세이용가 : 12세 미만은 이용할 수 없는 게임물
>   3. 15세이용가 : 15세 미만은 이용할 수 없는 게임물
>   4. 청소년이용불가 : 청소년은 이용할 수 없는 게임물
> ③ 제2항의 규정에 불구하고 청소년게임제공업과 일반게임제공업에 제공되는 게임물은 전체이용가와 청소년이용불가 게임물로 분류한다.
> ④ 위원회는 등급분류를 신청한 게임물에 대하여 사행성게임물 여부를 확인하여야 한다.
> 제21조의2(자체등급분류사업자의 지정) ① 문화체육관광부장관은 제2항이 정하는 요건을 갖춘 사업자 중에서 다음 각 호의 사항을 심사하여 자체적으로 등급분류를 할 수 있는 사업자로 3년 이내의 기간을 정하여 지정할 수 있다. 이 경우 문화체육관광부장관은 업무운영에 관한 조건을 부과

하여 지정할 수 있다.

1. 자체등급분류 업무운영 계획의 적정성

2. 게임산업 발전 및 건전 게임문화 조성에 대한 기여 계획의 적정성

제22조(등급분류 거부 및 통지 등) ② 위원회는「사행행위 등 규제 및 처벌특례법」,「형법」등 다른 법률의 규정 또는 이 법에 의하여 규제 또는 처벌대상이 되는 행위 또는 기기에 대하여 등급분류를 신청한 자, 정당한 권원을 갖추지 아니하였거나 거짓 그 밖의 부정한 방법으로 등급분류를 신청한 자 또는 사행성게임물에 해당되는 게임물에 대하여 등급분류를 신청한 자에 대하여 등급분류를 거부할 수 있다.

④ 위원회는 등급분류를 받은 게임물이 제2항의 규정에 따른 등급분류 거부 대상인 사실을 알게 된 때에는 지체 없이 등급분류 결정을 취소하여야 한다.

제28조(게임물 관련사업자의 준수사항) 게임물 관련사업자는 다음 각 호의 사항을 지켜야 한다.

2. 게임물을 이용하여 도박 그 밖의 사행행위를 하게 하거나 이를 하도록 내버려 두지 아니할 것

2의2. 게임머니의 화폐단위를 한국은행에서 발행되는 화폐단위와 동일하게 하는 등 게임물의 내용구현과 밀접한 관련이 있는 운영방식 또는 기기·장치 등을 통하여 사행성을 조장하지 아니할 것

3. 경품 등을 제공하여 사행성을 조장하지 아니할 것. 다만, 청소년게임제공업의 전체이용가 게임물에 대하여 대통령령이 정하는 경품의 종류(완구류 및 문구류 등. 다만, 현금, 상품권 및 유가증권은 제외한다)·지급기준·제공방법 등에 의한 경우에는 그러하지 아니하다.

■ 게임산업진흥에 관한 법률 시행령

제16조의2(경품의 종류 등) 법 제28조제3호 단서에 따라 제공할 수 있는 경품의 종류와 그 지급기준 및 방법은 다음과 같다.

1. 경품의 종류

   가. 완구류 및 문구류

   나. 문화상품류, 스포츠용품류 및 생활용품류. 다만, 다음의 어느 하나에 해당하는 물품은 제외한다.

      1) 음식물 등 사용기한, 소비기한 또는 유통기한이 있는 물품

      2) 선정성·사행성·폭력성을 유발할 수 있는 물품

      3) 심신에 해를 가할 수 있는 물품

      4)「청소년 보호법」제2조에 따른 청소년유해매체물, 청소년유해약물 및 청소년유해물건

2. 경품의 지급기준

   지급되는 경품은 소비자판매가격(일반 소매상점에서의 판매가격을 말한다) 1만원 이내의 것

으로 한다

3. 경품의 제공방법

등급분류 시 심의된 게임물의 경품지급장치를 통해서만 제공하여야 하며, 영업소관계자 등이 경품을 직접 제공하여서는 아니된다. 끝.

Ⅲ. 대상판결의 분석

1. 사실관계

가) 이 사건 게임은 다양한 캐릭터를 수집·성장시키고, 몬스터 사냥, 이용자 간 대전 등과 같은 각종 PVE(Player VS Environment) 및 PVP(Player VS Player) 콘텐츠를 수행하는 것을 그 내용으로 하고 있다. 이 사건 게임에서 제공하는 주요 콘텐츠는 '모험', '던전', '대전'이 있는데, '모험'은 이용자가 이 사건 게임의 줄거리에 맞춰 단계별 스테이지에서 몬스터와 전투하면서 임무를 완수해 나가는 내용의 가장 기본적인 콘텐츠이고, '던전'은 이 사건 게임 줄거리와 관계없이 이용자가 게임 진행에 필요한 아이템을 획득할 수 있는 콘텐츠로서 고대유적, 보물 동굴, 피의 던전, 증명의 탑 등의 종류가 있으며, '대전'은 이용자와 이용자 간에 자신이 육성한 캐릭터들을 바탕으로 전투하는 PVP 콘텐츠이다.

나) 이 사건 게임물에는 '24시간 자동모험기능'이라는 콘텐츠가 있는데, 이는 이용자가 선택한 게임 내 특정 스테이지에 대한 모험을 최대 24시간 동안 자동으로 실행하게 하는 것으로서 일단 이를 한번 실행시키면 이용자가 이 사건 게임을 종료하더라도, 즉 이용자가 전혀 조작하지 않더라도 최대 24시간 동안 임의의 확률에 따라 아이템 등 게임의 결과물을 얻을 수 있다.

다) 이 사건 게임의 이용자가 취득할 수 있는 아이템은 일반, 고급, 희귀, 영웅, 전설 총 5종류의 등급으로 나뉘고, 희귀 등급 이상(희귀, 영웅, 전설) 아이템의 경우에만 NFT화가 가능하며, 이 사건 게임 중 NFT를 취득할 수 있는 콘텐츠는 '24시간 자동모험기능'을 포함하여 총 4가지('피의 던전', '차원의 틈', '미궁')가 있다.

라) 이 사건 게임 중 NFT와 관련된 콘텐츠로는 '기록보관소'가 있다. 이는 이용자가 취득한 일부 아이템을 NFT화하거나 해당 NFT를 다시 아이템으로 가져올 수 있는 기능을 한다. 기록보관소에 보관된 NFT는 이용자 개인의 전자지갑을 통해 자유롭게 전자적으로 거래, 이전이 가능하다.

2. 처분사유의 존재 여부[3]

가) 경품의 의미

게임산업법은 경품의 의미에 관하여 따로 정하고 있지 않으나, 헌법재판소는 '게임물을 이용한 결과물로 게임물이용자에게 제공되는 재화 또는 이와 유사한 것으로 재산상 이익이 되는 것'을 경품으로 보고 있고,[4] 대법원 또한 '게임의 결과물인 점수가 재산상 가치로 화체되고 환가성을 지니도록 한 이 사건 쿠폰은 게임물 관련 사업자가 손님들에게 제공하여서는 아니 되는 경품 등에 해당한다'고 판시하였다.[5]

게임산업법의 입법연혁과 게임물의 사행화 방지라는 이 부분 조항의 입법목적 및 본문과 단서형식의 규범 구조를 종합하여 보면, 이 부분 조항은 '경품 등의 제공'이 곧 '사행성을 조장하는 행위'라고 전제하여, 모든 게임물에 대하여 원칙적으로 '경품 등을 제공하는 것'을 금지한 것이다. 다만, 청소년이용불가 게임물에 비해 사행화할 가능성이 비교적 경미하다고 판단되는 청소년게임제공업의 전체이용가 게임물에 한해서만 예외적인 요건 하에 경품의 제공을 허용하고 있는 것이다. 따라서 게임물 관련 사업자가 이 부분 시행령 조항이 정하는 경품지급기준을 초과하는 경품을 제공하는 등 이 조항 중 단서 부분을 위반하여 경품을 제공하였다면, 이는 곧 이 부분 조항이 금지하는 '사행성을 조장하는 경품제공행위'에 해당한다. 즉, 이 부분조항이 '경품 등을 제공하는 행위' 이외에 추가적인 요건으로 그 경품제공행위가 '사행성을 조장하는 행위에 해당할 것'을 두고 있는 것은 아니라고 할 것이다.[6]

나) 대상판결의 분석

대상판결은 아래의 사정들을 근거로 이 사건 게임에서 제공하는 NFT화 할 수 있는 아이템은 게임산업법 제28조 제3호가 금지하고 있는 경품에 해당한다고 할 것이고, 이 사건 게임에서 경품을 제공하는 것은 그 자체로 사행성을 조장하는 행위라고 판단하였다.

① 일반적인 게임에서 이용자가 획득하는 아이템은 이용자가 그것을 소유하고 있는 것처럼 보이지만 그 게임이 계속 제공되고 이용자가 그 게임의 계정을 갖고 게임을 이용하는 한도 내에서만 의미가 있다는 점에서 이용자에게는 게임 내에서의 이용권만이 있을 뿐이고, 그 소유권은 게임 저작권의 일부로서 게임사에 속한다. 그런데 이 사건 게임에서 제공하는 일부 아이템, 즉 NFT화 할 수 있는 아이템의 경우 이용자가 이를 NFT화하는 경우 이 사건 게임 서비스의 제공 여부나 이용자가 이 사건 게임의 계정을 유지하고 있는지 여부와 무관

---

3) NFT화가 가능한 게임 아이템 제공이 게임산업법 상에서 금지하는 경품에 해당하여 사행성을 가지는지에 대하여만 살펴보고, 이 사건 게임 자체의 사행성에 관한 판단은 생략함.
4) 헌법재판소 2020. 12. 23. 선고 2017헌바463, 2018헌바151·386, 2019헌바81(병합)
5) 대법원 2018. 1. 25. 선고 2017도16214 판결
6) 헌법재판소 2020. 12. 23. 선고 2017헌바463, 2018헌바151·386, 2019헌바81(병합)

하게 영구적으로 이용자에게 소유권이 귀속되며, 이 사건 게임의 계정이 없는 자도 NFT를 구매함으로써 이를 소유할 수 있다.

② 이용자에게 귀속되는 NFT는 단순히 아이템으로 존재할 때와는 달리 외부 거래소를 통해 용이하게 거래·유통될 수 있고, 실제로도 자유로운 거래가 이루어지고 있다.

③ 위와 같은 NFT의 대체가능성, 환가성, 유통가능성에 비추어 이 사건 게임을 통해 이용자들이 얻는 NFT 내지 NFT가 화체된 아이템의 경우 단순히 디지털 자산의 고유한 주소로서의 의미만을 가지는 것이 아니라 그 자체로 재산상 가치를 인정할 수 있다.

④ 게임산업법 제28조 제3호 본문에서 원칙적으로 경품 등의 제공을 금지하고 단서에서 청소년게임제공업의 전체이용가 게임물에 한해서만 예외적으로 경품 등의 제공을 허용하고 있는 점에 비추어 보면, 위 조항은 전체이용가 게임물이 아닌 게임에서 경품 등을 제공하는 행위의 경우 그 자체로 사행성을 조장하는 행위로 보고 있다고 해석할 수 있다. 결국 원칙적으로 경품 등 제공이 금지되는 이 사건 게임에서 경품 등을 제공하는 것은 사행성을 조장하는 행위라고 봄이 상당하다.

대상판결은 이 사건 게임에서 아이템을 NFT화하여 제공하는 것을 게임산업법에서 금지하고 있는 경품에 해당한다고 보았다. NFT화된 아이템은 게임이용자에게 그 소유권이 귀속되고 거래를 통하여 이를 환가할 수 있으므로 그 자체로 재산상 가치를 가지는 경품으로 본 것이다. 그리고 게임산업법은 경품 제공을 원칙적으로 금지하고 있으므로 경품제공행위 자체로 게임산업법에서 금지하고 있는 사행성을 조장하는 게임에 해당한다고 판단하였다.

3. 형평의 원칙 위반 여부

원고는 다른 게임들에서도 유료 게임머니 등을 통해 아이템 거래를 할 수 있는 거래소 콘텐츠가 존재할 뿐 아니라 이용자 간의 아이템 거래를 활성화하고 있는 거래 중개사이트를 통해 이용자 사이의 거래가 적법하게 이루어지고 있는 점을 고려하면, 이 사건 게임의 사행성이 더 크다고 볼 수는 없으므로, 이 사건 처분은 형평의 원칙에 반하여 위법하다고 주장하였다.

그러나 대상판결은 다음과 같은 사정을 들어 이 사건 게임을 다른 게임과 다르게 취급한다고 하더라도 평등의 원칙에 위반된다고 볼 수는 없다고 판단하였다. ① 다른 게임물의 경우 게임을 통해 획득할 수 있는 것은 아이템을 이용할 권리에 불과하지만 이 사건 게임에서 이용자에게 제공되는 것은 재산적 가치가 인정되는 NFT가 내재된 아이템에 대한 소유권이다. ② 게임 내에서 사용할 수 있는 아이템에 대한 이용 권리를 부여받은 이용자가 이를 임의로 거래하는 것과 NFT라는 기술을 통해 재산적 가치가 내재된 아이템에 대한 소유권을 부여받은 이용자가 이를 거래하는 것을 동일하다고 볼 수 없다. ③ 기본적으로 다른 게임에서는 아이템의 유상거래가 금지되고 그러한 내용의 약관이 존재하는 반면 이 사건 게임의 경우 원고가 제공하는 서비스를 통하여만 아이템 유상거래를 할 수 있도록 하는 취지의 약관을 두고 있어 기본적으로 유상거래를 허용하고 있다. ④ 일부 게임에서 게임 내 거래소를 통한 아이템 거래를 허용하고 있으나, 이 경우에도 거래소에서 통용되는 재화는 게임 내에서만 통용되는 것으로서 실질적으로 게임 내에서만 사용가능한 아이템과 다르지 않아 게임 밖에서의 자유로운 이전이 가능하지 않은 반면 이 사건 게임의 경우 아이템을 NFT화함으로써 게임 외에서 통용되는 재화로 거래할 수 있고 실제 자유롭게 거래와 이전이 이루어지고 있다.

대상판결은 합리적인 근거가 있는 차별 또는 불평등은 평등의 원칙에 반하지 않는다는 것을 전제로, 이 사건 게임과 아이템이 거래되고 있는 그 외의 게임은 기본적으로 다르다고 보았다. 현재 아이템이 거래되고 있는 게임이라 하더라도 게임 회사에서 아이템에 관하여 소유권을 인정하지 않고 있고, 게임 이용자 사이에서 거래가 이루어지더라도 이는 게임 이용자 사이에서 직접 거래가 이루어질 뿐 게임 회사에서는 개입하지 않고 있고 오히려 약관 등을 통하여 유상거래를 금지하고 있다는 것이다. 따라서 게임 회사가 직접 아이템에 관하여 소유권을 인정하고 유상거래를 중개하는 이 사건 게임은 기존 게임과는 근본적으로 다르므로, 다르게 취급하더라도 형평의 원칙, 평등의 원칙에 반하지 않는다고 판단한 것이다.

Ⅳ. 대상판결의 평가

이 사건은 NFT의 법적 의미 및 성질 등을 구체적으로 판단한 사실상 최초의 판결이라는 점에서 매우 큰 의의가 있다. 우리 판례에서는 비트코인에 대하여 민법상 물건의 개념에 포섭하기 어렵다는 이유로 형법상 재물성도 인정하고 있지 않으므로, NFT에 대하여도 소유권 개념을 바로 대입하기는 어려울 것으로 생각하였다. 그러나 행정 판결이기는 하지만, NFT화된 아이템에 관하여 소유권이라는 직접적인 용어를 사용하였다. NFT에 대한 법원의 시각을 알 수 있는 의미있는 판결이라고 생각한다. 다만, NFT화된 아이템을 이 사건 게임의 경품이라고 판단한 것은 다소 아쉽다는 생각도 든다. 기존 법률 및 제도권 내에서 이 사건 게임을 바라본다면 대상판결의 판단도 충분히 이해가 가지만, NFT화된 아이템을 기존 게임의 관점에서 규정한 경품에 해당한다고 보는 것이 어색한 점을 넘어서서 외국의 경우에는 이러한 NFT화된 아이템을 도입한 게임이 출시되고 잘 운영되고 있는 점을 볼 때 우리나라도 새로운 제도 및 법을 만들어 새로운 기술이 결합된 신산업을 좀 더 발전시켜 나가는 길이 열렸으면 하는 바람이다.[7]

---

7) 항소심의 판단이 궁금하였지만, 원고가 항소를 제기하지 않아 위 판결들은 2023. 2. 2. 그대로 확정되었다.

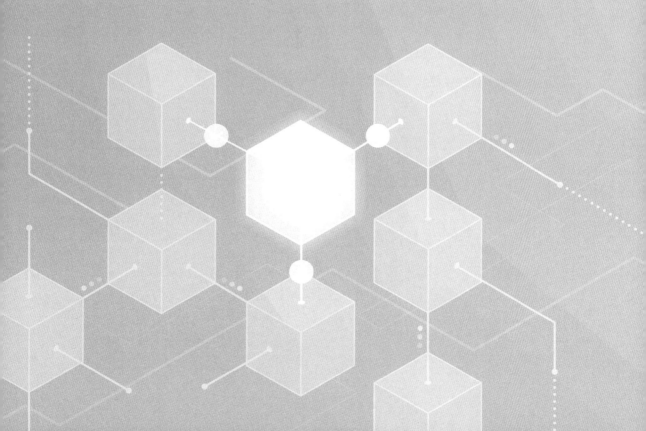

제3편

가사

[57] 혼인관계 해소에 따른 재산분할에 있어서 가상자산의 취급

— 부산고등법원 2020. 10. 30. 선고 2020르30109(본소), 2020르30116(반소) 판결,

2020. 11. 19. 확정 —

[사실 개요][1]

1. 원고와 피고는 2017. 4. 3. 혼인신고를 마쳤다.

2. 원고와 피고는 혼인 기간 중에 여러 갈등이 있었고, 이에 원고는 2018. 3. 15. 본소를 통해, 피고는 2018. 11. 20. 반소를 통해 각 이혼 및 재산분할 청구, 친권자 및 양육자 지정 등을 위한 소를 제기하였다.

3. 제1심법원(부산가정법원 2019드합201153)은 원고의 부정행위가 주된 혼인관계 파탄의 원인이라고 하면서 피고의 반소를 받아들여 이혼을 선언하고, 친권자 및 양육자로 피고를 지정하였으며, 원고와 피고의 재산분할 비율을 90:10으로 정하였다.

4. 한편, 소송에서 피고는 원고가 비트코인 거래소를 통해 430,700,000원 상당의 비트코인을 보유하고 있다고 주장하며 위 비트코인도 재산분할대상에 포함된다고 주장하였으나, 제1심법원은 '원고가 비트코인거래소에 2017. 11. 25.~2018. 1. 10. 합계 430,700,000원을 송금한 사실은 인정되나, 비트코인의 시가는 지속적으로 변동되는 것이고 원고는 비트코인을 여러 차례 매도, 매수했던 것으로 보이므로, 원고가 이 사건 혼인파탄일 무렵 위 금액 상당의 비트코인을 보유하고 있었던 사실을 인정하기 부족하고 달리 이를 인정할 증거가 없다'고 하여 피고의 위 주장을 받아들이지 않았다.

5. 이에 원고, 피고 모두 항소하였고, 항소심에서 원고는 피고가 거래소를 통해 보유한 6,892,354원 상당의 가상자산도 분할대상에 포함되어야 한다고 주장하였다.

[판결 요지]

　1. 재판상 이혼에 따른 재산분할에 있어 분할의 대상이 되는 재산과 액수는 이혼소송의 사실심 변론종결일을 기준으로 하여 정하는 것이 원칙이지만, 혼인관계가 파탄된 이후 변론종결일 사이에 생긴 재산관계의 변동이 부부 중 일방에 의한 후발적 사정에 의한 것으로서 혼인 중 공동으로 형성한 재산관계와 무관하다는 특별한 사정이 있는 경우에는 그 변동된 재산은 재산분할 대상에서 제외하여야 할 것이므로(대법원 2013. 11. 28. 선고 2013므1455, 1462 판결),

　2. 이 사건 변론종결일을 기준으로 재산분할의 대상 및 가액을 정하되, 금전과 같이 소비나 은닉이 용이하고 기준 시점을 달리하면 중복합산의 우려가 있는 경우에는 원고가

---

1) 쟁점에 관한 부분만을 기재하도록 한다.

이 사건 본소를 제기함으로써 혼인관계가 파탄에 이르렀다고 봄이 상당한 2018. 3. 15.경을 기준으로 하여 그 금원이 현존하는 것으로 추정하여 재산분할의 대상 및 가액을 정한다. 다만, 원고와 피고가 일치하여 그 가액을 진술하는 경우에는 그에 따른다.

3. 원고는 코인원 거래소를 통해 2018. 3. 15. 기준 합계 42,653,834원 상당의 가상자산을 보유한 사실이 인정되므로, 원고의 적극재산으로 재산분할대상에 포함하기로 한다. 피고는 코인원 거래소를 통해 2018. 3. 15. 기준 6,892,354원(= XRP 9,153.193 × 753.00)원 상당의 가상자산을 보유한 사실이 인정되는바, 피고의 적극재산으로 재산분할대상에 포함하기로 한다.

4. 원고가 업비트 거래소를 통해 2020. 6. 5. 기준 가상자산 합계 74,805,035원을 보유하고 있는 사실이 인정되나, 이 사건 혼인파탄일 당시인 2018. 3. 15. 기준 원고가 보유하고 있는 업비트 가상자산의 수량을 확인할 수 있는 자료가 없는 점, 가상자산 가치는 지속적으로 변동되는 것으로, 원고는 위 기간 동안 반복적으로 가상자산을 매도, 매수하였던 점, 원고는 업비트에 2019. 5. 14. 50,000,000원, 2019. 5. 31. 51,300,000원, 2019. 6. 28. 29,400,000원을 입금하는 등 혼인관계가 파탄에 이른 이후 원고가 업비트에 입금한 금액이 상당한 점 등에 비추어 보면, 원고가 이 사건 혼인파탄일 무렵 위 금액 상당의 가상화폐를 보유하고 있었다고 보기 어렵고 달리 이를 인정할 증거가 없다.

해설

I. 대상판결의 의의 및 쟁점

가상자산은 경제적 가치가 있어야 하고(특정금융정보법 제2조 제3호의 정의 규정), 대법원도 가상자산이 재산적 가치 있는 무형의 재산임을 인정하고 있는 이상(대법원 2018. 5. 30. 선고 2018도3619 판결 참조), 가상자산도 이혼 시 재산분할의 대상이 된다. 실제 가상자산에 대한 관심과 투자의 증가로 이혼 시 재산분할을 함에 있어 가상자산이 문제되는 경우가 점차 증가하고 있다. 재산분할 대상과 가액 산정기준시기에 대하여는 확립된 대법원 판례들과 실무례들이 다수 존재하므로 기본적으로 가상자산에 대한 분할 역시 이에 따르면 될 것이다. 다만, 가상자산의 경우 최근 새롭게 등장한 자산으로 해당 재산을 파악하는 구체적인 방법이 문제되고, 또한 가상자산의 극심한 변동성으로 인해 가액 산정기준시기를 특별히 다르게 보아야 할 필요성이 있는지도 문제될 수 있다.

대상판결은 제1심판결과 달리 가상자산도 분할대상재산에 포함시켜 분할을 하였는바, 그 차이와 구체적인 재산분할 방법에 대하여 검토해보기로 한다.

Ⅱ. 대상판결의 분석

1. 재산분할의 대상

민법 제839조의2에 규정된 재산분할제도는 혼인 중에 취득한 실질적인 공동재산을 청산 분배하는 것을 주된 목적으로 하는 것이므로, 부부가 이혼을 할 때 쌍방의 협력으로 이룩한 재산은 재산분할 대상에 포함된다. 반면, 부부 일방의 특유재산은 원칙적으로 분할의 대상이 되지 아니하나 특유재산일지라도 다른 일방이 적극적으로 그 특유재산의 유지에 협력하여 그 감소를 방지하였거나 그 증식에 협력하였다고 인정되는 경우에는 분할의 대상이 될 수 있다(대법원 2002. 8. 28.자 2002스36 결정 등 참조).

2. 재산분할 대상 및 가액 산정의 기준시점

(1) 재판상 이혼에 있어 재산분할 대상 및 가액 산정기준시점을 정하는 것이 중요한데, 이에 관하여는 파탄시설, 사실심 변론종결시설, 절충설, 재산분할 대상과 그 가액의 산정시를 구분하여 전자는 파탄시, 후자는 사실심 변론종결시로 산정하자는 등의 견해가 있으나, 대법원은 원칙적으로 사실심 변론종결시로 보고 있다(대법원 2000. 9. 2. 선고 99므906 판결, 대법원 2010. 4. 15. 선고 2009므4297 판결 등 참조). 다만, 대법원은 혼인관계가 파탄된 이후 변론종결일 사이에 생긴 재산관계의 변동이 부부 중 일방에 의한 후발적 사정에 의한 것으로서 혼인 중 공동으로 형성한 재산관계와 무관하다는 등 특별한 사정이 있는 경우에는 그 변동된 재산은 분할대상에서 제외하여야 한다고 보고 있다(대법원 2013. 11. 28. 선고 2013므1455, 1462 판결, 대법원 2015. 6. 24. 선고 2013므3963, 3970 판결 등 참조). 따라서 혼인 파탄 당시에는 존재하였으나 이혼 소송의 사실심 변론종결 당시에 현존하지 아니한 재산은 분할의 대상으로 삼을 수 없고, 다만, 분할대상 재산의 처분 또는 멸실로 인한 대상재산이 남아 있는 경우 이를 분할의 대상으로 삼아야 한다(대법원 2015. 6. 24. 선고 2013므2175, 2182 판결 등 참조).

위와 같은 재판상 이혼에 있어서의 기준시점에 관한 대법원의 판례에도 불구하고, 많은 수의 하급심 판결은 금융재산이나 소극재산(이하 '금융재산 등')과 같이 쉽게 증감 변동되는 재산의 경우 '당사자들의 일치된 의사' 또는 특별한 근거의 설시 없이 금융재산 등의 경우에 한정하여 재산분할 대상 및 그 가액의 산정기준시를 파탄시(별거를 시작한 시점, 소 제기 시점, 동거 중이기는 하나 단절된 생활을 하게 된 시점, 상대방이 변호사를 선임하여 소제기를 준비하고 있다는 사실을 알게 된 시점, 급격한 금융재산 등의 변동이 있기 직전 등)로 정한 사례들이 다수 존재한다.[2] 이는 원칙적 기준인 변론종결시의 예외라기보다는 은닉의 용이성, 변동 가능성으로 중복산정의 우려 등 현실적인 사정을 고려한 것으로 이해된다. 이로 인해 금융재산 등은 혼인관계 파탄일을 기준으로 한 대상과 가액을 먼저 정리한 다음 사실심 변론종결시까지 변동된 부분을 개별적 사유에 따라 분할대상으로 삼을지 여부를 검토하는 것이 일반적인 실무례이다.

(2) 혼인관계 해소 후 재산분할이 이루어지는 경우, ① 협의이혼의 경우, 협의이혼이 성립한 날을 기준으로 하여야 하고(대법원 2003. 3. 14. 선고 2002므2230 판결, 대법원 2002. 8. 28.자 2002스36 결정 등 참조), ② 재판상 이혼 후 재산분할이 이루어지는 경우는 이혼소송의 사실심 변론종결일을 기준으로 정하여야 한다(대법원 2000. 5. 2.자 2000스13 결정 등 참조). ③ 사실혼 해소 후 재산분할에 관하여는 명확한 대법원 판례는 존재하지 않으나, 대부분의 하급심은 사실혼 해소 시점을 기준으로 정하고 있다.

3. 재산가액의 산정 방법

재산분할액 산정의 기초가 되는 재산의 가액은 반드시 시가감정에 의하여 인정하여야 하는 것은 아니지만 객관성과 합리성이 있는 자료에 의하여 평가하여야 한다(위 대법원 2002스36 결정).

가상자산의 가액 산정의 경우 주식의 것을 참고해 볼 수 있을 것인데, 일반적으로 상장주식의 경우 변론종결 당시의 거래소의 종가를 기준으로 계산하고, 비상장주식의 경우에는 객관적 교환가치가 적정하게 반영된 정상적인 거래의 실례가 있는 경우에는 그 거래가격을, 그러한 거래사례가 없다면 비상장주식의 평가에 관하여 보편적으로 인정되는 시장가치방식, 순자산가치방식, 수익가치방식 등 여러 가지 평가방법을 활용하되, 비상장주식의 평가방법을 규정한 관련 법규들은 그 제정 목적에 따라 서로 상이한 기준을 적용하고 있으므로 어느 한 가지 평가방법이 항상 적용되어야 한다고 단정할 수는 없고, 당해 회사의 상황이나 업종의 특성 등을 종합적으로 고려하여 공정한 가액을 산정해야 한다(대법원 2005. 10. 28. 선고 2003다69638 판결 등 참조).

가상자산의 경우 실무상 거래소를 통해 거래가 이루어지는 가상자산이 주로 문제가 되는데 이 경우에는 거래방식이나 가치 변동성 등 측면에서 상장주식과 유사하므로 상장주식의 경우와 같이 각 가상자산 거래소의 시세를 참고하여 가액을 산정하는 것이 일반적이다. 다만 주식과 달리 가상자산 거래는 24시간 진행되는 특수성이 있으므로 각 거래소 마다 정하고 있는 종가 또는 당일 최저가를 기준으로 시세를 정하는 것이 실무례로 보인다. 다만, 거래소에서 거래되지 않는 이른바 비상장 가상자산의 경우가 문제될 것인데, 이러한 가상자산에 대한 객관적인 가치평가 방식이 아직 법적, 실무적으로 확립되어 있지 않아 이에 대

---

2) 신정일, "재산분할 대상 및 그 가액의 산정기준시와 관련한 실무 동향과 일부 의문점", 2018년

한 제도 마련, 실무적인 논의가 필요해 보이고, 만일 현 상태에서 가액 산정이 필요한 경우에는 해당 가상자산이 어느 정도 경제적 가치가 있다는 것을 전제로 해당 가상자산을 매수한 대금 등을 일응 기준으로 삼을 수 있을 것이다.

4. 대상판결에의 적용

(1) 대상판결은 가상자산 거래소에 보유 중인 가상자산에 대한 재판상 이혼을 통한 재산분할에 관한 사안으로, 당사자들이 보유한 가상자산들이 각자의 특유재산인지 여부는 다투어지지 않았다.

재산분할 대상 및 가액 산정기준에 대하여 대상판결은 '사실심 변론종결시를 기준으로서 재산분할 대상 및 가액을 산정하되, 파탄 이후에 생긴 변동이 부부 일방에 의한 후발적 사정에 의한 것으로서 혼인 중 공동으로 형성한 재산관계와 무관하다는 특별한 사정이 있는 경우에는 그 변동된 재산은 분할대상에서 제외하여야 한다'는 법리를 설시하면서, 나아가 '금전 등 소비, 은닉이 용이한 경우에는 파탄시점인 이 사건 본소 제기일인 2018. 3. 15. 경을 기준으로 하여 그 금원이 현존하는 것으로 추정하여 재산분할의 대상 및 가액을 정하고, 원고와 피고가 일치하여 그 가액을 진술하는 경우에는 그에 따른다'고 판시하였다.

위와 같은 기준 하에 대상판결은 원고와 피고가 혼인파탄시점 당시 코인원 거래소를 통해 보유하고 있던 각 가상자산의 당시 시세 상당의 금액을 적극재산에 포함시켰다. 위와 같이 대상판결은 사실심 변론종결시가 아닌 혼인파탄시점을 기준으로 재산분할 대상 및 가액을 산정하였는데, 이는 가상자산이 금전 등과 같이 소비, 은닉이 용이한 재산에 해당한다고 본 것으로 극심한 변동성과 잦은 매매거래 등을 고려하면 위와 같이 기준 설정은 타당해 보인다.[3]

다만, 피고는 원고가 업비트 거래소를 통해 74,805,035원 상당의 가상자산을 보유하고 있다고 주장하였으나, 대상판결은 원고가 혼인파탄전인 2017. 12. 1.부터 2018. 1. 11.까지 여러 차례에 걸쳐 합계 115,100,000원을 업비트 거래소에 입금한 사실, 혼인파탄일로부터 2년을 초과한 2020. 6. 5. 기준 합계 74,805,035원 상당의 가상자산을 보유하고 있는 사실을 인정하면서도 혼인파탄일 당시인 2018. 3. 15. 기준 위 거래소에 보유하고 있는 수량을 확인할 자료가 없다는 이유로 이 부분 주장은 받아들이지 않았다. 이는 원고가 위 돈 입금 기간 중 반복적으로 매매를 한 점, 혼인파탄 이후에도 2019. 6. 28.까지 130,700,000원을 입금하기도 한

---

3) 이와 달리 재산분할 대상 및 가액 산정기준의 원칙인 사실심 변론종결시를 기준으로 가상자산의 재산분할 대상 및 가액을 산정한 하급심 판례도 존재한다(인천지방법원 2018르11829 및 그 원심판결인 인천지방법원 부천지원 2018드단104279 등). 실무적으로는 가상자산을 포함한 금융재산 등의 보유 여부 및 가액을 산정함에 있어 재판 초기 그 기준 산정과 관련하여 재판부와 당사자들이 협의를 하게 되는 데 그 과정에서 기준 일자가 정해지는 것이 일반적이다.

점이 고려된 것으로 혼인파탄일 기준으로 재산분할대상을 산정하기로 한 입장과 구체적인 금전 거래 내역, 가상자산 거래의 특성을 두루 고려한 것으로 타당한 결론으로 생각된다.

한편, 혼인파탄시점에는 보유하고 있던 가상자산을 그 이후 사실심 변론종결 이전에 처분한 경우와 관련하여 하급심 판결 중에는 처분대금을 분할대상으로 삼은 사례도 있으나(수원가정법원 2022. 5. 12. 선고 2021드합3643 판결 등), 혼인파탄시점을 기준으로 재산분할대상과 가액을 정하는 이상 파탄 이후 현금화한 경우에도 가상자산 자체가 분할대상에 포함되어야 한다고 본 사례(대구고등법원 2021. 11. 26. 선고 2021르168 판결 등)도 존재하는바, 참고할 만하다.

(2) 한편 대상판결의 제1심판결에서는 원고의 가상자산 소유 여부가 쟁점이 되었는데, 제1심판결에서는 해당 부분에 대하여 증거부족으로 인정되지 않았다. 제1심판결에서 피고는 원고의 가상자산 보유 여부를 확인하기 위해 원고의 은행계좌에 대하여 금융거래정보 회신을 하였고, 해당 계좌에서 거액이 가상자산 거래소에 송금이 된 사실은 인정되었으나, 제1심법원은 가상자산의 시가의 변동성, 다수의 매매 거래 등을 이유로 위와 같은 사실만으로는 혼인파탄일 무렵에 송금한 금액 상당의 가상자산을 보유하고 있다고 인정하기 어렵다고 판단하였다. 반면 항소심인 대상판결에서 피고는 은행이 아닌 업비트, 코인원 등 거래소에 대하여 직접 금융거래제출명령 등을 신청하여 혼인파탄일 기준 가상자산 보유 현황을 밝혀내 결과적으로 이 부분도 일부 적극재산으로 포함되었다. 대부분의 가상자산 투자자들이 업비트, 빗썸, 코인원 등 대형 거래소들을 통해 가상자산을 보유 및 거래를 하고 있는데 특정금융거래정보법의 시행으로 가상화폐 거래소의 거래내역 관리의무, 정보제공 의무가 강화되어 법원을 통한 사실조회신청 등을 통해 가상자산 보유 현황 및 가액을 확인할 수 있다.

Ⅲ. 대상판결의 평가

대상판결은 재산분할시 가상자산의 보유 여부 확인 방법, 구체적인 재산분할 산정 시점, 방법 등에 대한 소송 진행 및 판단이 이루어졌는바, 최근 이혼 시 재산분할에 있어 가상자산이 문제되는 경우가 크게 증가하고 있는 만큼 대상판결을 입장을 참고할 만하다.

다만, 현재는 특정금융거래정보법 등에 따라 보유현황 및 시세를 용이하게 확인할 수 있는 가상자산 거래소를 통해 보유하고 있는 가상자산들이 주로 문제되고 있으나, 향후에는 거래소에서 거래되지 않는 발행 초기의 가상자산에 대한 가치 산정 방법, 개인지갑을 통해 보유 중인 가상자산 보유 현황을 확보하는 방법 등 관련 문제들이 다양하게 등장할 것으로 보이는바, 이러한 문제들에 대하여도 추가 연구, 논의가 필요해 보인다.

제4편

과태료

[58] 현금인출 방법을 통한 재정거래와 외국환거래법위반

— 부산지방법원 2022. 2. 7.자 2021과91 결정, 2022. 2. 16. 확정 —

[사실 개요]

1. 신청인은 2018. 1. 25.부터 2018. 8. 9.까지 일본에 거주하면서 국내 발행 카드의 '외화 현금서비스'를 이용하여 일본은행의 ATM 기기나 창구에서 수회에 걸쳐 출금액 합계 한화 6,970,830,013원 상당의 엔화를 찾았다. 신청인은 위 엔화 중 일부로 일본에서 가상자산을 구매하여 이를 국내로 전송한 후 다시 이를 매도하여 양 국가 가상자산거래소간 시세 차익에 상당하는 이익을 얻었다. 신청인은 외국환거래법('법') 제29조 제1항 제3호, 법 시행령 제40조 제1항 제1호(신고하지 않은 25억 원을 초과하는 지급, 수령 및 자본거래를 형사처벌) 위반 혐의에 관하여는 불기소처분을 받았으나, 부산세관 및 부산지방법원은 신청인에게 법 제16조 제4호, 제32조 제1항 제3호(거주자가 외국환업무취급기관 등을 통하지 아니하고 기획재정부장관에게 신고하지 않은 채 비거주자와 지급, 수령하는 거래를 금지) 위반으로 법 시행령 [별표] 4 제2호 자.목(200만 원과 위반금액의 100분의 4 중 큰 금액)에 따라 6,915,705,838원(위 6,970,830,013원 중 1회 거래금액이 미화 1만 달러를 초과하는 각 거래액의 합계)의 100분의 4에 해당하는 과태료를 부과하였다.
2. 신청인은 위 과태료 결정에 이의하였으나, 법원은 위 이의신청을 받아들이지 않았다.

[결정 요지]

1. 신청인의 행위는 건당 금액이 미화 1만 달러를 초과하는 경우 신고의무를 부담하는 법 제16조 제4호, 제32조 제1항 제3호 위반 행위이고, 법 제3조 제1항 제19호, 외국환거래규정 제7-2조 제7호(건당 지급 등의 금액이 미화 5천 달러 이내인 경우 신고의무 면제)의 자본거래에 해당하지 않는다.

2. 신청인에게 위반행위를 정당시할 사정 또는 그 의무의 이행을 기대하는 것이 무리라고 볼 수 있는 사정이 있다고 볼 수 없다.

3. 이 경우 과태료 액수는 각 위반행위당 위반금액을 기준으로 산정한다. 신청인이 동일한 목적 하에 일련의 위반행위를 반복하였다고 하더라도 위반행위별로 부과된 과태료가 각 1억 원을 초과하지 않는 이상 그 합계액이 1억 원을 초과한다고 하더라도 법 제32조 제1항을 위반한 위법이 있다고 할 수 없다.

해설 ─────────────────────────────────

Ⅰ. 대상결정의 의의 및 쟁점

한국 가상자산거래소에서의 가상자산 가격이 외국에 소재하는 그것보다 높은 경우 그 차익만큼의 이익을 취득하기 위한 재정거래가 발생한다. 이러한 재정거래는, 건당 미화 3천 달러 미만의 금액을 매일같이 외국 가상자산거래소로 송금하는 방법으로도 이루어지지만, 이 사건과 같이 국내 발행 신용카드나 직불카드(체크카드)로 국외 은행의 ATM 기기나 창구에서 외화 현금서비스를 받는 방법으로도 이루어진다. 대상결정은 후자의 행위 유형이 외국환거래법 제16조 제4호 위반에 해당하는지, 해당한다면 그 과태료 산정은 어떻게 하는지에 관한 국내 법원의 유일한 결정으로 보인다.

Ⅱ. 관련 법령

〈외국환거래법〉

제1조(목적) 이 법은 외국환거래와 그 밖의 대외거래의 자유를 보장하고 시장기능을 활성화하여 대외거래의 원활화 및 국제수지의 균형과 통화가치의 안정을 도모함으로써 국민경제의 건전한 발전에 이바지함을 목적으로 한다.

제3조(정의) ① 이 법에서 사용하는 용어의 뜻은 다음과 같다.

18. "해외직접투자"란 거주자가 하는 다음 각 목의 어느 하나에 해당하는 거래·행위 또는 지급을 말한다.

　가. 외국법령에 따라 설립된 법인(설립 중인 법인을 포함한다)이 발행한 증권을 취득하거나 그 법인에 대한 금전의 대여 등을 통하여 그 법인과 지속적인 경제관계를 맺기 위하여 하는 거래 또는 행위로서 대통령령으로 정하는 것

　나. 외국에서 영업소를 설치·확장·운영하거나 해외사업 활동을 하기 위하여 자금을 지급하는 행위로서 대통령령으로 정하는 것

19. "자본거래"란 다음 각 목의 어느 하나에 해당하는 거래 또는 행위를 말한다.

　가. 예금계약, 신탁계약, 금전대차계약, 채무보증계약, 대외지급수단·채권 등의 매매계약(다목에 해당하는 경우는 제외한다)에 따른 채권의 발생·변경 또는 소멸에 관한 거래(거주자 간 거래는 외국환과 관련된 경우로 한정한다)

　나. 증권의 발행·모집, 증권 또는 이에 관한 권리의 취득(다목에 해당하는 경우는 제외하며, 거주자 간 거래는 외국환과 관련된 경우로 한정한다)

　다. 파생상품거래(거주자 간의 파생상품거래는 외국환과 관련된 경우로 한정한다)

　라. 거주자에 의한 외국에 있는 부동산이나 이에 관한 권리의 취득 또는 비거주자에 의한 국

내에 있는 부동산이나 이에 관한 권리의 취득

    마. 가목의 경우를 제외하고 법인의 국내에 있는 본점, 지점, 출장소, 그 밖의 사무소(이하 이 목에서 "사무소"라 한다)와 외국에 있는 사무소 사이에 이루어지는 사무소의 설치·확장 또는 운영 등과 관련된 행위와 그에 따른 자금의 수수(수수)(사무소를 유지하는 데에 필요한 경비나 경상적 거래와 관련된 자금의 수수로서 대통령령으로 정하는 것은 제외한다)

    바. 그 밖에 가목부터 마목까지의 규정과 유사한 형태로서 대통령령으로 정하는 거래 또는 행위

제16조(지급 또는 수령의 방법의 신고) 거주자 간, 거주자와 비거주자 간 또는 비거주자 상호 간의 거래나 행위에 따른 채권·채무를 결제할 때 거주자가 다음 각 호의 어느 하나에 해당하면(제18조에 따라 신고를 한 자가 그 신고된 방법으로 지급 또는 수령을 하는 경우는 제외한다) 대통령령으로 정하는 바에 따라 그 지급 또는 수령의 방법을 기획재정부장관에게 미리 신고하여야 한다. 다만, 외국환수급 안정과 대외거래 원활화를 위하여 대통령령으로 정하는 거래의 경우에는 사후에 보고하거나 신고하지 아니할 수 있다.

  4. 외국환업무취급기관등을 통하지 아니하고 지급 또는 수령을 하는 경우

제32조(과태료) ① 다음 각 호의 어느 하나에 해당하는 자에게는 1억 원 이하의 과태료를 부과한다. 다만, 제29조에 해당하는 경우는 제외한다.

  3. 제16조에 따른 신고를 하지 아니하거나 거짓으로 신고를 하고 지급 또는 수령을 한 자

〈외국환거래법 시행령〉

제30조(지급 또는 수령 방법의 신고) ② 법 제16조 각 호 외의 부분 단서에서 "대통령령으로 정하는 거래의 경우"란 다음 각 호의 경우를 말한다.

  5. 그 밖에 기획재정부장관이 정하여 고시하는 경우

[별표 4] 과태료 부과기준(제41조 관련)

  2. 개별기준

위반행위	근거 법조문	과태료 금액
자. 법 제16조에 따른 신고를 하지 않거나 거짓으로 신고를 하고 지급 또는 수령을 한 경우 2) 기획재정부장관, 한국은행총재에 대한 신고사항 위반	법 제32조 제1항 제3호	200만 원과 위반금액의 100분의 4 중 큰 금액

〈외국환거래규정(기획재정부 고시)〉

제1장 총칙

제1−2조(용어의 정의) 이 규정에서 사용하는 용어의 정의는 다음과 같다.

　25. "인정된 거래"라 함은 법 및 영과 이 규정에 의하여 신고등을 하였거나 신고등을 요하지 아니하는 거래를 말한다.

제5장 지급등의 방법

제5−11조(신고 등) ① 거주자가 외국환은행을 통하지 아니하고 지급수단을 수령하고자 하는 경우 및 다음 각호의 1에 해당하는 방법으로 지급을 하고자 하는 경우에는 신고를 요하지 아니한다.

　4. 거주자가 외국에서 보유가 인정된 대외지급수단으로 인정된 거래에 따른 대가를 외국에서 직접 지급하는 경우

　8. 거주자와 비거주자간 또는 거주자와 다른 거주자간의 건당 미화 1만불 이하(단, 「경제자유구역의 지정 및 운영에 관한 특별법」에 따른 경제자유구역에서는 10만불 이하)의 경상거래에 따른 대가를 대외지급수단으로 직접 지급하는 경우

　12. 거주자가 제9장제1절, 제2절, 제4절의 규정에 의한 건당 미화 1만불 이하 대외지급수단을 직접 지급하는 경우

제7장 자본거래

제7−2조(신고등의 예외거래) 다음 각호의 1에 해당하는 자본거래를 하고자 하는 경우에는 신고등을 요하지 아니한다.

　7. 이 장에 의한 자본거래로서 거래 건당 지급등의 금액(분할하여 지급등을 하는 경우에는 각각의 지급등의 금액을 합산한 금액을 말하며, 이하 이 조에서 같다)이 미화 5천불 이내인 경우

제7−45조(신고의 예외거래) ① 거주자와 비거주자간의 다음 각호의 1에 해당하는 거래 또는 행위를 하고자 하는 자는 허가 및 신고를 요하지 아니한다.

　2. 신용카드에 의한 현금서비스거래

제9장 직접투자 및 부동산 취득

제9−1조(신고등) ① 거주자 또는 비거주자가 직접투자, 지사설치, 부동산취득(이하 이 조에서 "직접투자등"이라 한다)을 하고자 하는 경우에는 이 장에서 정한 바에 따라 신고등을 하여야 한다. 다만, 비거주자가 「외국인투자촉진법」의 규정에 따라 국내에 직접투자를 하고자 하는 경우에는 제7장에서 정한 바에 따른다.

〈여신전문금융업법〉

제2조(정의) 이 법에서 사용하는 용어의 뜻은 다음과 같다.

　3. "신용카드"란 이를 제시함으로써 반복하여 신용카드가맹점에서 다음 각 목을 제외한 사항을

결제할 수 있는 증표로서 신용카드업자(외국에서 신용카드업에 상당하는 영업을 영위하는 자를 포함한다)가 발행한 것을 말한다.

6. "직불카드"란 직불카드회원과 신용카드가맹점 간에 전자적 또는 자기적 방법으로 금융거래계좌에 이체하는 등의 방법으로 결제가 이루어질 수 있도록 신용카드업자가 발행한 증표{자금을 융통받을 수 있는 증표는 제외한다}를 말한다.

제13조(신용카드업자의 부대업무) ① 신용카드업자는 대통령령으로 정하는 기준에 따라 다음 각 호에 따른 부대업무를 할 수 있다.

1. 신용카드회원에 대한 자금의 융통

Ⅲ. 대상결정의 분석

1. 외국환거래법 위반 여부

대상결정은 신청인의 행위가 법 제16조 단서, 법 시행령 제30조 제2항 제5호, 외국환거래규정('고시') 제5-11조 제1항 제12호가 언급하는 '건당 미화 1만 달러 이하의 직접지급에 해당하여 신고의무가 면제되는 경우'와 법 제3조 제1항 제19호, 고시 제7-2조 제7호가 언급하는 자본거래에 해당하지 않아, 법 제16조 제4호, 법 제32조 제1항 제3호 위반이라고 보았다. 대상결정은 고시 제5-11조 제1항 제12호를 언급하였는데, ① 대상결정이 신청인의 행위가 자본거래에 해당하지 않는다고 판단한 점, ② 신청인의 행위가 법 제3조 제1항 제18호, 고시 제9장이 규정하는 직접투자에 해당하는지 않는다고 보이는 점 등에 비추어 보면, 위 제12호는 같은 조항 제8호의 오기인 것으로 보인다.

또한 대상결정은 신청인에게 위반행위를 정당시할 사정 또는 그 의무의 이행을 기대하는 것이 무리라고 볼 수 있는 사정이 있다는 주장을 배척하였다.

2. 과태료 산정 기준

대상결정은 미화 1만 달러를 초과하는 하나의 위반행위로 인한 위반금액 전부가 법 시행령 [별표4] 제2호 자.목의 위반금액에 해당한다고 보고, 미화 1만 달러를 초과하는 각 거래액의 합계 금액에 100분의 4를 곱하는 방식으로 과태료 액수를 산정하였다.

Ⅲ. 대상결정의 평가

1. 외국환거래법 위반 여부

아래와 같은 이유로 신청인의 행위가 외국환거래법 제16조 제4호 위반이라고 본 대상결정의 결론에 동의하기 어렵다(집필자의 사견이고, 법원의 공식적인 견해가 아니다).

① 대상결정은 신청인의 행위의 특수성을 간과하였다. 신청인은 국내은행 예금계좌에 있는 원화를 엔화로 환전하여 그 엔화를 SWIFT같은 국제송금망을 통해 일본으로 송금한 후 그 엔화를 찾은 것이 아니라, 국내에서 발행된 신용카드 또는 직불카드로 일본 ATM 기기나 일본 은행 창구에서 엔화를 찾은 것으로 보인다. 이 경우 해당 카드를 발급한 국내 신용카드사가 일본은행 등과 연계하여 신청인에게 엔화를 대출해주고, 단기간에 신청인의 국내은행 예금계좌에서 원화로 위 대출금을 변제받는 서비스를 제공하게 된다. 이는 신용카드업자가 신청인에게 자금을 융통해준 것으로서(여신전문금융업법 제13조 제1항 제1호) 신용카드사와 신청인 사이의 금전의 대차계약이고(대법원 1997. 10. 10. 선고 96도2293 판결 참조), 고시 제1-2조 제25호, 제5-11조 제1항 제4호 또는 제7-45조 제1항 제2호에 따라 신고의무가 면제되는 '보유가 인정된 대외지급수단(인출한 외화를 의미한다)으로 인정된 거래에 따른 대가 지급' 또는 '신용카드에 의한 현금서비스거래'에 해당한다. 위 각 조항에 따라 신고의무가 면제되는 한 고시 제5-11조 제1항 각 호 중 다른 조항에 의하여 신고의무가 면제되는지 여부를 다시 따질 필요가 없고, 고시 제5-11조 제1항 각 호의 반대해석에 의하여 신고의무가 있다고 해석할 수도 없다(대법원 2006. 9. 28. 선고 2004도8435 판결). 국외로 여행 간 국내 거주자가 국내에서 발행된 신용카드나 직불카드의 현금서비스 기능을 이용하여 외화를 찾아 물건(가령 고가의 가방)을 구매한 경우, 그러한 외화 출금 및 물건 구매 행위 자체가 외국환거래법위반에 해당한다고 보기는 어렵다. 신청인은 부정한 방법을 통하여 외화를 찾은 것이 아니라 국내 신용카드사들이 허용해준 신용제공의 범위를 단순히 이용하였을 뿐이다.

한편 고시 제7-45조 제1항 제2호는 '신용카드'에 의한 현금서비스거래를 규정하고 있어, 신용카드가 아닌 직불카드에 의한 현금서비스거래에도 위 규정이 적용되는지 의문이 있을 수 있다. 그러나 여신전문금융업법 제2조 제6호상 직불카드에는 현금 융통 기능이 없으므로, 직불카드로 외국의 ATM 기기나 은행창구에서 외화를 찾는 것은 법적으로는 직불카드에 포함되어 있는 신용카드의 현금(외화) 융통 기능을 이용한 것이다. 실제로 국내에서 발행한 직불카드 중 VISA나 Master Card 등이 표시된 카드로 위와 같은 외화 인출 행위를 하는 경우가 있는데, 이 때 VISA나 Master Card 측은 '외국에서 신용카드업에 상당하는 영업을 영위하는 자'에 해당한다(여신전문금융업법 제2조 제3호). 따라서 카드의 종류에 따라 위 규정의 적용 여부를 달리 볼 필요는 없다.

② 이에 대해 고시 제5-11조 제1항 제4호 또는 제7-45조 제1항 제2호가 허용하는 행위는 '외화 인출행위'까지이고, 이후의 가상자산 매수 및 매도행위는 외국환거래법 제16조가 금지하는 행위에 해당한다는 반론이 있을 수 있다. 그런데 신청인의 재정거래 행위는 ㉮

국내 발행 카드를 이용한 외화 인출 행위 ㉯ 위 외화로 일본에서 가상자산을 매수한 행위 ㉰ 해당 가상자산을 한국 가상자산거래소로 보내는 행위 ㉱ 한국 가상자산거래소에서 이를 매도하여 차익을 실현한 행위 ㉲ 위 ㉮항의 카드사가 신청인에게 엔화를 대출해준 대가로 신청인의 국내은행 예금계좌에서 원화로 변제를 받는 행위 ㉳ 위 변제로 인해 신청인의 신용 제공 한도에 영향이 없어 신청인이 다시 ㉮의 행위를 반복하는 행위로 이루어져 있다. 위와 같은 반론이 유효하기 위해서는 ㉮에서 ㉳ 행위 중 하나라도 외국환거래법 제16조의 금지행위에 해당한다고 보아야 하는데, 앞서 본 것처럼 그 전부가 금지되는 행위인지 의문이고 최소한 ㉮, ㉲, ㉳는 위 금지행위로 포섭할 수 없다. 더군다나 대상결정에서의 세관 당국은 ㉯㉰㉱의 각 거래행위와 거래액을 특정하지 않은 채 ㉲의 변제액 전부가 가상자산 매수에 사용되었다고 추정하여 외국환거래법 제16조 위반 혐의를 인정하였다. 가상자산거래소는 가상자산의 매도·매수를 중개하는 기관에 불과하다. 가상자산을 매수하는 방법으로는 가상자산거래소를 이용하는 방법 외에도 개인을 만나 현금을 지급하고 직접 전송받는 방법, 비트코인 ATM 기기에 현금을 집어넣고 매수하는 방법 등 다양한 행위 태양이 존재한다. 한 개가 아닌 여러 개의 해외 가상자산 거래소를 이용하고, 여러 명의 개인으로부터 가상자산을 매수하며, 여러 대의 비트코인 ATM 기기에서 가상자산을 매수할 경우 건당 거래 행위가 미화 1만불을 초과하지 않을 수 있다. 다수 행위에 대하여 과태료를 부과했는데도 그 다수 행위를 제대로 특정하지 못했다면 과태료 불처벌결정이 내려져야 한다(청주지방법원 2022. 7. 8.자 2022과20062 결정 등).

2. 과태료 산정 기준

대상결정의 과태료 산정 방법은 국내 카드사가 신청인에게 엔화를 대출해준 대가로 신청인의 국내은행 예금계좌에서 원화로 변제를 받은 액수 전부가 가상자산 매수에 사용되었다는 것을 전제로 한다. 이러한 전제에는 2가지 문제점이 있다.

먼저 신청인이 출금한 외화 중 해외체류비용 등으로 사용된 비용이 있을 경우 해당 비용까지 포함시켜 과태료를 산정하였을 가능성이 있다. 외화 출금행위 자체를 외국환거래법 위반으로 보지 않는 이상 위와 같은 출금액 중 해외체류비용 등 가상자산 매수에 사용되지 않은 비용은 전부 공제되어야 하는데, 앞서 본 '㉯ 출금한 외화로 일본에서 가상자산을 매수한 행위'가 특정되지 않는 이상 그 구체적인 액수 산정은 불가능할 것이다.

다음으로 문제 삼고 싶은 점은 국내 카드사가 신청인에게 엔화를 대출해준 대가로 변제받은 원화에는 대출금에 대한 이자, 외화 현금서비스 제공에 대한 수수료, 환전수수료 등이 포함되어 있다는 점이다. 외국환거래법 제16조가 금지하는 행위를 '㉯ 출금한 외화로 일본에서 가상자산을 매수한 행위 ㉰ 해당 가상자산을 한국 가상자산거래소로 보내는 행위

㉑ 한국 가상자산거래소에서 위 가상자산을 매도하여 차익을 실현한 행위'로 본다면, 법 시행령 [별표] 4 제2호 자.목의 위반금액은 가상자산 매수에 사용된 엔화 자체에 한정되어야 하지 그 이후 단계에서 추가적으로 발생한 이자와 수수료 등까지 포함할 수 없다.

이는 모두 '㉯ 외화로 일본에서 가상자산을 매수한 행위'가 특정되지 않아 파생되는 문제들이다. 대상결정은 각 위반행위당 위반금액을 기준으로 과태료를 산정하여야 한다는 입장인데, 그 전제가 되는 위반행위가 특정되지 않아 결과적으로 과태료 액수를 산정할 수 없게 되는 것이다.

IV. 결론

재정거래가 왜곡시키는 것으로 볼 수 있는 것은 국내 가상자산거래소 시장의 자율 가격결정 부분이지, 외국환거래법 제1조가 규정하는 '외국환거래와 그 밖의 대외거래의 시장기능' 부분이 아니다. 재정거래를 비윤리적인 행위로 보아 이를 제재할 필요가 있다고 하더라도 법문의 명확한 근거 없이 그러한 행정 목적만으로 거액의 과태료 부과처분을 할 수는 없다. 앞서 본 사정들을 고려할 때, ① 신청인이 외국환거래법 제16조 제4호를 위반하였다고 볼 수 없거나, ② 신청인에게 위반행위를 정당시할 사정이 있거나(또는 당시의 법령 상황 등에 비추어 보았을 때 그 의무의 이행을 기대하는 것이 무리라고 볼 수 있거나) ③ 최소한 법 시행령 [별표] 4 제2호 자.목 중 '위반금액의 100분의 4 중 큰 금액'으로 과태료 부과 처분을 하기는 어렵다고 생각한다.

판례색인

[고등법원]

[지방법원]

[행정법원]

공저자 약력

이정엽

서울중앙지방법원, 서울고등법원, 대전지방법원(법인회생파산 담당), 서울북부지방법원, 의정부지방법원(신청 합의사건, 형사합의사건 담당), 광주지방법원, 서울회생법원(법인회생파산 담당) 근무

법무법인 엘케이비앤파트너스 대표변호사

블록체인법학회 창립 및 현 회장, 인공지능법학회 창립멤버 겸 초대 부회장, 블록체인학회 부회장

KISA, 저작권위원회 자문위원

KISA, 포스텍, 형사·법무정책연구원, 서울고등법원 판사 대상 가상자산 강연(2022), 서울중앙지방법원 형사부 판사 대상 가상자산 형사문제 강의(2022), 기타 강연 다수

현 법무법인 로집사 대표변호사

주요 저서

블록체이니즘 선언(2020)

특정금융정보법 주해(공저)(2022)

가상자산 판례백선 민사·신청편(공저)(2023)

가상자산 판례백선 형사·행정편(공저)(2024)

이석준

춘천지방법원(2014. 2), 수원지방법원(2018. 2), 서울회생법원(2012. 2~) 근무

사법연수원 정보화연수 강의(가상자산 민사 분쟁 현황, 2022. 5)

한국저작권위원회 NFT 세미나 토론등

현 대법원 재판연구관

주요 저서

가상자산 판례백선 민사·신청편(공저)(2023)

가상자산 판례백선 형사·행정편(공저)(2024)

김성인

서울고등법원 재판연구원

법무법인 이제

수원지방법원, 서울회생법원 근무

현 창원지방법원 밀양지원 판사

주요 저서

가상자산 판례백선 민사·신청편(공저)(2023)

가상자산 판례백선 형사·행정편(공저)(2024)

장민석

사법연수원 제39기 수료

육군법무관(2010. 4.~2013. 3.)

춘천지방법원 판사(2013. 4.~2017. 2.), 수원지방법원 안양지원 판사(2017. 2~2020. 2.),
    서울회생법원 판사(2020. 2.~2024. 2.)

현 서울남부지방법원 판사(2024. 2.~)

주요 저서

가상자산 가이드북(2022)

개인파산·회생실무(제6판)(공저)(2022)

회생사건실무(제6판)(공저)(2023)

온주 채무자회생법(로앤비)(공저)(2024)

가상자산 판례백선 형사·행정편(공저)(2024)

한웅희

사법연수원 제40기 수료

아프가니스탄 파병부대 법무참모(2011, 2012), 국방부 조사본부 법무실장, 국방부 검찰단 검찰관(2012, 2013)

대전지방법원 판사(2014~2017), 수원지방법원 판사(2018~2021), 서울중앙지방법원 판사(2022~2023)

현 서울남부지방법원 판사(2024~)

주요 저서

가상자산 판례백선 형사·행정편(공저)(2024)

가상자산 판례백선 ─ 형사·행정편 ─

초판발행	2024년 3월 7일
지은이	이정엽·이석준·김성인·장민석·한웅희
펴낸이	안종만·안상준
편 집	이승현
기획/마케팅	장규식
표지디자인	이수빈
제 작	고철민·조영환
펴낸곳	㈜ **박영사**
	서울특별시 금천구 가산디지털2로 53, 210호(가산동, 한라시그마밸리)
	등록 1959. 3. 11. 제300-1959-1호(倫)
전 화	02)733-6771
f a x	02)736-4818
e-mail	pys@pybook.co.kr
homepage	www.pybook.co.kr
ISBN	979-11-303-4715-8 93360

copyright©이정엽·이석준·김성인·장민석·한웅희, 2024, Printed in Korea

정 가	33,000원